Claudio Dirani

PAUL McCARTNEY
EM DISCOS E CANÇÕES

Copyright © 2017 por Sonora Editora
1ª Edição – 2017
Todos os direitos dos autores reservados. Proibida a reprodução, armazenamento ou transmissão de partes ou a totalidade deste livro, através de quaisquer meios, sem prévia autorização por escrito dos detentores de direitos envolvidos.

www.sonoraeditora.com.br
www.facebook.com/sonoraeditora
Direção Editorial: Marcelo Fróes
Assistente Editorial e Revisão: Maíra Contrucci Jamel
Diagramação e Produção Gráfica: Jéssica Campos e Marcelo Santos
Impressão e Acabamento: Editora Vozes
Direção Executiva: Michel Jamel
Fotos: Capa - Robert R. McElroy/Getty Images
Contracapa e fotos em branco e preto – Mary McCartney (MPL)
Orelha Esquerda – MPL

CIP-BRASIL. CATALOGAÇÃO-NA-FONTE
SINDICATO NACIONAL DOS EDITORES DE LIVROS, RJ

D597m Dirani, Claudio
Masters: Paul McCartney em discos e canções / Claudio Dirani. Rio de Janeiro: Sonora Editora, 2017.
640 p. : il.

ISBN 978-85-5762-009-4

1. Biografia. 2. Música. 3. Discografia. I. Título.

CDU 929.5

Catalogação na fonte por Graziela Bonin CRB – 14/1191.

Claudio Dirani

PAUL McCARTNEY
EM DISCOS E CANÇÕES

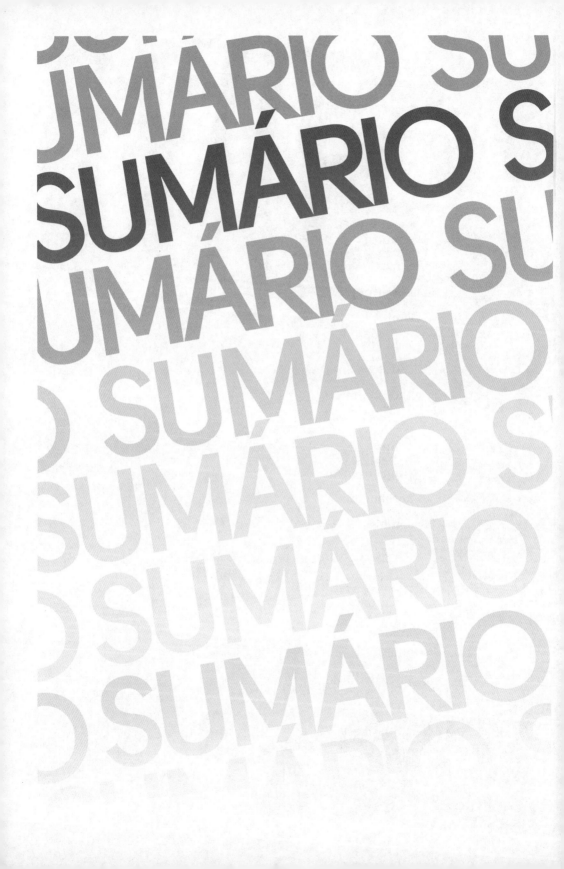

SUMÁRIO

Prefácio		11
Um papo com Paul		13
Anteriormente, na vida de James Paul McCartney...		17
CAPÍTULO 1	McCartney	21
CAPÍTULO 2	Ram	41
CAPÍTULO 3	Wild Life	75
CAPÍTULO 4	Red Rose Speedway	89
CAPÍTULO 5	Band on the Run	109
CAPÍTULO 6	Venus and Mars	129
CAPÍTULO 7	Wings at the Speed of Sound	163
CAPÍTULO 8	Wings over America	181
CAPÍTULO 9	Thrillington	187
CAPÍTULO 10	London Town	191
CAPÍTULO 11	Wings Greatest	209
CAPÍTULO 12	Back to the Egg	211
CAPÍTULO 13	McCartney II	237
CAPÍTULO 14	Tug of War	257
CAPÍTULO 15	Pipes of Peace	281
CAPÍTULO 16	Give My Regards to Broad Street	305
CAPÍTULO 17	Press to Play	319
CAPÍTULO 18	All the Best!	343
CAPÍTULO 19	Choba B CCCP	349
CAPÍTULO 20	Flowers in the Dirt	355

CAPÍTULO 21	Tripping the Live Fantastic!	389
CAPÍTULO 22	Unplugged – The Official Bootleg	397
CAPÍTULO 23	Liverpool Oratorio	403
CAPÍTULO 24	Off the Ground	407
CAPÍTULO 25	Paul Is Live	427
CAPÍTULO 26	Strawberry, Ships, Ocean, Forest	433
CAPÍTULO 27	Flaming Pie	437
CAPÍTULO 28	Standing Stone	465
CAPÍTULO 29	Rushes	469
CAPÍTULO 30	Run Devil Run	475
CAPÍTULO 31	Working Classical	481
CAPÍTULO 32	Liverpool Sound Collage	485
CAPÍTULO 33	Wingspan: Hits and History	489
CAPÍTULO 34	Driving Rain	493
CAPÍTULO 35	Back in the U.S.	517
CAPÍTULO 36	Twin Freaks	521
CAPÍTULO 37	Chaos and Creation in the Backyard	523
CAPÍTULO 38	Ecce Cor Meum	555
CAPÍTULO 39	Memory Almost Full	557
CAPÍTULO 40	Electric Arguments	577
CAPÍTULO 41	Good Evening New York City	593
CAPÍTULO 42	Amoeba's Secret: Live in Los Angeles	597
CAPÍTULO 43	Ocean's Kingdom	599
CAPÍTULO 44	Kisses on the Bottom	601
CAPÍTULO 45	New	607
CAPÍTULO 46	Pure McCartney	635
Fontes		639

AGRADECIMENTOS

A lista dos meus sinceros agradecimentos, obrigatoriamente, teria de passar por todos os nomes que me incentivaram nas últimas três décadas a mergulhar no universo dos Beatles – e da carreira de Paul McCartney, em especial. Então, fica claro que o espaço reservado aqui é insuficiente para tantos. Desculpas antecipadas pelas omissões.

Muito obrigado a Marcelo Fróes pelo convite para fazer este livro e, principalmente, pelos anos de uma amizade inspirada pelo amor ao som elétrico conhecido como Mersey Beat.

Obrigado ao meu filho, Lucas Ruiz Dirani, e à minha mulher, Cristiane Novais Ruiz Dirani, pela compreensão durante as madrugadas que passei em frente ao computador para concluir este livro. Muito grato pela ajuda quando estava no meio de algo que não conseguia compreender.

Grato aos amigos Gilson Alves Quinaglia, Vladimir Dantas, Beto Iannicelli, Lizzie Bravo, Eduardo Lattes, Eduardo Scolese, Cyro Yamashita, Vlamir Marques, Leonardo Conde de Alencar, Bruno Sato, Silvio Lancellotti, Celso Unzelte, Sebastião Andrade, Jorie Gracen, Robert J. Gannon, Sean Murdock, Mark Lewisohn, Paul Boothroyd e Luca Perasi pelas colaborações e consultorias.

Sinceros agradecimentos ao apoio do diretor artístico da Alpha FM, Eduardo Leite, e a todos os colegas da emissora. Obrigado a Junior Camargo, da 89 – a Rádio Rock, e a todos do grupo Camargo de Comunicação.

Não posso deixar de agradecer aos meus pais, Claudio e Lauriceia. Obrigado por tudo.

In memoriam: Sir George Martin

Este livro é dedicado ao meu companheiro de muitas aventuras, Lucas Dirani.

PREFÁCIO

Talvez tenha sido nas entrevistas que fez para divulgar seu álbum *Tug of War*, quando Paul McCartney chegou aos 40 anos, em 1982, que o adjetivo *workaholic* lhe fora empregado pela primeira vez. O termo, que existia desde o final dos anos 40, entrara em moda nos anos 80 e ele, famoso por trabalhar sem parar, aceitou a qualificação ainda que tivesse uma conotação irônica. Não que sua paixão pelo ofício fosse uma compulsão por trabalhar demais, mas, em termos atuais, *worklover* certamente lhe cai melhor, visto que ama o que faz e o faz com perfeccionismo.

Membro fundador dos Beatles, ao lado de John Lennon e George Harrison, Paul McCartney está no mercado fonográfico há 55 anos – desde 1962, quando a banda, definitivamente formada com a entrada de Ringo Starr, foi contratada por George Martin para o selo Parlophone da EMI e gravou seu primeiro compacto. Os Beatles estouraram mundialmente no ano seguinte e engrenaram numa agenda que incluía dois álbuns por ano, diversos *singles* adicionais, turnês mundiais, filmes e especiais de TV.

A paixão pelo estúdio ficou óbvia quando os Beatles encerraram as turnês mundiais em 1966 e Paul idealizou o álbum conceitual *Sgt. Pepper's Lonely Hearts Club Band*, gravado incrivelmente em apenas seis meses de trabalho. Pouco após o lançamento do disco em 1967, o empresário Brian Epstein morreu e coube a Paul tomar as rédeas da banda, projetando o especial *Magical Mystery Tour* para manter a banda unida. E não foi à toa que, quando os Beatles fundaram a gravadora Apple em 1968, ele tornou-se o mais atuante em produções – compondo, tocando, produzindo e lançando novos talentos, dentre os quais o lendário James Taylor. Tanto que, no dia em que se casou com a fotógrafa americana Linda Eastman em 1969, a história conta que ele passou a noite no estúdio gravando com amigos.

Quando os Beatles começaram em 1962, gravavam em 2 canais. Durante os sete anos de ampla atividade da banda, os estúdios migraram para equipamentos de 4 e finalmente 8 canais em 1969 – ano em que gravaram o álbum *Abbey Road*. A partir daí, enquanto a banda negociava sua separação, Paul McCartney deu início à carreira solo. George Harrison e John Lennon já haviam feito álbuns solo (experimentais) para a Apple, mas foi quando *McCartney* foi lançado em abril de 1970 que o mundo soube que a história dos Beatles havia chegado ao fim.

Rico e sem dinheiro, como os demais ex-colegas no início dos anos 70, enquanto advogados negociavam e brigavam para desatar o nó de diversos processos, Paul McCartney aproveitou a energia, a inspiração e a necessidade para fundar uma nova banda, gravar discos e fazer turnês. Enfrentou as dificuldades com uma coleção de *hits* sucessivos e, a partir do final dos anos 70, como muitos artistas, realizou produções complicadas pelo excesso de opções que os equipamentos de 24, 48 e tantos mais canais lhe davam. Ficou anos sem fazer shows, mergulhado no estúdio, mas voltou às turnês no final dos anos 80. E, com as mudanças no mercado fonográfico, desde 2002 voltou de vez às turnês mundiais.

Neste livro, com a autoridade de quem pesquisa minuciosamente a carreira solo de Paul há décadas, o jornalista Claudio Dirani historia e analisa cada um dos álbuns do artista, dissecando cada faixa e até material adicional e/ou inédito. Com entrevistas exclusivas de diversos músicos, produtores e técnicos que trabalharam nos discos, este livro é obra de referência essencial para compreender a vida de Paul, à luz de sua discografia, e torna-se um belo guia (inédito) para quem está descobrindo o universo da música desde ídolo de todos os ídolos.

Marcelo Fróes

UM PAPO COM PAUL
Paul McCartney entrevistado por Claudio Dirani

Nas páginas a seguir, você terá acesso pela primeira vez à minha entrevista com Paul McCartney – com direito a trechos inéditos. Em 25 de novembro de 2014, uma versão editada da conversa com Paul foi transmitida pela Alpha FM e depois incluída no site da emissora. Poucos tiveram acesso ao que você lerá nas páginas deste livro – e apenas por meio do áudio original. Esta é a primeira publicação de um material que considero um tesouro pessoal.

A SAGA PARA ENTREVISTAR UM BEATLE

Desde 2005, quando lancei meu primeiro livro sobre Paul McCartney, tentei vários meios para entrevistar o Beatle, mas nunca com muita fé de que um dia isso aconteceria aqui no Brasil. A espera que durou quase uma década valeu a pena. A origem de tudo começou em outubro, quando foi confirmada a parceria entre a Alpha FM/Rádio Rock (ambas do mesmo grupo) com a PlanMusic. Mas estava difícil, porque Paul só escolhe um veículo por cidade para conceder entrevistas.

Por meio de Lizzie Bravo – a única brasileira a cantar e gravar com os Beatles em fevereiro de 1967, fazendo *backing vocals* em "Across the Universe" – obtive um contato direto com a produção nacional. Mais uma vez, agradeço, Lizzie.

No dia 25 de novembro de 2014 – data do primeiro de dois shows marcados para o Allianz Parque Arena, em São Paulo – recebi um telefonema avisando que Stuart Bell, assessor de imprensa de Paul McCartney, me ligaria em minutos. Ele ligou. Já tenso, evidente, conversamos e passei a ele as prováveis perguntas a Sir Paul. "Paul vai ligar entre 15h e 17h", garantiu Stuart.

Depois que desliguei o telefone, foi só correria para prepararmos o estúdio e testar tudo para a gravação. Ficamos lá: eu, Rodrigo

Aguillela (produtor da Alpha FM), Marcelo Nascimento (operador) e Roberto Cidade (técnico), na luta para não cometer aquele errinho e deixar a Lei de Murphy imperar.

Às 15:40, John Hammel, assistente de McCartney há 40 anos, ligou para a emissora, mas apenas para confirmar que a ligação seria em 20 minutos. Mais ou menos 20 minutos mais tarde, Hammel telefona novamente... Dessa vez para me alertar que ligaria em seguida. Finalmente, às 16h35min, o fiel escudeiro (hoje aposentado) retorna com uma pergunta, digamos, fulminante: "Você está preparado para falar com Paul?" Será que eu estava? Só sei que questionei: "Me dê alguns segundos para eu entrar no outro estúdio?" O espaço minúsculo entre os recintos foi uma "long and winding road". Quando cheguei, respirei fundo. Não tinha como refugar. Silêncio. "Alô?"... "Paul vai falar contigo"... Engoli em seco: "OK!" A seguir, os oito minutos mais importantes de minha jornada ao lado de **James Paul McCartney,** até o momento. Que esta entrevista seja uma das cerejas no bolo deste livro sobre as músicas compostas por esse gênio. Como Paul assina na coletânea *Pure McCartney*, "Obrigado por me acompanharem nessa viagem".

– Alô... Claudio!
– Paul, tudo bem contigo?
– Muito bem, obrigado.
– Paul, em sua carreira, você demorou bastante para tocar no Brasil, mas sua próxima apresentação em São Paulo já será sua vigésima em nosso país. Como você define sua relação com o público brasileiro depois de tanto tempo?
– Nós amamos o Brasil. O público é incrível... As pessoas enlouquecem nos shows. E nós também gostamos muito da musicalidade brasileira e isso nos motiva bastante. Essa é uma das razões que nos fazem voltar sempre para tocar no seu país.
– Antes, você me permite um momento como fã? Amo muito sua música. Gostaria de agradecer pelo que você tem feito pela música em todos esses anos.
– Muito legal, Claudio... Obrigado. O prazer é meu.
– A minha segunda pergunta eu penso em fazer há muito, muito tempo. Em 21 de abril de 1990 você entrou para o *Guinness, o Livro dos Recordes*, por atrair o maior número de pessoas em um

show fechado no estádio do Maracanã – eu estava lá, a propósito! E... (Paul interrompe)

– É verdade?

– **Sim, é verdade. Tinha apenas 17 anos (na verdade, acabara de completar 18 – nota do autor). Sobre este show no Rio, você algum dia pensou em lançar um DVD sobre este evento histórico?**

– Na verdade não... até agora. Preciso perguntar à minha equipe se isso seria interessante.

– **Na verdade, seria ótimo... Seu show foi o meu primeiro internacional.**

– Oh... Então você era virgem?

– **Sim, eu era... Até então! (risos)**

– (risos)

– **Gostaria de comentar agora sobre os relançamentos de *Venus and Mars* e *Wings at the Speed of Sound*. São duas caixas simplesmente maravilhosas – que estão na minha coleção. Primeiro, você pretende tocar mais canções dessa época, além de "Listen to What the Man Said" e "Let 'Em In"? Algum plano para mais box sets nos próximos anos?**

– Você sabe que é muito difícil incluir tudo no *setlist*. Nós tocamos por três horas e deixamos de fora muita coisa. Às vezes a gente muda algumas músicas... Na passagem de som – que é um show completamente diferente... Então, é impossível fazer tudo. O show duraria o que... duas semanas?

– **Enquanto você estava falando sobre o *setlist*, me perguntava se você poderia voltar a tocar "Silly Love Songs" – uma música que tem uma linha incrível de baixo e se destaca em *Wings over America*. Seria fantástico ouvir essa música mais uma vez ao vivo...**

– Ah, sim... Nós chegamos a ensaiar "Silly Love Songs" e pensei em incluir a música no repertório, mas no final decidimos deixá-la de fora.

– **Uma pena. Quem sabe, na próxima vez?**

– Ah, claro... Especialmente para você.

– **Obrigado (risos). "Hope for the Future" é uma música muito bacana e adoraria vê-la no repertório.**

– Muito obrigado...

– **Você pretende tocá-la ao vivo?**

– Ah, com certeza. Nós temos ensaiado bastante e faltam apenas alguns ajustes e ela deve aparecer nos shows.

– Ah OK... Mas não deve tocar hoje, certo?

– (notando minha decepção): Não... Hoje não.

– Tive a chance de assistir a uma das primeiras apresentações de "Here Today" – seu tributo a John Lennon – em um show em Atlanta em 2002. Você ainda sente muita emoção ao cantar esta música?

– Sim, é muito emocionante. É muito bom tocar "Here Today" como um tributo ao John. Além disso, é uma música que funciona bem nos shows. `

– Você vê as pessoas chorando na plateia...

– Sim... Às vezes é emocionante demais. Isso acontece comigo também, quando você se dá conta sobre a letra, isso me afeta também.

– Porque a letra é tão forte... Você se lembra de quando a escreveu nos anos 80?

– Sim, me lembro. Estava em meu estúdio, no andar de cima onde fica o escritório. Isso foi antes de construir meu atual estúdio. (Em Sussex).

– Os versos de "Here Today" são muito inspirados e parecem sair de forma natural.

– Escrever uma canção como essa... É interessante, porque você coloca nela muitas emoções que, normalmente, você não comenta com a pessoa. Então, isso me fez refletir sobre tudo o que eu sentia e pensava sobre John.

– Antes de encerrar, gostaria de desejar a você dois incríveis shows aqui em São Paulo. Você sabia que nós já estamos entre os cinco países em que você mais se apresentou?

– (risos) Ah, sim. Existem alguns países em que o inglês não é a língua nativa, mas eles são muito bons para se apresentar. São lugares muito especiais.

– Muito obrigado, é um prazer ouvir isso de você. Paul, para encerrar, você gostaria de deixar uma mensagem de Natal para nossos ouvintes?

– Claro. Desejo a todos os ouvintes um feliz Natal... (faz um trocadilho com Hippie) Um Natal hippie... E um ótimo ano novo!

– Obrigado Paul. Feliz Natal pra você também. E a gente se vê logo mais no show!

– Verdade? Legal! Até lá!

– Até mais!

ANTERIORMENTE, NA VIDA DE JAMES PAUL McCARTNEY...

– Você ficou doido? – retrucou John Lennon, de forma atônita e alterada ao questionamento posto pelo amigo baixista no escritório da Apple, em Saville Row, Londres.

Paul, segundos antes, tinha sugerido algo que, há alguns anos, teria levado o parceiro dos inferninhos de Hamburgo e dos clubes cavernosos de Liverpool imediatamente às alturas: tocar ao vivo; voltar aos bons tempos dos palcos, onde os Beatles sabiam mais do que ninguém dar espetáculo.

"Mach Schau!"

Lennon, naquele setembro de 1969, estava mesmo preparado para um anticlímax.

Por sugestão do indigesto empresário Allen Klein, ele decidiu não avisar Paul McCartney e os demais que os Beatles já não existiam mais. Klein, matreiro e calculista, nem sonhava afugentar o já desconfiado McCartney da assinatura do contrato com a subsidiária da EMI nos Estados Unidos, a Capitol.

Fatalidade ou pragmatismo, a verdade é que os Beatles não tinham mais futuro, ao menos como nós o conhecíamos. O chamado "Monstro de Quatro Cabeças", como Mick Jagger se acostumou a descrever a então inseparável banda, agora estava reduzido a quatro indivíduos sem muita direção ou objetivo prático.

Mas fora do círculo privado dos Fab Four, o mundo ainda não desconfiava que havia algo de podre no Reino do Rio Mersey...

***

O EXÍLIO EM MULL OF KINTYRE

Quando James Paul, 14 anos, testemunhou inerte a mãe perder a batalha contra o câncer, sua reação à morte da parteira da região de Allerton, em Liverpool, Mary Patricia, intrigou até mesmo a família e os amigos mais chegados. Ao contrário de seu pai, Jim McCartney, que o chocava por chorar constantemente em sua presença e na do irmão Mike, o sofrimento e o luto de Paul foi combatido dentro de quatro paredes, ao som dos primeiros 78 rpm de Elvis Presley e de outros ídolos da febre do momento, conjurada por um nome cheio de ousadia pelos jovens na terra do skiffle: o Rock and Roll.

Mas, para Paul, ouvir nunca foi o suficiente. Sua experiência com a cúmplice música, aliás, pode se dizer que era coisa antiga – apesar da pouca idade. Desde que se conhecia por gente, ele aprendera a curtir *standards* do jazz tocados ao piano por seu pai, acompanhado por sua banda de final de semana.

Sendo assim, a iniciativa de apaziguar as dores de seu mundo juvenil precisava de mais um aliado. E ele veio logo, com um trompete presenteado pelo pai. Só que a vontade de cantar e tocar ao mesmo tempo, o levou a trocar o instrumento de sopro por uma guitarra acústica – a mesma Epiphone Zenith 17 que o levaria a John Lennon e ao The Quarrymen – em um ritual de passagem, rumo à fama internacional.

Estava assim, descoberto o antídoto mais efetivo contra a melancolia causada pela perda da mãe em seus jovens 47 anos. Nada melhor, então, do que tentar superar o desmonte dos Beatles com uma velha companheira...

Seu exílio para Campbeltown, na fazenda comprada na Escócia em 1966, foi providencial. Próximo ao cabo de Kintyre, onde a névoa invade as terras pelo mar, Paul tentaria virar o jogo, em meio à adversidade.

Junto com a mulher Linda e a filha Mary (nascida em agosto, no final das sessões de *Abbey Road*) – além de Heather, sua enteada, Paul apanhou o violão para compor algumas demos e finalizar músicas que ele havia criado nas férias do verão anterior, em Corfu, na Grécia. Entre elas, "Every Night" e "Maybe I'm Amazed" – a última, composta no quarto de música de sua casa, em Londres – duas canções nascidas com pinta de clássicos.

Paul McCartney em *Many Years from Now* (1997): "Quando os Beatles se separaram, eu passei por um período complicado, com todos os sintomas de um desempregado. Primeiro, eu não tinha motivo para me barbear – e não era para deixar meu visual na moda. Depois, veio a bebida. Levantava da cama, tomava todas e voltava a dormir. Foi então que percebi que não podia mais fazer nada para evitar o fim do grupo e a ação de Allen Klein. Quando voltei da Escócia, decidi gravar de novo. Mas seria algo sem alarde – e não havia sequer clima naquele momento para lançar um *single*."

De volta do exílio, um revigorado Paul estava realmente decidido a conduzir a gênese de seu primeiro LP – e da forçada carreira solo. Os elementos estavam em suas mãos: criatividade, disposição renovada e, por que não, um desejo de mostrar ao eleito vilão da vez, Allen Klein, que ele não tinha controle sobre sua capacidade de produzir o que mais gostava: música, música e mais música.

Pelo menos, naquele Natal de 1969 – imaginou Paul – os negócios turbulentos dos Beatles poderiam ficar de lado por alguns dias. Era hora de brilhar outra vez.

"Mach Schau!"

A seguir, cenas dos próximos anos na vida musical de Sir Paul McCartney, M.B.E.

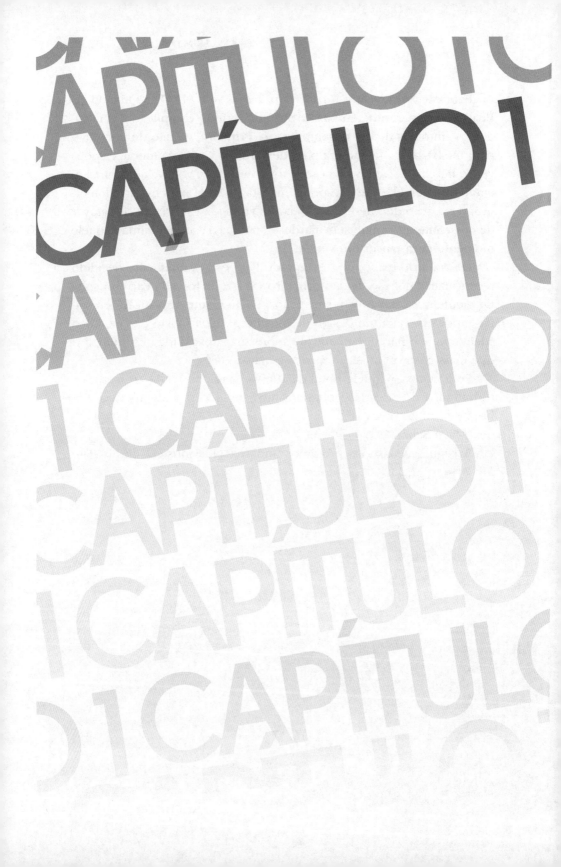

CAPÍTULO 1
McCARTNEY

" Decidimos não contar a ninguém o que estávamos fazendo... Dessa forma, você transforma o estúdio em sua casa. Ninguém sabe nada sobre o que acontece lá dentro e ninguém passa para espiar as gravações."
(Paul McCartney, *Rolling Stone*, Abril de 1970)

Capa: Linda McCartney

Arte: Paul e Linda McCartney, supervisionados por Roger Huggett e Gordon House

Gravações: Entre dezembro de 1969 e março de 1970

Produzido por: Paul McCartney, com assistência de Robin Black e Phil McDonald

Datas de lançamento: 17/04/1970 e 20/04/1970 (Reino Unido/EUA)

Desempenho comercial: 2º e 1º (Reino Unido/EUA)

10 de abril de 1970.

A Primavera bate à nossa porta. O Leeds enfrenta o Chelsea amanhã e Ringo e John e George e Paul estão muito bem vivos e cheios de esperança... O mundo ainda gira. Quando ele parar de girar – aí sim, será tempo de se preocupar. Até lá, os Beatles estão mais vivos do que nunca.

"The Beat goes on, The Beat goes on..."

Belas e profundas palavras, essas do assessor da Apple, Derek Taylor. Elas ecoaram por todo o Reino Unido naquele dia apocalíptico para o rock, na tentativa heroica – mas nada prática – de barrar o efeito nuclear de um questionário anexo ao primeiro LP de Paul McCartney (enviado somente para a mídia), rico em detalhes sobre sua produção, mas que à imprensa apenas interessou o que viria após a pergunta 28, feita por Peter Brown – outro funcionário da companhia fundada pelos Beatles em 1967:

– Esse disco é uma sobra dos Beatles ou um começo de uma nova carreira?

– Só o tempo vai dizer. Sendo um álbum solo, quer dizer que "é o começo de uma carreira"... Não sendo gravado com os Beatles, também quer dizer que é uma sobra. Então, significa ambos.

– Sua separação dos Beatles é temporária ou permanente? Foi algo pessoal ou artístico?

– Diferenças pessoais, diferenças comerciais, mas acima de tudo, porque eu estou curtindo mais ficar com minha família. Temporário ou permanente? Não sei dizer.

– Você prevê algum dia em que a dupla Lennon-McCartney retome sua parceria criativa mais uma vez?

– Não.

Após o "não" mais pesado vindo do sempre diplomático Paul, todas as manchetes dos jornais trouxeram algo em comum: "Paul deixa os Beatles." A notícia em destaque no *Daily Mirror* enfureceu John Lennon e seu mais novo "amigo" nos negócios da Apple. Allen Klein e a ABCKO tinham movido o mundo para que *Let It Be* – o tiro de misericórdia dos Beatles – chegasse às lojas antes do LP *McCartney*. Até mesmo apelar por Ringo como emissário. Sua carta-bomba assinada por John e George só piorou a situação. Ao perderem no cabo de guerra, muitas outras batalhas ainda seriam travadas pela alma do antes feliz quarteto de Liverpool. Todos estavam contra Paul. No final, sua vontade prevaleceria – e ambos LPs se dariam bem entre os fãs. Mas com *McCartney* saindo em abril e *Let It Be*, o derradeiro disco dos Beatles, chegando aos *racks* em maio.

Porém, antes que esses raios e trovões cortassem os céus sobre Paul McCartney é preciso investigar como ele superou o trauma da separação dos Beatles para montar, peça por peça, o quebra-cabeça de seu primeiro álbum solo...

Esse e outros segredos sopravam pelo vento do norte, a 885 quilômetros de Londres. No refúgio de Campbeltown, em Kintyre, Paul passaria semanas refletindo sobre o fim dos Beatles – cultivando um sentimento de inutilidade e desemprego – compondo e finalizando algumas músicas, até tomar coragem para retornar a Londres.

Em sua erma fazenda escocesa, ao lado de Linda e da filha Heather (então com sete anos), além da recém-nascida Mary, Paul ainda seria objeto de muita curiosidade. Antes de promover sua retomada ao mundo dos vivos, um repórter fotográfico da revista *Life* viajou até seu esconderijo para tentar confirmar ou desmentir mais um dos rumores ligados ao mito "Paul is dead" ("Paul está morto"). Ao bater à porta depois de insistir, Paul atirou um balde de lata em direção do indesejado. As imagens da agressão – feitas em tempo real em meio à reação destemperada –, ao menos, comprovariam que Paul estava vivinho.

Quando o jornalista se preparava para retornar à redação com aquele material bombástico, Paul se arrependeu e decidiu correr para explicar o seu estouro momentâneo. No fim, concedeu a foto, devidamente posada com a família ao lado do Land Rover Inferno sobre Rodas, mais tarde imortalizado no *single* "Helen Wheels".

De volta ao lar em Londres pertinho do Natal de 1969, e aos poucos superando os efeitos da crise de depressão, Paul decidiu criar em seu quarto de música em Cavendish Avenue com um gravador de quatro canais Studer J37 – o mesmo utilizado pelos Beatles em *Sgt. Pepper's Lonely Hearts Club Band*.

Magro e com espessa barba, ele passava horas no estúdio improvisado, tentando tirar dos instrumentos algo melódico – mas sem planos imediatos. Em uma das recentes peças, "The Lovely Linda", ele capturou o som das crianças correndo e do portão se abrindo. "Essa cairia como uma luva para abrir meu disco", arquitetou Paul...

Desinteressado em alertar os curiosos sobre suas atividades recentes, ele pediu à Linda que reservasse algumas datas nos estúdios da EMI, em Abbey Road, para concluir e refinar algumas músicas. Esperto, o rei dos *alter egos* agora seria o jogador de beisebol que ganhou fama nos Yankees nos anos 1950, Alfred Manuel "Billy Martin" Jr., durante as sessões de gravação e mixagem de *McCartney*, tanto em Abbey Road como nos estúdios Morgan, entre fevereiro e março de 1970.

Na reta final de produção do LP primogênito, Paul tiraria da cartola uma música composta nas últimas semanas em que ele resumia o sofrimento da separação dos Beatles e celebrava o suporte dado por Linda contra todos os tormentos. "Maybe I'm Amazed" – apelidada de o *"single* que nunca foi" – não apenas se destacaria das demais peças do álbum, como mais tarde acompanharia Paul até o próximo século pelos palcos ao redor da Terra.

Exaltado por alguns – o respeitado *New Musical Express* achou melhor que *Let It Be* – mas castigado por tantos outros, *McCartney* reverberou o suficiente, ao menos entre fãs e curiosos, muito interessados em descobrir o que Paul andava fazendo desde que o mítico LP *Abbey Road* tinha aparecido nas lojas havia sete meses.

Penny Valentine (1943-2003), famosa crítica do *Disc & Music & Echo*, soltou os cães contra *McCartney* na edição de 18 de abril: "Não tenho ideia sobre o que ele estava pensando quando planejou esse álbum. Talvez, ele esteja rindo de nossas caras. Até aí, tudo bem. Mas é uma maneira bem cruel de fazer isso..."

Não demorou para Paul rebater Penny Valentine em um telegrama publicado no mesmo semanário em 25/04/1970: "Penny, não tenho a menor intenção de ser cruel, nem estou rindo de ninguém. É só uma tentativa de fazer algo diferente e de me divertir. Neste momento, tenho certeza de que a música do LP já está crescendo em você..."

Mais de quatro décadas já se passaram desde a pesada crítica de Penny Valentine. Por bem ou por mal, a análise negativa de seu disco de estreia serviu como um tipo de combustível criativo. Uma forma de superar as adversidades e olhar para frente.

McCARTNEY – FAIXA A FAIXA

THE LOVELY LINDA

Descrença era a palavra certa ao ouvir da boca de John Lennon naquela tortuosa reunião na sede da Apple, em setembro, que os Beatles não iriam mais existir e que isso seria ocultado por um bom tempo até que os negócios fossem resolvidos. Para por a cabeça no lugar, o jeito foi escapar rumo à Escócia, onde Paul buscaria alguma saída para a crise. Linda seria essa resposta e a inspiração para a primeira canção – ou o protótipo dela – a entrar em seu primeiro LP de uma agora solitária carreira. De volta ao lar, em Londres, Paul usaria as gravações como terapia. "É apenas um trailer para uma canção completa que será gravada em breve. Gravei só para testar o Studer J37 – que tinha acabado de ser instalado em casa."

O processo de cura que Paul almejava através da música foi descrito pelo próprio no *press release* incluído apenas nos LPs enviados a jornais e revistas, com detalhes de invejar qualquer banda ou músico naquele início de anos 1970.

Peculiarmente, o texto composto passo a passo com auxílio do relações públicas da Apple, Peter Brown, se tornaria, na hora, o documento mais detalhado sobre a produção de um disco ligado a qualquer um dos Beatles – grupo ou solo. Algo que um fã ou estudioso do grupo não testemunharia até 1988 na chegada da bíblia *The Complete Beatles Recording Sessions: The Official Story of the Abbey Road Years 1962–1970*, escrita pelo contador e ex-funcionário da BBC, Mark Lewisohn.

Com o gravador Studer J37 já instalado e preparado para rodar, Paul preparou tudo para concluir "The Lovely Linda" sem percalços. Era o primeiro passo no grande momento de independência e fuga do empresário Allen Klein. No primeiro canal da máquina, ele cantou a canção de amor acompanhado por seu violão Martin D-28, afinal a letra era bem curtinha. Depois, ocupou o segundo com mais um violão para dar corpo à base e apanhou um livro de sua biblioteca para servir como instrumento de percussão.

Para encerrar, nem foi necessário ocupar as demais pistas do Studer. Paul abraçou seu fiel baixo Rickenbacker 4001s Fireglo e o trabalho estava pronto. O ambiente familiar e caseiro de "The Lovely Linda" ganharia ainda deliciosas gargalhadas e o som do ranger de uma porta, mantidos no *mix* feito em Abbey Road em 21 de fevereiro de 1970. A risada foi capturada por acidente, enquanto Linda entrava com as crianças no quarto no meio da sessão... Paul não resistiu, e se uniu à claque.

Era o toque que faltava para embasar Paul na hora de descrever o tema central de seu primeiro disco: "Ela costumava usar flores no cabelo e nessa gravação você pode ouvir Linda entrando em casa pela porta do jardim. Isso aparece na fita... Sempre pensei em terminar a música. O outro trecho era como uma canção no estilo mariachi, mas nunca finalizei."

THAT WOULD BE SOMETHING

Quando Paul ouviu o clique ao rebobinar a fita de "The Lovely Linda", respirou fundo. Era isso mesmo o que ele faria daqui para frente. A primeira música ficara pronta em questão de minutos. Logo apanhou o fone de ouvido para conferir o resultado, fez um *mix* básico da canção e já estava preparado para outra aventura solitária. Bacana!

Se "The Lovely Linda" tinha dado certo – refletiu – por que, então, não tratar a segunda música da lista com mais requinte? Não era tão difícil gravar sozinho, afinal. "That Would Be Something" era uma de suas recentes crias, composta ao violão para divertir Linda e as crianças enquanto estava na fazenda High Park, em Campbeltown naquele outono sombrio de 1969.

"That would be something / Really would be something / That would be something / To meet you in the fallin' rain" ("Ah, seria demais! Como seria incrível. No meio da tempestade poder te encontrar. Lá na chuva poder te encontrar").

Mais uma vinheta, com apenas um verso repetitivo, que não fugia de trabalhos anteriores com os Beatles: "Wild Honey Pie", "Why Don't We Do It in the Road", "Her Majesty" – e a própria "The Lovely Linda".

Linda relembrou em 1992 que a bela casa de Paul em Londres – localizada bem pertinho dos estúdios Abbey Road – até que estava bem equipada para que as músicas pudessem ter um "algo mais", como por exemplo, o acompanhamento de bateria: "Paul tinha um kit de bateria espalhado pela casa e decidiu usá-lo. Até guitarra elétrica ele gravou. Por isso tudo (o LP) ficou com um som bastante orgânico."

Com mais material ao alcance, Paul descreveu o processo de gravação, que mais uma vez foi bastante simples. No primeiro canal do Studer ele colocou vocal e violão, com percussão gravada no canal 2, usando apenas um chimbau e o tom-tom da bateria. "That Would Be Something" estava quase pronta. Sobre o acompanhamento de violão, no terceiro canal do gravador, Paul adicionou arpejos de guitarra tocados na Fender Telecaster modelo 1966. Por fim, contrabaixo Rickenbacker acrescentado no canal 4. A versão que ouvimos em *McCartney* seria mixada em Abbey Road, em 22 de fevereiro de 1970.

"That Would Be Something" era sinônimo de nostalgia para Paul McCartney. Em 1991, essa saudade bateu e a música foi tirada do baú para o programa *Acústico MTV*, lançado em LP e CD e exibido pelo canal, inclusive no Brasil. Essa performance está no box com 3 DVDs, *The McCartney Years*, de 2007, e na edição de luxo de *McCartney*, da *Paul McCartney Archive Collection* de 2011.

VALENTINE DAY

Paul estava impaciente. Sua encomenda não chegava de jeito nenhum. O que ele precisava naquele momento era só de um *VU Meter* para regular o volume e saber se o som capturado no Studer J37 estava na medida. Enquanto a entrega não acontecia – ou melhor, sequer aconteceu! – ele decidiu dar sequência aos experimentos em seu estúdio improvisado e ver até onde era possível chegar gravando em casa.

"Valentine Day" – embora o nome sugira – não foi gravada em um belo Dia dos Namorados – O Valentine's Day (note a apóstrofe). O nome do instrumental certamente remete a São Valentim, mas a ligação com a data termina aí. Tudo foi concluído no quarto de música de Cavendish numa tarde de janeiro. Seu espírito *free jazz* foi assim detalhado por Paul: "Mais uma que gravei totalmente em casa. Fui improvisando enquanto gravava. Primeiro guitarra, depois bateria (talvez bateria primeiro!)... Bem, guitarra e baixo foram adicionados mais tarde. A faixa é totalmente instrumental e mixada nos estúdios da EMI. Tanto 'Valentine Day' como 'Momma Miss America' foram gravadas mais para testar o equipamento do que outra coisa."

Em certo instante em meio às aconchegantes tardes em Cavendish, Paul seria atingido pelo anticlímax. Antes de prosseguir com seu projeto secreto (ninguém além de Linda sabia das gravações de *McCartney*), uma ligação indesejada da EMI o convocou para mais uma sessão ao lado de George Harrison e Ringo Starr em Abbey Road. Era preciso finalizar "I Me Mine". O trabalho na canção de Harrison não seria o último. No dia seguinte, os três ainda deram os toques finais em "Let It Be", música gravada em 1969 enquanto o álbum ainda se chamava *Get Back*.

EVERY NIGHT

Extenuante. O final de outubro de 1968 deixara os Beatles de cabelos em pé durante a maratona para finalizar o álbum duplo, quase batizado em homenagem à obra do dramaturgo norueguês Henrik Ibsen: a obra-prima de 1879: *A Doll's House*. Depois de sacramentar *The Beatles* – carinhosamente chamado como *Álbum Branco* – Paul ainda tinha algumas cartas na manga. Nem mesmo todas suas contribuições ao projeto extinguiram sua criatividade. Isso foi logo mostrado no começo do ano seguinte, em um projeto que parecia ter tudo para dar certo: voltar às raízes com um som básico e tocar ao vivo: *Get Back!*

No final de janeiro, quando as sessões de *Get Back* foram transferidas para o novo QG dos Beatles, em Saville Row, Paul tinha a melodia e algumas palavras de uma composição que demoraria ainda mais um ano para ser finalizada. Nos dias 21 e 24, Paul é ouvido no estúdio da Apple cantarolando os primeiros versos de "Every Night" acompanhado por John Lennon. A canção, iniciada na Escócia, ensaiada na Inglaterra decolava rumo ao seu trajeto multinacional.

Em 15 de maio de 1969, Paul decidiu escapar de Londres com Linda, sem muito alarde. Para isso, trataram de despistar a imprensa, desconfiada de que a fotógrafa americana esperava um filho da celebridade. Enquanto os jornalistas o procuravam pelo mais glamoroso sul da França, o casal estava em busca de tranquilidade na ilha grega de Corfu, onde se hospedaram em um resort turístico chamado Benitses – atualmente, com apenas mil habitantes em suas redondezas.

No local, Paul completaria "Every Night", primeira música de *McCartney* a ser registrada em Abbey Road e uma declaração aberta sobre os problemas que estaria prestes a encarar com a dissolução da banda.

Antes de explicar como produzira a sessão de "Every Night" em 22 de fevereiro no Studio 2 de Abbey Road, Paul comentou que "tinha escrito as primeiras frases da letra anos atrás". Em entrevistas na época, ele ainda ressaltou que esse primeiro trecho representava os primeiros dias com os Beatles, onde ele só pensava em sair: "Toda noite eu só penso em sair, só penso em sair da minha cabeça..."

Ao continuar a composição na Grécia, a música foi ganhando contornos de sofrimento, provocado pelas tortuosas reuniões com Allen Klein sobre o futuro amargo dos negócios: "Every night I just want to go out / Get out of my head / Every day I don't want to get up / Get out of my bed" ("Toda noite só penso em sair. Sair da minha cabeça. Todo dia eu nem penso em levantar da cama. Na cama eu só quero ficar").

Na conclusão da música, o ponto triunfante, característica do nativo de Liverpool: "Every morning brings a new day / Every night that day is through / But tonight I just want to stay in / And be with you" ("Todas as manhãs trazem um novo dia. Toda noite, esse dia se acaba. Mas nessa noite contigo eu só quero ficar. Sim, contigo ficar").

Já em Abbey Road – secretamente reservado com o pseudônimo do jogador de beisebol Billy Martin – Paul estava preparado para gravar "Every Night". Ao seu redor, Linda, Heather e o bebê, Mary, em um ambiente que tentava reproduzir o clima de casa. Para que tudo não o lembrasse do fim dos Beatles, Linda trouxe uma toalha e uma cesta de piquenique com sanduíches e suco de uva. Para distrair a filha pequena, alguns brinquedos foram espalhados no chão.

Ao contrário das músicas anteriores, "Every Night" contou com oito canais. Paul gravou o vocal no primeiro, acompanhado por violão no segundo. No terceiro canal, ele tocou bateria de forma bem simples e marcante, só para não perder o ritmo. A seguir, vieram baixo, guitarra e as harmonias, gravadas com uma ajudinha de Linda. Por fim, Phil dobrou o vocal de Paul na mixagem final, inserido no canal sete. Um solo de guitarra entraria no canal restante, mas acabou apagado pelo engenheiro de som durante as mixagens em 24 de fevereiro de 1970.

HOT AS SUN / GLASSES / SUICIDE

Se até este ponto "Every Night" pode ser considerada a música mais antiga do LP, "Hot As Sun" então chega direto do acervo do "Museu McCartney de raridades". Composta por ele entre 1958 e 1959, quando ainda era membro do The Quarrymen, o instrumental foi resgatado – e renovado – especialmente para as sessões de seu primeiro disco. Nesta reencarnação, "Hot As Sun" não só teria uma segunda parte – também instrumental – como ganharia o acompanhamento de uma experiência *avant-garde* chamada "Glasses".

Iniciada no finalzinho de dezembro em Cavendish, a gravação receberia tratamento especial em outro estúdio de Londres, agendado por Linda para que, mais uma vez, a imprensa não se interessasse pelos passos furtivos de Paul. A locação escolhida não estava muito longe da residência dos McCartney: 169-171 High Road, Willesden. No Morgan Studios, Paul teria a companhia de Robin Black, o engenheiro de som chefe da casa e, anos mais tarde, colaborador em álbuns do Jethro Tull e Black Sabbath. Em 2007, relembrou um pouco sobre os dias ao lado de Paul McCartney em entrevista concedida a este autor: "Quando Paul entrou no estúdio eu tinha certeza de que ele teria a companhia de outros músicos para trabalhar. Mas no fim, ele chegou e disse que seria apenas ele, Linda e mais ninguém. Tente imaginar como me senti quando ele falou que gostaria de gravar só comigo na sala de controle. Foi realmente incrível! Trabalhamos no estúdio 2, que é o menor de todos, mas era muito aconchegante e foi bacana."

Com ajuda de Robin Black, "Hot As Sun" foi concluída no "aconchegante Morgan" com Paul tocando violão, guitarra elétrica e bateria – ocupando os três primeiros canais. Outra guitarra foi usada na sequência, mais órgão Hammond, maracas, contrabaixo e bongôs. Mas a banda de um homem só de Paul ainda reservava algumas surpresas para o final.

A primeira delas seria "Glasses", instrumental com tom sombrio, formado pela combinação de cálices de água, cada um com um volume diferente para obter as notas desejadas. Esta faixa foi gravada no Studio 3 de Abbey Road e mais tarde unida à "Hot As Sun", com apoio de Phil McDonald em 24 de fevereiro de 1970. No final de "Glasses", o ouvinte ficaria realmente intrigado com outra composição sequer creditada na capa de *McCartney*. Ela surge na sequência, trincada e com breve letra: "Bet he says nothin' doin' / I'd call it suicide" ("Aposto que ele diz: não faça nada. Já eu chamo isso de suicídio!").

Fragmentada, "Suicide" era outra música das mais anciãs, nunca materializada até aparecer ao lado de "Hot As Sun" e "Glasses". Em 2011, Paul finalmente daria o gostinho de ouvir a versão completa, incluída na *Paul McCartney Collection*.

PAUL McCARTNEY EM DISCOS E CANÇÕES

Paul revela suas origens: "Me lembro de estar de bobeira deitado na cama em busca de ideias para a letra. Peguei um bloco de papel e lápis para escrever lá mesmo e refleti... por isso que as rimas ficaram tão ruins! (risos). Os versos são fracos, mas no fim acabei compondo a música como uma piada, um pouco de cabaré: 'Tchan – senhoras e senhores, bem-vindos a Las Vegas!'. Esse tipo de coisa. A ideia era que Frank Sinatra pudesse gravar. Liguei para Frank e ele disse: 'Mande a música, Paul.' Gravei uma demo e Frank achou que eu estava tirando uma da cara dele. Enviar uma música com o título Suicide? Ele não pegou a ideia... Depois disso, achei que deveria ter mudado alguma coisa na música."

Por mais divertidas que sejam, as recordações sobre a música que acompanha Paul desde 1956 são nebulosas. Não se sabe ao certo qual versão de "Suicide" chegou aos ouvidos de Sinatra.

Em 24 de janeiro de 1969, os Beatles ensaiaram um *take* de "Hot As Sun" no estúdio de Saville Row, em Londres. Logo após tocarem o instrumental com alguns versos ininteligíveis cantados por Paul, ele liderou o grupo em outro instrumental "perdido" da fase pré-Beatles chamado "Catswalk". Será que ela é a mesma música gravada em 1969, lançada de forma completa em 2011? Poderia ser então a incluída no *bootleg* apelidado pelos fãs de *Piano Tape*, supostamente gravada em 1973? Mas a aposta mais certa é a encarnação de "Suicide" que "A Voz" teve acesso nos anos 1970 e preparada pelo Wings em 1977, com direito a novos versos e introdução.

Em 2003, Paul retomaria a técnica usada em "Glasses" na produção de um *jingle* de "Band on the Run" para a BBC Radio 2, demonstrando o mesmo processo em julho de 2005 no especial *Chaos and Creation at Abbey Road*, acompanhado pelo produtor Nigel Godrich. Já "Hot As Sun" foi retomada pelo Wings em 1979 em sua última turnê e relançada na edição de luxo de *McCartney* em 2011. "Suicide" está disponível em diversas versões na internet. Curiosamente, a primeira gravação completa dessa música foi produzida no Brasil. Gravada pela cantora Twiggy, ela está no CD *Letra & Música*, lançado em 2008 pelo selo Discobertas.

JUNK

Quando Paul, George, Ringo e Yoko concordaram em incluir "Jubilee" no terceiro disco da série *The Beatles Anthology*, em 1996, fãs e colecionadores mais aplicados já conheciam há tempos a versão original de "Junk", incluída no CD *Kinfauns* – um *bootleg* batizado em homenagem ao local onde a música e outras três dezenas de composições acústicas foram gravadas em 24 de maio de 1968. Kinfauns era o nome da residência de George Harrison, na região de Esher na Inglaterra. O local foi escolhido como etapa de pré-produção do próximo disco duplo dos Beatles – que, facilmente, poderia ter sido triplo.

Com tantas opções – a maioria delas compostas no ashram do Maharishi Mahesh Yogi em fevereiro passado, em Rishikesh, a balada de Paul seria reservada para horas de necessidade – como a de seu primeiro LP solo, já com os versos adaptados e finalizados. "Junk" – ou "Junk in the Yard" – é um tema cercado de melancolia e nostalgia por objetos que um dia significaram muito para alguém. Foi produzida em duas locações: em 10 de fevereiro, no quarto de música de Cavendish Avenue, Paul gravou seu vocal no canal número 1, e dois violões na sequência, nos canais 2 e 3. Com tudo preparado, ele adicionou contrabaixo e mixou. Quando decidiu gravar fora de sua casa, "Junk" foi levada ao Morgan Studios no dia 12, onde ele completou a música com xilofone, bateria e os vocais, com ajuda de Linda.

MAN WE WAS LONELY

Mais um dia frio de fevereiro em Londres. Paul e Linda ainda estavam no quarto, mas desta vez o casal não estava deprimido pelos recentes acontecimentos. Paul levantou animado com a ideia de compor algo inspirado no estilo de Johnny Cash. Embora cantada em forma de paródia, com direito ao sotaque sulista americano e erro gramatical como no blues, a música seria mais um comentário sobre o fim dos Beatles e uma ameaça chamada Allen Klein: "Man we was lonely / Yes we was lonely / And we was hard pressed to find a smile" ("Cara, nós estávamos sozinhos. Sozinhos demais. Mesmo assim, eles nos pressionavam pra achar um motivo e encontrar, no meio disso, um sorriso")

Paul: "Quando escrevi 'Man We Was Lonely', me imaginei como Johnny Cash. 'Johnny poderia ter acertado essa', pensei. Lembro-me de ter tocado a música para Johnny e June anos depois."

A abertura de "Man We Was Lonely" e seu tom de pastiche disfarçavam as intenções imbuídas na letra. Paul, os fãs sabiam, nunca foi de misturar negócios à música – mas até o autor de baladas distintas como "Michelle" e "Honey Pie" tinha limites.

O fim de fevereiro se aproximava e ainda faltavam detalhes importantes para finalizar o álbum. No meio do almoço, Paul finalmente teve a ideia para a segunda parte de "Man We Was Lonely". O trecho é como um diário do casal, que lutava para voltar ao mundo da música em paz: "Eu costumava guiar pelas velozes ruas da cidade a cantar as músicas que só minhas pensava que eram... Mas agora, vê se me deixa aqui ficar... quero deitar ao lado do meu amor... enquanto eu estiver em meu lar". ("I used to ride on my fast city line / Singing songs that I thought were mine alone, alone / Now let me lie with my love for the time / I am home (home), home (home), home").

Com a segunda parte concluída, Paul e Linda caminharam até os estúdios da EMI, em Abbey Road, em 25 de fevereiro e gravaram "Man We Was Lonely" assim: Primeiro, violão e vocal guia. Na sequência, o vocal dobrado acompanhado por percussão feita na caixa da bateria. No quarto canal, Paul gravou suas linhas de baixo e no quinto, adicionou o belo solo de guitarra com slide feito com um afinador de bateria.

OO YOU

No documentário *Wingspan – An Intimate Portrait*, Paul revelou: "Linda não me conhecia muito bem no início e um dia chegou até a mim, surpresa: 'Paul, não sabia que você tocava guitarra desse jeito!' E me aconselhou a tocar mais o instrumento. Na verdade, comecei nos Beatles como guitarrista e o baixo ficou comigo por acidente. Ninguém queria. Era o instrumento do gordinho no fundo do palco (risos)."

Linda logo descobriria nos bastidores de *McCartney* que o marido não só tinha afinidade pelo instrumento como admirava o cara certo. Em 1967, Paul deu uma mãozinha a Jimi Hendrix para entrar no Monterey Pop Festival, depois de conferir uma apresentação arrasadora no Scotch of St. James.

"Oo You" – acompanhada do subtítulo "Woman" – apresenta Paul tocando uma guitarra Fender Telecaster abrasiva e desfilando um vocal ainda mais quente. As origens da música seriam melhor detalhas na versão disponibilizada em 2011, como parte da *Paul McCartney Collection*. Na faixa bônus incluída na reedição de *McCartney*, "Oo You" ainda era um instrumental completo. No *press release* lançado em abril de 1970 ele comentou: "As primeiras três faixas gravadas em casa eram instrumentais. Esta ("Oo You"), como "Man We Was Lonely", recebeu letra certo dia após almoçarmos e seguir para o Morgan Studios, onde eu a finalizei."

Assim como Paul revelou, "Oo You" foi levada ao Morgan Studios com vocal e guitarra elétrica gravadas em 10 de fevereiro no Studer J37. Com a ajuda de Robin Black, ele terminou a música adicionando vários itens: vocal final, mais guitarra, bateria, pandeirola, sinos e um instrumento de percussão inusitado. Quer dizer, um instrumento improvisado: um spray cheio de água para marcar o ritmo de forma divertida. Na mixagem, a música recebeu o tratamento na câmara de eco para que ela fosse ouvida de um canal para o outro na versão final, mixada em 24 de fevereiro no Morgan Studios por John Kurlander, ao lado da faixa "Don't Cry Baby" – que é apenas um singelo acalanto a Mary, com seis meses incompletos.

MOMMA MISS AMERICA

Era meio cedo para contar vantagem. Afinal, os dias gelados do inverno inglês duram bastante, mesmo no meio da primavera. Talvez, por isso mesmo, Paul tenha decidido mudar o nome desse instrumental na última hora. Ao invés de "Rock and Roll Springtime" – como anunciado por ele na introdução – a próxima faixa do disco seria mesmo "Momma Miss America" – e por razões, totalmente desconhecidas.

Ainda que a "mamãe" – termo como os norte-americanos do sul chamam suas esposas – possa ser uma brincadeira com Linda, vamos tentar matar a curiosidade. Em 1969, a Miss Estados Unidos foi Wendy Dascomb, do Estado da Virgínia. A loira Dascomb defenderia os Estados Unidos naquele mesmo ano na competição de Miss Universo, mas perderia a coroa para Gloria Diaz, das Filipinas.

Paul: "'Momma Miss America' é um instrumental gravado totalmente em casa. Fui improvisando no meio do caminho. Primeiro, gravei uma sequência de acordes, depois incluí a melodia por cima. Adicionei piano, bateria, violão e guitarra. Na verdade, eram duas peças diferentes, mas como elas se encaixaram bem decidi juntar tudo em apenas uma."

TEDDY BOY

No final dos anos 1960, os dias ruins e secos estavam distantes de Paul McCartney. Seu estoque de canções era farto. "Teddy Boy" era mais uma de suas criações que não passou no teste para os álbuns *Branco*, *Abbey Road* e *Let It Be*. Composta como "Junk", no centro de Meditação Transcendental indiano em Rishikesh, a música ainda passaria por algumas edições na fazenda High Park, na Escócia e no quarto de música em Cavendish, Londres.

Mas quem seria o misterioso garoto que dá o nome à canção? Teddy Boy é a versão britânica dos rebeldes americanos, inspirados em personagens interpretados pelos lendários Marlon Brando e James Dean em filmes não menos cultuados como *O Selvagem da Motocicleta* e *Rebelde sem Causa*.

John Lennon comentou sobre o tema na última entrevista concedida à *Rolling Stone*, a três dias de seu assassinato em Nova Iorque: "Eu venho da tradição machista pretensiosa. Nunca fui um garoto de rua ou um cara durão. Costumava me vestir como um Teddy Boy e me identificar com Marlon Brando e Elvis Presley, mas nunca me meti em lutas pesadas ou brigas de gangues locais. Só era um garoto suburbano, imitando os roqueiros... Mas fazia parte da minha vida parecer durão."

Na mente criativa de Paul, parte da letra de "Teddy Boy" pode ter sido inspirada na vida de John, afinal a mãe dele, Julia, começou a sair com outros homens após o pai, Alfred Lennon, abandonar a família.

Versões de "Teddy Boy" foram ensaiadas pelos Beatles em 9, 24 e 28 de janeiro de 1969. Uma delas seria mixada por Glyn Johns para o cancelado *Get Back*. (Em 1996, os Beatles lançaram "Teddy Boy" no CD duplo *Anthology 3*). Mas em 1970, após ver sua bela composição ser gravada, mas não usada pela banda, tratou de recuperá-la para a inclusão no LP. O primeiro *take* foi registrado no quarto de música em Cavendish em 10 de fevereiro de 1970, usando três canais do Studer J37, com violão, vocal e contrabaixo. No dia 12, Paul contou com a ajuda de Robin Black para finalizar a canção no Morgan Studios tocando percussão e bateria. Linda também colaborou com os belos vocais, fazendo as harmonias.

SINGALONG JUNK

Etérea e hipnótica, a versão instrumental de "Junk" não é uma regravação da faixa 5 do LP *McCartney*. O que você ouve aqui na verdade é o primeiro *take* caseiro registrado no Studer J37 e mais tarde finalizado por Paul McCartney no Morgan Studios. Sendo assim, violão, piano e baixo gravados em Cavendish seriam temperados com outros ingredientes para renovar sua atmosfera: mellotron, guitarra, chimbau, caixa da bateria e xilofone, garantindo uma "reprise de luxo" ao lado B do álbum.

Antes de se tornar um desafeto – muito por conta de sua mão pesada em "The Long and Winding Road" – Phil Spector era um dos ídolos musicais de Paul. Foi inspirado na ideia de Spector de incluir versões instrumentais das músicas que produzia nos lados B de *singles* a razão de "Singalong Junk" sobreviver à mesa de edição...

"Singalong Junk" voltaria a ser reapreciada quando o diretor Cameron Crowe escolheu a música para ilustrar uma das cenas do indicado ao Oscar *Jerry Maguire – A Grande Virada*, de 1995.

MAYBE I'M AMAZED

Lá pelo fim de 1969, os tempos eram realmente sombrios no círculo do quarteto de Liverpool... Mesmo atormentado, Paul McCartney não poderia ter resumido a saga da principal música de seu disco de estreia de forma tão superficial. Assim falou Paul sobre "Maybe I'm Amazed" no *press release* escrito por Peter Brown: "Composta em Londres, ao piano, mas o segundo verso só foi finalizado mais tarde – como se alguém se importasse."

Era só isso que Paul – a segunda metade da dupla de compositores mais importante surgida no século 20 – tinha para comentar sobre uma música que seria tocada em praticamente todas suas turnês? Talvez o gris que pintava os papéis de divórcio dos Beatles sobrepusesse até mesmo os poderes dessa "falsa balada", iniciada durante as sessões de *Let It Be*. "Maybe I'm Amazed", mais do que tudo, era um grito por ajuda, como Paul poucas vezes gritara até então.

Em 2001, ao concluir a produção do documentário *Wingspan – An Intimate Portrait*, Paul escolheu melhores palavras para comentar sobre uma de suas composições mais apreciadas. Na entrevista concedida à filha Mary na House of the Redeemer, em Nova Iorque, ele comentou: "Escrevi 'Maybe I'm Amazed' no começo do meu relacionamento com Linda. Estava em casa, tocando piano, e meio que a música foi sendo composta de forma espontânea... Eu apenas refletia meus sentimentos, o que sentia por Linda naquele momento. Até hoje ela é uma de minhas favoritas."

Certamente, Paul tinha a melodia de "Maybe I'm Amazed" bem antes de concluir a letra, embora exista debate se os acordes ouvidos durante as gravações em 8 de janeiro de 1969, nos estúdios de cinema de Twickenham, sejam mesmo embriões da música.

Como "Every Night", "Maybe I'm Amazed" seria gravada e mixada nos estabelecimentos de Abbey Road em 22 de fevereiro de 1970. Comparada a "That Would Be Something", a música "favorita da atriz Liza Minelli" é uma superprodução com piano e vocal guia, bateria e contrabaixo. Com a base finalizada, Paul tocaria o solo de guitarra e substituiria o vocal por um definitivo, além de tocar o órgão que você ouve no finalzinho da música. Tudo acompanhado por Linda nos *backing vocals* e harmonias.

Apesar de não ter sido promovida com *single*, Paul decidiu encomendar um filme promocional para divulgar "Maybe I'm Amazed". A direção da produção – montada a partir de fotografias feitas por Linda McCartney – ficou com Charlie Jenkins, estreando na Inglaterra e nos Estados Unidos em 19 de abril de 1970 nos programas *London Weekend TV* e no lendário *The Ed Sullivan Show*, respectivamente. Este vídeo foi lançado em novembro de 2007 na coleção *The McCartney Years* e depois relançado na *Paul McCartney Archive Collection* em 2011, juntamente com um *making of*.

Em recente entrevista, o produtor Chris Thomas (o mesmo do *Álbum Branco*) afirmou ter feito um *mix* mais ousado de "Maybe I'm Amazed", cheio de vocais improvisados. Este tesouro das sessões acabou fora da *Paul McCartney Collection*, assim como "Cavendish Parade", outro instrumental gravado no estúdio montado em sua casa. Em dezembro de 2010, a MPL cedeu os *multitracks* de "Maybe I'm Amazed" para a franquia de videogame Guitar Hero. Analisada no programa de áudio Audacity, é possível ouvir diversas improvisações vocais feitas por Paul durante o solo de guitarra e não percebidas na versão de *McCartney*. Uma das mais perceptíveis acontece quando ele começa a estalar a língua.

KREEN-AKRORE

Mitologia e história frequentemente se confundem quando falamos das músicas dos Beatles. Na era *Sgt. Pepper's*, por exemplo, "She's Leaving Home" foi composta após Paul ler um artigo de jornal falando sobre uma garota que havia fugido de casa com o namorado. "Kreen-Akrore" – a música que encerra *McCartney* – também foi inspirada pela mídia. Horas depois de assistir com curiosidade ao documentário *The Tribe That Hides from Man* (*A Tribo Que Se Esconde do Homem*), Paul McCartney não teve dúvida: sentiu-se na obrigação e criar algo sobre o filme. Por ser uma saga inusitada revelando uma tribo sem qualquer contato com a vida urbana do século XX, a faixa teria de ser tão exótica quanto o tema antropológico abordado pelo canal ATV, como Paul bem explicou: "O filme mostrava com detalhes como o homem queria transformar as vidas daqueles nativos desconhecidos. Então, um dia após o almoço, fui até o estúdio tocar bateria para tentar capturar um pouco da vibração daquela tribo."

Produzido pela ATV – Association Televison – e narrado por Adrian Cowell, *The Tribe That Hides from Men* foi exibido na Inglaterra em 11 de fevereiro de 1970. O documentário com 75 minutos de duração revela a expedição dos indianistas brasileiros Orlando e Claudio Villas-Boas pelos cantos até então inexplorados da floresta Amazônica onde viviam os Kreen-Akrore.

No dia seguinte à exibição do documentário sobre os nativos brasileiros, Paul disparou rumo ao Morgan Studios com Linda para realizar sua experiência vanguardista. Com a demo em mãos registrada no dia anterior em sua casa, ele transferiu bateria, piano, violão e órgão para o gravador de 8 canais do Morgan, e finalizou tudo com a ajuda de Robin Black, gravando sons de animais (imitados por Paul, Linda e Robin), o solo de guitarra e os efeitos sonoros produzidos por arco e flecha. Entrevistado para este livro, Robin Black conta como foi a inusitada sessão: "Me lembro de 'Kreen-Akrore' muito bem. Paul estava no estúdio e teve a ideia de sair para comprar arco, flechas e um alvo para usar na sessão. Eu também tinha assistido ao documentário sobre a tribo, o que ajudou meu trabalho na hora de reproduzir os efeitos que ele tinha na cabeça. Para gravar, espalhei diversos microfones Neumann pelo estúdio para captar minuciosamente a trajetória das flechas até o alvo. Lembro também que Paul pediu que todos ficassem em completo silêncio até fora do estúdio. Ele não queria correr riscos de captar algum som invasor na nossa gravação."

Paul: "Nós fizemos uma fogueira dentro do estúdio, mas não a usamos – mas aproveitamos o som dos galhos arrebentando."

Mito ou verdade?

Outras músicas da era *McCartney*

Pouco se sabe sobre o período em que Paul ficou trancado na fazenda High Park no outono de 1969 ou em sua residência em Londres, perto do Natal.

Uma das músicas resgatadas para o projeto *Paul McCartney Archive Collection* é a demo de "Women Kind" – conhecida pelos fãs como uma faixa incluída no *bootleg Piano Tape,* onde "Suicide" também aparece.

Segundo os créditos do livro, a fita com esta música havia sido roubada e disponibilizada no mercado para colecionadores, sempre ávidos por novidades.

NO BAÚ DE *McCARTNEY*

Sobras de estúdio: Duas peças "Rupert Guitar" e "When the Wind Is Blowing" (criadas para a animação *Rupert* – não disponíveis).

"Backwards Guitar Piece" – trecho de guitarra invertida gravado durante as sessões de *McCartney*.

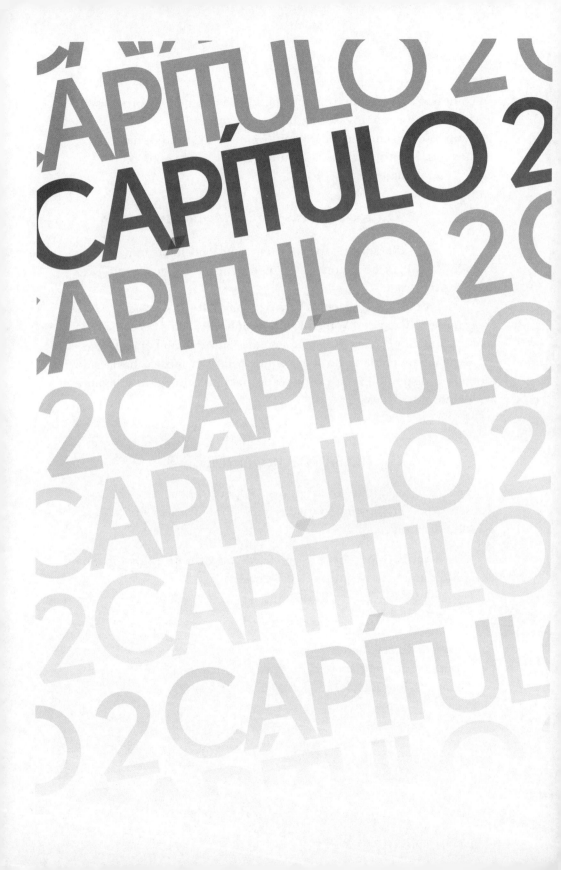

CAPÍTULO 2
RAM

"Fiquei feliz com o álbum, apesar de ter sido massacrado pelos críticos. Naquele tempo, ainda vivíamos à sombra dos Beatles e tudo era comparado ao que tínhamos feito... O pior de tudo é que acabamos dando corda e isso piorou a reputação do disco." **(Paul McCartney, 2002)**

Capa: Linda McCartney
Arte: Paul McCartney
Gravações: Entre outubro de 1970 e abril de 1971
Produzido por: Paul McCartney
Datas de lançamento: 28/05/1971 e 17/05/1971 (Reino Unido/EUA)
Desempenho comercial: 1º e 2º (Reino Unido/EUA)

Revista *Melody Maker*, Julho de 1971.
– O que você tem a falar sobre os álbuns do Paul?
Ringo Starr: Fico triste sobre os discos do Paul, porque sei que ele é um grande artista, incrivelmente criativo e inteligente. Mas Paul tem me desapontado. Não acredito que *Ram* tenha sequer uma melodia. Acho que ele tem jogado seu tempo fora – é o jeito que sinto. Paul tem agido de forma muito estranha ultimamente...

Ringo não estava para brincadeiras, nem para o sinal de paz e amor. Depois de classificar a atual música de John como "sensacional" e *All Things Must Pass* do parceiro George como "incrível", o ex-baterista da banda mais famosa do mundo só tinha palavras cortantes para o seu ex-parceiro na "cozinha" dos Beatles. Sinal dos tempos. Ringo estava magoado. Alguns meses antes da amargurada entrevista com Ringo ser publicada, Paul se dividia entre as gravações de seu segundo álbum e a batalha jurídica para se desvencilhar do contrato que o atrelava a contragosto ao grupo dominado pelo empresário de Nova Iorque, Allen Klein, e sua ABCKO – Allen and Betty Klein Company. A mesma companhia a qual, ironicamente, George alertava contra seus perigos em uma versão da música "Beware of Darkness" de seu LP triplo.

Na Alta Corte de Londres, Paul deu tudo e mais um pouco para convencer o juiz Justice Stamp, incluindo demonstrar crises nervosas, que Klein tinha aprontado com os demais Beatles e não apenas isso: as finanças do grupo estariam severamente comprometidas. Doze conturbadas sessões mais tarde, em março de 1971, Paul não era mais um Beatle e a decisão apresentada a seu favor pelo meritíssimo londrino ainda apontava o contador, James Spooner, como auditor do caso. Não demorou para o Sr. Spooner descobrir uma assinatura falsificada de Paul McCartney em um dos contratos. Primeiro round vencido. Mas era apenas o primeiro e Paul tinha certeza disso.

Parado em uma doca em Southampton, tentando chegar até Nova Iorque, Paul está aflito, mas contente. Já a bordo do suntuoso transatlântico SS Île de France ao lado de Linda e das crianças, uma excêntrica senhora o aborda. Depois de alguns cutucões, ele decide atendê-la enquanto se preparava para degustar uma das iguarias de seu restaurante. "Quem sabe é apenas um autógrafo?", imaginou. Ledo engano:

– Você é Paul McCartney, não é?

Paul suspira, mas dá a ela a satisfação esperada: – Sim, senhora. Como vai?

A senhora envolvida em casaco de pele de mink e vestindo um escandaloso chapéu ignora a pergunta e emenda outra questão, em tom de reprovação:

– Você sabia que Elizabeth Taylor – a verdadeira Elizabeth Taylor – está neste mesmo navio e não usa óculos escuros? Por que você está usando um, afinal?

Internamente, enfurecido, Paul responde: – Bem, senhora... Obrigado pela informação, mas não sou Elizabeth Taylor. Desculpe. Boa noite.

Paul vê Linda entrando e aproveita a deixa para encerrar a incômoda conversa...

No dia seguinte, ele já poderia pisar em terra firme e começar a gravar o material acumulado após os meses que sucederam o lançamento de seu primeiro trabalho distante dos Beatles. A Estátua da Liberdade apontava o caminho. Muito trabalho o aguardava em Nova Iorque a alguns dias do Halloween. Como dar uma resposta aos fãs e à insaciável mídia que o questionaram após ouvirem as gravações caseiras de *McCartney*?

Por trás dos planos que dariam vida a *Ram* nos próximos seis meses estava o embrião do Wings. Não que o segundo álbum solo representasse o fruto de um esforço conjunto. Apesar de não se ver em uma banda tão cedo, a primeira semente do grupo mais importante após sua saída dos Beatles seria plantada em um lugar inusitado naquele friorento outubro de 1970.

Denny Seiwell era um dos bateristas mais ocupados e requisitados de Manhattan. Justamente por ser uma das caras mais conhecidas do cenário jazz da Big Apple, o baterista andava com a agenda lotada. Porém, o cancelamento de última hora de uma sessão o daria pelo menos alguns dias livres pela frente.

Entra em cena Barry Kornfeld, velho conhecido de Bob Dylan dos tempos de Greenwich Village. Kornfeld seria o primeiro contato de Paul McCartney em Nova Iorque para ajudá-lo na produção de seu disco. Por meio de um anúncio publicado por Kornfeld na agência especializada Radio Registry, Denny Seiwell ficaria a par de uma sessão agendada para a manhã seguinte na rua 45.

"Por que não?", pensou o baterista. Às 10 horas da manhã em ponto, Denny foi tentar a sorte. Ao chegar ao prédio, veio a surpresa. O aviso só indicava o trabalho, não o contratante.

"Você é Paul McCartney?" Paul tentou acalmar o músico e não demorou para os dois relaxarem naquele porão úmido, com apenas um banquinho e algumas partes de um kit de bateria. Paul não trouxera nem violão, só queria sentir a vibração – e gostou do que ouviu.

Alguns dias mais tarde, Denny estava oficialmente dentro daquele "projeto secreto". Seiwell não era um roqueiro – sua praia ainda era o jazz. Justamente por isso, não se sentiu intimidado com a presença de "Paul, o Beatle" à sua frente.

Paul se mostrou satisfeito com Denny Seiwell atrás do kit, mas ainda precisava de um terceiro elemento para assumir a guitarra. Barry Kornfeld estava lá para ajudar outra vez. David Spinozza – mais uma figura carimbada do cenário jazzístico – seria o próximo a participar do teste no sombrio galpão. Desacostumado às audições, o hábil guitarrista de aparência descolada e cabelo afro estranhou tudo aquilo, mas decidiu embarcar na aventura. Paul e Linda gostaram de sua atitude. *Ram* agora tinha sua espinha dorsal.

Sem ensaios práticos ou formalidades, o trio arregaçou as mangas no Studio D da CBS para dar início ao disco. "Monkberry Moon Delight" – um bizarro número, com Paul ao piano – seria a primeira a ser gravada. Na sequência, David Spinozza acompanharia Paul na produção de "Another Day", em breve escolhida como lado A do primeiro *single* de sua carreira.

Ram aparentava ter um futuro tranquilo com Denny na bateria e Spinozza acompanhando as instruções básicas orquestradas por Paul. Porém, a primeira tensão interromperia brevemente os trabalhos.

David Spinozza era realmente muito requisitado e o número de ligações para mais e mais sessões com outros artistas não paravam. Paul precisava tê-lo à disposição... O choque entre agendas decretou o fim à breve parceria.

Era a vez de Hugh McCracken (1942-2013). Experiente, o guitarrista ainda finalizaria algumas sessões com Aretha Franklin, em Miami, antes de substituir Dave Spinozza em Nova Iorque. Isso perduraria até a última nota registrada do disco em fevereiro – com rápida troca de estúdio, da CBS para o A&R, do lendário Phil Ramone.

McCracken assumiu o posto em "The Back Seat of My Car" – apenas uma das faixas de *Ram* prestes a ser dissecada por um desconfiado John Lennon, que encarou o LP como um diário de provocações. Os tempos eram pesados – definitivamente.

Ao mesmo tempo em que produzia seu segundo trabalho solo, Paul se esforçava para acompanhar de perto todo o processo aberto por ele mesmo na corte de Londres para tirar seu nome das garras do empresário Allen Klein – nem que para isso fosse necessário processar os demais Beatles.

Quando *Ram* chegou às lojas em maio de 1971 após ser mixado em Los Angeles no Sound Recorders, Paul tinha conquistado dois objetivos. Além de gravar o disco planejado desde o isolamento criativo na Escócia, a justiça inglesa dera a ele ganho de causa. Paul McCartney não estava mais preso a Klein.

Enquanto isso, John Lennon tentava procurar nas letras de *Ram* o combustível necessário para contra-atacar. Em "Too Many People" – música de abertura do disco – já estava declarada a guerra: "Too many people preaching practices" ("Muitas pessoas pregando por aí"). Bingo. Até mesmo, "Dear Boy" – composição singela, dedicada à Linda – Lennon acreditou ser uma provocação das mais irritantes.

No final daquele mesmo ano, viria sua resposta, mergulhada em ácido e com participação efetiva de Yoko Ono na composição de seus versos corrosivos. "How Do You Sleep?", uma das peças centrais de *Imagine*, não deixava pedra sobre pedra: "The only thing you done was yesterday / (...) / Jump when your momma tell you anything / (...) / Those freaks was right / When they said you was dead / (...) / Ah, how do you sleep?" ("A única coisa que você fez foi 'Yesterday'... Quando a patroa diz: pule, você pula... Aqueles malucos estavam certos quando disseram que você estava morto... Me diga: como você dorme?").

Tentando se manter distante, um entristecido Paul McCartney ameaçou rebater tudo com um *single*: "Durmo Muito Bem, Obrigado", mas não sucumbiu à tentação.

Ram provou ser o sucesso comercial esperado, apesar de ter sido surrado impiedosamente pela imprensa. Jon Landau – futuro descobridor de Bruce Springsteen – categorizou o disco como "O símbolo máximo da decomposição do rock dos anos 60". Em crítica publicada na edição de 8 julho de 1971 da *Rolling Stone*, Landau destacou: "(Antes de *Ram*) Esse posto pertencia a *Self-Portrait* (de Bob Dylan). Mas *Self-Portrait* era um disco que ao menos a gente podia odiar." *Ram* – apontava o incrédulo Landau – sequer despertava nele o sentimento de ódio. Embalado por canções como o *single* "Uncle Albert/Admiral Halsey" – seu primeiro nº 1 nos Estados Unidos – Paul agora dava início a mais uma fase de sua vida. Odiado pela crítica e espezinhado pelo antigo parceiro, é verdade. Porém, crente de que estava no rumo certo.

Sua próxima missão seria tentar liderar uma banda de rock enquanto construía sua família – algo realmente inédito para quem sempre se contentou em ser o baixista dos Beatles e dividir os créditos com John Lennon. Linda foi eleita como imediata substituta. E isso lhe daria muitas dores de cabeça...

RAM – FAIXA A FAIXA

TOO MANY PEOPLE

Allen Klein tinha o plano perfeito. Ou quase. Em março de 1971 ele já sabia que Paul estava armado com artilharia pesada para dissolver a parceria com os Beatles atrelada a um contrato que jamais assinara com o empresário nova-iorquino em 1969. Eventualmente, Paul venceu, após 12 rounds – ou 12 dias de julgamento: Paul McCartney Vs. The Beatles – uma cena surreal para os fãs de longa data naquele início de década.

Desde o início, Klein fez de tudo para se aproximar dos outros três e isolar Paul. Na hora da verdade, o substituto de Brian Epstein faria a cabeça de John Lennon para manter o fim do grupo entre quatro paredes. Lennon, em sua entrevista *à Playboy*, protegeu Klein e culpou Paul por seu antigo parceiro lançar o primeiro disco solo, *McCartney*. Pior do que isso, ele colocaria Lee Eastman, genro e procurador de Paul McCartney, como um dos motivos de ter escolhido Klein para gerenciar os negócios dos Beatles. Assim falou John à *Rolling Stone* na edição de 21 de janeiro de 1971: "No começo, Eastman se recusou a encontrar Allen Klein. Ele soltou essa: 'Que porra esse Allen Klein já fez? Klein não fez porra nenhuma!' Como esses lobos e tubarões ousam ofender o cara desse jeito? Eastman é um judeu reacionário, cara. O pior tipo de pessoa na Terra. Eles se recusaram a falar com ele. Aí eu disse: 'Não falo com ninguém a não ser se Allen Klein me acompanhar.' Eles disseram: 'Vamos, John, vamos nos reunir só a gente.' 'Não', eu disse. 'Não falo com ninguém, a não ser se Klein estiver comigo...' Klein era a única pessoa que sabia exatamente o que estava rolando. Não só conhecia nossas personalidades e como era a relação das pessoas dentro do grupo, como sabia o que fazer para conseguir as coisas..."

Entre todas as observações em tom de desabafo e ressentimento, por Paul ter lançado *McCartney* antes de *Let It Be*, John parecia enamorado com a forma de Klein operar para "conseguir as coisas" – como ele mesmo citou à Jann Wenner. Aparentemente perturbado pelas recentes declarações e a forma como os Beatles terminaram com grande apoio "moral" de Allen Klein, Paul tentou traduzir o rancor em "Too Many People", iniciada em Nova Iorque: "That was your first mistake / You took your lucky break and broke it in two / (...) / Now what can be done for you?" ("Aquele foi o seu primeiro erro. Você teve a grande chance e deixou ela se quebrar (...) E agora, o que pode ser feito por você?").

Em entrevistas concedidas em diferentes períodos às revistas *Playboy* e *Mojo*, Paul explicaria o principal trecho de "Too Many People", alertando ainda sobre o jogo de palavras de sua abertura. Na hora de compor, "piece of cake" ("fácil demais") se transformou em "piss off, cake" (algo como "vê se não enche", combinado a uma expressão inglesa). "Senti que John e Yoko estavam anunciando a todos o que fazer. E vi que não precisávamos disso. A filosofia dentro dos Beatles sempre foi a da Liberdade. De repente, começou: 'Você deveria fazer isso, você precisa fazer aquilo...' Era só o dedo apontando para todo mundo... E fiquei muito puto com isso."

"Too many people preaching practices / Don't let them tell you what you wanna be" ("Tem gente demais por aí, pregando. Não os deixe dizer o que você deve fazer"). A mensagem chegou rapidamente aos moradores de Ascot: "Todos os trechos no início de *Ram*, como 'pessoas demais tentando agir de forma clandestina'. Bem, esses dois eram Yoko e eu. E ainda 'você teve sua grande chance'. Isso é Paul considerando que nós tivemos a grande chance da vida de ter Paul ao nosso lado..." (John Lennon).

John estava enfurecido, mas aparentemente, assimilara o golpe do agora ex-amigo. Em seu próximo álbum ele teria muito o que falar e falaria ainda mais se soubesse da intenção original de culpar Yoko pela separação dos Beatles. Na hora de fechar a letra para as sessões de *Ram*, Paul substituiria "Yoko acabou com sua grande chance" para "Você desperdiçou sua grande chance"...

Se em "God", de *Plastic Ono Band*, John havia derrubado todos os mitos, de Dylan aos próprios Beatles, em *Imagine* ele já sabia qual seria o alvo principal.

"Too Many People" começou a ser gravada em 10 de novembro de 1970 nos estúdios da CBS, em Nova Iorque, com partes adicionais em janeiro de 1971, no A&R Studios, em Nova Iorque e março de 1971, no Sound Recorders Studio, em Los Angeles.

Paul: Vocal, violão, baixo, guitarra e *backing vocals*. Linda: *Backing vocals*. Denny Seiwell: Bateria, cowbell e percussão. Hugh McCracken: Violão e guitarra.

3 LEGS

Se você coleciona as reedições dos álbuns de Paul McCartney – projeto iniciado em 2010 quando ele ainda estava na Concord Music – deve ter se encantado com as reproduções de documentos originais incluídas em seus respectivos livros. Em *Ram*, esses brindes são ainda mais especiais. Uma das letras escritas à mão por Paul McCartney, incluídas no envelope marrom do box é de "A Dog Is Here" – título original da segunda faixa do LP. Na frente do papel, Paul sublinhou o título da música ao lado de um cão, pintado em vermelho, e o desenho de três pernas. Segundo o engenheiro de som Eirik Wangberg, a ilustração seria de autoria de Heather, enteada de Paul McCartney, que o inspirou a desenvolver a letra. No verso da mesma folha, "A Dog Is Here" já tinha sido renomeada "3 Legs" por seu autor:

"A fly flies in (a fly flies in), a fly flies out (a fly flies out) / Most flies they got three legs, but mine got one" ("Uma mosca entra, outra mosca sai. Quase todas as mosca têm três pernas, mas a minha só tem uma").

Em qualquer uma de suas versões rascunhadas, a música soava irônica e *nonsense*. Mais tarde, ao ouvir todas as canções de *Ram*, John Lennon elogiaria "3 Legs", sem deixar de criticar as faixas que o desagradavam: "Achei (*Ram*) horrível! OK, gostei dos inícios de "Ram On", "Uncle Albert" e um pouco de "My Dog's Got Three Legs"... Não gostei dos trechos onde Paul volta a se apoiar em Abbey Road. Nunca fui fã desse tipo de ópera."

Mesmo atento ao trabalho do parceiro, John talvez não tenha percebido – ou mesmo, deixou passar – um provável comentário sobre suas entrevistas recentes mencionando a dissolução dos Beatles e o lançamento de *McCartney*. O trecho pode ter sido ancorado nas costas do empresário Allen Klein, que tentava nocautear Paul com o contrato da Apple, obrigando-o a permanecer na sociedade indesejada.

Paul estava satisfeito com os temperos de ironia misturados em "3 Legs", mas faltava alguma coisa na gravação que unisse letra e música com um som distinto. Somente na fase final das gravações de *Ram* isso aconteceria. Em Los Angeles, Eirik Waingberg, o engenheiro de som norueguês do Sound Recorders, daria um toque de mestre na faixa: "Na hora de gravar o vocal em '3 Legs', posicionei duas caixas acústicas à frente do Paul, apontando para sua face. Desse modo, ele foi capaz de sentira a música, e não apenas ficar com o som preso em seus ouvidos. Desta forma, os monitores deixavam escapar um pouco o som. Quando isso aconteceu, eu capturei esse vazamento e apliquei um *delay* na gravação. Acho que esse toque era o que Paul procurava em '3 Legs'."

"3 Legs" começou a ser gravada em 16 de novembro de 1970 no CBS Studios, em Nova Iorque, sendo finalizada no Sound Recorders Studio, em Los Angeles, em março.

Paul: Violão, vocal, guitarra e baixo. Linda: *Backing vocals*. Denny Seiwell: Bateria. Dave Spinozza: Violão e guitarra.

"3 Legs" não chegou a ser lançada como *single*, mas a música ganhou seu filme promocional com direção de Roy Benson. O promo – composto de imagens de Paul e Linda andando a cavalo em High Park, na Escócia – estreou no programa *Top of the Pops* em 24 de junho de 1971.

RAM ON

Incerteza era a palavra girando em torno da órbita de Paul McCartney no crepúsculo dos Beatles. Tudo parecia falhar, menos o otimismo provocado pela recente união à Linda Eastman. Paul pretendia dar continuidade à sua carreira, mesmo fora da banda que idolatrava. Disposto a, pelo menos, tentar, apenas sua perseverança unida à eterna paixão pela música produziriam o elixir da criatividade em tempos sombrios. Antes de finalizar o sucessor do "caseiro" *McCartney* – ainda sem título – Paul decidiu visitar seus parentes. Ao guiar pelas familiares ruas de Liverpool, a ideia para o nome do LP viria à tona: "Estava guiando em Liverpool e de repente me veio a palavra "ram" (carneiro). Imediatamente liguei à expressão de avançar com toda força. A combinação das duas coisas ficou perfeita. Além disso, eu tinha muitos carneiros em nossa fazenda na Escócia. 'Ram On' é o que mais se aproxima de uma narrativa no LP."

Fãs mais atentos logo perceberiam que a expressão "ram on", quando unida, formava o nome Ramon, um dos pseudônimos de Paul, utilizado em duas fases distintas de sua carreira. "Quando viramos profissionais (na turnê dos Silver Beatles em 1960, com Johnny Gentle – nota do autor), fizemos algo que tínhamos em mente havia muito tempo: trocar nossas identidades por nomes artísticos. Então (em 1960), me tornei Paul Ramon. Lembro de fãs escocesas perguntarem: 'Esse nome é verdadeiro? Ele é francês! Paul Ramon.'"

Paul Ramon retornaria à cena em outra ocasião. Desta vez, menos agradável. Após nova discussão acalorada sobre os negócios da Apple, Paul foi parar em uma sessão do americano Steve Miller em 9 de maio de 1969 no Olympic Studios, em Londres, quando o guitarrista americano trabalhava em seu mais recente LP *Brave New World*. Paul aceitou o convite do amigo e acabou soltando toda sua angústia em "My Dark Hour", tocando bateria como se não houvesse amanhã...

Após entrada triunfal, alertando sobre o real propósito do disco, "Ram On", gravada no A&R Studios, em Nova Iorque, 22/02/1971, ainda retornaria com algumas surpresas, em sua versão número 2. Houve também mais sessões no Sound Recorders em Los Angeles, entre março e abril de 71.

Paul: Ukelele, vocal, *backing vocals*, piano, wurlitzer, percussão e bateria. Linda: *Backing vocals*.

DEAR BOY

Joseph Melvin See Jr. foi seu primeiro amor. Não demorou para que Linda deixasse Scarsdale, em Nova Iorque, e o seguisse ao estado do Arizona, onde Mel – como ele gostava de ser chamado – estudava geologia. Em 18 de junho de 1962 – no exato dia em que Paul completava 20 anos – o casal confirmava os votos do matrimônio. O casamento não duraria muito.

Em dezembro daquele mesmo ano, nasceu Heather Louise, mas a filha do casal não foi o bastante para segurar a relação. Quando a bela garotinha tinha apenas dois anos, Melvin recebeu um convite de trabalho na África. Linda decidiu que não poderia seguir o marido. Simplesmente, não era capaz de contemplar uma vida tão longe dos Estados Unidos e a separação foi inevitável. Enquanto Melvin seguia para a África, Linda deixava o Arizona rumo a Nova Iorque, onde viveria os próximos anos, tentando se sustentar como fotógrafa *free lancer* em um apartamento na rua 83 com a avenida Lexington. Do outro lado do Atlântico, Paul e os Beatles davam início à conquista dos Estados Unidos. Apenas três anos mais tarde, o destino faria o caminho do casal se cruzar.

Linda estava em Londres em maio de 1967, tirando fotos para a revista *Rock and Other Four Letter Words* e conseguira espaço na coletiva de lançamento de *Sgt. Pepper's Lonely Hearts Club Band* para registrar imagens do quarteto.

Após o evento, a maioria se dispersou. Linda e alguns amigos seguiram para a boate Bag O' Nails, que Paul costumava frequentar. Lá aconteceria o primeiro encontro. Em março de 1969, com Heather Louise ao seu lado no cartório de Marylebone, Paul e Linda estavam finalmente casados.

Àquela altura, Paul já sabia o quanto Melvin tinha perdido ao optar pela viagem à África, deixando a jovem mulher e a filha na América. A convicção renderia a letra, em forma de carta: "I hope you never know, dear boy, how much you missed / And even when you fall in love, dear boy / It won't be half as good as this / I hope you never know how much you missed" ("Caro garoto: espero que você nunca descubra o quanto perdeu. E mesmo quando você amar outra vez... Nem metade desse amor, assim tão bom vai ser. Espero que você não saiba o quanto perdeu").

Ao contrário de muitas canções, Paul nunca escondeu a origem de "Dear Boy". Em 1971, ele comentou: "'Dear Boy' foi uma tentativa de escrever uma canção de forma autobiográfica – e falar sobre como eu tinha sorte de ter Linda comigo. Até então, não tinha percebido. Isso aconteceu quando comecei a compor a música."

Paul e Linda ficaram juntos por quase trinta anos, contando os primeiros dias de namoro. Somente a doença foi capaz de separar o casal. Linda morreu antes de completar 57 anos. Em 22 de março de 2000, as manchetes traziam outra notícia trágica. Mel, ex-marido de Linda e pai de Heather, cometera suicídio. A notícia impactou Paul. Mesmo comedido, ele não deixaria de exaltar as raízes de sua composição: "Nunca contei a Melvin sobre o que escrevi na letra: Acho que você nunca descobriu o quanto perdeu... Talvez, tenha tido sorte por omitir dele. Mel cometeu suicídio há alguns anos e 'Dear Boy' era um comentário sobre isso. Algo do tipo: 'Deus! Ela (Linda) é tão incrível! Como você não percebeu antes?'"

Mel pode não ter notado a história real por trás de "Dear Boy". Mas John Lennon parecia bem atento – atento, até demais. Para ele, a balada era mais um comentário sobre a conturbada relação com o ex-parceiro. Ao mesmo tempo, Paul se recusava a rebater os comentários, deixando tudo aberto às interpretações.

Por mais comentários polêmicos que a música gerasse, "Dear Boy" chamava mais atenção pela riqueza de suas harmonias e combinação eloquente de sons e vozes. Desde o princípio das sessões, Paul McCartney sonhava em replicar aquilo que o amigo Brian Wilson fizera em sua obra-prima de 1966, *Pet Sounds*. De certa forma, a missão tinha sido realizada.

Ao ouvir a gravação finalizada era difícil acreditar, mas Linda – então ainda novata no estúdio – agora aparentava ter anos de estrada. Seu trabalho em "Dear Boy" ficara, particularmente, incrível. Eirik Wangberg, engenheiro de som no Sound Recorders, conta um pouco sobre os bastidores das gravações da música em entrevista concedida a este autor em 2005: "Isso foi realmente desafiador para mim, mas divertido ao mesmo tempo. Paul sabia o que queria, o que facilitou o meu trabalho de não deixar as harmonias e as demais faixas gravadas se atropelarem durante a fase de mixagem. Já havia trabalhado com os Beach Boys, e isso também colaborou. Elton John uma vez disse que as harmonias em 'Dear Boy' eram as mais incríveis já ouvidas por ele!"

"Dear Boy" foi gravada em A&R Studios, em Nova Iorque, nos dias 1º, 9, 10 e 12 de março de 1971. Além de contar com mais sessões no Sound Recorders em Los Angeles, em 07/04/71.

Paul: Vocal, *backing vocals*, piano, guitarra, baixo e percussão. Linda: *Backing vocals*. Paul Beaver: Sintetizador. Denny Seiwell: Bateria e percussão. Philip Davis: Sintetizador. Jim Guercio: *Backing vocals*.

UNCLE ALBERT/ADMIRAL HALSEY

NÚMERO 1! Era inacreditável para quem já começava a ser rotulado como um ex-Beatle. Primeiro de setembro de 1971 entrou para o calendário oficial de conquistas de Paul McCartney por um motivo mágico. "Uncle Albert/Admiral Halsey" chegava naquele dia ao topo da lista dos *singles* mais quentes – o Hot 100 da *Billboard*.

Era o primeiro na América – e o primeiro de sua jovem carreira como artista divorciado da Apple e do empresário Allen Klein. Não havia mais dúvida. Apesar da chuva de ovos atirados por alguns críticos que decretaram *Ram* como "símbolo da decomposição do rock and roll dos anos 60", Paul estava um passo à frente naquele momento. "Uncle Albert/Admiral Halsey" era um imenso sucesso e Paul adorava tudo aquilo. Para ele, ser aceito pelo público era muito importante – algo que talvez nunca tenha mudado desde seu primeiro show ao lado de John Lennon no The Quarrymen.

***

Jim McCartney estava em casa, fazendo o que mais gostava: tirando algumas canções ragtime em seu velho piano. Olhou no relógio e viu que ia se atrasar para pegar no batente. Por ele, claro, a Jim Mac's Jazz Band seria sua principal fonte, mas a situação não era tão simples. Certamente, o dinheiro iria faltar no final do mês. Sua única alternativa era cumprir a rotina como vendedor de algodão da A. Hannay & Co. Cotton Brokers, localizada à Old Hall Street, em Liverpool.

No mesmo local, trabalhava uma figura divertida – gente fina mesmo. Albert Kendall entrou para a família ao casar-se com a irmã de Jim, Milly McCartney, e logo ganhou a simpatia de todos. Naquele momento, Kendall já era o Uncle Albert – o tio Albert de Paul e Mike – sem sonhar em algum dia virar música de seu sobrinho, ainda aluno do Liverpool Institute.

Aos finais de semana, como bom britânico, tio Albert gostava de molhar a boca em uma caneca de rum ou cerveja irlandesa. Dependia do clima. O problema começava quando Albert exagerava na dose.

Em um dos encontros familiares em Liverpool, Albert Kendall perdeu o controle. Mandou descer a garrafa e quando notou o tamanho da sede, ela já estava vazia. Naquele instante, ele não era mais o boa praça vendedor de algodão da A. Hannay & Co, parceiro de seu cunhado Jim. Tio Albert estava alto, alto, alto... e no clima de pregar o Evangelho em voz alta. Quando Albert abria a bíblia daquele jeito, não sobrava pedra sobre pedra. Bêbado, Albert não se contentava em apenas ler as escrituras mas catequizar quem ousasse duvidar da Palavra. Nessas horas, Paul não sabia se chorava ou se dava gargalhadas. A única coisa certa era que a imagem do tio Albert dificilmente sairia de sua cabeça. Décadas mais tarde, Paul deu sua versão sobre "Uncle Albert": "Minha família é de origem irlandesa e nas festas, para se divertir, você basicamente tomava porres. Ficar bêbado era a regra. Mas o caso de meu tio Albert era especial. Ele era daquele tipo que rolava pela mesa e depois começava a ler a bíblia. As crianças adoravam. Para eles, o tio Albert era a piada da família. Mas na música, nós usamos o exemplo do estilo de vida dele para dizer que nós estávamos abandonando o que fazíamos. Acho que o sentimento por trás da letra era 'Nos desculpe, somos diferentes agora'."

John nunca gostou das minióperas. Para o impaciente Lennon, o segredo era o bom e velho *single* de 3 minutos, embora algumas contradições impeçam desenvolver este comentário de forma objetiva. Seria o mesmo o John aquele que não curtiu o lado B de *Abbey Road* e o grande entusiasta de "Revolution 9", a faixa mais bizarra da discografia dos Beatles?

Paul nunca viu barreiras na composição. Tanto fazia para ele. No *Álbum Branco*, suas ofertas para o disco variam do heavy metal ("Helter Skelter") ao calipso ("Ob-La-Di, Ob-La-Da") até o ragtime ("Honey Pie").

Suas influências familiares e a afinidade com George Martin foram decisivas para tal gosto musical diversificado. Na verdade, George sempre atuou como uma espécie de tutor para Paul McCartney – e um segundo pai após a morte de Jim, em 1976. O próprio Paul confessaria isso em seu adeus ao produtor em 2016.

Durante a produção de *Ram*, Paul deve ter pensado em John Lennon algumas vezes para finalizar suas músicas. Mas a parceria já era caminho sem volta. O mesmo não poderia ser aplicado a George Martin. Poucos suspeitavam, mas George seria de vital importância na construção de "Uncle Albert/Admiral Halsey" e de mais duas faixas em *Ram* – segredo trancado a mais de sete chaves por anos.

Em 2012, George Martin comentou sobre a função de "arranjador fantasma" em *Ram*: "Não tive qualquer problema em ajudar Paul compondo os arranjos de orquestra para *Ram*. Depois de *Let It Be*, não imaginava voltar a trabalhar com os Beatles no LP *Abbey Road* – mas Paul me convenceu a assumir a produção e tudo funcionou ok. Em *Ram*, trabalhamos nos arranjos como sempre, trocando opiniões lado a lado. Uma pena que as gravações aconteceram em Nova Iorque, quando não pude comparecer... Na verdade, Paul seria capaz de fazer ele mesmo os arranjos. Até sugeri que aprendesse em aulas formais. Paul respondeu com sinceridade: 'Pra que preciso aprender quando tenho você?'"

"Uncle Albert/Admiral Halsey" é uma canção complexa. Sem contar as passagens instrumentais, cuidadosamente arranjadas por George Martin, o *single* vencedor do Grammy de Melhor Arranjo para Vocalista Acompanhante (categoria hoje extinta) é composto das seguintes seções básicas:

a) "We're So Sorry" – Orquestra Filarmônica de Nova Iorque entra aos 45 segundos com o arranjo criado por George Martin. Paul imita o coachar de rãs até 1 minuto e 15 segundos, esboçando a vontade de emular o seu *Pet Sounds*. Exatamente a 1 minuto e 30 segundos, começa a simulação de uma conversa telefônica entre Paul e seu tio Albert, enquanto Linda faz as harmonias. A 2 minutos e 11 segundos, os violinos da orquestra ficam mais agressivos para iniciar a transição.

b) "Admiral Halsey Instrumental" – O tema do novo personagem entra apenas em versão instrumental a 2 minutos e 18 segundos, embalado por um piano marcante e melodia tocada pela trompa de Marvin Stamm. Aos 2 minutos e 31 segundos ela se transforma em um refrão.

c) "Hands Across the Water" – Até 2 minutos e 52 segundos, Paul e Linda dividem o vocal para cantar um tema totalmente distinto. A melodia é separada por um *riff* de guitarra a partir de 2 minutos e 54 segundos.

d) "Admiral Halsey" – Agora com letra, o almirante faz sua estreia bem-humorada que dura até 3 minutos e 8 segundos. A miniópera promove a volta de "Hands Across the Water" até 3 minutos e 28 segundos, quando o andamento começa a ficar mais acelerado.

e) "Be a Gipsy" – Nosso teatro de variedades apresenta: "Seja uma cigana". Com andamento can-

can, a melodia prossegue até 4 minutos e 49 segundos. A partir deste ponto, o solo de trompa com o tema de "Admiral Halsey" retorna e abre caminho para "Hands Across the Water". De 4 minutos e 27 até o fim, Paul canta um tema diferente e a música desaparece aos 4 minutos e 50 segundos.

CURIOSIDADES SOBRE "UNCLE ALBERT"

—> Durante a gravação dos arranjos de orquestra, alguns músicos da Filarmônica de Nova Iorque tiveram de ser convencidos a permanecer no A&R Studios pelo produtor Phil Ramone, que supervisionava a sessão. O sindicato da categoria protegia os músicos controlando o número de horas excedido no estúdio e foi preciso depositar verba extra em suas contas para finalizar o trabalho.

—> O solo de trompa, tocado por Marvin Stamm, foi gravado de uma forma incomum: com o microfone embutido na saída de som.

—> O som de trovões foi produzido por Eirik "The Norwegian" Wangberg, no Sound Recorders, em Los Angeles. Wangberg sampleou a tempestade do banco de sons do estúdio e gravou uma faixa mono com os efeitos. A partir desse máster outra faixa foi criada em estéreo fabricado.

"Uncle Albert/Admiral Halsey" foi gravada em diversas sessões: 06/11/1970 no CBS Studios, em Nova Iorque; 3 e 11/01/1971, no A&R Studios em Nova Iorque e entre 1º, 9, 10 e 12 março e 7 de abril de 1971 no Sound Recorders, em Los Angeles.
Paul: Vocal, *backing vocals*, piano, baixo, xilofone, violão e guitarra. Linda: *Backing vocals*. Denny Seiwell: Bateria. Hugh McCracken: Violão e guitarra. Paul Beaver: Sintetizador. Marvin Stamm, Mel Davis,

Ray Crisara e Snooky Young: Metais. David Nadien e Aaron Rosand: Violino. Ron Carter: Baixo acústico. Orquestra Filarmônica de Nova Iorque: Metais e cordas.

SMILE AWAY

Versos bizarros alimentados por um baixo venenoso com efeitos distorcidos: "Smile away, smile away, smile away, yeah smile away / Man, I can smell your feet a mile away" ("Sorria, sorria à vontade... Cara: posso sentir o seu hálito a quilômetros de distância").

Começo assustador para uma das músicas mais bem-humoradas de *Ram*. Motivos para alimentar "Smile Away" com tanta voracidade não faltavam. Até mesmo os músicos que circulavam pelos estúdios da Columbia e A&R tinham certeza de que "a piada" de Paul McCartney tinha endereço certo: Allen Klein e sua companhia ABCKO. Cuidado!

O baterista Denny Seiwell estava atento ao tom jocoso da música: "O que Paul diz na letra é o que ele costumava fazer em certas situações. Quando você abre um grande sorriso, mas seus olhos brilham com uma intensidade como se você realmente odiasse o cara!"

Compor "Smile Away" tinha sido um exercício de exorcismo para Paul, mesmo sem dar nome aos bois. Sua melodia e estrutura harmônica são bastante simples. Mas para atingir o som desejado foram necessárias algumas sessões em três estúdios. Na reta final da produção de *Ram*, Eirik Wangberg colaboraria com os efeitos necessários para "Smile Away" soar, não apenas pesada, mas convincente.

Em entrevista concedida a este autor em 2005, o engenheiro de som do Sound Recorders explicou: "Para falar a verdade, nós gravamos oito faixas de baixo em 'Smile Away'! No início, não achei que o som do baixo estava bom então disse ao Paul: 'Será que ficaremos com esse *take* mesmo?' Ele me perguntou se era possível conseguir mais, então fizemos de tudo para distorcer o som do instrumento, de diferentes formas... Era a primeira vez desde 'I Saw Her Standing There' que Paul incluía a contagem 1-2-3-4 e decidia manter na música, claro. Muito legal ouvir isso, tenho de confessar."

"Smile Away" foi gravada em diversas sessões: 16/11/1970 no CBS Studios, em Nova Iorque; 29/01/1971, no A&R Studios em Nova Iorque e entre março e abril de 1971 no Sound Recorders, em Los Angeles.

Paul: Vocal, *backing vocals*, teclados, guitarra e baixo. Linda: *Backing vocals*. Denny Seiwell: Bateria. Hugh McCracken: Guitarra.

HEART OF THE COUNTRY

Dentro da cerca, Paul está inclinado, observando tudo atento. Ao seu lado, está a pequena Mary, mais concentrada ainda – apesar de nem ter completado dois aninhos. Não era a primeira vez que pai e filha assistiam ao caseiro Duncan tosar uma das ovelhas de High Park, a fazenda da família. Ainda assim, o ambiente selvagem e a atmosfera límpida e liberadora da Escócia continuavam a impactar Paul McCartney.

Ele estava vivo, sobrevivera ao terremoto dos negócios, deixado – ao menos por enquanto – na distante metrópole. Naquele momento, Paul só pensava em se encontrar. Melhor, então, que esse lugar fosse no "Meio do Campo": "Want horse, I got sheep / I'm gonna get me a good night's sleep / Livin' in a home / In the heart of the country" ("Cavalos e ovelhas... Queria uma boa noite de sono. Morar numa casa no meio do campo").

A letra de "Heart of the Country" é uma das mais autobiográficas de *Ram* – e também, uma das mais pessoais de toda a carreira de Paul McCartney. Naquele momento, entre 1970 e 1971, grandes transformações aconteciam e outras eram iminentes.

Após tantos anos como protagonista dos Beatles e uma das figuras mais urbanas de Londres, coração e mente apontavam para lugares inexplorados. Sua fazenda em Campbeltown, Mull of Kintyre, havia sido adquirida em 1966. Mas somente agora Paul dava ao local todo o valor merecido. Nem mesmo a situação inusitada de dormir em um quarto onde as camas eram feitas de caixa de batatas causava qualquer tipo de desconforto. Paul explica os motivos: "Eu e Linda sempre fomos pessoas da cidade, tínhamos vidas muito urbanas. De repente, estávamos em uma fazenda. A ideia de viver no campo era muito atraente. Foi ótimo tentar ver se éramos capazes de existir sem toda a infraestrutura que estava ao nosso redor. Quando você vê as fotos da época, estou em um trator ou aprendendo a lidar com as ovelhas. No final do dia, você fica totalmente exausto após tosar as ovelhas!"

"Heart of the Country" foi uma das músicas mais rápidas entre todas as gravadas nas sessões de *Ram*. Grande parte da formação de seu arranjo se deve à experiência de Denny Seiwell com o jazz pelos clubes e estúdios de Nova Iorque. Paul aderiu à ideia de fazer um *scat vocal* (improvisação) na hora, o que deu à música um charme especial. Seiwell destacou sua participação na canção em entrevista concedida a este autor em maio de 2001: "Não apenas 'Heart of the Country', mas grande parte da música em *Ram* tem uma aura espiritual. Na gravação, tentei usar toda minha experiência com o jazz e a música brasileira para colaborar... É uma das minhas favoritas do álbum."

Os anos após *Ram* foram marcados pelo ressurgimento de Paul McCartney como um artista popular e homem dos palcos. Mas ao lançar seu novo grupo Wings, poucos meses após completar o disco, "Heart of the Country" ficaria de fora do *setlist*. Aliás, a música seria retomada por Paul somente em raras ocasiões nas décadas seguintes. A primeira delas até que não demorou. Em 1973, Paul apanhou seu violão para tocar "Heart of the Country" em um *medley* especial no especial *James Paul McCartney*.

Durante os ensaios para o programa *Acústico MTV*, em 1991, "Heart of the Country" foi resgatada, com a esperança de incluí-la na gravação do show, em 25 de janeiro. No fim, Paul deu preferência a faixas de *McCartney*, como "That Would Be Something", até então, jamais apresentada ao vivo.

Já em 2012, quando Paul decidiu dar a *Ram* o tratamento merecido na edição de luxo do álbum da *Paul McCartney Archive Collection*, "Heart of the Country" ganharia nova versão, com Paul tocando violão e um pequeno apito. A gravação tinha um objetivo especial: servir como trilha sonora para um comercial da linha de alimentos vegetarianos de Linda McCartney, exibido no ano seguinte, com narração de Elvis Costello e produção de Mark Ronson – seu futuro colaborador no LP *New*.

"Heart of the Country" foi gravada em 16/11/1970 no CBS Studios, em Nova Iorque.

Paul: Violão, baixo e vocal. Denny Seiwell: Bateria com escovas. Hugh McCracken: Guitarra.

Da mesma forma que "3 Legs", "Heart of the Country" ganhou seu próprio filme promocional dirigido por Roy Benson. O promo, composto de imagens de Paul e Linda andando a cavalo em High Park, na Escócia, também estreou no programa *Top of the Pops* em 24 de junho de 1971.

MONKBERRY MOON DELIGHT

Algumas ideias são melhores quando não reveladas... Mas não é o caso da intrigante "Monkberry Moon Delight". Dificilmente – até mesmo para o fã expert em decifrar letras como "I Am the Walrus" – é possível compreender o significado do título e de alguns de seus versos: "But I leave my pajamas to Billy Budapest" ("Deixo meu pijama para Billy Budapest") ou "Well, I know my banana is older than the rest" ("Minha banana é mais velha que as demais"). Quando é impossível destacar o simbolismo de uma letra, melhor convocar o criador para explicar sua criatura. Em 1989, antes de sair em turnê após dez anos, Paul estava disposto a explicá-la. Ao menos, de onde ele havia tirado o nome "Monkberry Moon Delight": "Quando meus filhos eram bem pequenos, costumavam falar monk (monge) ao invés de milk (leite) por uma razão totalmente desconhecida. Na verdade, acho mágica a forma que as crianças desenvolvem nomes melhores do que os verdadeiros... Como piada, Linda e eu ainda brincamos de apelidar objetos usando a linguagem infantil... Então, monk virou milk em Monkberry Moon Delight. Isso se transformou numa bebida surreal – um milk shake fantástico."

Depois da explicação, tudo fica mais fácil. Assim, Paul soltou sua voz – já bastante áspera – após ensaiar 90 *takes* de "Monkberry Moon Delight" nos estúdios da CBS, em Nova Iorque.

Linda McCartney, quando ainda era a estudante colegial Linda Louise Eastman, em Scarsdale, Nova Iorque, costumava não desgrudar de seu radinho, ao lado da cama. Passava horas caçando os *hits* dos grupos de *doo-wop* – uma das febres musicais nos anos 1950. Antes de se arriscar a compor ao lado de Paul, ela comentou sobre essa paixão ao jornalista Paul Gambaccini: "Quando Lew Grade nos processou, Paul disse: 'Vá lá e componha sua própria canção!' Mas há uma semana fomos ao estúdio gravar um lado B para outra composição que fiz na África. Algo bem anos 50, R&B: The Doves, The Penguins. Eu amo isso – essa era a minha época. Sou muito Nova Iorque – o show de rádio de Alan Freed e todo o cenário."

Alan Freed – se excluirmos da lista nomes óbvios, como Elvis Presley e Chuck Berry – leva facilmente o título de pai do rock and roll – e não apenas por ter sido um dos principais disc jóqueis de seu tempo. Nascido Albert James Freed (1921-1965), o americano natural da Pensilvânia simplesmente cunhou o termo rock and roll, tirando a expressão da clandestinidade, quando era usada somente como uma gíria para a relação sexual. Ao ouvir seus programas de grande apelo popular, Linda (e outros milhões de americanos) se apaixonaria imediatamente por sucessos daquela era, como os produzidos pela dupla Jerry Leiber e Mike Stoller. Entre eles, "Poison Ivy" – regravada por Linda e incluída no álbum póstumo *Wide Prairie* – e "Love Potion #9", uma das fontes de inspiração para "Monkberry Moon Delight", como bem lembra Paul: "'Monkberry Moon Delight' é algo parecido com 'Love Potion #9', é só ver na letra – sorvendo o (milk-shake) Moonkberry Moon Delight... Era uma bebida imaginária. Gostei tanto da letra que decidi incluir no meu livro de poesias e letras, *Blackbird Singing*."

Apesar de *Ram* ter atraído algumas das piores críticas já recebidas até então por Paul McCartney, outras pessoas pareciam ter recebido melhor suas músicas. Um desses admiradores imediatos foi Jalacy "Screamin" Jay Hawkins, famoso pelos vocais ásperos e distintos. Dois anos após *Ram* chegar às lojas, Hawkins regravaria "Monkberry Moon Delight" como *single*, acompanhada do lado B "Sweet Ginny".

Quando os arquivistas a serviço de Paul McCartney descobriram uma fita com 28 demos da era *Ram*, eles notaram que a versão tinha sido gravada como um *medley*, ao lado de "Frenzy" – composição de autoria do próprio Screamin Jay Hawkins lançada em 1957. A influência do artista estava ratificada em "Monkberry Moon Delight" desde as raízes.

"Monkberry Moon Delight" foi gravada em diversas sessões: entre outubro e 05/11/1970 no CBS Studios, em Nova Iorque, e entre março e abril, no Sound Recorders, em Los Angeles.

Paul: Vocal, piano, baixo, violão, guitarra, bandolim e *backing vocals*. Linda: *Backing vocals*. Denny Seiwell: Bateria e pandeirola. Hugh McCracken: Guitarra e bandolim. Heather: *Backing vocals*.

EAT AT HOME

Quando Paul caiu na estrada pela primeira vez acompanhado por Linda (teclados), Denny Laine (guitarra), Henry McCullough (guitarra) e Denny Seiwell (bateria), poucas músicas dos primeiros LPs serviriam ao *setlist* do Wings. De *Ram*, na verdade, apenas "Eat at Home" e "Smile Away" ganhariam espaço nas turnês.

Em 11 de agosto de 1972, o Wings abriu sua primeira turnê oficial pela Europa com as duas músicas em seu repertório, apresentadas em forma de *medley*. Não apenas por serem duas das canções mais simples de serem reproduzidas ao vivo, mas pelo fato de "Eat at Home" ter obtido um bom desempenho nas paradas quando Paul decidiu lançá-la como *single*, exatamente um ano antes dos shows pelo Velho Continente.

Na Holanda, "Eat at Home" – acompanhada de seu óbvio lado B, "Smile Away" – atingiu a 7ª colocação entre os *singles* mais pedidos. Mais ao Norte, na Noruega, o desempenho seria bem semelhante, com uma honrosa 8ª colocação.

Nas questões incluídas na versão para a imprensa de *McCartney*, Paul descreveu seu primeiro LP como "Lar, Família e amor"... Se ele repetisse o processo em *Ram*, o conteúdo do texto teria de ser alterado. No final de 1970, Paul e Linda tinham se aproximado ainda mais após o nascimento de Mary, a primeira filha do casal. O tempo passado em casa tinha acrescido, proporcionalmente.

"Eat at Home" é o símbolo dessa união, com uma letra bastante simples – talvez, dúbia. Muitas vezes, até direta. Ao ser questionado sobre o tema, Paul resumiu que a música era um "apelo para a cozinha doméstica – algo obsceno". Na verdade, "Eat at Home" era um claro eufemismo para amor e sexo entre o novo casal, Linda e Paul McCartney: "Lady, let's eat at bed, eat in bed, eat in bed / Bring the love that you feel for me / Into line with the love I see" ("Que tal comer na cama? Então traga o seu amor até um lugar onde eu possa vê-lo").

"Eat at Home" começou a ser gravada em 16/10/70 no CBS Studios em Nova Iorque. Mais gravações foram feitas em janeiro de 1971 no Sound Records, em Los Angeles, e entre março e abril 1971.

Paul: Vocal, *backing vocals*, guitarra e baixo. Linda: *Backing vocals*. Denny Seiwell: Bateria. Dave Spinozza: Guitarra.

LONG HAIRED LADY

Todo flerte em "Dear Boy" – como a celebração de poder ficar ao lado de Linda – não tinha sido o bastante para justificar o LP como uma "produção Paul & Linda McCartney". Claro que a estratégia de dividir os créditos nas canções incluídas em *Ram* era caso pensado.

No final de março de 1971 – acredite – o balanço das contas da recém--inaugurada McCartney Productions Ltd apontava prejuízos de quase 2 mil libras à empresa, ainda que a renda principal de Paul ainda fosse proveniente de sua carreira nos Beatles.

Sir Lew Grade – o chefão da ATV, detentora dos direitos sobre as composições dos Beatles assinadas por Lennon & McCartney – em breve mostraria que não tinha aceitado calado a situação, acusando Linda de ser incapaz de compor qualquer coisa.

Mas naquele momento em especial, a minissuíte "Long Haired Lady" simbolizava muito mais. Sua essência artística transcendia os negócios. A ideia de juntá-la à outra composição inacabada – "Love Is Long" – formaria a aguardada ode que sua mulher merecia por acompanhar seus passos em um dos períodos mais complicados: "Who'll be taking her home when all the dancing is over? / I'm the lucky man she will hypnotize / Long haired lady. Long haired lady" ("Quem vai levá-la pra casa quando o baile acabar? Eu sou o cara de sorte que ela irá hipnotizar... Dama dos longos cabelos").

Paul também parecia retribuir o carinho recebido, principalmente em relação à Heather, filha do primeiro casamento com o geólogo Melvin See. Sua afinidade com a garotinha colaborou com a rápida evolução do relacionamento: "Quando nos conhecemos, a gente se deu bem logo de cara. Heather tinha uma fantasia de tigresa e costumava se arrastar pelo chão o tempo todo no apartamento. Como tinha pouco espaço para brincar, era sua grande diversão. Uma vez, cozinhei para ela enquanto Linda trabalhava. Preparei uma omelete – e estava terrível. Heather ainda se recorda! Ela não se impressionou nem um pouco com meu prato. Em Nova Iorque era assim: enquanto a gente esperava por Linda, eu tocava violão e cuidava de Heather. Isso nos deu impressão que o casamento iria funcionar."

Paul aposta nisso em "Love Is Long": "Ah, love is long, love is long, love is long / Ah, sing your song, love is long, love is long / Ah, when you're wrong, love is long, love is long" ("Meu amor vai durar, o amor dura... Tua canção vou cantar... até quando você errar... O amor vai durar"). Erik Wangberg, engenheiro responsável pela mixagem final de *Ram*, relembra outra história emocionante sobre "Long Haired Lady", contada a este autor em 2005: "Embora grande parte da música tenha sido gravada em Nova Iorque, fizemos muitas gravações de harmonias e *backing vocals* em Los Angeles. Quando fomos ouvir o que tínhamos produzido na sessão final, me lembro de Paul chorar ao ouvir o resultado... Ouvir sua voz combinada com a voz de Linda foi algo que realmente o deixou emocionado. Paul é uma pessoa de grande sensibilidade."

"Long Haired Lady" foi gravada em diversas sessões: 27/10/1970 no CBS Studios, em Nova Iorque; 11/01/1971, no A&R Studios em Nova Iorque e entre março e abril de 1971 no Sound Recorders, em Los Angeles.

Paul: Vocal, *backing vocals*, teclados, violão, guitarra e baixo. Linda: *Backing vocals*. Denny Seiwell: Bateria. Hugh McCracken: Guitarra, bandolim e violão. Orquestra Filarmônica de Nova Iorque: Cordas. Marvin Stamm, Mel Davis, Ray Crisara e Snooky Young: Metais.

RAM ON

Seguindo a linha de *Sgt. Pepper*, "Ram On" volta ao LP para encerrar sua participação como ideia central de *Ram*. Ao contrário de sua "irmã" mais velha, a reprise da música já não traz o mesmo tom solene, notoriamente provocado pela performance do piano elétrico Wurlitzer tocado por Paul. Em "Ram On" – parte 2, o som do ukulele seria ainda mais supremo.

Em 2001, trinta anos após a gravação de "Ram On", Paul declarou à revista *Mojo* que o instrumento típico havaiano se transformara em uma espécie de "parceiro inseparável" por suas andanças e explorações em Manhattan: "'Ram On' virou uma canção bonitinha no ukulele porque costumava carregar o instrumento comigo quando andava de táxi por Nova Iorque – só para garantir a música comigo o tempo todo. Os taxistas achavam que eu era maluco tocando aquele uke!"

Durante a produção de *Ram*, o fiel ukulele de Paul McCartney recebeu tratamentos bastante criativos para soar tão quente e convidativo no LP. Dixon Van Winkle, engenheiro de som no A&R, em Nova Iorque, microfonou quase tudo: batida dos pés, vocal e bem próximo ao instrumento, para captar toda a atmosfera da música.

Na fase de mixagem, uma história divertida sobre os bastidores da gravação de "Ram On", contada por Eirik Wangberg em entrevista concedida a este autor em 2005: "Ao final de "Ram On", os fãs são surpreendidos com outra música não creditada no LP – relembrando o truque usado em *McCartney*, quando "Suicide" surge no final de "Hot As Sun"/"Glasses": "Who's that coming round that corner" ("Quem vem lá? Quem está dobrando a esquina?").

Quem dobrava a esquina? Até hoje esse mistério não foi revelado por Paul... Mas a faixa misteriosa, oculta no finalzinho da reprise de "Ram On", em breve daria as caras de forma completa na pele de "Big Barn Bed" – número de abertura de *Red Rose Speedway* – embora com outro arranjo.

Ter voltado a cantar "Ram On" nas passagens de som a partir de 2010 – e até mesmo, em raras ocasiões frente ao público – pode ter resgatado a afinidade por "Big Barn Bed" – versão ukulele. No Japão, Paul uniu ambas as músicas, da mesma forma em que aparece na reprise em *Ram*. Logo após tocar "Ram On" na passagem de som no Kyocera Dome, em 21 de maio de 2015 em Osaka, Paul emendou uma divertida versão de "Big Barn Bed" com seu Martin ukulele.

THE BACK SEAT OF MY CAR

Ao estacionarmos o carro na última faixa de *Ram*, fica evidente a intenção original de produzir um disco que pudesse remeter os fãs ao incrível mundo das harmonias vocais e efeitos idealizados não apenas pelos Beatles, mas por Brian Wilson em sua genial coleção de músicas do imbatível *Pet Sounds*. Paul nunca escondeu sua admiração pelas façanhas conquistadas pelo atormentado gênio californiano.

No texto incluído no livreto da edição de 30 anos de *Pet Sounds*, Paul destacou: "Recentemente comprei uma cópia de *Pet Sounds* para cada um dos meus filhos. Ninguém é educado musicalmente até ouvir esse álbum. Quando *Sgt. Pepper* foi lançado em CD, meu interesse por *Pet Sounds* foi reavivado. No caminho entre minha casa e Londres, costumava tocar *Pet Sounds* na ida e *Sgt. Pepper* na volta – e ambos se completavam perfeitamente."

No momento em que "The Back Seat of My Car" começou a ganhar corpo, Paul ainda era um dos rapazes de Liverpool e *Pet Sounds*, um disco relativamente novo. Os primeiros acordes da música foram apresentados em 14 de janeiro, nos estúdios cinematográficos de Twickenham, em um dia sinistro para o projeto. George Harrison tinha chegado ao seu limite e abandonado as sessões do projeto *Get Back* no último dia 10. Sem seu guitarrista, os Beatles pareciam à deriva.

Enquanto aguardava a chegada de John Lennon, Paul sentou-se ao piano e começou a experimentar. Antes de tocar e cantar trechos embrionários de "The Back Seat of My Car", Paul demonstra sua versão para "Woman", composta por ele mesmo especialmente para a dupla Peter & Gordon.

Quando Paul decide começar um segundo *take* de "The Back Seat of My Car", um membro do staff dos estúdios Twickenham o chama para atender ao telefone e a sessão é interrompida. A partir daí, seriam necessários mais dois anos para o resgate e a produção da música que invoca as aventuras juvenis pelas estradas "em algum lugar na Cidade do México": "Speed along the highway, / Honey, I want it my way. But listen to her daddy's song, / Don't stay out too long / Oo, we're just busy hiding, / Sitting in the back seat of my car" ("Acelera pela estrada... Amor, quero que seja do meu jeito... Mas escute aquela canção do seu pai: 'não fique tanto tempo fora de casa.' A gente queria é ficar escondido no banco de trás do meu carro'"). Segundo Paul, "'Back Seat of My Car' é muito romântica: nós podemos chegar à Cidade do México... É a essência da canção adolescente, incluindo os pais que não concordam com os dois amantes 'prontos para sair pelo mundo': Nós acreditamos que não estamos errados! Sempre gostei do personagem menos favorecido".

Denny Seiwell, em entrevista a este autor, oferece seu comentário sobre a música: "'Back Seat of My Car' fecha o álbum com perfeição. Durante a gravação da música e de outras faixas de *Ram* tentei aplicar algumas técnicas de percussão baseadas na música brasileira para colaborar com o arranjo. Acho que o resultado ficou ótimo."

"The Back Seat of My Car" foi gravada em diversas sessões: 22/10/1970 no CBS Studios, em Nova Iorque; 11/01/1971, no A&R Studios, em Nova Iorque, e entre março e abril de 1971 no Sound Recorders, em Los Angeles.

Paul: Vocal, *backing vocals*, piano guitarra e baixo. Linda: *Backing vocals*. Denny Seiwell: Bateria. Hugh McCracken: Guitarra. Orquestra Filarmônica de Nova Iorque: Metais e cordas.

Outras músicas da era *Ram*

ANOTHER DAY

"Eleanor Rigby em Nova Iorque?", Denny Seiwell pensou alto ao ouvir "Another Day" pela primeira vez naquele 12 de outubro de 1970 nos estúdios da gravadora Columbia. Poderia ser mesmo como Seiwell disse. Eleanor estava de volta, mas desta vez com um final feliz. Quem sabe, então, a misteriosa garota poderia ser uma Cinderela do século vinte? A história de nossa heroína não começava naquele estúdio nova-iorquino, mas certamente falava sobre uma moradora da Big Apple com um dia a dia semelhante.

Londres, 9 de janeiro de 1969. Paul McCartney veio acompanhado desta vez. Algo raro. Linda, a nova namorada americana, estava ao seu lado para acompanhar mais uma manhã dentro do cavernoso estúdio de filmagens em Twickenham onde os Beatles tentavam buscar inspiração para o documentário – ou *making of* – de seu próximo filme, que culminaria com um show ao vivo em algum ponto do Planeta.

Enquanto isso não acontecia, Paul estava disposto a fazer música e acompanhar de perto o progresso do filme dirigido por Michael Lindsay-Hogg. Naquela manhã de inverno, ele parecia estar inspirado – ou ter trazido a inspiração de sua casa, em St. John's Wood, a mais ou menos dezenove quilômetros do estúdio.

Paul sentou-se no banquinho e ajustou o bloco de anotações no piano para começar a nova composição que falava sobre a rotina de uma garota solitária que agia como as pessoas comuns todas as manhãs e se preparava para trabalhar. "It's just another day..."

Foram apenas dois minutos trabalhando na melodia. Em seguida, Paul estava ansioso para demonstrar duas outras músicas novinhas em folha: "Let It Be" e "Get Back". Aparentemente, o projeto tinha futuro.

Linda tinha uma vida atribulada em Nova Iorque. Quando Paul foi passar um tempo na cidade, ficou assombrado. Não tinha ideia como sua namorada conseguia lidar com sua rotina, trabalhar fora e ainda cuidar da pequena Heather, então com cinco anos.

Recém-chegada do Arizona e divorciada do geólogo Mel See, Linda Eastman correu atrás de trabalhos como fotógrafa e de um apartamento em Manhattan – algo quase impossível.

Publicada em 1997, a biografia de Paul McCartney, *Many Years from Now*, de Barry Miles, descreve com riqueza de detalhes esse período – quase um retrato falado da letra de "Another Day", eventualmente composta entre novembro e dezembro de 1969, quando Paul já tinha retornado a Londres, desta vez, acompanhado por Linda e Heather, como vemos no seguinte trecho: "O apartamento de Linda tinha apenas um quarto e ficava no nº 140 da rua 83, a sudoeste da Lexington e a três quarteirões do museu Metropolitan. Em uma vizinhança cara e segura como aquela, o aluguel de US$ 180 mensais até era razoável... Agora que ela tinha um lugar para ficar, teria de procurar trabalho. Primeiro tentou datilografia no Hearst Building, mas a empresa não fazia testes naquele momento. Linda não desistiu e perguntou se existiam outras vagas abertas. Por sorte, lhe ofereceram o cargo de recepcionista na popular revista *Town & Country* com um salário de US$ 260 mensais... Diariamente, ela levava Heather para a escola e depois tomava um ônibus para East Side, onde começava a trabalhar às 9h da manhã. Às 5h da tarde, ela fazia o trajeto contrário."

"It's just another day..." Todos os ingredientes e trajes para "Eleanor Rigby em Nova Iorque" estavam prontos: "As she posts another letter to the sound of five / People gather 'round her and she finds it hard to stay alive / It's just another day" ("Ao som das cinco da tarde ela posta mais uma carta. As pessoas se aproximam e ela começa a achar difícil continuar viva... É apenas mais um dia"). No documentário *Wingspan – An Intimate Portrait*, Paul comentou sobre a protagonista de seu conto de fadas urbano, que naquele momento já não estava mais ao seu lado: "Gosto da ideia de escrever sobre as pessoas simples. Acordar pela manhã e fazer as coisas habituais do dia a dia e 'Another Day' é uma dessas músicas... Quase sempre você consegue encontrar alguma magia nisso. Gravamos em Nova Iorque com ajuda de Phil Ramone. Foi um sucesso, o que naquela época representou algo particularmente interessante."

"Another Day" começou a ser gravada em 12/10/70 no CBS Studios em Nova Iorque. Mais gravações foram feitas em janeiro de 1971 no A&R Studios, em Nova Iorque.

Paul: Vocal, *backing vocals*, violão, guitarra, baixo, percussão e pandeirola. Linda: *Backing vocals*. Denny Seiwell: Bateria, percussão e pandeirola. Dave Spinozza: Violão e guitarra.

OH WOMAN OH WHY

Paul estava certo do que pretendia fazer. Carregou seu revólver calibre 32, limpou as mãos, que transpiravam um pouco, fechou os olhos... Tudo pronto. Após breves instantes de silêncio, um... dois disparos. Assim, ele prosseguiu até concluir o trabalho. Ele ouvia o seu próprio grito enquanto atirava – "Onde você conseguiu essa arma?" Após gravar a base de "Oh Woman Oh Why" em novembro passado, nos estúdios da Columbia, era a vez de colocar em prática uma ideia recente para completar o seu rocker: acrescentar tiros de revólver, como se fossem uma forma de percussão... bélica. Os tiros foram bem gravados no A&R de Phil Ramone, que provara ser um bom parceiro naquele 5 de fevereiro de 71.

"Oh Woman Oh Why" estava quase pronta para ocupar o lado B de "Another Day". Na prática, a música era a antítese do lado A. Em "Another Day", a protagonista da história trabalha, vive e se desespera... Mas ainda sonha com um final feliz. Na explosiva "Oh Woman Oh Why", Paul oferece o conflito pesado, como se fosse uma vingança. Certamente, a história acaba mal.

Possíveis mensagens subliminares nos trechos da letra a seguir: "Well I am fed up with you lying cheating ways / But I get up every morning and every day / But I can't get by, my hands are tied" ("Já não aguento mais as suas mentiras... Mas acordo toda manhã, e me levanto todos os dias... Só não consigo resolver... Minhas mãos estão atadas outra vez").

"Oh Woman Oh Why" foi gravada em 03/11/70 no CBS Studios em Nova Iorque. Gravações extras aconteceram no A&R Studios em 05/02/71, em Nova Iorque.

Paul: Vocal, guitarra, baixo, percussão, chocalho e tiros de revólver. Linda: *Backing vocals*. Denny Seiwell: Bateria, percussão e chocalhos. Hugh McCracken: Guitarra.

LITTLE WOMAN LOVE

Após ser incluída no lado B do *single* "Mary Had a Little Lamb", "Little Woman Love" desapareceria do catálogo de Paul McCartney até 1988, quando foi incluída no *compact disc* de *Wild Life*, como faixa bônus. Na verdade, o rocker – uma combinação do estilo característico de Ray Charles à atmosfera de Nova Orleans – era mais uma das canções produzidas durante as sessões de *Ram* – eventualmente descartada.

No palco, Paul decidiu incluir "Little Woman Love" para promover os dois lados de seu mais recente *single* durante as primeiras turnês do Wings em 1972. Em sua encarnação ao vivo, "Little Woman Love" nunca seria apresentada da forma como foi gravada em Nova Iorque, mas como parte de um *medley* ao lado de "C Moon". Isso seria recorrente em 1975, quando "Little Woman Love" foi retomada pelo Wings durante a parte britânica e australiana da excursão mundial.

"Little Woman Love" começou a ser gravada em 13/11/70 no CBS Studios em Nova Iorque. Mais gravações foram feitas em 20 e 21 de janeiro de 1971 no A&R Studios, em Nova Iorque.

Paul: Vocal, *backing vocals*, piano, violão, guitarra e percussão. Linda: *Backing vocals*. Denny Seiwell: Bateria e percussão. Milt Hinton: Baixo acústico.

HEY DIDDLE

Quando Paul e Linda surgiram ao lado de Mary e Heather em sua fazenda escocesa cantando "Bip Bop", a cena logo virou uma das favoritas de quem assistiu ao documentário *Wings over the World* pela primeira vez, em 1979. Logo em seguida, naquele especial, as coisas só melhoravam. Sentados no gramado coberto pelo sol que batia sobre Campbeltown, Paul e Linda emendaram "Bip Bop" com outra balada acústica, totalmente diferente – e até então, desconhecida. "Hey Diddle" era o nome da canção – e parecia bem ensaiada naquele junho de 1971. Não tinha como não ser uma melodia familiar ao casal McCartney.

Três anos mais tarde, "Hey Diddle" e outros números seguiriam na bagagem do Wings para Nashville, com a intenção de receberem mais arranjos para o projeto *Hot Hitz & Kold Kutz*. Sim, a canção seria produzida e finalizada em julho de 1974 no SoundShop, mas seu destino seria decidido quase quarenta anos depois.

A saga de "Hey Diddle" parecia ter acabado por ali. Tudo mudaria quando o álbum *Ram* finalmente foi relançado em 2012 com o *mix* preparado por Dixon Van Winkle nos estúdios da Columbia. O que pouco se sabia sobre "Hey Diddle" é sua verdadeira origem: a bela melodia seria peça importante do longa-metragem de animação *Rupert*, que acabaria cancelado e repaginado em 1984, como *Rupert and the Frog Song*.

Se contarmos a versão de *Wings over the World* – hoje disponível na reedição de *Wings over America* – a canção que permaneceu escondida em *bootlegs* durante quatro décadas é atualmente uma das mais documentadas da discografia de Paul McCartney. Além de "Hey Diddle", gravada em Campbeltown, os fãs têm à disposição a mixagem incluída em *Ram* e a versão preparada por Ernie Winfrey em Nashville, disponível na edição de luxo de *Venus and Mars*.

"Hey Diddle" foi gravada originalmente no CBS Studios, em Nova Iorque, em 26/10/70.

Paul: Vocal, *backing vocals*, violão, baixo, flauta irlandesa e percussão. Linda: *Backing vocals*. Hugh McCracken: Violão. Denny Seiwell: Flauta irlandesa e percussão.

RODE ALL NIGHT

"Você deveria ter ouvido o primeiro *take!*" Denny Seiwell nunca escondeu sua empolgação sobre "Rode All Night". Quando Paul começou a soltar a voz ríspida, combinando falsete e cantando algo sobre "romper o limite do dia", o baterista mal teve tempo de apanhar as baquetas e procurar o momento certo para entrar na gravação. Nem mesmo o engenheiro de som, o ótimo Tim Geelan, parecia estar preparado naquele momento único. Quer dizer: ele podia estar pronto para qualquer outra coisa, menos gravar o *take* 1 de "Rode All Night". A versão tão decantada por mais de quarenta anos por Denny Seiwell se perdeu pelos cantos do estúdio da Columbia.

Paul estava disposto a repetir o processo – e não decepcionou. Em 1977, ele retomaria "Rode All Night" e a transformaria em "Giddy", gravada por Roger Daltrey no LP *One of the Boys*.

"Rode All Night" foi gravada no CBS Studios, em Nova Iorque, em 22/10/1970.

Paul: Vocal e guitarra. Denny Seiwell: Bateria.

A LOVE FOR YOU

Paul McCartney já foi citado no *Guinness*, o livro dos recordes, em algumas oportunidades. Se os ingleses considerassem o tempo levado para realizar um projeto e deixá-lo na gaveta após tanto esforço, certamente *Cold Cuts* teria seu lugar reservado no *Guinness* – e na primeira fila. Desde o início do projeto, que pretendia combinar sucessos a sobras de estúdio e outras raridades, "A Love for You" recebeu quatro mixagens em períodos distintos. O sinal de que *Cold Cuts* jamais chegaria aos fãs foi dado quando a própria música foi remixada mais uma vez, além de ter sua estrutura alterada em 2003 para entrar na trilha sonora de *Casamento de Alto Risco*, produzida por David Kahne.

Sua aparição na reedição de *Ram* é o mais próximo que chegamos da versão original gravada em outubro, com a intenção de disputar uma vaga entre as faixas do LP, lançado em 1971. Depois disso, "A Love for You" seria cogitada para as demais versões de *Cold Cuts*, eventualmente canceladas em 1981 e 1986.

Em "A Love for You", Paul faz uma pergunta propícia. Parece que ele fala sobre o destino da música ou até mesmo do projeto *Cold Cuts*: "Where will I run to? / Where would I hide? / If you ever leave me by my side" ("Para onde eu iria correr? Ou mesmo poderia me esconder? Se você me deixasse, para onde eu seguiria?").

A base de "A Love for You" foi gravada em 26/10/1970 com Paul tocando violão, guitarra, baixo e teclados. Linda: *Backing vocals* e pandeirola. Denny Seiwell: Bateria. Mais sessões aconteceram em 1981 e 1986 para o projeto *Cold Cuts*, com Laurence Juber e Steve Holley. Em 2003, a música foi lançada oficialmente na trilha sonora de *Casamento de Alto Risco*, com nova edição e mixagem.

GREAT COCK AND SEAGULL RACE

Instrumental gravado nas sessões de *Ram* e anunciado como "Breakfast Blues" pela primeira vez durante entrevista do Wings na emissora W-CBS FM em 1972. Quando lançado oficialmente na reedição do álbum *Ram*, Henry McCulloch aparece como músico participante de uma sessão, não listada no livro incluído na edição de luxo. Se os registros estiverem corretos, McCulloch deve ter gravado sua contribuição após fevereiro de 1972 – mês que marcou seu ingresso no grupo.

"Great Cock and Seagull Race" foi gravada inicialmente com Paul e Denny Seiwell no A&R Studios, em Nova Iorque em 23/02/1971.

THRILLINGTON – VERSÕES INSTRUMENTAIS DO ÁLBUM *RAM*

Em junho de 1971, Paul se trancou em Abbey Road para produzir a versão instrumental de *Ram*, arranjada por Richard Hewson – o mesmo de "The Long and Winding Road". O álbum permaneceria nos arquivos até 1977.

Disponível como CD extra da reedição de *Ram*, lançada em 2012.

NO BAÚ DE *RAM*

Versões originais de "Get On the Right Thing", "Dear Friend" e "Little Lamb Dragonfly" permanecem nos arquivos das sessões de *Ram*. Todas foram gravadas entre 1970 e 1971. Em 2012, logo após a reedição de *Ram* foi encontrada uma fita com diversas outras: "Heart of the Country"; "Too Many People"; "The Back Seat of My Car" (wonderful); "Just Another Day"; "Gypsy Get Around" mais conhecida como "Uncle Albert/Admiral Halsey"; "Ram On"; "Rupert-Sunshine Sometime"; "Rupert-Little Lamb Dragonfly" (magical); "Smile Away"; "Love Is Long"; "Eat at Home"/"Buddy's Breakfast"/"Indeed I Do"; "Monkberry Moon Delight"/"Frenzy"; "Get On the Right Thing"; "Little Woman Love"; "Long Haired Lady" (com Linda); "3 Legs"; "We're So Sorry" mais conhecida como "Uncle Albert/Admiral Halsey"; "A Love for You" (lenta); "She Can't Be Found" mais conhecida como "Hey Diddle" e "Hands Across the Water" mais conhecida como "Uncle Albert/Admiral Halsey".

No baú também se encontram os 15 spots promocionais "Brung to Ewe by: Now Hear This..." gravados em Los Angeles em março com Eirik Wangberg. Não lançados em áudio, mas disponíveis no DVD incluído na reedição de *Ram*.

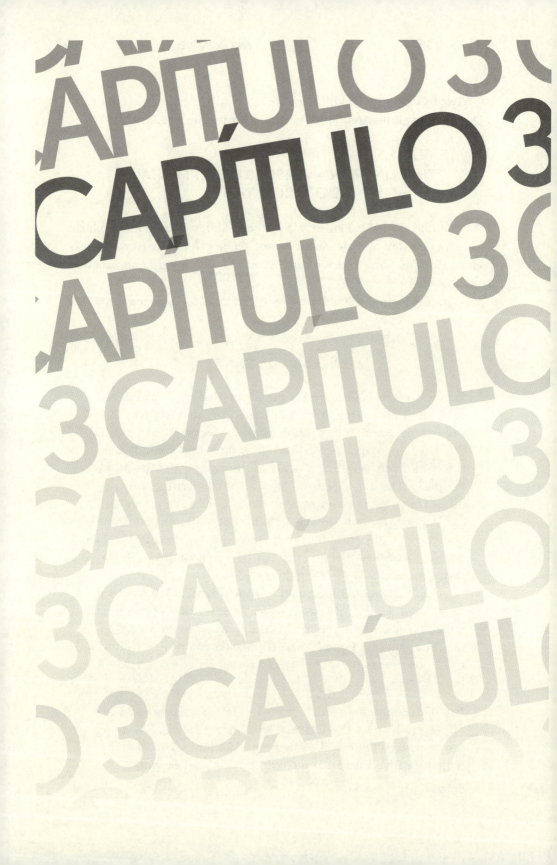

CAPÍTULO 3
WILD LIFE

"
Eu queria que nosso novo som tivesse uma pegada mais amadora e que nós pudéssemos fazer tudo sozinhos e depois trabalhar bastante em cima."
(Paul McCartney, *Melody Maker***)**

Capa: Barry Lategan

Arte: Paul McCartney

Gravações: Entre julho e agosto de 1971

Produzido por: Paul McCartney – assistido por Tony Clark

Datas de lançamento: 03/12/1971 e 06/12/1971 (Reino Unido/EUA)

Desempenho comercial: 10º e 11º (Reino Unido/EUA)

Alguns meses após o lançamento de *Wild Life*...

Senhoras e senhores: o Wings é a mais nova banda de rock inglesa, mas poderia se dar muito bem nos antigos shows de Music Hall, combinando humor e música... Nada de cerimônias ou teorias radicais para formar um novo grupo. Apesar de a ideia de gravar e pegar a estrada dois anos após a separação dos Beatles poder ser considerada uma manobra realmente radical, ao abrirmos o programa oficial da turnê *Wings over Europe* logo se nota que o combo liderado por Paul McCartney só pensa em tocar e se divertir. No clássico questionário para conhecermos melhor os membros do Wings, as respostas são hilárias:

James Paul McCartney
Cabelos: Sim

Olhos: Sim
Linda Louise McCartney
Nomes dos filhos e idades: Olá, Adeus e Talvez
Olhos: 20 por 20
Peso: Vários

O assunto só volta a ficar sério na sessão de músicas que a banda pretende tocar pelos palcos europeus, entre julho e agosto de 1972. Em sua primeira excursão, a banda curtira sua experiência na estrada, aparecendo de surpresa nas universidades. Mas agora, os shows teriam de ser mais profissionais... Entre as canções mencionadas no programa, alguns motivos para os fãs aguardarem ansiosos pelo próximo álbum: "I Would Only Smile", "Soily", "Seaside Woman" e "Momma's Little Girl" – esta última, jamais apresentada ao vivo pelo Wings. Já outros números dessa lista – "1882" e "Best Friend" – foram condenados a jamais entrar em um LP, nem mesmo em lançamentos retrospectivos da carreira de Paul McCartney.

Em um de seus depoimentos incluído na revista oficial do Wings, Paul aponta uma das razões para cair na estrada, já com a contratação de Henry McCullough como guitarrista principal: "Nós saímos em turnê porque precisávamos saber se éramos capazes de ficar juntos ou se não iríamos nos suportar no final. Isso era algo que apenas nós poderíamos descobrir."

Antes disso, o Wings precisou buscar a identidade de seu novo som nas dependências já conhecidas da EMI, em Abbey Road. Para descobrirmos como tudo aconteceu, será preciso voltar ao passado de Paul McCartney.

"Vai que é tua, Tony!" O berro rouco de uma voz familiar assustou o engenheiro de som Tony Clark na sala de controle do Studio 2 de Abbey Road. "Vai que é tua? Quer dizer que já está valendo?", pensou Clark, em menos de um segundo. Só deu tempo mesmo de acionar o gravador e captar os primeiros acordes de "Mumbo", número de abertura do mais novo projeto de Paul McCartney, que não demoraria muito para ser concluído. Tudo pronto em duas semanas, contando o tempo da mixagem. Ah, e não podemos esquecer que o *take* relâmpago seria mantido na versão final de *Wild Life* – sem acanho. Era esse o espírito do álbum: rápido, cru e com sete faixas – cinco delas concluídas em apenas um *take* na última semana de julho de 1971.

Depois de gravar *McCartney* em casa e fazer *Ram* praticamente todo em Nova Iorque com arranjos complexos e horas no estúdio, o novo plano era retornar à estaca zero com um grupo de rock básico – antigo e arriscado sonho de Paul para que os Beatles voltassem a se unir como uma verdadeira banda, tocando em lugares pequenos e sem muita publicidade.

Antes que a banda (até então, sem nome) abrisse suas asas para sobrevoar os palcos com Linda a bordo – alvo fácil dos críticos – seria preciso concluir o LP, ensaiar o repertório e contratar mais um guitarrista. Em *Wild Life*, a equipe se resumiria a Paul, Linda, Denny Seiwell e o mais novo membro do circulo de confiança, o ex-Moody Blues, Denny Laine.

Laine (nome real Brian Frederick Arthur Hines) não pensou duas vezes em aceitar o convite para entrar no clube. Nem mesmo o álbum que ele preparava naquele momento, *Ah... Laine*, seria um obstáculo. Naquele exato instante, o disco voltou para a gaveta para ser lançado somente em 1973.

Com Paul, Linda e Denny prontos para ensaiar novas músicas que o casal McCartney tinha preparado nos últimos dias, só faltava Denny Seiwell retornar de seus compromissos em Nova Iorque para os trabalhos deslancharem no Rude Studio, na Escócia. Hugh McCracken, o experiente guitarrista nova-iorquino que brilhou na fase final de *Ram*, seguiria com o grupo, mas as sessões que garantiam uma boa renda em Nova Iorque o mantiveram na América.

Inspirado pelo ritmo frenético com que Bob Dylan havia finalizado o ótimo *New Morning* no ano anterior, Paul decidiu gravar e mixar o disco em tempo de lançar o novo material no verão europeu. Com sua combinação variada de estilos que incluía o dueto com Linda "I Am Your Singer", a requintada "Tomorrow", além da mais complexa "Some People Never Know", *Wild Life* poderia chegar às lojas ainda em agosto. O problema é que Paul não admitia que seu primeiro disco com o novo grupo saísse com o selo da Apple, administrada pelo carrasco Allen Klein. A batalha não foi vencida. Porém, a maçã Granny Smith da gravadora sumiria do vinil e daria lugar às imagens de Paul e Linda no centro do LP.

Logo após a chegada de Stella em 13 de setembro – o segundo filho do casal McCartney – a pequena banda de rock já tinha finalmente um nome: Wings. Em um momento de oração, Paul imaginou as asas de um anjo ou de um pássaro em proteção ao bebê. A ideia de última hora salvou a banda de se chamar The Dazzlers (Os Deslumbrantes).

Para marcar o lançamento oficial de *Wild Life* em novembro de 1971, o Wings receberia como convidados no Empire Ballroom, em Leicester Square, Londres, algumas das maiores estrelas do rock inglês – incluindo na lista VIP Elton John e Roger Daltrey. Trinta dias mais tarde, o disco já estava nas lojas – mas sem contar muito com o carinho de críticos e fãs, confusos com o novo som mais rústico.

Em meio aos preparativos para a primeira turnê, que passaria apenas por universidades britânicas com ingressos a menos de 1 libra esterlina, o Wings já conta com Henry McCullough (1943-2016) como guitarrista. Indicado por Denny Laine, o norte-irlandês ex-Grease Band, colocaria logo as mãos na massa. Sua primeira missão foi gravar "Give Ireland Back to the Irish" – a reação direta de Paul McCartney ao incidente conhecido como Bloody Sunday, o domingo sangrento de 30 de janeiro de 1972 quando soldados britânicos atiraram contra 28 civis em Derry, Irlanda do Norte. Desse grupo, quatorze nacionalistas não resistiram.

Para uma banda que pretendia alçar um voo tranquilo tocando para estudantes, os primeiros meses do Wings provariam figurar entre os mais polêmicos, agitados e até divertidos de sua jornada.

WILD LIFE – FAIXA A FAIXA

MUMBO

Se você procurar "mumbo jumbo" em um dicionário de inglês logo descobrirá a origem do nome "Mumbo": puro *nonsense*. A ausência de significado do número que abre o primeiro LP do Wings é 100% intencional. Essa *jam session,* carregada de eletricidade, iniciada por Paul e Linda e capturada 'no susto' por Tony Clark em Abbey Road, é uma coleção de frases sem nexo, criada apenas para agitar uma plateia mais interessada em pular durante os shows do que analisar a letra. Somente quando o Wings caiu na estrada em sua primeira "turnê séria", em julho do ano seguinte, Paul adicionaria alguns versos mais inteligíveis para as performances ao vivo: "Well! Lady on my mind / I think I should make love / Well, my mind hasn't made all up, can't go to maintenance" ("Você está na minha cabeça – acho que devo fazer amor, mas minha cabeça ainda não está feita... E você também não aparenta, não aparenta que precisa de qualquer assistência").

Linda: "Quando a banda chegou ao estúdio, a gente já estava tocando 'Mumbo' por uns cinco minutos. Então Paul avisou: 'A música é em fá!' No disco você o escuta avisando Tony Clark que a gravação iria começar. Na verdade, a banda tocou a música pela primeira vez naquela dia."

"Mumbo" também ganharia uma "irmã" instrumental em *Wild Life*: "Mumbo Link", posicionada no final do LP. O nome só apareceria no relançamento do álbum em *compact disc*. O *riff* conta com apenas 53 segundos de duração. Além da formação básica no Studio 2 de Abbey Road com Paul na guitarra, Linda no piano, Denny Laine na segunda guitarra e Denny Seiwell na bateria, Paul e Denny gravariam solos de guitarra em "Mumbo" na primeira semana de agosto de 1971. Linda também tocou órgão e Denny Seiwell percussão.

BIP BOP

Assim como outras composições da era, como "Hey Diddle" e "Great Day", "Bip Bop" faz parte da coleção de temas que Paul usava no início da década para divertir as meninas em casa. Composta por Paul e Linda, a inofensiva balada já existia alguns meses antes de ser levada para as sessões de Abbey Road. Isso seria revelado ao público apenas quando um filme rodado na Escócia em junho de 1971 foi exibido como parte do especial *Wings over the World*, em 1979.

Em sua balada folk e *vaudeville* ao mesmo tempo, Paul canta o tema quase infantil: "'Bip Bop' era apenas um *riff* que eu fazia na primeira corda do violão, algo meio blues, e que minha filha Mary gostava de ouvir. Na verdade, as palavras Bib Bop eram repetidas por ela, a todo momento, e fizemos a música a partir daí."

Gravada em Abbey Road em julho com Paul na guitarra, Denny Laine no violão, Linda na pandeirola e Denny Seiwell na bateria. Em outubro, mais instrumentos seriam adicionados, como contrabaixo e percussão, tocados por Paul e Denny Seiwell, respectivamente. "Bip Bop" seria mixada em mono para dar à música uma atmosfera de anos

MASTERS

1930-1940. Assim como em "Mumbo", "Bip Bop" também reaparece em forma instrumental no LP (não creditada). O nome "Bip Bop Link" só apareceria na versão em CD de *Wild Life*.

LOVE IS STRANGE

Sucesso nas vozes de Everly Brothers, Lonnie Donegan, Buddy Holly e com a dupla Mickey & Sylvia, "Love Is Strange" não deveria estar entre os comentários sobre as criações de McCartney, obviamente por ser uma música composta por outros autores. Apesar disso, a menção ao *hit* dos anos 50 é válida por alguns fatores importantes na história do grupo. "Love Is Strange" quase foi lançada como *single* pelo Wings. A história começou depois que Paul e Linda, inspirados pelo reggae jamaicano da Trojan Records (entre eles, "Tighten Up", do grupo The Untouchables), prepararam uma base instrumental em que a letra de "Love Is Strange" se conectaria instantaneamente. A única diferença é que a versão do Wings preparada no Rude Studio tinha o sabor do reggae que eles tanto adoravam.

Ao finalizar a base de "Love Is Strange", Paul vendeu a ideia para a EMI, que quase colocou no mercado inglês a música no lado A de um *single*, acompanhada de "I Am Your Singer". O lançamento, planejado para fevereiro, foi cancelado em favor de "Give Ireland Back to the Irish", a primeira música a apresentar Henry McCullough como membro do Wings.

Gravada nos estúdios Abbey Road, com Paul e Denny Laine nas guitarras. Linda toca órgão Hammond e Denny Seiwell, bateria e percussão. No final das sessões, Paul adicionaria o contrabaixo.

WILD LIFE

Assim como "See Yourself", música de George Harrison composta em 1967, mas lançada somente em 1976, a faixa que dá nome a *Wild Life* também foi iniciada muitos anos antes de Paul sonhar com uma carreira fora dos Beatles.

Inspirado pela recente "conversão" ao vegetarianismo – quando sentiu pena dos carneiros de sua fazenda na Escócia enviados ao matadouro – Paul decidiu resgatar uma letra escrita em novembro de 1966, após viagem à África com o faz-tudo dos Beatles, Mal Evans. Foi precisamente no parque florestal Amboseli, no Quênia, que ele avistou uma placa com o aviso: "Os animais têm o direito de seguir." O trecho, que é um diário das atividades de Paul no parque queniano, parecia encaixar de forma perfeita em uma música: "While take a walk thru an African park one day / I saw a sign say: The animals have the right of way / Wild life, whatever happened to / Wild life, the animals in the zoo?" ("Enquanto passeava por um parque africano – lá vi uma placa em um canto... Ela dizia: Os animais têm o direito de seguir pela floresta. Vida selvagem: mas o que é que aconteceu com ela? Vida Selvagem... isso não é lógico. Os animais no zoológico?").

Paul comentou sobre "Wild Life" em 1971: "Não apoiamos milhões de causas, como preservação e outros temas. Mas a primeira canção do grupo a dizer algo é 'Wild Life'. Ela basicamente diz que a natureza está certa. E o que não é certo é manter os animais em zoológico quando eles deveriam estar em seu *habitat*, correndo livres. Lembro que uma vez estava em um parque africano quando vi uma placa dizendo: Lembre-se que todos os animais têm o direito de seguir. Gostei disso. Gosto de imaginar que os animais têm esse direito em algum lugar."

No Amboseli National Park, no Quênia, ainda é possível observar uma reserva natural que abriga espécies como leopardo, guepardo, búfalo africano, zebra, girafa, leão, crocodilo, hiracóides, caxine, mangusto e porco espinho noturno.

Nas gravações em Abbey Road, a base de "Wild Life" teria Linda no piano elétrico, Paul no contrabaixo, Denny Laine na guitarra-base e Denny Seiwell na bateria. O complemento da música aconteceria até outubro, com Paul fazendo os solos de guitarra e a banda gravando mais *backing vocals*.

SOME PEOPLE NEVER KNOW

Paul e John tinham muitas diferenças em 1969. A principal delas, não continuar nos Beatles. Paul queria, John decidiu seguir a jornada com Yoko. Mas a ilha de Barbados seria o ponto em comum entre os ex-parceiros ainda naquele ano. John Lennon viajou a Freeport, onde pretendia fazer seu Bed-In, em prol da paz. Mas como o hotel da cidade não comportou o manifesto, ele e Yoko decidiram partir para o Canadá, onde organizariam o evento em Montreal.

Paul e Linda também escolheram o território britânico, mas para relaxar. Foi em Barbados que a estrutura principal de "Some People Never Know" seria criada. A música, nas entrelinhas, é a resposta para a ácida "How Do You Sleep?" – letra de Lennon do álbum *Imagine* que ataca a reputação e carreira de Paul McCartney em todos os espectros. "Some people can sleep at nightime, / Believing that love is a lie. / I'm only a person like you, love, / And who in the world can be right / All the right time" ("Algumas pessoas dormem à noite, mas acham que o amor é uma mentira... Já eu sou uma pessoa igual a você: Mas quem nesse mundo está certo toda hora, todo dia?").

Para garantir que sua "resposta ao ataque" fosse ouvida com bons ouvidos, as sessões de "Some People Never Know" foram as mais requintadas de *Wild Life*. Na primeira sessão, Linda tocou harmônio, Paul ficou no violão, Denny Laine no violão e Denny Seiwell na bateria. Nos demais dias de gravações, que seriam prolongadas até a primeira semana de agosto, Paul contribuiu com guitarra elétrica, atabaque, chocalho, maracas, bongôs e contrabaixo. Linda tocou teclados e contribuiu com seus vocais. Denny Laine completou sua participação com guitarra elétrica e Denny Seiwell tocou um cano transparente que ele comprou de um vendedor no farol, a caminho dos estúdios de Abbey Road.

I AM YOUR SINGER

Não foi por um simples motivo que "I Am Your Singer" foi escolhida para encerrar o especial *Wingspan – An Intimate Portrait*, de 2001. A performance que observamos nos créditos do emocionante filme que aborda, principalmente, a história de amor de Paul e Linda, destaca a jovem mulher de Paul McCartney assumindo os vocais da música composta em parceria em 1970 para *Wild Life*. Quis o destino que as imagens – registradas em junho de 1971, na Escócia – fossem uma espécie de adeus oficial aos fãs. Linda morreu de câncer em abril de 1998 e sua última aparição pública havia sido no vídeo de "Beautiful Night".

No estúdio, Paul e Linda se expuseram ao máximo cantando "I Am Your Singer". Afinal, embora *Ram* já tivesse colocado o casal cantando lado a lado, no caso da faixa de *Wild Life*, Linda receberia os holofotes como vocalista principal.

No estúdio Abbey Road, Paul tocou baixo e piano elétrico. Linda ficou nos vocais, divididos com o marido. Denny Laine ficou com a guitarra. Denny Seiwell tocou bateria e percussão. No final das sessões, em agosto, o Studio 1 foi ocupado pelos irmãos Blood: Peter, Cristine e Paul, além de Jeanne Dolmetsch tocando flauta (o mesmo tipo do instrumento usado na gravação de "The Fool on the Hill").

Uma versão rudimentar de "I Am Your Singer" apareceu, juntamente com outros *takes* de músicas de *Wild Life* em 2003 – todas ao alcance do público colecionador. Outro *take*, a demo original, está nos arquivos de Paul McCartney, intocável. A versão foi encontrada em uma fita gravada por ele em 1970, com mais 28 faixas. Eddie Klein, o arquivista oficial de Paul McCartney, aponta que a demo foi gravada com Linda desde sua criação.

TOMORROW

No decorrer dos anos, Paul McCartney sempre contou e recontou a deliciosa história do amor de seu falecido sogro e advogado, Lee Eastman, por "Tomorrow". Lee Eastman era um dos principais homens de direito em Nova Iorque – especialista em direitos autorais – e sabia apreciar música de qualidade. Certa noite, Lee comentou com Paul como ele gostaria de ouvir uma regravação da faixa de *Wild Life*: "Vocês deveriam regravá-la algum dia. Mas ela teria de ser lenta. Mais lenta, Paul... muito, muito, muito lenta."

A forma como o pai de Linda comentou sobre sua canção, certamente, o marcou. Mesmo com tantos elogios, "Tomorrow" nunca seria apresentada ao vivo pelo Wings ou em qualquer turnê da carreira solo de Paul McCartney. Mais um dos antagonismos em sua complexa discografia. Com sua letra poética e nostálgica, "Tomorrow" descreve uma das viagens de Paul e Linda pelo campo em um dos momentos de fuga dos negócios da Apple: "Bring a bag of bread and cheese / And find a shady spot beneath the trees / Catch a breath of country air / And run your pretty fingers thro' my hair / Tomorrow, when we both abandon sorrow" ("Apanhe uma cesta com pão e queijo, encontre um lugar gostoso sob o arvoredo... Respire fundo o ar do campo e passe os seus belos dedos em meus cabelos... Amanhã, quando nós expulsarmos de vez as mágoas... Amanhã...").

Paul: "Uma lembrança de nossas viagens pelo sul da França. Passávamos em uma boulangerie, comprávamos uma baguete e queijo, alguns tomates e uma garrafa de vinho e depois íamos passear no campo."

Em Abbey Road, durante as sessões de *Wild Life*, Paul tocou piano no primeiro *take*, depois adicionou percussão e contrabaixo, além de assumir o vocal principal. Denny Laine contribuiu com guitarra. Linda ficou nos vocais e Denny Seiwell é o baterista e toca percussão.

DEAR FRIEND

Mistérios pairam sobre "Dear Friend". Em meados de 2003, uma coleção de gravações inéditas rotuladas *Wild Life Demos* começou a circular na internet. Em verdade, o *bootleg* trazia duas versões da inédita "1882" e três demos de "Dear Friend" – todas gravadas na casa de Paul McCartney em Cavendish Avenue. Os *takes* são muito interessantes. Durante as performances escutamos Linda ao telefone e conversando com Paul. Ele chega até a perguntar a ela se o seu piano estaria atrapalhando a ligação – o que Linda nega, imediatamente.

Considerada sempre como a "resposta" para os ataques de "How Do You Sleep?", "Dear Friend" foi gravada no final das sessões de *Ram*, em Los Angeles – mas acabou fora do LP. Ainda demoraria mais sete meses até que John Lennon a ouvisse em *Wild Life*. Por sua vez, o álbum *Imagine* foi lançado em outubro na Inglaterra, quando "Dear Friend" já estava pronta, nos arquivos de Abbey Road, à espera do sinal verde para o lançamento em *Wild Life*.

Apesar das contradições, Paul nunca negou que a música seria uma espécie de trégua, um apelo feito ao amigo: "Sim, 'Dear Friend' é sobre John. Não gosto de mágoa e discussões. Elas sempre me importunam. A vida é preciosa, apesar de quase sempre sermos culpados de cometer esses erros. Então, depois que John me detonou em público, o instinto me fez parar – fico feliz de não ter retrucado. Então, escrevi 'Dear Friend', que basicamente era vamos parar, tirar nossas luvas de boxe."

"Dear Friend" foi gravada quase totalmente em Los Angeles, no Sunset Sound Recorders em abril de 1971, durante as sessões de *Ram*. Paul tocou piano e contrabaixo, acompanhado por Denny Seiwell na bateria. Ao resgatar a faixa para *Wild Life*, uma orquestra foi registrada em Abbey Road, com orquestração assinada por Richard Hewson – o mesmo de "The Long and Winding Road".

Outras músicas da era *Wild Life*

GIVE IRELAND BACK TO THE IRISH

Tempos estranhos. O ano de 1972 começou sombrio. Os invernos, normalmente gélidos no norte europeu, ficaram ainda mais soturnos após o evento trágico que se desenrolaria em Derry, Irlanda do Norte. Em um domingo – batizado de forma apropriada como sangrento – 28 jovens que protestavam naquele fim de semana contra o domínio da Rainha em seu território seriam baleados pelo exército britânico. Desse grupo, morreriam quatorze manifestantes nacionalistas.

A reação de Paul McCartney foi imediata. Geralmente contrário às canções politicamente engajadas, ele não pensou duas vezes em correr para o piano e transformar seu ódio pela ação do governo de sua amada Grã-Bretanha contra os inocentes norte-irlandeses. "De nosso ponto de vista, precisou acontecer essa tragédia para as pessoas na Inglaterra questionarem o que realmente fazemos na Irlanda. Foi chocante. Por isso, escrevi 'Give Ireland Back to the Irish' e gravamos a música rapidamente. Não demorou nada para que o diretor da EMI, Sir Joseph Lockwood, me ligasse pedindo explicações, me pedindo para não lançar dizendo que isso ia colocar mais lenha na fogueira. Mas aí defendi a música e disse que teria que lançá-la de qualquer forma. Ele respondeu: 'Bom, você sabe: ela será banida.' E foi mesmo. O irmão de Henry McCullough, nosso guitarrista, vive na Irlanda e as pessoas contrárias à nossa reação o agrediram. Eles descobriram que Henry era guitarrista do Wings."

Apesar de Sir Joseph Lockwood ter razão – realmente a BBC não tocaria a música em sua programação – "Give Ireland Back to the Irish" chegaria ao primeiro lugar em outras praças, como na Espanha e na própria Irlanda. Sua letra acertou em cheio o X da questão da ocupação inglesa na Irlanda, sem soar forçada: "Tell me how would you like it / If on your way to work / You were stopped by Irish soldiers / Would you lie down do nothing / Would you give in, or go berserk" ("Me diga: será que você gostaria, quando você estivesse a caminho do trabalho, por soldados irlandeses, fosse parado?... Me diga: será que você não se mexeria e nada faria? Será que você se entregaria ou totalmente revoltado ficaria?").

"Give Ireland Back to the Irish" seria uma das músicas mais obscuras do catálogo de Paul McCartney durante muitos anos. A canção de protesto saiu de catálogo em 1972 e não entrou em nenhuma coletânea. Em 1993, a EMI se encheu de coragem e permitiu a entrada de "Give Ireland Back to the Irish" como faixa extra de *Wild Life*, parte da *Paul McCartney Collection* – não lançada nos Estados Unidos.

Em uma rápida sessão em fevereiro de 1972, "Give Ireland Back to the Irish" foi gravada pelo Wings nos estúdios Abbey Road em 1º de fevereiro com Paul na guitarra elétrica. Denny Laine tocou violão, Henry McCullough tocou o solo, enquanto Linda está no piano e Denny Seiwell na bateria. Mais trechos seriam adicionados nos estúdios da Apple, em Saville Row, produzidos por Glyn Johns – o mesmo das sessões do cancelado LP *Get Back*, dos Beatles.

GIVE IRELAND BACK TO THE IRISH (VERSION)

Na urgência de providenciar um lado B para o *single* "Give Ireland Back to the Irish", Paul teve uma ideia: preparar a versão instrumental da música à moda de Phil Spector. Melhor: para se diferenciar do lado A, a melodia teria um arranjo dos *singles* jamaicanos do momento, com clima rústico e groove bacana. Para atingir o resultado, a peça gravada no Rude Studio foi mixada em mono, quase sem agudos. Atualmente "Version" está fora de catálogo, mas chegou a ser relançada em 2007 como parte das faixas bônus no iTunes.

No pequeno estúdio Rude, Paul tocou baixo e teclados, Linda ficou no minimoog, Denny e Henry tocaram guitarra elétrica e Seiwell ficou na bateria.

MARY HAD A LITTLE LAMB

Existem duas alternativas sobre o lançamento de "Mary Had a Little Lamb" – a cantiga infantil lançada pela primeira vez pela *Boston*

Publishing, baseada em um poema original da autora americana Sarah Josepha Hale, de 24 de maio de 1830.

Em entrevistas de 1972, Paul chegou a comentar que o *single* seria uma resposta ao banimento de "Give Ireland Back to the Irish" pela emissora britânica BBC – obviamente, por ser controlada pelo governo. Pouco tempo depois, falando sobre sua melodia criada para musicar o poema de Hale – que, entre outros feitos, é responsável pela instituição do feriado de Ação de Graças, nos Estados Unidos – Paul comentou que "Mary Had a Little Lamb" seria apenas um tema infantil, escolhido porque "sua filha se chamava Mary" e gostava da canção. A segunda história pareceu ser mais plausível quando um trecho da demo da música apareceu em uma entrevista dada por Paul McCartney à BBC em novembro de 1971.

"Mary Had a Little Lamb" marcou o primeiro momento de tensão no Wings. Além de Paul e Linda, os demais membros do grupo sentiram-se acanhados em aparecer na TV cantando uma música infantil. Os críticos também não perdoaram um músico da estatura de Paul McCartney trocar o rock por uma cantiga do século dezenove. À parte disso, o *single* chegaria ao 9º lugar nas paradas da Inglaterra e ao 28º nos EUA.

Gravada no Olympic Studios, em Londres, o Wings produziu a faixa com a seguinte formação: Paul McCartney tocou piano, contrabaixo e percussão. Linda contribuiu com percussão e vocais. Denny Laine tocou ukelele e cantou. Henry McCullough ficou no violão. Denny Seiwell tocou percussão e bateria e contribuiu com harmonias. Heather See McCartney e a pequena Mary cantaram os "la-la-las".

Diversos vídeos foram produzidos para divulgar "Mary Had a Little Lamb". A primeira transmissão do clipe – que também foi a estreia do grupo Wings em vídeo – ocorreu no programa *Top of the Pops*, em 29 de junho de 1972. Esta versão, dirigida por Nicholas Ferguson e considerada a principal, foi filmada em um dos celeiros da fazenda de Paul na Escócia, em Campbeltown. As imagens incluídas nesta edição mostram Paul cantando a música e tocando piano, acompanhado pelo Wings, rodeado de carneiros. O segundo clipe, também dirigido por Nicholas Ferguson, foi lançado nos EUA, em 12 de outubro de 72, no programa *Flip Wilson Show*, quase seis meses após sua estreia na Inglaterra. As imagens do celeiro foram trocadas por montagens psicodélicas da banda, gravadas nos estúdios da BBC em Shepherd Bush, em Londres.

A terceira versão deste clipe – a mais rara entre as três produzidas – foi transmitida apenas uma vez no Reino Unido, no programa infantil *The Basil Brush Show*, da BBC. O vídeo foi produzido em estúdio com um cenário imitando uma fazenda, com animais verdadeiros contracenando com animações de carneirinhos.

NO BAÚ DE *WILD LIFE*

Diversas músicas fazem parte dos arquivos 1971-1972 de Paul McCartney:

"1882" – gravada ao piano em dois *takes* nas mesmas sessões de "Dear Friend". Outra versão ao vivo, gravada pelo Wings, chegou a ser cogitada para *Hot Hits & Cold Cuts*.

"Best Friend" deve existir nos arquivos em versão de estúdio. A música entrou no *setlist* do Wings em 1972.

"Blackpool" gravada entre 1971/72 também está disponível entre os colecionadores.

"Indeed I Do", outra composição dividida pelo casal McCartney, pode ser encontrada entre os colecionadores em três *takes*.

Já as inéditas "Twas But a Dream" e "African Yeah Yeah" permanecem nos arquivos de Paul McCartney.

"Hey Diddle", gravada nas sessões de *Ram*, seria resgatada por Paul em sua fazenda na Escócia para apresentações ao ar livre em junho de 1971, ao lado de Linda McCartney. Além de "Hey Diddle", a dupla aparece cantando "I Am Your Singer" e "Bip Bop" – as duas últimas, no especial de 2002 *Wingspan – An Intimate Portrait*. "Hey Diddle" foi exibida pela primeira vez em 1979, no especial *Wings over the World*.

CAPÍTULO 4
RED ROSE SPEEDWAY

"*Red Rose Speedway ficou conhecido como o álbum da insegurança. Gravamos algumas músicas realmente ótimas que soam muito melhores hoje. 'My Love' foi um grande sucesso, mas aquele período era muito incerto.*"
(Paul McCartney, 2001)

Capa: Linda McCartney
Arte: Alan Jones e Eduardo Paolozzi
Gravações: Entre março e dezembro de 1972
Produzido por: Paul McCartney
Datas de lançamento: 30/04/1973 e 04/05/1973 (Reino Unido/EUA)
Desempenho comercial: 4º e 1º (Reino Unido/EUA)

Os raios que emanavam do sol da meia-noite pelos céus da Escandinávia não traziam bons presságios. "Se você se mexer, eu te mato", sussurrou o homem. A figura sombria mostra algo a Paul, que parece suar frio e não entender o que se passava. A pacata Estocolmo não estava calma naquela noite clara de verão, quando Paul só queria relaxar naquele inferninho antes da apresentação no Gröna Luna. Linda também observava tudo, pálida.

Minutos depois, Henry McCullough entrou no clube e soube do alvoroço. O irlandês, acostumado com as brigas de rua de Belfast, não teve dúvidas. Sacou uma pequena faca da bota e foi tirar satisfações com o agressor. O lunático refugou: "Deve haver um mal entendido, senhor." Após a negação, o homem caiu na noite. Não foi um belo começo para a primeira turnê internacional do Wings, que atravessaria a Europa até chegar na Alemanha Oriental em 24 de agosto.

Sustos esquecidos, o novo grupo de Paul McCartney tinha passado no teste e já estava preparado para pensar nos próximos passos, incluindo um novo *single* que fizesse o público se esquecer da infantil "Mary Had a Little Lamb" e da engajada "Give Ireland Back to the Irish".

Esse material viria com outra dupla "Hi Hi Hi" e "C Moon", duas das faixas que a banda tinha finalizado ao lado de "My Love", uma antiga balada composta em Londres, mas que só tinha sido testada na estrada em uma versão incompleta.

Mas assim que o rocker "Hi Hi Hi" chegou às mãos dos disc jóqueis da conservadora BBC, os censores não pensaram duas vezes em cortá-la do *playlist*, alegando conotação sexual. A solução foi virar o lado do disco e tocar "C Moon", que faria um bom percurso no Top 5, tanto na Europa quanto nos Estados Unidos.

O *single*, lançado em tempo para o mercado natalino, foi o *start* para o Wings retomar fôlego e concluir as demais faixas que representassem melhor a versatilidade do grupo no palco, além de apresentar as técnicas de Henry McCullough como guitarrista em um veículo com maior poder de audiência.

Dessa safra, outra gema especial serviria para colocar o nome de Paul McCartney novamente no *spotlight* dos compositores relevantes. Após ser contatado por Ron Kass, um conhecido da Apple, Paul e Linda finalizariam "Live and Let Die", tema de *Com 007 Viva e Deixe Morrer* – a primeira vez de Roger Moore na pele do agente James Bond. A música também celebra a retomada da parceria com George Martin no A.I.R. Studios.

Às vésperas de revelar ao mundo seu próximo álbum e *single*, Paul fez um convite inusitado: partir para Marraquexe, no Marrocos, e planejar o especial que ele tinha se comprometido a entregar para o dono da editora ATV, Sir Lew Grade. Grade, vale recordar, tinha processado Paul por não acreditar que Linda era capaz de compor, o acusando de fugir da divisão de royalties. Afinal, seu nome estava atrelado ao antigo contrato Lennon & McCartney da Northern Songs.

Com a trupe em missão no norte africano, mais precisamente no luxuoso hotel Mamounia, o Wings precisava decidir quais músicas entrariam no especial do canal ATV *James Paul McCartney*, exibido em abril, que anteciparia três novas músicas para os fãs ingleses e americanos: "Big Barn Bed", o *single* "My Love" e "Live and Let Die".

A essa altura, *Red Rose Speedway* e sua intrigante capa – que mostra Paul ouvindo canções do LP *Talking Book*, de Stevie Wonder, enquanto era fotografado por Linda com uma rosa na boca – já era um LP simples, destinado a chegar às vitrolas dos fãs em 30 de abril. Wonder também foi reverenciado na arte do disco, com uma mensagem em braile: "Nós te amamos" – carinho extra ao prodígio da Motown.

Antes disso, a intenção era expor ao máximo a versatilidade do Wings e isso só poderia acontecer em um álbum duplo. Por questões burocráticas e comerciais, *Red Rose Speedway* não teria espaço para "The Mess" (separada para o lado B de "My Love"), "I Lie Around" (lado B de "Live and Let Die"), "1882", "Jazz Street", "Night out", "Momma's Little Girl", "I Would Only Smile" (composição de Denny Laine) e a *cover* "Tragedy".

Com o novo LP nas melhores lojas, e "My Love" e "Live and Let Die" em altíssima rotação nas rádios britânicas, o Wings já estava armado com material suficiente para encarar públicos maiores no Reino Unido, onde a crítica não costuma perdoar os chamados santos de casa. Nem mesmo se o tal santo tem nome e sobrenome: Paul McCartney M.B.E.

RED ROSE SPEEDWAY – FAIXA A FAIXA

BIG BARN BED

Se você perguntar para um fã de Paul McCartney talvez ele troque um show ao vivo no Hot Sound por uma excursão de algumas horas nos arquivos do Rude Studio, o rústico – não rude! – e pequeno estúdio em sua fazenda escocesa, em Campbeltown, Mull of Kintyre.

"Big Barn Bed" abre o segundo LP do Wings com personalidade, mas a música não é totalmente nova. Os ouvintes mais atentos vão lembrar dela do trecho final da reprise de "Ram On", um dos destaques do segundo álbum, lançado dois anos antes.

Naquela versão, literalmente embrionária, "Big Barn Bed" aparece com andamento mais rápido, tocada somente ao ukulele. O estilo country da então vinheta incrustada em "Ram On" seria terminada somente em 1972, nas sessões de *Red Rose Speedway*, com colaboração de Linda McCartney. Com o tratamento da banda, Big Barn Bed virou um country rock, escolhido não só para abrir o LP como o especial *James Paul McCartney*:

O novo trecho inclui a ponte e o refrão, combinando rock com uma levada reggae. Após figurar no *setlist* durante a turnê britânica de 1973, Paul promoveu a ressurreição de "Big Barn Bed". Pelo menos, nas passagens de som da *Out There Tour*, em 2013. A nova versão da música voltou a ser apresentada por ele no ukulele, com acompanhamento da banda.

Gravada no Olympic Studios, em Londres, entre março e abril de 1972, "Big Barn Bed" contou com a seguinte formação no estúdio: Paul no baixo, piano e vocal principal; Linda nas harmonias; Denny Laine no violão; Henry na guitarra elétrica; e Denny Seiwell na bateria.

MY LOVE

Ano novo, 1970. No andar superior de uma bela casa com portões verdes no bairro de St. John's Wood, em Londres, Paul se prepara para abrir o piano. O mesmo piano que deu vida a números que, poucos anos antes, tinham mudado a história da música. Desta vez, Paul irá demonstrar o quanto ele sentia-se satisfeito com Linda, naquele início de vida a dois. A música da vez se chama "My Love", destinada a subir no degrau mais alto do pódio da *Billboard* – o primeiro do Wings na sonhada América. Os versos da canção são evocativos: "And when I go away / I know my heart can stay with my love / It's understood / It's in the hands of my love / And my love does it good" ("Quando vou embora, sei que meu coração vai ficar com meu amor – Isso é fato. Ele está nas mãos do meu amor –

meu amor faz como ninguém"). Em outra parte, Paul exalta a recente função de Linda em sua vida com um verso ambíguo. Afinal, além de compartilhar a intimidade ela era a "outra tecladista" da banda: "Only my love holds the other key to me" ("Só o meu amor consegue segurar a outra tecla pra mim").

Paul McCartney se recorda dos tempos dourados quando a balada "My Love" estreou nos primeiros shows do Wings em 1972 – mais de um ano antes de entrar em *Red Rose Speedway*: "'My Love' é a minha música definitiva composta para Linda. Ela foi feita em meus primeiros dias ao lado dela. Quando nós a gravamos ao vivo com uma orquestra em Abbey Road, tivemos um momento muito interessante. Henry pediu para improvisar o solo e eu disse claro! E foi a melhor coisa que ele fez em sua vida."

Henry McCullough relembrou seu trabalho ao lado de Paul em uma entrevista de 2011, cinco anos antes de falecer: "Foi uma grande virada para mim, porque agora posso olhar para trás e dizer: 'Foi isso que fiz para Paul McCartney...' Dei aquele solo a ele. E por não ter feito algo daquela forma antes, acho que Paul realmente ficou chocado. Naquele dia, saí do estúdio um homem realmente feliz porque tinha confrontado uma situação e apresentado uma solução que não passou por sua cabeça. Deixei a minha marca na música. Paul disse para mim após nos encontrarmos depois de 35 anos: 'Henry, não tem um lugar que eu vá tocar que eu não traga comigo sua atitude na hora de tocar 'My Love'.'" Foi muito legal da parte dele."

Essa atitude de tocar o solo na gravação ao vivo no estúdio realmente seria o ponto crucial em "My Love", que antes era apenas uma balada que arrancava aplausos nos shows pela Europa. A adição do maravilhoso arranjo de orquestra ficou a cargo do já familiar Richard Hewson (*Let It Be, Ram, Wild Life*), registrado em Abbey Road. Todo o capricho aplicado na produção seria pago com juros. Além do sucesso com o público, seria a primeira vez que os royalties de uma música não iriam direto para a Northern Songs, agora em controle da ATV.

A mágica sessão que produziu a versão de "My Love" para o LP *Red Rose Speedway* aconteceu no solo sagrado de Abbey Road, em outubro de 1972, com Paul tocando piano elétrico, acompanhado por

Denny Lane no baixo; Henry na guitarra-líder; Linda nos *backing vocals*; e Denny Seiwell. Músicos de orquestra não foram creditados no disco. "My Love" também ganhou um filme promocional, rodado nos estúdios cinematográficos da EMI, em Elstree. O promo combina imagens do Wings tocando a faixa em estúdio e cenas com Paul e Linda dançando e fazendo brincadeiras para as câmeras. O clipe de "My Love" estreou no programa britânico *Top of the Pops* no dia 4 de abril de 1973.

GET ON THE RIGHT THING

No repertório de *Red Rose Speedway*, depois do country rock com sabor de reggae e da grande balada, o espaço é aberto para o gospel psicodélico de uma faixa iniciada dois anos antes, durante as sessões de *Ram*. Mais do que isso, ela seria a última composição gravada nos estúdios da Columbia, em Nova Iorque, com David Spinozza, o primeiro guitarrista a ser contratado por Paul McCartney para seu então segundo disco. Ao comparar a estrutura da música, com baixo pulsante e guitarras brilhantes, "Get On the Right Thing" combina muito melhor com o estilo geral de produção de *Red Rose Speedway*. O destaque da música fica para os diversos trechos de guitarra invertida que se entrelaçam no arranjo.

Os versos soam seguros e proféticos, embora não apresentem um tema linear. No projeto original de *Red Rose Speedway*, "Get On the Right Thing" tinha sido posicionada como segunda faixa do Lado B do disco 2. A música é uma das demos encontradas na Escócia em 2012 ao lado de 28 faixas planejadas para o álbum *Ram*. Com a fita, um papel trazia anotações sobre as faixas e apontava que Jimi Hendrix poderia ter participado da gravação da música (Os efeitos de guitarra na versão final do LP corroboram com a ideia original de Paul e Linda).

Pelos créditos do álbum *Red Rose Speedway*, "Get On the Right Thing" foi gravada em Nova Iorque em novembro de 1971 com Paul no baixo, guitarra elétrica e piano e David Spinozza na outra guitarra. Linda ficou nos *backing vocals* e Denny Seiwell na bateria. A primeira versão da faixa foi remixada em Abbey Road por Alan Parsons, que também produzia *The Dark Side of the Moon*.

ONE MORE KISS

Depois de roubar o show com o solo em "My Love", Henry McCullough faria a mesma coisa nessa balada country composta por Paul na Escócia para fazer "as pazes" com a filha Mary, então com três anos. Sem revelar os motivos, Paul declarou que a letra da música – então ainda chamada "Only One More Kiss" – tinha sido escrita para sua primogênita: "Fiz essa para Mary. Não gosto de brigar com as meninas, então é um pedido de desculpas." "One More Kiss" ganhou versos ambíguos, evidentemente, para soar como uma canção de amor no melhor estilo country com pitadas britânicas.

Gravada no Olympic Studios, em Londres, "One More Kiss" conta com Paul no violão, Henry na guitarra de sete cordas Gibson Ultratone com slide, Linda no cravo elétrico, Denny Laine no contrabaixo e Denny Seiwell na bateria.

LITTLE LAMB DRAGONFLY

Quando Paul McCartney finalizou as sessões de *Ram* em Los Angeles, elas tinham sido tão produtivas que as músicas "órfãs" não poderiam ser abandonadas sem motivos nos arquivos. "Little Lamb Dragonfly" – na verdade, uma suíte com "Little Lamb" e "Dragonfly" unidas para formar uma faixa mais forte – é a segunda música do disco de 1971 a ser reintegrada a *Red Rose Speedway*.

A canção tem uma história interessante, composta com ajuda de Denny Seiwell: "Nós estávamos na Escócia onde tudo é muito bonito, mas pode piorar quando os carneirinhos não sobrevivem ao nascimento. É algo comum, mas se você tem um pouco de sensibilidade, não consegue evitar... Especialmente numa casa cheia de crianças. Então, 'Little Lamb' é sobre a história de tentarmos salvar um carneiro que estava à beira da morte na fazenda", conta Paul.

"Dragonfly" é a segunda parte da suíte e a mais misteriosa música do LP. Não apenas um, mas diversos analistas da discografia de Paul McCartney destacaram a letra como um possível comentário sobre a separação dos Beatles – lembrando que a música já existia em 1970, quando o evento ainda era bastante recente.

Remixada durante as sessões de *Red Rose Speedway*, "Little Lamb Dragonfly" foi gravada em Nova Iorque, no A&R, com Paul McCartney no violão e baixo; Hugh McCracken na guitarra-líder; e Denny Seiwell na bateria. Músicos da Filarmônica de Nova Iorque não foram creditados. Mais partes seriam acrescentadas em Abbey Road em 1972, com vocais de Denny Laine e Linda.

SINGLE PIGEON

Um saltitante armadilho abriu os trabalhos em *Big Barn Bed*. Depois, tivemos a dupla libélula e cordeirinho em "Little Lamb Dragonfly". Finalmente, em "Single Pigeon", a rica fauna de *Red Rose Speedway* ganha mais dois personagens plumados para ilustrar uma suposta briga entre um casal.

A decisão de colocar o bucólico Regent's Park Canal, que corta a região do London Zoo, dá um ar ainda mais selvagem e metafórico à breve balada de *Red Rose Speedway*. Sempre ambíguo, Paul usa os animais na letra para comentar sobre o provável momento de tensão entre marido e mulher. Seria um comentário pessoal?

A gravação de "Single Pigeon", aliás, aconteceu bem pertinho do Regent's Park Canal, em Abbey Road. Com Paul ao piano, Henry ao violão, Denny Seiwell na bateria e Denny Laine no contrabaixo. Além de músicos não creditados da London Simphony Orchestra.

WHEN THE NIGHT

Depois do passeio pelo zoológico, a hora da missa. Pelo menos, no quesito musical. Afinal, "When the Night", com seu puro arranjo gospel, tornou-se uma das favoritas do repertório do Wings, a ponto de ser incluída na turnê pelo Reino Unido em 1973. Sua letra, composta em 1971, antes da formação do Wings, é basicamente uma coleção de memórias abençoada por uma "noite especial" que ilumina um casal. Apesar de não declarado por seu autor, ela pode ser uma lembrança do "sim" dado por Linda em 1969. Paul e Linda se casaram em 13 de março daquele ano.

Na sessão de gravações no Olympic Studios em março de 1972, Paul ficou no piano e no vocal principal e depois gravou sintetizador moog. Henry e Denny Laine tocam os violões e Denny Seiwell é o baterista, com adição de maracas. Linda toca um piano elétrico, com as notas de baixo.

LOUP (1ST INDIAN ON THE MOON)

Em 2013, a edição americana da *Rolling Stone* publicou uma lista das 12 músicas mais bizarras de Paul. "Loup", merecidamente, ganhou destaque: "Macca se trasforma em Floyd com esse instrumental viajante do *Red Rose Speedway*. Ao ouvir essa música você se sente no meio do oceano depois da meia-noite e apenas uma linha de baixo será capaz de salvá-lo."

O instrumental incluído no lado B do álbum é um exercício experimental que não ficaria deslocado em um dos álbuns do Pink Floyd. Mas a influência é completamente proposital. Enquanto o Wings produzia seu disco, a banda comandada por Roger Waters trabalhava de forma simultânea em um dos LPs destinados a quebrar recordes e mais recordes de vendas, amparado por Alan Parsons (que, por méritos, deveria ter sido creditado como produtor), *The Dark Side of the Moon*.

Parsons, que começou a carreira como engenheiro assistente em Abbey Road, relembra de forma bem-humorada as sessões de *Red Rose Speedway*: "Paul nunca foi nada técnico no estúdio. Ele dizia algo do tipo 'faça soar melhor'. Então eu ia lá e procurava pelo botão 'melhor' na mesa de som (risos). Isso já tinha virado tradição nas gravações com as bandas. Chris Blair, responsável por cortar os acetatos na EMI, já tinha até rotulado os botões das mesas com nomes fáceis, do tipo "Pesado", "Maluco", "Relax" (risadas)... No meio das sessões, aconteceu uma pequena tragédia. Paul usava o baixo Rickembacker, mas ele sofreu uma grande perda quando o assaltaram e levaram um de seus baixos Hofner originais da época dos Beatles."

Produzida em Abbey Road em outubro de 1972, "Loup (1st Indian on the Moon)" contou com a seguinte formação no estúdio londrino: Paul tocou violão, baixo, moog e produziu a sessão. Linda tocou órgão e fez harmonias. Denny Laine também colaborou com vocais e tocou guitarra, assim como Henry McCullough, o guitarrista principal. Denny Seiwell tocou bateria e percussão.

HOLD ME TIGHT / LAZY DYNAMITE / HANDS OF LOVE / POWER CUT

Não há dúvida que Paul entrou no estúdio – provavelmente, mais uma vez, o Olympic Studios – disposto a resgatar a magia do *medley* de *Abbey Road*, gravado havia menos de três anos no último disco produzido por sua ex-banda. O resultado atingido pode até ser discutido, mas a união das composições inacabadas do lado B de *Red Rose Speedway* funcionou como solução. Talvez, separadas, nenhuma das faixas do *medley* fosse efetiva no segundo LP do Wings.

a) "Hold Me Tight" – Iniciada somente com Paul ao piano, temos o primeiro ataque nostálgico à moda Golden Slumbers. Paul canta: "I've waited all my life for you / Hold me tight / Take care of me and I'll be right" ("Eu tenho esperado muito tempo por você, me abraça forte – tome conta de mim e eu ficarei bem"). A letra e o clima sonhador da canção – que tem Paul no baixo e piano, Linda nos vocais, Denny Laine no violão, Henry no violão, Denny Laine na guitarra e Denny Seiwell na bateria – funcionam bem para a "overture" dessa pequena ópera-pop que segue diretamente para...

b) "Lazy Dynamite" – Surpresa! Temos aqui mais um animal na coleção da fauna mágica de *Red Rose Speedway* – embora não de forma explícita. Lazy Dynamite era o nome de um dos cavalos da família McCartney que vivia na fazenda de Campbeltown, na Escócia. A letra o transforma em uma garota que reluta em não sair de casa. Ecos de "Dear Prudence" do *Álbum Branco*, mas com uma veia country. Paul McCartney: Violão, ocarina e vocal principal. Linda McCartney: *Backing vocals*. Denny Laine: Guitarra elétrica. Henry McCullough: Percussão. Denny Seiwell: Congas, bateria e percussão.

c) "Hands of Love" – Recentemente, uma versão de "Hands of Love" foi descoberta em uma fita, junto com "Picasso's Last Words (Drink to Me)", "Getting Closer" e outras músicas, certamente gravada durante uma estadia dos McCartneys na Jamaica. No *medley* de *Red Rose Speedway*, a música é a mais pop e romântica. Paul McCartney: Vocal, violão e ocarina. Linda McCartney: *Backing vocals*. Denny Laine: Guitarra elétrica. Henry McCullough: Percussão. Denny Seiwell: Bateria, congas e percussão.

d) "Power Cut" – Luz de velas, cidade no breu... o clima de escuridão pode até ser algo romântico. Mas não para os britânicos no tumultuado ano de 1972. O Reino Unido, de norte a sul, foi vítima de inúmeros *blackouts* por conta de uma greve de mineiros – incidente que afetaria de forma impactante a economia do país – inclusive o *showbiz*. Diversas bandas tiveram suas apresentações interrompidas, incluindo o Wings, durante a turnê secreta pelas universidades. Em 16 de fevereiro de 1972, o jornal *The Guardian* comentou sobre os incidentes: "O Comitê Central de Transmissão anunciou ontem à noite que as quedas de energia aumentariam de 10% a 15% nesta manhã. As áreas de alto risco agora passarão nove horas sem eletricidade. Os efeitos da paralisação dos mineiros na indústria tornaram-se ainda mais graves ontem. À medida que os mineiros apresentaram seu caso ao inquérito e o primeiro-ministro convocou os dois lados da indústria, o número de trabalhadores inativos pela crise de energia aumentou 50 por cento..." Para não perder o momento, Paul compôs o trecho da letra apenas como fez diversas vezes que enfrentou *blackouts*. No espírito de "pegar uma canção triste e fazer dela algo melhor". Paul McCartney:

Vocal, celesta, mellotron, baixo, piano e percussão. Linda McCartney: Piano elétrico e *backing vocals*. Denny Laine: Guitarra elétrica e *backing vocals*. Henry McCullough: Guitarra elétrica e *backing vocals*. Denny Seiwell: Bateria.

Outras músicas da era *Red Rose Speedway*

C MOON

Depois de flertar com o calipso em "Ob-La-Di, Ob-La-Da" e brincar com o ritmo caribenho na versão de "Love Is Strange", finalmente o reggae entraria para valer no repertório de Paul McCartney. O amor pelo ritmo jamaicano que seduziu a família em suas cada vez mais constantes visitas a Montego Bay serviria como mola propulsora para a composição de "C Moon" – e também da primeira canção de autoria de Linda, "Seaside Woman", incluída no repertório do Wings de 1972, mas lançada somente em 1977 com o pseudônimo de Suzy and the Red Stripes, uma marca de cerveja fabricada na Jamaica.

Em "C Moon", Paul novamente apelaria às suas memórias juvenis. O título da divertida balada seria um jogo de palavras – uma inversão do termo L7, que nos anos 50 era usado para rotular uma pessoa quadrada – nada liberal. Na verdade, a gíria tinha sido usada em uma outra música: "Wooly Booly", do grupo Sam the Sham and the Pharaohs (número 1 nos EUA em 1965).

Durante os shows da turnê *Driving USA* em 2002, Paul voltou a tocar "C Moon" após mais de trinta anos e, desta vez, não apenas nas passagens de som. Para reapresentar o *hit* do Wings ao público mais jovem ele decidiu entreter o público com a história: "Vocês lembram de 'Wooly Booly', do Sam the Sham? Hey, man não seja L7... Então (mostrando as mãos) L com 7 forma um quadrado. Então, decidi fazer uma música com o sentido oposto (mostrando novamente as mãos): A letra C e a lua minguante se encaixam e forma algo redondo – 'C Moon' – você é legal, cara!"

Na hora de gravar a música "legal" ao oposto de "quadrado", o Wings decidiu inverter as posições no estúdio. Paul cantou e tocou piano, e Linda toca percussão e fica nos *backing vocals*. O baterista Denny Seiwell tocou corneta, enquanto Henry McCullough assumiu a bateria. Denny Laine virou o baixista e ainda acrescentou mais guitarra nas sessões de outubro de 72, no Morgan Studios.

Lançada como lado B de "Hi Hi Hi" (mas invertido para o A, depois da premiação da BBC), "C Moon" ganhou um vídeo promocional rodado em 25 de novembro de 1972, no Southampton Studio, na Inglaterra. Paul e banda aparecem dublando "C Moon" sobre um palco, como se estivessem tocando ao vivo, dirigido e produzido por Steve Turner.

HI HI HI

Em 1972, Paul e o seu recém-formado grupo tinham entrado em alguns problemas, é fato. O menor deles foi explicar a singela "Mary Had a Little Lamb", que substituiu a agitadora política "Give Ireland Back to the Irish" – excluída do playlists da BBC e vítima de outras represálias.

Empolgado com o forte retorno à mídia – ainda que por alguns motivos fora da normalidade – Paul convocou o Wings para os ensaios e depois deu uma escapadinha para o balneário de Villajoisa, em Benidorm. Lá, depois de tomar algumas e se contentar com um pouco de erva, ele teria uma ideia maluca: por que não compor sua versão de "Rainy Day Women 12 & 35"?

Se você não é fã de Dylan, eu ajudo. O refrão da música do álbum *Blonde on Blonde* faz um convite indiscreto: Todo mundo tem que ficar maluco! Paul relembra um pouco da história de "Hi Hi Hi": "Então era assim, bem, o que Dylan quer dizer (em 'Rainy Day Women')? Ele quer dizer ficar alto ou um pouco alterado, como quando enche a cara? Então, tinha essa ambiguidade. Em ('Hi Hi Hi') eu assumi que o mesmo iria ser aplicado para mim... Em princípio, achei que "High" (alto) poderia significar estar somente bêbado, mas a primeira coisa que eles notaram foi uma alusão às drogas..."

Paul estava certo. A letra que ele compusera no Hotel El Montiboli, em Villajoisa, após uma festa reservada com Denny Laine, Linda e alguns músicos espanhóis seria automaticamente banida pela BBC por diversos motivos. "Well well, take off your face / Recover from the trip you've been on / I want you to lie on the bed / Get you ready for my polygon / (...) / Yes, I go like a rabbit, gonna grab it / Gonna do it 'til the night is done" ("Tire essa cara da cara, dê uma chacoalhada e se recupere da viagem... Quero que você deite na cama e fique pronta para a minha arma (*sic*)... Sim, eu vou dar uma de coelho, vou fazer até a noite acabar").

Paul: "A empresa de Sir Lew Grade, que editava as letras, enviou o material para a BBC com o verso errado: ao invés de 'polygon' (polígono) eles escreveram 'body gun' (trocadilho mais explícito para pênis – nota do autor), o que se tornou ainda mais sugestivo do que eu já tinha colocado. Talvez, até melhores palavras (risos)..."

A brincadeira de Paul pode até fazer sentido, mas sua origem é interessante. O infame polígono de "Hi Hi Hi", por mais bizarro que seja, surgiu da mente criativa do surrealista francês Alfred Jarry, que também escolheu a figura geométrica do poliedro no texto da peça *Ubu-Rei*, de 1896.

Logo após do *single* ser derrubado do radio na Inglaterra, as emissoras ao menos deram um jeito de trocar o disquinho de lado e tocar "C Moon". O fato de "Hi Hi Hi" entrar na lista negra cultural britânica não passou despercebido pela Sra. Lennon: "Yoko nos enviou uma carta dizendo: 'Parabéns, vocês conseguiram ir para o *underground*, foram banidos mais uma vez...' As coisas naquela época estavam pesadas."

Em novembro, cinco meses após a data de sua composição, o Wings gravaria "Hi Hi Hi" nos estúdios Abbey Road, escolhendo o *take* 50 como o melhor de todos. A formação do Wings no estúdio ficou assim: Paul McCartney, no baixo, piano e efeitos sonoros. Henry McCullough e Denny Laine nas guitarras e vocais. Linda também cantou e tocou minimoog. Denny Seiwell tocou bateria. O vídeo promocional de "Hi Hi Hi" foi gravado no mesmo dia em que "C Moon" foi produzido, no mesmo estúdio, e apresenta imagens da banda simplesmente dublando a música.

LIVE AND LET DIE

Furacões são raros no Reino Unido, mas em 1970, um desses fenômenos meteorológicos tomou forma de gente. Quando Allen

Klein virou o todo-poderoso da Apple após a saída oficial de Paul dos Beatles, ele não pensou nem um segundo antes de demitir todos os funcionários mais apegados à banda em represália. Entre eles estava Ron Kass e Tony Bramwell. Ambos logo trataram de voltar aos negócios ligados à música. Então, por sugestão de Tony, ciente do desejo secreto de Paul em trabalhar com cinema, um dos primeiros trabalhos da companhia seria tentar contratar Paul para transformar em música o tema da novíssima aventura de James Bond. A intenção de convocá-lo daria certo. Mesmo inseguro e no meio das gravações do segundo disco do Wings, Paul deu o aguardado sim ao desafio.

O momento mais desafiador, aliás, seria lidar com o título: "Live and Let Die" ("Viva e Deixe Morrer") uma inversão ao antigo provérbio escocês, "viva e deixe viver". Paul relembra de ter relido o livro escrito por Ian Fleming e não demorar quase nada para transformar a história em canção: "Me lembro de conversar com Ron Kass, um ex-funcionário da Apple, e me enviarem o livro em um sábado. Li tudo em um dia e no domingo já estava sentado ao piano terminando a música. Tomei cuidado com a parte 'viva e deixe morrer' – sempre complicado escrever sobre isso. Linda me ajudou a finalizar o trecho reggae da música."

A agilidade de Paul ao começar o tema de Bond é notada logo na primeira linha, onde ele reconta a ação de abrir o livro e começar a compor. A gentil balada ganha corpo e chega ao clímax. Para preencher o espaço, Linda sugeriu mudar o ritmo. No lugar do rock, a nova paixão do casal: o reggae jamaicano.

Até o sétimo filme da franquia, as produções de James Bond recebiam o tratamento do excelente compositor e arranjador de York, John Berry. O músico inglês era um dos nomes mais conceituados da indústria britânica – e também de Hollywood. Berry, até antes da estreia de *Com 007, Viva e Deixe Morrer* tinha sido a força criativa de inúmeras produções de sucesso, incluindo o polêmico e aplaudido *Perdidos na Noite*, com John Voight e Dustin Hoffman, lançado em 1969.

Mas para o longa de estreia de Roger Moore na pele do agente britânico no lugar de Sean Connery, Paul McCartney fez questão de que seu parceiro George Martin assumisse a função de arranjador no lugar de Barry. Esta seria a primeira vez que Martin dividiria os créditos de um disco com o amigo após a saída dos Beatles. O saudoso produtor oferece suas memórias sobre o trabalho em "Live and Let Die": "Já conhecia os produtores do filme porque tinha gravado a cantora Shirley Bassey cantando o tema de Goldfinger e Matt Munro, a música de *Moscou contra 007*. Fiquei sabendo que eles tinham pedido a Paul uma boa música. Então, Paul me chamou para gravar uma demo de 'Live and Let Die' e orquestrar a música. Normalmente, você não faz uma fita demo com uma orquestra de fundo, mas foi isso o que fizemos. O produtor do filme, Harry Saltzman, me convidou para viajar até a Jamaica onde eles rodavam *Com 007 Viva e Deixe Morrer*. A reação após ouvir o que tínhamos gravado foi: 'Muito bom trabalho, George. Mas quem vai gravar a música? Aretha Franklin?' Diplomaticamente, tive de explicar que se a versão preparada com Paul no vocal não fosse usada, eles não conseguiriam ter 'Live and Let Die' no filme. Durante a viagem à Jamaica, Saltzman deixou claro que ele pensava em me usar para orquestrar o resto do filme."

O sempre polido e agradável George Martin eventualmente conseguiria convencer a United Artists de desistir de ter uma cantora (na verdade, Thelma Houston) para assumir os vocais de "Live and Let Die" e, mais importante, de que Paul teria de ser o vocalista naquela demo, que na verdade já era a versão final do tema de James Bond, gravada nos estúdios Morgan e A.I.R., em Londres.

Martin, aliás, em seu retorno de Ocho Rios, na Jamaica, precisaria resolver uma pendência contratual com a EMI. Independente desde 1965, o produtor dos Beatles não conseguiu alterar o percentual que tinha assinado com a subsidiária Parlophone desde os anos 60 e teve de se contentar com a mesma porcentagem.

Ao estrear nas ondas dos rádios, em junho de 1973, "Live and Let Die" faria valer o desafio aceito por Paul e Martin. A música não só renderia o segundo lugar nos Estados Unidos e uma entrada no Top 10 do Reino Unido, como receberia nomeações ao Grammy e ao Oscar. Sua derrota para o tema de *Nosso Amor Ontem Venceu*, com Barbara Streisand, não tiraria o brilho e a importância da música. O simples fato da indicação de "Live and Let Die" para a maior festa do cinema – quis os caminhos do destino – uniria Paul a John Lennon em Los Angeles em uma visita marcada pela última fotografia dos parceiros, registrada em 28 de março de 1974, nos estúdios Burbank, em Los Angeles.

No estúdio A.I.R., em Londres, o *take* ao vivo de "Live and Let Die" contou com a seguinte formação: Paul ao piano, Linda nos *backing vocals*, Henry na guitarra elétrica, Denny Laine no baixo e Denny Seiwell na bateria. Ray Cooper também participou, tocando percussão A faixa ainda ganharia novas partes de baixo e guitarra tocadas por Paul. Músicos de orquestra arranjada por George Martin foram gravados nas sessões ocorridas entre outubro e novembro de 1972.

I LIE AROUND

Até ser resgatada pela EMI para entrar como bônus do *compact disc* em 1988, "I Lie Around", composta em 1970, fazia parte do grupo das raridades mais procuradas pelos colecionadores. Afinal, o lado B do *single* "Live and Let Die", lançado em junho de 1973, ficara sem abrigo após o vinil sair de catálogo nos anos 70 e a música se transformou em um tesouro para os fãs. Resgate, aliás, é a marca registrada dessa balada com um gostinho country, iniciada em Nova Iorque, durante as sessões de *Ram*, mas não finalizada até 1972, quando Paul comandava o Wings nas gravações de *Red Rose Speedway*.

A música traz uma mensagem que passou despercebida dos críticos, sempre à caça de referências das ligações de Paul com os Beatles. "It seems that I have no choice in the matter / Roll along wheel of fortune" ("Parece que não tenho mais escolha nesse caso. Solitário, no campo vou descansar o meu fardo"). Em "I Lie Around" – onde Denny Laine domina os vocais em grande parte da faixa – ocultar essas pistas ficou mais fácil. Mas ao olhar para trás, não é difícil se deparar com o óbvio. Pode haver debate, mas os versos da canção estão entre os mais abertos e sinceros já compostos por Paul no início dos anos 70, quando todo o peso da dissolução da Apple caía em seus ombros.

"I Lie Around" está entre as 29 gravações encontradas em uma fita em 2012 por Eddie Klein, na Escócia. Entre as anotações feitas pelo arquivista, ele destaca que a música, desde esta primeira versão acústica, já tinha uma atmosfera country.

Já a versão final de "I Lie Around" seria construída aos poucos. Sua base foi gravada em Nova Iorque, em novembro de 1970, com Paul ao violão e tocando piano e contrabaixo. Hugh McCracken era o guitarrista e Denny Seiwell tocou percussão e bateria, com Linda nos *backing vocals*. Quando a música foi retomada em Londres, em 1972, em Abbey Road e no Olympic, Paul adicionou mellotron, piano elétrico, percussão e guitarra. Henry McCulloch e Denny Laine também contribuem com vocais e mais guitarra.

THE MESS (AO VIVO)

Gravado no palco do Concertgebouw, em Haia, 21 de agosto de 1972, o lado B do *single* "My Love" foi ganhando espaço como um dos chamados *showstoppers* da turnê *Wings over Europe* naquele verão europeu. A versão ao vivo gravada em território holandês seria a única forma da música disponibilizada oficialmente para os fãs. Inicialmente composta como "The Mess I'm in", a faixa entraria na concepção original de *Red Rose Speedway*, imaginado como um LP duplo.

"The Mess" é mais um dos rockers de Paul McCartney criados para animar a festa e ganhar tempo para a entrada do *hit* no *setlist*. Quem seria Jimmy com sua grande tatuagem? Apenas mais um personagem na mente fértil McCartneyana.

Após aparecer ao lado de "My Love" no *single* lançado em 23 de março de 1973, a música ficaria no limbo por mais de 15 anos, até ser incluída como bônus do *compact disc Red Rose Speedway*. "The Mess" não teve clipe, mas é um dos pontos mais empolgantes do razoável especial *James Paul McCartney*, exibido em abril de 1973 pela ATV na Inglaterra e CBS nos Estados Unidos.

NO BAÚ DE *RED ROSE SPEEDWAY*

Durante as sessões de *Red Rose Speedway*, Paul decidiu que o LP seria um disco simples. Porém, antes a intenção era produzir um LP duplo e estas canções descartadas estão disponíveis na internet para deleite dos fãs. A versão de "1882" (ao vivo em Haia, 21 de agosto de 1972) foi cogitada para o projeto *Cold Cuts*, facilmente encontrada entre colecionadores. Já uma versão de estúdio, bastante básica, também foi gravada pelo Wings e pode ser encontrada no You Tube.

"Best Friend" – gravada ao vivo na turnê do Wings de 1972 na cidade de Antuérpia, dia 22 de agosto – também chegou a ser cogitada para o *Cold Cuts*.

"Soily" – música tocada durante todos os shows iniciais do Wings – foi composta como tema principal de um *live action* (animação combinada com filme) chamado *The Bruce McMouse Show*, nunca lançada.

"Tragedy" – disponível em um incontável número de mixagens. A música, na verdade, é a versão do Wings para o sucesso do grupo The Fleetwoods. Trecho da canção apareceu em um raro *single* promocional da MPL chamado "We Moved", quando a empresa de Paul mudou-se para o Soho, em Londres.

"Night out" – foi resgatada das sessões de *Ram* e selecionada para o LP duplo.

"Jazz Street" – segundo instrumental cogitado pelo Wings para o álbum, também pode ser facilmente encontrado na internet.

"Bridge over the River Suite" – aparece pela primeira vez nas sessões de *Red Rose Speedway* em forma acústica. Ela seria desenvolvida e gravada em Nashville, em 1974.

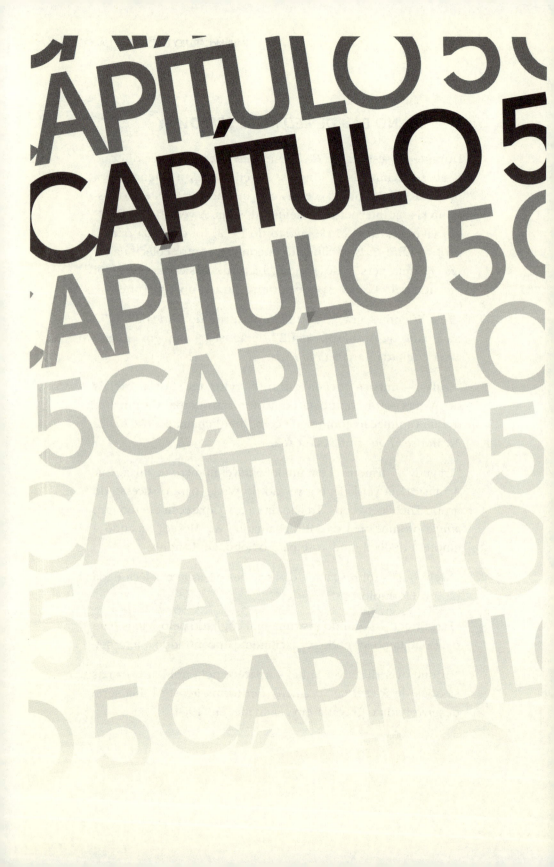
CAPÍTULO 5

CAPÍTULO 5
BAND ON THE RUN

" Foi um álbum divertido de se gravar... Desafio qualquer um a ouvir Band on the Run e afirmar: 'Ele está acabado.' Paul McCartney não estará acabado até o dia de sua morte e mesmo assim sua música irá sobreviver."
(Paul McCartney, *Rolling Stone*, Janeiro de 1974**)**

Capa: Clive Arrowsmith
Arte: Hipgnosis
Gravações: Entre agosto e novembro de 1973
Produzido por: Paul McCartney, assistido por Geoff Emerick
Datas de lançamento: 30/11/1973 e 03/12/1973 (Reino Unido/EUA)
Desempenho comercial: 1º (Reino Unido e EUA)

"Aranha... Isso aqui é uma aranha gigante!" O berro assustador só não acordou a vizinhança toda do bairro nigeriano, porque a região de Ikeja, próxima ao aeroporto internacional da capital, era bastante isolada do centro. A cena de terror, claro, foi protagonizada por um inglês acostumado à rotina urbana, cercada de regras e, principalmente, confortos. Aquele aracnídeo em seu quarto representava tudo de mais repugnante. Pior: as gravações do disco sequer tinham começado...

"Se arrependimento matasse", suspirou Geoff Emerick, que até aquele momento não desconfiava que a aranha era uma armação de um tal guitarrista chamado Denny Laine. Pegadinha de mau gosto, é verdade, mas um momento de descontração, se comparado ao ocorrido poucos dias antes – e também ao que estava por vir em Lagos, durante as seis semanas que o Wings produziria *Band on the Run*, terceiro e mais bem sucedido LP do grupo.

Para entender o processo será preciso voltar para as terras altas da Escócia. Foi um verão trabalhoso no Rude Studio. Paul, Denny Laine, Linda, Henry McCullough e Denny Seiwell pareciam empolgados com as conquistas atingidas pelos *singles* "Live and Let Die" e "My Love" – os dois carros-chefe da recente turnê pela Inglaterra, além do bom desempenho do LP *Red Rose Speedway*. O caminho em direção ao sucesso motivou Paul, que já tinha colecionado músicas suficientes para o novo projeto, entre elas "Jet" e "Let Me Roll It", compostas em junho na Escócia.

Agora, ele só precisava convocar Linda e os rapazes para sete dias de ensaios e escolher a locação das próximas sessões. Teria de ser fora da Terra da Rainha...

Com anos de estrada e prática no estúdio, a primeira parte tornou--se fácil demais. Em agosto, o Wings, recém-chegado da última apresentação em Newcastle no dia 10 de julho, tratou de gravar no Rude demos profissionais das faixas selecionadas para o próximo disco, agendado pela EMI para sair já em dezembro. A calmaria não iria durar muito.

Interessado em deixar a Inglaterra e conciliar trabalho e lazer em um "paraíso ensolarado", Paul optou por liderar o Wings à filial da EMI em Lagos, após descartar o nosso Rio de Janeiro, além de Bombaim, na Índia e Beijim, na China. Todos os preparativos para a viagem foram tomados. Porém, a poucos dias do jato da British Airways decolar do aeroporto Gatwick rumo à cidade Nigeriana, as más notícias quase varreram o sonho africano. Após Henry dar adeus ao grupo "alegando as tradicionais diferenças criativas" (o guitarrista irlandês havia discutido com Paul e Denny em um ensaio de "No Words") foi a vez de Denny Seiwell afirmar que simplesmente não poderia abandonar a cidade para o desconhecido continente africano.

À beira de desistir, Paul checou a situação com Denny Laine e Linda e a excursão para a Nigéria foi mantida para 9 de agosto. O grupo seria acompanhado pelo ex-engenheiro de som dos Beatles, Geoff Emerick (além dos *roadies* Trevor Jones e Ian Horne), convocado para supervisionar as gravações e garantir que tudo funcionaria bem na filial da EMI em Lagos.

O espírito de aventura estava em alta. Quando o agora trio que compunha o Wings chegou à Nigéria, a visão de que o país seria um paraíso quente "onde Paul se divertiria pelas manhãs e só gravaria à noite" mudaria em poucas horas. Paul não conferiu a previsão do tempo em Londres e foi pego desprevenido pela temporada de monções, onde lama vermelha caía dos céus em jorros.

Pelas ruas da cidade, leprosos se misturavam ao cenário empobrecido pelo governo do ditador, o general Yakubu Gowon, no comando do país havia sete anos.

Geoff Emerick, acostumado à vida prática da velha Londres, sentiria literalmente na pele as adversidades. Desde a nossa já familiar aranha em sua cama, passando pela comida intragável e uma barata gigantesca que invadiu seu refrigerante no quarto de hotel enquanto ele dormia.

Emerick também não ficou nada feliz ao avistar as dependências da EMI, instaladas na Wharf Road, no subúrbio de Apapa. Nada de cabines de isolamento e a mesa ainda era um Studer de oito canais. Para remediar a situação, até mesmo Paul bancaria o carpinteiro, ajudando na reforma das cabines.

Quando algo não vai bem, muitos supersticiosos apelam para o ditado popular "o que está ruim não pode piorar". Mas sempre existem as exceções. Certa noite sob os céus africanos Paul e Linda decidiram ignorar os avisos de não caminhar, quando assaltantes levaram tudo do casal, incluindo as demos gravadas no Rude Studio com todas as músicas, fora o susto da ameaça de morte.

Salvo pela boa memória, Paul retomou os trabalhos na EMI gravando as canções que ele conseguiu relembrar, incluindo a faixa que em breve daria nome ao LP, "Band on the Run", além de finalizar "Mamunia" na primeira sessão de gravação.

Paul e sua trupe também colecionaram alguns inimigos durante a estadia na Nigéria. O principal deles, o astro – e quase um semideus – Olufela Olusegun Oludotun Ransome-Kuti, que atendia pelo nome (bem mais fácil) de Fela Kuti.

Mestre do *Afro Beat* e lenda local, Fela foi tirar satisfações com Paul, acusando-o de "invasor inglês" que estava na Nigéria para roubar o seu som. Fela ficou sabendo que Paul e banda passaram no Shrine para assistir a um de seus shows, quando o poder primitivo e quase místico de sua música chegou até a arrancar lágrimas de Paul. Mas ao conferir os acordes de faixas como "Helen Wheels" e "Band on the Run" na sala de controle da EMI Lagos, o simpático Fela Kuti se acalmou (um pouco).

Outro entrevero se deu com um velho conhecido dos palcos. Ginger Baker tinha migrado para a Nigéria em 1970 e gravado um LP com seu novo amigo Fela Kuti. Ao saber da presença do Wings, foi tentar vender a ideia de que o disco teria de ser completado em seu estúdio ARC. Imagine os olhos de Paul rolando ao aceitar o convite, mas apenas durante um dia, onde ele, Denny e Linda produziriam a música mais *avant-garde* do LP, "Picasso's Last Words (Drink to Me)". Nem é preciso dizer que Baker não perdoaria a atitude de Paul, o difamando em entrevistas.

No retorno a Londres, em 23 setembro – segundo alguns registros – nossos heróis ingleses sentiram-se aliviados. Os dois próximos meses serviriam para finalizar o disco, com belos arranjos criados por Tony Visconti, além de uma sessão completa para preparar o futuro *hit* "Jet".

Antes de *Band on the Run* chegar às lojas com sua capa recheada de "estrelas em fuga" – entre elas, o eterno Drácula, Christopher Lee, e o apresentador de TV, Michael Parkinson –, Paul ainda tomaria um último susto. Ao chegar em casa, no número 7 da Cavendish Avenue, em St. John's Wood, uma correspondência o aguardava na caixa de correio. Ao abrir o envelope, se deparou com o alerta: "Paul – Não viaje a Lagos – Surto de cólera." Era tarde demais.

Por sorte, *Band on the Run* valeria o preço de todos perrengues, sendo o disco mais vendido de 1974 e o mais elogiado da carreira de Paul, com vendas de quase oito milhões de unidades, segundo números de 2015. Em janeiro de 1974, quando Paul e Linda apareceram na capa da revista *Rolling Stone*, o primeiro triunfo pessoal após o fim dos Beatles já estava sacramentado.

BAND ON THE RUN – FAIXA A FAIXA

BAND ON THE RUN

Tudo o que cerca "Band on the Run" já faz parte da mitologia de Paul McCartney e de sua saga como cantor e compositor. Sobram significados implícitos na música de abertura de seu álbum mais famoso. Qual seria o motivo da "banda em fuga"? O primeiro era evidente. O próprio Wings deixou Londres rumo a Lagos em 9 de agosto de 1973 para gravar no momento em que sofria com as baixas de Henry McCullough e Denny Seiwell, sendo encolhido a um trio.

Esta insólita partida da banda "rumo ao desconhecido" também era um sinônimo de liberdade e de quebra de paradigmas. Com o quinto disco pós-Beatles em curso e o Wings em movimento, ele já podia andar com as próprias pernas. Ainda tinha a adversidade enfrentada em território nigeriano, quando seu caderno de anotações e fitas com as demos foram roubadas à mão armada. Só restou a Paul, Linda e Denny Laine relembrar os acordes de "Band on the Run" e montar a música camada por camada.

A canção que faz o LP decolar foi montada na EMI em Lagos, com o seguinte esqueleto:

a) "Stuck inside these four walls" ("Preso entre quatro paredes") – O trecho dá ideia da sensação de clausura durante as reuniões tortuosas do Beatles com Allen Klein. A primeira dessas reuniões com o desafeto de Paul aconteceu em 28 de janeiro, quando Klein se encontrou com o grupo na sede da Apple, em Saville Row, para discutir a aquisição da companhia NEMS Enterprises, de Brian Epstein, o empresário original dos Beatles.

b) "If I ever get out of here" ("Se um dia eu escapar daqui") – A frase "roubada" para encaixar no segundo trecho da música era uma típica expressão de George Harrison, usada quando o grupo se reunia para discutir os assuntos da Apple. O próprio George promoveu uma fuga dessas reuniões em 1969, quando escapou para a casa de Eric Clapton e escreveu lá "Here Comes the Sun". Esse desejo de "um dia sair daqui" expressado por George aconteceria somente em 1977, após quase quatro anos de ações na justiça. Próximo ao lançamento de *Band on the Run*, John, George e Ringo decidiram não renovar o contrato com Allen Klein (Paul já tinha conquistado sua liberdade). A "carta de alforria" seria assinada, mas não antes de Klein abrir um processo contra os Beatles. No final, um acordo foi firmado entre as partes, datado de 8 de janeiro de 1977.

c) "Band on the run" ("A banda em fuga") – A última e principal peça da canção acabou tendo um significado objetivo para Paul, quando Denny Seiwell e Henry McCullough decidiram não embarcar para a Nigéria para gravar o próximo LP do Wings. Vendo-se apenas com Denny e Linda como membros do Wings, ele apanhou sua parafernália instrumental e embarcou para uma verdadeira aventura na África. Na bagagem, algumas das míticas demos gravadas no Rude Studio. Elas seriam aproveitadas durante as gravações, caso não acabassem nas mãos de assaltantes nigerianos, enquanto Paul e Linda caminhavam a pé pela estrada.

"No final dos anos sessenta, bandas como os Beatles e os Eagles começaram a ser tratadas como fora da lei, você sabe. Pessoas estavam sendo presas por porte de maconha numa época em que apenas queríamos fazer parte da cena. Por isso, 'Band on the Run' também fala sobre este sentimento, sobre a perseguição que sofriam." Claro que, ao dizer isso, Paul também se referia aos recentes casos em que ele foi abordado pela polícia por porte de marijuana. Em março daquele ano, durante uma folga das sessões de *Red Rose Speedway*, a polícia escocesa o deteve por cultivar a erva em sua fazenda, além de aplicar multa de 240 libras. O pior de tudo foi a perda do visto de entrada nos Estados Unidos por violar a lei de drogas do país. A banda teria mesmo de fugir.

Com as bases gravadas em setembro na EMI em Lagos – primeiro com Paul na bateria, Denny Laine ao violão e Linda no minimoog – o trio que sobrou do Wings foi obrigado a registrar a música parte a parte no estúdio nigeriano. O pior foi ter de relembrar acordes e letras, após Paul ser assaltado por locais. As gravações prosseguiram com a sobreposição de mais instrumentos, com Paul tocando piano elétrico, guitarra, violão e baixo. Linda acrescentou seus vocais e Denny Laine mais guitarra elétrica.

Há de se exaltar que o trabalho de Tony Visconti no arranjo da orquestra de 50 músicos deixaria "Band on the Run" simplesmente majestosa. A parte mais difícil foi criar um espaço para o *link* entre a primeira parte e a segunda, já que não existe semelhança de andamentos entre ambas. Visconti conduziria a orquestra em Londres no final de outubro no A.I.R. Studios, em Oxford Street.

Em 1998, para marcar os 25 anos de *Band on the Run*, Paul gravou *The Story of Band on the Run* – especial produzido por Eddy Pummer com depoimentos inéditos de Denny Laine, Tony Visconti e personalidades que participaram da sessão de fotos da capa em Osterley Park, Londres, incluindo o fotógrafo Clive Arrowsmith. Também foram preparadas três novas versões de "Band on the Run": "Nicely Toasted Mix", "Strum Bit" e "Northern Comic Version".

Michael Coulson, um produtor independente e estudante de cinema, produziu em 1974 um filme amador com imagens do Wings, adotado pela MPL e incluído no box *The McCartney Years*, lançado em 2007. Outro vídeo de "Band on the Run" com efeitos especiais sobre as palavras foi montado em 2014 por Ben Ib, conhecido por trabalhos com Roger Waters e Smashing Pumpkins.

JET

Tradição britânica, os semanários *Melody Maker* e *New Musical Express* (hoje, o único ainda a ser publicado) duelavam nos anos 60 e 70 na competição pela atenção dos leitores, ávidos pelas novidades sobre rock. Em 1973, uma dessas novidades foi a informação divulgada pelo *Melody Maker* que Paul havia acabado de compor uma música com o título "Sufragette". A palavra era derivada do sufrágio feminino, movimento político-social iniciado no século dezenove que lutava pelo voto feminino. David Bowie, aliás, tinha aderido ao tema com a composição "Lady Sufragette", de *Ziggy Stardust and the Spiders from Mars*, seu disco de 1972. Talvez, por isso, a nova música de Paul tenha sido modificada em pleno voo e rebatizada como "Jet".

Paul fala sobre uma de suas mais populares canções que mexe com o público nas turnês desde 1975: "Tirei a ideia para o título da música do nome de um filhote, um pequeno Labrador preto chamado Jet. Tinha saído de casa sozinho e fiquei sentado no meio de um gramado. De repente, Jet apareceu trotando. O nome do filhote me inspirou a dar o nome à música, mas daí eu desenvolvi a letra sobre uma garota que se chamava Jet."

Em entrevista a Paul Gambaccini, Paul reforçou a ideia de que a composição de Jet poderia ter diversas origens: "Eu invento muitas coisas (enquanto componho). Por isso, a letra pode ter vários significados para quem compra o disco. Mas se me pedem para analisar a música, confesso que sou incapaz de explicar o significado. 'Sufragette' foi algo maluco demais, mas funcionou. Eu gostei."

Durante as sessões em Lagos, na Nigéria, o trio Paul, Linda e Denny preferiu deixar "Jet" para gravá-la durante as sessões de pós-produção do novo álbum, em Londres. Segundo Geoff Emerick, a fita com a gravação registrada no Studio 2 de Abbey Road quase foi perdida durante a mixagem. O parceiro de Emerick, Pete Swettenham, deixou o material oxidar. Ao descobrir a deteriorização rápida, Emerick copiou o máster original para outra fita e rezou para que nada fosse perdido no transfer.

Já em Abbey Road, Paul McCartney tocou diversos instrumentos, entre eles: Bateria, guitarra, moog, piano, guitarra elétrica e baixo. Linda cantou e tocou minimoog. Denny Laine ficou nos *backing vocals* e tocou guitarra. Orquestração por Tony Visconti e Howie Casey, músico adicional, tocando saxofone.

Dois vídeos promocionais de "Jet" foram produzidos, sendo que o mais raro deles gravado para a televisão holandesa, em 1974, com imagens congeladas de Paul e Linda dublando a canção. A versão oficial do vídeo, entretanto, seria lançada após a exibição do filme *Rock Show*, em 1980, documentando a turnê norte-americana do Wings em 1976, e produzida por Chris Thomas.

BLUEBIRD

Concebida na ensolarada Jamaica, o tordo azul é mais uma ave a entrar para o catálogo do observador de pássaros Paul McCartney. Antes disso, você lembra, "Blackbird" era o astro único a brilhar no *Álbum Branco*. Isso duraria até "Single Pigeon", de *Red Rose Speedway* – mais uma ode aos seres plumados.

Com sua batida latina – mais para ritmos brasileiros – a balada acústica seria uma das músicas mais aplaudidas durante a turnê

Wings over the World entre 1975-76, e em seu tardio retorno ao palco no final da turnê *Up and Coming* em 2010.

Paul fala um pouco sobre "Bluebird" e sua gravação com a participação de Howie Casey, em breve, o mais novo membro da orquestra de metais do Wings, convocado para as sessões pelo produtor e arranjador Tony Visconti: "Escrevemos 'Bluebird' quando estávamos na Jamaica, em uma de nossas viagens... Na gravação, usamos Howey Casey, um saxofonista que conheci em Hamburgo. Ele tocava no grupo Derry & The Seniors e fez um solo incrível de sax em 'Bluebird'. A incrível coincidência é que Remi Kabaka apareceu quando nós voltamos de Lagos para nos ajudar tocando percussão. Remi é o único nigeriano no álbum."

No estúdio da EMI em Lagos, Paul tocou violão, programou a bateria eletrônica e montou a base de "Bluebird". Depois, adicionou percussão e contrabaixo no retorno a Londres, no A.I.R. Studios. Denny ficou no segundo violão e adicionou maracas e triângulo. Linda também participou nos *backing vocals* e na percussão. "Bluebird" foi regravada em agosto de 1974 para o especial *One Hand Clapping*, finalmente lançado na *Paul McCartney Archive Collection* em 2010.

MRS. VANDEBILT

Paul foi entrevistado pela filha Mary para o especial *Wingspan – An Intimate Portrait*, de 2001, em uma locação histórica na rua 95, em Nova Iorque. A filmagem aconteceu na The House of the Redeemer, que pertenceu à tataraneta de Cornelius Vanderbilt, um dos inspiradores do título da canção "Mrs. Vandebilt". Portanto, nada mais propício do que tocar a música pela primeira vez na frente das câmeras. Foi uma ideia válida, afinal Paul nunca deu muita atenção ao legado de sua segunda banda mais famosa.

A história de "Mrs. Vandebilt" é simples – e tem mais a ver com o conteúdo da letra do que com seu título. Paul adaptou uma das expressões do comediante inglês Charlie "Cheerful" Chester: "living in a pre-fab, no rent" (vivendo em uma casa pré-fabricada sem pagar aluguel) para "down in the jungle, living in a tent, you don't use money you pay no rent" (vivendo em uma tenda na floresta você não precisa de dinheiro para pagar aluguel).

Paul comenta sobre a ideia dos versos: "Essa foi gravada quando a cidade foi atingida por um blecaute. De repente, tudo ficou escuro e nós precisamos ligar o gerador de energia da EMI, torcendo para que o barulho do aparelho não vazasse nos microfones... No fim da música estávamos rachando de tanto rir. Gostamos do efeito, e adicionamos mais gargalhadas quando finalizamos o disco em Londres."

Além do tom bem-humorado, a letra de "Mrs. Vandebilt" também retoma o tema de "Mamunia", sobre a importância de se aproveitar a vida sem se preocupar muito com coisas mais supérfluas. Gravada inicialmente em Lagos, nos estúdios da EMI, Paul tocou bateria e violão, acompanhado por Denny Laine na guitarra e Linda nos teclados. De volta ao A.I.R. Studios, a banda acrescentaria os demais instrumentos ao arranjo: Paul tocando contrabaixo e piano elétrico, além do solo de guitarra e dos vocais finais, juntamente com Denny e Linda. Howie Casey contribui com o solo de saxofone.

Depois de ser apresentada em formato acústico no especial *Wingspan*, "Mrs. Vandebilt" seria tocada ao vivo pela primeira vez em 14 de junho de 2008 em Kiev, na Ucrânia. A música foi selecionada pelo voto dos fãs locais. A batida, ligeiramente no estilo da mazurka, talvez explique a preferência dos ucranianos.

LET ME ROLL IT

Com suas guitarras reverberadas e eco no vocal, "Let Me Roll It" se tornou rapidamente a música escolhida pela crítica para comparar o estilo de Paul como a da Plastic Ono Band. Melhor dizendo, de seu parceiro, John Lennon. Em busca de referências imediatas, as análises do LP *Band on the Run* apareceram com comparações óbvias, especulando que "Let Me Roll It" seria uma resposta a John ou mesmo um pastiche de seu estilo.

Paul dá sua primeira versão sobre a origem da música: "Tudo começou na Escócia. Peguei meu violão e saí do estúdio, e comecei a procurar uns acordes que servissem. De repente, tive a ideia para o *riff* da música. Quando fomos para Lagos, gravamos a base comigo tocando bateria, Denny na guitarra e Linda no órgão. Na volta para Londres nós adicionamos guitarras e conseguimos um som incrível plugando em um amplificador de voz muito poderoso."

Em uma rápida introdução, a letra de "Let Me Roll It" parece mais um agradecimento a um amigo ou mesmo à mulher Linda. Quase quarenta anos após sua gravação, Paul revelaria à revista *Clash*, a intenção de escrever uma letra com duplo sentido. "Let Me Roll It", então, seria traduzida literalmente como "Me Deixe Enrolar" – o método de se produzir um baseado. "'Let Me Roll It' não foi composta para John, só tinha o estilo que fazíamos nos Beatles e que John costumava aplicar, pelo uso do eco. Mas seria algo como 'Eu não posso usar eco só porque John usava?' Não acho que esteja certo. A música tem mais a ver com o fato de enrolar um baseado. Aqui estava o duplo sentido: 'Let me roll it / Let me roll it to you / Let me roll it' ('Me deixe enrolar pra você. Me deixe levar, rolar até você')." "Dear Friend" é uma música mais endereçada a John. Algo como "vamos ser amigos".

Iniciada em Lagos e finalizada no A.I.R. Studios em Londres, "Let Me Roll It" foi gravada da seguinte forma: Paul tocou bateria e Denny Laine tocou guitarra na primeira sessão. No retorno à Inglaterra, Paul complementou com suas passagens de guitarra e baixo e gravou o vocal final, acompanhado por Linda e Denny nos *backing vocals*.

MAMUNIA

Com a ideia de curtir o verão tropical na Nigéria, Paul escolheu Lagos para gravar à noite e só aproveitar a piscina ou quem sabe pegar uma praia durante o dia. O problema é que faltou logística. Quando chegou ao continente africano, Paul e a banda se depararam com as tempestades chamadas de monções e o clima úmido insuportável. Ninguém consultou os meteorologistas para confirmar se Lagos seria um paraíso ensolarado ou uma terra encharcada. Segundo dados do Weather Channel, Lagos é dominada por longa temporada de chuvas de março a outubro, com média de 3 mil milímetros de precipitação no período.

O primeiro exemplo dessa desventura climática em Lagos aconteceria logo em "Mamunia", primeira faixa a ser gravada no estúdio: "Essa nós produzimos em Lagos, no meio de uma tempestade tropical... Não tenho certeza se causou algum efeito no resultado. É um nome que me chamou a atenção diversas vezes em minhas viagens. Primeiro, foi em Marraquexe, onde a banda descansou alguns dias.

Depois, estávamos lá em Lagos gravando e vimos uma placa em uma parede. O mais engraçado disso é que tinha um anúncio ao lado dela que divulgava o serviço de um carpinteiro local. Estava escrito Son of Always (Filho da Eternidade). Por causa disso, nós quase chamamos o disco de Son of Always."

Com seus primeiros versos escritos no Marrocos em março daquele mesmo ano, "Mamunia" (porto seguro, em árabe) oferece uma reflexão sobre a vida: "Don't complain, it rains for you and me" ("Não se queixe, se chove para você, chove também para mim") – em uma metáfora para se aproveitar o tempo sem reclamar dos obstáculos. Afinal, eles tendem a aparecer para todos.

Com sua introdução "africana" (adicionada apenas na fase de pós-produção), "Mamunia" foi gravada em uma tempestuosa noite de setembro, em Lagos, com Paul na bateria e violão e Denny no segundo violão. No retorno a Londres, em outubro, Paul, Denny e Linda gravaram os vocais definitivos e Paul adicionou seu baixo e tocou bateria. Linda complementou a gravação tocando minimoog. Todos contribuíram com a distintiva percussão da introdução.

"Mamunia" ganhou um clipe, que raramente seria exibido até entrar no box *McCartney Years* em 2007, produzido pelo desconhecido Jim Quick, em julho de 1974. O misterioso produtor, evidente, é mais um dos *alter egos* de Paul McCartney, como Percy Thrilligton, Paul Ramon e Clint Harrigan. "Mamunia" é composto de imagens animadas que seguem os acontecimentos descritos pela letra da canção. Algumas cenas do "desenho" mostram uma nuvem regando o sol e um pedestre misterioso vestindo uma *plastic mac* (capa de chuva).

NO WORDS

De repente, para Paul McCartney, era *Let It Be* mais uma vez... Nem tanto. Mas durante os ensaios, na Escócia, das músicas que poderiam entrar em *Band on the Run*, o guitarrista Henry McCullough se estressou no melhor estilo: "Vou tocar aquilo que você quiser ou não tocarei aquilo que você não quiser", como mostrado no filme apocalíptico dos Beatles.

Tudo aconteceu quando a banda tentava acertar "No Words", composição romântica iniciada por Laine em 1972, que seria finalizada somente no retorno da Nigéria, em outubro do ano seguinte: "Essa eu fiz com Denny Laine. Ele tinha o começo e eu a terminei. Um original McCartney-Laine, soa bacana, não é mesmo?"

Antes de fechar as asas, o Wings retomou "No Words" durante a turnê final de 1979, na única série de shows em que a música seria apresentada pelo grupo.

Em sua versão de estúdio, a banda gravou a faixa desta forma no A.I.R. Studios, em outubro de 1973: Denny Laine: Guitarra e vocal principal. Paul McCartney: Segundo vocal, piano, baixo, guitarra, teclados, bateria e percussão. Linda: Teclados, chocalho e vocais de apoio. Tony Visconti adicionou os arranjos de orquestra também no A.I.R. Studios, de George Martin.

PICASSO'S LAST WORDS (DRINK TO ME)

Picasso e Paul McCartney podem não ter nada em comum, a não ser a fama e, claro, suas habilidades artísticas. Cada um na sua especialidade. Mas a admiração de Paul pela genialidade do pintor espanhol é de longa data. Seu primeiro flerte com uma de suas telas aconteceu em 1969, exatamente na sala de espera do hospital Avenue Clinic, em Londres, onde Mary nasceu em 28 de agosto daquele ano. Lá ele viu pela primeira vez o quadro *O Velho Guitarrista*, criado por Picasso em 1903, que inspiraria "When the Wind Is Blowing", selecionada para o cancelado projeto Rupert.

Mary McCartney já tinha quase três anos quando Picasso voltou a entrar no radar de seu pai em um momento mágico na sempre acolhedora Montego Bay, na Jamaica. Paul relembra um pouco dessa história, que marcou o encontro com o ator Dustin Hoffman enquanto ele participava das filmagens do longa *Papillon*: "Nós estávamos descansando na Jamaica e acabamos jantando com Dustin Hoffman em seu bangalô. De repente, ele sacou uma revista *Time* e comentou: 'Aqui está algo que acho realmente lírico.' Era a história de como Picasso brindou com seus amigos dizendo que não poderia mais beber. Então, na manhã seguinte ele estava morto. Peguei meu violão e comecei a tocar alguns acordes que tinha certeza que se encaixariam bem. Então, comecei a cantar – 'Drink to me, drink to my health you know I can't drink anymore...' Dustin não acreditou e começou a gritar, de tão empolgado. Quando fomos gravar no estúdio do Ginger Baker fizemos a faixa em fragmentos, de propósito, algo como o cubismo de Picasso."

Com a base de "Picasso's Last Words (Drink to Me)" gravada no estúdio do polêmico Ginger Baker, em Lagos, a música ganharia seu distinto charme e forma especial na mesa de som – e somente após o retorno do Wings à Inglaterra.

Seria durante a fase de edição que a música receberia os arranjos e a mixagem adequada para que se parecesse com uma pintura surreal. Na montagem, "Jet" e "Mamunia" retornam e se misturam no interlúdio, como se fosse uma retrospectiva artística e um toque do próprio Picasso na composição da faixa. Trechos de transmissões radiofônicas também foram acrescentados, uma delas, da BBC francesa, do radialista Pierre Le Sève, morto em 2009.

Paul comentou sobre o desenvolvimento da ideia: "Nós montamos a música para dar ideia de seus diferentes períodos. Os trechos das músicas retornam no meio da faixa e misturam tudo. Enquanto mexíamos na mixagem da música fomos inventando. Não fizemos nada com um conceito prévio. Fomos misturando, como fazia Picasso, de forma instintiva. Foi assim que rolou."

"Picasso's Last Words" foi gravada como uma pintura de Picasso, em duas fases. A primeira, no ARC Studios de Ginger Baker, em setembro, onde Paul tocou bateria, violão, cantou e tocou percussão, acompanhado por Denny Laine, que tocou guitarra e percussão, e Linda nos *backing vocals* e chocalho. A sessão em Lagos ainda teve Ginger Baker que improvisou na percussão feita em um balde, imitando maracas.

No retorno ao A.I.R. Studios, em outubro, Paul adicionou baixo, piano elétrico e guitarra. A faixa ainda conta com a participação da Beaux Arts Orchestra, com metais e cordas.

Assim como "Band on the Run", "Picasso's Last Words" foi gravada por Paul de forma simples, tocando violão, para o especial de 25 anos do álbum, lançado em 1998.

NINETEEN HUNDRED AND EIGHTY-FIVE

Quadrinhos e livros de ficção científica costumavam ser os passatempos favoritos de Paul em suas escapadas com a família para a Jamaica. Quando não estava com o violão compondo na ilha caribenha – pode apostar – ele estava mergulhado em alguma aventura literária.

Em sua última passagem pela bela Montego Bay – onde o mítico encontro com Dustin Hoffman aconteceria em maio – a leitura da hora seria o clássico *1984*, do inglês George Orwell. O romance de ficção política publicado pela primeira vez em 1949 pode não ter atuado na hora da composição da letra, mas a ideia para o título saiu diretamente do livro. E foi apenas o título – com um ano adicionado para rimar com "alive" (vivo) – que perdurou por um bom tempo antes de virar música: "No início, era apenas uma peça que não conseguia encontrar nenhuma letra, só a primeira frase: 'Oh no one ever left alive in 1985" ("Ninguém mais estará vivo em mil novecentos e oitenta e cinco"). Mas no dia que tivemos de gravar as palavras apareceram e acho que ficou legal."

A influência de 1984 na música parece clara, embora Paul tenha negado em entrevista a Paul Gambaccini, publicada pela revista *Rolling Stone*:

– Você escolheu o título por ser um ano após 1984?

– Não, entenda... Muitas músicas que escrevo são definidas pela primeira frase. A partir daí, surge a segunda. Com "Eleanor Rigby" eu tinha: "Picks up the rice in the church where a wedding has been" ("Apanha arroz na igreja onde o casamento aconteceu"). Essa foi a grande frase que me inspirou. "Em Nineteen Hundred and Eighty-Five" foi: "Oh no one ever left alive in 1985" ("Não vai sobrar ninguém vivo em mil novecentos e oitenta e cinco"). Isso era o que tinha comigo havia meses. Se eu colocasse outros números não teria funcionado.

Com sua frase musical indefectível tocada ao piano – que não perde em nada para "Lady Madonna" ou "Martha My Dear" – "Nineteen Hundred and Eighty-Five" seria ensaiada e regravada pelo Wings para o especial *One Hand Clapping*, registrado em agosto de 1974 em Abbey Road. Quando a banda caiu na estrada no ano seguinte, a música não estava no *setlist* – mesmo com todo destaque recebido por Paul.

Em 2010, quando *Band on the Run* foi relançado como primeiro item da *Paul McCartney Collection,* Paul decidiu resgatar do limbo a canção e incluí-la no *setlist.* A primeira apresentação de "Nineteen Hundred and Eighty-Five" – e seu final apocalíptico que repete *Band on the Run* – aconteceria em 28 de março de 2010, em Glendale, Arizona. Outra performance de destaque foi transmitida pela BBC, no tradicional *Later... with Jools Holland,* em 29 de outubro de 2010.

Paul, Linda e Denny gravaram a música somente na volta de Lagos, em Abbey Road, em outubro de 1973 com a seguinte formação: Paul no piano e contrabaixo, Denny Laine na guitarra e Linda no minimoog. Após a primeira fase das gravações, Paul adicionou baixo, guitarra, teclados e maracas. A orquestração – ao melhor estilo "A Day in the Life" – foi arranjada por Tony Visconti.

Um dos destaques da produção de "Nineteen Hundred and Eighty- -Five" é o retorno da "técnica cubista" aplicada em "Picasso's Last Words (Drink to Me)". Após o longo solo, a improvisação vocal do final e o acorde definitivo, "Band on the Run" ressurge das cinzas botando um ponto final no disco.

Outras músicas da era *Band on the Run*

HELEN WHEELS

Originalmente, "Helen Wheels" – um trocadilho com a expressão "hell on wheels" ("inferno sobre rodas") – foi selecionada para o lado A do *single* lançado em 28 de outubro de 1973 ao lado de "Country Dreamer" com a pura intenção de preparar o terreno para o LP *Band on the Run.*

Meses depois, ao notar que os fãs americanos tentavam encontrar, sem sucesso, a música que descreve as aventuras escocesas de Paul com seu jipe Land Rover, o executivo da gravadora Capitol, Al Coury, decidiu persuadir Paul a incluí-la na versão norte-americana do disco.

A sugestão apresentada pelo executivo da Capitol deu tão certo, a ponto de sua inclusão catapultar *Band on the Run* ao topo das paradas norte-americanas (fato que aconteceria três vezes na campanha do disco pela *Billboard*).

Paul explica que "Helen Wheels" é o apelido dado a um jipe usado pela família McCartney no traslado entre sua fazenda, em Campbeltown, Escócia, até sua residência na capital inglesa. Os versos são como um *checklist* dos pontos que integram a rota, Reino Unido afora. As localizações citadas na música: Glasgow, Carslile, Kendal, Liverpool, Birmingham e Londres. "Essa eu gosto muito porque é uma 'British Road Song'. Em quantas músicas você encontra a menção de Carlisle? É sempre Route 66! Mas Carlisle? Linda adorava a Escócia, é algo muito americano. A música é sobre o meu Land Rover e nossas jornadas épicas pela estrada."

Mesmo com o sucesso atingido nos dois lados do Atlântico – respectivamente, 10° e 12° lugar na Inglaterra e Estados Unidos –, Paul ainda não selecionou "Helen Wheels" para seu repertório de shows. A música só ganharia destaque nos relançamentos de *Band on the Run* em 1998 e 2010, quando "Helen Wheels" ganhou uma nova cara: o "Crazed Mix", preparado por Geoff Emerick.

Para concluir "Helen Wheels", Paul tocou bateria e guitarra, Denny Laine ficou na guitarra-base e Linda tocou minimoog. Depois da sessão em Lagos, na Nigéria, a música foi completada no A.I.R. Studios, com Paul adicionando baixo e mais partes de guitarra e outros efeitos.

O vídeo promocional de "Hellen Wheels", rodado em novembro de 1973, consiste em uma montagem das imagens de Denny Laine, Paul e Linda andando em um carro conversível pela estrada, com tomadas gravadas em estúdio, com o trio dublando a canção e desfraldando uma bandeira colorida do Wings. Trechos de uma versão alternativa deste promo apareceram no especial *PETA Gala*, em março de 1999. Dirigido por Roy Benson.

COUNTRY DREAMER

Na infância, Paul foi escoteiro e um astuto observador de pássaros. Seu contato com a natureza iniciado em Liverpool só aumentaria após atingir a fama com os Beatles, ao adquirir um terreno em 1966, sugerido pela então noiva, Jane Asher, na remota região de Argyll, na Escócia. O local, cercado de lama e coberto por névoa quase todo o tempo, serviria como refúgio das pressões da Apple e sede de seu quartinho de experiências musicais, Rude Studio. "Country Dreamer" é apenas uma das músicas compostas para enaltecer seu pedacinho de terra em Mull of Kintyre.

Além da gravação original que apareceu originalmente ao lado de "Helen Wheels" (incluída em 2010 em *Band on the Run* na *Paul McCartney Archive Collection*) outro *take* de "Country Dreamer" aparece como bônus de *Venus and Mars*, da mesma série de relançamentos. Esta gravação foi registrada em agosto de 1974 para o especial *The Backyard*, que seria integrado a *One Hand Clapping*. O último foi lançado em DVD na *Paul McCartney Archive Collection* em 2010, como parte de *Band on the Run*. Já *The Backyard* permanece inédito, com apenas trechos disponíveis na tela do menu do box de 2007, *McCartney Years*.

Registrada em 26 de setembro de 1972 em Abbey Road, Paul tocou piano, violão e percussão, acompanhado por Denny Laine, que ficou desta vez com o baixo. Henry McCullough é o guitarrista e Denny Seiwell toca percussão e bateria com escovas. Linda ficou nos *backing vocals* e harmonias.

ZOO GANG

Basicamente um instrumental com clima parisiense – onde os eventos acontecem – "Zoo Gang" foi composta por Paul especialmente como tema de abertura da série de TV homônima a pedido de Sir Lew Grade, presidente da emissora britânica ATV, que detinha os direitos das músicas dos Beatles. A tarefa – assim como o especial *James Paul McCartney* – foi uma espécie de punição, após Grade acusar Paul de tentar ludibriar a empresa ao incluir sua mulher como coautora de suas músicas a partir do álbum *Ram*.

"Zoo Gang" aparece como lado B do *single* "Band on the Run" britânico (o americano conta com "Nineteen Hundred and Eighty-Five"). A música foi concluída no EMI Pathé Marconi, em Paris – onde os Beatles tinham registrado "Can't Buy Me Love" em 1964 – em abril de 1973. Embora a edição de 2010 de *Band on the Run* credite o baterista Denny Seiwell e o guitarrista Henry McCullough como músicos nesta sessão, a aposta dos analistas é que a faixa instrumental foi quase toda gravada por Paul, com exceção do acordeão, mas sem crédito.

As faixas "Wide Prairie", "I Got Up" e "Bridge over the River Suite" foram gravadas no estúdio Pathé Marconi, na França, em novembro de 1973. As duas primeiras só apareceriam em *Wide Prairie* – LP póstumo de Linda, lançado em 1998. "Bridge over the River Suite" (ver *Venus and Mars*) é originária das sessões de *Red Rose Speedway*.

Outra canção de Linda, "Oriental Nightfish", surgiu nessa leva, gravada em 15 de outubro no A.I.R. Studios, em Londres.

NO BAÚ DE *BAND ON THE RUN*

Diversas composições até hoje inéditas surgiram em 1973, sem datas específicas de composição no chamado *Piano Tape*. Destaque para algumas músicas que permanecem inéditas:

"Baby You Know It's True", "In My Dreams", "Waiting for the Sun to Shine" (convertida em "Love Mix" – nota do autor), "She Got It Good", "Sunshine in Your Hair", "Upon a Hill", "Sea", "Love Is Your Road", "Sweet Little Bird" e "Partners in Crime".

Outros temas, como "Mull of Kintyre", "Getting Closer" e "Rockestra Theme" seriam lançados entre 1977 e 1979.

CAPÍTULO 6

CAPÍTULO 6
VENUS AND MARS

“Eu gravo músicas para fazer sucesso. Este é meu objetivo. Não é só pelo dinheiro, embora seja bom também. Imagine produzir a capa de uma revista como a Vogue, mas ninguém comprar um exemplar. O fotógrafo ficará decepcionado, com certeza." (**Paul McCartney**, *Melody Maker*, 1975)

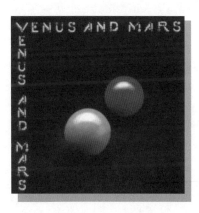

Capa: Linda McCartney

Arte: Hipgnosis

Gravações: Entre novembro de 1974 e março de 1975

Produzido por: Paul McCartney

Datas de lançamento: 30/05/1975 e 27/05/1975 (Reino Unido/EUA)

Desempenho comercial: 1º (Reino Unido e EUA)

Nossa história começa com um final feliz, em 24 de março de 1975 a bordo do RMS Queen Mary em Long Beach, Los Angeles. Luxo é uma palavra quase inofensiva para descrever o interior do transatlântico ancorado no pier californiano, à espera da grande festa para celebrar o fim das gravações de *Venus and Mars* – o LP do Wings que já nasceu com um fardo considerável. Existia uma obrigação de atingir os primeiros lugares na América e Reino Unido, não bastava obter sucesso comercial. O disco teria de agradar tanto quanto *Band on the Run*.

Mas antes, Paul McCartney, Linda e seus companheiros – incluindo os novos integrantes do Wings, Jimmy McCulloch, na guitarra, e Joe English, na bateria – estavam mais preocupados em entreter seus hóspedes... planetas, estrelas... para combinar com *Venus and Mars*. Você decide.

No interior requintado do navio construído pelo estaleiro escocês John Brown & Company in Clydebank e inaugurado em 1936, era possível se perder em meio a tantas celebridades.

Faltam agora palavras e elogios para descrever os convidados. Joni Mitchell e Carole King – duas compositoras e intérpretes quase lendárias. Phil Everly, dos Everly Brothers – um dos ídolos máximos de Paul –, também marcou presença. Jose Feliciano, Linda Ronstadt... Até Cher! E ainda nem chegamos perto do fim da lista.

Harry Nilsson, companheiro de muitas baladas de John Lennon e Ringo, não ignorou a festa, claro. Ele foi visto lá, à espera de um drinque, ao lado de Mick Dolenz e Davey Jones, dos Monkees, e da galera do The Faces e do Chicago. Por falar em drinques, claro que Dean "Drunken Dino" Martin não perderia essa, de jeito nenhum.

Paul também não perderia a chance, de forma alguma, de manter o primeiro contato com Michael Jackson a bordo do navio. Ele tinha em mãos uma fita com a gravação de "Girlfriend", composta especialmente para o vocalista do Jackson 5.

Chega o momento que todos aguardavam. Depois de cumprimentar o casal Dylan (Bob tinha voltado recentemente com Sara, após seu confessionário em *Blood on the Tracks*), Paul é abordado por George. Sim, o mesmo George Harrison, dos Beatles. Após tantas desventuras, George e Paul socializariam e posariam juntos para uma foto. A primeira, desde 1969. George estava em paz com Paul, retribuindo a presença do casal McCartney em sua apresentação no Madison Square, em dezembro passado, e também mais aliviado com a dissolução legal da Apple, oficializada naquele mês.

Tudo era observado com muita atenção pelos mais de 200 convidados presentes em uma lista V.I.P. que ainda contou com o grupo America, Paul Williams, Jim Messina, Helen Reddy, Rudy Vallee, os Hudson Brothers e o mito Tony Curtis.

As horas passaram rápido, muito rápido, no Queen Mary naquele início de primavera. A diversão corria solta ao som do grupo The Meters e do Professor Long Hair – dois craques de Nova Orleans que Paul conhecera nas gravações de *Venus and Mars*, e que fizeram a galera dançar sem parar. Mas já era hora de pensar no próximo voo do Wings.

PAUL McCARTNEY EM DISCOS E CANÇÕES

Anteriormente...

Naquele verão de 74, Jimmy McCulloch era só gargalhadas. O arrojado guitarrista foi aprovado no vestibular McCartney! Seu desempenho dentro do estúdio deu as credenciais para o escocês de Dumbarton ser o novo membro do Wings. Primeiro, McCulloch tinha sido impecável em "Seaside Woman" (gravada em Paris em novembro passado) e ainda melhor no LP *McGear* – o famoso "álbum perdido" do Wings, produzido em Stockport no começo do ano para o irmão de Paul, Mike McCartney.

Na segunda semana de junho, o ex-Thunderclap Newman já tinha tudo arranjado para embarcar com o Wings rumo a Nashville, onde o plano era se entrosar com outra cara nova: o habilidoso baterista e faixa preta de caratê, Geoff Britton, nativo de Lewisham, Londres.

Paul McCartney, da mesma forma, só tinha motivos para estar de bom humor. Com o visto de entrada nos EUA liberado e empolgado pelos recentes encontros e reencontros com Stevie Wonder e John Lennon em Los Angeles, nada melhor do que curtir férias e experimentar o sabor da música country na casa de shows Grand Ole Opry para esquentar a nova formação do grupo.

Chegando ao Tennessee, o paraíso oferecido pelas regalias da fazenda de Claude "Curly" Putman Junior – autor de "The Green Green Grass Home" e outros clássicos – não teria longa duração. Durante gravações no estúdio SoundShop, as personalidades de McCulloch e Britton não bateram. O guitarrista também não escondia seu desagrado quando Linda errava as notas em seu teclado. Para complicar, McCulloch acabou preso, após atirar uma garrafa no vidro do estúdio. Paul conseguiu contornar a situação.

Antes de voltar a Londres, o Wings teria de resolver suas diferenças e a falta de entrosamento para concluir uma de suas músicas mais importantes: "Junior's Farm", homenagem de Paul ao seu anfitrião, escolhida para o próximo *single* do Wings ao lado de "Sally G", outra composição local, após visita ao famoso bairro de Printer's Alley, onde ficavam as antigas gráficas da cidade.

Com a colaboração definitiva de veteranos e craques de Nashville, como Floyd Cramer e Chet Atkins, o grupo ainda completaria o instrumental "Walking in the Park with Eloise", antiga composição do pai de Paul, lançada sob o pseudônimo de The Country Hams.

MASTERS

Primeiro lugar!

De volta da América, o pouso no aeroporto Heathrow, na capital britânica, foi comemorado com mais um excelente resultado. *Band on the Run* agora era campeão de vendas na velha Inglaterra. Assim como nos Estados Unidos (1° lugar em abril), o disco tinha demorado a emplacar por lá, mas a espera foi válida. Depois de alcançar o lugar mais alto do pódio, o LP feito quase todo em Lagos marcaria posição nas paradas por nada menos que 273 semanas.

Paul McCartney usou a notícia para motivar o desanimado Geoff Britton a participar de um especial em Abbey Road em agosto, pegando embalo para o próximo LP. *One Hand Clapping* ("Batida de uma Palma Só") seria ideia do próprio baterista, representando a filosofia do caratê... E que excelente ideia! Dentro do estúdio, aparentemente, o grupo voltou a se comportar, com performances incríveis de "Maybe I'm Amazed", "Jet", "Bluebird" e "Nineteen Hundred and Eighty-Five", além das inéditas "All of You", "Sitting at the Piano" e "I'll Give You a Ring" – esta última, resgatada por Paul em 1982. Mas todo esforço chegaria aos fãs somente no mercado alternativo. *One Hand Clapping* não foi ao ar como planejado e sua estreia comercial só aconteceu em DVD, 36 anos depois!

De férias em Montego Bay – a sempre confortante Jamaica – Paul e família andavam preocupados com o futuro do Wings. Eles sabiam que Geoff Britton não iria sentar por muito mais tempo atrás do kit do grupo, mas ele teria nova chance quando as gravações do próximo LP começassem em novembro, em Abbey Road.

As sessões de *Venus and Mars* tiveram início na zona de confronto da EMI, com Britton nas baquetas em "Love in Song", "Medicine Jar", "Letting Go" e na primeira versão de "Rock Show". Mas os planos de Paul McCartney, mais uma vez, eram explorar ares mais exóticos em busca de inspiração e impostos mais razoáveis.

Quando o Wings chegou à cidade de Nova Orleans em janeiro de 1975 o desempenho de "Junior's Farm" nos Estados Unidos era a grande novidade que Paul queria ouvir naquele momento. O *single* acabara de estrear na terceira colocação da *Billboard* e se tornou força motivadora para a banda começar a trabalhar – ainda com Geoff Britton. Mas por pouco tempo...

Dentro do Sea-Saint Studios do mito Allen Toussaint (1938-2015), o Wings definiria o estilo do novo LP, que receberia algumas influên-

PAUL McCARTNEY EM DISCOS E CANÇÕES

cias locais, notadas logo no primeiro instrumental gravado na cidade: "Lunch Box/Odd Sox", música que não entraria no disco e ficaria guardada até aparecer como lado B de "Coming Up".

O mesmo destino teve "My Carnival" (uma evolução de "Going to New Orleans") com participação de Professor Longhair, outra lenda local. "My Carnival" representaria o máximo da influência de Nova Orleans sobre o Wings em sua passagem pelo Quarteirão Francês, inspirada pela festa carnavalesca do Mardi Gras, celebrado naquele ano em 11 de fevereiro.

Para relaxar e se ambientar mais à cidade, Paul e Linda ainda se trajaram como arlequins e também decidiram brincar o carnaval – sem conseguir manter o disfarce, claro.

Depois de aturar novo desentendimento com Denny Laine, o fim, muitas vezes adiado, chegara para Geoff Britton. Em seu lugar, Paul decidiu que não faria como em *Band on the Run*, porque sua intenção era pilotar o Wings para voos mais altos após o disco ficar pronto.

Para o lugar de Britton, o nome escolhido seria o de Joe English, sugerido pelo arranjador e trompetista Tony Dorsey. Ele tinha adorado a performance de English no Tall Dogs, uma pequena banda baseada em Atlanta.

No Wally Heider, em Los Angeles, o Wings completaria, durante duas semanas do mês de março, a maior parte das faixas do projeto iniciado em Londres no final de 74 e desenvolvido em Nova Orleans, incluindo a "nova" "Letting Go", "You Gave Me the Answer", "Call Me Back Again", duas versões de "Venus and Mars", além de regravar "Rock Show" – destinada a abrir todas as apresentações da banda na turnê agendada para decolar no Reino Unido em setembro.

Com quase tudo pronto para prensar o vinil e voltar para casa, as músicas de "Venus and Mars" ainda precisavam da cereja no bolo: os arranjos de metais de Tony Dorsey em "You Gave Me the Answer" e no maior sucesso do LP: "Listen to What the Man Said". De forma incrível, o mestre Tom Scott faz o solo de clarineta com perfeição, em apenas um *take*: a mesma versão que você ouve no disco, sem corrigir uma nota.

Venus and Mars chegou às lojas no final de maio de 1975 embalado em capa luxuosa, recheada com itens para os colecionadores curtirem enquanto ouviam suas músicas divertidas e variadas.

Além das letras impressas, os brindes incluíam adesivos e pôsteres, com fotos deslumbrantes do Wings no deserto de Mojave, na Califórnia. Se a intenção era reproduzir o cenário extraterreno de Marte, o fotógrafo Aubrey Powell, certamente, foi além da órbita do Planeta Vermelho.

Mesmo sem atingir o mesmo desempenho astronômico de *Band on the Run*, *Venus and Mars* provaria que Paul estava levando seu grupo pelo caminho certo.

O próximo passo seria cortar os céus da Europa, Austrália e América – e conquistá-los.

VENUS AND MARS – FAIXA A FAIXA

VENUS AND MARS

Los Angeles, março de 1975.

No meio da festa que marcou o fim dos trabalhos em *Venus and Mars*, um dos 200 convidados que aproveitavam cada minuto do evento animado pelo som indefectível do piano tocado por Professor Longhair no transatlântico Queen Mary decidiu tentar a sorte: – Oi Vênus! Oi Marte!

Não havia dúvida. Para o animado e festeiro passageiro do navio, Paul e Linda eram os planetas representados na capa do disco pelas duas bolas de bilhar de cores amarelo e vermelho.

Paul se surpreendeu com aquilo, mesmo sabendo que sempre foi um alvo fácil das pistas espalhadas pelos discos dos Beatles. Se "The Walrus was Paul" em "Glass Onion", por que, então, ele não usaria o truque de colocar-se à frente da própria canção em seu mais recente LP?

Paul deu sua versão sobre a música a Paul Gambaccini: "Quando nós celebramos o final das gravações do álbum, alguém passou perto da gente e nos chamou: 'Oi Vênus, oi Marte...' Aí então eu pensei comigo: 'Ah, não! Quando escrevo, não estou falando especificamente sobre mim', embora os psicanalistas digam: sim, Paul, você está! Mas até onde estou ciente, não foi minha intenção (...) A música 'Venus and Mars' é sobre uma pessoa imaginária que tem uma amiga que adora astrologia. Aquele tipo de pessoa que pergunta qual é o seu signo antes mesmo de lhe cumprimentar. Assim: 'A good friend of mine, follows the stars' ('Uma amiga minha, que segue as estrelas')... Então, a letra poderia ter um sentido ambíguo: uma *groupie* (que segue as bandas) ou uma astróloga."

A dois dias de *Venus and Mars* chegar às lojas de discos, quem olhou para o céu testemunhou um fenômeno astrológico inspirador. Nas primeiras horas da manhã de 25 de maio de 1975, quem estava na América do Norte pode contemplar nos céus de primavera um eclipse total da lua.

"Venus and Mars" começou a ser gravada em 29 de janeiro de 1975 no Sea-Saint Studios com Paul no vocal principal, baixo, guitarra, piano e minichimbaus. Linda tocou piano. Denny Laine, moog e sitar. Jimmy McCulloch, guitarra de 12 cordas e guitarra. Joe English foi o baterista. Tony Dorsey toca clarineta.

A gravação foi finalizada em 26 de fevereiro de 1975 no Wally Heider, em Los Angeles. Duas versões, uma editada e outra completa, de um filme promocional foram produzidas para divulgar o *single* "Venus and Mars"/"Rock Show". As cenas são da turnê do Wings pelo Reino Unido em setembro de 1975.

ROCK SHOW

Wild Life ainda era tudo o que o Wings tinha naquele momento, além de alguns *singles* e músicas inéditas para entreter os holandeses que lotaram o Concertgebouw, em Amsterdã, naquela quente tarde de 20 de agosto de 1972.

Muita gente encheu a casa para ouvir coisas como "Give Ireland Back to the Irish", mantido no *setlist*, apesar de toda a controvérsia e de seu banimento das rádios britânicas. "Best Friend" e "1882", duas das mais aplaudidas do *setlist*, por ironia, nunca seriam lançadas pelo Wings.

O mais importante, talvez, é notar que a apresentação no Concertgebouw ("o prédio dos concertos" em holandês) deixara sua marca positiva. Dois anos mais tarde, ela serviria como recurso para letra de uma das primeiras músicas a serem gravadas em *Venus and Mars* – ainda que a canção mudasse bastante após a chegada do novo baterista, Joe English, nas sessões finais de Los Angeles.

Logo após o lançamento de *Venus and Mars*, a imprensa questionou se os locais mencionados na letra de "Rock Show" eram indicações dos itinerários da próxima turnê. "Todas essas coisas são coincidências. Eu comecei com uma ideia. Rock show. Então, Concertgebouw me veio à mente, porque esse é um lugar onde a gente tocou em Amsterdã. Então, nós rimamos com Rock Show, usando a pronúncia em inglês – Gebaw... O mesmo vale para Madison Square, Hollywood Bowl. Geralmente, essas palavras acabam ficando ótimas quando você busca por uma rima. Claro que gostaria muito de tocar em todos esses locais, não tenha dúvida. Primeiro, queremos levar a banda em shows pela Grã-Bretanha nesse verão. Depois descansar um pouco, compor um pouco mais e nos reunir no outono."

"Rock Show" era uma música datada. Mas moda é uma coisa que vai e volta, e no século XXI, as pessoas estavam mais preparadas para os anos 70. Sinal dos tempos. A reapreciação de *Venus and Mars* fez com que o álbum fosse relançado em 2014 em uma bela edição de luxo, com comentários interessantes sobre todas as músicas do disco.

No livro que acompanha o box, o autor relembra que a revista *Rolling Stone* americana chegou a distribuir a seus primeiros assinantes um acessório para manipular cigarros de maconha. "Rock Show" também faz menção ao uso da erva durante os concertos – prática corriqueira e um momento de empolgação durante a performance ao vivo. "Essa era uma das partes favoritas da galera... eles sempre cantavam junto. Antes de compor, fiquei na dúvida. Não achava que seria permitido incluir na letra."

"Rock Show" ainda apresenta um coadjuvante de peso, como se Paul cantasse a música do ponto de vista da plateia e não do palco: "What's that man movin' cross the stage? / It looks a lot like the one used by Jimmy Page / Its like a relic from a different age" ("O que aquele cara está segurando lá no palco? Parece uma do Jimmy Page... Como uma relíquia que a uma era distante pertence").

O trecho é como se fosse uma piada interna. Seu amigo Jimmy Page estava longe de ser um veterano em 1975, embora o Led Zeppelin estivesse prestes a lançar *Physical Graffitti* ainda naquele ano. A "relíquia de uma era distante" citada por Paul McCartney também não era um artefato Inca. Nas performances de "Stairway to Heaven", por exemplo, sua "ferramenta de trabalho" era uma 1970s Gibson EDS-1275 Doubleneck – bem moderna, por sinal.

A segunda versão de "Rock Show" – a incluída no LP – começou a ser gravada em 27 de janeiro de 1975 no Sea-Saint Studios, em Nova Orleans, com a seguinte formação: Paul: Vocal, baixo, sinetas e mellotron. Linda: *Backing vocals*, moog, órgão e sinetas. Denny Laine: *Backing vocals*, guitarra e sinos. Jimmy McCulloch: *Backing vocals*, violão, guitarra, moog e sinetas. Joe English: *Backing vocals*, bateria, percussão e sinetas. Allen Toussaint também contribuiu com piano e guitarra. Kenneth "Afro" Williams tocou congas. Mais gravações foram realizadas em 6 de fevereiro e 6 e 7 de março no Wally Heider, em Los Angeles.

LOVE IN SONG

Parecia o Cálice Sagrado. Pelo tamanho, estava mais para a Arca da Aliança. Aquele artefato enorme, na verdade, era um Kay Bass Maestro M1 coberto pela poeira do tempo. Por anos e anos, o instrumento vendido em 1962 pelo mítico Bill Black (1926-1965) – o baixista original do Rei Elvis Presley – permaneceria intocável, silente, quase em sono profundo, no sótão de outro músico talentoso chamado Mike Leech. Leech, é verdade, também teve sua passagem pelo Reino, tocando no aclamado *From Elvis in Memphis*, lançado por Presley logo após sua volta à TV em 1968. Mas o destino daquele monólito do rock and roll logo seria alterado.

Buddy Killen (1932-2006) não resistiu ao saber que o contrabaixo de Bill Black sofria com certo descaso e o adquiriu. O nativo do Alabama, com raízes cravadas em Nashville, tinha um belo lugar reservado para o instrumento em seu escritório. Lá, o histórico Kay Bass Maestro M1 ficaria por um tempo até que...

1974. Paul McCartney está em Nashville e o alvoroço é geral. Linda descobre que o "contrabaixo de Elvis" está em algum lugar da cidade. Seria o presente ideal para o marido, que em breve completaria 32 anos.

Oferta feita a Buddy Killen, oferta aceita. Em 1975, Paul estrearia o Key Bass Maestro M1 em "Love in Song" – uma das mais belas faixas de *Venus and Mars*...

Meses após o lançamento de *Venus and Mars*, Joe English ouvia atentamente o disco para caprichar nos ensaios da turnê, que não demoraria a começar em Southampton, Inglaterra. Ao chegar em "Love in Song" (não incluída no *setlist*), ele ficou intrigado com uma frase que Paul repetia: "Happiness in the homeland" – quando traduzida, significa "felicidade na terra natal".

Um ano se passou desde aquela audição. Joe English continuava no Wings, mas a letra não saía de sua cabeça. O baterista explica o motivo: "Quando viajei à Inglaterra (para gravar *Wings at the Speed of Sound*), Paul e Linda me deixaram morar na casa deles por um tempo, em Cavendish Avenue. Algo certo pra mim foi a vontade de me tratarem como se eu fosse um membro da família... Paul sempre dizia uma frase: "Felicidade na terra natal". Acho que ele sabia desse significado especial para mim, o quanto era complicado ficar longe de casa..."

A história de "Love in Song" é mais "esotérica" do que prática. Mais uma canção originária de uma experiência sonora somada à combinação de sentimentos: "Estava tocando meu violão de 12 cortas e logo encontrei uma boa abertura para 'Love in Song' – 'My heart cries out for love' ('Meu coração lamenta por amor')... Achei que era uma introdução legal para uma canção como essa. Então prossegui – 'My eye cries out / A tear still born' ('Eu choro e uma lágrima ainda nasce')... Gostei dessa linha também. Na verdade, sinto que não tenho muito controle sobre a composição das músicas... apenas pego o violão, escolho as palavras adequadas e arrisco."

"Love in Song" começou a ser gravada em 7 de novembro de 1974 em Abbey Road, Londres, com a seguinte formação: Paul McCartney: Vocal, baixo, sinetas e piano. Linda: *Backing vocals*, moog e sinetas. Denny Laine: *Backing vocals*, guitarra e piano. Jimmy McCulloch: Guitarra de 12 cordas. Geoff Britton: Bateria e percussão em garrafas de leite. Sid Sharp Strings: Violinos, viola, violoncelo e contrabaixo acústico. Gayle Levant: Harpa. "Love in Song" ainda foi complementada entre janeiro e fevereiro de 1975 no Sea-Saint Studios e Wally Haider, em 17/02/1975. Orquestra gravada no Sunset Sound, em 10/03/1975.

YOU GAVE ME THE ANSWER

"You Gave Me the Answer" (em português: "Você Me Deu a Resposta"). Mas qual seria essa resposta? Ela pode ser encontrada na infância de Paul, na Liverpool dos anos 40.

Nos Beatles, Paul McCartney já arriscara reproduzir suas experiências infanto-juvenis em "When I'm 64", "Your Mother Should Know" e "Honey Pie". Em *Venus and Mars*, seria a vez de "You Gave Me the Answer" dar continuidade ao laboratório e a viagem aos tempos em que existiam poucos recursos para explorar a música popular da era do Rádio. Além dos programas radiofônicos, quase religiosos na residência dos McCartney, Paul contava com o pai, James, ou "Jim Mac", e seu piano para mergulhar nos *hits* românticos do Music Hall britânico e do jazz americano.

Paul: "Quando comecei a ouvir músicas, elas tinham aquelas letras do tipo Fred Astaire e Cole Porter... canções que costumava ouvir no *Billy Cotton Band Show...* Também gosto muito dos filmes do Fred Astaire exibidos agora na TV. No passado, esse pessoal das antigas fazia aquilo que fazemos agora – muitas vezes, de uma forma bem melhor. As coreografias de alguns números, inclusive, eram coisas que não se veem mais hoje. Algumas dessas ideias estão à espera de alguém como eu voltar e apreciar... Lembro de tocar uma dessas canções para minha tia Millie. Ela reagiu na hora e disse: 'Essa é do Jack Buchanan!' Ele era um dos meus favoritos... Esse tipo de música é apenas diferente, muito romântica, mas não sou contra de forma alguma."

Em Liverpool e no resto da Grã-Bretanha, curtir o *Billy Cotton Band Show* era tradição dominical. Na hora do almoço, de 1949 a 1968, a prática não falhava: o Murphy A-46 (um dos aparelhos de rádio mais comuns) era sintonizado na BBC para conferir as atrações do dia. A partir de 1956 – um ano antes do encontro entre Paul e John – o *Billy Cotton Band Show* também passou a ser exibido na TV, geralmente às 19 horas, mas com várias mudanças no título do programa.

Paul McCartney também pode ter sido tomado pela nostalgia em 1974, quando compôs "You Gave Me the Answer" e incluiu a canção em uma compilação feita em julho conhecida como *The Piano Tape* – entre as possíveis candidatas a entrar em seu novo álbum.

Fã de Fred Astaire (1899-1987) e ainda mais de sua versão de "Cheek to Cheek" (nº 1 em 1935), Paul não deve ter perdido a chance de conferir a coletânea de cenas de musicais consagrados, relançados no cinema no ano anterior em comemoração ao cinquentenário dos estúdios MGM. Fred Astaire ajudou Paul a dar aos fãs essa resposta.

"You Gave Me the Answer" começou a ser produzida em 24/01 e 04/02/1975 no Sea-Saint Studios com a seguinte formação: Paul

McCartney tocando baixo, piano e cantando. Linda: *Backing vocals*. Jimmy McCulloch: Guitarra. Joe English: Bateria e *backing vocals*. Michael J Pierce: Clarineta. Vito Platomone: Clarineta. Carlos Klejman: Violino. Russell Joseph Bobrowski: Violino. Ronald B. Benko: Trompete. John K. Branch: Viola. Harold Joseph Ballam: Fagote. Bernard S. Richterman: Violoncelo. A faixa seria finalizada no Wally Heider, em Los Angeles, em 6 de março de 1975.

MAGNETO AND TITANIUM MAN

Forum de Inglewood, 21 de junho de 1976. Jack Kirby não era um fã dos Beatles e pouco conhecia a música do Wings. Mas naquela noite, sua arte iria cruzar a de Paul McCartney. E vice-versa. Nascido em 28 de agosto de 1917, em Nova Iorque, Jack serviu o exército norte--americano na Segunda Guerra Mundial. Sua passagem pela Normandia certamente o inspirou a criar o lendário Capitão América – figura máxima da propaganda dos aliados contra o nazismo.

Até aquele momento histórico, em Los Angeles, Jack Kirby já colecionava em seu portfólio uma legião de personagens elaborados em parceria com Stan Lee e outros autores. Nessa lista estão O Quarteto Fantástico, Homem-Formiga, Homem de Ferro, diversos membros dos mutantes X-Men e claro: o todo-poderoso Magneto!

Kirby – ou Jacob Kurtzman, seu nome verdadeiro – tinha se sensibilizado com a homenagem feita por Paul em "Magneto and Titatinum Man". A letra da música ainda citava outros vilões da Marvel, Homem de Titânio e Dínamo Escarlate (ambos, criados por Stan Lee e Don Heck).

Paul contou os detalhes à revista *Rolling Stone*: "'Magneto and Titanium Man' é sobre a Marvel Comics. Quando estávamos de férias na Jamaica, íamos ao supermercado aos sábados pegar uma nova leva de revistas em quadrinhos. Tinha parado de ler essas revistas aos 11 anos, mas recentemente retomei a leitura. Os desenhos são ótimos. Daqui a uns vinte anos você vai descobrir que esses artistas eram como novos Picassos. Além disso, os nomes dos personagens são muito criativos. Eu adoro tudo o que gira em torno dos quadrinhos."

Minutos antes de "Venus and Mars"/"Rock Show" dar início à apresentação em Inglewood, aconteceria o aguardado encontro entre Paul e Jack Kirby. No camarim, Paul recebeu de suas mãos um lindo presente – uma ilustração inédita criada pelo gênio, onde Paul e Linda McCartney estavam prestes a ser destruídos pelo vilão mutante. Agora não tinha como escapar: Paul e Linda estavam literalmente nas mãos de Magneto... Ele sabia "que o tempo deles finalmente tinha chegado, e era preciso unir as forças e fugir".

Lisa Kirby, a filha de Jack Kirby, relembra a data: "Eles (Paul e Linda) nos convidaram para o show e nós fomos ao camarim entregar a ilustração original feita pelo meu pai. Achei no começo que não iríamos ter acesso ao Paul. Linda nos encontrou primeiro – ela foi maravilhosa. Quando me virei, Paul estava chegando, então fiquei paralisada. Tinha 15 anos, e só fiquei parada lá, olhando. Minha mãe costumava me provocar sobre isso: 'Você ficou boba e nem disse uma palavra a ele!' O Forum de Inglewood estava lotado e a parte mais emocionante foi quando Paul se levantou para cantar 'Magneto Homem de Titânio': 'Senhoras e senhores, hoje nós temos aqui na plateia o criador de Magneto e do Homem de Titânio e muitos outros personagens. Gostaria de dedicar esta canção a Jack Kirby!'" A música começou e ecoou no ginásio do Los Angeles Lakers e Kirby gostou do que ouviu.

Desde que a canção em homenagem a Jack Kirby foi lançada em 1975, o mundo dos quadrinhos deu uma guinada – literalmente – heroica. O mito em torno dos personagens da Marvel (e também a DC Comics) se espalhou ainda mais pelo planeta com dezenas de filmes de qualidade produzidos especialmente para o cinema. Magneto, por exemplo, já foi interpretado por dois atores de grande porte, em fases distintas da saga dos *X-Men*: Ian McKellan e Michael Fassbender. Como o próprio Paul afirma ao se referir a "Magneto and Titanium Man", a importância de desenhistas e autores seria multiplicada nos anos seguintes. Prognóstico, profecia? Muito mais a certeza de que a cultura pop dos quadrinhos tem muito ainda a oferecer.

"Magneto and Titanium Man" contou com a seguinte formação em 27 de janeiro e 14 e 17 de fevereiro de 1975 no Sea-Saint Studios: Paul McCartney cantando e tocando baixo, guitarra, moog e piano. Linda: *Backing vocals* e clarineta. Denny Laine: *Backing vocals* e guitarra. Jimmy McCulloch: Guitarra. Joe English: Bateria.

LETTING GO

Sir Lew Grade estava furioso: "Linda McCartney? Quem é Linda McCartney?" Aquele dia de fúria do chefão da ATV (a Associated Television) tinha só começado. Agora, ele só tinha uma coisa na cabeça: processar Paul McCartney por dividir os créditos com sua mulher no álbum *Ram* e no *single* "Another Day".

Lev Winogradsky (1906-1998) – o ucraniano naturalizado britânico – não engoliu a história e no fundo sabia que Paul colocara Linda como parceria em suas canções para faturar além do que previa o contrato de direitos autorais ligados ao seu nome. Após pagar caro à Northern Songs pelo catálogo Lennon & McCartney em 1968, Grade não admitiria perder um centavo.

Paul discordou do velho Lew com veemência e escreveu uma longa carta justificando seus motivos. Após o especial *James Paul McCartney*, tudo estava resolvido. Àquela altura, Linda já tinha aprendido a tocar melhor teclados e a compor de verdade.

Claro que Paul tinha forçado um pouco a barra para provar que sua mulher era capaz. Mas o esforço seria retribuído em forma de canção. "Letting Go", composta entre a primavera e o verão de 1974, é basicamente uma forma de alerta a Grade e ao mundo que sua garota "poderia ser uma estrela do rádio algum dia".

Lançada como segundo *single* de *Venus and Mars*, "Letting Go" mostrou desempenho bem abaixo do esperado por todos. Nos Estados Unidos, a canção inspirada no melhor que a gravadora Motown era capaz de oferecer em termos de arranjo, atingiu um decepcionante 39º lugar. No Reino Unido foi ainda pior, encalhando no 41º. A estratégia de repaginar "Letting Go" com baixo mais pulsante, introdução com órgão Hammond e um *take* novo de bateria acrescentado pelo recém--chegado Joe English, especialmente para o *single*, não surtiu efeito.

Apesar disso, Paul tinha uma ideia bem definida sobre "Letting Go": "Acho que 'Letting Go' é uma das melhores músicas de *Venus and Mars*. Ela funciona muito bem no disco, tem uma bela melodia. Tenho ouvido os garotos cantando por aí... É sem dúvida minha faixa favorita do disco."

Por ser uma de suas "favoritas", é difícil de entender a ausência de "Letting Go" no repertório dos shows de Paul McCartney. Apenas em 2010 ele ressuscitou a música, incluindo-a em quase todas as apresentações da *Up and Coming Tour*. Desde então, "Letting Go" tem reaparecido de forma irregular em seu repertório.

"Letting Go", a versão lançada no álbum, foi gravada em Abbey Road em 5 de novembro de 1974, com a seguinte formação: Paul McCartney: Vocal, guitarra, piano elétrico e baixo. Linda: *Backing vocals* e órgão. Denny Laine: *Backing vocals*. Jimmy McCulloch: Guitarra. Geoff Britton: Bateria. Clyde Kerr e John Longo: Trompete. Michael Pierce: Sax alto. Alvin Thomas: Sax tenor. Carl Blouin: Sax barítono.

Dois filmes para promover "Letting Go" foram produzidos: uma versão longa e outra editada. As imagens são da turnê do Wings pelo Reino Unido, gravadas em setembro de 1975.

VENUS AND MARS (REPRISE)

Localizada a aproximadamente 7.600 quilômetros de Londres, a Jamaica – "Terra da Madeira e da Água" dos nativos aruaques – foi descoberta por Cristóvão Colombo em 1494 e logo ocupada por espanhóis. Quase dois séculos mais tarde, em 1655, os ingleses invadiriam a Jamaica, transformando-a em uma de suas colônias. Já no século vinte, a ilha caribenha de 10.991 quilômetros quadrados passaria a ser membro da Comunidade Britânica de Nações, chefiada pela Rainha da Inglaterra.

Naquele dezembro de 1974, o "colonizador Paul" queria ficar tranquilo na Jamaica com sua família para esquecer os negócios dos Beatles... Mas nem tanto. Além de compor muito, era preciso encontrar coisas para se distrair em meio a tanta natureza. Uma dessas atividades era a leitura: jornais, revistas em quadrinho da Marvel e ficção científica. Foi assim que a ideia para "Venus and Mars" apareceu: "Tenho lido muita ficção científica ultimamente. Coisas como *Fundação*, de Isaac Asimov. Adoro o escopo dessas histórias, a visão disso tudo, porque você é capaz de escrever qualquer coisa dentro do tema. No álbum, a segunda vez que 'Venus and Mars' aparece, eu canto: 'Standing in the hall of the great cathedral / Waiting for the transport to come' ('Em pé no corredor da grande catedral, esperando pelo transporte chegar'). Isso é como nos livros de ficção científica, à espera do transporte espacial. 'Espaçonave 21ZNA9'... Isso é o tipo de coisa que você encontra em Asimov. Gosto disso. Esperar na catedral pelo disco voador levar você para Vênus ou Marte, ou algo parecido."

"Venus and Mars" troca de identidade. No começo do álbum, era o tema da fã incondicional de rock. Agora, uma exploradora do espaço, em busca da verdade que estava lá fora. Edward Gibbon, historiador e iluminista inglês, publicou em 1776 seis volumes de *A História da Ascensão e Queda do Império Romano*, considerada como a primeira obra da era moderna a abordar temas de história. Inspirado pelo conteúdo detalhado por Gibbon, o russo radicado americano, Isaac Asimov (1920-1992), teve a ideia de escrever a saga fictícia *Fundação*, na qual o personagem central, o cientista Hari Senton, enfrenta julgamento por traição, após afirmar que o chamado Império Galáctico estava prestes a mergulhar em uma era de trevas pelos próximos cem séculos.

Publicada inicialmente em 1942 nas páginas da *Astounding Magazine*, a história seria transformada em uma trilogia: *Fundação*, lançado em 1951, *Fundação Império* (52) e *Segunda Fundação* (53). Em junho de 2017, o site Deadline anunciou que o roteirista David Goyer (*Batman, Blade, O Motoqueiro Fantasma*) seria um dos envolvidos na produção de uma série para a TV baseada na criação revolucionária de Isaac Asimov.

Paul: Vocal, baixo, guitarra, moog e mellotron. Linda: Piano. Jimmy McCulloch: Guitarra de 12 cordas. Geoff Britton: Chimbau. Gayle Levant: Harpa. Tom Dorsey: Arranjo de cordas.

SPIRITS OF ANCIENT EGYPT

* As quatro faces da pirâmide de Gizé são côncavas – única pirâmide construída dessa maneira.
* O cofre de granito na Câmara do Rei é muito grande para caber nas passagens e deve ter sido posto em prática durante a construção da pirâmide.
* O cofre foi feito de um bloco de granito sólido. Isso exigiria serras de bronze de 8 a 9 pés de comprimento com dentes de safiras.

Lendas e fatos se confundem sobre a Grande Pirâmide de Gizé – ou Quéops – situada em Al Haram, Nazlet El-Semman, Egito. Esses dados fascinantes chegariam ao conhecimento de Paul McCartney de forma inesperada, enquanto gravava "Junior's Farm" e outras canções em Nashville.

Chet Atkins era uma lenda da música country e um verdadeiro cavalheiro sulista. Paul esperava ouvir dele histórias clássicas das sessões nos estúdios da cidade e outros causos da música. Mas em um jantar na casa de Chet, o guitarrista falaria maravilhas sobre um livro lançado em 1971, de autoria do americano Peter Tompkins (1919-2007), famoso jornalista e espião da Segunda Guerra.

Paul: "Chet me perguntou se eu já ouvira falar sobre o livro *Segredos da Grande Pirâmide*. Respondi que ainda não. Então, ele foi ao quarto pegá-lo e me emprestou. Naquela mesma noite, comecei a devorá-lo. O livro conta detalhes sobre as medidas da pirâmide de Gizé, e como a circunferência do Planeta teria sido incorporada às dimensões da pirâmide. Gosto do fato de um título inusitado como esse ter sido inspirado por alguém com Chet... No fim, a música saiu algo totalmente diferente – ficou bem animada – mas a letra tem o seu tom irônico. Denny é o vocalista."

Denny Laine: "Naquela época, todos nós curtíamos muito ler esse tipo de coisa. Quando um programa sobre as pirâmides e o Egito é exibido no History Chanel eu não perco. O tema é fascinante. Também adoro o tema sobre alienígenas e civilizações antigas."

Com "Spirits of Ancient Egypt", *Venus and Mars* abria espaço para Denny repetir sua função em *Band on the Run* como vocalista em uma das faixas. Mas ao contrário de "No Words" (resgatada pelo Wings apenas em 1979), a música inspirada pelo livro de Chet Atkins não sairia do *setlist* da turnê mundial do Wings, programada para começar em setembro.

"Spirits of Ancient Egypt" começou a ser gravada em 23 de janeiro de 1975 em Nova Orleans e ainda contou com mais duas sessões em 18 e 20 de fevereiro no Sea-Saint Studios. A canção foi finalizada no Wally Heider, em Los Angeles, em 17 de março, com a seguinte formação: Paul: Vocal, *backing vocals*, baixo, moog e gongo. Linda: Teclados e *backing vocals*. Denny Laine: Vocal principal e guitarra. Jimmy McCulloch: Guitarra. Joe English: Bateria e gongo.

MEDICINE JAR

No verão de 1972, Jimmy McCulloch já tinha uma carreira de respeito no cenário musical britânico. Além de tocar no Thunderclap Newman, o escocês colecionava diversas participações em gravações de John Mayall (Bluesbreakers) e duas figuras bem próximas aos Beatles: o *hitmaker* Harry Nilsson e Klaus Voorman. Naquele ano, McCulloch dava mais um passo em sua carreira, ao se unir ao grupo baseado em Glasgow, Stone the Crows. Sua primeira missão foi ajudar a finalizar o disco *Ontinuous Performance*, incluindo solos de guitarra em duas faixas do LP.

Em menos de um ano, a banda já não existia mais e McCulloch estava desempregado mais uma vez. Aquele passo em falso não foi totalmente em vão. No curto período como guitarrista do Stone the Crows, Jimmy se aproximou do baterista Colin Allen, e a dupla decidiu compor algumas músicas. A primeira delas sairia em *Venus and Mars*.

"Medicine Jar" é a primeira ode de Jimmy contra a dependência química. De certa forma, ele avisava a si mesmo sobre os perigos das drogas, embora a letra tenha sido composta por Allen, que hoje vive em Dorset, Inglaterra, aos 79 anos: "What can I do? / I can't let go / You say time will heal / But very slow / So don't forget the things you Said / I say I know how you feel / Now your friends are dead" ("O que posso fazer? Não consigo largar. Você diz que o que o tempo vai curar, mas devagar... Mas não se esqueça das coisas que você de diz... Eu digo que sei o que você sente agora, porque seus amigos já não estão mais aqui").

Jimmy deu sua versão para "Medicine Jar" ao hoje extinto *Record Mirror*, em 20 de setembro de 1975: "('Medicine Jar') foi escrita para uma pessoa... Colin Allen compôs a letra e eu fiz a música. A primeira demo foi gravada com o Stone the Crows em uma casa de fazenda. Então, quando Paul me perguntou se eu tinha músicas (para o álbum) eu produzi essa."

Paul gostou tanto de "Medicine Jar" que fez questão de incluir no *setlist* da turnê mundial do Wings, caprichando nas linhas de baixo e harmonias. Melhor do que isso, depois de *Venus and Mars* superar a marca de 2 milhões de unidades vendidas, Jimmy receberia uma boa soma em dinheiro por conta dos royalties da música – quantia suficiente para comprar um belo *flat* em Little Venice, Londres, além de um Rolls Royce do ano.

"Medicine Jar" foi iniciada em Abbey Road em 13 de novembro de 1974 e finalizada em mais dois estúdios: Sea-Saint Studios, em Nova Orleans, nos dias 3 e 6 de fevereiro e Wally Heider, em Los Angeles, nos dias 2 e 22 de março de 1975.

Paul McCartney: *Backing vocals*, baixo, guitarra e piano elétrico. Linda: *Backing vocals* e órgão. Denny Laine: *Backing vocals* e congas. Jimmy McCulloch: Vocal principal e guitarra. Geoff Britton: Bateria. Joe English: *Backing vocals*.

CALL ME BACK AGAIN

No final de março de 1974, Los Angeles estava ensolarada como sempre, à espera da 46ª cerimônia da Academia de Artes e Ciências Cinematográficas dos Estados Unidos. A chamada "Cidade dos Anjos" aguardava também por um visitante que atravessava grande fase.

Paul desembarcou na Califórnia com a fama dos Beatles e com conquistas recentes que ele não esperava celebrar tão cedo. *Band on the Run* estava prestes a atingir o 1º lugar nos Estados Unidos e se tornar seu álbum mais bem-sucedido, ao lado de Denny Laine e Linda, no ainda solitário – porém solidário – Wings. Sua principal missão, todavia, era torcer por "Live and Let Die", indicada para o Oscar de Melhor Canção. A música também havia sido lembrada para o Grammy de melhor Canção de Hard Rock, mas não atingira seu objetivo.

No dia anterior à cerimônia mais importante de premiação do cinema, marcada para o dia 1º de abril, Paul se hospedou em uma das 227 dependências do The Beverly Hills Hotel, localizado no número 9641 da badalada Sunset Boulevard. Com tempo livre para compor, não faltava ambiente nem inspiração em seu bangalô de 189 metros quadrados, com vista para um belo jardim. Equipado com um piano elétrico no quarto, ele não teve dificuldade em encontrar algumas palavras e harmonias para começar "Call Me Back Again", uma balada, ao estilo de Ray Charles. Após o Oscar – eventualmente perdido para a canção "The Way We Were" – Paul e Linda decidiram ficar mais um tempo em Los Angeles. Após rever e tocar com John Lennon pela primeira vez em cinco anos e socializar com Stevie Wonder, Paul quis ver outro amigo.

Disposto até a fazer um som com Brian Wilson, o casal McCartney foi recebido pela mulher do Beach Boy em sua mansão, mas a visita provaria ser inútil. Melinda não sabia mais o que dizer para Paul e Linda. Ao bater no quarto de Brian, eles notaram que algo não ia bem. Ele estava chorando. "Você não vai me ligar, Brian?"

Em 2015, no processo de remasterização e reedição de *Venus and Mars*, Paul não se recordava exatamente sobre o tema central de "Call Me Back Again". Em compensação, ele tinha algumas lembranças a oferecer: "Sempre que nos hospedávamos em um hotel em Beverly Hills com os Beatles havia lá um piano Wurlitzer – o mesmo instrumento usado por Ray Charles em 'What 'd I Say'. Então, mesmo depois do fim do grupo eu tentava arrumar um Wurlitzer para tocar no quarto. Comecei 'Call Me Back Again' nesse quarto de hotel. Pode ser que tenha sido composta propositalmente para as sessões em Nova Orleans, porque ela soa como uma música desse tipo. Quando Tony Dorsey mais tarde colocou o arranjo de metais, aí sim, ela ficou definitivamente com um sabor de Nova Orleans."

Por ter composto "Call Me Back Again" relativamente perto das gravações de *Venus and Mars*, Paul deve ter se confundido sobre o fato de que o álbum não foi iniciado em Nova Orleans, mas em Abbey Road, no final de 1974. Nova Orleans só entraria no radar do Wings quase um ano após "Call Me Back Again" ter sido iniciada em abril, em Los Angeles, e finalizada dois meses mais tarde.

Tony Dorsey: "No início, tive dificuldade em arranjar as músicas em *Venus and Mars* porque estava mais acostumado com o som da guitarra de George Benson e outros nomes do gênero. Nesse disco, os caras tentavam usar antigos amplificadores Silverstone que você comprava nos anos 50, mas com uma pequena diferença: tocando cem vezes mais alto!"

"Call Me Back Again" foi gravada no Sea-Saint Studios em 3 de fevereiro de 1975 e finalizada em 10 de março no Wally Heider, em Los Angeles.

Paul: Baixo, piano, vocal e clarineta. Linda: Mellotron. Denny Laine: *Backing vocals* e guitarra. Jimmy McCulloch: Guitarra. Joe English: Bateria. Steve Howard, Clyde Kerr e John Longo: Trompete. Michael Pierce: Sax alto. Alvin Thomas: Sax alto. Carl Blouin: Sax barítono.

LISTEN TO WHAT THE MAN SAID

Venus and Mars ainda estava quente. O vinil mal tinha saído do forno, assim como o primeiro *single* selecionado para chamar a atenção do público para o sucessor do gigante *Band on the Run*. Enquanto Paul guiava seu Rolls Royce pela região de Mayfair, em Londres, "Listen to What the Man" surgiu na frequência 95.8 da Capital London FM.

Ao lado de Linda, e com o jornalista da *Rolling Stone*, Paul Gambaccini, no banco traseiro, ele comentou: – É um bom *single* para esse verão!

No momento em que as últimas notas de "Listen to What the Man Said" morriam, a emissora londrina – inaugurada havia poucos anos – decidiu emendar a nova música do Wings com um *medley* de *Pet Sounds*, dos Beach Boys, não por acaso, um dos álbuns favoritos de Paul McCartney. Escolha perfeita.

"Listen to What the Man Said" era a grande aposta do álbum *Venus and Mars* e Paul não mediria esforços para que a canção ficasse do seu agrado nas sessões em Nova Orleans e Los Angeles. Ele conta: "Tenho uma história divertida sobre essa música. Nós tínhamos muita fé nela, e sempre que eu a tocava para as pessoas, a reação era a mesma: 'Paul, adoro essa!' Mas depois de tentarmos várias vezes no estúdio, a gravação não encaixava. Tudo começou a mudar quando fomos para Los Angeles finalizar *Venus and Mars*. Dave Mason (da banda Traffic) apareceu no estúdio e fez um excelente solo – ele é um músico muito técnico. Então, alguém me sugeriu Tom Scott, que morava lá por perto. Meia hora depois ele já estava tocando seu sax soprano, acompanhando a melodia. O mais legal é que o engenheiro estava gravando tudo, sem que ele soubesse. Quando o solo acabou ele perguntou: 'Você gravou isso?' Ninguém acreditou. Tinha saído perfeito! Depois, ele tentou outros *takes*, mas nenhum saiu como o do ensaio."

Tom Scott, o mago do saxofone que entrou no Wally Heider Studios para decidir o jogo, já tinha alguma experiência ao lado dos Beatles. Até então, o americano Thomas Wright Scott, líder da banda de jazz fusion The L.A. Express, já tinha mostrado seu talento no *single* "Photograph", de Ringo Starr em 1973, e na banda da turnê norte-americana de George Harrison. Definitiva – palavra certa para a performance de Tom Scott, ao colorir com seu saxofone a letra de "Listen to What the Man Said".

Ao longo dos anos, Paul tem se esforçado para dar uma luz a alguma informação sobre o misterioso "homem a ser ouvido" em "Listen to What the Man Said". Na campanha de divulgação da coletânea *All the Best!*, em 1987, Paul comentou sobre a canção no programa de rádio *Saturday Club*: "Basicamente, eu digo: ouça às regras básicas. Não cometa muitas bobagens. Mas se escreve Homem, também pode significar ouvir a Deus.

Pode significar diversas coisas. Com Michael Jackson, também escrevi uma música chamada 'The Man'. É legal deixar as coisas de forma ambígua. Para Michael, certamente o homem da letra representa Deus."

Em 30 de agosto de 2016, Paul respondeu em seu site oficial pergunta enviada pelo fã brasileiro Luiz Antonio sobre o significado da música: "Existem muitas respostas sobre quem pode ser esse homem. De certa forma, você pode usar a expressão 'Você é o cara!' De outra forma, em toda religião existe uma pessoa que eles consideram o líder, o homem principal. Seus ensinamentos são geralmente positivos. Gosto da ideia de deixar isso para as pessoas decidirem quem, em suas mentes, seria 'o homem'."

"Listen to What the Man Said" foi lançada como *single* em 31 de maio de 1975, e teve de percorrer uma jornada até atingir o 1º lugar na *Billboard* somente em 19 de julho. A versão da música contida no disquinho de 7 polegadas não inclui um dos trechos mais divertidos do disco, com Paul imitando a voz grave de um dos músicos da banda The Meters, Leo Nocentelli (ou "No-Can-Telly", um trocadilho com "Não pode ver TV") – um alvo fácil para a brincadeira.

"Listen to What the Man Said" foi iniciada no Sea-Saint Studios em 31 de janeiro e retomada em 20 de fevereiro no Sea-Saint Studios. Mais gravações foram realizadas entre 3 e 6 de março de 1975 no Wally Haider, em Los Angeles. Orquestra de cordas arranjada e produzida no Sunset Sound Studios em 10 de março de 1975.

Participaram das sessões: Paul McCartney: Vocal, piano elétrico, baixo, guitarra elétrica, violão, moog e clarineta. Linda: *Backing vocals* e o "beijo" após "Soldier Boy". Denny Laine: *Backing vocals*, guitarra e bongôs. Jimmy McCulloch: Guitarra. Joe English: Percussão e bateria. Dave Mason: Guitarra. Tom Scott: Sax barítono. Sid Sharp Strings: Violino, violas e violoncelos.

O filme promocional de "Listen to What the Man Said" foi extraído das gravações da turnê, lançado originalmente em *Rock Show* – disponível em DVD pela primeira vez em 2013.

TREAT HER GENTLY / LONELY OLD PEOPLE

Julho, 1974. Preparado para gravar ao piano algumas recentes composições, a sensação de sentir-se abandonado pelo público, certamente passa neste momento por sua cabeça. O verso que melhor expressa isso está na segunda parte do *medley* "Treat Her Gently"/"Lonely Old People". Se em "Treat Her Gently" Paul aconselha as pessoas a cuidarem dos idosos – supostamente, em asilos e sofrendo do mal de Alzheimer – em "Lonely Old People" a letra é um retrato musical de sua angústia: "Here we sit / Two lonely old people / Eaking our lives away / Bit by bit / Two lonely old people / Keeping the time of day / Here we sit / Out of breath / And nobody asked us to play" ("Aqui estamos nós – duas pessoas velhas e solitárias. Batalhando uma sobrevida. Passo a passo, duas pessoas sozinhas. Tentando segurar o ritmo do dia. Aqui nós estamos... quase sem fôlego. Ninguém mais pediu pra gente tocar").

"Treat Her Gently"/"Lonely Old People", ao seu término, soa como um epitáfio em um álbum com temas festivos em sua maioria. Mas logo, outra piada sobre o medo de envelhecer entraria na programação...

"Treat Her Gently"/"Lonely Old People" começou a ser gravada no Sea-Saint Studios em 25 de janeiro de 1975 e finalizada em Los Angeles, no Wally Heider Studios nos dias 12, 14 e 18 de março de 1975. Orquestra de cordas gravada no Sunset Sound Studios em 10 de março de 1975.

Participaram da gravação: Paul McCartney: Vocal, baixo, piano e celesta. Linda: *Backing vocals*. Denny Laine: *Backing vocals*. Jimmy McCulloch: Guitarra. Joe English: Bateria. Sid Sharp Strings: Violino, violas e violoncelos. Gayle Levant: Harpa.

CROSSROADS

Crossroads, a novela (ou série), permaneceu no ar pela Independent Television no Reino Unido entre 1964 e 1988, com picos de audiência de até 15 milhões de pessoas por capítulo. No total, 4929 episódios foram produzidos em 24 anos. Noele Gordon, um dos principais nomes do elenco, viria a falecer três anos após o cancelamento da produção, em 1985. Seu tema, composto por Tony Hatch, foi gravado pelo Wings para encerrar *Venus and Mars* em 1975.

Paul McCartney comenta sobre sua escolha de encerrar o disco com o tema de *Crossroads*, novela que tinha como cenário um hotel na periferia de Birmingham: "Isso foi uma espécie de piada britânica.

Soa como se fosse um tema de encerramento. Mais ou menos como: 'Senhoras e senhoras, a Srta. Diana Ross!' E Diana Ross começa a deixar o palco com a orquestra tocando, de forma triunfante. Se você pega a piada, vê que o tema entra depois de 'Lonely Old People' – 'Nobody asked us to play' ('Ninguém pediu para a gente tocar'). Eles ficam pensando sobre o assunto, passando o tempo. Ninguém se envolve com pessoas solitárias. Uma das principais atrações da TV para os mais velhos e solitários na Inglaterra é assistir *Crossroads*. O mais engraçado é que o diretor da novela agora vai usar a nossa gravação do álbum como tema."

Crossroads fechou as cortinas em 1988. Em 2001, a tradicional novela voltou a ser produzida e exibida na TV inglesa pela Carlton Television, sem o mesmo sucesso ou ligação com o tema do Wings. Mas a produção de "Crossroads" arrumou uma forma de conectar a série a Paul McCartney. Na versão do século XXI, Jane Asher – sua namorada e noiva por cinco anos na década de 60 – foi escalada como Angela, a dona do elusivo hotel.

"Crossroads" foi gravada no Sea-Saint Studios, em Nova Orleans, em 31 de janeiro de 1975. Orquestra de cordas gravada no Sunset Sound Studios, em Los Angeles, em 10 de março de 1975.

Paul: Baixo. Linda: Orgão. Denny Laine: Violão. Jimmy McCulloch: Guitarra. Joe English: Bateria. Sid Sharp Strings: Violino, violas e violoncelos. Gayle Levant: Harpa.

Outras músicas da era *Venus and Mars*

MY CARNIVAL

11 de fevereiro de 1975, Carnaval em Nova Orleans. Hora de cair na folia. Uma festa bem diferente da brasileira, é verdade. Mas nada vai impedir o Wings, principalmente o empolgado Jimmy McCulloch, de sair livre e solto pelas ruas da bela cidade da Louisiana e se divertir até o último segundo. Até o sempre retraído Geoff Britton se deu bem. Paul e Linda também entraram no clima. Pintaram o rosto como arlequins e deixaram o Le Richelieu Hotel, no Quarteirão Francês, para brincar o Mardi Gras pela Canal Street, se misturando à multidão. Eles esperavam não ser reconhecidos.

Até que veio o primeiro de muitos: "Ei Paul, adoro *Band on the Run!*" "Oi Linda!" O disfarce tinha ido por água abaixo em poucos minutos. No *day after* da festa, nada de ressaca, ao menos para Paul. Ele estava empolgado com as músicas do Professor Longhair que ecoaram – e ainda ecoavam pelos quatro cantos de Nova Orleans. O melhor a fazer era transformar aquela emoção em música.

Tomando como base os *riffs* de "Titpitina" – gravação de 1953 de Henry Roeland "Roy" Byrd, famoso como Professor Longhair – Paul começou a gravar seu tema à moda Mardi Gras da mesma forma que a lenda local fizera mais de vinte anos antes, ao basear sua canção em Junker's Blues, do bluesman Champion Jack Duprees, de 1940.

No Sea-Saint Studio, Paul, Denny, Linda, Jimmy e Geoff Britton receberam a companhia de convidados especiais. Nada melhor que alguns dos melhores locais para tirar aquele som meio rumba, meio cajun, meio blues.

Para transformar a bagunça organizada em "My Carnival", Paul resgatou uma melodia inspirada em Nova Orleans outra faixa do Professor Longhair, que a banda tinha batizado provisoriamente de "Going to New Orleans" em janeiro.

Com tudo pronto, era hora de Mardi Gras com o Wings e o grupo The Meters chacoalhando o estúdio.

"My Carnival" foi gravada no Sea-Saint Studios em 12 de fevereiro de 1975.

Paul McCartney: Piano, vocal e *backing vocals*. Linda: *Backing vocals* e órgão. Denny Laine: Baixo e *backing vocals*. Jimmy McCulloch: Guitarra. Joe English: Bateria. George Porter Jr.: Percussão. Benny Spellman: Baixo e *backing vocals*. Tony Dorsey: Trombone. Ken Lexton: Trompete.

LUNCH BOX / ODD SOX

Colecionadores e aficionados teriam de esperar mais cinco anos para ouvir a versão de estúdio de "Lunch Box/Odd Sox" – uma das faixas extras do *single* "Coming Up". A maior curiosidade sobre este instrumental, com Paul liderando a banda ao piano, é ter sido a primeira coisa a ser registrada no estúdio Sea-Saint em Nova Orleans. Logo depois de virar item oficial, os mais atentos perceberam fragmentos da sessão de "Lunch Box/Odd Sox" adicionados ao final de "Rock Show". Tire a dúvida você também.

"Lunch Box/Odd Sox" foi iniciada pelo Wings no Sea-Saint Studios em 16 de janeiro e finalizada 24 de fevereiro de 1975. Paul: Piano. Linda: Moog. Denny Laine: Guitarra. Geoff Britton: Bateria. Tony Dorsey: Contrabaixo.

Na reedição de *Venus and Mars*, lançada em 2014, Paul incluiu um filme especial que mostra cenas das gravações de "My Carnival". Outro extra do DVD é a edição de imagens *Bon Voyageur*. O filme mostra Wings e convidados celebrando o fim das gravações em Nova Orleans navegando no rio Mississipi. A bordo da embarcação Voyageur, os grupos The Meters e Chocolate Milk fizeram a trilha sonora do evento.

JUNIOR'S FARM

Paul não sabia mais como comemorar os resultados de *Band on the Run*. O álbum gravado na Nigéria era um sucesso global – e mais importante: até aquele momento, era o mais elogiado pelos críticos, que posicionavam o trabalho gravado com Linda e Denny Laine lado a lado dos discos produzidos por sua "outra banda famosa" dos anos 60.

Chegar ao número 1 nos Estados Unidos era algo fenomenal... Só não era motivo para descansar sobre as recentes conquistas. Disposto a curtir o sul americano e gravar faixas para um projeto paralelo – *Hot Hitz and Kold Kutz* – Paul convocou o Wings, de baterista novo, para uma estadia de trinta dias pela capital mundial do country.

Ao pousar em Nashville em 6 de junho de 1974, a recepção seria bastante calorosa, mas bem longe dos dias de Beatlemania. Apenas algumas dezenas de fãs estavam no aeroporto, mas aquilo era o suficiente para Paul se sentir em casa.

Sua residência no local, entretanto, seria digna de uma estrela de Nashville. Buddy Killen, dono do estúdio SoundShop, e famoso produtor da cena country americana, convencera o proprietário de um rancho na pequena cidade de Lebanon a locar sua residência por uma diária de US$ 2 mil. O proprietário era uma das figuras mais famosas da região: Claude "Curly" Putman Jr. – autor do *hit* "The Green Green Grass Home" que em breve inspiraria o título do próximo *single* assinado por Paul e Linda.

PAUL McCARTNEY EM DISCOS E CANÇÕES

Denny Laine conta um pouco sobre a passagem do Wings por Nashville e Lebanon – QG da banda nos limites da cidade grande: "Adorei todo o clima do Tennessee. Pela música, notei muitas semelhanças com o povo local... Organizamos uma grande festa no rancho (Paul completou 32 anos em Nashville) e até Roy Orbison passou por lá. Nos divertimos muito. Na cidade, também vimos muita gente bacana. Acho que Paul até foi se encontrar com Johnny Cash."

Além de curtir o cenário local e visitar o lendário Grand Ole Opry – a casa mais famosa de Nashville – o Wings gravaria o poderoso rocker "Junior's Farm" – música mais importante das sessões do grupo no SoundShop, estúdio situado no número 1307 da Division Street.

"Junior's Farm", melodia que já existia em seus arquivos do Rude Studio desde o início daquele ano, foi tirada do baú nos últimos dias de trabalho em Nashville e transformada em sucesso imediato, atingindo em novembro o 3º lugar na *Billboard*.

Paul: "Durante as gravações, tocamos a base de 'Junior's Farm', mas ela não se encaixava às outras faixas que preparamos em Nashville. Então, decidimos que seria o *single*. A música veio primeiro e mais tarde incluí a letra. 'Junior's Farm' é um jogo de palavras. Na música eu faço um convite como em 'Strawberry Fields Forever': "Let's go, let's go, let's go, let's go / Down to Junior's farm where I wanna lay low" ("Vamos sair da cidade... Vamos lá para a fazenda do Junior!").

Na letra de "Junior's Farm" – uma discreta alusão à "Maggie's Farm", de Bob Dylan –, Paul combina temas de seus dois países favoritos. No último verso – omitido da versão editada incluída nos *singles* promocionais – ele dá a entender que na Inglaterra "só se falava do presidente americano". No caso, Richard Nixon, que viria a renunciar ao cargo um mês após o *single* ficar pronto, por efeitos do escândalo político conhecido como Watergate.

O engenheiro de som Ernie Winfrey, em entrevista a este autor em 2011, relembra alguns detalhes da sessão no SoundShop: "Antes de entrar no estúdio, Paul costumava parar na porta para distribuir autógrafos à vontade para os fãs. Quando começamos a trabalhar, o método era gravar uma faixa por dia, e 'Junior's Farm' foi a última música gravada no SoundShop. Paul sabia muito bem o que queria e sempre pedia com muito cuidado algumas mudanças na performance da música caso não gostasse de algo na gravação.

Quando as sessões terminaram e Paul voltou a Londres, ainda trocamos correspondências. Tenho os cartões postais guardados com muito carinho."

O filme promocional de "Junior's Farm" é originário das gravações do especial *One Hand Clapping*, rodado em Abbey Road, em agosto de 1974.

SALLY G

Entre a Union Street e a Church Street na mítica região chamada Printer's Alley – perto da zona da luz vermelha de Nashville – fica uma das casas mais lendárias da cidade. Skull's Rainbow Room sempre teve clientes ilustres – e reais. Bastaria citar o nome de Elvis Presley para resumir a importância do clube... Mas não podemos esquecer de um nativo do Arkansas que adotou a cidade como lar: Johnny Cash, o Homem de Preto em pessoa, também vivia por lá.

Ao saber disso, Paul teve de conferir o clima do Skull. O verão em Nashville era infernal e as noites, musicais e convidativas. Em sua expedição pela terra do Country, Skull's Rainbow Room logo se transformaria em uma locação sagrada para os fãs. Depois de tomar alguns drinques, ou melhor, vários uísques noite adentro, Paul se encheu de coragem para sentar em um dos pianos da casa e compor "Sally G" – música escolhida eventualmente para o lado B de "Junior's Farm".

David Schullman, proprietário do Skull's Rainbow Room, relembra a passagem de Paul pela casa, reaberta em 2016 após anos fora do circuito: "Paul passou por aqui em 1974 e tomou vários drinques... o suficiente para ficar um pouco alto. Depois de assistir a um dos shows, ficou bastante animado e pediu permissão para usar o piano. Lá mesmo ele terminou a música que ele batizou "Diane G", em homenagem à cantora da noite, Diane Gaffney. Parece que Linda não gostou e ele mudou para 'Sally G'."

Em 1975, Paul contou sua versão da passagem pelo clube de Nashville: "Não conheci ninguém como nome de Sally G em Printer's Alley, nem notei uma garota me encarando enquanto cantava 'A Tangled Mind'. Isso foi apenas minha imaginação incluindo algumas fantasias à realidade."

PAUL McCARTNEY EM DISCOS E CANÇÕES

Paul pode não ter encarado a garota da noite que cantava "A Tangled Mind" – *single* de Hank Snow, lançado em 1957. Mas Diane Gaffney era uma cara conhecida do cenário musical do Tennesse.

William Doyce "Buddy" Killen (1932-2006) – famoso produtor, músico e dono do estúdio SoundShop, onde "Sally G" seria gravada, em Nashville compartilhou outras lembranças sobre a autoria da música, que divergem bastante da primeira versão: "Me recordo de levar Paul e Linda para jantar no restaurante The Captain's Table e depois seguir para o clube Hugh X Lewis e ficar por lá um bom tempo. Na volta, eles compuseram 'Sally G' lá no carro mesmo."

"Sally G" – 17º lugar na parada country da *Billboard* – foi gravada no SoundShop, em Nashville em 9 de julho de 1974 com a formação: Paul McCartney: Violão, vocal, baixo e *backing vocals*. Linda: *Backing vocals* e escaleta. Denny Laine: *Backing vocals*. Geoff Britton: Bateria. Lloyd Green: Guitarra com pedal de aço e dobro. Jimmy McCulloch: Violão.

WALKING IN THE PARK WITH ELOISE

Quando Paul apareceu na casa de seu pai, em Liverpool, com uma cópia do *single* "Walking in the Park with Eloise" ele encheu o peito de orgulho e anunciou:

– Pai, aqui está a música que você compôs há muitos anos!

O velho Jim McCartney rebateu na hora:

– Filho, não compus nada. Apenas inventei.

Para não decepcionar Jim, Paul articulou a resposta perfeita.

– Isso mesmo, pai. Chamamos isso de compor!

Antes de desembarcar em Nashville, Paul já tinha arquitetado a gravação do instrumental composto havia anos por seu pai. A decisão de finalmente registrar o número na fita magnética surgiu após mais de uma conversa produtiva com o veterano Chet Atkins, que viria a inspirar a composição "Spirits of Ancient Egypt" naquela mesma semana. Atkins e Paul conversavam sobre seus pais e o guitarrista deu a sugestão: "Já passou do tempo de gravarmos a música, Paul!"

Em entrevista à *Playboy*, em 1984, Paul comentou sobre "Walking in the Park with Eloise": "Antes de gravar, avisei ao meu pai: 'Agora você receberá os royalties – o dinheiro pelas vendas da música. Vai ser bom para você.' Ele não acreditava que tinha composto nada, só inventado. Aí eu expliquei que este era o jeito que os compositores faziam (risos)..."

"Walking in the Park with Eloise", lançada em outubro de 1974 sob o pseudônimo de The Country Hams, foi gravada no SoundShop Studios em Nashville em junho-julho de 1974 com participação de Chet Atkins (guitarra) ao lado do Wings: Paul: Baixo, banjo, piano e percussão na tábua de lavar. Linda: Teclados. Denny Laine: Violão. Jimmy McCulloch: Guitarra. Geoff Britton: Bateria. Músicos não creditados: Clarineta.

BRIDGE ON THE RIVER SUITE

Ao chegar em Nashville, Paul afirmou, categoricamente: o Wings veio a Nashville para descansar e tocar um pouco. Para um *workaholic*, o significado da palavra descanso é bastante relativo. Dentro das malas embarcadas para o Tennessee estavam diversas fitas máster gravadas pelo grupo nos últimos anos, incluindo o instrumental "Bridge on the River Suite".

Antes de decidir o destino da faixa como lado B de "Walking on the Park with Eloise", "Bridge" era mais uma das sobras de estúdio destinadas ao projeto "que foi sem nunca ter sido" *Hot Hitz and Kold Kutz* (rebatizado como *Cold Cuts*) composto por raridades e *hits*. Outro desses números raros cogitados para o disco é "Hey Diddle", composta para *Ram* e finalizada em Nashville. Assim como "Bridge on the River Suite", "Hey Diddle" está na reedição de 2014 de *Venus and Mars*.

"Bridge on the River Suite" foi iniciada em Londres e finalizada no SoundShop Studios, em Nashville em junho de 1974 com a formação: Paul: Violão e baixo. Linda: Sintetizador. Denny Laine: Guitarra. Jimmy McCulloch: Guitarra. Thaddeus Richard: Saxofone. Davey Lutton: Bateria. Bill Puitt: Sax. George Tidwell e Barry McDonald: Trompete. Norman Ray: Sax barítono. Dale Quillen: Trombone.

LET'S LOVE

Antes de definir o rumo para produzir o sucessor de *Band on the Run*, Paul convocou o Wings para ensaiar seu repertório nos estúdios

Abbey Road, em agosto de 1974. Além do material já lançado pela banda, incluindo "Maybe I'm Amazed" do primeiro álbum solo de Paul, o que mais chamou atenção nas sessões foi a performance das inéditas "All of You", "Sitting at the Piano", "I'll Give You a Ring" e "Let's Love" – todas com um sabor anos 40 – meio cabaré, meio *vaudeville*.

"Let's Love" não seria mais uma das gemas perdidas da discografia de Paul McCartney. A balada tinha destino: ser a faixa-título do LP da lendária cantora de jazz americana, Peggy Lee (1920-2002). Nascida Norma Engstrom, em Jameston, Dakota do Norte, Peggy começou a carreira no rádio, cantando com a big band do mito Benny Goodman. Em 1942, viria seu primeiro *hit*: "Somebody Else Is Taking My Place", obtendo a primeira colocação na *Billboard*.

Paul sempre foi um grande fã de Peggy e quando a oportunidade chegou, a cantora os chamou para um jantar em Dorchester. Naquela noite, ela receberia de presente uma demo de "Let's Love", que em breve seria produzida por Paul e lançada no disco homônimo de outubro de 1974. Peggy relembrou a data com carinho: "Paul e Linda são pessoas de que gosto com toda sinceridade. Estava em Londres, fazendo alguns shows e os convidei para um jantar. Depois da apresentação nos encontramos e Paul me deu 'Let's Love' de presente. Infelizmente, não pude lançá-la como um *single* em virtude de problemas burocráticos com a gravadora. De qualquer forma, mais tarde eles vieram aos Estados Unidos e me ajudaram a produzir a canção para o LP."

Peggy Lee e Paul McCartney cantam: "Let's be in love with each other / Tonight is the flight of the butterfly" ("Amor, hoje vamos nos apaixonar... Porque hoje é a noite do voo da borboleta"). Esta versão de "Let's Love", incluída na reedição de *Venus and Mars,* foi gravada em 28 de agosto de 1974 nos estúdios Abbey Road e mixada no dia 29 de setembro.

Paul: Piano e vocal.

SOILY

Em junho de 2011, o site oficial do jornal inglês *The Daily Mail* divulgou detalhes sobre um leilão de 26 esboços criados por Paul McCartney em 1972, na ilha caribenha de Antigua – pertinho de onde

George Martin ergueria o A.I.R. Studios Montserrat em 1981. Os misteriosos desenhos de ratinhos tinham sido preparados para um futuro média-metragem combinando documentário e animação, batizado de *The Bruce McMouse Show* que contaria a história de uma família de roedores vivendo sob um palco onde o Wings costumava ensaiar.

The Bruce McMouse Show, dirigido por Barry Chattington, jamais viu a luz do dia – exceto alguns trechos em apresentações de "Hi, Hi, Hi" e "Wild Life" ao vivo em Haia, na Holanda, em 21 de agosto de 1972, transmitidos pela BBC no hoje extinto The Old Grey Whistle Test, e mais tarde incluídos em *Paul McCartney's Special* de 1986.

Apesar de o filme não chegar aos fãs, algumas informações sobre o conteúdo da história foram reveladas: os personagens da *live action* Swat, Swooney e... Soily – o único real sobrevivente do filme de 50 minutos – que virou nome de canção.

"Soily" é um dos casos mais intrigantes da discografia de Paul McCartney. Apresentada durante todas as turnês de 1972 do Wings, a música seria novamente ensaiada para o especial de 1974 *One Hand Clapping* (lançado em DVD em 2010) e tocada em outra versão, mais pesada e produzida, nos shows do Wings pelo mundo entre 1975 e 1976.

A versão de "Soily" incluída na reedição de *Venus and Mars* foi gravada nos estúdios Abbey Road, em 9 de outubro de 1974 – quase dois meses após o especial *One Hand Clapping* ser rodado no mesmo estúdio. Não há mais detalhes sobre esta versão lançada em 2014.

Paul: Baixo. Linda: Teclados. Denny Laine: Guitarra. Jimmy McCulloch: Guitarra. Geoff Britton: Bateria.

4TH OF JULY

No meio de um sebo de discos no início dos anos 1990, me deparei com um *single* empoeirado com o título "4th of July". Intrigado, conferi os créditos do disquinho: "Música e letra por Paul McCartney". Anos antes do Google, achados como este se transformavam, em questão de segundos, em enigmas dignos de uma esfinge egípcia.

Anos se passaram e um outro disco "para colecionadores" revelou outra surpresa. Em meio aos ensaios do especial *James Paul McCartney*, Paul aparece cantando diversas músicas de sua autoria, além de "Take

Your Time", de Buddy Holly. No meio de um sortido *medley* formado por performances de "Heart of the Country" (*Ram*), "Bluebird" (*Band on the Run*), "Country Dreamer" (lado B de "Helen Wheels") e a então inédita "Momma's Little Girl", Paul dedilhava sua versão de "4th of July".

Essa misteriosa música, logo descobri, era uma composição de Paul feita a pedido do lendário Dave Clark, do Dave Clark Five, que em 1974 produzia o cantor novato, John Christie, e necessitava de algo novo para alavancar sua carreira. Logo, o *single* chegaria às lojas americanas em 1º de julho – pertinho do Dia da Independência – acompanhada pelo lado B "Old Enough to Know Better, Young Enough to Cry".

Paul gravou a demo de "4th of July" no Rude Studio em maio de 1974, tocando violão. A gravação foi lançada em 2014, na reedição do álbum *Venus and Mars*.

NO BAÚ DE *VENUS AND MARS*

Nas sessões de *Venus and Mars*, o Wings gravou dois instrumentais: "Crawl of the Wild" e "Tomorrow" – a última, uma versão da faixa de *Wild Life*.

Em algum lugar dos arquivos de Paul McCartney estão as demos das canções do álbum *McGear*, gravado no estúdio Stockport: "What Do We Really Know?", "Leave It", "Have You Got Problems?", "Rainbow Lady", "Simply Love You", "The Man Who Found God on the Moon", "Givin' Grease a Ride" e "The Casket" (a última, escrita com Roger McCough). A demo de "Mine for Me", composta para Rod Stewart, também está nos arquivos.

CAPÍTULO 7

CAPÍTULO 7
WINGS AT THE SPEED OF SOUND

> *"Idealizei todo o álbum enquanto estávamos de férias no Havaí e não demoramos muito para gravá-lo... O disco se tornou muito mais um esforço conjunto do que minha produção."* **(Paul McCartney, 1976)**

Capa: George Hardie
Arte: Hipgnosis
Gravações: Entre novembro de 1975 e fevereiro de 1976
Produzido por: Paul McCartney
Datas de lançamento: 26/03/1976 e 22/03/1976 (Reino Unido/EUA)
Desempenho comercial: 1º (Reino Unido e EUA)

O cancelamento da turnê no Japão era o tombo que o Wings não esperava naquele final de 1975. Paul não obteve o esperado visto de entrada no país – e por razões justificáveis. Já era sabido que os japoneses sempre foram, e continuam sendo, muito exigentes quando o assunto é reincidência no porte de drogas. Entre 1973 e 1975, três casos desse tipo aconteceram envolvendo Paul e Linda, o bastante para a Terra do Sol Nascente dizer não a Paul McCartney. As páginas de sua história, mais tarde, apontariam que não seria a última vez que Paul e o Japão teriam percalços.

Determinado a fazer daquela desventura uma aventura, ao saber da negativa na cidade australiana de Brisbane, Paul decidiu gravar uma mensagem especial para os fãs japoneses, à moda *Unplugged*. Enquanto tocava "Bluebird" ao lado de Linda, Denny Laine, Jimmy

McCulloch e Joe English, em sua cabeça já passava a ideia de gravar um disco em apenas poucas semanas e usar esse LP como trampolim para a turnê americana que o aguardava em 1976.

Desafio aceito. Duas músicas já existiam antes mesmo da turnê *Wings over Australia*, em novembro: "Beware My Love" e "The Note You Never Wrote". No retorno da Oceania, o Wings deu uma parada no Havaí, onde a banda aproveitaria para tirar uma folga e compor mais músicas.

Foi na bela Honolulu que o popular e controverso *single* "Silly Love Songs" começou a ser escrito, juntamente com "Warm and Beautiful" e outras canções que não entrariam no próximo disco. Entre elas, "Girls' School", "Deliver Your Children", "Ode to a Koala Bear" e "Pure Gold" – a última usada por Ringo em seu LP *Rotogravure*.

Não seria o fim dos shows no mítico Budokan, em Tóquio, o suficiente para o Wings ser abatido em voo. Com o *single* composto e músicas suficientes para um disco, Paul retornou a Londres em tempo de gravar demos no piano instalado em seu quarto de música em Cavendish Avenue, sua residência desde 1966, com uma pequena ajuda de Denny Laine e Linda.

Com "Silly Love Songs", "Let 'Em In" e "Warm and Beautiful" prontas para serem gravadas, Paul convocou o Wings em caráter oficial para dar início às sessões do LP que logo mais ganharia o nome de *Wings at the Speed of Sound* – por razões óbvias. Entre janeiro e fevereiro, em toque de caixa, a banda – acompanhada por Thaddeus Richard, Steve Howard, Howie Casey e Tony Dorsey nos metais – gravaria (ou finalizaria) suas 11 faixas, incluindo "Time to Hide", de Denny Laine, e "Wino Junko", segunda composição autoral de Henry McCulloch.

Mais do que isso, o disco abriria espaço para o baterista Joe English demonstrar sua bela voz na canção estilo R&B "Must Do Something About It", que apenas em 2014 seria apresentada pela primeira vez com Paul no vocal principal, na reedição do álbum na *Paul McCartney Archive Collection*.

No melhor estilo "pra viagem", o LP *Wings at the Speed of Sound* se tornaria um imenso sucesso comercial, impactado por seus dois *singles*: "Silly Love Songs" e "Let 'Em In", que invadiram as emissoras de rádio, sem piedade, nos quatro cantos da Terra em 1976 e abriram espaço para o grupo liderado por Paul conquistar a sonhada América.

Antes da nova invasão britânica, porém, Paul McCartney teria de enfrentar mais um acorde menor em sua vida. A poucos dias de *Wings at the Speed of Sound* chegar às prateleiras das lojas e do grupo decolar mais uma vez, Paul perderia o velho Jim. Com a morte de James McCartney, a poucos meses do pai completar 74 anos, os irmãos Paul e Mike já não tinham mais suas referências diretas de Liverpool.

Após Paul enxugar as lágrimas, os americanos finalmente puderam abraçar alguém capaz de preencher o país com tolas canções de amor. Há alguma coisa errada nisso?

WINGS AT THE SPEED OF SOUND – FAIXA A FAIXA

LET 'EM IN

Não era tempo para festa, mas o novo LP já estava gravado e o show tinha de continuar na colorida caravana do Wings. Apesar do luto, Paul preferiu encarar a dor da perda de seu pai da melhor forma irlandesa – herança de família cravada em suas raízes – na qual se celebra a história de vida de quem partiu ao invés das tradicionais vestes escuras anglicanas. "Let 'Em In" é nostálgica e ao mesmo tempo invocativa. Desde o primeiro toque da campainha que simula o inimitável Big Ben do Parlamento Britânico – um presente dado a Paul e Linda pelo baterista Joe English – ela convida as pessoas mencionadas na letra para um brinde – sendo todos os citados, nomes marcantes na vida de seu compositor.

Ao iniciarmos uma breve investigação – como fãs e jornalistas o fazem desde 1976 – logo se percebe que a lista de "Let 'Em In" é básica e oferece poucos mistérios a serem decifrados. Isso não impede que alguns mitos ou polêmicas prevaleçam há mais de quarenta anos...

Quem é Sister Suzy? Em 1972, Paul e Linda decidiram explorar a Jamaica e o reggae pela primeira vez. Chegando à ilha caribenha, experimentaram a cerveja da marca Red Stripe, produzida na capital Kingston desde 1928. Eles gostaram tanto do título, que Linda decidiu juntá-lo a seu pseudônimo Suzy para anos mais tarde lançar "Seaside Woman", primeira canção escrita por ela, com o nome de Suzy and the Red Stripes. Em entrevista à *Rolling Stone*, em 1974, Linda relembra a história que avaliza Suzy como uma das coadjuvantes em "Let 'Em In": "Nós pensamos em lançar um *single* com o nome 'Suzy and the Red Stripes' e quando fomos à Jamaica descobrimos por lá uma versão fantástica em reggae de 'Suzi Q'. Lá também existe uma cerveja com a marca Red Stripe, então combinamos Suzy and the Red Stripes. Algum dia, o *single* vai estar nas lojas."

Vale a lembrança: a versão reggae de "Suzy Q" mencionada por Linda ao entrevistador Paul Gambaccini foi lançada em 1971 por Ken Boothe. A música é facilmente encontrada no YouTube.

Quem são Phil e Don? Em outubro de 2013, Paul foi entrevistado pelo semanário inglês *New Musical Express* que perguntou a ele "como os Beatles soariam se tivessem 20 anos" naquele momento: "Pergunta interessante. Acho que você teria de olhar para o passado e ver o que estávamos fazendo. Naquela época, as paradas americanas tinham Buddy Holly, Elvis, rock and roll... os Everly Brothers. Nós fazíamos um *mash-up* com a voz do Buddy Holly e as guitarras dos Everly Borthers – porque a gente adorava como eles faziam harmonias. John e eu pensávamos que éramos Phil e Don."

Em 3 de janeiro de 2014, logo após a morte de Phil Everly, aos 74 anos, Paul escreveu com carinho sobre o ídolo, lamentando sua perda: "Phil Everly foi um dos meus grandes heróis. Com seu irmão, Don, eles foram umas das maiores influências nos Beatles. Quando eu e John começamos a compor, eu era Phil e ele era Don. Anos mais tarde, quando finalmente encontrei pessoalmente com Phil, fiquei impressionando com sua humildade e com a gentileza de sua alma."

Que é Martin Luther? Barry Miles, amigo de Paul desde 1965 e autor da biografia autorizada, *Many Years from Now*, chegou a apontar em seu questionário publicado na reedição de 2014 de *Wings at the Speed of Sound* se Martin Luther, citado na letra de "Let 'Em In" poderia ser Martinho Lutero, teólogo alemão que, no século XVI, se rebelara contra dogmas da igreja católica, promovendo em seguida a reforma protestante. "Respeito... Respeito Luther. Mas Martin Luther é mesmo Martin Luther King" (pastor protestante americano e Prêmio Nobel da Paz de 1964).

"Let' Em in" marcou a primeira citação direta feita por Paul a Martin Luther King. Mas não foi a última. O ativista nascido em Atlanta voltaria a ser lembrado durante a execução de "The Fool on the Hill" durante os shows da turnê 1989-1990, com imagens projetadas nos telões, ao som das sábias palavras de "I Have a Dream" – discurso que o consagrou na épica Marcha de Washington em 1963. Martin Luther King seria assassinado alguns anos mais tarde, em abril de 1968.

Quem é brother Michael? Surge a primeira polêmica, levantada pelo próprio Paul. Durante muitos anos nada seria retrucado quando "brother Michael" era ligado diretamente à pessoa de Peter Michael McCartney, seu irmão mais novo, nascido em Liverpool em 7 de janeiro de 1944. Com inúmeros talentos, Mike escolheu o pseudônimo de Mike McGear para fazer música nos anos 60 e 70 – inclusive o ainda recente LP *McGear*, de 1974, com participação efetiva de Paul, Linda, Denny Laine e Jimmy McCulloch. Na época da composição de "Let 'Em In", provavelmente em 1975, Paul acabara de finalizar *McGear*, o que qualificaria imediatamente Mike como o "Brother Michael" da letra.

Em 2014, Paul confirmou a Barry Miles que "Brother Michael" de sua canção seria seu mano Mike... Mas também deixou a porta aberta para outro Michael entrar. Deixe-o entrar, Paul: "Brother Michael é meu irmão ou Michael Jackson. O mais legal quando se escreve uma música é que você não precisa ser específico. Isso só passa a acontecer quando as músicas ficam relativamente famosas."

Quem são Auntie Gin e Uncle Ian? Para os estudiosos dos Beatles, o nome Auntie Gin soa bastante familiar. Basta conferir no livro *The Beatles Complete Recording Sessions: The Abbey Road Years*, sobre as sessões ocorridas em 1965. Segundo os relatos de Mark Lewisohn, a partir dos arquivos da EMI, "Auntie's Gin Theme" é o título provisório de "I've Just Seen a Face". Paul costumava tocar a música e Gin adorava. Antes de batizá-la em definitivo, a canção do LP *Help!* ficaria por um tempo com o nome da tia. "Sim, Auntie Gin é minha tia. Na verdade, ela se chama Jane Harris, mas as pessoas encurtavam para Ginny e depois Gin. Ian, na verdade, não é meu tio, mas meu primo e filho da tia Gin... Na hora de compor, fazíamos uma grande mistura... Quando escrevi 'Let 'Em In' estava pensando numa multidão, numa grande festa..."

Nessa festa ainda cabia muita gente, mas a letra só tinha espaço para "Brother John" e "Uncle Ernie". John era o nome mais óbvio: John Winston Lennon. Como uma festa regada à música poderia ficar sem Lennon? Já Uncle Ernie pode ser a chave do mistério. Quando Barry Miles perguntou a Paul McCartney se "Let 'Em In" tinha sido composta originalmente para Ringo, Paul desmentiu: "Não acredite no que você lê na internet... Sim, escrevi algumas músicas para o Ringo, mas não é o caso de 'Let 'Em In'."

Miles, de fato, não estava apenas "acreditando na internet". Paul McCartney afirmou em diversas entrevistas publicadas em 1976 que havia composto "Let 'Em In" pensando em Ringo como vocalista. Eventualmente, acabou salvando sua composição para o próximo álbum do Wings.

Outras pistas quentes que podem ter relação com a origem da canção ser verídica aparecem no próprio livro incluído no box *Wings at the Speed of Sound*, de 2014. Ao abrir a página 52, você encontra um envelope com a letra manuscrita de "Let 'Em In" ao lado de "Pure Gold" – esta última, gravada por Ringo em seu LP *Rotogravure* – não por acaso, ambas lançadas no mesmo ano. Ringo continuava presente em "Let 'Em In", mesmo sendo afastado das origens da música.

"Não tenho nenhum tio Ernie. Então, Uncle Ernie pode ser o tio Ernie do The Who." Paul se refere ao personagem Ernie do musical *Tommy*. Em 1972, Ringo aceitaria o convite para assumir o personagem, na versão de Lou Reizner gravada pela London Symphony Orchestra. No espetáculo, Ringo está no vocal principal de "Fiddle About" e "Tommy's Holiday Camp".

Veredicto: Na letra, Uncle Ernie é definitivamente Ringo. Já "Let 'Em In" traz muito do baterista dos Beatles, desde os primeiros rascunhos no caderno de Paul McCartney...

As sessões que produziram "Let 'Em In" entre janeiro e fevereiro de 1976 contaram com a seguinte formação em Abbey Road: Paul: Vocal, *backing vocals* e piano. Linda: *Backing vocals*. Denny Laine: *Backing vocals* e tambor militar. Jimmy McCulloch: Baixo. Joe English: Bateria. Thaddeus Richard, Steve Howard, Howie Casey e Tony Dorsey: Banda de metais e flautas. Arranjo de cordas feitos por Paul McCartney (músicos não creditados).

THE NOTE YOU NEVER WROTE

Quando a festa acaba em "Let 'Em In", tomada pelo rufar do tambor marcial de Denny Laine, e a música encontra seu acorde definitivo, de supetão "The Note You Never Wrote" chega como se a faixa anterior tivesse aberto uma longa trilha para sua passagem. Assim, aos poucos, a segunda faixa do LP tenta marcar sua presença de forma ondulante, com introdução hipnótica e letra sobre isolamento e decepção. Este é o primeiro holofote voltado sobre Laine e a primeira música das sessões de janeiro a ser finalizada. Paul a escreveu, na medida, para Denny Laine soltar sua voz. "Paul realmente pode ter pensado em 'Go Now' (sucesso na voz de Denny com o Moody Blues) quando compôs especificamente para eu cantar 'The Note You Never Wrote'. A música é uma valsa, assim como 'Go Now'. Além disso, é como música folk e tem um certo teor político. Nada pesado, algo parecido com Richard Cory."

A menção de Denny ao "certo teor político" de "The Note You Never Wrote" pode estar ligada a um comentário subliminar na letra de que "the mayor of Baltimore is here" ("o prefeito de Baltimore está aqui"). "After days, now he can finally appear, now at last he's here" ("finalmente apareceu") mas "he never is gonna get my vote" ("não irá receber meu voto"). Mais do que uma frase apenas para dar um efeito diferente à letra, pode ser uma crítica feita por Paul McCartney à situação política local, desencadeada nos Estados Unidos em 1974, no movimento conhecido como a Greve Municipal de Baltimore, que se espalhou pelos Estados Unidos entre junho e julho daquele ano.

Aquela paralisação motivada pelos coletores de lixo se propagaria por diversas categorias em busca de melhores condições de trabalho ao longo do território americano. Vale a lembrança que o Wings se encontrava na América nesse mesmo período, ensaiando e gravando o *single* "Junior's Farm" e outras canções em Nashville.

A sessão do Wings em Abbey Road em 14 de outubro de 1975 que produziu "The Note You Never Wrote" contou com a seguinte formação: Paul: *Backing vocals*, piano elétrico, baixo, flauta, mellotron e chocalho. Linda: *Backing vocals*, teclados e pandeirola. Denny Laine: Vocal principal, *backing vocals*, violão e flauta. Jimmy McCulloch: Guitarra. Joe English: Bateria, percussão e pandeirola. Arranjos de cordas de Fiachra Trench em fevereiro de 1976 com músicos não creditados.

SHE'S MY BABY

À medida que o inverno se aproximava, o quarto de música de Cavendish Avenue, em Londres, se transformava em um santuário – talvez, o único abrigo seguro para Paul McCartney no crepúsculo sinistro do fim dos Beatles. Algumas pérolas musicais saíram das ostras durante seu exílio entre o final de 1969 e 1970 e foram mostradas ao público. Não foi o caso de "She's My Baby" – da mesma geração de "My Love" e "Maybe I'm Amazed" – que demorou quase seis anos para ver a luz do dia e entrar entre as candidatas a uma vaga em seus discos. Esta versão, quase um embrião da música, é um dos melhores momentos da reedição de *Wings at the Speed of Sound*. Na demo, você nota a sinceridade no vocal de Paul ao compor seu original. "É estranho ouvir músicas como 'She's My Baby', especialmente porque não a toco desde as gravações para o álbum. Ela tem uma sonoridade meio Nova Orleans e me traz lembranças de Linda... Na verdade, é como se abrisse um álbum de família..."

Com termos usados com conotação sexual – típicos de Liverpool (keep moppin' her up), "She's My Baby" é uma declaração aberta à Linda, que remete aos primeiros dias do casal vivendo juntos em Londres. "'She's My Baby' é apenas uma série de declarações enigmáticas e partes de um diário que resumem nosso relacionamento no início."

Nas gravações de "She's My Baby", o Wings assumiu a seguinte formação no estúdio: Paul: Vocal, piano elétrico, baixo, teclados e guitarra elétrica. Linda: *Backing vocals*. Denny Laine: *Backing vocals* e baixo. Jimmy McCulloch: Guitarra. Joe English: Bateria.

BEWARE MY LOVE

"Quadrophenia", "Bohemian Rhapsody"... As obras-primas que tomavam conta do círculo do rock na primeira metade dos anos 70 atingiram em cheio o cenário cultural da época. Claro que o Wings não escaparia. "Beware My Love" não foi uma tentativa de imitar o The Who ou o Queen, mas o número mais pesado de *Wings at the Speed of Sound* é um dos melhores exemplos da genialidade de Paul na arte de montar seções diferentes de uma música e combinar estilos – algo aprendido na chamada "Universidade George Martin", cursada ao lado do produtor dos Beatles.

Tudo ao mesmo tempo, temos aqui uma "miniópera rock" temperada com influências diretas da gravadora Motown, principalmente, na performance das linhas de contrabaixo. "Beware My Love" decola com um vocal de Linda McCartney, acompanhada por violões e depois recebe a dose certa de eletricidade do Wings. A estrutura básica da música pode ser montada assim:

> Primeira seção: "Can't say I've found out, I can't tell you what it's all about" ("Não posso afirmar que descobri... Não posso revelar o que sei"): cantada por Linda, acompanhada por violões, é praticamente acústica. Quando Linda canta o refrão, ela desemboca em...

> Segunda seção: "I must be wrong, baby / (...) / I leave my message in my song" ("Devo estar errado, amor... Deixo minha mensagem na canção"): Paul faz o interlúdio, avisando que "deixará a mensagem em sua música".

> Terceira seção: "Beware, my love, he'll bowl you over, Beware, my love, before you're much older" ("Cuidado, amor... ele vai te derrubar. Cuidado meu amor, antes que você envelheça"): Neste trecho, as linhas de baixo pegam fogo, a canção acelera, até fazer o círculo voltar até a segunda seção e primeira seção, com Linda no vocal principal.

Antes de a versão definitiva de "Beware My Love" entrar no LP, Paul convidou John Bonham (1948-1980), do Led Zeppelin, para testar como ficaria sua levada na bateria. Bonham não era novato em uma sessão do Wings. Em 1972, ele já gravara uma versão de "C Moon", que até hoje permanece inédita. Por sorte, Paul resgatou o *take* de "Beware My Love" de 28 de agosto de 75 no Olympic Studios, lançado no box *Wings at the Speed of Sound* em 2014. "John era um cara forte, eu o admirava muito. Sempre digo que ele está entre os meus três bateristas favoritos, junto com Ringo e Keith Moon (The Who). Provavelmente, cheguei a ele e convidei para fazer uma gravação... John demonstra muito poder nesse *take*."

"Beware My Love" foi gravada no Olympic Studios em novembro de 1975 com a seguinte formação: Paul: Vocal, violão, baixo e harmônio. Linda: Moog, vocal e *backing vocals*. Denny Laine: *Backing vocals*, piano e violão. Jimmy McCulloch: Guitarra e violão. Joe English: Bateria.

WINO JUNKO

Em *Venus and Mars*, Paul adorou a contribuição de Jimmy McCulloch e abriu espaço para o seu rocker, lembrando que "existem mais coisas na vida que azuis e vermelhos" – se referindo ao consumo de substâncias ilegais. Já em "Wino Junko", segunda e última contribuição de Jimmy como solista em sua passagem pelo Wings, o assunto das drogas é retomado. Jimmy canta e faz sua guitarra elétrica gentilmente chorar, com a letra de Collin Allen.

O escocês Jimmy McCulloch (1953-1979) não era de fácil convívio. Desde sua entrada no grupo em 1974, seu temperamento extremo levou o tímido baterista Geoff Britton a desistir do Wings logo nos primeiros meses. Suas canções demonstravam, é verdade, certa vontade de abandonar as drogas. Porém, a forte dependência química, aliada à personalidade problemática, prova ser uma adversária superior nesse duelo entre a vida e a morte.

Durante a turnê *Wings at the Speed of Sound*, que seguiu o lançamento do LP, o sempre diplomático Paul teve de encarnar o Teddy Boy de Liverpool. Prestes a voltar para o bis, Jimmy simplesmente disse que "não ia subir" ao palco mais uma vez naquela noite. Dito isso, foi preciso que Paul o arrastasse dos bastidores até sua guitarra para que o show continuasse. Jimmy obedeceu e tocou guitarra como jamais tinha feito.

Paul relembra como era Jimmy McCulloch em 1976: "Nós costumávamos comentar com Jimmy: 'Olhe para sua vida como uma história mais longa', chamando sua atenção para os exageros... Mas Jimmy era bem mais jovem e difícil de ser controlado. Era um grande guitarrista, mas estava sujeito a ser dominado facilmente pelas bebidas e drogas, o que fosse..."

"Wino Junko" foi gravada em Abbey Road com o Wings nesta composição: Paul: *Backing vocals*, mellotron, baixo e Fender Rhodes. Linda: Harmonias. Denny Laine: Violão e *backing vocals*. Jimmy McCulloch: Guitarra e vocal principal. Joe English: Bateria.

SILLY LOVE SONGS

Rock? Motown? Balada? Disco? Quem sabe uma combinação de todos esses estilos em apenas um faixa com grande apelo pop? Até mesmo a curiosa introdução de "Silly Love Songs", imitando o bater de estacas, poderia ser tomada como um "embrião" da música industrial, que sequer sonhava em decolar em 1976. Mas as referências estavam todas lá para serem ouvidas no *single* de maior sucesso de *Wings at the Speed of Sound*. Após chegar às emissoras de rádio da América em 1º de abril, "Silly Love Songs" passaria cinco semanas em primeiro lugar na *Billboard* e ainda seria eleita a canção pop de 76 pela revista.

Paul relembra como e quando escreveu "Silly Love Songs": "Fiz 'Silly Love Songs' quando estava de folga no Havaí, e nessa hora estava ao piano e tinha apenas os acordes. Na hora de compor a melodia, usei o meu baixo. Depois, colocamos a bateria bem à frente da gravação, com a intenção de que a melodia praticamente, obrigasse você a dançar."

Composta no retorno da turnê australiana em 1975, após o cancelamento da turnê japonesa, "Silly Love Songs", não muito tempo mais tarde, cumpriria com precisão a intenção "dançante" definida por Paul.

Sem dúvida, a maior vantagem sobre este período criativo, aliás, é a de agora podermos observar, passo a passo, a evolução da música – desde a demo, tocada ao piano e lançada finalmente em 2014 na *Paul McCartney Archive Collection*, passando pelo *take* inicial disponível na internet – como se "Silly Love Songs" atravessasse uma espécie de linha de montagem.

Desde o marco zero, nos estúdios Abbey Road, você perceberá que Paul já usava a voz para emular o som dos metais que gostaria de ouvir no arranjo de sua composição – exatamente como "Silly Love Songs" ficaria em sua fase final, com destaque para a performance das cordas, inspiradas em "Sha La La La (Make Me Happy)", gravada pelo mestre Al Green em 1974.

Ao mesmo tempo em que a musicalidade de "Silly Love Songs" parecia ser indefectível, Paul continuava a carregar o fardo de ser taxado como um compositor de músicas pop de fácil digestão e letras inofensivas, destacando o amor. Claro que cantar sobre o amor, principalmente após construir sua família com Linda, tornou-se um de seus pontos marcantes. Porém, não era esse o mesmo Paul criticado por "Give Ireland Back to the Irish" e elogiado por "Band on the Run"? "Gosto de canções de amor, sempre gostei. E admitir isso não é algo legal em um mundo que tenta desesperadamente ser legal. Então, basicamente escrevi uma letra criticando os críticos, e elogiando essas mesmas pessoas por lembrarem de quem compunha as tolas canções de amor. E lá vou eu de novo..."

Em 2014, Paul relembrou uma conversa com Bruce Springsteen sobre o poder "nada tolo" de "Silly Love Songs": "No Rock and Roll Hall of Fame, Bruce Springsteen chegou até a mim e disse: 'Cara, antes eu não entendia, mas agora que tenho filhos eu entendo o significado de 'Silly Love Songs'!"

"Silly Love Songs" foi gravada com a seguinte formação do Wings em Abbey Road: Paul: Vocal, baixo, piano, mellotron e percussão. Linda: *Backing vocals* e pandeirola. Denny Laine: *Backing vocals* e piano. Jimmy McCulloch: Guitarra. Joe English: Bateria e percussão. Thaddeus Richard, Steve Howard, Howie Casey e Tony Dorsey: Banda de metais. Orquestra: Músicos não creditados.

Após ser lançada como *single* em 30 de abril de 1976 ("Silly Love Songs" foi lançada no meio da turnê do Wings), Paul decidiu encomendar um filme promocional para aproveitar o excelente desempenho da música. O promo é composto por uma edição de imagens registradas durante a turnê do *Wings over America* pelos palcos dos Estados Unidos e Canadá entre maio e junho daquele ano. Paul e banda aparecem ensaiando, brincando dentro do avião oficial do Wings e tocando ao vivo. Entre as cenas mais divertidas, Paul surge diversas vezes tentando mostrar seu truque favorito: fazendo bolas de pingue-pongue "desaparecerem" em um passe de "mágica". (Só que não).

COOK OF THE HOUSE

Para compensar a perda dos shows no Budokan que aconteceriam naquele ano, Paul tratou de afiar sua caneta e compor enquanto relaxava após os shows do Wings na Austrália. Durante estadia em uma casa alugada da bela cidade de Adelaida, ele ficou intrigado com os dizeres de uma placa pendurada na dispensa: "Estávamos nessa casa alugada na Austrália durante a turnê, e Linda estava cozinhando enquanto eu tocava violão. Fiquei lá horas observando os potes de ingredientes e comida no local e me deparei com algo interessante escrito em uma placa na parede: 'Não importa onde eu sirva meus convidados... Eles gostam mesmo é da cozinha.' Então, fui montando

'Cook of the House' assim, passo a passo. Linda estava fazendo alguns vegetais e cozinhando arroz e tratei de colocar tudo isso na canção."

Com melodia e ritmo no estilo favorito de Linda, o *rockabilly*, os versos de "Cook of the House" foram montados ao gosto de sua musa. "(Em 'Cook of the House') Toquei meu contrabaixo do Bill Black – o baixista do Elvis... Não muito bem, claro, mas quisermos manter meio rústico para obter um efeito diferente na gravação... Incluímos 'Cook of the House' no disco como uma homenagem aos anos 50 e ao espírito do rock daquela época."

"Cook of the House" foi gravada desta forma em Abbey Road: Paul: *Backing vocals*, baixo acústico, piano e mellotron. Linda: Vocal. Denny Laine: *Backing vocals* e guitarra. Joe English: Bateria. Thaddeus Richard, Steve Howard, Howie Casey e Tony Dorsey: Banda de metais. Os efeitos da introdução de "Cook of the House" foram capturados na cozinha de Paul e Linda em Londres, usando o estúdio móvel da EMI instalado em um caminhão parado na rua de trás de sua casa no bairro de St. John's Wood.

TIME TO HIDE

Imagine entrar em uma loja de discos em 1976 e comprar *Wings at the Speed of Sound*. Chegando em casa, você retira o vinil da capa e põe a bolacha para rodar na vitrola. Qual seria sua reação ao perceber que diversas músicas do LP não tinham Paul no vocal principal?

Para o fã mais radical de Paul McCartney talvez isso provocasse certa decepção, mesmo que "Time to Hide" fosse uma boa canção, assinada por Denny Laine. Era o disco, como a crítica da época reportou, "mais democrático" do Wings até então.

Em 2014, o autor inglês Barry Miles atuou como entrevistador oficial do projeto *Paul McCartney Archive Collection*, entrevistando Denny Laine:

– Qual seria a contribuição de Paul em "Time to Hide"?

– A canção é totalmente minha. Mas o fato de Paul querer incluí-la no álbum foi realmente um elogio para mim. Então, sua contribuição está no arranjo, fazendo dela uma música do Wings... Quando nós reduzimos o andamento da música na metade, foi para demonstrar nossa capacidade de fazer harmonias com nossos vocais. O Wings era uma excelente banda nesse quesito.

– De que maneira você acha que o Wings pode ser visto como uma banda "de verdade"?

– A gravadora EMI não quis, por exemplo, mais do que um vocalista (Paul) em *Red Rose Speedway* e sempre estava desencorajando-o a abrir espaço para mais cantores. Eles não achavam que seria comercial. Mas em *Wings at the Speed of Sound* ele tentou fazer isso (dar mais espaço), mesmo tendo de escrever a maioria das músicas. No meu caso, Paul sempre me forçou a fazer mais, a escrever mais, porque sempre me senti como apenas mais um da banda e o Wings era seu veículo... Gostava de subir ao palco e cantar "Time to Hide" em frente ao público e acho que Paul foi definitivamente um amigo abrindo mais espaço para mim.

"Time to Hide" foi gravada em Abbey Road com o Wings na seguinte composição: Paul: *Backing vocals*, baixo e órgão Hammond. Linda: Moog e *backing vocals*. Denny Laine: Guitarra, gaita e vocal principal. Jimmy McCulloch: Guitarra. Joe English: Bateria.

MUST DO SOMETHING ABOUT IT

À primeira vista, quem examina os versos de "Must Do Something About It", com seu ar de lamento e solidão, pode concluir que a letra aborda uma provável crise existencial enfrentada por seu autor. Mas não nesse caso. Paul compôs a música na medida exata para Joe English, o baterista americano do Wings, natural de Rochester, Nova Iorque, que fazia grande trabalho atrás do kit desde que assumira o posto em fevereiro de 1975 durante as gravações de *Venus and Mars*.

Apesar de eventualmente deixar a banda antes de *London Town* chegar às lojas em 1978, Joe English chegou a admitir em entrevista concedida naquela época que tinha "decidido retornar aos Estados Unidos para ficar com sua família em tempo integral" e que ele "não estava tão feliz" vivendo na Grã-Bretanha.

O sentimento revelado por English talvez corrobore com o tom da letra composta por Paul para o baterista interpretar em *Wings at the Speed of Sound*. English estava bem no grupo, mas a saudade da vida nos Estados Unidos era maior.

Em 2014, Joe English relembrou sua participação em "Must Do Something About It" em entrevista ao autor Barry Miles, publicada na edição de luxo do álbum *Wings at the Speed of Sound*: "Estava muito distante de casa, minha mulher tinha ficado nos Estados Unidos e Paul sentia isso. A cada quinze dias, eu voltava, sempre nos finais de semana. Não sei se (Paul) escreveu sobre minha situação, mas quando eu peguei a letra e li aquelas palavras, notei que boa parte delas fala sobre como eu me sentia naquele momento."

Talvez Joe English tivesse ficado no Wings caso a internet existisse em 1976. Nada o que uma *webcam* ou o WhatsApp não possam resolver hoje.

"Must Do Something About It" foi gravada em Abbey Road com a seguinte composição no estúdio: Paul: *Backing vocals*, baixo, violão, chocalho e harmônio. Linda: Pandeirola. Denny Laine: Violão. Jimmy McCulloch: Guitarra. Joe English: Vocal principal, bateria, percussão e chocalho. Paul canta o vocal principal na versão de "Must Do Something About It" lançada em 2014 na *Paul McCartney Archive Collection*.

SAN FERRY ANNE

Com apenas 2 minutos e 7 segundos de duração, "San Ferry Anne" traz a *Wings at the Speed of Sound* um som cosmopolita, urbano e ao mesmo tempo, com um tom nostálgico. Composta em Paris e durante as sessões de *Venus and Mars* em Nova Orleans, "San Ferry Anne" é um trocadilho feito com a expressão em francês "Ça ne fait rien" ("Isso já não mais importa") sonoramente parecido com o título San Ferry Anne.

Quando traduzido e adaptado, o truque é evidentemente perdido, mas o espírito da letra você pode imaginar aqui. Em 2014, Paul comentou sobre sua composição, uma das mais atmosféricas e, talvez, menos conhecidas do LP, ao autor Barry Miles:

> – Oh, meu Deus, o trocadilho é como se eu chamasse uma prostituta de Nova Orelans de Merci Beaucoup (Agradecimento em francês)! (risos). Na verdade, é apenas um pequeno truque. Acho que estava na França e ouvi alguém falando essa expressão: 'Ça ne fait rien'. Depois, ouvindo na música, fiquei aliviado por ter usado a expressão apenas uma vez.

> **– A música me lembra algo bem urbano... E no fim, aparecem os metais, com trompetes e trombones e me recordo de *Shaft*, algo bem dos anos 70.** (Miles pode estar falando da série *Shaft*, com Richard Roundtree, exibida em 1973-74 – nota do autor).

> – Sim, Paris, uma cidade bem grande. Bem urbana... É complicado lembrar as influências. Quando você está compondo, vive apenas aquele momento. Só depois quando revê a situação que pode citar alguma lembrança. Mas quando você cita *Shaft*, tudo isso estava por perto naquela época. Stevie Wonder também estava fazendo muitas coisas boas.

"San Ferry Anne" foi gravada com a seguinte formação em Abbey Road em fevereiro de 1976: Paul: Vocal, baixo e violão. Denny Laine: Violão. Jimmy McCulloch: Guitarra. Joe English: Bateria. Thaddeus Richard, Steve Howard, Howie Casey e Tony Dorsey: Banda de metais e flautas.

WARM AND BEAUTIFUL

Quando Paul selecionou "Warm and Beautiful" para o seu segundo álbum orquestral *Working Classical* – gravado em 1999, com apoio do Loma Mar Quartet – ele relembrou que a faixa de encerramento de *Wings at the Speed of Sound* "capturava seus mais profundos sentimentos por Linda".

Naquele momento de luto, então, os sentimentos transcendiam aos expressados por ele na versão gravada em Abbey Road com o Wings, quando o casal experimentava o auge de seu relacionamento pessoal e profissional.

Mais tarde, em 2014, com Paul já recuperado da dor de ter perdido seu grande amor, "Warm and Beautiful" foi relembrada assim em entrevista publicada na reedição de *Wings at the Speed of Sound*: "Modestamente, 'Warm and Beautiful' é uma de minhas favoritas melodias. Engraçado que sempre imaginei a música com harmonias vocais da banda, principalmente no meio, mas ela é basicamente um trabalho solo, comigo ao piano. Ouvindo a canção agora, teria sido legal ter gravado com o grupo essas harmonias."

Em um LP com diversos vocalistas e espaço de sobra para todos os membros do grupo, "Warm and Beautiful" também se destaca por ser a faixa mais solitária do disco, com a gravação básica composta apenas por Paul ao piano e Jimmy na guitarra. Em 1976, logo após o lançamento de *Wings at the Speed of Sound*, Paul comentou sobre suas primeiras impressões sobre "Warm and Beautiful" ao jornalista Chris Welch, da revista inglesa *Melody Maker*: "Para mim, 'Warm and Beautiful' é uma surpresa. Não acho que seja um *single*, de forma alguma. Mas 'Yesterday' também não foi imaginada como um *single*. 'Warm and Beautiful' é algo que segue essa tendência. Uma bela música."

"Warm and Beautiful" foi gravada em fevereiro de 1976 no Studio 2 de Abbey Road com a seguinte formação: Paul no vocal e piano. Jimmy McCulloch: Guitarra com slide. Maggini quartet: Cordas. Músicos não creditados: Banda de metais arranjada por Fiachra Trench.

Outras músicas da era *Wings at the Speed of Sound*

No verão britânico de 1976, Paul, Linda e Denny gravaram *covers* de Buddy Holly no Rude Studio, na Escócia, para o projeto *Holly Days* – segundo LP de Denny Laine que marcou a estreia da "Buddy Holly Week" no ano seguinte. Faixas do álbum: "Heartbeat", "Moondreams", "Rave on", "I'm Gonna Love You Too", "Lonesome Tears", "It's So Easy/Listen to Me", "Look at Me", "Take Your Time" e "I'm Looking for Someone to Love".

NO BAÚ DE *WINGS AT THE SPEED OF SOUND*

Mais uma demo de "Oobu Joobu" surgiu em sessões no Rude Studio em 1976. Outros protótipos apareceram nessa época: "How High the Swallow", "Don't You Wanna Dance", "How D'You Like the Lyrics?", "Fishy Matters Underwater", "With a Little Luck" e "Old Siam, Sir". A versão demo de "Pure Gold", composta especialmente para Ringo, também está nos arquivos. Já a versão de estúdio de "Richard Cory" (tocada ao vivo pela banda e disponível em *Wings over America*) está disponível na internet.

CAPÍTULO 8
WINGS OVER AMERICA

Capa: Richard Manning
Arte: MPL e Hipgnosis
Gravações entre: 03/05/1976 a 23/06/1976
Produzido por: Paul McCartney
Data de lançamento: 10/12/1976
(Reino Unido e EUA)
Desempenho comercial: 8º e 1º
(Reino Unido/EUA)

3 de maio de 1976, Fort Worth, Texas.

No livro que acompanha a edição de luxo de *Wings over America*, Paul McCartney confessa: "Uma onda de adrenalina. É por isso que fazemos isso. É muito nervosismo antes de entrar no palco. Você quer vomitar. Mas quando você chega lá, de repente percebe: Essas são as pessoas que gostam de você. Está tudo bem. Você está em casa." Resumir a sensação de voltar a um palco nos Estados Unidos após 29 de agosto de 1966 no Candlestick Park não poderia ser mais orgânico e vibrante. Paul tinha conseguido. Da inspiração nascida do *Johnny Cash Show* até as apresentações *low profile* com as formações iniciais do Wings em 1972-73 havia sido um longo caminho. Mas a recompensa foi além das expectativas.

A saga da turnê norte-americana liderada por Paul McCartney em 1976 é o reflexo do sucesso comercial do Wings, iniciado por uma sucessão de campeões de vendas: "My Love", "Live and Let Die", "Helen Wheels", "Band on the Run", "Jet", "Listen to What the Man Said" e os *singles* do álbum que tomavam conta das emissoras de rádio naquele momento: "Silly Love Songs" e "Let 'Em In". Antes do jato do Wings sobrevoar os céus da América, Paul, Linda, Denny Laine, Jimmy McCulloch,

Joe English e a banda de metais liderada por Tony Dorsey ainda teria de atravessar outras fronteiras antes não desbravadas pelo grupo.

O teste de fogo para o grupo foi caseiro, com quatorze datas pelos palcos da Grã-Bretanha, a começar por Southampton em 9 de setembro de 1975. Até Dundee, na Escócia, o repertório ficou concentrado nas canções do álbum *Venus and Mars*, ainda no Top 5 do Reino Unido. Além disso, o *setlist* dos shows britânicos seria o mais abreviado entre todos da turnê mundial, com apenas 26 canções.

Em seguida, o Wings partiu rumo ao Sul, mas do outro lado do planeta, para nove apresentações na Austrália, no retorno ao continente após onze anos. Na etapa da Oceania, o *setlist* ganharia a companhia de "Junior's Farm". Ao mesmo tempo, Paul recebeu a má notícia de que o visto de entrada no Japão havia sido vetado pelo Ministro do Trabalho. Como compensação aos fãs nipônicos, a MPL autorizou a transmissão do show realizado em Melbourne, em 15 de novembro.

Com os shows britânicos e australianos, o Wings parecia preparado para um desafio maior. Mas antes de abrir as asas mais uma vez, Paul liderou o grupo para Abbey Road, onde concluiria *Wings at the Speed of the Sound* (iniciado em outubro), na velocidade do som, entre janeiro e fevereiro de 1976.

Quando chegou a hora de voltar à América, o *setlist* do Wings estava mais robusto. Das 26 canções de um repertório que ainda mantinha o *medley* "Little Woman Love"/"C Moon" oriundo de 1972, a banda agora já contava com os reforços de "Silly Love Songs", "Let 'Em In", "Time to Hide" (cantada por Laine*)*, "Wino Junko" (com o vocal de Jimmy McCulloch) e "Beware My Love". As novas canções tinham passado pelo teste de palco nos cinco shows europeus. Agora, era a vez dos Estados Unidos, que atravessavam uma verdadeira Beatlemania, dez anos após os Beatles encerrarem as apresentações ao vivo, para nunca mais voltarem ao palco.

O auge da excursão seria no Kingdome, em Seattle, quando o recorde de público em um ginásio foi quebrado, superando a marca de 67 mil pagantes (cerca de 90 minutos desta apresentação pode ser conferida no YouTube). No total, Paul McCartney comandaria o Wings por 31 shows pelo continente norte-americano. Não seria o fim da turnê. Paul e banda ainda levariam *Rock Show* para Viena, Zagreb e Veneza, antes de completar a excursão com três shows em Londres.

Quando o Wings tocou a última nota de "Soily" no palco do Empire Pool, em Wembley, Paul ainda teria muito trabalho pela frente. Além de

PAUL McCARTNEY EM DISCOS E CANÇÕES

ser motivado pelo estrondoso sucesso da turnê americana, um disco triplo contendo a apresentação completa do show de encerramento da turnê em 23 de junho, em Los Angeles, agilizaria o processo da EMI/Capitol para lançar sua versão oficial com o melhor das performances pelos Estados Unidos. Com isso, Paul McCartney passaria o resto do ano em Abbey Road ouvindo os tapes da turnê para selecionar as performances adequadas para o que viria a ser *Wings over America*.

Lançado em 10 de dezembro de 1976, o álbum triplo emplacou o 1º lugar nos Estados Unidos, mas não repetiu o mesmo sucesso no Reino Unido, onde aterrissou na 8º colocação.

Em 2013, *Wings over America* recebeu o tratamento luxuoso da *Paul McCartney Archive Collection*. No box, além do CD duplo remasterizado, foram incluídos como extras o documentário produzido em 1979, *Wings over the World*, além de oito faixas extraídas das apresentações do Cow Palace, em São Francisco. Fotos, adesivos, livros e pôsteres adicionados ao pacote levariam a edição Deluxe de *Wings over America* a receber o Grammy de Melhor Caixa ou Embalagem em Edição Limitada em 2014. Já o DVD *Rock Show*, documento visual da turnê, seria restaurado e relançado no mesmo ano, mas vendido separadamente.

FAIXAS DE *WINGS OVER AMERICA*

Venus and Mars / Rock Show / Jet
Medley gravado em 27/05/1976 – Cincinnati, Ohio.
Let Me Roll It
Gravada em 27/05/1976 – Cincinnati, Ohio.
Spirits of Ancient Egypt
Gravada em 10/06/1976 – Seattle, Washington.
Medicine Jar
Gravada em 27/05/1976 – Cincinnati, Ohio.
Maybe I'm Amazed
Gravada em 29/05/1976 – Kansas City, Missouri.
Call Me Back Again
Gravada em 27/05/1976 – Cincinnati, Ohio.
Lady Madonna
Gravada em 07/05/1976 – Detroit, Michigan.

The Long and Winding Road
Gravada em 29/05/1976 – Kansas City, Missouri.
Live and Let Die
Gravada em 22/05/1976 – Boston, Massachusetts.
Picasso's Last Words (Drink to Me)
Gravada em 22/05/1976 – Boston, Massachusetts.
Richard Cory (Simon)
Gravada em 23/06/1976 – Los Angeles, Califórnia.
Bluebird
Gravada em 22/05/1976 – Boston, Massachusetts.
I've Just Seen a Face
Gravada em 23/06/1976 – Los Angeles, Califórnia.
Blackbird
Gravada em 22/05/1976 – Boston, Massachusetts.
Yesterday
Gravada em 22/05/1976 – Boston, Massachusetts.
You Gave Me the Answer
Gravada em 23/06/1976 – Los Angeles, Califórnia.
Magneto and Titanium Man
Gravada em 22/05/1976 – Boston, Massachusetts.
Go Now (Banks/Bennett)
Gravada em 23/06/1976 – Los Angeles, Califórnia.
My Love
Gravada em 21/05/1976 – Uniondale, New York.
Listen to What the Man Said
Gravada em 29/05/1976 – Kansas City, Missouri.
Let 'Em In
Gravada em 25/05/1976 – New York City, New York.
Time to Hide (Laine)
Gravada em 25/05/1976 – New York City, New York
Silly Love Songs
Gravada em 25/05/1976 – New York City, New York.
Beware My Love
Gravada em 07/06/1976 – Denver, Colorado.
Letting Go
Gravada em 29/05/1976 – Kansas City, Missouri.
Band on the Run
Gravada em 07/06/1976 – Denver, Colorado.

Hi Hi Hi
Gravada em 07/06/1976 – Denver, Colorado.
Soily
Gravada em 07/06/1976 – Denver, Colorado.

Shows:

03/05/1976 – Fort Worth, Tarrant County Convention Hall
04/05/1976 – Houston, Summit
07/05/1976 – Detroit, Olympia
08/05/1976 – Detroit, Olympia
09/05/1976 – Toronto, Maple Leaf Garden (Canadá)
10/05/1976 – Cleveland, Richfield Coliseum
12/05/1976 – Filadélfia, Spectrum
14/05/1976 – Filadélfia, Spectrum
15/05/1976 – Landover, Capital Center
17/05/1976 – Landover, Capital Center
18/05/1976 – Atlanta, Omni
19/05/1976 – Atlanta, Omni
21/05/1976 – Uniondale, Nassau Coliseum
22/05/1976 – Boston, Boston Gardens
24/05/1976 – New York City, Madison Square Garden
25/05/1976 – New York City, Madison Square Garden
27/05/1976 – Cincinnati, Riverfront Coliseum
29/05/1976 – Kansas City, Kemper Arena
31/05/1976 – Chicago, Chicago Stadium
01/06/1976 – Chicago, Chicago Stadium
02/06/1976 – Chicago, Chicago Stadium
04/06/1976 – St. Paul, Civic Center
07/06/1976 – Denver, McNichols
10/06/1976 – Seattle, Kingdome
13/06/1976 – San Francisco, Cow Palace
14/06/1976 – San Francisco, Cow Palace
16/06/1976 – San Diego, Sports Arena
18/06/1976 – Tucson, Community Center
21/06/1976 – Los Angeles, Forum
22/06/1976 – Los Angeles, Forum
23/06/1976 – Los Angeles, Forum

CAPÍTULO 9
THRILLINGTON

Capa: Jeff Cummings
Arte: Hipgnosis
Gravado: Entre 15/06/1971 e 19/06/1971
Produzido por: Paul McCartney
(Percy "Thrills" Thrillington)
Equipe técnica: Tony Clark
Datas de lançamento: 29/04/1977
e 16/05/1977 (Reino Unido/EUA)
Lançado em CD em 1995

Primeiro foi "The Family Way". Depois, o *medley* final de *Abbey Road*. George Martin tinha encontrado o pupilo certo em Paul McCartney. Apesar de não ler música, ele mergulhou de cabeça na ideia da música orquestral. Seu próximo passo seria colocar em prática uma ideia maluca: gravar uma versão instrumental de um de seus álbuns.

Transformar *Ram* em um disco nesse formato começou a partir de uma ideia totalmente aleatória. Paul sabia das habilidades de Richard Hewson, o arranjador do álbum *Postcard*, de Mary Hopkin, que ele mesmo produziu em 1968. Foi um convite simples. Richard, um fã de jazz, imediatamente aceitou a proposta, com a carta branca para montar sua própria versão do LP assinado por Paul & Linda McCartney. Com o acordo firmado entre Paul McCartney e Richard Hewson, sessões foram agendadas em 15, 16 e 17 de junho no Studio 2 de Abbey Road com a presença do engenheiro Tony Clark na mesa de som.

Hewson já tinha os nomes certos para as versões instrumentais das faixas de *Ram*: Herbie Flowers (baixo), Steve Grey (piano), Vic Flick (guitarra e violão), Clem Cattini (bateria), Roger Coulan (órgão) e Jim Lawless (percussão). Tudo foi gravado em uma sessão-maratona, durante onze horas no dia 15 de junho. Com os músicos contratados, o próximo passo foi colocar na partitura os arranjos para dez violinos, quatro violoncelos, duas clarinetas, dois saxofones altos, além de um cravo com som de harpa especialmente para "Uncle Albert/Admiral Halsey".

As canções de *Thrillington* ainda contariam com a performance de um trompete *piccolo* (o mesmo de "Penny Lane"), quatro flautas, além da participação de um coral de garotos franceses, os Swingle Singers, em "Ram On". No dia seguinte, as gravações foram transferidas para o Studio 1, onde foram gravados trompetes, trombones e uma tuba.

Com tudo pronto, 18 de junho (aniversário de 29 anos de Paul McCartney) foi reservado para o trabalho de mixagem. Tony Clark, um dos mais envolvidos no projeto, ficou a cargo dessa tarefa, com supervisão do aniversariante do dia.

Paul McCartney sabia que lançar uma versão jazzística de *Ram* seria uma loucura. Em 2012, quando o álbum foi relançado como bônus de seu LP de 1971 pela *Paul McCartney Archive Collection* ele afirmou que "provavelmente muitas pessoas disseram que era de mau gosto", e isso o convenceu a arquivar o projeto.

Richard Hewson também estranhou o silêncio. Após tanto esforço e pressa para arranjar, produzir e gravar o LP, os meses de espera viraram anos – e nada acontecia. A gestação complicada não evitou que Paul McCartney desse à luz a *Thrillington* em 29 de abril de 1977, a poucos dias de embarcar rumo às Ilhas Virgens gravar *London Town*.

Para divulgar o LP, ele usaria a mesma ideia de 1971: escrever *press releases* como se o disco fosse de autoria de um desconhecido maestro da Irlanda, Percy "Thrills" Thrillington. Teria de ser como fora planejado seis anos antes – sem alarde. Paul levou a sério a brincadeira.

No encarte do disco, Paul conseguiu a façanha de usar um pseudônimo (Clint Harrigan) para falar de outro pseudônimo: "Percy "Thrills" Thrillington nasceu em Coventry Cathedral, em 1939. Quando jovem, suas viagens o levaram para Baton Rouge, EUA, onde estudou música durante cinco anos. Mais tarde, mudou-se para Los Angeles, onde ganhou experiência nos campos de marketing, regência e arranjos. Eventualmente, sua trajetória o levou a Londres, onde sua longa ambição de formar sua própria orquestra foi realizada. Nesse disco, Percy tomou as canções do LP *Ram*, de Paul McCartney, e, com a ajuda de alguns dos melhores músicos de Londres, as forjou em versões orquestrais que possuem inconfundível marca – a marca de... Thrillington."

Paul: "Depois que finalizamos *Ram*, tive a ideia de lançar uma versão Big Band do álbum. Percebi que ninguém faria isso por mim (risos), então decidi produzir o disco com Richard Hewson, usando um pseudônimo. Acho que foi um pouco de indulgência de minha parte, porque ninguém mais faria isso. A verdade é que gosto de fazer algumas bobagens como essa."

FAIXAS DE *THRILLINGTON*

Too Many People
3 Legs
Ram On
Dear Boy
Uncle Albert/Admiral Halsey
Smile Away
Heart of the Country
Monkberry Moon Delight
Eat at Home
Long Haired Lady
The Back Seat of My Car

CAPÍTULO 10
LONDON TOWN

" *Nós tentamos algumas coisas realmente loucas, como jam sessions no convés do iate com o motor rodando no máximo! A música que surgia não era muito boa, confesso. Mas a filosofia era pura diversão. Me lembro que London Town acabou ficando muito bom, em uma época que curtimos muito."*
(**Paul McCartney** em *Wingspan*)

Capa: Aubrey Powell e George Hardie

Arte: Paul e Linda McCartney, Denny Laine, Henry Diltz e Graham Hughes

Gravações: Entre fevereiro de 1977 e janeiro de 1978

Produzido por: Paul McCartney

Datas de lançamento: 31/03/1978 e 27/03/1978 (Reino Unido/EUA)

Desempenho comercial: 4º e 2º (Reino Unido/EUA)

Agosto é mês de folga para os McCartneys, mas quando se descansa ao lado de um laboratório como o bom e velho refúgio Rude Studio, instalado na não menos rústica fazenda High Park, na Escócia, as férias nunca estão completas sem que saia de suas paredes de madeira algo, no mínimo, divertido. O tema da semana neste verão de 1976 é reviver o catálogo de Buddy Holly... Paul está no kit de bateria, preparando uma base para Denny Laine cantar "I'm Gonna Love You Too". Em poucos *take*s, a dupla já tem várias faixas quase prontas: "Rave on", "Fool's Paradise", "It's So Easy", "Look at Me", "Take Your Time", "Heartbeat"...

Agora, Paul troca de instrumento e vai para os teclados. Ele também faz os *backing vocals* para Denny cantar "Lonesome Tears".

Com Denny em todos os vocais e Paul tocando vários instrumentos, *Holly Days* em breve será o cartão de visitas para marcar a segunda edição da Buddy Holly Week, o grande evento criado por Paul McCartney depois de adquirir os direitos das composições de seu ídolo em 1971. Equipados com todo o material necessário gravado no Rude Studio, a dupla agora terá de fazer o acabamento, mixar e preparar a data de lançamento do disco: 06 de maio de 1977. Neste mesmo mês, o Wings já tem compromisso marcado: gravar o próximo álbum e sucessor de *Wings at the Speed of Sound*. O que eles ainda não imaginam é que estarão no meio de um paraíso tropical no Caribe. Em breve, outra aventura fora da velha Grã-Bretanha irá começar para Paul McCartney e sua banda...

***

Geoff Emerick sempre foi um bom contador de histórias. Apesar de tímido, já entrou falastrão no Studio 2 de Abbey Road, numa cinzenta tarde de fevereiro de 1977: "Paul, você deveria experimentar gravar em um lugar ensolarado. Acabei de voltar do Havaí e foi simplesmente perfeito!" Conservador *ma non tropo*, Paul ouviu com carinho o conselho de seu engenheiro de som favorito, enquanto finalizava as bases de "Name and Address", primeira música trabalhada pelo Wings naquele eternamente carrancudo inverno britânico. Geoff Emerick, na verdade, havia retornado recentemente da ilha havaiana de Kauai, onde ele e George Martin completaram *Harbor*, sétimo LP do grupo America, prestes a chegar às lojas da Inglaterra naquele mês. O papo foi mesmo sedutor. Afinal, em dezembro passado, ele ficara dias trancado naquele mesmo estúdio londrino selecionando e regravando trechos para consertar o álbum triplo *Wings over America*.

Depois das primeiras sessões, Paul e família decidiram tirar uma folga na sempre amigável e velha conhecida Jamaica. Quando retornaram, no fim de março, a saudade dos dias de mar e sol caribenho falou mais alto. Denny Laine, então, veio com a ideia aparentemente mirabolante: "Paul, que tal continuar as gravações do álbum em um barco?" Na verdade, o plano de deixar Londres para produzir as gravações em alto mar – o que faria Paul batizar, previamente, o disco de *Water Wings* – foi arquitetado imediatamente após uma visita de Laine a um estúdio montado pela Record Plant dentro de um iate, onde Rod Stewart recentemente tinha produzido algumas faixas.

"Sempre gostei de barcos e até fiquei surpreso quando Paul disse sim para minha ideia", contou Denny Laine à revista *Sounds*, em agosto de 1977. Mas nem tudo foi um paraíso. Durante o período em que o Wings e sua trupe passaram na baía de Watermellon, nas Ilhas Virgens, muita confusão e alguns acidentes rodearam a frota composta pelo Fair Carol (onde foi montado o estúdio), El Toro (residência dos McCartneys) e o Samala (hospedagem de Denny Laine, Joe English e Jimmy McCulloch).

Denny Laine, por exemplo, certo dia saiu para pescar em um bote e ficou perdido por cinco horas em alto mar. Resultado: fortes queimaduras que demoraram cinco dias para sarar. Paul cortou a perna e o joelho em objetos que o atingiram quando o barco chacoalhou. A situação a bordo ficou tensa, quando o capitão do Fair Carol demonstrou seu descontentamento pelas mudanças feitas pelo Wings na estrutura do barco. Tudo ficou ainda mais nervoso quando a guarda costeira de Antígua enviou uma carta ao gerente da MPL, Alan Crowder, proibindo o consumo de marijuana a bordo. O alerta não foi suficiente. Certo dia, quando Paul e Linda saíram para navegar no catamarã Wanderlust, o capitão do barco sentiu um aroma peculiar e ordenou que o casal parasse de fumar. O incidente inspiraria a faixa "Wanderlust", lançada cinco anos mais tarde no LP *Tug of War*.

***

Retornando à terra firme, o Wings voltaria a ser novamente Paul, Denny e Linda. Com a saída de Jimmy (contratado pelo grupo Small Faces) e Joe English, o grupo finalizaria o álbum em Londres e ainda teria tempo de gravar "Mull of Kintyre" – o *single* de maior sucesso da carreira da banda. Por causa do nascimento de James Louis McCartney em setembro daquele ano, o ritmo das gravações de *London Town* fez com que o trabalho de pós-produção se esticasse. O penúltimo LP do Wings, com um belo pôster como encarte, finalmente pode ser degustado pelos fãs no final de março de 1978.

LONDON TOWN – FAIXA A FAIXA

LONDON TOWN

A multicultural, épica e melódica "London Town" – combinação das *faixas* "Purple Afternoon" e "London Town" –, indiscutivelmente, expressa muito mais a cara do inverno inglês quando comparada à aventura caribenha do Wings. Composta a quatro mãos por Paul e Denny Laine em diversos períodos – a começar pela Austrália na passagem do Wings pelo país em 1975 – a música que abre o LP foi finalizada, verso por verso, no Spirit of Ranachan, na Escócia, durante um feriado no México e na fase final de gravações em Londres.

Paul: "Comecei a escrever a letra com Linda no hotel Sheraton, em Perth, na Austrália... A abertura veio fácil, mas os versos restantes demoraram um pouco para aparecer. Quando me reuni com Denny, na Escócia, no ano seguinte, a música andou. É um pouco sobre a saudade de casa, quando você sai em turnês."

Na gravação de "London Town" esta foi a configuração das sessões: Paul tocando contrabaixo, piano elétrico, Fender Rhodes, mellotron, violão e guitarra. Joe English e Jimmy McCulloch ainda participam desta música em seus respectivos instrumentos, bateria e guitarra com slide. Linda colabora com o seu tradicional moog e nas belas harmonias, divididas com Denny (violão) e Paul. A London Symphonic Orchestra deu seu toque final e majestoso, registrado no número 1 de Abbey Road.

O videoclipe de "London Town" foi produzido e completado no mesmo estúdio de gravações do programa *Top of the Pops*, transmitido pela BBC, e na mesma data em que o promo de "With a Little Luck" foi registrado. Neste clipe – que usa uma versão editada da música – Paul, Linda e Denny caminham pelo estúdio, como se estivessem nas ruas de Londres, cercados por um ambiente "surreal". O veterano ator Victor Spinetti, velho amigo dos Beatles, aparece como coadjuvante. Dirigido por Michael Lindsay Hogg, no dia 21/03/1978.

CAFE ON THE LEFT BANK

Nada melhor do que começar a gravar uma música nas transparentes águas do Caribe sobre... um café na charmosa Paris. Sim, essa foi a ideia objetiva de Paul assim que o estúdio montado pelo pessoal do Record Plant no iate Fair Carol ficou pronto. Paul resume o espírito da canção: "'Cafe on the Left Bank' é um conjunto de reminiscências de todas as viagens que fiz a Paris quando nós passeávamos por suas ruas."

O Wings começou a fase de pós-produção do disco, já sem a ajuda de Jimmy e Joe. Em Abbey Road, valeu tudo para imitar o clima de um café parisiense. A decoração improvisada no Studio 2 incluiu plantas, guarda-chuvas em miniatura, cortinas e outros adereços. O *take* da música, composta na Escócia e nas Ilhas Virgens, conta com Joe English na bateria e Jimmy McCulloch na guitarra. Linda participa da gravação com seu fiel moog e pandeiro, acompanhando o marido no contrabaixo, sintetizador e guitarra. Denny é o guitarrista-base.

I'M CARRYING

Quando "I'm Carrying" foi resgatada para a trilha de *Um Casamento de Alto Risco,* longa-metragem estrelado por Michael Douglas em 2003, muita gente relembrou que a balada era uma dessas gemas perdidas que só mesmo Paul consegue esconder... Até de si próprio!

Com clima boêmio e letra romântica, a faixa acústica começou a ser gravada em maio no iate Fair Carol, com Paul contemplando o céu anil do Caribe. Se não bastasse o clima favorável, golfinhos que nadavam por perto puderam ser vistos acompanhando o barco durante a sessão. "Quando nós gravamos essa nas Ilhas Virgens eu estava na proa do barco, sozinho, apenas eu e o violão. E com toda aquela água maravilhosa e o céu azul como pano de fundo, completei a base da música. (...) Você pode ouvir claramente os ruídos dos dedos deslizando nas cordas do violão. Ficamos na dúvida se iríamos manter... mas gostei dos efeitos e deixamos tudo na música."

Na viagem de volta das Ilhas Virgens, Paul ganhou de presente um brinquedinho da época chamado Gizmotron ou Gizmo, desenvolvido por Kevin Godley e Lol Creme. Segundo Denny Laine, o aparelho teria sido apresentado ao Wings em 1974, durante a produção de *McGear,* álbum solo de Mike McCartney, irmão de Paul. Acoplado ao violão, ele é capaz de imitar um quarteto de cordas. O que você ouve na gravação final de "I'm Carrying" é uma combinação do gizmo com as cordas reais da London Symphonic Orchestra, registrada no A.I.R. Studios, em Londres.

BACKWARDS TRAVELLER

Em agosto de 1977, exatamente quando a entrevista concedida por Paul McCartney à revista (hoje extinta) *Sounds* foi publicada, "Backwards Traveller" havia acabado de sair do forno. Usando as palavras do próprio criador, gerada "no laboratório do cientista maluco" no cabo de Kintyre, Escócia. Nessa matéria, Paul afirma, de forma categórica, que teria material suficiente para preencher um álbum duplo: "No momento, temos 26 músicas para finalizar. Fizemos cinco em Londres, dez aqui (nas Ilhas Virgens) e o resto para completar. Vamos pegar as melhores e incluir em um LP simples. Não vamos lançar um álbum duplo, porque recentemente lançamos um triplo (*Wings over America*). É uma droga quando os fãs não podem comprar um álbum porque é muito caro."

A declaração deixa claro que "Backwards Traveller" foi uma peça de última hora. Os registros de gravação também, já que ela foi iniciada e terminada em Abbey Road, entre outubro e novembro daquele ano. Essa vinheta psicodélica incrustada no LP é quase um exemplo da capacidade de Paul como homem-banda, tocando bateria, baixo Fender Jazz com efeito de distorção e percussão. Linda ajuda nos teclados e Denny ficou ao violão.

CUFF LINK

Quando você acha que "Backwards Traveller" já era história, um instrumental bastante convidativo dá sequência à experiência auditiva no disco. "Cuff Link" (abotoadura, em inglês) é exatamente o que o título promete. Muito bem mixada por Geoff Emerick, a faixa dá mais sentido à sua antecessora, que naturalmente soa incompleta. A solução para o clima de indefinição foi encontrada na mesma sessão de "Backwards Traveller", em Abbey Road, com apenas Paul nos sintetizadores e Denny na guitarra, em um duelo de jazz espacial. Para completar o *mix*, linhas de baixo com a marca registrada dos Beatles e o moog de Linda McCartney.

CHILDREN, CHILDREN

Para quem é fã das canções folk e curte o trabalho de Denny no Wings, começa aqui a experiência "mais Laine" de *London Town* – e talvez, de toda a fase da banda, iniciada em 1971. A música tem uma história bem interessante. Denny teve as primeiras ideias para compor "Children, Children" quando viu uma cascata no quintal da casa de Paul na Cavendish Avenue, em Londres. O clima bucólico o inspirou a apanhar o violão e a viajar para o mundo celta – outra referência ao passado do LP.

Paul gostou muito da composição e comentou sobre "Children, Children" em entrevista a Paul Gambaccini, em 1978: "A música parece um tema infantil, como se fosse um conto de fadas. Então, decidimos fazer como se fosse uma trilha de um desenho animado."

Sem espaço para encaixar sua balada nos discos anteriores, Denny resgatou "Children, Children" – uma criação de 1975, ano de nascimento de Heidi – em tempo de finalizá-la com uma mãozinha de Paul. A música foi uma das primeiras a ser produzida no início das sessões de *London Town*, em Abbey Road. Todo o clima folk que você ouve no disco tem Paul no violão, contrabaixo, percussão e até no violino e na flauta. Linda toca auto-harpa e Denny, vocalista principal, toca violão e flauta. Não há registro dos demais membros do Wings na gravação final.

GIRLFRIEND

Quem costuma mergulhar no universo dos Beatles deve se recordar de duas importantes músicas da discografia do grupo de Liverpool iniciadas na Suíça: "Norwegian Wood", de *Rubber Soul*, e "For No One", de *Revolver*. Não é o caso de compará-las a "Girlfriend", também composta próxima aos Alpes, durante folga do Wings. Ainda assim, a balada responsável por quebrar o conceito temático de *London Town* tem seu valor histórico. Na festa de lançamento de *Venus and Mars*, a bordo do navio Queen Mary, em 1975, Paul encontrou-se pela primeira vez com Michael Jackson e mostrou ao futuro Rei do Pop o rascunho de uma música composta bem a seu estilo, com direito a falsete e harmonias R&B. Apesar de Michael não gravar a balada imediatamente (composta entre 1973-74), quatro anos mais tarde o produtor Quincy Jones a resgataria para o LP *Off the Wall*, primeiro LP solo de Michael. Posteriormente, Paul e seu novo amigo retomariam a parceria no início da década seguinte.

A versão do Wings, um estranho no ninho, em comparação às demais composições do LP, foi gravada na fase final dos trabalhos, entre outubro e dezembro, com a formação básica do grupo montada em Abbey Road: Paul no vocal, contrabaixo e violão; Linda no moog; Joe English na bateria; Denny Laine no violão; e Jimmy McCulloch na guitarra.

I'VE HAD ENOUGH

Se "Girlfriend" quebra a rotina oferecendo seu clima Motown e R&B, "I've Had Enough" tem a chance de urbanizar a rústica e vitoriana Londres explorada em grande parte do álbum *London Town*. A composição mais pesada do LP surgiu como a maioria das criações de Paul McCartney nos anos 70: direto do pequeno estúdio instalado em Campbeltown, Escócia. "Estava sentado no estúdio um dia quando tive a ideia de compor uma faixa rápida, com apenas três acordes. Mas por um bom tempo, ela ficou sem versos, somente com o refrão: 'I've had enough / I can't put up with anymore' ('Pra mim, basta. Não aguento mais')."

Iniciada nas Ilhas Virgens, e completada em Abbey Road, onde ganharia os versos finais, "I've Had Enough" é uma espécie de desafogo, um desabafo de Paul, ao enfrentar empresários com intenções duvidosas (Allen Klein?) e outros tipos alienígenas do *showbiz*.

O *take* inicial de "I've Had Enough" tem a formação básica do Wings, com Paul no baixo, Denny e Jimmy nas guitarras e Joe na bateria. Na fase de pós-produção em Abbey Road, Paul gravou mais uma guitarra e adicionou palmas junto com Denny. Linda ficou com os *backing vocals*.

Lançada como *single* ao lado de "Deliver Your Children", "I've Had Enough" foi promovida na TV com dois videoclipes. De fato, eles se diferenciam simplesmente pela edição das imagens e pelos efeitos aplicados. Importante: o vídeo marca a estreia do guitarrista Laurence Juber como membro do Wings. Produzido e rodado pela Keefco, no estúdio Spirit of Ranachan, em Campbeltown, em junho de 1978.

WITH A LITTLE LUCK

Em entrevista concedida à revista *Melody Maker*, em 1978, Linda McCartney descreve com riqueza de detalhes como Paul criou a estrutura básica de "With a Little Luck", o *single* do LP que decolaria rumo ao topo da *Billboard* e ao 5º lugar nas paradas do Reino Unido: "Na sexta-feira, Paul nos disse que precisava de uma música para alavancar as vendas do álbum. No sábado e domingo, ele trabalhou em cima da letra e da melodia. Já na segunda-feira, foi ao piano e mostrou à banda como ela poderia ser gravada. No dia seguinte, fomos ao estúdio gravar e na quarta estávamos prontos para refazer os vocais. Este é um ótimo exemplo de como Paul nunca para de ter ideias criativas."

A história descrita de forma cinematográfica por Linda é quase perfeita. Ela apenas não cita que a base de "With a Little Luck" já tinha sido rascunhada no Rude Studio, na Escócia, alguns meses antes do Wings viajar para as Ilhas Virgens. Pouca diferença fez, porque a música realmente era boa e por pouco não foi tocada ao vivo pelo Wings, já que a intenção era de incluí-la no *setlist* da turnê japonesa em janeiro de 1980. Cancelada, hoje sabemos, por conta dos dez dias passados por Paul na prisão nipônica por porte de drogas (mais sobre isso em *McCartney II*).

Não há confirmação das presenças de Joe English, nem de Jimmy McCulloch na versão final de "With a Little Luck", gravada em novembro em Abbey Road. A dupla, a esta altura, já havia deixado o Wings. O que se ouve, então, é um show do trio que nos remete à era de sucesso de *Band on the Run*: Paul tocando baixo, sintetizador, piano elétrico e bateria e Denny Laine e Linda McCartney no sintetizador, minimoog e *backing vocals*. Sessões no Fair Carol, em maio, e nos estúdios da EMI, em Abbey Road, em novembro.

Gravado no mesmo estúdio em que os Beatles filmaram *Let It Be*, em 1969, "With a Little Luck" foi o primeiro clipe encomendado por Paul à produtora Keefco.

Neste promo, que usa a versão editada da canção (disponível em *Pure McCartney*), Paul, Linda, Denny e o novo baterista do Wings, Steve Holly, aparecem em um palco, enquanto figurantes aproximam-se do trio, cantando e dançando. Rodado no Twickenham Studios, no dia 21/03/1978, sob a direção de Michael Lindsay-Hogg.

FAMOUS GROUPIES

"Todos que já tiveram a chance de estar em uma banda de rock sabem bem o que é uma *groupie*... e algumas delas ficaram bem famosas!" A frase enigmática de Paul talvez tenha uma resposta nas entrelinhas. Jo Jo Laine foi uma *groupie* famosa. A mesma revelou ter se relacionado com diversos astros de rock, incluindo Jimi Hendrix. Os fofoqueiros britânicos até a acusaram de assediar Paul, inventando que a mulher de Denny Laine era a Jo-Jo de "Get Back", *single* dos Beatles.

Quando Paul mostrou a demo de "Famous Groupies" (composta em 1975, na Escócia) a Denny Laine, a música era algo totalmente diferente. Com pegada quase punk, a faixa de *London Town* se transformou em um folk com sabores russos, entre as sessões no Fair Carol, em maio e seu acabamento no final de 1977 em Abbey Road.

O mais interessante é colocar os fones de ouvido, aumentar o volume, e captar alguns sons de gaivotas no finalzinho da faixa. Resquícios da boa vida do Wings em alto mar. "Essa música é mais uma piada do que qualquer outra coisa."

Joe English (bateria) e Paul (contrabaixo, violão e percussão) tocaram na cozinha do iate, literalmente. Linda ficou nos teclados e Denny Laine no violão. Jimmy completa o quinteto, na guitarra-líder.

DELIVER YOUR CHILDREN

Venus and Mars já estava bem perto de ser finalizado em Los Angeles e a festa de encerramento das gravações no transatlântico Queen Mary tinha tudo para atravessar a noite. Na última hora, Denny apareceu com uma canção pop que sequer seria cogitada para *Wings at the Speed of Sound*, o LP seguinte, gravado em Abbey Road. Apesar disso, a espera valeu a pena. O clima folk de "Deliver Your Children" (mais uma com temática infantil do papai Denny) se encaixaria com perfeição no formato de *London Town*, graças à colaboração de Paul McCartney, com quem divide os créditos da música iniciada na Escócia e gravada no iate Fair Carol.

Paul comentou sobre a parceria à revista *Melody Maker*, em 1977: "No início, nós escrevíamos pouco juntos. Mas a partir de 76, começamos a compor pra valer. Agora, já estamos acostumados a nos ajudar a criar os arranjos de nossas músicas. Denny toca belos solos de violão nessa faixa. Gravamos a maior parte dela nas Ilhas Virgens."

O destaque das sessões de "Deliver Your Children" fica para o refinamento do solo de violão de náilon (spanish guitar) – cortesia de Denny Laine. Em 1970, o ex-Moody Blues se interessou pelo instrumento e decidiu encarar aulas sérias em um conservatório. O Wings completou a música com Paul no baixo e violão, Linda na percussão, Joe English na bateria e Jimmy McCulloch em um terceiro violão. Denny Laine também é o flautista na gravação. Mais uma produção do Fair Carol e Abbey Road, onde a canção recebeu a pós-produção em novembro.

NAME AND ADDRESS

Ninguém ouse duvidar do amor por Elvis Presley. Foi ele, "O Messias", na palavra dos próprios Beatles, que inspirou John e Paul a pegarem o violão e cantar. Afinal, nos anos 50 ainda não era comum para os intérpretes comporem suas próprias músicas. Isso tudo mudaria rapidamente, menos a admiração pelo Rei. Elvis Presley seria realmente a fonte de inspiração da primeira música a ser gravada para o LP em Abbey Road, em fevereiro de 1977, antes de a banda cair na estrada. Ou melhor, nas águas translúcidas das Ilhas Virgens, com participação completa do Wings: Paul no baixo, guitarra-líder e vocal; Denny Laine na guitarra e *backing vocals*; Jimmy McCulloch na guitarra-base; e Linda nos *backing vocals*.

Composta bem antes da trágica morte de Elvis, em 16 de agosto de 1977, Paul carregava consigo o desejo secreto de apresentar o *rockabilly* para seu ídolo – quem sabe – um dia gravá-la em um de seus discos. "Fiz 'Name and Address' em Londres, pensando em Elvis, mas quando ele morreu não tinha finalizado a música ainda. Sim, dá para dizer que a canção é quase um tributo a ele. Eu queria ter tido a chance de chegar até Elvis e falado: 'Oi, Elvis, esse é o tipo de coisa que você pode cantar. Espero que você goste.' Mas infelizmente, ele morreu."

Durante a fase final de *London Town*, Paul recebeu Hank Marvin, guitarrista da banda inglesa The Shadows. Marvin logo seria convidado para outro projeto do Wings: a superprodução "Rockestra Theme", que entraria no LP final da banda.

DON'T LET IT BRING YOU DOWN

Além do título, a penúltima faixa de *London Town* não possui qualquer ligação com a música de Neil Young, lançada oito anos antes em *After the Gold Rush*. Talvez, sua beleza possa ser comparada e apreciada, da mesma forma. A música viu a luz bem antes das sessões começarem. Na parada da turnê do Wings em Aberdeen, em setembro de 1975, Paul apanhou seu violão de 12 cordas para compor um folk sombrio e com uma letra motivadora. Os versos, aliás, ratificam o crescimento de qualidade da parceria McCartney-Laine.

Harold Ditz, fotógrafo presente durante as sessões no Fair Carol, registrou em seu diário de bordo que "Don't Let It Bring You Down" teria sido gravada em 25 de maio de 1977, após sessão de fotos ocorrida pela manhã no barco.

Todo o ambiente celta (inspirado pelas terras escocesas, certamente) ganharia o suporte do flageolet, como é conhecida a gaita irlandesa, tocada por Paul e Denny. A dupla divide quase todos os instrumentos em "Don't Let It Bring You Down", registrada no Fair Carol e finalizada em Abbey Road. Paul também toca flauta e Denny percussão e sintetizador. Linda dá apoio nos vocais. Joe English troca as baquetas pelas escovas. Não há confirmação de Jimmy McCulloch na versão definitiva da música, gravada em novembro, em Londres.

MORSE MOOSE AND THE GREY GOOSE

Pergunta: O que acontece em uma música quando o clima psicodélico se encontra com o *beat* da discoteca? A melhor resposta está na faixa mais experimental de *London Town*, escolhida para encerrar o LP com seus 6 minutos e 24 segundos de pura diversão e, por que não, com o protótipo do que estaria por vir nos projetos criados por um dos pseudônimos de Paul, o The Fireman, a partir dos anos 1990.

Fato é que "Morse Moose (um trocadilho com as palavras 'código Morse' e 'morsa') and Grey Goose ('ganso cinza')" começou por acidente, enquanto Paul e Denny tocavam notas aleatórias nos sintetizadores montados a bordo do Fair Carol. Paul percebeu que as notas eram semelhantes ao código Morse, o que acendeu uma lâmpada sobre sua cabeça. "Nós começamos a música nas Ilhas Virgens. Um dos pianos elétricos a bordo tinha um som engraçado. Então, comecei a tocá-lo e começou a soar como código Morse. Quando começamos a tocar fizemos seis minutos de efeitos e mais nada."

Em Londres, durante as sessões finais do álbum no A.I.R. Studios e Abbey Road, Denny Laine ajudaria Paul a finalizar os versos, adicionando ao título "Grey Goose". Para reforçar o clima épico de "Morse Moose and the Grey Goose", Wil Malone foi contratado para criar arranjos para cordas e metais. Gavyn Wright (que mais tarde seria chamado para tocar em "Once upon a Long Ago") contribui com violino.

O Wings completo participou das gravações, pelo menos no início do processo, nas Ilhas Virgens: Paul no baixo, piano elétrico e mellotron; Denny Laine no piano; Linda nos teclados; Jimmy McCulloch na guitarra; e Joe English na bateria.

Outras músicas da era *London Town*

MULL OF KINTYRE

Em 1977, Londres ardia e o fogo era ateado pelos acordes do punk do The Clash e o *single* "London Calling". Não cabia, portanto, mais baladas sentimentais, quanto mais valsas folk em um mundo que desabava, desde a Tower Bridge até o Palácio de Buckingham. Mas espere um minuto. A história real não é bem assim. Se no meio do caminho havia uma pedra, no meio do ultrajante punk havia Paul McCartney e sua vontade de homenagear seu refúgio, o lugar preferido da americana Linda para escapar da turbulenta capital Inglesa: a remota e nublada Escócia. Precisamente, Kintyre, onde "mist rolling in from the sea" ("a névoa chega, deslizando do mar").

Paul reconta como teve a ideia de escrever sua ode, anos antes dos punks revolucionarem o som britânico: "Linda tinha uma visão bem objetiva da Escócia e ao mesmo tempo romântica. Ela adorava o lugar. De repente, eu percebi que ela estava certa e lá as crianças podiam correr livremente. Naquele tempo, pensei comigo: não existem muitas canções escocesas decentes atuais. A maioria era do século anterior, escrita por ingleses. Decidi, então, fazer uma desse gênero. Afinal, eu adorava lá e ela seria sobre o lugar onde eu estava em Mull of Kintyre."

MASTERS

Quando uma fita repleta de novas e conhecidas composições vazou ao público no início dos anos 90, um segredo seria revelado. A melodia básica de "Mull of Kintyre" e seu refrão não era uma obra de 1977. Como muitas outras canções de sua discografia, era parte de um estoque de músicas inacabadas à espera de uma janela para ver a luz. Denny Laine seria de grande importância para "Mull of Kintyre" finalmente nascer. Ele recorda o momento: "Eu e Paul sentamos nas colinas de Kintyre com uma garrafa de uísque e completamos, verso por verso. Paul já tinha a melodia e o refrão e depois completamos o resto dos versos juntos."

Tudo pronto? Não, quase. O que seria de uma canção escocesa, sem as tradicionais gaitas de fole? "Mull of Kintyre" pedia desesperadamente por elas. A solução também foi caseira. Após gravar uma demo da música no Rude Studio, Paul convidou Tony Wilson da Campbeltown Pipe Band para escrever o arranjo das gaitas. Um dos músicos da banda local, John Lang Brown, relembra como foi participar das gravações que aconteceram ao ar livre, após a EMI instalar um estúdio móvel na fazenda de Paul: "Eu (então, com 16 anos) e mais quatro rapazes éramos os mais jovens da banda e fãs do Wings. Imagine... ficamos entusiasmados demais com o convite para participar da música. Na semana da gravação, me lembro que um micro-ônibus passou em casa para nos levar ao estúdio. Quando Paul passou pela porta nós não acreditamos que ele estava lá bem na nossa frente! Paul fazia piadas o tempo todo nos deixando totalmente relaxados... Alguns anos atrás eu voltei a vê-lo com sua filha e a ex-mulher, Heather. Ficamos nos olhando por um tempo e decidi puxar um papo: 'Paul, você não se lembra mas toquei em sua música, 'Mull of Kintyre'!' Ele logo se recordou e fez uma piada, olhando para minha cabeça e imaginando onde o meu cabelo tinha ido parar. Eu respondi: 'É como 'Mull of Kintyre', Paul. Já é história!' (risos).'"

Sim, há de se concordar que "Mull of Kintyre" já faz parte da história. Ao chegar às lojas em 11 de novembro, o single parecia um furacão, impiedoso. Na primeira semana, o executivo da McCartney Productions Limited (MPL) ligou para dar as notícias a Paul. O disquinho de 7 polegadas tinha computado vendas de 30 mil unidades naquela primeira leva. Paul adorou, mas soltou uma típica piada Beatle: "Não ligue pra mim até que venda 100 mil, ok?"

Coincidência ou não, Crowder ligou para a Escócia sete dias mais tarde e "Mull of Kintyre" e seu lado B, "Girls' School", tinham cumprido a profecia de atrair mais 100 mil consumidores. Até o final do percurso, 2 milhões e meio de unidades de "Mull of Kintyre" seriam vendidas, superando até mesmo "She Loves You". Era Paul superando Paul.

O boom causado pelo single não alavancou apenas a EMI e a indústria fonográfica britânica em 1977. Não demorou muito para que a música colocasse Kintyre e a região no mapa do turismo mundial. Lachie MacKinnon, na época responsável pela Mid-Argyll Kintyre and Islay Tourist Organisation, revelaria no ano seguinte um acréscimo entre 20 e 30% no número de visitantes. Além disso, o correio começou a ser inundado com cartas de curiosos. Até mesmo as gaitas de fole, estrelas máximas da música, virariam objeto de desejo, sendo procuradas principalmente por representantes militares árabes, sírios e líbios, que ofertaram até 30 mil libras por ano para que os músicos locais ensinassem o instrumento às bandas de seus exércitos.

A base de "Mull of Kintyre" foi gravada em 09 de agosto de 1977 na Escócia, no Spirit of Ranachan – estúdio particular que abrigaria grande parte das sessões de *Back to the Egg* no ano seguinte. Nessa fase, Paul McCartney tocou violão e contrabaixo; Joe English, percussão; e Linda McCartney ficou nos *backing vocals* e harmonias. Denny Laine também tocou violão.

A segunda fase das gravações aconteceu ao ar livre, próximo ao estúdio escocês com a Campbeltown Pipe Band, liderada por Tony Wilson e mais seis gaiteiros e sete percussionistas, tocando tambores: Ian McKerral, Jimmy McGeachy, David McIvor, Archie Coffield, John Lang Brown, John McGeachy, John MacCallum, Davie Hastie, Cambpell Malone, Tommy Blue e Ian Campbell. Eles foram gravados ao ar livre com o Abbey Road Mobile Recording Studio em agosto de 1977. "Mull of Kintyre" seria concluída em Abbey Road, logo mais em outubro, com violões gravados por Paul e Denny Laine, *backing vocals* de Linda, Ian Bairson e David Paton.

Três vídeos promocionais de "Mull of Kintyre" foram produzidos para divulgar o *single*. A versão principal e mais divulgada deste clipe foi rodada em Kintyre, dia 13 de outubro de 1977 em uma localidade próxima à fazenda de Paul McCartney, na Escócia. Paul, Linda e Denny Laine aparecem no filme cantando e caminhando pelos vales profundos da região. Enquanto passeiam pelo local, a Campbeltown Pipe Band junta-se ao trio no final da canção. Produzido e dirigido por Michael Lindsay-Hogg.

Já a segunda e mais rara versão foi totalmente produzida nos estúdios Abbey Road, quando o Wings preparava-se para finalizar as gravações do álbum *London Town*.

O videoclipe utiliza a versão promocional da canção como trilha sonora para as imagens de McCartney, Linda e Denny Laine com fones de ouvido e manipulando os controles da mesa do estúdio. Gravado em 02/12/1977. Na terceira produção, Paul, Denny e Linda aparecem em um cenário coberto por névoa artificial utilizada para imitar a região de Kintyre. Gravado no dia 09/10/1977 nos estúdios cinematográficos da EMI, em Elstree, o clipe contou com mais uma participação da Campbeltown Pipe Band. Produzido e dirigido por Nicholas Ferguson.

GIRLS' SCHOOL

Paul para maiores de 18 anos chega com "Girls' School", o lado B do *single* mais vendido de sua carreira, que teria os lados do disco invertidos no mercado Americano – simplesmente porque "Mull of Kintyre" "soava britânica demais" para a Capitol Records. A história da levada e picante "Girls' School" começou bem antes de a música ser lançada junto à valsa escocesa. Paul conta os detalhes sobre a criação da música enquanto curtia o sol e as ondas do Havaí em 1975: "Estava de férias quando escrevi "Girls' School". O Wings tinha acabado de passar pela Austrália e fizemos o retorno pelo Havaí. Nós tínhamos acabado de ser banidos pelo Japão por causa dos problemas com as drogas, então não consegui o visto de entrada. Por isso, tiramos essas férias forçadas. Como estava de bobeira, peguei um jornal americano na seção de entretenimento e lá tinha vários títulos engraçados de filmes pornográficos: *School Mistress* (*Dominadora Escolar*) e *The Woman Trainer* (*A Mulher Treinadora*), Spanish Doll (*Boneca Espanhola*)... E foi assim. Decide pegar todos esses títulos e transformar na letra da música... Assim, decidimos incluir esse rocker para compensar a balada sentimental. Assim, as pessoas não me detonam por sempre cantar as músicas românticas."

O novo rocker de Paul não seria assim tão bem sucedido como a música romântica por qual ele "era detonado". Ao contrário de "Mull of Kintyre" – número 1 soberano em diveresos lugares, incluindo Canadá e Reino Unido –, "Girls' School" escorregou do Top 30 da *Billboard*, ficando apenas na 33ª colocação, embora fosse uma ótima (e até hoje ignorada) música para fazer a galera balançar nos shows. Até o momento, "Girls's School" nunca entrou no repertório de Paul McCartney.

"Girls' School" foi registrada pelo Wings nos estúdios da EMI, em Abbey Road, nos meses de fevereiro e março de 1977. Paul tocou guitarra, percussão, teclados e finalizou adicionando o baixo. Denny Laine toca guitarra rítmica e percussão. Jimmy McCulloch divide os solos de guitarra com Paul e Joe English é o baterista. Linda contribuiu com teclados e *backing vocals*.

NO BAÚ DE *LONDON TOWN*

Paul McCartney revelou em diversas entrevistas ter gravado pelo menos 26 músicas durante a produção de *London Town*. Não se sabe ao certo o estágio de cada sobra de estúdio. Aqui, reuni uma lista com as mais conhecidas. "One Woman" foi cogitada para o álbum, mas descartada na última hora. Assim como "Waterspout". A música passou por várias fases do projeto *Cold Cuts* e seria uma das escolhidas para a coletânea *All the Best!*, entrando como primeira faixa do Lado B no LP. Já "El Toro Passing" foi descrita como um instrumental gravado nas Ilhas Virgens. "Boil Crisis", inspirada por Sex Pistols e o movimento punk de 1977 (estilo favorito de Heather See McCartney), chegou a ser divulgada no programa de rádio *Oobu Joobu* de 1995, de forma parcial. Uma versão mais completa está na internet.

"Did We Meet Somewhere Before" é uma das mais famosas músicas da versão final de *Cold Cuts*, nunca lançada. A balada, rejeitada pelos produtores de *O Céu Pode Esperar*, filme com Warren Beatty, apareceu em um *mix* mais cristalino após a chamada *The Trevor Jones Collection* vazar na rede em 2010. Outras músicas inéditas foram gravadas no Rude Studio no período, como "Firebird Drama", "Lonesome Tears", "Jamaican Hilite", "Agoo Mr. Didi", "Jaibreak", "Sleepy Time Rag", "I Love You Madly" e "Mouthpiece". Versões de "After You've Gone", "Jamaican Hilite" e "Suicide" estão disponíveis na internet, também registradas no estúdio escocês.

CAPÍTULO 11
WINGS GREATEST

Capa: Angus Forbes
Arte: Aubrey Powell, George Hardie e Clive Arrowsmith (foto encarte)
Datas de lançamento: 01/12/1978 e 27/11/1978 (Reino Unido/EUA)
Desempenho comercial: 5º e 29º (Reino Unido/EUA)

Enquanto o Wings se ocupava em finalizar as gravações de *Back to the Egg* em Abbey Road, o fotógrafo escocês Angus Forbes (um especialista em casamentos!) estava em um helicóptero bancando o agente Ethan Hunt em *Missão Impossível*. A tarefa, se não impossível, provou-se peculiar: capturar a imagem de uma estatueta comprada por Linda em meio à neve dos alpes suíços. Para isso acontecer, o artefato de Art Deco esculpido por Demetre Chiparus foi embarcado da Inglaterra especialmente para a ousada sessão de fotos. Aquela manobra cinematográfica, apesar de excêntrica, era objetiva: produzir a capa do LP *Wings Greatest*, primeira coletânea do grupo, que marcaria o final do contrato de Paul McCartney com a Capitol Records nos Estados Unidos e Canadá. A partir do lançamento seguinte, seus discos sairiam pela Columbia Records até o retorno para a Capitol em 1986, marcado pelo lançamento de *Press to Play*.

Se a capa virou um item exótico, o conteúdo ouvido no disco seria exatamente inverso. Pelo título, *Wings Greatest* prometia entregar o melhor (ou pelo menos, todos os sucessos) que a banda havia feito até *London Town*, seu mais recente álbum até então. No final, o repertório do álbum ignorou completamente *Venus and Mars*, inclusive

"Listen to What the Man Said" – *single* nº 1 em 1975. Em contrapartida, "Another Day", "Junior's Farm", "Hi, Hi, Hi" e "Mull of Kintyre" ganhariam seu espaço em um álbum pela primeira vez, desde seus lançamentos como *singles*.

Preparado em tempo de atender às necessidades do mercado fonográfico no Natal de 1978, *Wings Greatest*, produzido por Rupert Perry, foi lançado em novembro nos Estados Unidos, com desempenho abaixo do esperado – apenas 29º lugar na *Billboard*. No Reino Unido, onde a coletânea contaria com mais atuação do departamento de marketing da gravadora, *Wings Greatest* chegou ao Top 5 – impulsionado por um comercial de TV com participações especiais de Paul, Linda e Denny Laine.

FAIXAS DE *WINGS GREATEST*

Another Day
Silly Love Songs
Live and Let Die
Junior's Farm
With a Little Luck
Band on the Run
Uncle Albert/Admiral Halsey
Hi Hi Hi
Let 'Em In
My Love
Jet
Mull of Kintyre

CAPÍTULO 12
BACK TO THE EGG

“Quando começamos a fazer Back to the Egg, usamos o que de melhor existia no mercado em termos de equipamento. Sinceramente, agora não acho que tenha superado o que tínhamos à disposição nos tempos em que o máximo era um gravador de quatro canais." **(Paul McCartney, 1979)**

Capa: John Shaw
Arte: Hipgnosis
Gravações: Entre junho de 1978 e abril de 1979
Produzido por: Chris Thomas e Paul McCartney
Datas de lançamento: 08/06/1979 e 11/06/1979 (Reino Unido/EUA)
Desempenho comercial: 8º e 6º (Reino Unido/EUA)

Acorde por acorde, efeito atrás de efeito, *Back to the Egg* lentamente era montado como um quebra-cabeça; um caleidoscópio de estilos onde Paul tentava combinar novidades sonoras às tendências do momento. Faltava alguma coisa ao próximo LP do Wings. Paul precisava de algo diferente... Algo com a pompa, do tipo: "Uma Audiência com o Camaleão." David Bowie (1947-2016) achou aquilo tudo inusitado. Por isso mesmo aceitou.

Naquele final de 1978, sua mente complexa tinha se envolvido em projetos audaciosos ao lado de Tony Visconti e Brian Eno. *Heroes* – do ano anterior – e *Lodger*, a caminho das lojas, eram como cerejas de sua apelidada Trilogia de Berlim. Agora, chegara o momento de emprestar um pouco a experiência acumulada entre quatro paredes.

Chris Thomas, o coprodutor por direito, observava tudo meio distante. Afinal, a terceira opinião era dele mesmo – o Alien.

David Bowie chegou ao estúdio onde o Wings finalizava o LP, sem medo de palpitar. Paul aguardava ansioso pelas sugestões. Quem sabe "Arrow Through Me"? Muito R&B. Ou o rocker "To You"? Pesada demais, talvez. Com um sorriso de canto, mas apreciando cada momento, Bowie olhou para Macca e disse, convicto: "Aqui! Esta é a faixa. Poderia até ser o próximo *single*." Paul achou que David estivesse brincando, mas apertou suas mãos após um jantar. "The Broadcast" era uma colagem vanguardista, um mimo para aquele disco conceitual. Em algum canto de sua mente preocupada com resultados, Paul achava que tinha a resposta: horas e horas extras no estúdio até que *Back to the Egg* assumisse identidade própria.

London Town era o álbum do Wings à venda em 1978 e a banda, outra vez, de quinteto passara a ser um trio. Nem passava pela cabeça de Paul McCartney agir como aqueles hippies sobreviventes da Nigéria, responsáveis por *Band on the Run*. Denny Laine pensou rápido. Para a guitarra de Jimmy McCulloch, o escolhido seria Laurence Juber, então músico contratado da BBC, tocando no *The David Essex Show*. Steve Holly (mais tarde Steve Holley) entrou em seguida para substituir Joe English na bateria. Juber e Holley não teriam muito tempo para respirar. Após testes rápidos, Paul admitiu a entrada de ambos. Não apenas isso: a dupla vestiria a camisa do Wings de bate pronto como "dublês" no vídeo promocional de "I've Had Enough". Sem pausa para o chá, as novas asas da banda foram convocadas para uma sessão diferente no RAK Studios, em Londres: finalizar "Same Time Next Year" para a trilha do filme *Tudo Bem, no Ano Que Vem* – sem desconfiarem que a bela canção seria descartada, da mesma forma que "Did We Meet Somewhere Before?", em *O Céu Pode Esperar*. Frustrado, mas não derrotado, Paul decidiu embarcar para a velha Escócia e tocar os primeiros acordes do sucessor de *London Town* em seu estúdio particular, Spirit of Ranachan.

Entre junho e julho, o novo Wings gravaria material suficiente para completar um LP e ainda uma série de demos destinada ao longa-metragem estrelado pelo ursinho Rupert – antigo sonho. Tudo seria registrado em fita magnética em menos de 24 horas, incluindo novas versões para "Sunshine", "Sometime" e "When the Wind Is Blowing", canções iniciadas nas sessões de *Ram*. Paul continuou arquitetando os planos de sua animação, sem desconfiar que parte deste projeto só viria a luz em 1984 e com outra trilha completamente distinta. Quando agosto chegou, Paul não quis deixar a Escócia. Depois de curtir férias na fazenda High Park, novamente guiou o grupo para outro destino: o Lympne Castle, em Kent, não muito distante de sua nova residência em Peasmarsh, East Sussex.

Na bagagem, instrumentos, instrumentos e mais instrumentos, além das fitas coproduzidas com Chris Thomas, famoso naquele momento por seus créditos em *Never Mind the Bollocks*, do Sex Pistols, e com os Pretenders de Chrissie Hynde.

Thomas acompanharia o grupo até Kent, assim como o estúdio móvel alugado do RAK, repetindo a forma que a banda já trabalhara em *London Town*, nas Ilhas Virgens. Com faixas como "To You", "Spin It On" e "Old Siam, Sir" em mãos – todas com um leve ar punk herdado do recente projeto de Thomas, Paul mudaria um pouco a direção em sua estadia medieval. Dentro do Lympne, e com uma pequena ajuda do proprietário, Harold Margery, a banda colocaria a mão em itens mais exóticos, como "The Broadcast" (aquela mesma, favorita de David Bowie), "Reception" e o *medley* com sabor gospel composto em 1974, "After the Ball"/"Million Miles".

Chris Thomas tinha curtido produzir o disco, principalmente a fase inicial – bem mais rock and roll. Conhecendo o apetite de seu chefe, ele sabia que a conclusão do álbum não estava nem perto de acontecer. Após deixarem o castelo em 29 de setembro, Londres seria o turno final daquela jornada de quase cinco meses de trabalho. Alguns anos antes dessa história começar, a ideia de produzir um número épico que representasse uma espécie de "batalha de bandas" passara por sua cabeça e o tema chegou a ser discutido com o chefão da ATV, Sir Lew Grade. Ainda que em escala menor, Paul sentiu que a hora era de retomar o projeto com alguns dos principais nomes do rock, incluindo David Gilmour (Pink Floyd), John Bonham e John Paul Jones (Led Zeppelin), Pete Townshend e Keith Moon (The Who).

Moon seria peça vital daquela sessão agendada para o início de outubro, se a ingestão exagerada de medicamentos não tirasse sua vida, a poucos dias das gravações de "Rockestra Theme", um número basicamente instrumental composto havia quatro anos no Rude Studio. Paul McCartney respeitou alguns dias de luto até concluir sua "batalha de bandas" com "Rockestra Theme", que venceria um Grammy no ano seguinte, e "So Glad to See You Here", outro rocker gravado com apoio da elite inglesa do rock.

Tudo pronto? Chris Thomas pensava assim, até Paul adicionar à lista de tarefas a rápida "Getting Closer" e a bela melodia de "Baby's Request" inspirada pelo Mill's Brothers – ao melhor estilo Music Hall –, que encerraria o LP, tirando de cena a exótica "Cage". Antes de *Back to the Egg* chegar às lojas em junho de 1979, um *single* contendo duas faixas não gravadas naquele longo período ainda seria intensamente produzido em uma réplica de Abbey Road instalada às pressas nos aposentos do escritório de Paul McCartney, no Soho. Com sua "velha residência" ocupada por Kate Bush, aquela foi a dispendiosa saída para concluir "Daytime Nightime Suffering" e completar "Goodnight Tonight" em tempo de invadir as emissoras de rádio em março.

Back to the Egg, após todas as maratonas de estúdio, não provocaria o efeito bombástico imaginado havia quase um ano. Em entrevistas recentes, Paul até brincou com a palavra: "Ao invés de bombástico, o LP se transformou em uma verdadeira bomba." Naquele exato momento, Paul já tinha sua cabeça feita. Sua próxima empreitada incluía isolar-se em um estúdio de 16 canais instalado em sua fazenda em Sussex antes de ensaiar para a turnê derradeira do Wings.

BACK TO THE EGG – FAIXA A FAIXA

RECEPTION

Paul McCartney estava decidido. Seu primeiro LP com Laurence Juber e Steve Holley a bordo do Wings teria de começar de uma forma totalmente radical e que não lembrasse qualquer aspecto do estilo comercial e lírico de *London Town*. A única dúvida que pairava era qual seria o clima da faixa número 1. Dentro das dependências surreais do castelo Lympne, todos os truques foram tentados para capturar um som exótico, aproveitando o eco natural de suas paredes. Steve Holley, por exemplo, decidiu posicionar seu kit de bateria próximo à lareira da edificação medieval erguida no século treze.

Com Chris Thomas como copiloto do LP, "Reception" ganharia uma pegada mais forte. Ao mesmo tempo, a gravação teria seu espaço para as "experiências controladas". Paul nunca escondeu sua admiração pelo americano John Cage, um dos grandes nomes da vanguarda musical. Em 1951, Cage produzira *Imaginary Landscapes*, peça composta pela transmissão uníssona de doze estações de rádio – certamente, um dos conceitos usados em "Reception".

Laurence Juber relembra detalhes da gravação: "Paul usou o gizmo em sua guitarra Telecaster para criar os sons orquestrais como base de narrações e diálogos (técnica inaugurada em *London Town* – nota do autor). Já eu toquei minha guitarra acoplada a um sintetizador especial ARP Avatar, algo supermoderno na época. Grande parte do solo em 'Reception' foi com esse aparelhinho."

Este aparelhinho seria vital como pano de fundo para a transmissão principal captada pelos ouvintes da Rádio *Back to the Egg*. O programa real transmitido e mixado à gravação era *A Hora Luterana*, do teólogo norueguês Olivind Andersen, transmitido pela emissora Norea, de Oslo.

Em entrevista concedida em 2003 a este autor, o baterista Steve Holley se aprofundou na origem de "Reception": "A faixa de abertura é uma montagem feita a partir de frequências de rádio recebidas no sul da Inglaterra e aplicadas a um ritmo frenético produzido em uma *jam session* no Castelo Lympne. Paul teve a ideia quando estava guiando e buscava no *dial* por uma emissora que o agradasse. Naquela parte da Inglaterra, é possível captar sinais radiofônicos de toda a parte da Europa."

"Reception" foi gravada no Lympne Castle entre 11 e 29 de setembro, com a seguinte configuração: Paul: Baixo, vocal e guitarra com gizmo. Linda: Teclados. Denny Laine: Guitarra. Laurence Juber: Guitarra. Steve Holley: Bateria.

GETTING CLOSER

Interferência. Estática. Vozes misturadas. São estes os sons emitidos do vinil até "Getting Closer" surgir, colada à "Reception", como se a guitarra poderosa de Laurence Juber rasgasse as ondas do rádio de um carro. Para seguir o conceito original de *Back to the Egg*, a decisão de tirar a inédita "Cage" do repertório do LP provou ter muito sentido. Por sugestão de Linda McCartney, "Getting Closer" (canção provavelmente iniciada em 1973 por Paul) entraria no lugar da faixa nº 2, simbolizando uma banda de rock de volta à estrada.

O guitarrista Laurance Juber oferece suas lembranças sobre a gravação da música: "Tanto 'Getting Closer' como 'Cage' foram tiradas de demos gravadas por Paul, sendo a última produzida com Denny Laine. Em algumas sessões, nós mesmos criávamos demos para estudar como a música estava se formando antes de incluí-la no álbum. Acredito ter usado uma guitarra Les Paul Custom na gravação, além de um violão Martin D28."

"Getting Closer" foi gravada em Abbey Road em outubro de 1978 e março de 1979 com a seguinte formação: Paul: Baixo, vocal, guitarra, mellotron e *backing vocals*. Linda: *Backing vocals* e teclados. Denny Laine: Guitarra e *backing vocals*. Laurence Juber: Guitarra. Steve Holley: Bateria.

Em junho de 1979, Keith McMillan, da Keefco, desembarcou em Kent para produzir o filme promocional de "Getting Closer" em locação próxima ao castelo Lympne. O roteiro básico do clipe foi inspirado no conceito geral de *Back to the Egg*, onde o Wings – no caso, um grupo aspirante à fama – chega ao palco para começar sua apresentação.

WE'RE OPEN TONIGHT

Como se fossem os uivos de um espírito errante, Laurence Juber parece canalizar forças sobrenaturais. Nesse momento, seus olhos estão fechados, mas sua mente permanece aberta para não se desviar da luz. Entre as paredes centenárias de um castelo medieval, esse perigo é real e imediato. Quando o guitarrista desliza seus dedos e transforma seu violão de 12 cordas em uma espécie de catalizador, todos ao seu redor no castelo Lympne ficam boquiabertos. O som que emana do enorme vão da escadaria no formato de um longo espiral é algo que parece ser impossível de ter origem terrena. Agora Paul canta como se fosse um fantasma, pairando sobre o som etéreo produzido por Laurence Juber e seus espíritos de luz que vieram colaborar com a gravação.

Antes de definir *Back to the Egg* como nome, Paul tinha quase certeza que abriria o álbum com a etérea "We're Open Tonight" e ampliar ainda mais seu conceito original. Em sua cabeça, o disco seria uma espécie de *sampler* do Wings, o cartão de visitas capaz de resumir a versatilidade do grupo que se preparava para voltar mais uma vez à estrada.

Em junho de 1979, Paul explicou a ideia por trás do nome do LP, que viria assumir um formato totalmente discrepante em relação a seu antecessor, *London Town*: "Era uma espécie de volta ao início e ao formato que tentávamos dar as coisas diferentes que fizemos no estúdio. O título que escolhemos parecia resumir o álbum: *Back to the Egg* (de volta ao ovo) – De volta ao começo. Nós gostamos de gravar em lugares incomuns. Isso dá às músicas um aspecto mais saudável e distinto."

Quando "We're Open Tonight" foi finalizada pelo Wings entre as quatro paredes daquele castelo do século treze, o eco natural que emanava da voz de Paul McCartney ainda era o charme especial da canção. Tudo isso iria escapar de nossa audição caso uma seleção das primeiras mixagens não fosse parar nas mãos de terceiros – e sem demora – nas coleções extraoficiais dos fãs. Basta ouvir com atenção Paul cantar a primeira frase da canção.

"We're Open Tonight" foi gravada entre 11 e 29 de setembro no Lympne Castle.

Paul: Baixo, vocal, violão e *backing vocals*. Linda: *Backing vocals* e percussão. Denny Laine: Guitarra, *backing vocals* e baixo. Laurence Juber: Guitarra e violão 12 cordas. Steve Holley: Percussão.

SPIN IT ON

Pete Townshend ainda nem desconfiava, mas o guitarrista do The Who estava a poucos meses de participar mais uma vez de um álbum com uma canção destacando um jogo viciante... "Pinball Wizard" – o mago do fliperama – foi um clássico da ópera rock *Tommy*, de 1969. "Spin It On", longe de se aproximar desse *status,* prometia, ao menos, agitar o novo disco do Wings, com influências recentes do cenário inglês.

Bem pertinho do Spirit of Ranachan, onde o Wings começou a gravar seu novo disco, fica o Rude Studio. No interior do pequeno laboratório sonoro, Paul teve a ideia para o *riff* de uma canção que

MASTERS

prometia replicar o espírito daqueles tempos. Não que o Wings tivesse aderido, ou pretendesse assumir o seu lado punk. "Spin It On", nesse caso, confirmaria o poder do grupo de ser versátil e de receber influências dos melhores grupos do momento: The Clash, Ramones e, óbvio, o Sex Pistols, produzido por Chris Thomas.

Thomas, agora a bordo de *Back to the Egg,* não tinha sido convocado apenas pelo envolvimento passado com Paul McCartney e os Beatles. Durante a pós-produção do áudio do especial *Wings over the World,* ele se reaproximou de Paul McCartney e acabou convidado para injetar adrenalina no grupo.

"London Town" e "Mull of Kintyre" – especialmente o *single* – tinham sido bem recebidos pelo público. Mas as perdas recentes de Jimmy McCulloch e Joe English tiraram do Wings um pouco de sua essência: o poder de tocar rock and roll ao vivo. Isso teria de ser remediado. Substituto de Joe English na bateria, e um dos encarregados a devolver adrenalina ao Wings, Steve Holley oferece suas memórias da sessão, em entrevista concedida a este autor em 2002: "'Spin It On' foi gravada na Escócia no início das sessões e fiquei surpreso quando Paul disse que a banda poderia fazer sua própria leitura da canção... Me lembro de ele entrar no estúdio com a ideia: a música teria de ser como uma sirene de um carro de polícia, com apenas duas notas, para causar impacto."

Laurence Juber lembra da sessão com carinho e também de trabalhar em alta velocidade para completar "Spin It On": "'Spin It On' é como um *rockabilly* punk, muito legal e com uma vibração implacável. Fiz toda a parte do solo de guitarra em vinte minutos. Ao menos pareceu ser bem rápido. Me lembro de estar com Paul ao meu lado na sala de controle enquanto tocava e tentava dar minha própria personalidade à música."

"Spin It On", a exemplo de "Getting Closer", precisava de um filme promocional para a divulgação na TV. No dia 5 de junho, Keith McMillan e sua equipe, formada por Phil Davey e Hugh Scott-Symonds, fizeram jornada dupla para rodar a produção dentro do mesmo hangar particular onde parte do promo de "Getting Closer" acabara de ser rodado, pertinho do castelo Lympne. Mark Williams, repórter do semanário britânico *Melody Maker,* acompanhou as gravações em locação. Nos intervalos das filmagens, o Wings decidiu animar alguns curiosos que passaram perto do hangar, com um pocket show especial.

"Spin It On" foi gravada no Spirit of Ranachan, Escócia, em 23 de julho de 1978. Paul: Baixo e vocal. Linda: Teclado. Denny Laine: Guitarra. Laurence: Guitarra. Steve Holley: Bateria.

AGAIN AND AGAIN AND AGAIN

London Town chegou às lojas no limiar de abril de 1978. Três meses depois, a nova formação do Wings já estava na Escócia preparando as primeiras faixas de seu novo projeto – como se não quisesse perder o embalo da chegada de seus novos integrantes. No fim de junho daquele ano, a ligação profissional entre Paul e Denny Laine estava bem perto de completar sete anos com sete álbuns produzidos nesse mesmo período – uma média excelente para qualquer padrão. Quem acompanhava o Wings desde 1971 estava à espera de conferir como evoluiriam as composições McCartney-Laine daqui em diante.

No LP anterior, a dupla havia dividido nada menos que cinco créditos: "London Town", "Children, Children", "Deliver Your Children", "Don't Let It Bring You Down" e "Morse Moose and the Grey Goose", além do multimilionário *single* "Mull of Kintyre".

Com tantas canções trabalhadas em conjunto, as expectativas para o desenvolvimento dessa parceria eram altas... Porém, não foram confirmadas em *Back to the Egg*. O máximo de interação entre Paul e Denny aconteceria em "Again and Again and Again" – música "salva" por Paul McCartney, após ele sugerir a junção de duas melodias distintas: "Again and Again and Again" e "Little Woman".

Em sua única canção como solista em *Back to the Egg*, Laine lamenta sobre o fim de uma relação, embora tivesse se unido havia meses à modelo Joan Alice Patrie, mais conhecida como Jo Jo Laine. Laine relembra como a música foi parar em *Back to the Egg*: "'Again and Again and Again' surgiu no Rude Studio. Comecei a tocar a música e Paul aparentemente gostou do que ouviu. Linda também estava lá e aprovou. No Wings funciona assim: (quando você mostra uma música) se alguém pega o gosto nós gravamos."

Keith McMillan escolheu "Again and Again and Again" como a terceira canção do LP a entrar no pacote de filmes promocionais de *Back to the Egg*. Embalado pela eficiente e tranquila produção em "Getting Closer" e "Spin It On", Keith agilizou sua equipe para rodar "Again and

Again and Again" naquele mesmo 5 de junho. A grande mudança foi a troca de cenário. Para rodar o promo, a Keefco levou o Wings para um belo campo próximo ao castelo Lympne e rodou quase todo o clipe com a banda dublando a música em contato direto com as flores coloridas, típicas da região.

"Again and Again and Again" foi gravada no Spirit of Ranachan, Escócia, entre 29 de junho e 27 de julho de 1978. Paul: Baixo, guitarra e *backing vocals*. Linda: Teclados. Denny Laine: Guitarra e baixo. Laurence Juber: Guitarra. Steve Holley: Bateria.

OLD SIAM, SIR

Linda tinha notado a mudança no gosto musical da filha nos últimos tempos. A pequena Heather Louise, a mesma garotinha loura vista pela primeira vez pelos fãs dos Beatles em *Let It Be* aos 6 anos, agora era uma seguidora do movimento punk. Prestes a completar 16 anos no final de 1978, Heather estava ligada em bandas bem diferentes, comparadas à liderada por seu pai adotivo. Na estante da adolescente se acumulavam discos e mais discos do The Damned, The Clash e Ramones mostrando que o gênero havia chegado de forma arrebatadora. "No começo, achei chocante", lembra Paul. "Mas depois de alguns dias de horror você descobre que a música era ótima. Os caras só estavam agitando o que precisava ser agitado. Minha filha mais velha costumava ser muito fã. Ela mergulhou de cabeça nisso, indo aos shows do The Clash, The Damned, Billy Idol... Não dá para negar que soava como algo renovador para o rock. Então, ouvi algo como 'Pretty Vancant', do Sex Pistols, produzido por Chris Thomas. Ele tinha trabalhado comigo nos Beatles. A energia da música era excelente, e você não podia negar isso."

"Old Siam, Sir" não tinha nada de "Pretty Vacant", é verdade. Quando a música apareceu em *Back to the Egg*, como penúltima atração do lado "Sunny Side Up", a faixa já era uma das mais antigas do disco. A demo original foi preparada a partir de uma linha melódica criada por Linda na Escócia em agosto de 1976, antes mesmo de começar as gravações de *London Town*. Ao lado da música, então chamada de "Super Big Heatwave", estava ainda a primeira versão de "With a Little Luck" e outros números experimentais que permaneceriam em seus arquivos.

Com Laurence Juber e Steve Holley em seus postos, as sessões que deram luz à "Old Siam, Sir" provariam ser as mais polêmicas do álbum.

Nas páginas de *Band on the Run: A History of Paul McCartney and Wings,* o autor Gerry McGee conta a história de que Steve Holly e Denny Laine entraram em conflito pela autoria das passagens instrumentais que levam até o *break* na metade de "Old Siam, Sir". Segundo o livro, Holly teria sonhado com a melodia, mas Paul decidira ficar do lado de Laine para resolver o assunto.

Quando questionado sobre "Old Siam, Sir" Paul McCartney apenas confirmaria a composição como obra coletiva do Wings: "A música nasceu de uma melodia criada por Linda ao piano e o resto foi sendo montado aos poucos pela banda durante algumas *jam sessions* que fizemos na Escócia. Depois eu escrevi as palavras que contam a história de uma mulher que deixa o Sião rumo à Inglaterra em busca de um homem, mas acaba retornando ao seu lugar. É uma longa história."

"Old Siam, Sir" foi lançada como *single* em junho de 1979, mas apenas no Reino Unido. Seu desempenho, 35º lugar nas paradas britânicas, ficou bem abaixo do esperado pelo Wings, após tanto empenho colocado nas sessões no Spirit of Ranachan. Além disso, "Old Siam, Sir" foi a primeira música a ganhar sua versão audiovisual pela Keefco. As imagens foram produzidas em 4 de junho, no hall do castelo Lympne, em Kent.

Enquanto isso, no Brasil, parecia que alguém estava ouvindo "Old Siam, Sir" com mais atenção. Os produtores do educativo *Telecurso Segundo Grau*, de grande audiência no país por quase duas décadas, decidiram incluir trechos instrumentais da música nas chamadas do programa entre 1979 e 1980.

"Old Siam, Sir" começou a ser gravada no Spirit of Ranachan, entre 29 de junho e 27 de julho. Mais sessões aconteceram em outubro em Abbey Road. Paul: Vocal, baixo e guitarra. Linda: Teclados. Denny Laine: Guitarra. Laurence Juber: Guitarra. Steve Holley: Bateria.

ARROW THROUGH ME

Paul Simon estava de volta à velha Inglaterra. A mesma casa que o acolhera em 1965 quando o compositor da dupla Simon and Garfunkel estava em busca de experiência nos clubes folk da capital britânica. Foi um período fértil, sem dúvida. Seu primeiro álbum solo, *The Paul Simon Songbook*, também havia sido gravado em território inglês, em um estúdio na New Bond Street. Desta vez, Paul estava disposto a acumular outras experiências e a visitar um "outro Paul". Sua passagem pelo estúdio enquanto o Wings finalizava *Back to the Egg* renderia uma boa história.

Laurence Juber conta: "Em 'Arrow Through Me' você ouve dois canais de bateria e quase mais nada, além do piano elétrico e dos metais... Lembro-me de Paul Simon nos visitando no estúdio. Quando ele ouviu a música, perguntou: 'Nossa, como vocês conseguem tirar esse som de contrabaixo? Simplesmente incrível.' Quando nós revelamos que aquilo era a base tocada por Paul no piano elétrico ele ficou realmente surpreso."

O baterista Steve Holley relembra um pouco como a música foi gravada no Spirit of Ranachan, em entrevista concedida a este autor em 2002: "Gravar 'Arrow Through Me' foi muito divertido. Paul estava empolgado e com pressa naquele dia. Chegamos cedo no estúdio e finalizamos a música bem antes dos outros chegarem. Depois, só faltou acrescentar os metais na música."

Estava na hora de convocar um grupo especial para finalizar a canção que deixou Paul Simon empolgado. Paul McCartney decidiu não convocar sua banda de metais para as sessões de *London Town*. Desde 21 de outubro de 1976, quando o Wings sobrevoou a Inglaterra e pousou no Empire Pool, os incríveis instrumentistas não participavam de qualquer gravação da banda. Mas esse pequeno tabu estava bem perto de ser quebrado quando Paul chamou Dorsey, Thaddeus Richard, Steve Howard e Howie Casey para completar algumas faixas de *Back to the Egg* em Abbey Road. "Arrow Through Me" estava nessa lista. Por ser uma gravação bastante esparsa, com apenas piano e bateria, o arranjo caprichado de Dorsey para trompete, saxofone e tromba causaria impacto dobrado.

"Arrow Through Me" foi gravada no Spirit of Ranachan Studios entre 29 de junho e 19 de julho. Mais instrumentos foram adicionados em outubro e dezembro de 1978 em Abbey Road.

Paul: Vocal, piano elétrico Rhodes e sintetizador. Steve Holley: Bateria e percussão com flexatone. Thaddeus Richard, Steve Howards, Tony Dorsey Howie Casey: Metais.

"Arrow Through Me" também ganhou o seu filme promocional, com produção da equipe chefiada por Keith McMillan, a Keefco. Desta vez, os trabalhos foram transferidos para o Ewart & Co Studios, em Wandsworth, onde tudo foi gravado. No clipe, Paul aparece em diversas imagens dobradas, tocando piano elétrico e dublando a música.

ROCKESTRA THEME

Back to the Egg estava quase todo planejado naquele final de setembro de 78. Mas durante as sessões no castelo Lympne, Paul decidiu apresentar uma surpresa aos seus parceiros de banda. Tirou de sua mochila uma fita com a demo original de "Rockestra Theme", gravada por ele ao piano havia uns cinco anos e propôs a ideia de convocar alguns dos nomes mais poderosos do rock britânico para acompanhá-lo na empreitada. Não seria como *The Death of Variety* – as batalhas não aconteceriam. Mas reunir no mítico Studio 2 de Abbey Road membros do The Who, Led Zeppelin, Pink Floyd além de Hank Marvin e Ray Cooper não seria coisa para amadores.

Paul recorda: "'Rockestra Theme' traz ótimas memórias para mim – de John Bonham em particular. Porque ele é o motor por trás da seção rítmica. Todos os caras bacanas que apareceram: Pete Townshend, Hank Marvin, David Gilmour, John Paul Jones... Era uma ideia engraçada, que tentamos revitalizar. Pensei: quantas cidades do mundo possuem inúmeros bateristas, guitarristas e baixistas que conseguem se reunir apenas em grupos pequenos, enquanto violinistas, percussionistas e violoncelistas estavam acostumados aos grupos maiores? Foi algo do tipo: por que então nós não fazemos o contrário e reunimos um grande grupo de rock? Imagine vinte baixistas, dez bateristas... Seria uma cena fantástica, e eu pensei em fazer algo que fosse uma espécie de convite."

Muito mais complicado do que gravar "Rockestra Theme" de forma simultânea como uma "orquestra de roqueiros" foi conseguir reunir tanta gente daquele calibre para dois dias de trabalhos em Abbey Road. No total, 15 grandes nomes, além do Wings e a banda de metais liderada por Tony Dorsey participariam das sessões em outubro. No final, a logística empregada por Paul, Linda e o pessoal da MPL dera

MASTERS

mais do que certo. Apenas Jeff Beck e Eric Clapton da lista original deixariam de comparecer. Já o baterista do The Who, Keith Moon – um dos primeiros nomes imaginados por Paul –, faleceria algumas semanas antes do projeto começar.

Quando o último prato de bateria socado por John Bonham ricocheteou dentro de Abbey Road, até mesmo o sempre pragmático Pete Townshend se curvou: "Temos de fazer isso todo final de semana, Paul!", brincou o guitarrista do The Who.

Mesmo curtindo a aventura e adorando o projeto, um dos bateristas da sessão não gostou muito de como o material viria a ser aproveitado pelo Wings. Em entrevista concedida a este autor em 2002, Steve Holley apontou: "Sendo sincero, gostaria muito que o projeto tivesse sido lançado como um item à parte. Na forma de um EP, talvez. Nunca achei que 'Rockestra Theme' se encaixasse bem em *Back to the Egg*. Mas, claro, é só uma opinião."

Na opinião da Indústria Fonográfica dos Estados Unidos, "Rockestra Theme" tinha sido um sucesso. Em 1980, a faixa seria premiada com o Grammy de Melhor Instrumental de Rock – o primeiro da história.

"Rockestra Theme" foi gravada nos dias 3 e 4 de outubro em Abbey Road.

Paul McCartney: Baixo, piano, vocal. Linda McCartney: *Backing vocals* e teclados. Denny Laine, Laurence Juber, David Gilmour, Pete Townshend: Guitarra. Tony Ashton: Teclados. Gary Brooker: Piano. Bruce Thomas e Ronnie Lane: Baixo. John Paul Jones: Baixo e piano. Steve Holley, John Bonham e Kenney Jones: Bateria. Ray Cooper, Tony Carr e Morris Pert: Percussão. Tony Dorsey, Howie Casey, Thaddeus Richard e Sterve Howard: Metais.

Durante os dois dias de atividades em Abbey Road, o diretor Barry Chattington rodou um documentário sobre os bastidores de "Rockestra". Assim como seu primeiro projeto ao lado do Wings, *The Bruce McMouse Show,* apenas algumas cenas seriam divulgadas oficialmente. Em 2001, Paul decidiu montar um videoclipe com a performance de "Rockestra Theme", gravada em 3 de outubro.

Outro vídeo com o registro de "Rockestra Theme" foi produzido e transmitido pela TV inglesa e americana. Mas desta vez, com a versão ao vivo da música apresentada no Hammersmith Odeon em 29 de dezembro de 1979 como parte do evento beneficente *The Concerts for the People of Kampuchea.* Além da maior parte do elenco que gravou a música em Abbey Road, estiveram presentes nesta oportunidade James Honeyman, Dave Edmunds, Billy Bremner e Robert Plant.

TO YOU

Steve Holley é um excelente baterista e, além de tudo, tem excelente memória. Ao contrário do que muito se propagou no final do Wings (principalmente após a prisão de Paul McCartney em janeiro de 1980, no Japão), a atmosfera dentro da banda tinha sido excelente nos últimos anos. Ao ser perguntado por este autor sobre uma das canções menos comentadas da discografia do Wings, Steve Holley tinha na ponta da língua uma resposta crua e precisa: "'To You' foi a primeiríssima canção gravada do álbum, no Spirit of Ranachan, na Escócia. Todos nós contribuímos com o vocal e ficou um ótimo trabalho."

Quando finalizado, apesar de perder a intrincada "Cage" para "Baby's Request", *Back to the Egg* se transformaria no álbum mais pesado da saga do Wings – algo particularmente interessante por este eventualmente ser o "canto de cisne" do grupo formado em 1971.

Além do punk, o álbum recebeu outras influências – novas e antigas, conforme Paul apontou em entrevista a Paul Gambaccini em 1979: "Gosto muito do The Jam, Squeeze e outros grupos. Não que eu esteja ligado totalmente neles, mas gosto de algumas coisas que estão rolando. Curto algumas coisas de Elvis Costello, na verdade, gosto bastante, quer dizer, as coisas mais novas. Ainda acho Stevie Wonder incrível e adoro Elvis Presley. Gosto de 'Lord Duncan Is Missing' do Peter and The Test Tube Babies. John Peel (famoso radialista britânico – 1939-2004 – nota do autor) sempre coloca para tocar essa música."

"To You" foi gravada no Spirit of Ranachan, Escócia, em 29/06/78.

Paul: Baixo, vocal e violão. Linda: Órgão. Denny Laine: Guitarra. Laurence Juber: Guitarra. Steve Holley: Bateria.

AFTER THE BALL

Paul andava inspirado em 1974. Logo após concluir *Band on the Run* e o *single* "Junior's Farm", estava na hora de ativar seu piano e gravador para registrar uma série de composições recentes, incluindo

"Mull of Kintyre" e o primeiro *medley* de *Back to the Egg*: "After the Ball"/"Million Miles".

Desde sua primeira versão, Paul cantava sobre o poder curativo de uma pessoa que o salvava em meio de uma festa rodeada por desconhecidos. Parecia, de certa forma, o pesadelo enfrentado pelo tímido adolescente em Liverpool que esperava até o último segundo para dançar com as garotas nos bailes – tema que seria abordado com um clima mais festivo em "Ballroom Dancing", faixa de *Tug of War*.

"After the Ball" foi gravada entre 11 e 29 de setembro no Lympne Castle.

Paul: Baixo, guitarra, vocal e piano. Linda: *Backing vocals*, órgão e pandeirola. Denny Laine: Guitarra. Laurence Juber: Guitarra e violão. Steve Holley: Pandeirola e bateria.

MILLION MILES

Sem ainda concluir o motivo, Laurence Juber pressentiu uma espécie de clima especial naquela tarde no castelo Lympne. Paul tinha escolhido uma das músicas mais antigas de seus arquivos para completar o primeiro *medley*, ao lado de "After the Ball". Para concluir sua missão, a gravação teria de ser algo transcendente.

"Million Miles" era um lamento composto por ele em 1974 – quase uma canção de escravos africanos em permanente exílio no Delta do Mississipi. Juber se perguntou como isso iria soar em um disco tão britânico. Logo ele descobriria.

Acompanhado pelo *staff* do castelo – incluindo o proprietário, Harold Margary – Paul subiu até a sacada cinza, onde Trevor Jones e Ian Horne, os *roadies* do Wings, já tinham montado o equipamento. Dois microfones, sendo um posicionado bem acima, foram instalados para captar cada nota que ele estava a poucos minutos de cantar. Vestido com uma calça preta, camisa branca e um camisão bege por cima, Paul sentou-se e apanhou sua concertina, uma espécie de sanfona.

Steve Holley também curtiu o clima da gravação de "Million Miles" – em especial, a produção do filme promocional: "O que marcou neste *medley* foi a gravação do clipe, feita no Castelo Lympne. Pelo menos em minha cabeça, conseguimos capturar o espírito e a atmosfera do castelo."

"Million Miles" foi gravada entre 11 e 29 de setembro no Lympne Castle.

Paul: Vocal e sanfona.

WINTER ROSE

Se as apostas estivessem abertas, "Winter Rose" seria apontada como favorita a ser mais uma das canções registradas no ambiente medieval do castelo Lympne, erguido no século XIII na bucólica região de Kent. Com seu arranjo pontuado pelo belo som do cravo tocado por Paul, a música dá todos os indícios de que fora isso que acontecera. Na verdade, "Winter Rose" é uma das poucas canções incluídas no lado B de *Back to the Egg* ainda gravada no Spirit of Ranachan, na Escócia, entre junho e julho.

Steve Holley tem uma bela lembrança da sessão no Spirit of Ranachan: "'Winter Rose' foi gravada na Escócia. Toquei atabaques do lado de fora do estúdio, sob a luz do luar. Acho que, ao menos naquela oportunidade, nos pareceu uma excelente idéia. Já 'Love Awake' foi produzida no Castelo Lympne."

"Winter Rose" foi gravada entre 12 e 17/07 no Spirit of Ranachan, na Escócia.

Paul: Vocal, baixo, piano e cravo. Linda: *Backing vocals* e teclado. Denny Laine: *Backing vocals* e violão. Laurence Juber: Violão e guitarra. Steve Holley: Bateria e percussão.

Embora tenha sido gravada na Escócia, "Winter Rose" teve seu filme promocional totalmente produzido no castelo Lympne, em Kent. As imagens mostram o grupo dentro e fora do castelo, com Paul e Linda passeando a cavalo e dublando a canção, próximo a uma fogueira. Produzido e dirigido pela Keefco.

LOVE AWAKE

Paul estava em dúvida sobre a conclusão do segundo *medley* de *Back to the Egg*. A música a ser finalizada era "Love Awake", uma balada composta em 1976 e já gravada em uma sessão produzida na Escócia.

Disposto a dar mais corpo à versão original, Paul convocou o Wings para regravar a faixa, que desta vez contaria com a participação do mesmo grupo que ele produzira em 1968 para a Apple Records: a The Black Dyke Mills Band.

Laurence Juber: "Me lembro de Paul gostar da minha performance no contrabaixo quando gravamos a demo de 'Love Awake'. Na hora de regravar a música para o disco, ele preferiu que eu continuasse a tocar o instrumento que ele tanto domina. Na sessão final no castelo Lympne, ele me orientou como teria de repetir o que fiz naquela primeira gravação."

"Love Awake" foi gravada entre 11 e 29 de setembro no Lympne Castle. Mais gravações aconteceram em Abbey Road em 1º de abril de 1979.

Paul: Vocal, violão e *backing vocals*. Linda: *Backing vocals* e teclado. Denny Laine: Violão e *backing vocals*. Laurence Juber: Violão e baixo. Steve Holley: Percussão e bateria. The Black Dyke Mills Band: Metais, baixo e percussão.

THE BROADCAST

Paul McCartney sabia que David Bowie não tinha medo de opinar. Por isso, contava com suas habilidades como editor para saber como andavam as gravações de *Back to the Egg*. Com seu olhar vítreo e pensativo, Bowie começou a selecionar mentalmente o que ouvia e a tecer alguns comentários sobre as músicas. Alguns incisivos. Outros, nem tanto. Quando ele não gostava muito do que tinha acabado de escutar, não fazia cerimônia: Esta não!

Mas ao se deparar com uma das mais excêntricas produções de *Back to the Egg*, não demorou para sugerir a Paul McCartney que "The Broadcast" fosse lançada imediatamente como *single*. Paul sabia desde o início que não faria isso com seu experimento, mas agradeceu a disposição de David Bowie.

Paul recorda como "The Broadcast" foi produzida no ambiente mágico do castelo Lympne: "As duas pessoas donas do castelo (Harold and Dierdre Margary) participaram das gravações do álbum. Eles eram senhores muito adoráveis, embora fôssemos de gerações e classes totalmente distintas. Quando descobri uma série de coisas em comum com o casal, pedi a eles que nos ajudassem com algumas gravações. Eles teriam de ler frases ou poesias de sua escolha para montarmos uma colagem que se chamaria 'The Broadcast'."

Paul não teve muito trabalho para persuadir os proprietários do castelo Lympne. Enquanto Harry e Deirdre liam trechos da peça *The Sport of the Kings* (1924), escrita pelo autor teatral inglês nativo de Manchester, Ian Hay, e *The Little Men* (1915), de autoria do britânico John Galsworthy, Paul tocava sua guitarra com um gizmo acoplado no braço do instrumento, produzindo um efeito atmosférico distinto.

"The Broadcast" foi gravada entre 11 e 29 de setembro no Lympne Castle.

Paul: Piano, mellotron e guitarra com gizmo. Harold e Dierdre Margary: Narração.

SO GLAD TO SEE YOU HERE

Os efeitos sísmicos de "Rockestra Theme" ainda chacoalhavam as estruturas da mansão erguida em 1831 – e convertida em estúdio cem anos mais tarde – quando os "peregrinos do rock" retornaram no dia seguinte para mais uma experiência sônica, supervisionados por Paul e Chris Thomas. Desta vez, a gravação não seria tão bombástica, mas não fugiria do conceito implantado na quarta-feira.

O título da música era um caso pensado: "So Glad to See You Here" – Paul estava feliz em testemunhar alguns dos maiores nomes da música reunidos para tocar em Abbey Road. Ainda que ele tenha se decepcionado com alguns personagens. "Muitas pessoas no mundo da música estavam pensando em montar um super grupo de rock ao invés de uma orquestra, então decidi fazer... Jeff Beck era um dos que participariam da sessão. Eric Clapton também. Beck ficou preocupado com sua atitude, caso não gostasse da música. Ele queria dizer: 'Não gostei disso então vou embora...' Eric não quis participar."

Laurence Juber: "Foi uma sessão realmente incrível. Fizemos tudo em uma tarde. Todos eram músicos muito tarimbados, então não precisaram de muito tempo para aprender o que iriam tocar. A parte técnica foi a mais desafiadora porque os engenheiros trabalharam com dois gravadores de 24 canais conectados... Todos deixaram seus egos do lado de fora do estúdio para tocar. Os másters usados nos CDs

MASTERS

dos anos 90 eram apenas adequados, então espero que Paul relance versões com melhor qualidade de áudio. Tenho comigo muitas fotos inéditas dessas sessões."

Para relembrar o efeito surpresa de "Nineteen Hundred and Eighty-Five", no álbum *Band on the Run*, Paul decidiu acrescentar uma versão reggae de "We're Open Tonight" no finalzinho da música.

"So Glad to See You Here" foi gravada em 3 e 4 de outubro em Abbey Road e concluída entre janeiro e fevereiro de 1979 no Replica Studio, na MPL.

Paul McCartney: Baixo, piano e vocal. Linda McCartney: *Backing vocals* e teclados. Denny Laine: Guitarra. Laurence Juber: Guitarra. David Gilmour: Guitarra. Steve Holly: Bateria. Ray Cooper: Percussão. Tony Ashton: Teclados. Gary Brooker: Piano. Pete Townshend: Guitarra. Bruce Thomas: Baixo. Ronnie Lane: Baixo. John Paul Jones: Baixo e piano. Kenney Jones: Bateria. Tony Carr: Percussão. Morris Pert: Percussão. John Bonham: Bateria. Tony Dorsey, Howie Casey, Thaddeus Richard e Sterve Howard: Metais.

BABY'S REQUEST

Naquela noite, em uma boate próxima a Cannes, o ar estava mais leve. O calor do verão no sul da França já não incomodava. Que show! Paul e Linda estavam fascinados com a combinação de vozes que ainda ecoava pelo hotel... Eram eles mesmos, os míticos Mill's Brothers, o grupo vocal favorito de Dean Martin, Bing Crosby e de muitos astros da era de ouro da música e do cinema.

Paul nunca disfarçou o seu gosto pelo som dos anos 30 e 40 – era uma tradição familiar que ele respeitava. Após ouvir aqueles americanos de Ohio cantarem como pássaros alguns de seus temas favoritos, como "Bye-Bye Blackbird" e "Sleepy Head", ele não resistiu. Deu um pulinho no camarim e concordou em oferecer seus serviços como compositor. "Estávamos no sul da França e tivemos a chance de ver os Mill's Brothers em uma noite. Eles foram ótimos e cantaram exatamente como costumavam fazer antigamente, mesmo com mais de 70 anos. Fiquei empolgado, e decidi dar uma passadinha no camarim para cumprimentá-los. Um deles chegou até a mim e me perguntou: 'Paul, que tal escrever uma canção pra gente?' Falei: 'Ok, Herbie!' Voltei para o hotel e no dia seguinte compus 'Baby's Request'. Depois, em Abbey Road, preparamos uma demo especialmente para mostrar a canção aos Mill's Brothers. No fim, acho que o empresário deles entendeu que nós iríamos pagá-los para gravar. Então, acabamos fazendo a nossa versão e incluímos no álbum."

"Baby's Request" foi gravada em outubro de 1978, em Abbey Road.

Paul: Vocal, harmonias, baixo Kay Bass Maestro M1 e moog. Linda: *Backing vocals*. Denny Laine: Piano e *backing vocals*. Laurence Juber: Guitarra. Steve Holley: Bateria com escovas.

No filme promocional de "Baby's Request" rodado pela Keefco em 1º de junho de 1979, o Wings se transforma em uma banda da Legião Estrangeira, tocando em uma região arenosa em Camber Sands, East Sussex. Paul aparece em diversos *takes* tocando piano e o Kay Bass Mastro, do baixista de Elvis Presley, Bill Black.

Outras músicas da era *Back to the Egg*

GOODNIGHT TONIGHT

Armado até os dentes com o seu característico pragmatismo, Paul sentiu que o Wings andava ausente das emissoras de rádio. Por suas contas, no final de 1978 a banda não lançava nada havia mais ou menos sete meses. Estava na hora de preparar alguma surpresa para agitar o mercado, enquanto *Back to the Egg* não saía do forno. "Quando escrevi 'Goodnight Tonight' pensava apenas em fazer uma música para as pessoas dançarem. Simplesmente, porque a compus certa noite, logo após sair de uma discoteca. Escutei tudo o que estavam tocando na casa e minha mente girava em torno disso. Então, quando fiz a música me inspirei nos discos do gênero que faziam sucesso naquele momento."

Paul devia estar mesmo com a chamada "febre de compositor", a ponto de gravar a base de "Goodnight Tonight" quase um ano antes da versão produzida pelo Wings. Ainda mais em janeiro, quando o clima em Campbeltown não é nada parecido com agosto – típico mês reservado para sessões no Rude Studio. Suas fontes de inspiração incluem *hits* do momento que dominavam as pistas como "Disco Inferno" (The Tramps), "Don't Leave Me This Way" (Thelma Houston) e "Got to Give It Up" (Marvin Gaye).

Laurence Juber tem boas lembranças da gravação de "Goodnight Tonight": "A gravação original estava bem incompleta, então voltamos a trabalhar bastante em janeiro de 1979, no Replica Studio. Eu e Denny adicionamos mais guitarras e um solo de violão. Como não tinha meu instrumento na hora, usei um Ovation Adamas emprestado para dedilhar, bem no estilo flamenco."

"Goodnight Tonight" foi gravada nos dias 04 e 23/01/1978 no Rude Studio e finalizada entre janeiro e fevereiro de 1979 no Replica Studio, na MPL. Paul: Vocal, *backing vocals*, baixo, pandeirola, vocoder, violão, guitarra, sintetizador, bateria e percussão. Linda: *Backing vocals*. Denny Laine: *Backing vocals* e guitarra. Laurence Juber: *Backing vocals*, violão e guitarra. Steve Holley: Bateria, *backing vocals* e percussão.

Keith McMillan rodou o vídeo de "Goodnight Tonight" no Hammersmith Palais, em Londres, em 3 de abril de 1979. Cinco versões foram editadas, combinando imagens do Wings usando trajes dos anos 30 a cenas contemporâneas.

DAYTIME NIGHTTIME SUFFERING

"'Daytime Nighttime Suffering' é uma de minhas músicas favoritas." (Paul McCartney a Oprah Winfrey, 1984)

"De meu trabalho contemporâneo, acho que 'Daytime Nihghtime Suffering' é uma das melhores... É um a música muito pró-mulher." (Paul McCartney a Mark Lewisohn, 1988)

"(Ser a favor da mulher) É um tema recorrente em minhas músicas. Esta é uma que gosto bastante. Me lembro que Linda também amava 'Daytime Nightime Suffering'." (Paul McCartney em *Conversations with McCartney*, Paul DuNoyer)

"'My Love', 'Maybe Amazed' e 'Daytime Nightime Suffering' são algumas de minhas favoritas do Wings." (Paul McCartney, Revista *TV Guide*, maio 2001)

Decifrar a mente criativa de compositores geniais não é uma tarefa para principiantes. De todas as canções compostas, gravadas, mixadas e lançadas por Paul McCartney desde 1970, "Daytime Nighttime Suffering" – um lado B esquecido por anos e anos até ser recuperada como faixa adicional do CD *Back to the Egg* – tem sido a mais elogiada por seu próprio autor.

Não importa o ano ou a década. Quando questionado, Paul insistia em bater na mesma tecla de piano usada para compor "Daytime Nighttime Suffering" – um tipo de "balada disco", que acompanharia "Goodnight Tonight" em sua trajetória rumo ao 5º lugar nas emissoras de ambos lados do oceano Atlântico em março de 1979.

Quando "Goodnight Tonight"/"Daytime Nighttime Suffering" chegou às lojas, três meses antes de *Back to the Egg*, junto com o *single* veio um enorme ponto de interrogação. A questão era: Como Paul descartara do LP uma das melhores canções, inclusive, de acordo com seu próprio julgamento? Paul seria o último capaz de entender seus próprios motivos, embora estivesse determinado a deixar de fora uma gema que transcendia a bela melodia.

***

No capítulo de *Band on the Run: A History of Paul McCartney & Wings* dedicado às sessões de *Back to the Egg*, o autor Garry McGee aponta que "Daytime Nighttime Suffering" surgiu em um final de semana de janeiro, após Paul desafiar os demais membros da banda a compor um lado B para o próximo *single*. Quem aparecesse com a melhor ganharia o espaço no vinil. Na segunda-feira, Paul teria aparecido com a música ideal, automaticamente eleita para acompanhar "Goodnight Tonight".

Em 2002, Steve Holley ofereceu uma versão diferente, em entrevista concedida a este autor: "'Daytime Nighttime Suffering' foi composta durante o período de mixagem de *Back to the Egg*, por isso foi lançada apenas como lado B do *single* 'Goodnight Tonight'. Após estar completa, Paul nos desafiou a dar o máximo para que ela fosse lançada a tempo. Conseguimos, mas infelizmente a música foi a última a ser gravada pelo Wings."

Paul McCartney apresenta outro ângulo para "Daytime Nighttime Suffering" ser apenas um lado B: "Quando o especial *Wings over the World* estava próximo de estrear (em março de 1979 – nota do autor), pensei que seria ótimo lançar uma música nova naquele momento. Então, ficamos anos (pelo menos, pareceu anos) discutindo e pensando qual seria o lado A. Por muito tempo, 'Daytime Nighttime Suffering' seria o *single*, mas 'Goodnight Tonight' venceu a disputa."

Remixada ao menos 49 vezes antes de ser devidamente prensada em vinil, "Daytime Nighttime Suffering" foi a primeira música a ser gravada no estúdio Replica, construído em caráter emergencial na nova sede da MPL. Paul não queria perder o clima das recentes sessões em Abbey Road, mas como seu tempo de aluguel de estúdio estava perto do fim, a saída foi apostar em uma extravagância: reproduzir o Studio 2 da EMI no porão de seu escritório relocado na Soho Square, em Londres.

"Daytime Nighttime Suffering" foi gravada entre janeiro e fevereiro de 1979 no Replica Studio, MPL.

Paul: Vocal, baixo, *backing vocals*, sintetizador e pandeirola. Linda: *Backing vocals*, órgãos e auto-harpa. Denny Laine: *Backing vocals* e guitarra. Laurence Juber: Guitarra. Steve Holley: Bateria e pandeirola. James Louis: Voz incidental.

SAME TIME NEXT YEAR

Ao ouvirem a bela letra de "Same Time Next Year", Steve Holley e Laurence Juber nem sonhavam que os produtores do filme *Tudo Bem no Ano Que Vem* estavam bem perto de rejeitarem a música. Não era um bom presságio para a estreia da dupla no Wings.

Todo o esforço para finalizar a balada foi uma tarefa digna de Hércules. Em 5 de maio de 78, o Wings entrou no RAK Studios para completar a base da música. No dia seguinte, Paul seguiu para Abbey Road com a missão de supervisionar a gravação dos arranjos orquestrais criados em parceria com o irlandês Fiachra Trench, velho conhecido de *Wings at the Speed of Sound*, e professor de piano de Linda.

Para esse trabalho, Fiachra solicitou um exército armado com 34 violinos, 14 violas, 12 violoncelos e 9 contrabaixos, além de uma combinação de clarinetas, flautas, xilofones e címbalo, instrumento típico da Hungria, sugerido por Paul McCartney.

Com a música arranjada e quase pronta, veio a decepção: "Same Time Next Year" não ganharia o sinal de positivo do diretor Robert Mulligan. Usando a linguagem mais atual, a letra entregava muitos *spoilers* do filme.

Antes de ser lançada como lado B do *single* "Put It There", em 1990, a música ainda seria cogitada para as versões de 1981 e 1986 do projeto *Cold Cuts*. Atualmente, a música está disponível como "disco virtual" para quem adquirir a edição de luxo de *Flowers in the Dirt*, lançada em março de 2017.

"Same Time Next Year" começou a ser gravada em RAK Studios, em Londres, em 5 de maio. Nova sessão aconteceu em Abbey Road, no dia seguinte.

Paul: Vocal, *backing vocals*, piano e violão. Linda: *Backing vocals*. Denny Laine: *Backing vocals*, baixo e violão. Laurence Juber: Guitarra. Steve Holley: Bateria e pandeirola. John Leach: Címbalo. Orquestra e clarinetas: Músicos não creditados.

THE RUPERT PROJECT

"Rupert Song 1 e 2", "Tippi Tippi Toes", "Flying Horses", "Sea/Cornish Wafer", "Storm", "Nutwood Scene" e "Walking in the Meadow" são composições originalmente destinadas ao longa-metragem de animação estrelado pelo ursinho Rupert, eventualmente cancelado. A maioria das faixas foi incluída em uma demo produzida pelo Wings em julho de 1978. "The Palace of the King of the Birds" (composta em 1969), "Sea Melody" (regravada como "Celebration" para a peça orquestral "Standing Stone"), "When the Wind Is Blowing" e "Sunshine, Sometime", gravadas originalmente durante as sessões de *McCartney* e *Ram*, também seriam selecionadas para a trilha. Além da música, Paul adicionou narrações para a história.

NO BAÚ DE *BACK TO THE EGG*

As sessões de *Back to the Egg* não produziram muitas músicas extras além das lançadas no LP e no *single* "Goodnight Tonight". Ainda assim, projetos paralelos geraram diversas composições que permanecem nos arquivos.

"Cage" seria a segunda faixa no projeto inicial do LP, dando seu lugar na versão oficial para "Baby's Request". A música também foi considerada para o projeto *Cold Cuts*, assim como "Robber's Ball", uma miniópera surreal, disponível em quatro versões.

MASTERS

"Cruisin' Ahead", gravada em 22 de junho de 1979, é um *rockabilly* inédito recentemente descoberto nas mãos dos colecionadores. "I Can't Write Another Song" e "Give Us a Chord, Roy" seriam reservadas para a fita entregue em 1980 a George Martin, logo descartadas pelo produtor. Ambas foram apresentadas por Paul McCartney, de forma parcial, no programa de rádio *Oobu Joobu*, em 1995. "Boil Crisis" é uma paródia da música punk, gravada no Rude Studio, e divulgada oficialmente pela primeira vez em 1995, também no *Oobu Joobu Wide Screen Radio*. "Ranachan Rock", "Take Me to Your Garden" e "That Strange Old Fashioned Feeling" são inéditas que permanecem nos arquivos de Paul McCartney.

CAPÍTULO 13
McCARTNEY II

" Eu só estava me afastado daquilo tudo. Basicamente, sou eu no estúdio descobrindo os sintetizadores." **(Paul McCartney, 2011)**

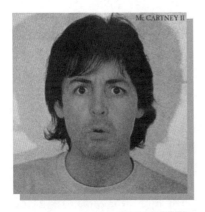

Capa: Linda McCartney
Arte: Paul e Linda
Gravações: Entre junho e julho de 1979
Produzido por: Paul McCartney
Datas de lançamento: 16/05/1980 e 26/05/1980 (Reino Unido/EUA)
Desempenho comercial: 1º e 3º (Reino Unido/EUA)

Do pó vens, ao pó voltarás... Paul McCartney nunca foi religioso. Também não importa se os fãs do Wings eram seguidores de alguma religião. Mas no final dos anos 1970 todos já estavam cientes de que as idas e vindas de seus integrantes indicavam que o fim da banda poderia estar perto. Do pó, o Wings surgiu no início da década, tocando apenas em universidades. E rumo ao pó, o combo liderado por Paul estava seguindo... Só faltava saber quando e como isso iria acontecer.

Quando *Back to the Egg* ficou pronto em meados de 1979, as infinitas horas passadas na mesa de som produzindo o álbum pesaram como chumbo nas asas do sempre centralizador Paul McCartney. Nem mesmo a entrada do produtor Chris Thomas na sala de controle foi suficiente para aliviar o fardo. Então, quando junho chegou, Paul decidiu dar um basta naquela rotina. "Começar de novo" – aquele antigo bordão – estava, sim, em seus planos.

O primeiro passo da empreitada foi montar um estúdio nos arredores onde ele cravara raízes na bucólica Peasmarsh, East Sussex, no ano anterior. Junto ao conforto da família, Paul McCartney pensou em repetir o processo que o ajudara tanto no final dos Beatles. Ao invés do gravador de 4 canais básico utilizado para produzir as primeiras faixas de *McCartney* perto do Natal de 1969, Paul tratou de alugar aparelhos que dessem mais recursos para experimentar.

A primeira fase dessa musicoterapia aconteceu no estúdio improvisado em um celeiro em Lower Gate Farm. Equipado com um gravador Abbey Road Studio A 80 de 16 canais e uma coleção variada de instrumentos – incluindo os baixos Yamaha e Fender Jazz, sua fiel guitarra Epiphone Casino e os novíssimos sintetizadores Roland Jupiter e Yamaha CS80 – Paul iniciou os testes para ver se era capaz de fazer tudo sozinho. Checar a máquina de gravação em "Check My Machine" foi o que literalmente o já quase ex-Wings fez em sua primeira solitária sessão em Sussex. Paul gostou do que ouviu. Mexer nos sintetizadores, afinal de contas, parecia ser mesmo divertido.

Depois de trabalhar perto da família, Paul achou que as gravações iniciadas havia duas semanas estavam ficando sérias demais para serem encaradas somente como um experimento. Longe das distrações caseiras, Paul deu continuidade ao projeto no já conhecido Spirit of Ranachan, estúdio onde parte de *Back to the Egg* tinha sido preparado em 1978.

Já na final das sessões, Paul decidiu convocar Eddie Klein, antigo caseiro do moinho, em Sussex, para ajudá-lo a mixar as 20 músicas que ele tinha preparado a partir de bases de bateria e sequenciadores. Além de "Coming Up", "Nobody Knows" e "Temporary Secretary" – que eventualmente seriam escolhidas para ocupar *McCartney II* – Paul decidiu resgatar a bela "Waterfalls" – composição muito mais convencional, com a intenção de dar apelo comercial ao disco. Isso só aconteceria, claro, após um conhecido opinar sobre o material caseiro que ele criara nas últimas seis semanas. Até então, nada do que ele tinha gravado "como um cientista maluco", segundo palavras do próprio, em Sussex e na Escócia, estava nos planos de ser transformado em vinil.

McCartney II foi lançado em 16 de maio de 1980, quatro meses após Paul ser preso no Japão por posse de maconha às vésperas de uma breve turnê do Wings pelo país. Antes planejado como LP duplo, com as músicas descartadas lançadas oficialmente apenas em 2011, o segundo disco caseiro de Paul McCartney seria tratado pela imprensa e fãs como uma resposta direta à detenção em Tóquio, mas de forma equivocada.

Apesar de trazer uma faixa instrumental chamada "Frozen Jap", Paul desconversou sobre qualquer intenção de tripudiar as autoridades que o fizeram passar dez dias na cadeia. Denny Laine, seu parceiro de Wings desde o marco zero, foi o mais afetado pelo cancelamento da turnê nipônica. Sua reposta amarga também foi traduzida em música com o LP *Japanese Tears*. O disco de Laine, assim como *McCartney II*, confirmaria a teoria de que a banda mais famosa de Paul McCartney após os Beatles estava a menos de um passo, ou de um ruflar de asas, de virar cinzas.

McCARTNEY II – FAIXA A FAIXA

COMING UP

McCartney II é um artefato histórico e, sendo assim, pertence ao limiar dos anos 1980. Mas se você checar sua máquina do tempo com um pouco mais atenção, irá notar que o disco é um álbum que lida de forma simultânea com as incógnitas e riscos reservados pelo futuro, desde a primeira linha de "Coming Up" até a faixa de encerramento. "Coming Up" – observe – ajudaria, de certo ponto de vista, a traçar os próximos passos de John Lennon. Composta por Paul, ou melhor, montada, parte por parte, instrumento por instrumento, no gravador Studer de 16 canais instalado em sua fazenda escocesa, "Coming Up" foi uma das músicas que descarregou eletricidade em John enquanto ele cuidava do filho Sean no confortável apartamento próximo ao Central Park, em Nova Iorque. Então bem distante do cenário pop (*Walls and Bridges*, seu mais recente disco de inéditas, era de 1974), John chegou a comentar diversas vezes sobre a música, inclusive, esclarecendo qual seria a versão de "Coming Up" que ele teria ouvido: "Eu achei 'Coming Up' realmente ótima. Prefiro, inclusive, a versão que ele fez em seu celeiro à versão ao vivo em Glasgow... Até entendo as pessoas da gravadora invertendo o lado do *single* com o cara 'de verdade' cantando. Mas eu prefiro a versão mais maluca."

A preferência pela "Coming Up" gravada "no celeiro" (dando até detalhes do local das sessões), destacada por John, foi declarada a Robert Hilburn, do jornal *Los Angeles Times*, durante matéria especial sobre os bastidores de *Double Fantasy*. "Coming Up" e outras canções de artistas do momento, como "Babooshka", de Kate Bush, definitivamente tinham empolgado John. Ele estava fazendo música novamente – e de qualidade. Naquela particular entrevista, hoje disponível no YouTube, você pode conferir o jornalista o entrevistando no console do estúdio Hit Factory, em Nova Iorque, um dia após sua última comemoração de aniversário, em 10 de outubro de 1980.

Em sua oferta "Por um tipo melhor de futuro", Paul canta inspirado pelo swing do *single* "We Are Family", do grupo Sister Sledge – 1º lugar nas paradas Disco da *Billboard* e 5ª posição na Velha Inglaterra em 1979. Enquanto Paul dava boas dicas, a gravadora Columbia, responsável pelos lançamentos de Paul nos Estados Unidos, fazia uma pequena manobra, de olho em atingir um público mais conservador: inverter o lado A com a versão de estúdio pelo lado B, gravada ao vivo em Glasgow pelo Wings no ano anterior. Paul não foi avisado. "Sempre achei que o *single* teria a versão solo. Nós tocamos a música na turnê porque queríamos dar ao público algo que eles não tinham ouvido antes. Aparentemente, os DJs inverteram o lado do *single* nos Estados Unidos. A versão ao vivo é o lado B no resto do mundo."

Seja ao vivo ou no estúdio, "Coming Up" seria um imenso *hit* global, com destaque para o 1º lugar nos Estados Unidos e 2º lugar obtido na casa de Paul McCartney, o Reino Unido. Quando *McCartney II* foi relançado como parte da *Paul McCartney Archive Collection* em 2011, a versão mais longa da música com 5 minutos e 35 de duração foi incluída no terceiro disco bônus.

Paul tocou todos os instrumentos na gravação de "Coming Up": Caixa de ritmos no canal 1. Caixa de bateria no canal 2. Pratos no canal 3. Guitarra rítmica no canal 4. Outra guitarra no canal 5. Sintetizador no canal 6. Palmas no canal 7. Vocal nos canais 8 e 9. *Backing vocals* nos canais 10 e 11. Baixo no canal 12. Mellotron no canal 13. Pandeirola no canal 14. Guitarra Casino no canal 15. Mellotron sax no canal 16.

Keith McMillan, diretor de dezenas de vídeos promocionais de Paul McCartney e mais de 600 de outros artistas, confessou ter um carinho especial pelo clipe de "Coming Up", rodado entre os dias 26 e 27 de março de 1980 no estúdio da Ewarts TV, em Wandsworth, Londres.

Aproximadamente 25 horas e 17 técnicos foram necessários para que o filme fosse produzido, editado e montado. De certa forma, "Coming Up" é antítese do mito "Paul is dead". No videoclipe, Paul se multiplica em oito personagens, além de reviver sua figura moptop de 1963 nos Beatles e assumir o vocal como Paul McCartney em 1980. Sua banda também é uma homenagem ao velho amigo John: The Plastic Macs, uma referência declarada a Plastic Ono Band. No vídeo Paul se transforma em diversos nomes do rock, como o guitarrista Hank Marvin, da banda de Cliff Richard, os Shadows; Ron Mael, tecladista do grupo Sparks; Andy MacKay, saxofonista do Roxy Music; e John Bonham, baterista do Led Zeppelin.

TEMPORARY SECRETARY

Por anos, "Temporary Secretary" foi execrada por fãs e críticos. Décadas mais tarde, a música comemorou seu triunfo. Em 2003, um remix especial de "Temporary Secretary" foi preparado pelo produtor Radio Slave e lançado na Inglaterra. Da noite para o dia, a garotada começou a redescobrir a faixa, como se fosse algo recente. Rumores indicavam que Paul, ao selecionar o raro remix (apenas 500 cópias prensadas) ao CD *Something for the Weekend* da revista UNCUT, finalmente apresentaria "Temporary Secretary" no palco central do festival de Glastonbury de 2004. Foi mesmo um rumor.

23 de maio de 2015. Paul tira um coelho da cartola. Pela primeira vez desde que gravara a música, solitário, na Escócia, "Temporary Secretary" ganharia vida no palco da Arena 02, em Londres. A recepção foi excelente e você pode conferir esta e outras performances de "Temporary Secretary" em diversos vídeos no YouTube.

Em 1980, Paul falou sobre essa secretária moderninha ao jornalista Paul Gambaccini: "A canção foi escrita do ponto de vista de um cara que precisa urgentemente de uma secretária 'descartável'. Na letra, ele escreve para uma agência na tentativa de conseguir. Achei que seria engraçado falar sobre isso, pedir uma secretária temporária ao invés de uma secretária permanente. O som que você ouve, como se fosse uma datilógrafa espacial, na verdade é um sequenciador. Fui criando a música enquanto improvisava, levemente influenciado por Ian Dury..."

A agência mencionada por Paul na letra – a Alfred Marks Bureau – foi inaugurada em 1919 no bairro londrino do Soho e manteve suas atividades no ramo de recursos humanos até 1969, quando foi adquirida por uma companhia Suíça. O nome Alfred Marks também traz outra referência britânica à letra de "Temporary Secretary". Marks (na verdade Alfred Edward Touchinsky) foi um humorista de grande sucesso no cinema e na TV inglesa, com destaque para o seu próprio programa: *Alfred Marks Time*, exibido durante seis anos pelo canal ITV.

Paul tocou todos os instrumentos na gravação de "Temporary Secretary": Sequenciador no canal 1. Bumbo no canal 2. Pratos no canal 3. Pratos com eco no canal 4. Sintetizador no canal 5. Baixo no canal 6. Sintetizador no canal 7. Vocal nos canais 8, 9 e 10. Refrão no canal 11. Violão no canal 12. Guitarra Ovation no canal 13. Tom-tom no canal 14. Vocal principal no canal 15. Banjo no canal 16 (não usado).

ON THE WAY

Alexis Andrew Nicholas Koerner (1928-1984) foi um dos grandes nomes do blues britânico. Em 1961, depois de integrar a Chris Barber's Jazz Band, ele formou o Blues Incorporated, uma espécie de grupo com membros itinerantes que circulavam pela elite do rock. Entre eles, Jack Bruce e Ginger Baker (Cream), Charlie Watts (The Rolling Stones) e Jimmy Page (Led Zeppelin). Seria por meio de Koerner, aliás, que Jimmy Page faria contato com Robert Plant, dando luz mais tarde ao Led Zeppelin, com John Bonham (bateria) e John Paul Jones (no baixo).

Ao mesmo tempo em que se dedicava ao blues elétrico, Koerner escolheu a carreira de apresentador e entrevistador. Em 1967, não só recebeu a The Jimi Hendrix Experience no programa *Top Gear* da BBC, como tocou guitarra slide com a banda em uma versão de "(I'm Your) Hoochie Coochie Man".

A inspiração para compor "On the Way" surgiu de um dos programas apresentados por Alexis Koerner. Desta vez, na TV inglesa. "Comecei esta faixa com uma base de bateria e baixo que ficou guardada por um mês. Antes de voltar a trabalhar nela, eu assisti a um programa do Alexis Koerner sobre blues. Isso me inspirou e pensei na hora: Tenho que fazer algo parecido porque adoro esse tipo de música. Então, foi assim que 'On the Way' surgiu."

O programa de TV citado por Paul McCartney foi um dos quatro episódios da série *The Devil's Music* exibidos pela BBC, abordando os seguintes temas: o mundo do Blues americano, o blues tradicional, a mensagem simbólica do blues e o blues contemporâneo de Chicago. A versão do especial assistido por Paul nos dias 9, 16, 23 e 30 de julho de 1979, na verdade, era uma reedição do programa original exibido em cinco partes em novembro de 1976. *The Devil's Music* voltou à BBC em 1982 e hoje pode ser conferido no site da BBC TWO.

Paul tocou todos os instrumentos na gravação de "On the Way": Bumbo no canal 1. Kit de bateria no canal 2. Baixo no canal 3. Vocal no canal 4. Guitarra no canal 5. Guitarra no canal 6.

WATERFALLS

Em 1997, Paul saiu a campo, animado para divulgar *Flaming Pie*, seu primeiro disco em quatro anos e primeira atividade após a série retrospectiva *The Beatles Anthology*. Ao ser entrevistado sobre o passado bem-sucedido de sua carreira solo por uma revista britânica, sequer lembrou que a música mais conservadora de *McCartney II* tinha sido lançada como *single* – um respeitável 9º lugar nas paradas do Reino Unido, acompanhada por "Check My Machine", seu lado B.

Já em maio de 1980, durante a divulgação de *McCartney II*, a balada, e faixa mais antiga do disco, recebeu um tratamento mais adequado de seu criador: "A única música escrita antes de começar a fazer *McCartney II* era 'Waterfalls'. Ela poderia ter sido chamada 'I Need Love', mas aí seria algo muito simplista. Tirei essa ideia de cachoeiras e lagos das notícias que você vê nesses resorts americanos. Quando estava gravando o LP, sozinho, comecei a ficar meio entediado. Tinha feito oito músicas tocando tudo e decidi, então, resgatar 'Waterfalls', uma sobra do último álbum do Wings. Por isso incluí no novo LP. Durante a produção da música eu adicionei um piano elétrico e um sintetizador com cordas como se fosse uma orquestra maluca suíça tocando no topo dos Alpes! Muitas pessoas tem me ligado dizendo que 'Waterfalls' é a favorita do disco."

Aparentemente, "Waterfalls" fez bastante sucesso na família McCartney. Sua casa em Peasmarsh, onde Paul vive a maior parte do tempo, seria batizada com o nome da música que o mesmo não se lembrara na entrevista de 1997.

Paul tocou todos os instrumentos na gravação de "Waterfalls": Piano elétrico nos canais 1 e 2. Sintetizador com a melodia de Waterfalls no canal 6. Sintetizador com cordas no canal 7. Vocal no canal 8 (não usado). Solo de violão no canal 9. Vocal no canal 10. Mellotron nos canais 11 e 12. Vocal nos canais 13 e 14.

Ao lado de "Coming Up", o *single* "Waterfalls" também ganhou um filme promocional, com tratamento de luxo. Rodado em 24 de junho de 1980 nos estúdios da Ewarts TV, em Wandsworth. Cenas externas e internas foram rodadas, com efeitos imitando cachoeiras e o Ártico. Para dar mais realidade ao roteiro, a Keefco sugeriu a participação de Olaf, um treinado urso polar circense que contracena com Paul durante as filmagens.

A versão de "Waterfalls" que aparece neste vídeo promocional contém uma introdução diferente da canção em *McCartney II*, com Paul tocando um piano elétrico Fender Rhodes. Já a reedição do álbum em 2011 repete o bônus de 2001, lançado em *Wingspan: Hits and History*, com a versão "DJ Edit" – mais curta (3 minutos e 26 segundos contra 4 e 46).

NOBODY KNOWS

Timothy Miles Bindon Rice conquistou fama global na composição de letras para musicais que fizeram história. As chances são altas de você já ter ao menos lido a respeito de algum dos trabalhos do autor inglês ao lado de Sir Andrew Lloyd Weber, como *Jesus Cristo Superstar* e *Evita*. Sem falar no Oscar de Melhor Canção Original, vencido três vezes por Tim Rice. Uma delas, por sua brilhante parceria com Elton John em "Can You Feel the Love Tonight?", tema de *Rei Leão* (1994).

Na época do lançamento de *McCartney II*, Tim Rice ficou frente a frente com Paul como entrevistador no quadro especial *Meet Paul McCartney*, produzido pela Keefco em maio e mais tarde exibido como atração do The John Davidson Show nos Estados Unidos, em agosto de 1980.

Rice, um letrista muito talentoso – porém *old school* – não hesitou ao cair na tentação de comparar as letras das novas músicas do LP com seus clássicos Lennon & McCartney. Após citar "Here, There and Everyhere" e "For No One" como "bons" exemplos e letras com um sentido mais obscuro de *Band on the Run*, Paul interviu:

> **Paul:** Sei que você achou as letras desse álbum fracas...
>
> **Tim Rice:** (tenta interromper, negando)
>
> **Paul:** (gesticula, tentando explicar). Mas eu acho, por exemplo, que existem boas letras (em *McCartney II*). Em um caso específico: "Nobody Knows". A letra é muito simples, mas gosto dela. Ela diz muito sobre o que vemos sempre na TV. As pessoas tentam dizer como as coisas vão acontecer e amanhã não são mais como antes. Então, no fim, é como a letra diz: "Nobody knows / And that's the way I like to keep it / Just so nobody knows" ("Ninguém sabe – é o jeito que eu gosto. Ninguém sabe como as coisas serão").

Paul tocou todos os instrumentos na gravação de "Nobody Knows": Guitarra no canal 1. Percussão com a batida dos pés no canal 2. Guitarra com eco no canal 3. Chimbaus no canal 4. Bumbo no canal 5. Chimbau no canal 6. Bateria programada no canal 8. Guitarra no canal 9. Baixo no canal 10. Solo de guitarra no canal 11. Vocal nos canais 12 e 13. Programação não usada no canal 15. Vocal com eco no canal 15. Vocal com palmas no canal 16.

FRONT PARLOUR

"Check My Machine" foi a primeira faixa gravada por Paul McCartney em junho de 1979 para testar a máquina de 16 canais instalada em sua fazenda em Sussex. Já "Front Parlour", o primeiro instrumental do disco, seria a primeira gravação completa de *McCartney II*. Como Paul explicaria após as sessões ao jornalista e amigo Paul Gambaccini, "Front Parlour" recebeu este nome por ter sido, literalmente, registrada na sala da frente do galpão adaptado. "'Front Parlour' foi a primeira coisa que fiz no álbum, gravada na sala da frente de uma fazenda antiga em Sussex. Como tudo estava vazio, trouxemos o material para gravar e usamos a cozinha como uma câmara de eco. Era uma enorme cozinha, então não tive que usar qualquer truque ou efeito nas sessões. Se quisesse algum tipo de eco, era só ficar de pé nesta grande cozinha com um tambor. Foi assim que consegui produzir o efeito nos pratos da bateria... Então, foi naquela pequena sala da frente, com papel de parede antigo e uma pequena lareira, foi onde 'Front Parlour' foi gravada."

A versão de "Front Parlour" incluída na edição original do LP *McCartney II* termina logo após os 3 minutos e 34 segundos. Já a gravação completa, com 5 minutos e 17 segundos, pode ser encontrada na reedição do álbum de 2011 da *Paul McCartney Archive Collection*.

Paul tocou todos os instrumentos na gravação de "Front Parlour": Bumbo no canal 1. Sintetizador no canal 2. Pratos no canal 3. Sintetizador no canal 4. Prato no canal 4. Mellotron com flauta no canal 6. Moog no canal 7. Mellotron com flauta no canal 8.

SUMMER'S DAY SONG

À primeira audição, a letra de "Summer's Day Song" se assemelha a de um poema haiku, a arte da poesia nipônica, breve e objetiva. Bucólica, zen e reflexiva, a letra da canção foi uma adição de última hora ao álbum *McCartney II*. Quando Paul imaginou o LP com dois discos, o belo tema, com singela atmosfera oriental, era somente um instrumental criado com piano elétrico, mellotron e sintetizadores.

Paul descreveu a Paul Gambaccini um pouco sobre a origem de "Summer's Day Song": "Tinha ouvido uma peça musical que gostei e que se assemelhava bastante à música clássica. Então, um dia no estúdio achei que poderia mudar o clima das gravações se tentasse algo desse gênero. Montei a faixa, adicionei algumas palavras e a música estava pronta."

Em seu livro *Paul McCartney: Recording Sessions*, o autor italiano Luca Perasi cita como provável influência "Spider and I", do LP *Before and After Science* lançado em 1977 por Brian Eno. A introdução da canção de Eno tem, realmente, uma sonoridade semelhante.

Em 2011, Paul McCartney disponibilizou a versão instrumental de "Summer's Day Song" no CD 2 de *McCartney II* da *Paul McCartney Archive Collection*.

Paul tocou todos os instrumentos na gravação de "Summer's Day Song": Caixa de ritmos no canal 1. Piano elétrico no canal 2. Mellotron com cordas nos canais 3 e 4. Sintetizador no canal 5. Sintetizador french horn no canal 6. Sintetizador nos canais 6 e 7. Mellotron com flauta nos canais 8 e 9. Harmonias vocais no canal 11. Sintetizador com baixo no canal 12. Vocal com harmonia no canal 13. Vocal nos canais 14, 15 e 16.

FROZEN JAP

Todos os segredos dos dez dias de confinamento de Paul McCartney em uma prisão japonesa estão detalhadamente publicados em *Japanese Jailbird* ou *Detento Japonês*. O livro, escrito como um diário, entretanto, tem tudo para se tornar uma das peças mais valiosas da coleção particular da família McCartney. Fácil de entender. Nenhum exemplar foi impresso, além das cópias entregues aos filhos de Paul, logo após seu retorno à Inglaterra. Portanto, somente Linda, Mary, James, Stella e Heather souberam o que Paul pensou ou sentiu com detalhes entre os dias 16 e 20 de janeiro, enclausurado na cadeia nipônica.

Quando Paul já estava recuperado e pronto para trabalhar no disco que conheceríamos como *McCartney II* em maio daquele mesmo ano, ele, por coincidência ou talvez ironia, tinha gravado no estúdio de 16 canais montado em sua fazenda um instrumental chamado "Frozen Jap". Jap, em inglês, é um termo pejorativo para identificar uma pessoa nascida no Japão. Sendo assim, logo a gravadora Toshiba-EMI tratou de substituir o nome da faixa para "Frozen Japanese".

Paul explica melhor: "Comecei a trabalhar com sintetizadores e sem querer tirei um som muito oriental. Quando a faixa foi concluída pensei comigo: 'É melhor eu conseguir um título realmente lírico.' Tentei pensar em um título adequado, várias coisas vieram à mente, como Pingentes de gelo sobrepostos, uma pequena cabana no topo nevado do Monte Fuji... Mas nada parecia ficar legal. Enquanto não definia o nome, só deixei marcado: Frozen Jap. Quando retomei o álbum, tinha certeza que as pessoas iriam lembrar de meu incidente no Japão, mas a música tinha sido feita seis meses antes. Quando os japoneses ficaram sabendo que se chamaria 'Frozen Jap', imediatamente ligaram à minha prisão. Então, para não correr o risco de ofender os japoneses, mudamos para 'Frozen Japanese'".

Para quem gosta de explorar as sonoridades dos sintetizadores e seus timbres orientais, vale experimentar a versão mais longa de "Frozen Jap", incluída na reedição de 2011 da *Paul McCartney Archive Collection*. O *mix* incluído no CD 2 conta com 5 minutos e 45 segundos contra os 3 minutos e 41 do original.

Paul tocou todos os instrumentos na gravação de "Frozen Jap": Caixa de ritmos nos canais 1, 2 e 3. Palmas no canal 4. Tom-tom no canal 5. Pratos no canal 6 (não usados). Bumbo no canal 7. Sintetizador nos canais 8 a 11. Prato de bateria no canal 12.

BOGEY MUSIC

Sem concorrentes. "Bogey Music" é a faixa mais sinistra entre todas as gravadas nas sessões de *McCartney II*, combinando vocalizações e *beats* fora de sincronia a uma letra ainda mais obscura. Todo surrealismo que cerca a música tem explicação. Paul criou esse experimento como se fosse a trilha sonora do livro infantil do autor britânico Raymond Briggs, *Fungus, the Bogeyman*, editado em 1977. Paul descreve em detalhes sua inspiração (e piração): "É sobre um livro chamado *Fungus, the Bogeyman*, para crianças e adultos, que ganhei de um amigo que está fazendo um filme sobre o tema. A história é um pouco estranha. A ideia básica é que os bicho-papões (bogeymen) vivem sob a terra e saem dos buracos à noite para apavorar as pessoas. Tudo o que esses monstros gostam é o oposto do que nós gostamos. Se nós gostamos de roupas secas e quentes, eles preferem úmidas e escorregadias. Um dia peguei o livro que estava no estúdio e abri numa página onde as crianças que moravam em Bogeyland se rebelam contra os mais velhos que odeiam música. Então, estudei melhor esse trecho e achei que tinha algo de rock and roll. A partir daí, criei uma canção e a chamei de 'Bogey Music', que é uma fantasia muito louca."

Em 2015, após diversas tentativas não tão bem-sucedidas (como a adaptação de 2004 da rede BBC), uma produção conjunta da Imaginarium Studios e Double Negative transformou o livro *Fungus, the Bogeyman* em uma minissérie com quatro episódios, exibida no Reino Unido pelo Canal Sky 1. *Fungus, the Bogeyman* contou com roteiro de Tom MacRae, autor de alguns episódios da aclamada série *Doutor Who*, e direção de Catherine Morshead, de *Downtown Abbey*.

Paul tocou todos os instrumentos na gravação de "Bogey Music": Caixa de ritmos no canal 1. Pratos no canal 2. Tom-tom no canal 3. Guitarras nos canais 4 e 5. Bumbo no canal 6. Mellotron com sax no canal 7. Vocal com eco no canal 8. Vocal normal no canal 9. Baixo no canal 10. Vocal grave no canal 11. Sintetizador no canal 12. Mellotron com sax no canal 13.

DARKROOM

Não que Paul McCartney tenha se aventurado pelos caminhos do tango argentino, após mergulhar em tantas aventuras sonoras em *McCartney II*. A verdade sobre "Darkroom" é que a música quase foi extirpada do disco a minutos do LP ser editado e prensado pela gravadora. Felizmente, a manutenção da penúltima faixa do disco foi de excelente valia.

A entrada de "Darkroom" nos faz esquecer um pouco da real cacofonia de "Bogey Music" e com o bônus de ter um ambiente moderno e dançante, bem diferente das demais canções do álbum. "'Darkroom'? Não, nada a ver com o quarto escuro em que Linda revela as fotos. Na verdade, de alguma forma, tinha acabado de ouvir esse título e achei bastante sugestivo. Poderia ser um quarto escuro, um quarto escuro fotográfico, ou apenas uma sala, que é escura. Você sabe, um cara dizendo a uma menina: 'Venha ao meu quarto escuro...' Então pensei nesse duplo sentido e cantei: 'Came a come along with me to my darkroom' ('Venha aqui agora até meu quarto escuro'). A partir desse ponto, adicionei à gravação uma espécie de segundo plano para simular o local. Originalmente 'Darkroom' não iria estar no álbum porque tiramos nove faixas. Tínhamos pensado em lançar um álbum duplo, mas no final, ele foi lançado com apenas um disco. Eu ia perder

MASTERS

'Darkroom' porque a versão original era muito longa e cheia de trechos loucos. No fim, a editei e a mantive em *McCartney II*."

Paul tocou todos os instrumentos na gravação: Bateria no canal 1. Pratos no canal 2. Sintetizador no canal 3 (não usado). Maracas nos canais 4 e 5. Baixo no canal 6. Tom-tom e xícara no canal 7. Apito no canal 8. Sintetizador no canal 9. Guitarra no canal 10. Vocal com trecho "got a place" no canal 11. Sintetizador nos canais 12 e 13. Vocal nos canais 14, 15 e 16.

Em 2011, a versão longa mencionada na entrevista a Paul Gambaccini foi lançada na *Paul McCartney Collection*. Sem a edição de *McCartney II*, a faixa conta com 3 minutos e 47 segundos.

ONE OF THESE DAYS

Bem próximo ao escritório de Paul McCartney, situado ao número 10 da Soho Square, em Londres, fica o Radha Krishna Temple. O santuário hinduísta costumava ser ponto frequentado por George Harrison, que chegou a produzir o LP *The Radha Krishna Temple*, lançado em 1971 pela Apple e promovido nas rádios inglesas com os *singles* "Hare Krishna Mantra" e "Govinda" (o último, sampleado pelo grupo inglês Kula Shaker, em 1996).

Paul não mergulhou de cabeça na filosofia Krishna como Harrison, mas também não escapou de sua influência. Em 1979, ele estava em Londres e recebeu a visita de um amigo adepto à religião. Após o encontro, Paul sentiu-se inspirado em compor mais uma música, a balada acústica que destoa da maioria das faixas de *McCartney II*. "A música surgiu quando um Hare Krishna me visitou. Um cara realmente bacana, muito gentil. Depois que ele saiu, comecei a compor algo em um tom mais suave que captasse a alma daquele dia. A melodia parecia certa para o momento e a letra trazia basicamente a mensagem: algum dia, vou fazer aquilo que tenho imaginado fazer em toda a minha vida. Acho que é um sentimento comum que as pessoas podem se identificar."

Com seu violão com eco e vocal dobrado, "One of These Days" tem um tom quase sobrenatural. Nas entrelinhas, os fãs até podem imaginar uma suposta conversa entre Paul e John.

Paul tocou todos os instrumentos na gravação de "One of These Days": Violão no canal 1. Vocal no canal 2. Violão no canal 3. Vocal no canal 4. Violão com eco no canal 5. Harmonias nos canais 6, 7 e 8. Solo de violão no canal 9. Violão com eco no canal 10.

Outras músicas da era *McCartney II*

CHECK MY MACHINE

Repetir mantras no pop não era território desconhecido para um Beatle em 1979. O lado B de *Let It Be*, por exemplo, trouxe a bizarra "You Know My Name (Look Up the Number)", com letra que repete exatamente o que diz o título inúmeras vezes. A ideia de Paul McCartney ao produzir "Check My Machine" era exatamente o que seu nome diz: conferir a nova máquina de gravação instalada na fazenda de Sussex – e quem sabe, dar uma conotação diferente à sua nova composição.

Se o lado B de "Waterfalls" lhe agrada, então a dica é conferir as duas versões extras incluídas na edição de 2011 de *McCartney II*. Além da gravada como lado B do *single*, "Check My Machine" aparece editada com 5 minutos e 51 segundos de duração e mais longa, com 9 minutos.

Paul tocou todos os instrumentos na gravação de "Check My Machine": Banjo no canal 1. Vocal com eco no canal 2. Sintetizador no canal 3. Pratos no canal 4. Bumbo no canal 5. Baixo no canal 6. Banjo no canal 7. Sintetizadores nos canais 8, 9, 10 e 11. Guitarra com eco no canal 12.

Procure pela versão original do desenho animado do Piu-Piu e Frajola. As frases ouvidas na introdução "Hi! George, morning, Terry / Hi! George, morning, Terry" foram sampleadas do episódio "Tweet Zoo" exibido em 1957, com voz original do ator Mel Blanc.

SECRET FRIEND

Qual será o maior trauma de Paul McCartney ligado à música? Em tom de brincadeira, deve ser o tempo que ele passou gravando a percussão de "Secret Friend" – faixa mais longa de seu catálogo com 10 minutos e 32 segundos. Imagine gravar uma base de bateria, base e sintetizadores e depois acrescentar a percussão. No início dos anos 1980, não tinha outro jeito, a não ser usar o braço.

Essa é uma das histórias que Paul não se cansa de contar quando o assunto é *McCartney II*, embora a longa música tenha sido deslocada para o lado B de "Temporary Secretary", depois que *McCartney II* virou um LP simples. No acetato original, ela havia sido posicionada como terceira faixa do lado 3.

Recentemente, a canção ganhou um admirador famoso. Questlove, líder da banda The Roots, postou no Twitter dizendo ter apertado a tecla "repetir" de seu iPod, e depois de quarenta minutos percebeu: "Nossa, como essa canção é longa!".

"Secret Friend", assim como em "Put It There" de *Flowers in the Dirt* (1989), é uma das músicas do catálogo de Paul que trazem frases muito usadas por seu pai, Jim McCartney.

Paul tocou todos os instrumentos na gravação de "Secret Friend": Bumbo no canal 1. Percussão com claves no canal 2. Prato no canal 3. Maracas no canal 4. Sequenciador no canal 5. Tom-tom no canal 6. Sequenciador no canal 7. Tom-tom no canal 8. Chimbau no canal 9. Sino no canal 10. Mellotron no canal 10. Percussão na cozinha no canal 11. Sintetizador no canal 12. Baixo no canal 13. Guitarra no canal 14. Vocal no canal 15. Vocal no canal 16.

WONDERFUL CHRISTMASTIME

Competições entre Paul e John sempre foram e, infelizmente, sempre serão inevitáveis. Ao lançar "Wonderful Christmastime", claramente, uma canção criada para agradar o filho James, então, com dois anos, boa parte da crítica a comparou com um dos símbolos da paz gravados por John e Yoko: "Happy Xmas (War Is Over)". Gravada pelo casal como parte de sua campanha pacifista contra a guerra do Vietnã, a música tomou conta das paradas no Natal de 1971 nos Estados Unidos e até hoje é tida como exemplo – merecido – de seu ativismo e campanha contra as guerras. De volta a 1979, a faixa produzida nas mesmas sessões de *McCartney II* chegou às lojas em tempo de animar as festas de final de ano, acompanhada por um filme promocional rodado em 16 de novembro, no pub The Fountain em Ashurst, Grã-Bretanha, com direção de Russell Mulcahy (que viria a dirigir *Highlander – o Guerreiro Imortal*) e participações de Steve Holley e Laurence Juber, do moribundo Wings.

Mesmo sem gerar o mesmo impacto cultural, "Wonderful Christmastime" se daria muito bem, ao menos nas emissoras de rádio britânicas e americanas, atingindo respectivamente as 6ª e 10ª posições. Mas o melhor sobre a música ainda estaria por vir. De acordo com a revista especializada em negócios, o *single* fatura hoje cerca de 400 mil dólares por ano, somente em royalties. Aparentemente, alguém deve usar a canção para campanhas publicitárias e filmes.

Em 2011, Paul incluiu na edição de luxo de *McCartney II* a versão longa de "Wonderful Christmastime" com 4 minutos e 18 segundos (a original do *single* tem 3 minutos e 48 segundos).

Paul tocou todos os instrumentos na gravação em "Wonderful Christmastime": Bumbo no canal 1. Sinos de Natal no canal 2. Prato no canal 3. Sintetizador nos canais 4 e 5. Vocal no canal 6. Sintetizador principal no canal 7. Vocal nos canais 8, 9, 10, 11, 12, 13 e 14. Guitarra no canal 15. Sintetizador com cordas e eco no canal 16.

Em 20 de dezembro de 2016, Paul foi convidado pelo apresentador e ator Jimmy Fallon para apresentar uma versão da música no programa *The Tonight Show* da NBC. Além de Paul e Jimmy, participaram do clipe os atores Scarlett Johansson, Matthew McConaughey, Tori Kelly, Reese Witherspoon e Seth MacFarlane.

O lado B de "Wonderful Christmastime" é "Rudolph the Red Nosed Reggae", uma versão da música de Johnny Marks, "Rudolph the Red--Nosed Rendeer", composta em 1946, e gravada por Paul em Abbey Road em 1975.

BOGEY WOBBLE

Totalmente instrumental, "Bogey Wobble" foi composta para ser a "irmã" de "Bogey Music" e cumprir a sinistra função na trilha de um hipotético filme sobre *Fungus, the Bogeyman*. Em sua incarnação original, esse experimento improvisado por Paul no sintetizador ocuparia a última faixa do lado B no acetato de *McCartney II*.

"Bogey Wobble" foi lançada comercialmente pela primeira vez na edição de 2011 do álbum *McCartney II*, inserida no CD 2 da *Paul McCartney Collection*.

Paul tocou todos os instrumentos na gravação: Vocal, sintetizadores, percussão, baixo, guitarras e sequenciador.

BLUE SWAY

Em 1986, Paul novamente estava inspirado para lançar sua coletânea de raridades *Cold Cuts*, projeto idealizado na década de 70, que jamais viria a luz do dia. Na mais recente configuração até então, "Blue Sway" seria incluída no disco, com novo arranjo, bem diferente do clima artesanal de *McCartney II*.

Para concluir a tarefa, Paul recorreu ao americano radicado em Londres, Richard Niles, um arranjador com currículo surpreendente e variado. Ray Charles, Cher, James Brown, Kylie Minogue, Tina Turner, Joe Cocker, Lulu, Grace Jones e Cat Stevens foram algumas das estrelas que contaram com seus serviços.

Em "Blue Sway", Niles ouviu a faixa original com atenção e sugeriu diversas modificações na base produzida em 1979. A alteração essencial na música foi o vocal principal, regravado por Paul em 1986, além de mais um instrumento adicionado ao *mix*: o saxofone de Dick Morrisey (1940-2000). Especialista em jazz, Morrissey também colecionou participações em outros estilos, como *Animation*, de Jon Anderson e *Double Crossed*, lançado por Jim Diamond.

Paul tocou todos os instrumentos na gravação de "Blue Sway": Guitarra, bateria, baixo, teclados, sintetizador, moog, mellotron e vocal principal regravado em 1986 com orquestração de Richard Niles.

"Blue Sway" (versão 86) ainda ganhou um belo vídeo, produzido e dirigido por Jack McCoy, especialista em registrar imagens ligadas às competições de surfe. O resultado foi além das expectativas, com o clipe conquistando o prêmio de Melhor Vídeo no festival 0NYC BE FILM de 2011. O videoclipe de "Blue Sway" foi incluído no DVD da edição de luxo de *McCartney II* da *Paul McCartney Collection*.

MR. H ATOM

Decartada do LP duplo, "Mr. H Atom" é o único dueto entre Paul e Linda feito nas gravações caseiras realizadas entre junho e julho de 1979. Em diversos trechos, Linda assume o vocal principal. No acetato original de *McCartney II,* "Mr. H Atom" ocupava a terceira faixa do lado B no primeiro LP.

YOU KNOW I'LL GET YOU BABY

"You Know I'll Get You Baby" é uma espécie de *jingle* com letra repetitiva, adicionada originalmente na penúltima faixa do lado 2 da versão dupla do disco.

"Mr. H Atom" e "You Know I'll Get You Baby" estão no CD 2 de *McCartney II* da *Paul McCartney Archive Collection*.

Paul tocou todos os instrumentos na gravação de "Mr. H Atom" e "You Know I'll Get You Baby" e dividiu o vocal com Linda McCartney: *backing vocals*, sintetizadores, percussão, bateria, moog, teclados e guitarra.

ALL YOU HORSE RIDERS

Em "All You Horse Riders", faixa escolhida para a versão original de 2 LPs de *McCartney II*, Paul imita a voz de um típico narrador (ou vendedor, você escolhe) dando instruções a cavaleiros. Cavalos, assim como cães, sempre foram paixões da família McCartney, em especial, de Linda, uma exímia amazona. No acetato original, "All You Horse Riders" era a faixa 3 do Lado 1 do álbum duplo. "Blue Sway" aparecia logo em seguida.

Em 1986, a música entrou como trilha sonora do filme produzido pela MPL *Blankit's First Show*, exibido em 12 de julho pela BBC 2.

Paul tocou todos os instrumentos nas duas gravações, editadas como um *medley* na reedição de 2011 de *McCartney II*: Moog, guitarra, percussão, violão, bateria, baixo, teclados e sintetizadores.

NO BAÚ DE *McCARTNEY II*

Diversas versões alternativas estão nos arquivos da MPL. Entre elas, "Temporary Secretary" – com banjo; "Frozen Jap" – possível versão com letra; "Waterfalls" – versão com orquestra de Fiachra Trench gravada em julho 1980, além da primeira demo; "Darkroom" – alternativa com 11 minutos; "You Know I'll Get You Baby" – *mix* original; "Bogey Wobble" – *mix* original; e "Mr. H Atom" – *mix* original.

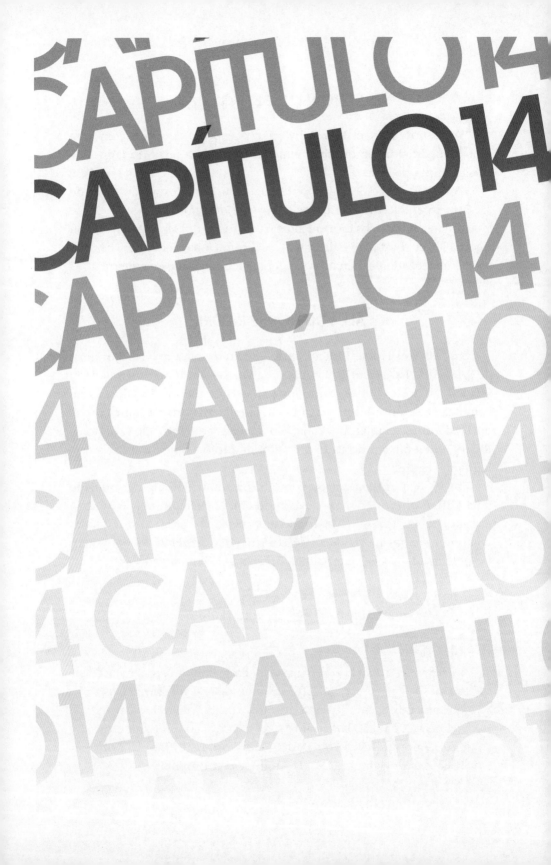

CAPÍTULO 14
TUG OF WAR

"*Quando Tug of War foi lançado, a imprensa proclamou o álbum como um 'tributo' a John Lennon, mas suponho que John teria sido o primeiro a rir dessa afirmação.*" (**Paul McCartney**, 1983)

Capa: Linda McCartney

Arte: Hipgnosis e Brian Clarke

Gravações: Entre dezembro de 1980 e dezembro de 1981

Produzido por: George Martin

Data de lançamento: 26 de abril de 1982 (Reino Unido e EUA)

Desempenho comercial: 1º (Reino Unido e EUA)

Inglaterra, 9 de dezembro de 1980 – 6 horas da manhã. O telefone toca na residência Waterfalls, em Peasmarsh, East Sussex. Linda atende. A voz do outro lado da linha tem sotaque oriental. Parece familiar. Linda reconhece a voz, trêmula. Yoko Ono? Só pode ser Yoko. Ainda é madrugada em Nova Iorque. Yoko continua a falar, tropeçando nas palavras... Linda só entende "John... John morreu." Em instantes, Linda quase perde o controle e passa a chamar o marido, aos berros. Paul liga a TV e os canais BBC, ITV... Todos só falam sobre o assassinato de John Winston Ono Lennon em frente ao edifício Dakota, em Manhattan, próximo ao Central Park.

A incredulidade toma conta da família McCartney e logo de todo o planeta. Paul liga para seu irmão Mike em Liverpool. A notícia logo aparece no jornal *Liverpool Echo*: "Paul está muito atormentado para comentar sobre o assunto", revela Mike McCartney. Paul só consegue escapar de sua fazenda em Sussex após rápida declaração à imprensa: "Não consigo assimilar nada agora... John foi um grande homem e será lembrado por sua contribuição à arte, à música e à paz e todos sentirão sua falta no mundo."

Ao chegar a Londres, Paul McCartney entrou pelos fundos dos estúdios A.I.R. pronto para finalizar a música "Rainclouds", uma das primeiras do projeto iniciado havia poucas semanas com George Martin, em um clima otimista e de camaradagem, mas que agora parecia estar condenado. Denny Laine também estava lá. Seu parceiro em quase uma década não sabia se pegava o violão ou consolava Paul. George Martin, em sua típica placidez, também não se sustentava. Ao invés de pensar, Paul liga para Yoko e tenta oferecer alguma paz. Eles concluem, depois de se encararem por alguns minutos, que o melhor a ser feito naquela hora era cancelar as gravações daquela terça-feira sombria de dezembro.

Durante toda tarde, apenas histórias de amizade seriam compartilhadas. O único a concluir sua missão seria Paddy Maloney. O gaiteiro dos Chieftains, que tinha viajado de Dublin para Londres naquele dia, tirou do *case* sua gaita irlandesa para completar o arranjo de "Rainclouds", em meio ao luto que o cercava.

Horas depois, ao deixar o estúdio na sempre movimentada Oxford Street, Paul foi cercado por uma horda de repórteres, sedentos por uma declaração de impacto sobre a morte de John. Ao ouvir tantas perguntas óbvias, ele só tem uma resposta irônica a oferecer: "Que coisa chata, né?"

A frase se transformaria em mais um fantasma. Depois de ser acusado de "acabar com os Beatles". A infame "Que coisa chata" declarada no dia 9 de dezembro de 1980 rotularia Paul como "frio e calculista" no momento em que o mundo esperava uma declaração mais profunda sobre a perda de seu parceiro nos Beatles.

***

Perto de Antigua, no Caribe, fica a pequenina Montserrat, uma ilha vulcânica que agora sediava o A.I.R. Studios Montserrat, erguido por George Martin, tijolo por tijolo, a partir de 1978. Era o seu escape da nublada Londres e das taxas abusivas da Rainha. Seu primeiro grande trabalho seria receber os McCartneys para dar continuidade ao projeto *Tug of War*, iniciado no outono de 1980. De fevereiro a março naquele novo ano, a missão seria tentar abrandar as dores da perda de John Lennon e tentar se divertir nas águas cristalinas de Montserrat.

Antes, um avião Jumbo pousou em Antigua com toneladas de equipamentos, todos preparados por Trevor Jones e John Hammel, os escudeiros oficiais de Paul McCartney. Ao chegar no pequeno país, uma surpresa desagradável. Alguns amplificadores tinham sido danificados durante o vôo e precisavam de conserto urgente. Pouco mais de uma semana depois, Paul, Linda e família chegaram de Nova Iorque e George Martin estava lá para ser guia e anfitrião, além de produtor. O casal ficaria hospedado na bela casa comprada por Martin, próximo ao estúdio. Assim, além do trabalho, as famílias poderiam curtir um pouco a vida social e algumas horas de lazer.

Para gravar, ou completar as canções iniciadas em Londres, Paul e Martin já sabiam quais seriam os convidados especiais. Na primeira semana em Montserrat, Dave Mattacks ficaria com as baquetas em "Dress Me Up As a Robber", além da primeira versão de "Average Person", que entraria mais tarde em *Pipes of Peace*. Em seguida, a fantástica dupla Stanley Clarke (baixo) e Steve Gadd (bateria) seria recebida com o tapete vermelho no A.I.R. Studios para concluir algumas faixas. Mas Paul tinha planos melhores. No dia anterior à chegada do baixista, Paul compôs uma canção especial: "Somebody Who Cares", que ganhariam linhas de baixo sensacionais gravadas por Clarke.

***

Em agosto de 1980, bem antes das más notícias daquele ano tomarem conta das manchetes, Paul, Linda e os demais membros do Wings (que ainda sobrevivia) foram à França colaborar com Ringo nas gravações do álbum *Stop and Smell the Roses*. No início do ano seguinte, Ringo retribuiria o favor. Em 15 de fevereiro, o baterista dos Beatles emprestaria mais uma vez seus talentos a uma gravação com Paul no contrabaixo, como nos velhos tempos, tocando em "Take It Away". Ringo ainda faria mais, em canções que em breve estariam em *Pipes of Peace* e *Give My Regards to Broad Street*, nos dois anos seguintes.

Quando um amigo tão importante parte, quem poderia substituí-lo à altura?

Em 21 de fevereiro, meio tímido, mas sem nunca abandonar sua risada sulista, uma marca registrada de Big Carl, chega a Montserrat: Carl Perkins, um dos fundadores do Rock and Roll. O criador de "Honey Don't", "Blue Suede Shoes", "Matchbox", "Lend Me Your Comb" e tantos outros clássicos não acreditou no convite. Na primeira noite na ilha, ele teve um sonho: "Paul, sonhei que tinha morrido e estava num paraíso... Esta ilha é tão maravilhosa que é difícil de acreditar." Carl Perkins estava incrédulo e Paul entusiasmado com a presença do velho roqueiro da Sun Records. Com Perkins, Paul gravaria "Get It" e diversos *standards* que permanecem em seus arquivos, intocáveis. Perkins também se motivou com a estadia. Antes de deixar Montserrat rumo aos Estados Unidos, ele apresentou "My Old Friend" com uma letra de agradecimento que fez Paul pensar que ele canalizara uma mensagem de John Lennon.

Em 26 de fevereiro, seria a vez de Stevie Wonder desembarcar para dar luz a um dos clássicos dos anos 80. Paul e Stevie se deram tão bem no estúdio que, além de concluir rapidamente "Ebony and Ivory", teriam tempo de finalizar uma *jam session* bastante animada: "What's That You're Doing", incluída no LP.

***

Os dias paradisíacos em Montserrat chegaram ao fim em março. No mês seguinte, Denny Laine anunciaria o fim da parceria com Paul McCartney, dizendo que seu amigo de longa data era "um cara do estúdio". Denny queria cair na estrada. Essa, pelo menos, foi a desculpa oficial.

Até o final de 1981, Paul e George Martin se trancariam no A.I.R. Studios para finalizar as músicas gravadas no Caribe e produzir mais números – um deles, em especial. "Here Today" seria sua verdadeira resposta, a mensagem que ele compôs em meio as lágrimas, certo dia antes do Natal de 1980. Uma conversa com o parceiro, algo que só poderia acontecer entre Paul e John, entre John e Paul.

Tug of War chegou às lojas em abril de 1982, após uma série de adiamentos. Mas a espera pagou o preço da ansiedade. Ao menos até *New*, seu mais recente álbum, Paul nunca mais subiria no pódio em 1º lugar nos mercados americano e britânico de forma simultânea. E não era só. Àquela altura, ele já tinha colecionado canções suficientes para mais um disco. Assim como em *Tug of War*, essa história teria como

PAUL McCARTNEY EM DISCOS E CANÇÕES

coadjuvante outro garoto prodígio, mais tarde aclamado por súditos da música como o Rei do Pop.

TUG OF WAR – FAIXA A FAIXA

TUG OF WAR

Em um dia normal, percorrer a distância aproximada de 107 quilômetros entre a silente e bucólica Peasmarsh e a tumultuada e urbana Londres não deveria durar mais de uma hora e meia. Mas naquele verão de 1980, Paul sentia-se particularmente irritado. O tráfego na via A268, sentido capital Britânica, estava, digamos, caótico pelo desnecessário uso de palavras que possam gerar ofensa.

O jeito era aceitar o inevitável e pensar em algo positivo enquanto o trânsito não fluía. Aquele vai e vem de carros, na cabeça de Paul McCartney, parecia um esporte bastante cultuado em sua terra. O cabo de guerra. Sim. Foi nesse momento que a ideia apareceu. Depois de gravar um disco solitário, ele se questionou. Por que não voltar ao estúdio com um ponto de partida diferente? Algo teria de ser feito com o título que ele acabara de tirar do forno criativo: "Tug of War".

Em abril de 1982 ele explicou à revista _Newsweek_: "Antes de começarmos a gravar qualquer coisa para o disco, eu já tinha o título: _Tug of War_. Queria que todo o álbum girasse em torno do tema. A ideia principal seria 'conflito' e de que tudo na vida seria um cabo de guerra."

Lançar um LP com o título _Tug of War_ em meio a eventos como a Guerra das Ilhas Falklands/Malvinas – e seu primeiro disco após a morte do parceiro John Lennon – atrairia inevitáveis conjecturas, como era esperado. Não havia como se esquivar das questões. Ainda que a letra (composta bem antes de ambos os acontecimentos) não aborde diretamente nenhuma tragédia, Paul relativizou o contexto de sua música com os altos e baixos da vida. "'Tug of War' é uma música sobre a vida ser um cabo de guerra. Acho que quando eu era bem mais novo, tinha ideia que minha vida seria perfeita e que a tragédia era uma coisa que só aconteceria com os outros,

MASTERS

não comigo... Então, acho que em 'Tug of War' finalmente admito a mim mesmo que na vida temos os períodos bons e ruins, os altos e baixos..."

***

Recém-saído da clausura de *McCartney II* e indisposto a decretar o fim formal do Wings, Paul só poderia contar naquele momento com a figura paterna de George Martin para ajudá-lo a montar a complexa "Tug of War".

Duas orquestrações foram preparadas por Martin e gravadas no Studio One, em Abbey Road, com condução de Kenneth Sillito, sendo que a primeira permanece muito bem guardada nos arquivos de Paul McCartney. Outra ideia, à moda *Sgt. Pepper*, seria a inclusão de uma reprise de "Tug of War" para encerrar o disco, mas descartada na última hora quando o LP duplo voltara a ser um disco simples às vésperas de chegar às lojas.

Desde 1973, quando Paul contou com a volta triunfante de George Martin em *Live and Let Die*, e o retorno de Geoff Emerick em *Band on the Run*, um disco de um dos garotos de Liverpool não apresentava som tão familiar e coeso.

Desta vez, Emerick também estava a bordo. Para completar o arranjo de "Tug of War", o engenheiro de som saiu a campo, acompanhado por Eddie Klein, com a missão de captar os sons da competição de cabo de guerra no ginásio da National Indoor Tug of War Championships, em Huddersfield. Os efeitos seriam mais tarde inseridos na introdução, mas editados da versão lançada como *single*.

As competições de cabo de guerra eram tradicionais na Grã-Bretanha e fizeram parte do calendário oficial Olímpico de 1900 até 1920. Na última disputa, nas Olimpíadas de Antuérpia, na Bélgica, os britânicos conquistaram duas medalhas de ouro, duas de prata e uma de bronze, liderando o quadro geral da modalidade.

No A.I.R. Studios, em Londres, "Tug of War" contou com os seguintes músicos entre dezembro de 1980 e março de 1981: Paul McCartney: Vocal, violão, contrabaixo, bateria, guitarra, sintetizadores e *backing vocals*; Linda McCartney: *Backing vocals*; Denny Laine: Guitarra; Eric Stewart: *Backing vocals* e guitarra; Campbell Maloney: Tambores militares; Kenneth Sillito: Violino; Keith Harvey: Violoncelo; John Underwood: Viola; Patrick Halling: Violino; Dennis Vigay: Violoncelo; Laurie Lewis: Violino; Alan John Peters: Violino; Galina Solodchin: Violino; Michael Rennie: Violino; George Turnlund: Viola; Ken Essex: Viola; Alexander Kok: Violoncelo; Peter Willison: Violoncelo; David Ogden: Violino; Nicolas Reader: Contrabaixo acústico.

***

Dois filmes promocionais foram produzidos para divulgar o *single* "Tug of War". No primeiro, Paul aparece tocando violão ao lado de Linda. Estas imagens foram registradas durante um dos intervalos da gravação do álbum *Pipes of Peace*, no A.I.R. Studios, em Oxford Street. A outra parte do vídeo, composta por cenas de foguetes e competições de cabo de guerra são intercaladas com imagens de Paul e George Martin ao lado de Geoff Emerick. O clipe foi editado por Alex Denholm e produzido por Maurice Phillips.

Já o segundo filme promocional, o mais raro de todos, seria lançado apenas em 2015 na edição de luxo de *Tug of War* da *Paul McCartney Archive Collection*. O filme mostra Paul e George Martin no estúdio gravando "Keep under Cover" e (até então inédita) "It's Not on", no A.I.R. Studios, além de uma entrevista coletiva com a imprensa japonesa gravada em fevereiro de 1982.

TAKE IT AWAY

Nesta canção, com *beat* latino e arranjo de metais, a alma do quarteto seria revivida em grande estilo: Paul no vocal e no baixo; Ringo na bateria e George Martin tocando piano e produzindo – formação considerada normal, mesmo quando os Beatles ainda eram uma força ativa e gravavam de forma separada (prática comum a partir do *Álbum Branco*).

Na verdade, a segunda canção de *Tug of War* foi composta por Paul McCartney no verão de 1980 com Ringo Starr em mente – e bem que a música poderia ter entrado em *Stop and Smell the Roses*, o próximo LP do baterista. Mas Paul tinha outros planos para sua composição. No fim, dois outros números de sua autoria, "Attention" e "Private Property", entrariam no LP gravado em agosto de 80 no estúdio Super Bear, na França.

Quando as sessões de *Tug of War* deixaram Londres rumo ao novo A.I.R. Studios na caribenha ilha de Montserrat, "Take It Away" contaria não somente com Ringo, mas com a presença do americano Steve Gadd em um segundo kit de bateria. Ele recorda: "Me lembro da emoção que cercava a primeira sessão ao lado de Paul McCartney. Não fazia muito tempo que John Lennon tinha sido assassinado e você pode imaginar que as coisas estavam pesadas. As emoções das pessoas somadas à atmosfera de Montserrat... Tudo isso apareceu na música que gravamos."

Paul relembra a origem da composição – uma espécie de devaneio sobre as jornadas noite adentro de uma banda em busca de um contrato profissional: "Estava em casa, compondo algumas músicas para Ringo, e 'Take It Away' estava entre elas. Mas quando cheguei ao refrão, pensei comigo... Não, ela tem muito mais o meu jeito e decidi mantê-la para o próximo álbum."

Com o destino de "Take It Away" decretado, Paul tentaria ensaiar sua nova criação ao lado da nova formação do Wings em outubro, ao lado de "Ballroom Dancing" e outras canções que apareceriam somente em 1983, em *Pipes of Peace*.

Produzida impecavelmente por George Martin, e com harmonias que relembram um pouco o 10cc (cortesia de Eric Stewart), "Take It Away" teria melhor sucesso que "Tug of War", o *single*, nas paradas. Principalmente na gigante e competitiva *Billboard*, onde atingiria a 10ª posição.

***

Em Montserrat, a banda, comandada pelo produtor George Martin, se comportou assim no A.I.R. Studios a partir de 15 de fevereiro: Paul McCartney: Vocal principal, violão, contrabaixo, piano e *backing vocals*; Linda McCartney: *Backing vocals*; Ringo Starr e Steve Gadd: Bateria; Eric Stewart: *Backing vocals* e guitarra; George Martin: Piano elétrico. Banda de metais gravadas no A.I.R. Studios, em Oxford Street, por músicos não creditados.

Lançado comercialmente pela primeira vez no box *The McCartney Years* em 2007, o filme promocional de "Take It Away" recebeu tratamento digno de Hollywood e com direito a convidado especial. Além de Ringo, que volta a dividir a tela com Paul após 12 anos, o filme tem a presença de John Hurt (1940-2017), ator britânico que recentemente tinha sido nomeado ao Oscar por sua atuação em *O Homem Elefante*, de David Lynch.

A gravação não foi menos épica, contando com 600 figurantes em uma plateia fictícia, formada por membros do fã clube de Paul McCartney, o hoje extinto Club Sandwich. Foram precisos seis dias para tudo ser rodado e editado no estúdio cinematográfico de Elstree, entre 18 e 24 de junho de 1982, com direção de John McKenzie e produção da Moving Picture Company.

O *making of* de "Take It Away" e o clipe estão disponíveis na edição de luxo de *Tug of War* lançada em 2015 como parte da *Paul McCartney Archive Collection*, com entrevistas inéditas de Paul, Linda, George Martin, Ringo e John Hurt.

SOMEBODY WHO CARES

Naquele 7 de fevereiro de 1981, Paul McCartney sentiu a inspiração bater à porta para tirar do violão uma de suas canções com grande poder curador. Em Montserrat, talvez ele tivesse encontrado a distância necessária para refletir sobre a recente perda de John Lennon e os efeitos que isso gerariam em sua vida daqui para frente. Assim ele relembrou 1982: "Em um domingo à tarde, em Montserrat, sabíamos que Stanley Clarke estava para chegar. Então, pensei... por que não compor algo novo? Sentei em um canto fora do estúdio e saiu esta balada. Quando Clarke e Steve Gadd estavam no estúdio, ao invés de gravarmos uma das minhas canções já completas disse a eles. 'Que tal tentarmos essa que comecei?' Então, peguei o violão e Stanley começou a improvisar no baixo... Quando toco para meus filhos essa é a música que eles mais gostam. James é ainda um bebê e não sei por qual razão é a sua favorita."

Aparentemente, uma pessoa, e das mais importantes no projeto *Tug of War*, não recebeu muito bem a letra de "Somebody Who Cares". Denny Laine – correu o rumor nos bastidores das gravações – teria discutido de forma contundente com Paul sobre os versos da música. Em abril daquele mesmo ano, ele deixaria o grupo, um ano antes do LP chegar às lojas. Ao sair, Denny Laine afirmou que Paul agora era "um homem de estúdio", e ele pretendia voltar a tocar ao vivo. Seria desta forma que o mundo ficaria sabendo oficialmente do fim do Wings.

No A.I.R. Studios, em Montserrat, o grupo produzido por George Martin gravou "Somebody Who Cares" desta forma: Paul McCartney: Violão, *backing vocals* e o solo (magnífico) com violão com cordas de náilon. Linda McCartney: *Backing vocals*; Denny Laine: Guitarra e sintetizador; Stanley Clarke: Contrabaixo; Eric Stewart: *Backing vocals*; e Steve Gadd: Bateria e percussão.

WHAT'S THAT YOU'RE DOING

Festiva e preenchida com duplo sentidos, "What's That You're Doing" destoa consideravelmente do clima mais sério e recatado de *Tug of War*. Mas o motivo da música ganhar seu espaço de destaque no álbum tem relevância.

Naquele mês de fevereiro, Stevie Wonder foi o último convidado de honra a chegar à ilha de Montserrat para a fase de gravações de *Tug of War* no A.I.R. Studios em 26 de fevereiro de 1981. Após concluírem "Ebony and Ivory", o grande momento de Paul ao lado de seu ídolo, o clima descontraído empolgou a dupla para uma *jam session*, transformada em uma canção iniciada com ébano e finalizada em marfim. "Stevie começou a improvisar no sintetizador e como notei que ele fazia as linhas de baixo, achei melhor ficar na bateria. Conforme fomos tocando, notei que estava exagerando um pouco no acompanhamento e decidi maneirar... No final, acabei só tocando pratos e caixa de bateria... Quando Stevie partiu, refiz minha parte de bateria para consertar meu estrago (risos)."

Depois da gravação cheia de improvisação e muito suingue, Paul revelou uma divertida história nos bastidores do álbum: "No dia anterior, nós convidamos Stevie para almoçar com a gente. 'Que tal às duas horas da tarde, Stevie?' Ele disse: 'Ok, estarei lá!' Linda começou a cozinhar cedo e a preparar tudo para sua chegada. Mas nada do Stevie. Duas horas... três... Decidimos ligar para ele. 'Tudo bem, Stevie?' Ele respondeu: 'Claro, cara... é que estou no meio de uma coisa muito legal... Eu conseguia ouvi-lo tocando teclados, então deu para entender.' Quatro horas, e nada. Ligamos mais uma vez porque achamos que ele tinha se perdido. Nossa casa era um pouco distante do estúdio. Stevie respondeu: 'Já estou chegando, Paul! Estou na sua porta... quase aí!' Mas o tempo passava... seis, sete, oito, nove horas e nada. Às dez da noite, Stevie chegou como se nada tivesse acontecido e o almoço virou jantar. No fim das contas, nos divertimos muito naquela noite!"

∗∗∗

A formação completa na gravação de "What's That You're Doing" ficou assim: Paul McCartney: Contrabaixo, bateria, guitarra e vocal; Linda McCartney: *Backing vocals*; Stevie Wonder: Sintetizador e vocal principal; Eric Stewart: *Backing vocals*; Andy Mackay: Lyricom; Alex Brown, Deniece Williams, Lynn Davis, Susaye Greene e Windy Barnes, do grupo Wonderlove: *Backing vocals.*

Após deixar a ilha de Monstserrat, em março, Paul ainda daria o toque final em "What's That You're Doing", acrescentando mais instrumentos e vocais, em sessões no A.I.R. Studios em Londres.

HERE TODAY

Naquele dezembro cinzento em 1980, um fantasma semelhante ao que assombrou o avarento Ebenezer Scrooge do conto *A Christmas Carol* decidiu retornar a Londres de Charles Dickens... Seu alvo agora era um frágil Paul McCartney, abalado pela morte de seu amigo. Nos dias que se passaram após a tragédia, ele simplesmente não conseguia colocar no papel o que tinha dentro de sua perturbada alma. John Lennon morreu. Mas de algum modo, ele jamais deixaria de estar presente, o julgando. Afinal, como escrever e o que escrever sem que o mesmo não zombasse de versos que o parceiro pudesse julgar como "patéticos" ou "açucarados"?

O fantasma do Natal presente chegou para cobrar uma resposta durante a produção de *Tug of War*. Certo dia, próximo ao Natal, enquanto ele desabafava sobre um caderno no escritório onde seria o seu futuro estúdio, a primeira parte da letra de "Here Today" viria à tona. "Quando escrevi 'Here Today' eu estava quase chorando. É um

MASTERS

diálogo entre mim e John... Na música, John poderia me ouvir dizendo isso e falar 'Ah, vá se ferrar! Você não me conhece. Vivemos em mundos opostos. Você pode ter me conhecido, mas eu mudei...' Mas na verdade, eu sentia que ainda o conhecia. Em 'Here Today', sou eu tentando contatá-lo de alguma forma e percebendo a futilidade porque ele não está mais aqui. Embora eu ainda não acredite (na sua morte) até hoje... A parte do 'eu te amo' na letra foi a mais complicada. Parte de mim dizia: 'Espera um pouquinho, Paul... Você vai fazer isso mesmo?' Sim. Tenho de fazer porque é verdade."

***

Em 2004, Paul foi entrevistado por John Harris, autor do excelente *Cool Britannia and the Spectacular Demise of English Pop*, uma jornada pelos anos dourados do britpop de Blur e Oasis e a cultura que eles ajudaram a moldar entre 1993 e 1997. Na matéria assinada por Harris e publicada no jornal *The Guardian*, o jornalista inglês questionou: "Sempre fiquei intrigado por essas frases na letra de 'Here Today': 'What about the night we cried? / Because there wasn't any reason / Left to keep it all inside' ('E aquela noite em que choramos porque não havia nenhuma razão pra segurar mais o que dentro de nós, há tempo, guardamos?')". Pela primeira vez, Paul revelaria a história da "noite que terminou em lágrimas": "Nós (os Beatles) estávamos em Key West, em 1964 (na segunda turnê americana, em setembro). Estávamos prestes a voar para Jacksonville, na Flórida, mas tivemos que ficar por lá por alguns dias por causa de um furacão sem saber o que fazer a não ser beber... e beber muito. Foi em uma dessas noites que ficamos acordados até tarde, estávamos tão irritados com tudo, que acabamos desabafando e confessando o quanto nós gostávamos um do outro... Foi algo bom, você não costuma dizer coisas como essas, especialmente se você é uma pessoa do norte da Inglaterra."

Depois de reunir tantas confissões e memórias de eventos experimentados em anos de vida, desde a infância em Liverpool até os anos de ouro nos Beatles, Paul finaliza "Here Today" com uma linha desoladora. Ele conclui que seu contato com John precisa acabar. Ciente de que o parceiro de tantas músicas e shows não poderá mais estar com ele, Paul diz a John que, caso ele estivesse com ele naquele momento, ele só poderia estar fazendo algo específico: ("And you were here today / For you were in my song" ("Se você estivesse aqui hoje, seria parte da minha canção").

As sessões de "Here Today" começaram em maio de 1981 com Paul McCartney cantando e tocando violão. A sessão com orquestra aconteceria no A.I.R. Studios em dezembro com seguintes músicos: Jack Rothstein: Violino; Bertrand Partridge: Violino; Ian Jewel: Viola; Keith Harvey: Violoncelo; John Underwood: Viola; Patrick Halling: Violino; Dennis Vigay: Violoncelo; Laurie Lewis: Violino; Alan John Peters: Violino; Galina Solodchin: Violino; Michael Rennie: Violino; George Turnlund: Viola; Ken Essex: Viola; Alexander Kok: Violoncelo; e Peter Willison: Violoncelo.

Apesar de permanecer nos arquivos, um vídeo promocional de "Here Today" foi produzido pela MPL a partir de montagem de fotos antigas de Paul e John tiradas por Linda McCartney. Outra versão do clipe, com imagens de Paul e George Martin trabalhando no A.I.R. Studios também está nos arquivos. Ambos ficaram de fora da reedição de *Tug of War*, em 2015.

BALLROOM DANCING

"Como todo mundo, tenho lembranças de adolescente quando George Harrison e eu costumávamos ir aos bailes e nenhum de nós nunca tinha coragem de pedir uma garota para dançar, a não ser que fosse a última valsa... Só que chegava na última hora e elas negavam... A gente nunca foi muito chegado aos salões de baile, mas era nesses lugares, como o The Grafton ou o Locarno, que você precisava ir para conseguir dançar... A música 'Ballroom Dancing' é basicamente isso: uma coleção de imagens de infância, combinada às memórias dos salões de baile em Liverpool."

Na mente criativa de Paul, as aventuras pelo salão do Grafton seriam ainda mais emocionantes. Além de danças, as famosas brigas de gangues, com coreografias cinematográficas, foram uma das melhores partes em *Give My Regards to Broad Street*.

As sessões de "Ballroom Dancing" tiveram a seguinte formação: Paul McCartney: Contrabaixo, bateria, guitarra, percussão, piano e vocal; Linda McCartney: *Backing vocals* e piano. Denny Laine: Guitarra. Chris Speeding: Guitarra. Ringo Starr: Bateria. Eric Stewart: *Backing*

MASTERS

vocals. John Barclay: Corneta. Jack Brymer: Clarineta. Peter Marshall: Narrador. David Ogden: Violino. David Willis: Saxophone. Raymond Swinfield: Saxophone. Thomas Whittle: Corneta.

THE POUND IS SINKING

Em primeiro de janeiro de 1999, o Euro foi anunciado como a moeda comum dos países afiliados à chamada Zona Europeia. Três anos mais tarde, o papel moeda começou a circular em 19 das 28 nações. Entre os que preferiram deixar o acordo estava a sempre tradicional Grã-Bretanha, que em 2016 anunciaria outra decisão política-social de impacto: a saída da União Europeia, conhecida como Brexit – a debandada dos britânicos.

Mas em 1980, quando a Europa ainda era um caleidoscópio de sistemas monetários, a maioria dos países tinha o seu dinheiro próprio e seu valor respectivo frente ao dólar. Além das notícias sobre as ações e commodities, um dos temas explorados pelos cadernos de economia era a dança das moedas. Certo dia, Paul estava lendo o *The Independent* e a ideia para escrever sobre o sobe e desce do mercado veio à tona: "Quando você pega o jornal e vê as manchetes: 'A libra se moveu um pouco hoje' ou: 'O marco teve uma alta surpreendente no mercado financeiro'. Vejo essas fotos da bolsa de valores com as pessoas ao telefone... Elas estão perguntando: 'Será que subiu? ou será que caiu?'... Mas nunca fui muito ligado ao mercado. Então, 'The Pound Is Sinking' é basicamente uma música que ri das pessoas que levam tudo isso muito a sério. A mesma coisa acontece na previsão do tempo. Mesmo se eles dizem que irá nevar na (rodovia) M6, eles mais erram do que acertam."

Além da sempre forte Libra Esterlina, as demais moedas citadas na letra de "The Pound Is Sinking" são as seguintes: Dólar (EUA), Marco (Alemanha – hoje extinta), Lira (Itália– hoje extinta) e Peso (diversos países, incluindo México).

***

Quando "The Pound Is Sinking" estava praticamente completa, Paul e George Martin sentiram que faltava ainda alguma coisa para a canção "encaixar" no disco. Assim como acontecera tantas vezes nos Beatles – uma delas, em "Baby You're a Rich Man" – a música seria finalizada com a montagem de outra peça totalmente distinta: "Hear Me Lover", composição incluída na fita demo gravada no Rude Studio em agosto daquele ano.

"The Pound Is Sinking" foi gravada em Montserrat entre 8 e 9 de fevereiro no A.I.R. Studio com a seguinte formação: Paul: Violão, guitarra, sintetizadores e vocal. Linda: *Backing vocals*. Denny Laine: Violão. Stanley Clarke: Contrabaixo. Eric Stewart: *Backing vocals*.

WANDERLUST

Maio de 1977. Na ensolarada Baía Watermellon, nas Ilhas Virgens, nunca um dia de trabalho é para ser levado ao pé da letra. Paul e Linda estavam a fim de passear e Alan Crowder conseguiu alugar uma embarcação especial para que o casal se divertisse pelas águas quentes em tranquilidade.

Wanderlust é o nome do catamarã. Tudo está pronto para a viagem. Paul chama Linda e eles entram no barco. Mas, alguns minutos mar adentro, algo parece ter saído do roteiro... Ao menos para um enfezado capitão. O Capitão diz: "Vocês vão ser presos!" Paul se assusta. Linda apaga o cigarrinho. Paul, então, questiona: "O que fizemos?" O capitão continua: "Vocês foram avisados... Drogas não são permitidas a bordo!"

Tempos depois, Paul revelaria o entrevero: "Estávamos nas Ilhas Virgens, em um dos barcos, e o capitão sentiu o aroma de maconha. Nós estávamos apenas fumando um pouco, no meio do oceano e não fazendo mal a ninguém. Mas ele (o capitão), estava irredutível. Basicamente, disse que teríamos de deixar o barco. Wanderlust é o nome do barco. Nossa música é basicamente sobre o incidente. O capitão disse que nós íamos ser presos."

Com a composição praticamente pronta, faltava concluir a gravação no estúdio. A demo de "Wanderlust" dava a pista: a versão final de *Tug of War* seria uma balada ao piano, mas Paul tinha uma ideia melhor. George Harrison precisava ser, custe o que custar, o guitarrista.

Para conquistar o amigo, Paul, Linda e Denny Leine viajaram até Henley-On-Thames com a missão de apresentar o convite. Ao entrarem no suntuoso Crackerbox Palace, o trio acabou hipnotizado e convencido a cantar em uma das composições de Harrison: "All Those Years Ago", o tributo a John Lennon e faixa de destaque do álbum *Somewhere in England,* lançado em 1981.

No fim, nem mesmo Paul sabe hoje explicar por que George Harrison não viria a participar de "Wanderlust". Mas sua decepção logo seria apaziguada. George Martin encontraria a saída. Ao invés da guitarra de George, ele sugeriu que ao arranjo fosse produzido com uma banda de metais, a Philip Jones Brass Ensemble.

"Wanderlust" foi gravada nas primeiras sessões de *Tug of War* em dezembro, no A.I.R. Studios em Londres com a seguinte formação: Paul McCartney: Violão, vocal principal, *backing vocals*, contrabaixo e piano. Linda McCartney: *Backing vocals*. Denny Laine: Contrabaixo. Eric Stewart: *Backing vocals*. Adrian Sheppard: Bateria. Percussão. Gravações adicionais da Philip Jones Brass Ensemble.

GET IT

Carl Perkins sempre foi o maior ídolo de George Harrison. Mas Paul seria o primeiro a dividir o estúdio com o gênio do *rockabilly*. Perkins chegou a Montserrat no dia 21 de fevereiro de 1981 e Paul aproveitou para tirar uma casquinha logo de cara. Tirou o violão do *case* e convidou Carl para uma viagem no tempo: "Matchbox", "Lend Me Your Comb", "Honey Don't"... Todos os clássicos assinados pelo mestre entraram na *jam session* que antecedeu a gravação de "Get It". "Na manhã seguinte à sua chegada, Carl contou pra mim sobre um sonho: 'Paul... Acredite em mim: pensei que tinha morrido e ido ao Paraíso. Aqui é tão bonito, um lugar muito lindo!' Então, durante a passagem dele em Montserrat eu compus 'Get It' e nós nos divertimos muito gravando. Posso até ver Laurel & Hardy (O Gordo e o Magro) dançando ao som da música."

Oito dias mais tarde, Carl já estava pronto para retornar ao bom Tennessee. Mas antes, ele tinha preparado uma surpresa para seu anfitrião. "Na noite em que estava prestes a embarcar, mostrei ao Paul uma música que fiz em Monstserrat, em agradecimento à incrível recepção que tive. Escrevi algumas palavras, coloquei uma melodia nela e a chamei de 'My Old Friend'. Então, quando Paul ouviu precisei ficar mais um dia. Ele disse: 'Carl, essa é uma daquelas que temos de gravar!' Depois, Linda me contou: 'Carl, Paul não chora muito, mas você o sensibilizou com esta canção.' Na verdade, a letra era uma conversa entre mim e ele, mas Paul disse que soava como se fosse John Lennon conversando com ele."

"My Old Friend" demoraria quinze anos para ser lançada no CD de duetos *Go Cat Go!*. Antes disso, Paul e Carl estariam juntos mais uma vez em 27 de abril de 1993 no Liberty Bowl, na passagem da *The New World Tour* por Memphis, Tennesse. A visita de Carl foi registrada em vídeo e transformada no especial *My Old Friend – Go Cat Go!*, lançado em VHS com as performances de "Down in Memphis", "Your True Love", "Blue Suede Shoes", "Maybellene", "Movie Magg", o *medley* "Your True Love"/"Lend Me Your Comb"/"Wake Up Little Susie", "Matchbox", "My Old Friend", "Swing Low Sweet Chariot", "Blue Suede Shoes" (reprise), "The World Is Waiting for the Sunrise"," Your True Love" e "Get It".

***

Pouco mais de quinze anos após "Get It", em setembro de 1997, George Martin convidaria Carl Perkins para o show beneficente *Music for Montserrat* para angariar fundos para a reconstrução da ilha destruída por atividades vulcânicas em 25 de junho. Esta seria sua última aparição em público. Em 19 de janeiro de 1998, Carl morreu aos 66 anos, após perder a batalha contra o câncer de garganta. Em 4 de abril de 2003, Paul anunciaria a aquisição dos direitos das canções de seu amigo Carl Perkins. Assim como Buddy Holly, suas canções estavam agora sob controle da MPL.

"Get It" foi gravada em Montserrat com Paul McCartney no vocal, violão, contrabaixo, percussão e sintetizador. Carl Perkins na guitarra e no vocal.

BE WHAT YOU SEE (LINK)

Ao se aproximar do fim do LP, Paul voltou a buscar alguma inspiração no grupo de seu amigo David Gilmour. Não seria a primeira vez que a influência do Pink Floyd entraria em um de seus discos. Em

1973, *Red Rose Speedway*, gravado no mesmo período de *The Dark Side of the Mooon*, foi temperado com ingredientes psicodélicos em "Loup (1st Indian on the Moon)". Agora, o clima exotérico de "Be What You See" – mais um mantra do que uma canção, é verdade – também receberia o tratamento Floydiano.

Paul explica seus planos para "Be What You See": "Originalmente, a ideia era ter alguns momentos no álbum onde você tem um som que se desenvolve em outro, como em um disco do Pink Floyd. Gosto desse tipo de coisa. Como se fosse a atmosfera de uma peça radiofônica. Então Carl começou a rir de verdade de uma piada no final de 'Get It' e achei que seria legal terminar a faixa dessa maneira. Mas eu quis que isso soasse mais místico... Então peguei o vocoder, um instrumento usado pelo Herbie Hancock, que você toca as notas usando a boca e mixamos como um link até a próxima música."

Paul tinha razão. A risada de Big Carl era mesmo irresistível e teria de permanecer no disco. Carl tinha soltado aquelas gargalhadas embalado por seu inabalável humor, herança que nunca deixaria esquecida na minúscula Tiptonville, no Tennessee. Logo que chegou à Montserrat, Paul e Linda o convidaram para um passeio em um iate de luxo, regado a bebidas sortidas e um cardápio requintado. Carl não se conteve e comentou: "Paul... De onde venho isso tudo aqui? É como defecar sobre uma pilha de dinheiro!" Por motivos evidentes, a piada foi cortada... Mas o gargalhar foi mixado junto ao mantra composto mais tarde por Paul.

O sintetizador vocal batizado como Vocoder apareceu pela primeira vez nos anos 30, mas ganhou fama a partir do final dos anos 70. Artistas como Electric Light Orchestra, Pink Floyd, Kraftwerk, Giorgio Moroder, The Alan Parsons Project – além do próprio Herbie Hancock, citado por Paul – são alguns dos mais famosos adeptos do aparelho.

Paul McCartney gravou "Be What You See" na fase final de produção de *Tug of War* no A.I.R. Studios, em Londres: Guitarra, vocal e vocoder.

DRESS ME UP AS A ROBBER

Quando Fela Kuti decidiu visitar Paul McCartney no estúdio da EMI em Lagos, temendo que o famoso Beatle estivesse por lá apenas para "roubar a música africana", ele ficou aliviado. Ao inspecionar o material já gravado em território nigeriano, nada no disco do Wings tinha a ver com seu inimitável Afro Beat.

Em Montserrat, Paul não encarou o mesmo problema. Os sons caribenhos, até então, não pareciam ter espaço em um disco elaborado com um tom mais reflexivo. Mas "Dress Me Up As a Robber" não deixaria o show acabar sem um pouco do swing latino.

Verdade seja dita, a música já existia há muito tempo, bem antes de ser registrada logo na primeira semana de trabalhos no A.I.R. Studios Montserrat, com o primeiro convidado a chegar à ilha.

Dave Mattacks, famoso por assumir o kit do Fairport Convention e tocar com Nick Drake, Elton John, George Harrison e muitas outras estrelas, é o baterista em "Dress Me Up As a Robber": um *mix* de ritmos latinos e trechos rock and roll – gênero, aliás, que pouco aparece em *Tug of War*. Na edição nº 26 do fanzine *Club Sandwich* Paul comentou: "O baterista é Dave Mattacks, e nós estávamos esperando por Steve Gadd, que chegaria na semana seguinte. Então, a música tem uma pegada meio Steve Gadd, o que dá uma coesão ao álbum ao invés de uma mistura de estilos... 'Dress Me Up As a Robber' tem uma letra que diz: "Você pode me chamar do que quiser, mas eu ainda serei eu mesmo. Se você me descrever como um soldado na Irlanda do Norte, não tem problema: eu ainda voltarei pra casa para escrever um livro sobre os horrores da guerra."

"Dress Me Up As a Robber" começou a ser gravada em Montserrat em 3 de fevereiro de 1981 com a seguinte formação: Paul McCartney: Vocal, contrabaixo e guitarras. Linda McCartney: *Backing vocals*. Denny Laine: Guitarra e sintetizador. Eric Stewart: *Backing vocals*. George Martin: Piano elétrico. Dave Mattacks: Bateria e percussão.

EBONY AND IVORY

Little Stevie era sonho antigo. Ao passar a mão levemente na contracapa de *Red Rose Speedway*, o fã mais atento percebeu algo diferente: uma espécie de relevo impresso, que na verdade era uma frase em braile com a mensagem: "Nós te amamos!" Claro que a declaração de amor de Paul McCartney era direcionada ao filho prodígio da Motown, Steveland Hardaway Morris – o primeiro e único Stevie Wonder. Em 1973, Stevie estava pronto para lançar *Innervisions*, terceira obra-prima consecutiva naquele início de década, e o LP sucessor dos indefectíveis *Music from My Mind* e *Talking Book*. Paul estava encantado com sua música e o encontro entre os hábeis melodistas teria de acontecer. A primeira vez, até que não demoraria tanto, foi uma coincidência. Paul estava em Los Angeles em 1974 para acompanhar a cerimônia do Oscar e torcer por *Live and Let Die*. Em 28 de março, ele acabaria no Burbank Studios em uma *jam session* ao lado de Stevie Wonder e John Lennon, na última vez em que Paul ficaria ao lado de seu parceiro criativo em um estúdio.

Anos mais tarde, quando George Martin decidiu selecionar uma série de talentos do cenário pop ao invés de usar membros do Wings no próximo disco de Paul, a chance de gravar com Stevie Wonder finalmente apareceu. Paul, inclusive, já tinha reservado uma canção especial para o encontro: "Ebony and Ivory", tema que pregava a união entre as raças, mas que havia surgido após uma discussão entre Paul e Linda.

***

Até os anos 1970, as teclas de piano eram feitas de marfim, mas com a entrada em vigor de leis proibindo a caça e matança de elefantes, a indústria passou a substituir o material por um tipo de plástico. Em inglês, marfim significa "ivory", e a palavra foi usada por Paul para representar o contraste das notas brancas com as notas pretas, no caso "ebony" (ébano, em inglês) representando a raça negra.

Essa ideia surgira a partir de um velho conhecido. Spike Milligan, ou Terence Allen Milligan (1918-2002), um dos grandes nomes do cenário humorístico britânico de todos os tempos e soldado britânico na Segunda Guerra Mundial, costumava dizer: "Notas brancas, notas pretas... isso é tudo o que você precisa para fazer uma harmonia." Paul McCartney sabia que o velho Spike estava certo. A frase se encaixou perfeitamente na melodia e em poucos minutos ele já tinha a demo completa, gravada em seu pequeno Rude Studio, na Escócia. "Quando mostrei as músicas que tinha para George Martin, sugeri que gravássemos 'Ebony and Ivory' com um cantor negro e demonstrar, literalmente, o sentimento de como superar (o racismo)... Na hora de escolher o cantor, o primeiro nome que me meio à cabeça foi o de Stevie. Somos muito parecidos na forma de trabalhar e nos demos muito bem no estúdio."

Ao ser lançada como *single* em diversos formatos – inclusive com uma versão sem a participação de Stevie Wonder – "Ebony and Ivory" se tornou um imediato sucesso mundial, apesar das incontáveis críticas acusando Paul de ser "superficial", "simplista" e até "artificial". Paul não deixou o massacre sem resposta. Ao jornalista Paul DuNoyer ele declarou: "Eles (os críticos) não gostaram de 'Ebony and Ivory', eu até entendo o que eles querem dizer. Mas eu acho que foi algo bom. Ernie Watts, saxofonista dos Rolling Stones, agradeceu a mim pela música em Los Angeles. Ele disse: 'Sabe, Paul, aquela música? Eu tenho uma namorada branca e isso realmente me ajudou.' Me diga: será que preciso ouvir uma crítica negativa depois disso. Sem falar que consegui cantá-la com Stevie..."

Stevie Wonder voltaria a reviver o dueto com Paul McCartney em "Ebony and Ivory" em outras oportunidades. A primeira delas, em Los Angeles, em 27 de novembro de 1989, em seu retorno aos palcos após dez anos, na turnê de *Flowers in the Dirt*. Já em 2 de junho de 2010, a dupla faria um show especial na ala Leste da Casa Branca, em Washington D.C., onde Paul recebeu do presidente Barack Obama a honraria Library of Congress Gershwin Prize for Popular Song.

***

As sessões de "Ebony and Ivory" começaram em Montserrat em 26 de fevereiro com Paul McCartney no vocal principal, contrabaixo, piano, sintetizador, percussão e vocoder. Stevie Wonder canta, toca piano elétrico, percussão e sintetizador.

Dois vídeos promocionais foram produzidos para "Ebony and Ivory". No principal deles, mais uma vez uma criação da Keefco, imagens de Stevie foram registradas separadamente em Los Angeles, em virtude de compromissos que o impediram de viajar a Londres. Sendo assim, as cenas ao lado de Paul foram montadas com o recurso chamado *chroma key* (projetado em tela azul ou verde). A banda de Soul Cimarrons, contratada pela MPL, aparece como grupo de apoio na performance da música.

Na rara versão alternativa de "Ebony and Ivory", Paul aparece tocando piano sem o acompanhamento de Stevie Wonder. Ao invés de Stevie, um dançarino apresenta diversas coreografias enquanto Paul apresenta a música. No Brasil, esta versão do clipe chegou a ser transmitida no programa *Fantástico*, na época de seu lançamento. Dirigido por Barry Myers e rodado em 11 de fevereiro de 1982.

Outras músicas da era *Tug of War*

RAINCLOUDS

Em 9 de dezembro de 1980, uma terça-feira, no *day after* da tragédia que se abateu sobre todos os amantes dos Beatles, da música, da paz e de tudo o que representasse de positivo, Paul precisava finalizar "Rainclouds" ao lado de Denny Laine e George Martin no A.I.R. Studios, em Londres. Composta em parceria com Laine quando o Wings estava ativo, a canção com seu teor country e acompanhamento com sabores celtas, estava quase pronta. Mas o impacto do assassinato de John Lennon em Nova Iorque, na noite anterior, impediria que o trabalho fosse realizado em sua plenitude.

Certamente, o verso final de "Rainclouds", apresentada pela primeira vez nos ensaios do Wings em outubro de 1980, ganhou um adendo que atrela o sentimento de Paul ao evento da segunda-feira anterior, quando a vida de seu amigo foi tirada, de forma tão brutal. John tinha apenas 40 anos. "Talkin' 'bout sun in the desert / Sun in my ears / Sun dries up my tears / Rainclouds hide the sun / Rainclouds hide the sun" (Eu falo sobre o sol no deserto, sol sobre mim – sol que minhas lágrimas secam... mas as nuvens chuvosas ao sol elas encobrem... Nuvens de chuva encobrem o sol").

Já o toque celta do arranjo de "Rainclouds" é cortesia do irlandês Paddy Maloney, o único a gravar no sombrio 9 de dezembro de 1980, no A.I.R. Studios. Sua gaita irlandesa já era de grande fama desde 1962, quando ajudou a fundar o grupo de música tradicional The Chieftains ao lado de Sean Potts e Michael Tubridy. Em 1995, os Chieftains lançariam um de seus mais populares trabalhos: "Long Black Veil", com participações de Van Morrison, Ry Cooder, Mariane Faithfull, Mark Knopfler, Sinéad O'Connor e Mick Jagger.

***

"Rainclouds" foi gravada nos dias 8 e 9 de dezembro de 1980 com a formação: Paul McCartney: Vocal e violão de 12 cordas. Linda McCartney: *Backing vocals*. Denny Laine: Violão e *backing vocals*. Eric Stewart: Violão e *backing vocals*. Paddy Moloney: Gaita irlandesa.

Após ser completada e mixada, Rainclouds não teria espaço em *Tug of War*. Ao invés disso, a música, talvez, marcada pelo trauma daquele dia, foi resgatada na última hora como lado B do *single* "Ebony and Ivory", sendo relançada em *compact disc* apenas em 2015, 35 anos após sua gravação.

I'LL GIVE YOU A RING

Se "Dress Me Up As a Robber" é a música mais antiga a entrar no LP, "I'll Give You a Ring" ganha o certificado de artefato mais antigo de todo o projeto *Tug of War*. A canção apareceu pela primeira vez no *bootleg* chamado *Piano Tape*, uma coleção de demos de 1973-74, e mais tarde resgatada para inclusão no especial *One Hand Clapping*, em agosto do ano seguinte (que permaneceria inédito até ser lançado em DVD em 2010). Não há datas específicas sobre a gravação de "I'll Give You a Ring", mas a probabilidade mais aceita é que a música teria sido praticamente finalizada durante a produção do LP *McGear*, de Mike McCartney, em fevereiro de 1974. Em 1981, Paul, Linda e Eric Stewart adicionaram vocais atualizados à canção, que remete a um dos estilos favoritos de Paul: o *vaudeville*.

"I'll Give You a Ring" foi provavelmente gravada em fevereiro de 1974 no Strawberry Studios, com Paul ao piano elétrico, baixo, bateria, percussão e guitarra. Linda, Eric Stewart e Denny Laine nos *backing vocals*. Tony Coe toca clarineta. O complemento das gravações aconteceu no A.I.R. Studios, em Londres, em 1981.

STOP, YOU DON'T KNOW WHERE SHE CAME FROM

Este pastiche do jazz de Nova Orleans apareceu pela primeira vez em um dos programas de rádio *Oobu Joobu* em 1995 e depois foi lançado na reedição de *Tug of War*, em 2015. Paul toca o piano elétrico no Rude Studio.

JUGGLER FANFARRE

Tema instrumental usado em todos os filmes da MPL a partir de 1982, onde você vê um arlequim malabarista. Composta no Rude Studio, na Escócia, em 1981.

NO BAÚ DE *TUG OF WAR*

Demos de "Attention" e "Private Property", ambas cedidas a Ringo Starr para o álbum *Stop and Smell the Roses*, existem nos arquivos da MPL. Outras demos estão nas mãos de colecionadores. Entre elas, "Seems Like Old Times" e "Unbelievable Experience".

"Ecology of the World", "Rock 'n' Roll Rodeo", "Good Morning Song" e "My Darkest Hour" foram compostas entre *Tug of War* e *Pipes of Peace*.

CAPÍTULO 15
PIPES OF PEACE

"As gravadoras não gostam muito de discos duplos. Então, nós decidimos dividir o álbum Tug of War em Parte 1 e Parte 2... Apesar de que a Parte 2 sempre chega uma pouco desgastada. Percebo isso quando lançam filmes como Rocky II ou Superman II." (**Paul McCartney**, 1983)

Capa: Linda McCartney

Arte: Paul e Linda McCartney

Gravações: Entre dezembro de 1980 e julho de 1983

Produzido por: George Martin

Data de lançamento: 31 de outubro de 1983 (Reino Unido e EUA)

Desempenho comercial: 4º e 15º (Reino Unido/EUA)

"A indústria fonográfica vai muito mal – bem pior do que seu padrão normal. Ela foi severamente atingida pela pirataria, vídeos e videogames e cópias ilegais. A indústria toda entrou em uma rota irreversível. Eles disseram: se você lançar um álbum duplo agora, vão ter de cobrar o dobro do preço. As pessoas simplesmente não irão comprar o disco."

Seria mais um relatório alarmista de executivos sobre a derrocada da indústria da música moderna? Até poderia ser, caso os comentários não tivessem sido oferecidos por George Martin em 1982, um ano bem distante da ameaçadora banda larga e dos cruéis arquivos de mp3. Naquele momento, da mesma forma que os downloads ilegais e outros vilões da crise atual, as apostas mais ousadas no velho e bom disco começavam a sofrer consequências em plena década de 1980. Mesmo se a capa do vinil levasse o nome de Paul McCartney, M.B.E...

A ideia original seria colocar um álbum duplo nas lojas. Mas o conselheiro George Martin provara ter razão. *Tug of War*, em seu traje simples, conquistou aquilo que pretendia – e muito mais. Além de ficar na *pole position* nos Estados Unidos e na Inglaterra, em uma tacada só, o disco teria fôlego para permanecer entre os mais vendidos por muito, muito tempo. No Reino Unido, por exemplo, o LP ficou nas paradas por 27 semanas e no Japão, o álbum fez ainda mais bonito. Além de subir ao topo, *Tug of War* garantiu a Paul McCartney o melhor desempenho de um artista europeu desde 1977.

***

Primavera de 1982. Paul McCartney ainda estava meio perdido em meio às suas anotações, definitivamente surpreso com o percurso de *Tug of War* até o momento. "Nada melhor que pegar o embalo e lançar mais um álbum nos próximos meses", pensou. Com tantas músicas na gaveta – prontas ou quase preparadas para serem prensadas no vinil – uma data foi pré-agendada com a gravadora EMI. De cara, Paul tinha a ideia de fazer algo em torno do título provisório de *Tug of War II* e propor respostas aos dilemas e conflitos expostos pelas músicas mais tensas do álbum anterior. Mas seria mesmo interessante requentar ideias? Nos Beatles, isso nunca seria avalizado.

De concreto, o então protótipo *Tug of War II* teria como alvo fevereiro de 1983 e recuperaria boas canções que não tiveram espaço no LP anterior "porque não combinaram com o clima". Essas sobreviventes seriam "Keep Under Cover" e "Average Person", inicialmente ensaiadas com Laurence Juber e Steve Holley em outubro de 1980, nos últimos suspiros do já moribundo Wings.

Quando o verão britânico chegou, a concepção de *Tug of War II* já tinha sido abandonada e trocada por outro nome – não que a nova ideia soasse convidativa. *Hu' of Love* (*Abraço do Amor*) foi o segundo título de trabalho selecionado para um tema rascunhado para oferecer aos fãs a antítese das crises enfrentadas pelos personagens em *Tug of War*. A próxima página deste livro não demoraria a ser escrita.

***

PAUL McCARTNEY EM DISCOS E CANÇÕES

Em meio ao clima de indecisão que cercava o projeto, entra em cena outra figura de Liverpool. George Melly (1926-2007) – lenda do jazz local, e velho conhecido de Paul McCartney (é dele o texto do *press release* oficial do álbum *Venus and Mars*) – seria o principal motivador da criação da música. Em um encontro casual com Paul, Melly propôs um desafio interessante: compor uma canção que tivesse a paz global como tema central. Essa música, segundo Melly, teria de ser "realmente especial" e causar grande impacto, envolvendo "culturas de todos os continentes". Desafio aceito, desafio concluído.

Assim que "Pipes of Peace", inspirada por um poema do indiano Rabindranath Tagore, foi concluída, Paul acionou o produtor Keith McMillan, da Keefco, para dar vida ao incrível clipe baseado na chamada Trégua do Natal de 1914, quando soldados britânicos e alemães decidiram suspender os combates em plena Primeira Guerra Mundial para celebrar e ainda disputar uma partida de futebol nas trincheiras de No Man's Land – em algum lugar da França.

"Pipes of Peace", naquele momento, seria eleita protagonista do próximo álbum. Essa canção ao lado de outros números mais recentes ("So Bad", "The Other Me" e "Through Our Love") entrara na fila de gravação do A.I.R. Studios em Oxford Street, em setembro, fazendo com que o LP fosse, eventualmente, adiado mais uma vez. Com mais tempo para trabalhar, Paul tirou da gaveta o material gravado no ano anterior em parceria com Michael Jackson, o astro do momento, para cuidar do acabamento. Enquanto "Say Say Say" e "The Man" recebiam carinho extra, outro dueto (mas sem contribuição criativa de Paul) já fazia enorme sucesso. "The Girl Is Mine" era apenas mais um dos poderosos *singles* de *Thriller* que, a partir de novembro de 1982, passaria como um tornado pelo planeta, se tornando um dos discos mais vendidos de todos os tempos.

Exatamente nesse período que *Pipes of Peace* (o álbum) entraria em choque com uma aventura diferente: o derrapante *Give My Regards to Broad Street*. Enquanto finalizava o LP, Paul decidiu mergulhar na sétima arte, enquanto gravava as canções da trilha sonora do filme. E tem mais. Nesse ínterim, Paul e o especialista em animação, Geoff Dunbar, trabalhavam em segredo no curta-metragem *Rupert and the Frog Song*, que chegaria às telas em breve. Todo esse árduo trabalho se alongaria do fim de 1982 até 1983 e traria consigo quase a mesma equipe que o acompanhara desde as primeiras notas de *Tug of War* no final de 1980, incluindo Linda, George Martin, Eric Stewart e Ringo Starr – todos creditados em *Pipes of Peace* e no longa que só estrearia em outubro de 1984.

***

Quando *Pipes of Peace*, quase por um milagre, viu a luz do dia no Halloween de 1983 como se tivesse atravessado um parto difícil, o LP não seria tão celebrado como seu irmão mais novo. Longe disso. Como consolo, Paul se daria melhor em casa graças às virtudes de dois *singles* de grande impacto.

Primeiro, "Say Say Say" ratificou a grande fase de Michael Jackson em todo o planeta – e além. Muitos fãs do garoto de Gary, Indiana, gastaram suas economias no disquinho de 7 polegadas ou no LP assinado pela dupla McCartney/Jackson, influenciando as vendas de forma direta.

Assim que o outono se transformou em inverno, *Pipes of Peace* invadiu as ondas de rádio na Terra da Rainha, ao mesmo tempo em que seu belo videoclipe atraía novos fãs ao QG de Paul McCartney. O desempenho do *single* não poderia ter sido melhor, garantindo o primeiro lugar à música gerada pelo desafio proposto pelo conterrâneo George Melly – ainda que sua essência tenha se perdido um pouco pelo caminho.

Do outro lado do Atlântico, nem mesmo a presença de Ringo Starr no clipe de "So Bad", *single* escolhido para o mercado dos Estados Unidos no lugar de "Pipes of Peace", chacoalharia um indiferente público americano. Paul teria de se reinventar, e rápido.

Enquanto isso, seu mais novo amigo não estava contente em conquistar o mundo com suas incríveis músicas, coreografias e videoclipes... Michael Jackson – perto de ser coroado como Rei do Pop – se preparava para comprar os direitos das músicas de uma dupla bastante conhecida: Lennon & McCartney.

PIPES OF PEACE – FAIXA A FAIXA

PIPES OF PEACE

O estrondo assustador das bombas afastou as gaivotas que estavam tranquilas sobre o píer... Era o Apocalipse... o Armagedom, que não poupava nem os dias que antecediam a celebração da 'Chegada do Senhor'... De repente, as explosões que pareciam devastar da Bretanha à França foram se esvaindo aos poucos, até se esvaírem por completo...

Natal, 1914... A trégua. Uma afronta aos Senhores da Guerra...

"Pipes of Peace" não começou assim, mas terminaria ao redor de um cenário apaziguador. O magistral abrir de cortinas do LP espalhou as pistas de que ele não seria *Tug of War II* – mas poderia surpreender.

Tudo começou com uma proposta do boêmio, mestre do jazz e da contracultura de Liverpool, George Melly. Ao sugerir a Paul McCartney uma composição tendo como foco a paz mundial, surgiria a música que interferiu no destino do LP – e de forma positiva. Paul explica a proposta *Tug of War* x *Pipes of Peace*: "Em *Tug of War*, quis propor um questionamento sobre as diferenças e o álbum discute este tipo de conflito entre as partes... É sempre complicado juntar os dois lados de uma mesma moeda... Já em *Pipes of Peace*, não quis deixar isso entreaberto. Então, como você resolveria este problema? Para mim, sempre existe esse tipo de dualidade e paradoxo, mas todo tipo de dualidade pode desaparecer misticamente se existir amor. Por mais sentimental e tolo que isso possa aparentar. Sei que já foi repetido milhões de vezes, mas se você não encontra uma resposta melhor, o que você pode fazer?"

Sim, "o que nós podemos fazer" é bastante discutível... Mas o que Paul foi capaz de fazer foi resgatar as magistrais técnicas aplicadas ao longo de sua carreira para construir um *single*. Desta vez, ele contava com George Martin para montar um quebra-cabeça dos mais interessantes: "A canção 'Pipes of Peace' nasceu como uma espécie de hino da paz, mas então me pediram para compor algo para uma associação internacional de crianças. Então, também se transformou em um tema infantil. Essa música é uma daquelas que as pessoas param para ouvir em lugares, até mesmo na Rússia, e você percebe que tem uma espécie de força... Então, pensando nisso, tentei fazer algo bem simples que lembrassem às pessoas que o objetivo é a paz."

Da mesma forma que outros clássicos, como "Uncle Albert/Admiral Halsey" e "Band on the Run", "Pipes of Peace" foi montada como uma pequena sinfonia:

a) Introdução com orquestra (omitida do *single*): cordas e metais simulam o bombardeio da Primeira Guerra Mundial: 26 segundos.

b) "I light a candle" ("Acendo uma vela"): Versos iniciais de "Pipes of Peace": 27 a 53 segundos. Paul canta o trecho inspirado pelo poema de Rabindranath Tagore, tocando piano e acompanhado pela flauta pan de Adrian Brett.

c) "When will the work be done?" ("Quando o trabalho estará pronto?"): 53 segundos a 1 minuto e 12 segundos. Melodia entra com a batida do reagge, com Paul ao piano cantando a letra que pergunta "Quando a guerra irá terminar?"

d) "Help them to learn... Play the pipes of peace" ("Ajudem-nos a aprender... a tocar o cachimbo da paz"): 1 minuto e 13 segundos até 2 minutos e 18 segundos. O trecho de reggae funde-se ao trecho da melodia que vai ao refrão, passa pelo rápido solo e volta ao refrão.

e) "Will the human race be run in a day?" ("Será que humanidade irá acabar?"): 2 minutos e 19 segundos e 2 minutos e 41 segundos. A tabla de James Kippen entra na canção, combinada à batida de reggae, pronta para o questionamento: "What do you say? Will the human race / Be run in a day? Or will someone save / This planet we're playing on?" ("O que você me diz? Será que a raça humana pode ir pelos ares em apenas um dia? Ou alguém vai aparecer para socorrer o planeta onde a gente brinca?").

f) "Help them to see... Play the pipes of peace" ("Ajudem-nos a enxergar... a tocar o cachimbo da paz"): 2 minutos e 42 segundos até 3 minutos e 3 segundos. A melodia de "Help them to learn" retorna para promover a entrada do coral infantil do Instituto Pestalozzi, com a participação especial das filhas de Paul, Stella e Mary. Isso acontece a partir de 2 minutos de 51 segundos dentro da canção.

g) "I light a candle" ("Acendo uma vela") (reprise): 3 minutos e 3 segundos a 3 minutos 48 segundos. "Pipes of Peace" retoma o tema inicial, mas desta vez com a tabla de James Kippen abrindo espaço. Aos 3 minutos e 34 segundos a orquestra arranjada por George Martin e conduzida por Kenneth Sillito (o mesmo de "Tug of War") faz sua entrada triunfal para encerrar a música com estilo, com a mesma melodia de "play the pipes of Peace".

*****

Em 2002, o autor canadense, musicólogo e especialista em percussão indiana, James Robert Kippen, um dos convidados a participar das sessões do álbum, concedeu entrevista exclusiva a este autor sobre sua participação na faixa-título: "Já conhecia George Martin muitos anos antes das sessões. Nós vivíamos na mesma vizinhança. Nos anos setenta, eu cheguei a tomar conta de seu filho (Giles Martin, hoje produtor musical), o que ajudou a estreitar nossas relações. Em 1982, George me ligou e me perguntou se eu gostaria de participar do próximo projeto de Paul, que envolveria originalmente vários tipos de instrumentos tubulares (gaita irlandesa, flageolet, oboé, flautas, etc). Na verdade, seria uma música sobre a paz global e a ideia objetiva era que tivesse uma som especial no acompanhamento. Como toco tabla (um instrumento indiano de percussão), meu nome surgiu imediatamente na cabeça de George Martin."

Quando "Pipes of Peace" foi finalizada, pouco de sua ideia original foi mantida, a não ser do duplo sentido do título. Ao invés do convite para fumar o popular "pipe" – que também significa cachimbo, em inglês – as pessoas eram motivadas a tocar os instrumentos musicais em "nome da paz".

James Kippen só ficaria sabendo da mudança perto do Natal de 1983, quando o LP chegou às lojas: "Só me contaram da mudança no projeto meses após o disco chegar às lojas. Naquele momento, já estava na Índia pesquisando sobre os instrumentos musicais e fiquei surpreso com a mudança de direção. Aparentemente, um dos instrumentos que entraria na gravação seria um shehnai – uma espécie de oboé tocado na região norte da Índia. Nesse caso, dificilmente eles encontrariam em Londres um músico capaz de tocar o shenhai da forma que a melodia de 'Pipes of Peace' foi concebida por Paul. Me lembro de George Martin me perguntando: 'Quais são as chances de fazer um arranjo desses, James?' Eu respondi: 'Na verdade, muito poucas, George!'"

Embora o conceito global de "Pipes of Peace" tenha sido alterado, ele sobreviveria ao menos em alguns de seus temas. O principal deles na inspiração encontrada nas palavras do sábio indiano Rabindranath Tagore (1861-1941), vencedor do Nobel de Literatura em 1913. Além de poeta, Tagore se destacou como desenhista, pintor e compositor de mais de duas mil músicas.

Para compor o núcleo de "Pipes of Peace", Paul baseou-se em um de seus escritos incluídos em *Gitabitan: The Collected Songs of Tagore*: "In love our problems disappear" ("No amor, todas as contradições de nossa vida dissolvem e desaparecem"). O particular trecho não é apenas citado em "Pipes of Peace", como creditado na capa do LP.

***

Além de oferecer saídas para a busca pela paz de espírito e solução dos conflitos pessoais, a letra de "Pipes of Peace" também se encaixou na celebração do aniversário de um evento histórico ligado à Primeira Guerra Mundial. O conceito seria mais desenvolvido no filme promocional da música – outra superprodução da Keefco, rodada em Chobham Common, a oeste da capital Inglesa – trabalho, este, que valeria o prêmio de Melhor Vídeo no Festival British Rock & Pop Awards de 1984. Os eventos da Trégua do Dia de Natal foram documentados em um programa transmitido pela BBC 2 em 1981, *Peace in No Man's Land,* que, eventualmente, podem ter inspirado o clipe de "Pipes of Peace".

Nos últimos dias de 1914, era esperado que a Primeira Grande Guerra se aproximasse do fim. Ao invés disso, o conflito na Europa tinha perdido o controle e ficou mais bélico e sangrento do que nunca. Quando as batalhas atingiram seu ápice, um momento de rebeldia dos soldados alemães e ingleses ganharia fama na véspera de Natal. Ao cair da neve no campo de batalha, os soldados se posicionaram nas trincheiras e começaram a cantar "Noite Feliz" – cada um em seu idioma. A desobediência militar culminaria com uma partida de futebol, reproduzida no vídeo de "Pipes of Peace", com "dois Pauls": um alemão e outro inglês.

"Pipes of Peace" foi gravada entre setembro e outubro de 1982 com a seguinte formação nos estúdios A.I.R. em Londres: Paul: Vocal, piano, baixo, sintetizador, chocalho, pandeirola, bateria e *backing vocals*. Linda e Eric Stewart: *Backing vocals*. James Kippen: Tabla. Adrian Brett: Flauta pan. Coral do Instituto Pestalozzi, Stella e Mary. Orquestra de cordas e metais: Músicos não creditados.

SAY SAY SAY

Michael: Alô, Paul... tudo bem?
Paul: Oi, Michael, como vai?
Michael: Que tal fazermos alguns *hits*?
Paul: Ótima ideia! Por que você não vem aqui ao meu estúdio?
Michael: Combinado! Até mais.

Por muitos anos, esta foi a história resumida do encontro entre Paul e Michael Jackson em 1981 para as sessões de composição que dariam origem as parcerias "Say Say Say" e "The Man", ambas incluídas neste álbum. Paul sempre tratou do assunto de forma superficial – claro que magoado pelo fato de Jackson, poucos anos mais tarde, intervir no destino de obras consideradas por ele como "sagradas". Mas essa história fica para depois...

Antes disso, é preciso voltar um pouco ao final dos anos 1970. Quando Paul e o maestro Quincy Jones entraram em acordo para Michael regravar "Girlfriend", faixa do álbum do Wings *London Town*, uma relação de confiança e admiração mútua entre Paul e o futuro Rei do Pop começara a dar frutos. Naquele momento, Paul era visto como um irmão mais velho para Michael, uma pessoa carente de amigos e com familiares abusivos. Sendo assim, quando Michael ainda pesquisava por material para o sucessor de *Off the Wall*, lançado em 1978, Paul foi um de seus colaboradores na rota que desembocaria no surpreendente *Thriller.*

O processo de composição de "Say Say Say" foi bastante eficiente. Paul ficou encarregado da maior parte da melodia, se revezando ao piano e violão, enquanto Michael já tinha a ideia básica para a letra. "Nós compomos 'Say Say Say' em um piano no andar de cima de meu escritório em Londres. Também escrevemos outra chamada 'The Man'. Depois disso, Michael arranjou uma sessão para gravarmos em Los Angeles. Pensamos em refazer a música em Londres, mas gostamos tanto que decidimos manter quase tudo."

Na verdade, "Say Say Say" teria de ser uma música pegajosa, onde o conteúdo da letra era o que menos importava. George Martin relembra que Michael estava ciente de qual seria a direção que o atrairia para gravar o primeiro *single*: "Michael Jackson emana um brilho próprio dentro do estúdio. Mas ele não é um músico no sentido da palavra como Paul é. Mas na hora de gravar, Michael tem ideias firmes – sabe o que quer de uma música, não há dúvida."

Em sua autobiografia *Moonwalk*, publicada em 1988, Michael Jackson relembra que seu trabalho ao lado de Paul em "Say Say Say" foi de grande valia para aumentar sua confiança dentro do estúdio: "Em 'Say Say Say', retribui um favor a Paul, por sua contribuição em 'Girlfriend'... A música é uma parceria com Paul, um homem capaz de tocar todos os instrumentos no estúdio e ainda fazer os arranjos. Enquanto eu, um garoto, não conseguia. Mas ainda assim, trabalhamos de uma forma muito semelhante... Não tinha Quincy Jones por lá para corrigir meus erros e nossa colaboração foi um passo adiante em termos de confiança. Eu e Paul tínhamos uma ideia bem semelhante de como uma canção pop teria de funcionar e nos divertimos muito compondo."

Entre os primeiros acordes de "Say Say Say" em 1981, passando pelas sessões de gravações em Los Angeles e Londres em abril e maio de 1982 até o lançamento do *single* em 1983, muito água ainda passaria embaixo da ponte das carreiras de Paul e Michael. A produção de *Pipes of Peace* se arrastou por mais de um ano, enfrentando diversos adiamentos.

Bem antes dos fãs de ambos os artistas terem acesso à música, o dueto "The Girl Is Mine" – também gravado em Los Angeles, em abril de 1982 – chegaria em outubro daquele ano, quando Paul ainda estava trancado no estúdio dando os retoques finais em seu LP. A música se daria muito bem nos Estados Unidos, com um 2º lugar no Hot 100 da *Billboard* e a primeira posição no R&B Singles Chart.

Já "Say Say Say", embalada pelo incrível videoclipe (um curta-metragem, dirigido por Bob Giraldi em outubro de 1982 nas cidades de Los Alamos, Las Vegas e Los Angeles, onde Paul e Michael interpretam os vendedores charlatões Mac & Jack) repetiria o feito de forma invertida, com direito à primeira posição no cobiçado Hot 100 da *Billboard* – em uma era onde download e streaming ainda estavam a anos-luz de distância.

✳✳✳

"Say Say Say" foi gravada no Cherokee Studios, Londres, em abril de 1982, e no A.I.R. Studios, Londres, em maio daquele mesmo ano com os seguintes músicos: Paul: Vocal, *backing vocals*, piano elétrico, guitarra, percussão e sintetizador. Nathan Watts: Baixo. Bill Wolfer: Teclados e sintetizador. Linda e Erick Stewart: *Backing vocals*. Michael Jackson: Vocal e *backing vocals*. David Williams: Guitarra. Chris Smith: Gaita. Rick Lawson: Bateria. Jerry Hey, Ernie Watts, Gary E. Grant e Gary Herbig: Metais.

"Say Say Say" foi remixada em 1983 por Jelly "Bean" Benitez, lançada no *maxi-single* de 12 polegadas junto à versão instrumental, mais longa. Em 2015, um novo remix foi preparado, disponível na edição de luxo de *Pipes of Peace* e na coletânea *Pure McCartney*.

THE OTHER ME

Em "The Other Me", logo na primeira linha Paul confessa ter cometido erros graves de conduta. Ao mesmo tempo, ele está certo de que as pessoas desviarão o foco quando perceberem o uso de uma expressão "cockney" – usada pela classe operária londrina. Em inglês: "I know I was a crazy fool for treating you the way I did. But something took hold of me and I acted like a dustbin lid". A interpretação:

"dustbin lid" é o termo cockney usado genericamente para classificar uma atitude infantil. Logo, "I acted like a dustbin lid" ("Eu agi de forma infantil").

A polêmica em torno de "dustbin lid" é seu significado literal. "Dustbin lid" é o mesmo que tampa de lixeira. Então, ao traduzirmos o trecho de "The Other Me", Paul teria agido como uma tampa de lixeira, algo que não soa nada agradável aos ouvidos nativos... Mas o intuito de encobrir suas reais intenções prossegue firme e forte. Em 1983, Paul comentou sobre a letra da faixa, em que toca todos os instrumentos: "'The Other Me' é uma canção que fala sobre o outro homem que existe em mim... Outro lado que estava escondido e que estava querendo aparecer. Existe essa característica latente em pessoas que não conseguem ser legais umas com as outras se não tomarem uma pílula ou coisa parecida. No meu caso, existe um lado da minha personalidade que não gosto muito e outro que prefiro. Acho que essa música é sobre entrar em contato com o meu lado favorito e me controlar ao invés de deixar as coisas saírem do controle."

Gravada no final das sessões de *Pipes of Peace*, entre setembro e outubro de 1982, "The Other Me" teve a seguinte configuração no estúdio: Paul: Vocal, baixo, guitarra, piano, piano elétrico, sintetizador, pandeirola e percussão.

KEEP UNDER COVER

Entre as centenas de canções compostas e gravadas por Paul McCartney em mais de 50 anos, ironicamente, "Keep Under Cover" é uma das que temos mais acesso ao processo criativo... e menos comentários informativos de seu autor sobre sua origem. "Keep Under Cover" – o que se sabe – foi selecionada para o projeto inicial de *Tug of War* após ser ensaiada pelo cambaleante Wings, que tentou produzir quatro versões da música no Pugin's Hall, em Rampisham, West Dorset, em um salão que leva o nome de Augustus Welby Northmore Pugin, arquiteto que projetou o Palácio de Westminster, em Londres.

Além dessas imagens de bastidores, ainda temos a demo original gravada no Rude Studio e incluída como faixa extra na reedição de *Pipes of Peace*. Todo esse material não é nem um pouco complicado de ser encontrado. Mais fácil ainda é ter acesso a alguns *take*s registrados por Paul no A.I.R. Studios, em Londres, com George Martin ao seu lado, disponível no DVD da edição de luxo da reedição de *Pipes of Peace*. É fascinante observar Paul ensaiando, compondo e gravando "Keep Under Cover" no estúdio. Sem falar da presença sempre cativante de George Martin, que já nos faz uma falta tão grande.

"Keep Under Cover" tem uma mensagem interessante, em que Paul pondera sobre a utilidade das coisas se elas nos são prejudiciais ou inúteis ou se elas não são válidas. Nesse caso, ele indica: melhor dar um tempo até que a poeira baixe e partir para o plano B.

Em 1995, Paul revelou ao mundo em um dos episódios do programa *Oobu Joobu* um trecho da demo de "Keep Under Cover", editado à versão original do LP *Pipes of Peace*. Aparentemente, Paul tem alguma afinidade com a música. Poderia ser mais objetivo em relação a esse carinho.

"Keep Under Cover" foi gravada duas vezes e sua versão definitiva conta com Steve Gadd na bateria. Paul: Vocal, *backing vocals*, piano, violão, guitarra e bateria (primeira versão). Linda: *Backing vocals* e pandeirola. Denny Laine: Violão e guitarra. Stanley Clarke: Baixo. Erick Stewart: *Backing vocals*. Gavyn Wright: Violino.

SO BAD

Composta por Paul em Londres, no mesmo piano que deu origem aos clássicos "My Love" e "Maybe I'm Amazed", e selecionada como segundo *single* de *Pipes of Peace*, "So Bad" é uma balada ao melhor estilo R&B de Smokey Robinson & The Miracles, combinada aos efeitos especiais aplicados às harmonias – influência direta de Eric Stewart. Esse tipo de arranjo, aliás, já tinha sido aplicado com bastante sucesso no álbum *Tug of War* (em "Take It Away") e em passagens da faixa anterior do LP, "Keep Under Cover", embora muitos relacionem os ecos e outros truques ao grupo ELO, de Jeff Lynne.

Paul e os demais Beatles eram fãs declarados de Smokey nos anos 60 e o craque da Motown continuava na ativa, e com sucesso comercial, após sua era de ouro na gravadora de Detroit. Em 1981, dois anos antes de *Pipes of Peace* chegar às lojas, Smokey Robinson tinha conquistado o segundo lugar no Hot 100 da *Billboard* com "Being with You", onde ele canta maravilhosamente em falsete – estilo que Paul tenta replicar em "So Bad": "Às vezes eu me preocupo um pouco com minha forma de composição, porque é tão simples... Você se preocupa porque a música chega de uma forma fácil, e esse é o caso de 'So Bad'. Estava em casa cantando 'Garota, eu te amo tanto...' Mas como tenho um filho pequeno, decidi incluir: 'garoto, te amo...' Só para não deixar ele deslocado..."

Por mais simples e efetiva que possa soar, e ao contrário do que seu ídolo fizera dois anos antes, "So Bad" não se daria bem nas rádios americanas. Na hora de escolher o segundo *single* para promover *Pipes of Peace* nos Estados Unidos, "So Bad", uma espécie de pedido de desculpas a uma de suas filhas, foi eleita a favorita pela Columbia Records ao invés de "Pipes of Peace", o escolhido para o Reino Unido. Porém, enquanto "Pipes of Peace" nadava de braçadas no primeiro lugar – não apenas no mercado inglês, mas em diversos países – "So Bad" se afogava. Nem mesmo o divertido videoclipe com participação de Ringo tocando bateria (gravado pela Keefco em 04/01/1984) foi capaz de socorrer a música, que ficaria paralisada na posição de número 23 na América.

"So Bad", que seria regravada para o filme *Give My Regards to Broad Street*, foi registrada desta forma no A.I.R. Studios em outubro de 1982: Paul: Vocal, piano, baixo, piano elétrico, sintetizador e *backing vocals*. Ringo: Bateria. Eric Stewart: Guitarra e *backing vocals*. Linda: *Backing vocals* e sintetizador. Violino: Gavyn Wright.

THE MAN

17 de janeiro de 1984. Aconteceu mais uma vez. Após retornar das férias em Barbados e com *Pipes of Peace* ainda nas paradas, o fantasma da prisão voltaria a rondar a família McCartney. Deu no *New York Times*: "Linda, mulher de Paul McCartney, foi presa hoje no aeroporto de Heathrow, em Londres, e multada por transportar marijuana. Segundo a Scotland Yard, a prisão aconteceu após sua rápida passagem por Barbados, onde foram flagrados com a droga... Linda e o ex-Beatle terão de pagar 100 libras na Corte de Magistrados de Holetown."

No exato momento em que a notícia se espalhou, Paul ligou para Alan Crowder, seu braço direito na MPL, para cancelar o lançamento do *single* "The Man" – a segunda composição em parceria com Michael Jackson – acompanhado pelo lado B inédito "Blackpool". Tudo para não ligar o nome de Jackson ao evento e prejudicar sua imagem.

Bem mais que o próprio Paul, os fãs de longa data sairiam no prejuízo com o *no show* do terceiro *single* de *Pipes of Peace*. "Blackpool", afinal, estava pelo menos havia duas décadas na rampa de lançamento, chegando até ser cogitada para entrar em The Backyard – um dos quadros do especial *One Hand Clapping*, rodado em 1974. Além de "Blackpool", a promessa da EMI era a de incluir no *maxi-single* um remix mais longo de "The Man", acompanhado por sua versão instrumental.

***

Em 1981, muito antes do desagradável incidente em Barbados, Paul abriu sua casa na fazenda de Sussex para Michael passar alguns dias, enquanto a dupla finalizava "The Man", a segunda da parceria Jackson-McCartney. As imagens, registradas em Super 8, mostram Michael andando a cavalo e se divertindo ao lado de Linda, Mary, James e Heather, enquanto Paul filma a maior parte do tempo. Estas cenas descontraídas foram divulgadas somente em 2015, como parte do DVD incluso na reedição de luxo de *Pipes of Peace*, como lembra Mary McCartney: "Quando Michael veio nos visitar eu quase desmaiei! Era muito fã dele. Ele ia tentar compor junto com meu pai para ver se dava certo... Minha mãe tirou muitas fotos, mostramos a ele os cavalos e nos divertimos muito."

Durante a divulgação do box *Pipes of Peace*, Paul deu mais detalhes sobre as sessões criativas com Michael em entrevista concedida ao galês James Dean Bradfield, da banda Manic Street Preachers.

– Você tocou piano durante a composição da música?

– Acho que sim... Mas também tinha o violão ao lado, em caso de ter de mostrar a ele alguma parte da música... Foi uma sessão bem rápida, porque estávamos muito empolgados em compor juntos. Ele estava bastante interessado em fazer a música. Então, fomos anotando as palavras e as músicas saíram.

– **Outra pergunta... Você nunca ficou chocado pela maneira que suas vozes combinaram nas gravações? Especialmente em "The Man", é difícil apontar quem é quem no vocal!**

– É verdade, nossas vozes combinaram muito bem... Foi uma das coisas incríveis de nosso trabalho juntos.

Em sua autobiografia *Moonwalk*, Michael Jackson afirma que "sentiu-se livre e mais seguro para criar" sem a presença de Quincy Jones "para apontar os erros dele no estúdio".

"The Man" foi gravada em abril e maio de 1982 com sessões no Cherokee, em Los Angeles, e A.I.R. Studios, em Londres: Paul: Vocal, *backing vocals*, violão, guitarra, baixo, chocalho e bateria. Michael Jackson e Linda: Vocal e *backing vocals*. Eric Stewart: *Backing vocals*. Orquestra de cordas, flauta e bandolim: Músicos não creditados.

***

Não há dúvida de que Paul tenha apreciado a companhia e os resultados da parceria com o Rei do Pop. Mas, de certa forma, ele nunca perdoou o fato de Michael Jackson ter adquirido a companhia ATV Music no fatídico 10 de agosto de 1985, apenas dois anos após o lançamento de suas parcerias musicais. A ATV Music foi a primeira companhia a colocar as mãos no catálogo Lennon & McCartney, após comprar a Northern Songs – detentora original das composições da dupla mais bem-sucedida da história da música contemporânea.

Centenas e centenas de entrevistas mais tarde Paul, inexplicavelmente, ainda demonstrava certa decepção. Incrédulo, ele não se cansava de recontar os eventos que antecederam a aquisição do catálogo Lennon & McCartney: "Michael perguntou: 'O que posso fazer para investir meu dinheiro, Paul?' Eu respondi, sem titubear: 'Michael, a minha dica é a seguinte: invista em direitos autorais.' A primeira coisa que Michael fez foi dizer para mim: 'Paul, vou comprar as suas músicas' (imitando a voz de Jackson). Achei que ele estava brincando, mas ele não estava..."

Em 1985, Michael pagou pelas músicas – um verdadeiro tesouro da cultura pop – a soma de US\$ 47,5 milhões. Convertida, a quantia valeria hoje cerca de US\$ 108 milhões. Em circunstâncias trágicas e misteriosas, Michael Jackson morreu em 25 de junho de 2009, a poucos meses de completar 51 anos. Paul publicou uma mensagem de condolências em seu site oficial: "É muito chocante e muito triste. Sou privilegiado por ter trabalhado com ele e desfrutado de sua companhia. Ele sempre foi um 'homem-garoto' muito talentoso, com uma alma gentil. Sua música será lembrada para sempre e minhas memórias de nossos tempos juntos serão as mais felizes."

Quando Michael faleceu em 2009, 50% dos direitos autorais do catálogo Lennon & McCartney já estavam em posse da Sony/ATV Music Publishing (vendida por Jackson em 1995). Paul aguardaria até 2017 para abrir um processo na corte de Nova Iorque e revogar os direitos autorais de 260 canções administradas pela empresa. Em 30 de junho, a ação foi anulada pelo juiz Edgardo Ramos, da Corte Distrital de Manhattan, após as partes chegarem a um acordo – mantido em segredo até o momento.

SWEETEST LITTLE SHOW

Para Paul McCartney, colocar em prática o incrível *Oobu Joobu Wide--Screen Radio* pela emissora americana Westwood One foi como transformar água em vinho. O que dizer de um homem que preparou durante mais de quinze anos o projeto *Cold Cuts*, que prometia raridades de estúdio e ao vivo, mas jamais concretizou suas ideias, após gastar tempo, dinheiro e deixar os fãs com água na boca? Mas com a chegada de *Oobu Joobu*, aconteceu o contrário. Em 17 programas (sendo 2, um *best* of, com alguns trechos inéditos), Paul disponibilizaria, ainda que incompletos, diversos *takes* alternativos e versões de performances ao vivo, ensaios e passagens de som pelas ondas do rádio. Não demorou para tudo ser disponibilizado em qualidade excelente aos colecionadores.

Em 14 de agosto de 1995, o programa 13 do *Oobu Joobu* apresentou uma gema para os fãs do álbum *Pipes of Peace* – a então raríssima, ainda que parcial, versão alternativa de "Sweetest Little Show". Aparentemente, era a demo gravada no Rude Studio em agosto de 1980. Mas ao anunciar a música, Paul revelaria que Stanley Clarke foi o baixista na gravação original de *Pipes of Peace*.

Paul fala um pouco sobre "Sweetest Little Show", que seria incluída no LP ao lado das, até o momento, inéditas "Any Younger" e "Unbelieveable Experience". "Essa surgiu de uma *jam session*... No começo, era uma sequência de acordes que tentamos incluir em um *medley* com outras canções. No meio da gravação, preferimos tirar as duas músicas e mantivemos 'Sweetest Little Show'. Depois, acrescentamos o 'show das guitarras' e eu toco um pouco de violão na metade da música, aí a música se transforma em um 'pequeno show'. Gosto muito dessa faixa."

"Sweetest Little Show" foi gravada em Montserrat com a seguinte formação: Paul: Vocal, violão, violão de náilon e sintetizador. Eric Stewart e Denny Laine: Violões e *backing vocals*. Stanley Clarke: Baixo. Steve Gadd: Bateria. Trechos adicionais foram completados em 1981, em Sussex, no estúdio Park Gate, próximo à fazenda de Paul McCartney e no A.I.R. Studios, em Londres, em 11 de julho de 1983.

Após o belo duelo de violões, "Sweetest Little Show" entra direto em "Average Person", como se fosse um *medley*.

AVERAGE PERSON

"Nós imaginamos 'Average Person' como um musical, algo desse gênero. Em uma das fases do projeto, inclusive, imaginamos todo o álbum como um musical", lembrava George Martin. Paul McCartney é um homem de ideias, mas isso não quer dizer que elas sempre foram ótimas ou bem-sucedidas. O melhor exemplo estaria prestes a acontecer em seu combo disco/filme *Give My Regards to Broad Street*, que passou por diversas metamorfoses até chegar à configuração final. A observação de George Martin sobre "Average Person" talvez indique que sua primeira intenção de criar um musical para o teatro com personagens da vida cotidiana, algo de que Paul nunca tentou fugir, mesmo com a fama, desse mais certo que sua comédia dramática para o cinema, que provou ser um fracasso de bilheteria.

"Average Person" foi iniciada em Montserrat, em fevereiro e finalizada em março, no A.I.R. Studios, em Londres, com a seguinte equipe: Paul: Vocal, *backing vocals*, baixo, piano, violão e guitarra. Linda e Eric Stewart: *Backing vocals*. Denny Laine: Violão e guitarra. Ringo Starr: Bateria. Andy Mackay: Saxofone. George Martin: Efeitos.

HEY HEY

Na descontração do novo estúdio de George Martin, apesar do

clima ainda cercado de dor e dúvida pela morte de John Lennon, os músicos encontraram ambiente e espaço adequados para criarem e prosseguirem as gravações que se dividiriam em dois LPs. Depois de quebrar o gelo no A.I.R. Montserrat e gravar as faixas principais, Paul perdeu a inibição e puxou uma animada *jam session* com o baixista Stanley Clarke – um dos convidados especiais trazidos por George Martin para as sessões. Paul lembra de ter enfrentado certa timidez antes de aproximar-se do baixista: "Sempre fui um pouco tímido para tocar com grandes nomes, músicos como Stanley Clarke. Mas quando fui conversar com ele... Hey Stanley! Ele foi muito bacana e uma pessoa fácil de conviver e trabalhar e não foi algo intimidante como achava em princípio."

Antes de mergulhar na era *Tug of War/Pipes of Peace*, Stanley Clarke tinha conquistado fama por acompanhar alguns dos maiores nomes do jazz, incluindo o brasileiro Airto Moreira, Stan Getz e Chick Corea, além de investir em projetos variados, que incluíam o então recente álbum solo *Rocks, Pebbles and Sand*, onde combina jazz rock e jazz funk.

Clarke recorda os trabalhos na ilha de Montserrat: "Paul é um excelente músico. De todas as sessões que já participei, os dois álbuns que gravei com Paul estão entre os mais memoráveis. Nós fomos até a ilha de Montserrat e ficamos duas semanas e nos divertimos muito... Compor e gravar canções do começo ao fim como fizemos com 'Hey Hey' foi uma experiência incrível. Depois, Paul me disse que me daria um crédito de compositor, algo que ele nem precisava ter feito. Ele é um cara muito autêntico e fiquei impressionado com o fato de ele querer aprender comigo uma nova técnica (o slap)."

"Hey Hey" foi gravada em clima leve com a seguinte formação no A.I.R. Montserrat antes mesmo de "Tug of War": Paul: *Backing vocals*, guitarra, teclados e sintetizador. Stanley Clarke: Baixo. Steve Gadd: Bateria. Denny Laine: Guitarra.

TUG OF PEACE

Se em *Tug of War* a reprise da faixa-título foi abortada na mesa de edição, o mesmo não aconteceria com esse *mash-up,* que antecede a última música de *Pipes of Peace*. Na verdade, não podemos categorizar "Tug of Peace" como uma reprise, da forma que "Tug of War" foi regravada no disco anterior. Esse semi-instrumental é mais uma peça experimental destinada a mostrar os conflitos apresentados no primeiro LP que tentam ser traduzidos ou explicados em *Pipes of Peace*. Em "Tug of Peace" (ou "Cabo da Paz") Paul e George Martin trabalham sozinhos e com total liberdade para experimentar, como o produtor descreveu em 1983: "A melhor parte de se trabalhar com Paul é que você pode tentar qualquer coisa. Ele é excelente quando você quer ser mais experimental. Então, em 'Tug of Peace', quis incluir uma espécie de 'som Zulu', como se lanças de guerreiros atingissem o solo. Na gravação, eu e Paul apanhamos 15 tubos de bambu cada um, desses usados em jardins, e ficamos golpeando nas rodas da bicicleta, de forma repetitiva – esse é o som incrível que você consegue ouvir nas pausas... Achei muito divertido fazer."

"Tug of Peace" – segundo a segundo

a) Os doze primeiros segundos da faixa apresentam os sons capturados na competição de cabo de guerra em Huddersfield, já ouvidos em "Tug of War".

b) Desse ponto até 29 segundos, ouvimos a percussão feita com os canos de bambu, imitando as lanças de guerreiros Zulu, como foi descrito por George Martin.

c) Aos 34 segundos, ouvimos a percussão de tambores e bongôs.

d) Aos 42 segundos, entra o tema principal, com Paul tocando guitarra e sintetizadores, seguindo a mesma linha melódica.

e) Exatamente a 1 minuto e 4 segundos, Paul começa a cantar: "It's a tug of war / No no, your troubles cease when you learn to play" ("Isso é um cabo de guerra – não, não os seus problemas acabam quando você aprende a tocar as flautas da paz").

f) A partir de 1 minuto e 27 o solo de guitarra combinado com mais teclados e percussão com canos "Zulu" retornam e ficam até 2 minutos e 8 segundos.

g) A letra retorna a 2 minutos e 10 segundos, junto com a percussão.

h) Em 2 minutos e 36 segundos, Paul canta o trecho que está na faixa "Tug of War": "Pushing, pushing / Pulling, pulling" ("Empurrando, puxando... Empurrando, puxando...") que segue até o fim.

"Tug of Peace" foi montada no A.I.R. Studios no final das sessões do LP, já em outubro, com Paul e George fazendo tudo. Confira a ficha técnica: Paul: Vocal, *backing vocals*, cano de jardim, contrabaixo, violão, guitarra, teclados, bateria, bongôs, chocalhos e pandeirola. George Martin: Percussão com canos de jardim.

THROUGH OUR LOVE

Amor é o tema reinante em grande parte das canções de Paul McCartney em sua bela história nos Beatles, Wings e carreira solo... e Paul nunca se esquivou disso. Mas o *gran finale* de *Pipes of Peace* – ainda que aberto a debates – prossegue o roteiro do filme proposto pelo "LP-reposta" aos conflitos de *Tug of War*. Quem ouve o arrepiante arranjo de violinos da introdução nem desconfia que ele emite quatro letras do código morse: P.E.A.C.E (Paz) – informação guardada durante mais de trinta anos e revelada no livro da reedição de *Pipes of Peace*, em 2015.

"Through Our Love" apresenta outro truque que a diferencia das baladas genéricas: a percussão. Para obter um efeito diferenciado na gravação, George Martin apanhou uma chave de catracas e golpeou contra uma roda de bicicleta em alta velocidade.

Em 2015, ao ser entrevistado por James D. Bradfield, do Manic Street Preachers sobre "Through Our Love", Paul refletiu sobre a possibilidade de a música ter recebido os efeitos da poesia de Rabindranath Tagore na composição da faixa de encerramento do LP *Pipes of Peace*: "Minhas coisas sempre são um alvo fácil. Sempre tenho de tomar uma decisão. Será que vou tentar caprichar ou escrever do coração? Quase sempre eu opto por escrever do meu coração, porque grande parte da música que adoro vem do coração. Eu descobri que quando você se livra do cinismo, as pessoas voltam a se amar. Você pode ter toda a sabedoria do mundo, mas as pessoas voltam para casa à noite. Se elas são casadas, vão para casa e querem ver sua mulher e filhos. Este é o ponto central e não tenho vergonha de escrever a respeito... Como você diz, naquela época, eu estava lendo bastante Tagore e me influenciou."

"Through Our Love" foi gravada no A.I.R. Studios em Londres em outubro de 1982 com a seguinte formação: Paul: Vocal, *backing vocals*, violão, baixo e chocalho. Dave Mattacks: Bateria. Geoff Whitehorn: Violão. Linda e Eric Stewart: *Backing vocals*. George Martin: Percussão na roda de bicicleta e piano. Orquestra de cordas e metais: Músicos não creditados.

Outras músicas da era *Pipes of Peace*

ODE TO A KOALA BEAR

Quando a balada composta ao melhor estilo *doo-woop* por Paul McCartney apareceu no lado B do *single* "Say, Say, Say" poucos se recordaram que seu ponto de origem estava lá na Oceania, na excursão do Wings pelo continente em novembro de 1975. Naquela ocasião, Paul e família visitaram um zoológico na cidade de Brisbane, e ficaram encantados com os animais típicos da região, em especial, o coala. Mais tarde, Paul chegou a afirmar que o pequeno urso cinza (que costuma ser agressivo) era seu animal favorito. Em junho de 2017, ao anunciar o retorno à Austrália depois de 24 anos, Paul comentou com o ator e músico anglo-australiano Tim Minchin sobre seu afeto pelo animal, após uma fã cogitar a entrada de "Ode to a Koala Bear" em seu repertório: "Nós fomos a um zoológico (na turnê de 1975 do Wings), com minhas filhas, e pudemos abraçar um coala bastante pacífico... Era incrível ver os animais passarem ao seu lado, porque não temos isso na Inglaterra."

"Ode to a Koala Bear" foi gravada em 8 dezembro de 1980 (com produção adicional em 1983) com a seguinte formação no A.I.R. Studios, em Londres: Paul: Vocal, *backing vocals*, piano, baixo, guitarra e bateria. Denny Laine: Baixo e guitarra. Linda e Eric Stewart: *Backing vocals*.

Por algum motivo radiofônico, uma mixagem alternativa de "Ode to a Koala Bear" saiu no lado B do *single* "Say, Say, Say" australiano em 1983.

IT'S NOT ON

Por mais de 32 anos, "It's Not on" permaneceu guardada nos arquivos, aparecendo como bônus da reedição de *Pipes of Peace* somente em 2015. Nos créditos do álbum, a versão da música é descrita como "demo", mas isso é bastante discutível. Ao conferirmos os detalhes, "It's Not on" aparenta ser a versão finalizada da canção, que acabaria descartada do projeto *Tug of War/Pipes of Peace* no último minuto.

Não há detalhes sobre datas de gravação, mas ao que tudo indica, "It's Not on" pode ter sido composta e gravada por Paul McCartney, tocando todos os instrumentos, acompanhado por Linda nas harmonias.

TWICE IN A LIFETIME

Composta para o filme estrelado por Gene Hackman e Ann-Margret, com direção do produtor de *Blade Runner*, Bud Yorkin (1926-2015), "Twice in a Lifetime" apresenta algumas confusões em relação à época de gravação. Lançada pela primeira vez em *compact disc* como bônus do álbum *Press to Play* em 1993 (na Europa), a canção teria sido produzida por George Martin em 1982 no A.I.R. Studios, durante as sessões de *Pipes of Peace*.

Porém, em seu relançamento como extra na *Paul McCartney Archive Collection*, a balada que aparece nos créditos do longa *Duas Vezes na Vida* (título brasileiro do drama) é apontada como uma gravação de 14 de março de 1985. Martin Chambers, ex-baterista do Pretenders, declarou em 2015 ter participado das sessões de "Twice in a Lifetime" no The Mill, em Sussex. O estúdio particular de Paul McCartney foi inaugurado em 1985, o que dá crédito à informação.

Provavelmente, uma versão inicial de "Twice in a Lifetime" pode ter sido preparada em 1982, com supervisão de George Martin, sendo concluída três anos mais tarde antes de Paul começar a gravar *Press to Play*.

Fica técnica da gravação: Paul: Vocal, piano, baixo, *backing vocals*, mellotron, guitarra e percussão. Linda: *Backing vocals*. Erick Stewart: guitarra e *backing vocals*. Martin Chambers: Bateria: Músicos não creditados: Saxofones.

ON THE WINGS OF A NIGHTINGALE

Na versão alternativa de "Two of Us" lançada em 1996 no álbum *Anthology 3*, Paul brinca com John dizendo: "É com você, Phil." Fãs incondicionais da dupla Phil e Don Everly (os Everly Brothers) os Beatles se inspiraram nos cantores americanos para criar o estilo próprio das harmonias usadas incontáveis vezes em suas músicas. Anos mais tarde, em 1984, Paul teve a chance de colaborar com os Everly Brothers em uma ocasião especial: ajudar a dupla que ele adorava a gravar *EB 84* – o primeiro LP dos irmãos após 11 anos. Sua contribuição no disco é a balada "On the Wings of a Nightingale". Paul participa da gravação oficial tocando violão.

THE HONORARY CONSUL

Composta para o longa *O Consul Honorário*, estrelado por Michael Caine e Richard Gere e dirigido pelo escocês John Leonard Duncan Mackenzie (1928-2011). A versão oficial da instrumental foi gravada pelo violonista clássico John Williams, homônimo de outro mestre das trilhas sonoras cinematográficas, e lançada em *single* na Inglaterra. Mas na abertura do filme a gravação é outra, e creditada a Paul, que fez sua produção no A.I.R. Studios, em Londres, em 25 de janeiro de 1983, enquanto *Pipes of Peace* ainda era finalizado e Paul trabalhava na trilha de *Give My Regards to Broad Street*.

NO BAÚ DE *PIPES OF PEACE*

Após o lançamento de *Pipes of Peace*, Paul gravou uma série de demos no Rude Studio, na Escócia. "I Remember Days" (estilo R&B), "Freckles" (Reggae), "Make It to Victoria" (Afrobeat), "Underwaterland" e "Bum Raps and Badger Traps".

CAPÍTULO 16
GIVE MY REGARDS TO BROAD STREET

" Calculo que meu filme não seja bom porque não é nada parecido com o que está no cinema hoje em dia... Gostaria muito de exaltar que é um grande filme. Mas estou ciente de que não é maravilhoso, embora tenha algo válido."
(Paul McCartney, Novembro de 1984)

Capa: Terry O'Neill, Geoff Halpin e Roger Huggett

Arte: John Pasche, Annie Carlton e Sandra Leamon

Gravações: Entre 05/11/1982 e 26/07/1983

Produzido por: George Martin e Paul McCartney

Data de lançamento: 22/10/1984 (Reino Unido e EUA)

Desempenho comercial: 1º e 21º (Reino Unido/EUA)

Paul McCartney é o baixista. Ringo Starr, de volta à bateria. Na produção, George Martin. Entre os convidados especiais para o disco, apenas estrelas: David Gilmour, guitarrista do Pink Floyd; John Paul Jones, ex-baixista e maestro do Led Zeppelin e o já familiar parceiro Eric Stewart, do 10cc. Se o seu time tivesse um elenco parecido, as chances de levantar a taça no final do campeonato seriam mágicas.

Magia era a palavra do momento quando Paul pensava em voltar a explorar na prática seu amor pela sétima arte, após o fiasco de *Magical Mystery Tour*, sua estreia em preto e branco na TV britânica um dia após o Natal de 1967. *Let It Be*, documentário sobre os bas-

MASTERS

tidores do disco lançado em 1970, não entra nessa conta por razões óbvias. Para conjurar esses truques mágicos, ele até que se esforçou. O grande obstáculo talvez tenha sido... o próprio Paul McCartney.

Quando o projeto *Give My Regards to Broad Street*, com seu título ligado ao musical *Give My Regards to Broadway* de 1948 e à canção homônima, foi concebido em novembro de 1982, *Tug of War* estava ainda em alta rotação e seu sucessor, *Pipes of Peace*, precisava de muito trabalho para ser finalizado no estúdio. Em resumo, enquanto Paul dava entrevistas sobre o seu recente LP, ele se dividia entre decidir qual roteiro seria apropriado para seu filme de estreia como artista solo, além de finalizar as gravações do próximo disco. Essa situação é exemplificada em entrevista gravada em Londres pela MTV em novembro de 1983, quando Paul se preparava para lançar *Pipes of Peace* e ao mesmo tempo precisava finalizar, naquele mesmo dia, a bela regravação de "The Long and Winding Road" para a trilha de *Give My Regards to Broad Street*.

Com tantas coisas para dar conta e apenas dois braços, as chances de falhar aumentaram. E ele falharia. Antes de a história básica de *Give My Regards to Broad Street* girar em torno da rotina de um "desencantado astro de rock" (adivinhe quem?) que, a poucos dias de lançar seu próximo álbum, teve suas preciosas gravações furtadas, Paul tratou de descartar os serviços de roteiristas profissionais e melhores ideias para o seu longa metragem. Willy Russell, então recentemente premiado com o Lawrence Olivier Award por sua peça *Educating Rita*, foi o primeiro a escrever um roteiro. Nem mesmo as credenciais e habilidades na bagagem do dramaturgo de Liverpool e o fato de seu envolvimento com o famoso musical *John, Paul, George, Ringo... and Bert* foram suficientes para ser levado em conta. Seu script, elaborado em 1979, levava o título básico de *Paul McCartney's Band on the Run*, inspirado na letra de um de seus maiores *hits*. Pelo roteiro, Paul seria uma estrela do rock chamada Jet, em uma banda formada por Linda, Steve Holley, Laurence Juber e Denny Laine. Mas o tempo passou e Paul preferiu repensar seus planos cinematográficos.

Sua segunda tentativa de tirar a ideia do papel envolveu Tom Stoppard, outro conceituado nome nas artes dramáticas britânicas. Nascido Tomas Straussler, na antiga Tchecoslováquia, o dramaturgo também colecionava prêmios naquele início de década. Em 1982, o hoje Cavaleiro do Império Britânico venceu o almejado Tony Award

PAUL McCARTNEY EM DISCOS E CANÇÕES

(considerado o Oscar do teatro americano) por *The Real Thing*, eleita a Melhor Peça Estrangeira daquele ano. Stoppard ofereceu um roteiro que envolvia as ideias pacifistas da letra de "Tug of War". Porém, em um momento de indecisão, Paul declinou. Sua ideia primária era mais básica e envolvia tocar as músicas que recentemente tinha gravado em frente à TV. Mas isso mudaria logo...

***

Após o fracasso comercial de *Give My Regards to Broad Street*, o próprio Paul McCartney revelou que seus planos para a produção giravam em torno da ideia de fitas de gravação roubadas, tida logo após uma conversa empolgante com o produtor Chris Thomas (*Back to the Egg*, *Álbum Branco*), responsável pelo som radical de *Never Mind the Bullocks – Here's the Sex Pistols*. O bate-papo daquele dia abordou supostas gravações que teriam sumido pouco antes do lançamento do LP em 1977. A pergunta impossível de ser calada: quando isso aconteceu? Ou: teria isso mesmo ocorrido com o grupo punk inglês? Dois anos após *Never Mind the Bullocks* ser lançado pelo Sex Pistols, um incidente real ganhou as manchetes. Fitas contendo ensaios e *takes* gravados pelo The Clash para o LP *London Calling* simplesmente desapareceram em uma estação de metrô de Londres enquanto um dos *roadies* do grupo inglês as transportava para o estúdio. O material conhecido como *Vanilla Tapes*, seria reencontrado apenas em 2004 e relançado em uma edição especial de *London Calling*. Então, teria sido esse o tema da conversa entre Paul e Chris Thomas? Talvez a resposta nunca seja revelada.

Desta forma, depois de descartar o trabalho de excelentes profissionais, Paul decidiu escrever o próprio roteiro de seu primeiro filme. Passo em falso, claro. Além de ser o ator principal e roteirista, ele se envolveria em todas as demais funções de bastidores, inclusive, a de colocar dinheiro do próprio bolso para executar a produção. Nesse momento, entra em cena Lee Eastman, conselheiro e administrador de seus negócios desde o fim dos Beatles. Notando a dimensão que o filme começara a ganhar, Lee recomendou Paul tentar o financiamento de um grande estúdio, no caso, a 20th Century Fox.

Ao finalizar o primeiro esboço, que tinha apenas 22 páginas, Paul buscou a opinião de outro amigo ligado à sétima arte. David Puttnam, famoso por dirigir clássicos como *O Expresso da Meia-Noite* e *Carruagens de Fogo*, logo viu que *Give My Regards to Broad Street* teria um destino nada animador. A começar pela história de um "músico rico que reclamava das superficialidades da vida", mas que surgia na tela andando em um Rolls Royce.

Os avisos foram dados. Paul mudou alguns detalhes, mas a ideia central de *Broad Street* seria tocada normalmente, com a direção do relativamente desconhecido Peter Webb, mas com bons atores no elenco. Além de Ringo e sua mulher, Barbara Bach, e o próprio Paul, o drama/comédia apresentaria Tracey Ullman, na época, popular em diversas séries inglesas; o australiano Bryan Brown, nomeado a um Globo de Ouro por sua atuação na série *Pássaros de Fogo*; e a presença iluminada de Sir Ralph Richardson, um dos grandes nomes da dramaturgia britânica ao lado de Sir Laurence Olivier, como pai de Paul McCartney. Seria seu último trabalho antes de morrer em outubro de 1983, um ano, portanto, antes da estreia de *Give My Regards to Broad Street* nos cinemas.

Se o roteiro de *Give My Regards to Broad Street* prometia, como dizem os americanos, ser um grande *flop*, ao menos o longa precisava ter boa música para socorrer a história. No passado, *Magical Mystery Tour* foi arrasado pelos jornalistas – principalmente pelo fato de um filme *avant-garde* ter estreado em preto e branco, quando as cores eram tão importantes. Mas as canções incluídas na trilha salvaram a aventura psicodélica – isso é indiscutível.

Nesse caso, Paul não correu riscos. George Martin já estava à disposição. No final de 1982, o produtor estava com a mão na massa, finalizando *Pipes of Peace* no A.I.R. Studios, e seria responsável pelos *remakes* de "The Long and Winding Road", "Good Day Sunshine", "Eleanor Rigby", "Here, There and Everywhere" e "Yesterday" – todos incluídos na trilha de *Give My Regards to Broad Street*. Ringo não gostou muito da ideia, e decidiu não aparecer em frente às câmeras durante a execução da McCartney/Lennon (sim, os créditos seriam invertidos mais uma vez, após *Wings over America*). Ainda assim, o bom companheiro George estava na sala de controle e deu suas dicas para repaginar as músicas dos Beatles.

Paul também quis dar outros ares a seus *hits* mais recentes. "Silly Love Songs", "Ballroom Dancing", "Wanderlust" e "So Bad" aparecem no filme em novos trajes, ainda que as três últimas mal tivessem completado dois anos de vida quando reapareceram no LP, mais uma vez, com Ringo na bateria.

Para quem não ligou muito e ainda não se importa com *Give My Regards to Broad Street* como filme, o ano de 1984 ficaria marcado por mais um grande sucesso de Paul McCartney nos rádios do planeta. "No More Lonely Nights", tema oficial do longa, seria lançado como *single* para tentar atrair os cinéfilos. A nova balada e suas múltiplas variações seriam a herança mais rica de um projeto que derrapou.

Além de "No More Lonely Nights", três novas peças foram incluídas em *Give My Regards to Broad Street*: "Not Such a Bad Boy", "No Values" e "Goodnight Princess", além de música incidental. Quando o LP *Give My Regards to Broad Street* chegou às lojas e o filme, às salas de cinema, em outubro de 1984, Paul já tinha outros projetos correndo lado a lado. A sonhada animação estrelada por Rupert e dirigida por Geoff Dunbar finalmente se materializou após diversos desvios de rota. Ao invés do idealizado longa, Paul precisou se contentar com um curta-metragem de 12 minutos, promovido de forma simultânea com o *single* "We All Stand Together", produzido em 1980 por George Martin.

Apesar de cair nas garras de críticos que não entenderam a intenção de atingir o público infantil, tanto o desenho como a música seriam bem aceitos pelos fãs.

Quando lançado em *home video* em 1985, ao contrário de *Give My Regards to Broad Street*, *Rupert and the Frog Song* receberia a nomeação para um Grammy, além de ser a fita VHS mais vendida daquele ano.

Antes de 1984 chegar ao fim, Paul ainda realizaria mais um sonho: ver seu estúdio particular ser concluído próximo à sua casa, em East Sussex. Após derramar fortunas no aluguel de estúdios em seus recentes discos, finalmente ele teria liberdade para trabalhar em seu próprio local – e com todo o conforto de ficar próximo de Linda, Heather, Mary, Stella e James.

FAIXAS DE *GIVE MY REGARDS TO BROAD STREET*

No More Lonely Nights
Good Day Sunshine
Corridor Music
Yesterday
Here, There and Everywhere
Wanderlust

Ballroom Dancing
Silly Love Songs
Silly Love Songs (Reprise)
Not Such a Bad Boy
No Values
No More Lonely Nights (Ballad Reprise)
For No One
Eleanor Rigby
Eleanor's Dream
The Long and Winding Road
No More Lonely Nights (Playout Version)
Goodnight Princess
No More Lonely Nights (Ballad)

As Novas Canções de *Give My Regards to Broad Street*:

NO MORE LONELY NIGHTS

Como em uma partida de futebol, o tempo estava chegando ao fim. O juiz iria apitar o término do jogo ou uma prorrogação adiaria ainda mais a data de lançamento de *Give My Regards to Broad Street*, que tomou conta de mais de um ano na vida Paul enquanto ele dava conta de outras frentes, incluindo o disco *Pipes of Peace*.

A criação da música não foi fácil, como ele mesmo constatou em entrevista concedida a Mike Read em outubro de 1987 do programa *Saturday Club* ao promover a coletânea *All the Best!*: "Durante muito tempo fiquei pensando sobre uma música para ser o tema do filme e nada acontecia... compor algo usando o título *Give My Regards to Broad Street* também não ia funcionar. Foi complicado. Mas quando você tem um projeto é sempre bom ter um sucesso: faz o show parecer bom. Sabia que era essencial, porque lancei a música pouco antes do longa. No fim, 'No More Lonely Nights' foi um *hit* e o filme fracassou! (risos)."

Enquanto concluía as novas faixas e regravações para a trilha do filme, Paul acidentalmente tocou uma linha de baixo que o agradou bastante e a manteve na introdução de "No More Lonely Nights". O *riff* iluminou suas ideias. A partir dessa melodia, Paul construiu a música e adicionou uma letra que combina nostalgia, discórdia em relacionamentos e redenção.

"No More Lonely Nights" pode ter demorado para ver a luz, mas quando a música precisou ser gravada Paul contou com o apoio de craques para resolver tudo em poucas horas. A sessão aconteceu no estúdio londrino de filmagens de Elstree, com Paul ao piano; Herbie Flowers no baixo; David Gilmour na guitarra; Stuart Elliot na bateria; e Anne Dudleey no sintetizador. Nos *backing vocals* contribuíram Linda e Eric Stewart. Logo após seu lançamento como *single*, "No More Lonely Nights" atingiu o 2º lugar no Reino Unido e, inusitadamente, o 6º no sempre mais receptível mercado norte-americano. A versão do disquinho de 7 polegadas omite o som de trovão e do contrabaixo ouvidos no LP. O bom desempenho do *single* foi ajudado com um videoclipe divulgado em alta rotação com imagens do filme *Give My Regards to Broad Street* intercaladas com gravações de Paul dublando a canção em um velho apartamento localizado no bairro St. Saviour's Dock, em Londres. Produzido e dirigido pela Keefco.

NOT SUCH A BAD BOY

Com seu roteiro pecador, principalmente pela falta de dinâmica entre as cenas e diálogos, as partes musicais e tomadas retrospectivas podem ser consideradas "os sobreviventes" de *Give My Regards to Broad Street*. Composta especialmente para o filme, "Not Such a Bad Boy" é um dos destaques da trilha e do longa. Antes de gravar a versão oficial para o filme, Paul foi ao A.I.R. Studios produzir uma demo da canção, que destaca os tempos nada agradáveis junto aos tacanhos professores do Liverpool Institute.

"Not Such a Bad Boy", com levada muito mais à moda dos Rolling Stones do que "No Values", é uma das melhores músicas do LP, principalmente pela pegada que a banda dá à gravação incluída em *Give My Regards to Broad Street*. Paul no baixo, Chris Speeding e Dave Edmunds nas guitarras, Jody Linscott na percussão e Ringo na bateria. Em sua versão incluída no LP, "Not Such a Bad Boy" foi mixada à "No Values", pela ausência do *remake* de "So Bad" – incluída somente no *compact disc*.

NO VALUES

Em junho de 1978, Paul McCartney estava em Nova Iorque para finalizar a pós-produção de Rock Show – filme-retrospectiva da turnê de 1976 pelos Estados Unidos. Com tudo pronto, Paul e Linda decidiram relaxar um pouco. Um dia após completar 36 anos, o casal aproveitou a estadia para curtir o show dos Rolling Stones no famoso Palladium. Imagens dessa visita ao camarim são fáceis de encontrar na internet – vale a procura. Aproximadamente nessa época, "No Values" começou a ser composta. Na verdade, Paul tem uma história melhor sobre sua criação: "Sonhei com esta música. Sonhei que estava em algum lugar com os Rolling Stones... De repente, acordei e comentei: Uau! Que legal esta música que eles tocaram. Mas depois me deu um estalo. Peraí... não existe nenhuma 'No Values' nos discos dos Rolling Stones! Não vou contar isso para o Mick ele provavelmente vai requerer os direitos (risos)."

Apresentada na mesma cena de "Not Such a Bad Boy", "No Values" conta com a mesma formação: Paul no contrabaixo, Chris Speeding e Dave Edmunds tocando guitarras, Jody Linscott na percussão e Ringo na sua fiel bateria. O tema "No More Lonely Nights" retorna no finalzinho como *link* instrumental para a próxima faixa.

ELEANOR'S DREAM

Outra sequência interessante em *Give My Regards to Broad Street* é a que apresenta este instrumental composto por Paul com colaboração definitiva de George Martin. Àquela altura, George completava seu quarto projeto consecutivo ao lado de Paul desde a retomada da parceria em 1980. Além de *Broad Street*, Martin produziu e arranjou *Tug of War*, *Pipes of Peace* e o *single* "We All Stand Together" para a animação *Rupert and the Frog Song* que estrearia em novembro de 1984.

Baseada no "1º Concerto para Violino" do alemão Johannes Brahms, composto em 1879, a peça é interligada à performance de "Eleanor Rigby" e serve como trilha para a cena retrospectiva onde Paul, Ringo, Linda e Barbara são transportados para a era Vitoriana. "Eleanor's Dream" é a primeira peça clássica composta por Paul McCartney, novamente com apoio de George Martin, desde "Love in the

Open Air" incluída no filme de 1966, *The Family Way* (no Brasil, *Lua de Mel ao Meio-Dia*).

Por motivos de espaço no LP, "Eleanor's Dream" foi bastante editada em comparação à versão do filme. No CD ela aparece completa, com 9 minutos de duração.

NO MORE LONELY NIGHTS (PLAYOUT VERSION)

Se você viveu os anos 80, vai se lembrar da febre dos remixes. Mesmo se não esteve por lá para curtir, já deve ter pesquisado e encontrado os *maxi-singles* com incontáveis remixes e variações dançantes das músicas lançadas por quase todos os artistas imagináveis. Paul não escapou dessa. "No More Lonely Nights (Playout Version)" seria a primeira vítima da remix-mania e abriu a caixa de Pandora para os colecionadores e maníacos.

Antes de ser virada e revirada por diversos produtores e DJs, a versão original de "No More Lonely Nights (Playout Version)", composta a toque de caixa para os créditos de *Give My Regards to Broad Street*, foi gravada no A.I.R. Studios, em Londres, com Paul nos teclados, programação, bateria eletrônica, baixo, percussão e piano. Músicos adicionais: Banda de metais composta por Derek Watkins, John Barclay, Chris Payne, Stan Sulzman e Dan Willis.

A faixa também ganhou um vídeo promocional, rodado em 35 milímetros, tendo como cenário o Hippodrome Club, em Londres. O vídeo foi incluído na compilação Video Aid, em prol das vítimas da fome da Etiópia, e mais tarde no box *The McCartney Years*, de 2007. Produzido e dirigido por Nick Maingay e David Hellier.

São incontáveis as versões de "No More Lonely Nights (Playout Version)". Confira (quase todas as existentes): A versão do CD tem 5'03" e incluí diálogo do filme. Já a do vinil apresenta 4'26" e também conta com diálogo. A edição do lado B do *single* "No More Lonely Nights" tem 3'58". O remix feito por George Martin chamado Extended Version conta com 8'01" e apareceu pela primeira vez em *single* Picture Disc de 12 polegadas. Esta mesma versão foi relançada no CD remasterizado para o mercado europeu em 1993. Já o remix produzido por Arthur Baker conta com 8'57" e a Extended Play Out Version, remixada também por Baker, tem 6'55" de duração. Por fim, ainda temos a Special Dance Version, com

4'22" que aparece no segundo *maxi-single*, lançado em 1984. Em 2001, a música foi relançada no CD *Wingspan – Hits and History* com diferenças na mixagem na introdução.

Já a versão mais rara de "No More Lonely Nights (Playout Version)" é a chamada Mole Mix, lançada no Reino Unido como *single* promocional em 12 de janeiro de 1985 – edição limitada a apenas 250 unidades.

CORRIDOR MUSIC

Paul resgatou um trecho de guitarra usado em "Mumbo", do álbum *Wild Life*, para compor "Corridor Music", incluída em uma das cenas em que ele aparece, como diz o título, no corredor do A.I.R. Studios. No especial *The South Bank Show*, apresentado por Melvyn Bragg, Paul comenta sobre o instrumental e ainda aparece gravando outros trechos instrumentais não identificados ao lado de George Martin e Geoff Emerick. Esta edição do *The South Bank Show* foi exibida pela primeira vez em 14 de outubro de 1984, com produção da London Weekend Television para o canal ITV.

GOODNIGHT PRINCESS

Para a nostálgica e importante cena de reviver Jim McCartney (falecido em 1976), Paul se empenhou em compor uma melodia ao gosto de seu pai, um pianista de jazz nos anos 30 e 40 nas horas vagas. "Goodnight Princess", gravada na mesma sessão do *remake* de "The Long and Winding Road", relembra um pouco a gravação de "Walking in the Park with Eloise", composição do próprio Jim McCartney, lançada pelo Wings. No filme, Jim foi interpretado por Sir Ralph Richardson, um genial ator na concepção da palavra.

Richardson nasceu em Cheltenham, Gloucestershire, em 19 de dezembro de 1902, e quando convidado para interpretar o pai fictício de Paul McCartney em *Give My Regards to Broad Street* o ator inglês já colecionava uma infinidade de atuações importantes, tanto no teatro como no cinema britânico. Entre elas, aclamados textos shakespearianos como *Macbeth*, *Sonho de uma Noite de Verão*, *O Mercador de Veneza*, *Hamlet* e *A Tempestade*. Sir Ralph Richardson também teve grande destaque na sétima arte. No drama *Longa Jornada Noite Adentro*, de Sidney Lumet, Richardson e Katherine receberam prêmios de Melhor Ator e Atriz no Festival Internacional de Cinema de Cannes em 1962.

Com "Goodnight Princess" pronta, Paul estava empolgado com a participação de Richardson na cena e ainda mais ansioso para ver sua música fazendo *background* para tão importante nome das artes britânicas. Mas em 1983, um ano antes de *Give My Regards to Broad Street* chegar às telas, Sir Ralph Richardson adoeceu. Com problemas gástricos, ele precisou interromper seu trabalho na peça *Inner Voices*, em cartaz no National Theatre. No dia 10 de outubro ele viu sua última cortina fechar. Além de *Give My Regards to Broad Street*, Richardson trabalhou em *Greystoke: a Lenda de Tarzan*, seu adeus ao cinema.

Na sessão de gravação no A.I.R. Studios, Paul, Linda e Eric Stewart participaram com alguns vocais incidentais – sem tocar instrumentos. Isso ficou a cargo de John Dean (bateria e percussão), Russ Stableford (baixo acústico), Eric Ford (guitarra), Eric Butler (piano) e a banda de metais composta por Ronnie Hughes, Bobby Haughey, Chris Smith, Derek Grossmith, Eddie Mordue, Vic Ash, Patrick Hailing, Laurie Lewis, Raymond Keenlyside e Tony Gilbert.

Outras músicas da era *Give My Regards to Broad Street*

WE ALL STAND TOGETHER

Imagine todos os trocadilhos possíveis e impossíveis relacionados a rãs, sapos e outros girinos. "We All Stand Together", creditada a Paul McCartney and The Frog Chorus, não foi aliviada nem um pouco pelas piadinhas dos críticos britânicos quando eles descobriram que a canção era obra de um dos Beatles.

Nem mesmo quando a música atingiu em cheio as paradas da Terra da Rainha no Natal de 1984. A terceira colocação não foi o suficiente para que a mídia parasse de ridicularizar o tema composto para a premiada animação infantil.

Mesmo que isso tenha o magoado, afinal, Paul acabara ser metralhado pelo filme *Give My Regards to Broad Street*, o sucesso de "We All Stand Together" representaria mais um triunfo em sua carreira. Afinal, a valsinha acompanhada por um coral de rãs não era um *single* qualquer, mas a figura central de *Rupert and the Frog Song* – sonho cultivado por Paul McCartney havia quatorze anos, desde que sua empresa adquirira em 1970 os direitos do ursinho idealizado por Mary Tourtel.

Sim, Rupert era um velho conhecido dos britânicos. O carismático personagem de cachecol amarelo ocupou pela primeira vez seu espaço na seção de variedades do jornal *Daily Express*, em 8 de novembro de 1920. Quando chegou às mãos de Paul, nos anos 1970, muitas ideias seriam canceladas até que Geoff Dunbar entrasse em cena para produzir o curta-metragem lançado em 1984.

Com Geoff Dunbar a bordo, Paul finalmente pôde comemorar o seu acerto na escolha de um parceiro. Ao contrário do projeto anterior, quando dispensara dramaturgos importantes de *Give My Regards to Broad Street*, a presença de Dunbar só traria resultados positivos. Antes de seu envolvimento com Paul, o trabalho do animador já havia sido reconhecido nos principais festivais do planeta. *Lautrec*, seu primeiro trabalho, marcou a estreia de Dunbar na Palma de Ouro de Cannes como melhor curta em 1975. Na sequência, *UBU* conquistaria o Urso de Ouro de Berlim em 1980, também como melhor curta-metragem. Em 1985, a parceria com Paul McCartney garantiria o BAFTA de Melhor Animação, concedido pela indústria cinematográfica britânica.

Esta seria apenas a primeira aventura de Dunbar ao lado de Paul...

***

"We All Stand Together" era umas das 14 novas criações de Paul incluídas na fita entregue a George Martin após um jantar em Sussex em 1980. Com a fita nas mãos do produtor, Paul pretendia reconquistar o amigo, que andava um pouco desinteressado. Na verdade, Martin nem pensava em retornar ao conturbado mundo Beatle e correr o risco de "estragar uma bela amizade". Mas Paul sempre teve um bom papo. No fim daquela agradável noite, Martin concordou em retornar ao estúdio como nos velhos tempos, marcando a primeira colaboração com Paul McCartney desde *Live and Let Die*.

Com sua base preparada no A.I.R. Studios nas sessões do LP que viria a se tornar *Tug of War* – com Paul tocando piano, baixo, teclados e mellotron – "We All Stand Together" ganharia o belo arranjo orquestral de George Martin, em 1984, e estaria pronta para ser adicionada à animação dirigida por Geoff Dunbar.

Agora, acredite: as rãs que aparecem no Frog Chorus na verdade são diversos cantores dos grupos The King's Singers e The London Gospel Community Choir registrados nessa última sessão no A.I.R. Studios, em Oxford Street.

WE ALL STAND TOGETHER (HUMMING VERSION)

As rãs retornam triunfantes para brilhar nos créditos de *Rupert and the Frog Chorus*. Vozes do coral St. Paul's Cathedral Boys Choir. Disponível apenas no lado B do *single* "We All Stand Together".

NO BAÚ DE *GIVE MY REGARDS TO BROAD STREET*

"Broad Street Theme (minor key)", "Broad Street Theme (major key)" e "Gloriana" são faixas trabalhadas durante as sessões da trilha de *Give My Regards to Broad Street* que permanecem nos arquivos.

Vale a pena caçar a música "Your School", uma das primeiras composições gravadas no novo estúdio inaugurado um ano após *Broad Street*, mas sequer cogitada para *Press to Play*, primeiro LP a ser produzido no local.

A demo, além da primeira versão de "We Got Married", foi produzida por David Foster neste mesmo ano. A música seria lançada em *Flowers in the Dirt* em 1989. "Lindiana", balada inédita (e disponível na internet) é outra produção assinada por David Foster. A canção chegou a ser cogitada para ocupar o lado B de "Figure of Eight" (1989). Já "I Love This House" (supervisionada por Foster) entraria na série de programas de rádio *Oobu Joobu* em 1995 e finalmente figuraria como lado B do CD *single* "The World Tonight" em 1997.

"Kiss Me Now" foi registrada por Paul em 1984 e mais tarde teve alguns de seus trechos (principalmente a letra) reaproveitados no *single* "Hope for the Future" (2014) e "In the Blink of an Eye" (2016). Além das regravações de faixas dos Beatles, Wings e solo, Paul também trabalhou em versões de "The Fool on the Hill", "Hey Jude", "Martha My Dear" e "Band on the Run", que permanecem nos arquivos. Outra versão de "Here Today" também foi gravada nas sessões.

CAPÍTULO 17
PRESS TO PLAY

"Minha ambição é um dia ser capaz de editar milhões de ideias que tenho na cabeça e canalizá-las da melhor forma nas coisas que planejo fazer."
(**Paul McCartney**, *Sound on Sound*, Outubro de 1986)

Capa: George Hurrell
Arte: Paul McCartney
Gravações: Entre maio de1985 e abril de1986
Produzido por: Hugh Padgham e Paul McCartney
Datas de lançamento: 01/09/1986 e 25/08/1986 (Reino Unido/EUA)
Desempenho comercial: 8º e 30º (Reino Unido/EUA)

Quando o assunto era futebol, paixão avassaladora dos britânicos, os Beatles nunca demonstraram interesse real pelo esporte inventado na Terra da Rainha Elizabeth. Paul, por exemplo, sempre fez questão de fazer média entre o vermelho e o azul de sua cidade natal: "Eu gosto do Liverpool, mas meu pai torcia pelo Everton, então, você sabe." A afirmação leva à pergunta: O que o esporte bretão tem a ver com *Press to Play*? No mundo da bola, dizem que um técnico pode até não ganhar uma partida. Mas quando ele vai mal, certamente, é culpado pela derrota. Talvez este seja o caso do então jovem e talentoso Hugh Padgham, 28 anos, escolhido para dar uma cara nova a Paul McCartney em 1985 – ainda que seus dois trabalhos anteriores não possam ser considerados fracassos.

Pipes of Peace teve dois *singles* com ótimo desempenho, e o *hit* "No More Lonely Nights" foi o salvador da pátria do projeto cinematográfico *Give My Regards to Broad Street*. Sem falar em "We All Stand Together", o tema do ursinho Rupert, produzido por George Martin. O sucesso do *single* no ano anterior também não evitou que sua cabeça fosse colocada a prêmio, principalmente pelos críticos da imprensa inglesa. Paul queria mais. Padgham, naquele momento, comemorava títulos conquistados com o The Police e Phil Collins e já estava com a agenda cheia. Tamanha popularidade, ao invés de ajudar, foi o tiro de misericórdia no destino de *Press to Play*. Ao aceitar o convite para estrear o estúdio particular de Paul em Peasmarsh, East Sussex, projetado pelo arquiteto londrino Andy Munro, Padgham já tinha contrato assinado com o Genesis, que logo gravaria o ótimo *Invisible Touch*.

Agendado para chegar às lojas em julho de 1985, coincidindo com a apresentação de Paul no *Live AID*, *Press to Play* sofreria mais de um ano de atraso, pelas idas e vindas do produtor com o Genesis, além de problemas contratuais. Naquele momento, Paul deixava a Columbia, nos Estados Unidos, e retornava ao velho endereço na Capitol Records. Além disso, o relacionamento entre Paul e Hugh Padgham, que mais tarde confessou ter se decepcionado com as músicas entregues a ele na fase de pré-produção, também pesou para que a atmosfera das sessões se deteriorasse. Mas nem tudo foi tempestade em *Press to Play*. Padgham foi responsável por promover o encontro histórico no estúdio entre Carlos Alomar e Paul McCartney. Alomar, os fãs de David Bowie sabem muito bem, costumava ser um dos colaboradores mais fiéis do Camaleão, comandando a guitarra elétrica em centenas de suas gravações. Eric Stewart, um dos críticos mais severos da mão pesada de Hugh Padgham na produção, também contribuiu com boas canções, fechando o ciclo de álbuns gravados com Paul.

Na faixa "Angry", dois convidados especiais dariam valor extra à gravação mais pesada e ousada do álbum: Phil Collins e o guitarrista do The Who, Pete Townshend. Townshend, por sua vez, retornava como colaborador de Paul McCartney após participar das gravações de "Rockestra Theme" e "So Glad to See You Here", em *Back to the Egg*. Em agosto de 1986, quando o LP finalmente chegou às lojas, nem mesmo o belo documentário *Paul McCartney's Special* apresentado na rede BBC pelo experiente Richard Skinner e as diversas entrevistas concedidas por Paul à TV mundial evitariam o fracasso comercial do álbum. Paul já estava pronto para mais um desafio: tentar recuperar o prestígio comercial em seu próximo *single*.

PRESS TO PLAY – FAIXA A FAIXA

STRANGLEHOLD

Logo de cara, Paul canta a primeira linha de "Stranglehold" com uma pergunta totalmente pertinente ao seu momento: "Can I get you to give me a minute of your time?" ("Você poderia me dar um minuto de seu tempo?"). Talvez não de forma proposital, Paul demonstrava o desejo de saber se os fãs já estavam preparados para um LP com uma cara tão moderna como *Press to Play*. Em "Stranglehold", nem de longe a mais excêntrica do disco, a música serviria como primeiro *test drive* para a parceria entre Eric Stewart e Paul McCartney, que antes funcionara bem, pelo menos na gravação dos LPs *Tug of War*, *Pipes of Peace* e na trilha de *Give My Regards to Broad Street*.

Eric Stewart relembra em entrevista concedida a esse autor: "'Stranglehold' foi desenvolvida no estúdio. Cheguei com o *riff* no estúdio The Mill e Paul deu ideias quase completas para a letra que fala mais ou menos sobre as restrições que a fama causa para os astros do rock. Adorei o trabalho na bateria, mas não posso dizer o mesmo sobre os arranjos de sax feitos por Hugh Padgham. Eles foram adicionados depois que saí do projeto... Minha ideia era manter 'Stranglehold' mais crua, sem muitos instrumentos no *mix*."

Na hora de estrear o estúdio The Mill, com sua mesa de 48 canais, Paul tocou baixo, guitarra, violão e contrabaixo. Eric Stewart ficou na guitarra e no outro violão. A bateria foi tocada por Jerry Marotta, mais conhecido por acompanhar Peter Gabriel. A dupla Dick Morrisey e Lenny Pickett contribuiu com saxofones.

No videoclipe de "Stranglehold", Paul e Eric Stewart aparecem tocando diversas canções em um clube nos Estados Unidos, entre elas, um trecho de "Move over Busker", que aparece na introdução. O filme ainda conta uma pequena história: Com uma pequena ajuda de Linda, um garoto consegue realizar o sonho de tocar saxofone na banda de

Paul McCartney. Rodado no Cactus Club, em Amado, Arizona. Produzido pela Gasp! e dirigido por Bob Geraldi.

GOOD TIMES COMING / FEEL THE SUN

Gerada como muitas outras músicas do catálogo solo e dos Beatles, "Good Times Coming/Feel the Sun" é formada pela junção de duas faixas totalmente distintas que se intercalam para fazer sentido. "Good Times" tem um sabor reggae e "Feel the Sun" apresenta o tradicional clima da dupla Lennon/McCartney.

Paul diz: "Tem algo de nostálgico sobre os verões passados... E para mim, esta música invoca três verões em especial: quando eu era um garoto e ia para Butlins (em Liverpool) vestindo calças curtas e sentia muita vergonha, porque queria mesmo calças compridas! Já o segundo verso é mais maduro, e o associo ao tempo dos Beatles: 'That was a silly season, was it the best? / We didn't need the reason, just a rest' ('Era um tempo meio maluco, será que era o melhor de todos? Nós não precisávamos de nenhum motivo, apenas descanso'). Essa é uma das minhas frases favoritas do disco! Então, chega o terceiro verso – meio sinistro: e fala sobre um incrível verão antes da guerra. E essa é a virada no final da música. Eddie Rayner e Carlos Alomar nas guitarras provam que não é preciso fazer solos longos para causar impacto."

Para dar luz a essa complexa montagem (em que "Feel the Sun" era mais longa no original, e com versos mais longos), Paul começou no violão, e depois adicionou teclados, contrabaixo e percussão. Eric Stewart tocou violões e guitarra elétrica, acompanhado por Jerry Marotta na bateria, Carlos Alomar e Eddy Rayner, que também tocaram guitarra. Nas harmonias, Linda, Ruby James e a prima de Paul McCartney, Kate Robbins.

TALK MORE TALK

Depois de duas músicas relativamente convencionais, o primeiro caso de amor ou ódio entra em campo em *Press to Play*. "Talk More Talk" é uma das mais experimentais, e colaborativas, do LP, com participação, inclusive, do pequeno James Louis McCartney, então com apenas sete anos. A letra da música, mais embalada pelo ritmo, é baseada em reminiscências e frases de impacto, escolhidas de forma aleatória por Paul. Ele explica: "A base da música foi feita em apenas um dia. Fui selecionando frases aleatórias que eu gostava. Uma delas: 'A master can tell, highlight the phrases his words to digress' ('Um professor pode destacar as palavras de suas sentenças para poder divagar'). Eu curto o surrealismo dessa frase. Na gravação você ouve um violão de 12 cordas e vozes com alteração no pitch, falando coisas aceleradas ou em baixa rotação, do tipo: 'All you want is a handyman and all you want is quick service' (Tudo o que ele precisa é de um ajudante, tudo o que ele quer é um serviço ágil') ou 'I hear water going through the pipes' (Eu ouço a água passar pelos canos')."

Toda essa facilidade de começar e terminar o *take* básico de "Talk More Talk" em 24 horas se deu, principalmente, porque os arquivos de Paul McCartney nunca sofreram com a falta de ideias. A demo da música já estava lá esperando ser desenvolvida no Rude Studio, na Escócia. Com tudo mapeado, faltava agora acertar os arranjos de "Talk More Talk".

No estúdio The Mill, tudo ficou pronto assim: Paul tocando diversos teclados e sintetizadores, além de percussão, guitarra e violão. Eric Stewart ficou na guitarra, enquanto Linda, o pequeno filho James, Eddie Klein e, novamente, Paul e Eric contribuíram com a leitura das frases aleatórias, que dão o tom surreal e clima de *Contatos Imediatos do Terceiro Grau*.

FOOTPRINTS

Surreal, bucólica e psicodélica, a misteriosa "Footprints" também não escapou das diversas camadas de produção no estúdio. Justamente por isso, há quem prefira a versão mais crua que vazou, produzida no início das sessões de *Press to Play*. Embora tenha surgido bem no começo, a decisão de incluí-la entre as 10 músicas do LP (ou 13 do CD) foi tomada apenas em outubro, com o fim dos trabalhos de Hugh Padgham. Paul comenta: "Escrita em um dia de nevasca. Ela surgiu de uma imagem, onde um magpie (tipo de pombo preto e branco) procurava por comida no chão coberto de neve. Eu e Eric Stewart alteramos a imagem do pombo para um homem mais velho, embora a ave retorne no terceiro verso. De repente, o homem aparece em busca de madeiras para lareira ou algo como o personagem do conto de Natal 'O Bom Rei Wenceslau'. A letra entra em sua história, em como poderia ser sua vida, suas mágoas..."

As recordações de Paul sobre "Footprints" – dadas ao jornalista inglês Patrick Humphries em 1986 – são bastante semelhantes quando comparadas à entrevista feita por mim com Eric Stewart, publicada originalmente em dezembro de 2005: "'Footprints' foi escrita em parceria com Paul em uma manhã de inverno. Quando cheguei em sua casa, em East Sussex, caía uma tempestade de neve fortíssima sobre a região. Foi muito difícil chegar lá de carro. Bem, no final das contas, aparentemente, eu cheguei! (risos). Então, depois de horas na estrada, o sol apareceu, brilhando sobre a neve. A paisagem estava tão bonita, que comentei com ele antes de entrar: 'Está tão lindo aqui fora!' ('It's beautiful outside', primeiro verso da canção). Imediatamente, ele respondeu: 'Este é um grande título para uma canção!' No final do dia, a gente já tinha acabado esta faixa."

No estúdio The Mill, a base de "Footprints" foi composta assim: Paul tocando violão, e depois adicionando diversos instrumentos em várias sessões: Teclados, contrabaixo, espineta e o belo solo de violão com cordas de náilon. Eric Stewart colaborou com violão e guitarra e Jerry Marotta com bateria eletrônica.

ONLY LOVE REMAINS

Se a demora causada pela saída de Hugh Padgham para produzir faixas do LP *Invisible Touch*, do Genesis, atrasou o lançamento de *Press to Play*, ao menos o percalço causou algo positivo. O hiato entre uma sessão e outra deu espaço para Paul respirar e compor a melódica "Only Love Remains", para muitos, a mais tradicional e comercial do LP. "Quem já ouviu o disco diz: 'Ah, este é o tipo de McCartney que eu gosto!' Então, eu coloco esse tipo de balada mais ou menos para as pessoas que gostam desse estilo. Claro, também para mim, já que sou também romântico por natureza. Não que tenha sido uma daquelas decisões compulsórias de incluir por incluir! Gosto daquele momento mais sossegado e essa música é um momento de mais reflexão."

Outro ponto de interesse histórico ligado a "Only Love Remains" é o retorno de Tony Visconti como arranjador. O eterno produtor de

David Bowie e ex-marido de Mary Hopkin foi uma das peças mais importantes na pós-produção de *Band on the Run*. Sua volta, dez anos mais tarde, deu o toque de classe na composição do belo arranjo de cordas, conduzido por John Bradbury, que também toca violino.

Mesmo satisfeito com o produto final, "Only Love Remains" ainda seria remixada por Tom Boyle para ser lançada como *single*, com a adição de um belo saxofone (tocado por Lenny Pickett), mellotron e bongôs. Todo esse esforço, e mesmo sendo uma canção mais conservadora, não evitou que a música chegasse apenas ao 34º lugar no Reino Unido. Nos EUA, o desempenho foi melhor nas rádios adultas, atingindo o Top 10.

Gravada em outubro de 1985 no The Mill, com Paul nos vocais e piano; Eric Stewart tocando violão; Graham Ward na bateria; Simon Chamberlain no baixo sintetizador; Ray Cooper no triângulo, marimba e congas; e um grupo bem familiar nos *backing vocals*: Linda McCartney, Kate Robbins (prima de Paul) e Ruby James. Orquestra gravada no A.I.R. Studios, em Oxford Street, Londres.

No videoclipe oficial da música, Paul toca piano e dubla a canção, acompanhado por uma orquestra ao vivo, a Astarte Session Orchestra. Cenas de atores interpretando o casal McCartney envelhecendo juntos em um cenário rotatório no mesmo plano são intercaladas no clipe. As gravações deste vídeo aconteceram no estúdio Pinewood, em Londres, entre 17-19/11/1986, e finalizadas no dia 20 daquele mês. Produzido pela Front Row Films e dirigido por Maurice Philips.

PRESS

Se você está no clube de colecionadores de raridades da discografia de Paul McCartney, seu mais novo pesadelo se chama "Press". Depois da caça às variações de "No More Lonely Nights", chega a vez do *single* mais comentado do LP. A música, aliás, foi tema de matéria extensa em edição do *The Beatles Monthly Book*, assinada pelo doutor em *Beatlelogia*, Mark Lewisohn.

O inglês, responsável por obras-primas como *The Complete Beatles Chronicle*, destacou algumas páginas da revista às variações do *single* "Press". Mais sobre isso, daqui a pouco. Por ora, Paul comenta: "Nessa música eu toco o solo de guitarra e Carlos Alomar faz

MASTERS

a base... e foi o que realmente fez a música funcionar. 'Oklahoma was never like this' ('Oklahoma nunca foi desse jeito'), essa frase da música pode significar qualquer coisa que você queira. As pessoas teriam entendido melhor se eu cantasse 'Liverpool nunca mais foi a mesma', mas não soaria da mesma fora... A letra ficou como um símbolo das províncias, de lugares que ficam fora do caminho das grandes cidades... Tentei mudar, mas a frase insistia em permanecer na música..."

Se "Oklahoma" abria a parte para interpretações, o termo "press" era a margem para o duplo sentido. Aqui, "press" não significava apenas apertar ou pressionar o botão de seu estéreo para tocar uma das músicas de seu novo disco. Mas sim, "acionar outras sensações" entre um casal. Antes de olhar com má vontade para a música, a qual, em entrevistas futuras, chamaria de "deprimente" com letra "simplesmente ridícula", Paul parecia se divertir muito com o teor malicioso: "Jerry Marotta gostou de 'Press' e a chamou de 'a música da massagem' (risos)."

Certo ou não sobre a real importância em sua discografia, o que Paul não poderia negar era a versatilidade de versões que "Press" viria a ter no mercado em 1986, quando a febre dos remixes era fato consumado. Seguindo a linha de "No More Lonely Night", o *single* apareceu em diversas versões naquele ano.

A mais rara delas, curiosamente, seria a incluída no LP regular lançado no Reino Unido. Mixada pelo produtor Hugh Padgham. Com 4 minutos e 20 de duração, ela seria substituída por outra produzida pela dupla Bevans/Forward com 3 minutos e 35 segundos e chamada de Video Edit – originalmente lançada nos Estados Unidos. Os mesmos produtores ainda fariam a versão *dub mix*, incluída no *maxi--single* (basicamente instrumental).

Para rodar o videoclipe de "Press", Paul McCartney e equipe passaram quatro horas rodando em diversas estações do metrô de Londres, sendo que as imagens externas e internas foram registradas em sua maioria na linha Jubilee, que desemboca na estação St. John's Wood, próxima aos estúdios Abbey Road. Por não ter pedido licença às autoridades do Londres, as filmagens foram conduzidas discretamente, sem iluminação adicional. Paul aparece interagindo com os passageiros e dando informações aos mais perdidos. Gravado em Londres, no dia 16/10/1986. Produzido e dirigido por Phillip Davey. Paul também aparece dublando a música nos estúdios Abbey Road.

As imagens aparecem em *Paul McCartney's Special* exibido pela BBC em 18/07/1986 e lançado em Laserdisc.

PRETTY LITTLE HEAD

Assim como "Talk More Talk", o penúltimo *single* lançado para promover *Press to Play* (nos Estados Unidos, a faixa escolhida foi "Stranglehold") foi descrito simplesmente como "alguma coisa como 'arte abstrata'". Detalhando mais a descrição de "Pretty Little Head", Paul explicou que a letra tinha um ar exótico, como "se uma tribo deixasse suas cavernas a cada lua cheia para oferecer pedras preciosas e seda à sua princesa" (...) "Novo estúdio, novo produtor... um novo colaborador. Então, decidi tentar algo diferente. E por um bom tempo, 'Pretty Little Head' era apenas um instrumental, comigo na bateria, Jerry no vibrafone e Eric nos teclados. Então, acabamos trocando nossas funções normais no estúdio que nos enviou para uma direção diferente, musicalmente falando."

As lembranças de Eric Stewart, seu parceiro na composição, também são mais ligadas ao momento de improviso no estúdio The Mill: "Esta foi outra música desenvolvida no meio das sessões do álbum, no The Mill. Paul tocou bateria e eu fiquei no piano elétrico, com percussão tocada por Jerry Marotta. Nós desenvolvemos a base rítmica antes de adicionar letra à melodia. Mais tarde, eu e Paul escrevemos os versos meio que surreais."

Após "Pretty Little Head" ser lançada como *single* (e infelizmente, desaparecer abaixo do Top 75 das paradas inglesas), os colecionadores que moravam distantes do Reino Unido teriam a missão de encontrar a versão da música ouvida no belo videoclipe, estrelado pela jovem inglesa Gabrielle Anwar. Uma versão bem mais curta (com 3 minutos e 50 segundos, contra 5 minutos e 14 do LP) e com um novíssimo vocal, regravado por Paul. Claro que não terminaria por aqui. Ainda existiam diversas variações espalhadas por *singles* promocionais, além da versão mais longa, com 6 minutos e 56 segundos, criada por John "Tokes" Potoker, só encontrada no *maxi--single* ao lado do remix de "Angry" e "Write Away".

***

No estúdio The Mill, onde a música foi iniciada e terminada, os instrumentos tocados por Paul foram os seguintes: Baixo, sintetizador, guitarra elétrica e bateria. Jerry Marotta deixou as baquetas e ficou com diversos instrumentos de percussão. Já Eric Stewart tocou Fender Rhodes, guitarra elétrica e adicionou mais percussão.

Com a música no LP finalizado, as imagens externas do vídeo de "Pretty Little Head" foram registradas na cidade inglesa de Settle, North Yorkshire, e na península Gower, em Swansea, País de Gales. Após a filmagem principal, a pós-produção foi executada em Londres, nos estúdios Linford House e East Greenwich Gasworks, e finalizada no dia 03/11/1986. A atriz Gabriele Anwar interpreta a garota fugitiva do filme, atravessando situações perigosas e surreais, enquanto uma imagem gigante de Paul McCartney observa tudo.

Produzido por Adam Whittaker e dirigido por Steve Barron, da Limelight Films.

MOVER OVER BUSKER

Nunca houve total concordância sobre *Press to Play*. Até mesmo entre os fãs de longa data, as diferenças de opinião sobre o álbum são radicais. Apesar da polêmica, se existe uma faixa do LP que nunca saiu do radar das favoritas é "Move over Busker", singela homenagem aos músicos de rua e do metrô. Justamente por isso, o debate mais constante sobre a música é a razão de ela jamais ter sido apresentada ao vivo por Paul McCartney. Paul, aliás, chegou até a brincar de "busker" em uma das cenas de *Give My Regards to Broad Street*, tocando uma versão maluca de "Yesterday" próximo à Leicester Square Station, em Londres.

Sobre a música, injustamente "renegada", Paul comentou: "Essa tem um bom clima de rock americano... e um pouquinho de sexismo inofensivo também na letra. Você sabe, aquela tradição britânica com cartões postais de garotas na praia... Nell Gwyne, aquela imagem estereotipada dela com laranjas e tudo! (risos). E aí entra Mae West 'em seu traje suado', uma velha piada entre os Beatles."

As lembranças de Eric sobre as sessões também são esclarecedoras: "Em 'Move over Busker', por incrível que pareça, fiquei no piano. Digo isso porque Paul é um pianista fantástico, mas acabei tocando o instrumento. Como a maioria das canções do álbum, 'Move over Busker' também foi desenvolvida no estúdio. Quer dizer, colocamos os toques finais do arranjo, criando durante as gravações. A composição, mesmo, foi feita como Paul e John trabalhavam nos Beatles. Cada um com o seu violão, cara a cara."

Dentro do estúdio The Mill, na primavera de 1985, a base de "Move over Busker" foi gravada com apenas a participação de Eric Stewart, Paul e Jerry Marotta. Essa é uma das raras faixas do álbum gravadas ao vivo. Os trabalhos finais ficaram desta forma: Paul tocou baixo no *take* ao vivo, e depois acrescentou sintetizador, percussão e guitarra elétrica. Eric Stewart tocou piano no *take* 1, e depois adicionou guitarra. Já Carlos Alomar apareceu para contribuir com o solo de guitarra e as garotas Kate Robbins e Ruby James fizeram os *backing vocals*.

ANGRY

"What the hell gives you the right / To tell me what to do with my life?" (Que diabo dá a você o direito de me dizer o que fazer com a minha vida?") Até "Angry" ser revelada em *Press to Play*, é impossível encontrar uma letra tão agressiva em uma música de Paul McCartney. Nem mesmo na pesada "Helter Skelter". Até então, *singles* como "Give Ireland Back to the Irish" e "Hi, Hi, Hi" (ambos banidos pela BBC) eram exemplos clássicos do desvio de rota nas canções de amor ou de versos mais divertidos e poéticos, típicos das composições de Paul. Talvez, "Too Many People", em *Ram*, chegue perto. Mas "Angry" supera a faixa de abertura do LP de 1971. Comparações à parte, em meados dos anos 80, a Guerra Fria e a rejeição à Dama de Ferro, Margaret Thatcher, aparentemente tinham influenciado Paul a mudar seu discurso musical e papel de bom moço, como era visto pela imprensa inglesa.

Para acompanhar o desabafo, ele resgataria um de seus incontáveis *riffs* arquivados no pequeno estúdio Rude desde 1979, na Escócia, para trabalhar nas sessões de *Press to Play*. Em princípio, com a formação com Eric Stewart, Paul e Jerry Marotta, que gravaram o *take* 1 no The Mill. Paul conta: "Sou eu sendo bem direto, apesar de ter um sintetizador maluco em algumas partes da música. A base de 'Angry' sou eu, Pete Townshend e Phil Collins, que é, sem dúvida, uma bela seção rítmica! Comecei a falar mais com Pete depois de gravarmos 'Rockestra Theme' (1979) e depois do *Live Aid* (1985). Eu já tinha esse acorde há bastante tempo e sempre que tocava me lembrava do Pete Townshend. Levamos só duas horas para finalizar tudo. A letra, claro, fala sobre coisas que me deixam com raiva, como pessoas que queimam crianças com cigarros ou a atitude de Thatcher sobre a população negra da África do Sul. Nada a ver com críticas negativas sobre meus álbuns."

Eric Stewart dá sua versão sobre as gravações da música: "Curiosamente, várias versões de 'Angry' foram gravadas. Fomos mudando coisas aqui e ali, mas acho que, em minha humilde opinião, não conseguimos chegar a um consenso. O problema maior foi o envolvimento de muitas pessoas durante as sessões de *Press to Play*, que abandonaram o projeto antes de finalizá-lo. Isso, em minha opinião, pode ter afetado o produto final do álbum que tinha muito potencial para ser um sucesso. Acho que o LP perdeu um pouco de seu frescor inicial logo em seu lançamento. Afinal, demorou quase dois anos para ficar pronto! C'est la vie..."

A gravação final de "Angry" aconteceu somente em novembro de 1985, no The Mill, com Paul no baixo, Pete Townshend na guitarra e Phil Collins na bateria. Paul completou a faixa adicionando mais guitarra, bateria e o vocal final. Linda também contribui com *backing vocals* e Ray Cooper, com sua infalível percussão. O remix de "Angry", cortesia da Larry Alexander, conta com uma orquestra conduzida por Dave Matthews, incluído no lado B de "Pretty Little Head" no Reino Unido. Nos EUA, a faixa foi adicionada ao lado B de "Stranglehold".

HOWEVER ABSURD

Não há dúvida que uma das preocupações em *Press to Play* era a de reconquistar parte do público fiel que parecia ter ficado ressentido com sua desventura cinematográfica em *Give My Regards to Broad Street*. Assim, para encerrar o LP em grande estilo, a ideia foi ceder às tentações e mergulhar sem temor em seu lado psicodélico, cultivado havia quase vinte anos no famoso Verão do Amor.

Para colocar o plano em prática, optou por não economizar nos efeitos especiais, nem na orquestra majestosa arranjada por Anne Dudley, a mesma musicista das sessões de "No More Lonely Nights".

"However Absurd", com sua letra entre o surreal e o reflexivo, foi inspirada parcialmente na obra de Kalil Gibran, o poeta e filósofo Libanês (1883-1931). Paul fala sobre a letra: "'Absurd' é outra dessas músicas que você começa a compor e pensa: 'Ah, não... isso é muito parecido com os Beatles, então prefiro não fazer.' Por isso, resisti por um bom tempo. Mas, então refleti: se era um bom sistema, por que ignorá-lo? Acho que tem um pouco da introdução de 'I Am the Walrus' nessa faixa. Um estilo que conheço e adoro. Os versos são meio bizarros, mas fazem um pouco de sentido. No meio da música, eles se explicam."

Como grande parte das músicas de *Press to Play*, "However Absurd" demorou consideravelmente para ser finalizada. A base foi gravada no The Mill, entre março e maio de 1985, mas seria finalizada apenas em dezembro, com os arranjos orquestrais em Abbey Road. No The Mill, Paul fez o vocal principal, tocou piano, sintetizador, piano elétrico e baixo. Eric Stewart ficou na guitarra, violão e Jerry Marotta foi o baterista. Alguns dos músicos da orquestra, conduzida por Anne Dudley (não creditados), já tinham participado, inclusive, de sessões dos Beatles em *Sgt. Pepper's* e *Abbey Road*.

Outras músicas da era *Press to Play*

IT'S NOT TRUE

Incluída como faixa extra do novíssimo CD já em 1986 (um artigo caro para a época!), "It's Not True" foi composta como uma crítica à imprensa, em especial aos tabloides ingleses, sempre de prontidão para comentar sobre a capacidade – ou incapacidade – de Linda McCartney como sua parceira no Wings ou solo. A rusga era antiga. Até mesmo Mick Jagger tripudiou quando ela apareceu tocando teclados nas turnês dos anos 70: "Não levaria minha patroa para o palco", assim falou o Rolling Stone. Assim como diversas faixas de *Press to Play*, "It's Not True" teria variações. A *mix* do *single* é diferente do remix do *maxi-single*, escolhido para entrar no *compact disc*. A principal diferença esta na introdução de guitarra tocada por Carlos Alomar.

Gravada nas sessões de *Press to Play* no The Mill, a faixa contou com Paul no contrabaixo, violão, piano e percussão. Eric Stewart e Carlos Alomar contribuíram com guitarras e Jerry Marota foi o baterista.

WRITE AWAY

Com clima de jazz e sabor latino, Paul brinca com o jogo de palavras e capricha no vocal, transformando "Write Away" numa daquelas músicas que poderia ter recebido mais atenção e melhor posição no repertório escolhido para *Press to Play*. Parceiro na composição, Eric Stewart relembra um fato inusitado: "Paul tocou piano elétrico na gravação e você pode ouvir o barulho de seus pés dançando enquanto ele toca!"

Nas sessões para registrar a bela "Write Away" no The Mill, o destaque foi a presença do neozelandês Eddie Rayner com um solo majestoso de piano, que vale o preço da viagem. Paul tocou Fender Rhodes e baixo sintetizador, enquanto Jerry Marotta contribuiu com a bateria. Eric Stewart e Carlos Alomar ficaram nas guitarras. Lenny Picket foi o saxofonista.

TOUGH ON A TIGHTROPE

Outro exercício McCartney-Stewart para compor uma "grande balada" candidata a fechar o álbum, "Tough on a Tightrope" foi outra vítima do excesso de instrumentos colocados na receita por Hugh Padgham. O destaque desta faixa sentimental (porém, madura) fica para a letra sincera e real, que aparenta usar uma linguagem cifrada a respeito de comentários feitos por terceiros sobre a situação de um casal.

Como muitas canções da era *Press to Play*, "Tough on a Tightrope" foi editada em diversos formatos. A versão do CD regular tem 4 minutos e 52 segundos. Já a incluída no *single* "Only Love Remains" é mais curta, com 4 minutos e 44 segundos. A terceira oficial é um remix do australiano Julian Mendelsohn (futuro produtor de *Off the Ground*), com mais efeitos e de maior duração, um verdadeiro épico de 7 minutos e 3 segundos.

Dentro do estúdio The Mill, Paul McCartney gravou a base ao piano, e depois adicionou contrabaixo e teclados. Eric Stewart ficou no violão e guitarra-base, acompanhado por Jerry Marotta na bateria e Carlos Alomar, na guitarra-líder.

HANGLIDE

Em 2002, quando Paul McCartney caiu na estrada para divulgar *Driving Rain* pelos Estados Unidos, "Hanglide" foi resgatada de seu *status* de lado B do *maxi-single* "Press" para compor a trilha sonora do pré-show das turnês *Driving USA* e *Back in the USA*. A faixa instrumental, aliás, se encaixou como uma luva no material preparado por Youth e Paul para ilustrar o espetáculo vanguardista de bailarinas que interagiam diretamente com o público, ao som de versões remixadas do álbum *The Fireman Rushes*. Em 2011, na turnê *On the Run*, ela voltaria a figurar no *mix-tape* que antecedia a entrada de Paul no palco.

"Hanglide", mixada por Matt Butler, durante as sessões de *Press to Play*, foi gravada apenas por Paul e Eric no The Mill, com ambos dividindo as funções nos sintetizadores e guitarras.

SPIES LIKE US

Enquanto *Press to Play* ainda estava no forno e sofria atrasos por inúmeros motivos, Paul – sempre prolífico – resgatou uma de suas demos no seu "santuário" no Rude Studio para dar conta de uma encomenda: compor e gravar o tema principal de *Spies Like Us* ou *Os Espiões que Entraram em uma Fria*, como o filme foi batizado nas salas brasileiras. Em meados dos anos 1980, Dan Aykroyd e Chevy Chase experimentavam excelente fase em Hollywood. Aykroyd tinha acabado de sair de *Os Caça-Fantasmas*, sucesso absoluto nos Estados Unidos, com bilheterias na casa dos 245 milhões de dólares. Já Chevy Chase atuara na comédia *Férias Frustradas*, exibida no final de 1983. Juntos, e dividindo a capa do *single* "Spies Like Us", os atores americanos certamente influenciaram de forma positiva nas vendas da mais nova criação de Paul.

Naquele momento, o que poucos desconfiavam, é que a música – realmente divertida – ficaria marcada como o último Top 10 de Paul nas paradas norte-americanas, chegando ao 7° lugar na *Billboard*. Assim como outras faixas dessa era, como "Press" e "Pretty Little Head", "Spies Like

Us" receberia uma enxurrada de edições e mixagens para atender a demanda e gerar vendas, como "Party Mix", "Alternate Mix" e "DJ Version".

Paul compôs "Spies Like Us" na Escócia, no Rude Studio, mas desenvolveu a faixa em seu novo estúdio profissional, em East Sussex. Na gravação, produzida por Hugh Padgham, ele toca baixo, bateria, guitarra e faz harmonias sobre seu vocal principal. O outro instrumentista na sessão é o neozelandês Eddie Rayner. Nos vocais de apoio estão Eric Stewart, Kate Robbins (prima de Paul), Linda McCartney e Ruby James.

Duas versões do videoclipe foram produzidas para "Spies Like Us", ambas dirigidas por John Landis, o mesmo diretor do longa-metragem. O motivo da duplicidade: os ingleses seguiam uma lei que não permitia amadores aparecerem em produções tocando instrumentos sem o registro de músico profissional. As cenas do filme principal mostram Paul tocando bateria, guitarra, teclados e contrabaixo, e contracenando com os atores Chevy Chase e Dan Aykroyd. Gravado nos dias 09 e 10/10/1985, em Londres.

O LEGADO DE *PRESS TO PLAY*

Press to Play ainda não tinha girado nas vitrolas dos fãs, mas Paul estava decidido em mergulhar em diversos projetos – calculando que seu próximo álbum não seria o esperado *hit*. A primeira escala foi em Nova Iorque, no Power Station, onde retomou o relacionamento profissional com o produtor americano Phil Ramone – famoso pelos excelentes discos de Simon & Garfunkel, Paul Simon solo e Billy Joel. Não houve química e o melhor produto da colaboração McCartney--Ramone seria apenas a gravação de 1987, no estúdio The Mill: "Once upon a Long Ago", 10º lugar entre os *singles* britânicos de novembro, com direito à orquestração de George Martin.

A seguir, informações sobre o material original lançado entre 1986 e 1988, além de detalhes sobre gravações perdidas e secretas.

SIMPLE AS THAT

Finalizada e produzida especialmente para o LP *It's a Live – In World*, projeto da ONG inglesa Phoenix House Charity contra o consumo de heroína pelos jovens, "Simple As That" já existia como demo instrumental nos arquivos de Paul desde 1980. Retomada para esta sessão especial no estúdio The Mill, o reggae com excelente mensagem – sem exagerar no quesito "pregação" – contou com participação ativa da família McCartney. O disco, lançado em novembro de 1986, traz diversos nomes do cenário pop da época, inclusive Elvis Costello. Seria a segunda vez que seu nome apareceria nos créditos de um disco ao lado de Paul. Mas não seria a última.

No estúdio The Mill, em fevereiro de 1986, Paul tocou violão, guitarra, bateria, teclados e órgão, além de fazer os vocais principais. Linda, Mary, Stella e James cantam nos *backing vocals*. Existem rumores de que Carlos Alomar, recém-saído das sessões de *Press to Play*, tenha contribuído com sua guitarra na gravação.

LOVELIEST THING

Paul foi atrás dos bons conselhos do produtor Phil Ramone, em seu primeiro encontro profissional desde as sessões de *Ram*, com a intenção de produzir um álbum que soasse contemporâneo. Afinal, em sua opinião, *Press to Play* destoara em comparação ao que as bandas de sucesso faziam em 1986.

Uma das primeiras músicas produzidas pela dupla McCartney/Ramone é "Loveliest Thing", na verdade, a balada é uma junção de duas demos daquele período: "Without Permission" e "Loveliest Thing", a faixa-título. Quase todo o trabalho nessa "joia perdida" aconteceria no Power Station, em Nova Iorque, em agosto. Infelizmente, "Loveliest Thing" – que chegou a ser considerada para o lugar de "Motor of Love", em *Flowers in the Dirt* – demoraria ainda três anos para ser lançada como lado B do *single* "Figure of Eight", e depois, como faixa bônus de múltiplas encarnações de *Flowers in the Dirt*. Atualmente, você só pode adquirir "Loveliest Thing" por meio do *link* de download da *Paul McCartney Archive Collection*.

"Loveliest Thing" foi gravada em Nova Iorque, no Power Station em 21/08/1986 com a seguinte configuração: Paul McCartney no piano e vocal principal. Neil Jason no baixo. David Brown na guitarra elétrica e Liberty Devitto na bateria. David Lebolt ficou no sintetizador.

BACK ON MY FEET

Após se cruzarem no palco do Hammersmith Odeon em 1979 e nos corredores do A.I.R. Studios durante a produção de *Tug of War* e *Pipes of Peace*, finalmente Paul e Elvis Costello dariam início à sua bem-sucedida parceria. "Veronica" e "Back On My Feet" serviriam como prova de fogo para testar a química entre os compositores.

Originalmente composta ao piano, "Back On My Feet" já estava quase totalmente pronta quando Costello entrou em cena, segundo ele, "para dar apenas algumas sugestões, caso as ideias não fossem tão absurdas!".

Elvis Costello: "Apenas adicionei alguns detalhes à letra, como mudanças do ponto de vista e direções cinematográficas, além da contra melodia que simula o coro de pessoas que não gostam do que estão vendo."

Durante a campanha de relançamento de *Flowers in the Dirt* em 2017, a demo da música revelaria que "Back On My Feet" já possuía praticamente toda a melodia, mas só tinha um dos versos preparados. Já o refrão sofreria ligeira alteração antes de a música, que fala sobre "as agruras de um sem-teto em um dia de chuva", ser gravada em definitivo, com produção de Phil Ramone.

Gravada em 9 de março de 1987 no estúdio The Mill, Paul toca guitarra, piano e baixo, além de ser o vocalista. Linda retorna ao estúdio, fazendo os vocais de apoio. A banda que acompanha Paul é a seguinte: Tim Renwick: Guitarra. Nick Glennie-Smith: Teclados. Charlie Morgan: Bateria.

LOVE COME TUMBLING DOWN

Quando Phil Ramone ouviu pela primeira vez a demo de "Love Come Tumbling Down" com seu clima meio Motown, achou que a recente criação de Paul McCartney teria futuro. Ele nunca esteve tão certo. Após finalizar a música no estúdio The Mill e gravá-la na sessão após "Back On My Feet", o futuro chegaria para "Love Come Tumbling Down". Mas apenas em dezembro de 1997, quando foi resgatada dos arquivos como lado B do CD *single* nº 1 "Beautiful Night".

Paul volta a assumir o baixo e os vocais, além da guitarra na gravação de "Love Come Tumbling Down". A mesma composição de

"Back On My Feet" colabora na gravação realizada no The Mill em 10/03/1987: Tim Renwick: Guitarra. Nick Glennie-Smith: Teclados. Charlie Morgan: Bateria.

SQUID

Este instrumental com clima marítimo debutou no programa de rádio *Oobu Joobu* em 1995 – mas de forma parcial e com o nome de "Be Vegetarian". A gravação completa chegaria às mãos dos fãs como lado B do CD *single* "The World Tonight" em julho de 1997.

Na sessão de gravação em 12 de dezembro de 1986, no The Mill, Paul tocou sintetizador, violão, bateria, percussão, teclados e adicionou efeitos especiais.

ONCE UPON A LONG AGO

Como você reconhece um *hit*? Na era da música digital, as ferramentas de divulgação são quase infinitas, transformando as paradas radiofônicas como as conhecíamos em objetos de estudo do pop. De fato, as emissoras ainda têm seu poder junto ao público consumidor, mas nada como em 1987. Se o padrão para reconhecermos um *hit* for o dos anos 70 e 80, então "Once upon a Long Ago", música mais nova a entrar na coletânea *All the Best!* (versão internacional e inglesa), é o exemplo para categorizarmos um sucesso real e substancial. Ao bater o décimo lugar no Reino Unido, "Once upon a Long Ago" seria o último *single* de Paul McCartney a brigar pelas colocações de prestígio do Top 10 britânico.

Produzida por Phil Ramone, seu único e maior sucesso das sessões iniciadas em 1986, "Once upon a Long Ago" tem quatro versões. A primeira, lançada no *single* de 7 polegadas e CD *single* tem 4 minutos e 12 segundos. Já a incluída em *All the Best!* é a mais curta de todas, com 4 minutos e 9 segundos. Quando a EMI promoveu "Once upon a Long Ago" nos *maxi-singles* de 12 polegadas, os fãs teriam de caçar duas versões totalmente distintas, tanto na instrumentação como na duração. "Once upon a Long Ago" (Long Version) tem um verso a mais que a original, batendo e 4 minutos e 34 segundos. Por sua vez, a Extended Version tem longa introdução e termina aos 6 minutos e 6 segundos.

Após mais de duas décadas sem qualquer pista ou comentário semelhante, Kenneth Womack, autor de *The Beatles Encyclopedia: Everything Fab Four*, apontou que "Once upon a Long Ago" teria sido rejeitada por Rob Reiner, diretor do filme de 1987 *A Princesa Prometida*, estrelado por Chris Sarandon e Robin Wright. Nas mesmas informações ele aponta que "Once upon a Long Ago" teria sido composta com Freddie Mercury em mente, para um futuro dueto. O agravamento da doença no líder do Queen teria impedido a parceria idealizada após o *Live Aid*. Nada comprovado até este momento.

Gravada em Abbey Road e mixada por George Martin, que também assina os arranjos de orquestra, "Once upon a Long Ago" teve a seguinte formação de músicos: Paul canta, toca violão, sintetizador, guitarra elétrica, piano e baixo. Linda canta e toca pandeirola. Adrian Brett é o flautista, enquanto Tim Renwick ficou na guitarra-base e Nick Glennie-Smith nos teclados. O baterista na sessão foi Henry Spinetti. Músicos adicionais: Stan Sulzmann no saxofone e Nigel Kennedy tocando violino.

O belo clipe de "Once upon a Long Ago" foi montado a partir de uma edição de imagens completamente distintas. Parte do vídeo é composta por um desenho animado onde uma família passa a noite de Natal e cuida de um cãozinho labrador. A segunda parte apresenta Paul McCartney e banda dublando a canção rodada no Vale das Rochas, em Lynmouth, Devon, Inglaterra, no dia 16/10/1987. A maior dificuldade da equipe de produção foi suportar os fortes ventos que sopravam naquela região montanhosa, além das rajadas vindas das hélices do helicóptero usado para filmagens. O vídeo foi lançado na compilação *Once upon a Video*, em VHS e Laserdisc, e depois no box *The McCartney Years* em 2007. Produzido por Michael Gross e dirigido por Lexi Godfrey.

ATLANTIC OCEAN

Acostumado a produzir sessões mais convencionais, como as de Billy Joel e Paul Simon, Phil Ramone torceu o nariz para essa combinação de house music e hip hop levada por Paul ao estúdio The Mill em 20 de março de 1987.

Para gostar de "Atlantic Ocean" é preciso gostar de Paul, mas não dá para argumentar: Paul realmente se arrisca com suas ideias no estúdio.

Vocais por Paul McCartney. Percussão por Stuart Elliot. Teclados por Phil Pickett. Guitarra elétrica por Martin Barre. Contrabaixo por Louis Jardim. A versão original da música foi apresentada em uma das edições do programa de rádio *Oobu Joobu*, em 1995, e lançada dois anos mais tarde no CD *single* "Young Boy".

Gravada 20/03/1987 no estúdio The Mill, em East Sussex.

LOVE MIX

Logo após Phil Ramone deixar a casa de hóspedes ao lado de Waterfalls, a residência dos McCartney, Paul decidiu iniciar mais um projeto, que culminaria em *Flowers in the Dirt*, mas somente no verão europeu do ano seguinte.

"Love Mix" pode ser chamada de Frankenstein musical. O trecho da introdução (que é o mesmo do refrão) acabara de ser composto por Paul no The Mill. Ao tirar a melodia no sintetizador do momento, um novíssimo Yamaha DX-7, Paul decidiu resgatar de seus arquivos uma das músicas registradas entre 1973 e 1974, no chamado *Piano Tape*. Da combinação dessas duas melodias surgiria o *synth pop* atmosférico de "Love Mix", com a primeira participação de Robbie McIntosh em uma das sessões de Paul McCartney.

"Love Mix" foi gravada em 10 de abril de 1987 no The Mill, com Paul no sintetizador, baixo, piano, programação e vocal principal. Robbie McIntosh é o guitarrista. Mais partes seriam gravadas em 1988, durante o final da produção de *Flowers in the Dirt*. Sua primeira aparição foi parcial, no programa *Oobu Joobu*, em 1995. Dois anos mais tarde a versão completa apareceu no CD *single* "Beautiful Night".

TROPIC ISLAND HUM

Assim como "We All Stand Together", "Tropic Island Hum" passou por diversas edições até ser lançada como *single* em 2004 para promover a *Paul McCartney Music & Animation Collection*. No início dos trabalhos em 1987, George Martin foi convocado por Paul para cuidar da produção da faixa no A.I.R. Studios da Oxford Street. Em 1997, os primeiros trechos da música apareceram no DVD *In the World Tonight*, que mostra os bastidores de gravação de *Flaming Pie*.

O London Gospel Community Choir volta a participar de uma sessão de Paul McCartney após sua contribuição em 1984, gravação final de "We All Stand Together" – que reaparece no CD *single* de *Tropic Island Hum* como lado B. Wirral the Squirrel é o personagem principal do desenho que dá nome à música.

No A.I.R. Studios, Paul tocou baixo e piano. Chris Whitten provavelmente foi o baterista em Tropic Island Hum. Marion Montgomery faz o vocal feminino.

NO BAÚ DE *PRESS TO PLAY*

"Yvonne's the One" foi cogitada para o LP *Press to Play* e uma versão cantada por Paul é facilmente encontrada na internet. A música seria lançada dez anos após sua gravação no último disco da banda 10cc. Nesta versão, Paul toca guitarra-base. Lançada no LP *Mirror, Mirror* em 1995.

Confira trecho traduzido e adaptado da letra: "Da última vez que Yvonne eu vi, lá estava ela, coberta por rosas... mas a tristeza, com sua vida, acabara... Ela andava bronzeada e imponente. Tudo sobre ela era excepcional, estava contente... Mas o que você vê agora não é real... Yvonne você não poderá fazer mais de tolo alguém como eu... Adeus" ("When I last saw Yvonne / She was covered in roses / But the laughter had gone from her eyes / She walked so tall, looked so grand / Everything about her truly planned / But what you get is not what you see / 'So long Yvonne you're not fooling me / (...) / And so I said, 'So long Yvonne'").

Em 2017, Eric Stewart lançou o e-book no iTunes *The Things I Do for Love*. No capítulo reservado à parceria com Paul McCartney, Stewart incluiu cinco improvisações bem-humoradas, feitas pela dupla, e nunca antes divulgadas – todas registradas nas sessões de *Press to Play* no estúdio The Mill. São elas: "George Formby", "Watching Windows", "Elvis", "Andrew Lloyd Weber" e "Preacher".

"All Rocked out" é um rocker composto e gravado em 1986, mas nunca lançado. A música foi divulgada por um jornalista, em visita ao estúdio The Mill naquele ano. "Politics of Love" é uma parceria com Peter Gabriel, jamais finalizada. Já a divertida "Return to Pepperland" poderia ter sua letra revisada para se adaptar ao ano atual (Nelson Mandela é citado como preso, mas logo seria libertado em 1990). Com clima psicodélico, ela foi composta em 1987, durante a celebração dos vinte anos de *Sgt. Pepper's Lonely Heards Club Hand*. Já a experimental "Big Day" foi apresentada durante as gravações com Phil Ramone em 1987, mas arquivada e registrada no The Mill no final de 1987, com Paul tocando todos os instrumentos. "Peacocks" é apenas um experimento, com Paul tocando tudo e Linda imitando um pássaro, ao fundo.

CAPÍTULO 18
ALL THE BEST!

Capa: Tim O'Sullivan
Arte: Michael Ross
Data de lançamento: 02/11/1987
Desempenho comercial: 2º (Reino Unido)

Se você era assinante do fanzine oficial *Club Sandwich* em 1987, uma boa notícia: certamente, não estava na lista dos fãs confusos com os diversos formatos da segunda coletânea lançada por Paul McCartney para ilustrar os melhores momentos de sua carreira solo até o momento. A edição número 46 do tabloide colorido tentava explicar racionalmente as exclusões dos *singles* em *All the Best!* – sem contar as diferenças entre as faixas escolhidas para CD e LP e a exclusiva versão americana.

Para começar, a matéria apontava a ausência de "Junior's Farm" – antes, um dos destaques de *London Town* – na edição inglesa e mundial do LP *All the Best!*. Paul e gravadora apostaram que "Junior's Farm" seria melhor recebida nos Estados Unidos, onde se dera melhor como *single* em 1974. Mesma justificativa dada a "Uncle Albert/Admiral Halsey", outra música de *London Town* "sequestrada" da nova coletânea, mas mantida para os ouvintes do país do então presidente Ronald Reagan. No balanço das ausências, talvez a única coerência. "We All Stand Together", "Mull of Kintyre" e "Pipes of Peace" não apareceram na edição norte-americana por não terem sido *hits* nos Estados Unidos. Ainda assim, parecia uma boa razão para o mais fanático gastar uns trocados extras na versão importada de *All the Best!* – o que muitos o fizeram.

Já no quesito "injustificável", nem mesmo os editores da *Club Sandwich* conseguiram dar uma boa razão para *singles* de sucesso, como "Helen Wheels", não aparecerem na coletânea. Muito menos "Hi, Hi, Hi" – outra figura importante de *London Town*, e que agora sumira do mapa. Quando *All the Best!* chegou às lojas dos Estados Unidos em dezembro de 1987 (um mês depois dos ingleses e demais praças, como a brasileira e canadense) tanto o CD como o LP (mais completo) não contavam com "Once upon a Long Ago" – única canção inédita entre todas as faixas da compilação britânica.

Paul McCartney e a EMI acharam a canção "britânica demais" para os americanos. Sendo assim, a música permaneceria inédita no mercado americano até 2017, já que não ficou entre as escolhidas da coletânea de 2016, *Pure McCartney*. Outra baixa de *All the Best!* seria a ausência de "Waterspout", que faria companhia a "Once upon a Long Ago" como itens inéditos. Gravada nas sessões de *London Town*, a canção era uma remanescente do projeto de raridades *Cold Cuts*, destinado a não sair do papel.

***

Ao contrário de *Wings Greatest*, a coletânea *All the Best!* foi promovida à exaustão com diversas participações em programas de rádio e TV, com destaque para o *Saturday Club*, onde Paul foi entrevistado por Mike Read nos estúdios da International Christian Community Studios, em Sussex, nos dias 12 e 13 de outubro de 1987. No programa, Paul compartilhou histórias sobre as músicas de *All the Best!* e conversou sobre as diversas fases de sua carreira. Outros programas visitados por Paul incluem *Top of the Pops*, *Going Live!*, *Last Resort* (Inglaterra), *Veronica Countdown* (Holanda), *Rapido* (França), além do Festival Internacional de San Remo, na Itália. Ainda na esfera promocional, a revista *Musician* (hoje extinta) publicou uma extensa entrevista de Paul McCartney concedida a Timothy White, com comentários ainda mais detalhados sobre as canções. A publicação ainda seria uma das primeiras a comentar sobre a parceria de Paul McCartney e Elvis Costello destinada ao primeiro álbum de inéditas após quase três anos: *Flowers in the Dirt*.

FAIXAS DE *ALL THE BEST!*
(EDIÇÃO BRITÂNICA)

Jet
Versão do álbum *Band on the Run*
Band on the Run
Versão do álbum
Coming Up
Versão do álbum *McCartney II*
Ebony and Ivory
Versão do álbum *Tug of War*
Listen to What the Man Said
Versão do *single*
No More Lonely Nights
Versão do *single*
Silly Love Songs
Versão do álbum *Wings at Speed of Sound*
Let 'Em In
Versão do álbum *Wings at Speed of Sound*
C Moon
Versão do *single*
Pipes of Peace
Versão do *single*
Live and Let Die
Versão do *single*
Another Day
Versão do *single*
Maybe I'm Amazed
Versão do álbum *McCartney* (não incluída no CD)
Goodnight Tonight
Versão do *single* (não incluída no CD)
Once upon a Long Ago
Versão exclusiva do álbum *All the Best!* com 4 minutos
e 6 segundos de duração. (Todos os detalhes sobre a música
estão no capítulo sobre *Press to Play*)
Say Say Say
Versão do álbum *Pipes of Peace*

With a Little Luck
Versão do álbum *London Town* (não incluída no CD)
My Love
Versão do álbum *Red Rose Speedway*
We All Stand Together
Versão do *single* (Todos os detalhes sobre a música estão no
capítulo sobre *Give My Regards to Broad Street*)
Mull of Kintyre
Versão do *single*

All the Best!
(Versão exclusiva dos Estados Unidos)

Data de lançamento: 01/12/1987
Desempenho comercial: 62º

FAIXAS DE *ALL THE BEST!*
(EDIÇÃO NORTE-AMERICANA)

Band on the Run
Versão do álbum
Jet
Versão do álbum *Band on the Run*
Ebony and Ivory
Versão do álbum *Tug of War*
Listen to What the Man Said
Versão do *single*
No More Lonely Nights
Versão do *single*, sem a introdução
Silly Love Songs
Versão do álbum *Wings at Speed of Sound*
Let 'Em In
Versão do álbum *Wings at Speed of Sound*
Say Say Say

Versão do álbum *Pipes of Peace*
Live and Let Die
Versão do *single*
Another Day
Versão do *single*
C Moon
Versão do *single*
Junior's Farm
Não lançada no *All the Best!* (Reino Unido)
Versão completa do *single* com 4 minutos e 23 segundos de duração
Uncle Albert/Admiral Halsey
Não lançada na versão do CD *All the Best!* (Reino Unido)
Versão do *single*
Coming Up
Esta versão (ao vivo) não foi lançada no *All the Best!* (Reino Unido)
Originalmente lado B do *single* "Coming Up"
Goodnight Tonight
Versão do *single*
With a Little Luck
Não lançada no *All the Best!* (Reino Unido)
Versão do *single* promocional
My Love
Versão do álbum *Red Rose Speedway*

CAPÍTULO 19
CHOBA B CCCP

"*Gravar o disco foi ótimo para mim. Foram sessões de puro rock and roll que me lembraram do tempo do Cavern Club. Lançar só na U.R.S.S. serviu como uma mensagem de amizade ao povo soviético.*" (**Paul McCartney**, 1988)

Capa: Linda McCartney
Arte: Michael Ross
Gravações: Entre 20 e 21/07/1987
Produzido por: Paul McCartney
Datas de lançamento: 31/10/1988 (U.R.S.S.) 30/09/1991 e 29/10/1991 (Reino Unido/EUA)
Desempenho comercial: 1º (U.R.S.S.) 63º e 109º (Reino Unido/EUA – apenas em CD)

No verão de 1987, Paul estava engajado. Sua missão naquele instante crucial era se redescobrir como compositor e performer, depois de respirar ares em Nova Iorque e convidar Phil Ramone para produzir seu novo *single* "Once upon a Long Ago" (então, ainda inédito e destinado apenas ao mercado inglês) em seu estúdio, em Sussex. Nesse ínterim, Paul ainda daria chance para um novo parceiro, atendendo a sugestão de seu empresário, Richard Ogden. Em março daquele ano, Elvis Costello o visitaria no The Mill para a primeira colaboração, deixando as portas abertas para novas sessões em breve.

Paul McCartney também já sabia que no final de 1987 ele teria de cumprir o contrato com a EMI/Capitol e colocar no mercado mais um LP. A saída seria a coletânea *All the Best!*, com diferenças entre as versões britânica e americana. Antes disso acontecer, Paul quis sentir o gosto de tocar puro rock and roll mais uma vez. Sua experiência no ano anterior tinha sido gratificante. No tradicional show de caridade *Prince's Trust Rock Gala*, na Wembley Arena, foram apenas três músicas: "I Saw Her Standing There", "Long Tall Sally" e "Get Back", mas suficientes para abrir seu apetite.

Sem banda para saciar o desejo, ele convocou sua equipe para organizar uma série de *jam sessions* às sextas-feiras em um local "secreto" na zona leste de Londres, em Docklands. A ideia era apenas tocar *standards* dos anos 50 e descobrir bons músicos para um eventual novo grupo. Em dias alternados, Paul McCartney começou a receber seus convidados: Trevor Horn (seu futuro produtor em *Flowers in the Dirt*), Chris Whitten (baterista nas próximas gravações e na primeira turnê em dez anos), Johnny Marr (recém-saído dos Smiths) e até o futuro parceiro, Elvis Costello, que recentemente o visitara em Sussex para ajudar em "Back On My Feet".

***

A experiência de tocar apenas pela alegria de tocar foi como um gatilho. Paul McCartney, enfim, estava preparado para um novo projeto: gravar um LP com versões das músicas que o impulsionaram a ser um profissional havia duas décadas. Para isso, convocou alguns daqueles nomes que aceitaram seu convite para as *jam sessions* em Londres às sextas, incluindo o baterista Chris Whitten. Desta vez, seriam sessões oficiais em seu estúdio, em Sussex. Em apenas dois dias de julho, os músicos gravariam as 11 faixas do LP de *standards* idealizado por Paul. O plano maluco viria a seguir. Para causar impacto, Paul McCartney pensou em lançar o álbum na Inglaterra, mas sem a aprovação da EMI seria como um "pirata oficial". Conservadora, a gravadora disse não, de forma imediata. Desapontado, Paul arquivou o disco até seu empresário o surpreender com algumas cópias de vinil das gravações com a arte da capa escrita em russo. Aquele presente recebido no Natal de 1987 serviria como inspiração para o seu "pirata oficial" virar um álbum exclusivo para o mercado soviético. Assim nascia o lendário *Choba B CCCP*.

***

Mais conhecido como *Álbum Russo, Choba B CCPP* (pronuncia-se: "Snova V SSSR" – trocadilho com a música dos Beatles, "Back in the U.S.S.R.") foi lançado com exclusividade nos últimos anos de existência da União Soviética, em 31 de outubro de 1988, pela gravadora Melodyia. O impacto gerado pelo LP em um mercado carente e fechado para a cultura pop ocidental como o soviético foi fulminante. Logo em sua primeira semana, o vinil chegou ao primeiro lugar na *Moskovsky Komsomolets* (versão soviética da *Billboard*), com a marca de 50 mil unidades vendidas.

Se por sorte a primeira edição de *Choba B CCCP* chegou às suas mãos, comemore: trata-se de uma raridade. Para identificar se o item é realmente de colecionador é preciso observar se a capa tem estrela e contracapa de cor amarela. O número de músicas incluídas também é importante: 11. No encarte, cada uma das faixas vem acompanhada de comentários escritos por Paul McCartney, além de depoimentos sobre sua carreira.

Já a segunda edição de *Choba B CCCP* foi prensada com algumas diferenças. Saem as estrelas amarelas, entram as cores cinza, prateada ou dourada. A contracapa é branca, com texto escrito por Roy Carr ao invés do russo Andrey Gavrilov. Nessa prensagem, duas músicas entraram no álbum, mas apenas 11 aparecem listadas no disco. Assim como a primeira, esta edição do *Álbum Russo* seria esgotada em poucos dias. Mais de 350 mil unidades foram vendidas, o que garantiu a Paul McCartney mais um primeiro lugar na capital da Cortina de Ferro. Com *Choba B CCCP*, Paul conseguiria alcançar outra memorável marca em sua carreira, tornando-se o primeiro artista ocidental a lançar um álbum em um país comunista.

Quando a versão em CD chegou às lojas do ocidente em 1991, *Choba B CCCP* traria todas as músicas incluídas na segunda edição do álbum, além de "I'm in Love Again", previamente disponível como faixa bônus do CD *single* "This One".

As Sessões:

Todas as faixas escolhidas como repertório deste álbum são canções que marcaram profundamente a adolescência de Paul McCartney nos anos 50, inspirando-o a seguir a carreira musical. Números como "Kansas City" e "Twenty Flight Rock" têm ligações diretas com o passado dos Beatles. "Twenty Flight Rock" foi a canção, tocada por Paul no violão, que motivou John Lennon a convidá-lo a entrar para o The Quarrymen em 1957. Já "Kansas City" é uma das canções regravadas em 1964 pelos Beatles, incluída no álbum *Beatles for Sale*, em versão diferente.

As gravações do álbum aconteceram em apenas dois dias, no The Mill. Na primeira sessão, em 20 de julho de 1987, Paul (contrabaixo e vocal) foi acompanhado por Mick Green (guitarra), Mickey Gallagher (piano), e Chris Whitten (bateria). Entre as canções produzidas nessa data que entrariam no disco estão: "Kansas City", "Twenty Flight Rock", "Lawdy Miss Clawdy", "I'm in Love Again", "Bring It On Home to Me", "Lucille", "I'm Gonna Be a Wheel Someday", "That's All Right Mama", "Summertime", "Just Because" e "Midnight Special". ("It's Now or Never" também foi registrada nessa sessão e incluída no LP *The Last Temptation of Elvis*).

A segunda e derradeira etapa aconteceu no dia 21 de julho, com a seguinte formação: Paul (guitarra a e vocal), Nick Garvey (contrabaixo), Mickey Gallagher (piano) e Henry Spinetti (bateria). As canções que fizeram parte de *Choba* são "Ain't That a Shame", "Don't Get Around Much Anymore" e "Crackin' Up", (além da original "I Wanna Cry"). Com a intenção de promover uma política de boa vizinhança com os soviéticos, e continuar divulgando *Choba B CCCP*, Paul participou de um programa chamado *Granny's Chest*, produzido pela afiliada soviética da BBC no dia 20 de janeiro de 1989. No evento, McCartney respondeu por telefone perguntas feitas por fãs de todas as regiões da U.R.S.S.

Outra música da era *Choba B CCCP*

I WANNA CRY

Tocar o puro rock dos anos 50 tinha revigorado a criatividade de Paul McCartney. Das mesmas tardes pontuadas pelo rock de Eddie Cochran, Elvis e Bo Didley – a era de ouro do adolescente Paul – surgiria o blues elétrico "I Wanna Cry", único original composto por Paul e gravado para o projeto. Até que os fãs pudessem conferir a novidade demoraria mais um ano, já que "I Wanna Cry" foi incluída no CD/ *Maxi-Single* "This One", lançado apenas em julho de 1989.

Paul McCartney toca guitarra e faz o vocal principal de "I Wanna Cry", acompanhado pelos seguintes músicos no estúdio The Mill em 21/07/1987: Mick Gallagher: Piano. Nick Garvey: Baixo. Henry Spinetti: Bateria.

FAIXAS DE *CHOBA B CCCP* (VERSÃO DO CD)

Kansas City
(Leiber/Stoller)
Twenty Flight Rock
(Cochran/Fairchild)
Lawdy Miss Clawdy
(Price)
I'm in Love Again
(Bartholomew/Domino)
Bring It On Home to Me
(Cooke)
Lucille
(Collins/Little Richard)
Don't Get Around Much Anymore
(Ellington/Russell)
I'm Gonna Be a Wheel Someday
(Bartholomew/Domino/Hayes)
That's All Right
(Crudup)
Summertime
(Gershwin/Gershwin/Heyward)
Ain't That a Shame
(Bartholomew/Domino)
Crackin' Up
(Diddley)
Just Because
(Robin/Shelton/Shelton/Shelton)
Midnight Special
(Leadbelly/Traditional)

NO BAÚ DE *CHOBA B CCCP*

Canções gravadas para o disco que permanecem nos arquivos: "Take This Hammer", "Cut Across Shorty", "I Saw Her Standing There", "No Other Baby" (regravada para o álbum *Run Devil Run*), "Poor Boy" e "Lend Me Your Comb". Trechos dessas músicas apareceram na internet em 2010, como parte da chamada Trevor Jones Collection (série de fitas leiloadas pelo *roadie* Trevor Jones).

CAPÍTULO 20
FLOWERS IN THE DIRT

" *Eu e Elvis Costello nos divertimos muito. Trabalhamos no andar de cima de meu estúdio da mesma forma como eu e John compúnhamos. Foi ótimo trabalhar com Elvis e ainda rimos bastante."* **(Paul McCartney, 2017)**

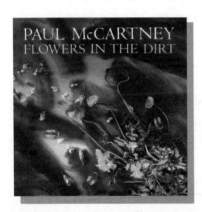

Capa: Linda McCartney e Brian Clarke

Arte: Brian Clarke

Gravações: Entre dezembro de 1987 e fevereiro de 1989

Produzido por: Paul McCartney

Datas de lançamento: 05/06/1989 e 06/06/1989 (Reino Unido/EUA)

Desempenho comercial: 1º e 21º (Reino Unido/EUA)

Tinha tudo para ser o assalto do século. Os homens mascarados não só pareciam, mas agiam como ninjas na calada da noite. Suas sombras eram parceiras de ataque, os camuflando como uma capa natural enquanto deslizavam pelo teto de galpões até aquele momento, invioláveis. A ação parecia simples: com um pé de cabra, as barras de metal eram arrancadas com facilidade, parecendo mais confeitos de açúcar... Mas no momento em que um dos gatunos se preparava para abrir o *case* de um instrumento musical reluzente em formato de violino (com a pompa de Indiana Jones em *Caçadores da Arca Perdida*) ele é surpreendido por homens da lei. O fim da operação sinistra tinha chegado. De sua sala, o dono de tudo o que estava prestes a ser roubado sorria de forma irônica como se dissesse "Esse instrumento tem dono. Ninguém mais toca."

Era mais uma vez a realidade pegando carona com a ficção. As cenas, carregadas de adrenalina, claro, descreviam o vídeo de "My Brave Face" rodado por Roger Lunn, onde homens contratados por um colecionador atuavam na clandestinidade em busca de *memorabilia* dos Beatles. Ele só não contava com a astúcia de Paul McCartney, que analisava tudo. Em 1988, quem observava tudo era seu novo parceiro. Como se lidasse com um assunto confidencial, Elvis Costello até mudou o tom de sua voz, como se exigisse sigilo, ao pedir que Paul tirasse de seus arquivos o Hofner 500/1, visto pela última vez no vídeo de "Coming Up" – tocado por um Paul "imitando o Paul Beatle" em 1964. Elvis não se conteve e ainda requisitou o Rickembacker 4001s "porque ele gostava muito do som" do contrabaixo utilizado nas gravações dos Beatles de *Rubber Soul* em diante. Isso em breve iria mudar.

***

Julho, 1987.

Tudo que rodeava Paul em seu esforço para transformar o seu próximo álbum em um trabalho coeso parecia agora ter a companhia da sorte. Já era tempo. *Press to Play* tinha sido um fracasso, em quase todos os aspectos, principalmente em vendas. Em sua viagem no tempo em busca de inspiração, e de uma banda para gravar, Paul manteria o primeiro contato com o produtor Trevor Horn nas *jam sessions* que deram origem a *Choba B CCCP*, o álbum russo com suas releituras de "Kansas City", "Lucille" e "Twenty Flight Rock", a música que o garantiu emprego no The Quarrymen trinta anos antes.

Antes de acionar Trevor Horn e Stephen Lipson para as primeiras sessões do LP, Paul aceitaria a sugestão de seu empresário para uma sessão experimental com outro morador de Liverpool, portador de óculos e comentários bastante decididos. Richard Ogden passou a ele a notícia de que Elvis Costello estaria interessado em tentar escrever algumas músicas em parceria com Paul McCartney ainda naquele ano. Para sentir as boas vibrações, Paul e Costello concordaram em reunirem-se pela primeira vez no estúdio The Mill, em Sussex, com a missão de finalizar duas composições promissoras. Elvis deu seus pitacos em "Back On My Feet". Por sua vez, Paul cuidou de "Veronica", uma canção aparentemente alegre, sobre o mal de Alzheimer sofrido por sua avó.

PAUL McCARTNEY EM DISCOS E CANÇÕES

McCartney-MacManus pareciam ter dado liga. Paul gostou do que ouviu de Elvis, e "Back On My Feet" formaria par com "Once upon a Long Ago" no *single* lançado naquele mesmo ano. Para não perder o embalo do trabalho bem feito, Elvis voltaria em setembro e outubro em Sussex para composições da estaca zero. Dos blocos de papel em branco, surgiriam "My Brave Face", "You Want Her Too", "That Day Is Done" e "Don't Be Careless Love", além de "Playboy into a Man", "So Like Candy", "Pads, Paws and Claws" e canções que permaneceriam inéditas por anos: "Twenty Fine Fingers", "Tommy's Coming Home" e a favorita (disparada) de Elvis: "The Lovers That Never Were", aproveitada por Paul apenas em *Off the Ground*.

"Once upon a Long Ago" sequer havia entrado na coletânea *All the Best!* ou tocada nas rádios britânicas, mas Paul McCartney estava determinado a não perder o vigor das sessões com Costello. Em outubro, enquanto compunha com Elvis, ele receberia em seu estúdio os produtores Trevor Horn e Stephen Lipson, que chegavam com a fama de ter colocado Frankie Goes to Hollywood no mapa com o *single* nº1 "Relax". "Rough Ride" e "Figure of Eight" seriam gravadas em sessões relativamente tranquilas. Quando 1988 chegou, Paul sentiu-se motivado a cuidar das canções recentemente criadas com o parceiro Elvis Costello. No estúdio The Mill, Costello, Hamish Stuart, Chris Whitten (o mesmo baterista das sessões do *Álbum Russo*) e o guitarrista Kevin Armstrong tentaram produzir as primeiras versões de músicas como "My Brave Face" e "You Want Her Too". O experimento não seria bem-sucedido. Paul queria algo contemporâneo, enquanto Elvis preferia algo mais retrô. Tudo ficaria adiado para outubro, com Mitchell Froom na mesa de som. Enquanto o Halloween estava distante, Paul mudaria um pouco sua rota.

Além das novas músicas com Elvis Costello e as produzidas com Trevor & Lipson (incluindo mais duas, gravadas em janeiro, o reggae "How Many People?" e a dançante "Où Est le Soleil?"), Paul botava fé em outra safra recente de composições. Em sua leitura, "Put It There", "Distractions" e até a já "antiga" "This One" tinham potencial para estar no próximo LP. Como no passado, Paul decidiu recorrer às mãos confiáveis de Geoff Emerick e até George Martin, encarregado do arranjo de "Put It There", sua homenagem póstuma ao pai, Jim McCartney. Durante as sessões que se esticaram entre abril e julho, Paul teve a ideia de finalizar uma canção que sempre esteve em seu radar, desde as primeiras sessões com David Foster em 1984. "We Got

Married", sua ode ao casamento, ficaria pronta nesse período, com solo de David Gilmour, do Pink Floyd, mantido no *mix*.

Em outubro, Paul se reencontraria com Elvis Costello e o produtor Mitchell Froom (Crowded House) para gravar as músicas que encalharam no início do ano. Ainda que a contragosto, Elvis concordaria com a produção mais moderna até mesmo em "That Day Is Done" – a mais pessoal de todas, composta sobre o recente falecimento de sua avó.

Chris Hughes, famoso por produzir *Songs from the Big Chair* para o Tears for Fears, seria um dos últimos a embarcar naquele trem em movimento para finalizar "Motor of Love", a escolhida para encerrar o LP. Além dela, "Figure of Eight" também ganhou roupas novas para em breve ser lançada como *single*, logo após "My Brave Face", o carro-chefe do projeto.

Flowers in the Dirt parecia já estar na plataforma de lançamento naquele raiar de 1989, mas Paul sentiu que o disco precisava ter uma unidade – a coesão que tanto faltara em seus projetos mais recentes. Essa função ficaria delegada ao nova-iorquino Neil Dorfsman, produtor de *Nothing Like the Sun*, de Sting.

Lançado em 5 de junho de 1989, *Flowers in the Dirt* conquistou melhores críticas do que sucesso em vendas pelo mundo. No Reino Unido, o álbum chegou ao sonhado 1º lugar, mas não teria o mesmo destino nos Estados Unidos, onde a 21ª posição foi o seu limite. De modo geral, o LP tinha recuperado o espaço perdido por Paul McCartney em seu passado recente.

Entre tudo o que se ganhou e o pouco que se perdeu no processo de concepção do álbum, *Flowers in the Dirt* marcaria o retorno de Paul McCartney aos palcos em setembro daquele ano, junto a Hamish Stuart, Robbie McIntosh, Chris Whitten e Paul "Wix" Wickens, todos veteranos das sessões iniciadas no final de 1987.

FLOWERS IN THE DIRT – FAIXA A FAIXA

MY BRAVE FACE

Elvis Costello parecia mais incrédulo do que contente ao receber pelo correio o *single* "Once upon a Long Ago". Do outro lado do vinil, estava lá: "'Back On My Feet' – letra e música por McCartney e MacManus", sendo o último, o sobrenome de origem irlandesa de Declan Patrick Aloysius, poucas vezes usado pelo artista.

"Back On My Feet" tinha sido a primeira experiência da dupla como colaboradores. Elvis ajudou a montar alguns versos da canção, enquanto Paul finalizou "Veronica", lançada mais tarde no álbum *Spike* em 1989.

Agora, Elvis estava pronto para contribuir da estaca zero. Paul tinha feito o convite a Costello após a bem-sucedida sessão inicial em meados de 1987. Quando outubro chegou, Elvis estava mais uma vez no escritório localizado no andar superior do estúdio de Paul McCartney em Rye, trocando ideias que se materializariam em "My Brave Face" – a primeira canção finalizada pela dupla e que por algum tempo seria usada como título do LP no lugar de *Flowers in the Dirt*.

Paul relembra o processo: "Começamos a escrever músicas sem preconceitos e uma delas ('My Brave Face') parecia ter um pouco da aura dos anos 60. Começamos a escolher as palavras e quando percebia que os versos dele (Elvis) estavam um pouco misteriosos, eu apontava: 'Não gostei disso, devemos ir um pouco além aqui'– ou algo do gênero. Funcionou bem. Elvis fazia o mesmo comigo. 'My Brave Face' me lembra um pouco uma fanfarra com seus trompetes. Achei uma ótima música para abrir o disco. Elvis é muito habilidoso e quase sempre terminávamos uma canção por dia. Foi um processo indolor."

Com "My Brave Face" pronta, Paul e Elvis deram início às primeiras sessões de gravação no estúdio The Mill no início de 1988. Em sua primeira versão, a música era acelerada, quase punk. Mas o som que Paul buscava era algo mais pop e que abrisse o caminho para um desempenho comercial mais satisfatório, comparado a seu disco anterior, *Press to Play*.

Por sugestão de Elvis Costello, Paul convocaria Mitchell Froom, o produtor americano responsável pela trilha do filme *La Bamba* e o *hit* "Don't Dream It's Over" do Crowded House, um dos favoritos do momento. Froom relembra: "Bem, tinha cara de que seria um sucesso. Em alguns aspectos, 'My Brave Face' é uma canção estranha, mas realmente pegajosa, com uma bela linha de baixo, melodia e letra bem legais. Sendo sincero, eu não me dou muito bem com a estética dos anos 80. Daria tudo para remixar a música com alguém.

Me lembro de ter ouvido a música mais crua e soava excelente. Mas quando ouvi a versão do álbum achei boa, afinal eram os anos 80."

Ao contrário da primeira versão mais crua de "My Brave Face", a voz de Elvis Costello não apareceria na faixa de abertura de *Flowers in the Dirt*. Ainda assim, ele estava presente no estúdio acompanhando tudo de perto, pronto para cumprir importante missão na hora de resgatar o instrumento que acompanharia Paul McCartney pelos palcos nos próximos 28 anos: "Não estava sendo engraçadinho ou sentimental (quando pediu a Paul se ele poderia usar o baixo Hofner). Honestamente, achava (que o novo baixo Wal 5, de cinco cordas) disfarçava sua personalidade musical quando ele tocava. Ele voltou a usar o Hofner porque sabia que gostava do som do instrumento."

Paul: "Quando estava trabalhando com Elvis Costello, ele me pediu para tocar o Rickenbacker e o Hofner, porque é fã de instrumentos antigos. Nas gravações de *Flowers in the Dirt* ele comentava: 'Por que você não tenta tocar o baixo Hofner?' Na verdade, tinha desistido do instrumento porque ele não é muito preciso. Mas ele insistiu: 'Adoro o som dele!' Então, o tirei do *case* e demos uma reformada no baixo. Quando usei o Hofner na gravação de 'Veronica', isso redespertou meu interesse no instrumento."

"My Brave Face" foi gravada em outubro de 1988 no Olympic Sound Studios, Londres. O *single* chegaria ao 25° lugar no Hot 100 da *Billboard*, mas se daria bem melhor em outras paradas da revista, com uma 4ª posição na Adult Contemporary.

Paul: Vocal, baixo, pandeirola e violão. Hamish Stuart: Harmonias, violão e guitarras. Chris Whitten: Bateria. Robbie McIntosh: Violão e guitarras. Mitchell Froom: Teclados. David Rhodes: Guitarra Ebow. Chris David, Chris White e David Bishop: Saxofone.

ROUGH RIDE

Enquanto a EMI prensava o *single* "Once upon a Long Ago" em tempo de aquecer o mercado de Natal, Paul já estava com a mente distante do *single* gravado em março com o produtor Phil Ramone. Suas experiências musicais recentes não tinham sido marcantes, embora já tivesse dado os primeiros passos ao lado de Elvis Costello em busca de uma "nova fase" como compositor.

Quando outubro chegou, Paul abriu as portas de seu estúdio para Trevor Horn e Stephen Lipson, badalados pela produção em "Slave to the Rhythm" e "Relax" – *singles* de sucesso com Grace Jones e Frankie Goes to Hollywood.

Trevor Horn e Stephen Lipson já eram familiares. Antes de gravar os *standards* do rock em julho, Trevor fez o primeiro contato com Paul durante as *jam sessions* organizadas em Londres para escolher os músicos que apareceriam no LP *Choba B CCCP*, inicialmente lançado apenas na Rússia. Já Stephen Lipson havia participado do álbum de Ringo Starr, *Stop and Smell the Roses*, com participação de Paul McCartney.

Paul relembra como foi gravar "Rough Ride" com Horn e Lipson no estúdio The Mill: "Cheguei para o Trevor e disse: 'Tenho uma aqui que você não vai gostar. Se chama 'Rough Ride'.' Era uma música que nasceu de dois acordes apenas, como um blues de 12 compassos. Na hora, me surpreendeu e disse: 'Já gostei do título!' Em dois dias já estava mixada, o que era bem raro naqueles dias... Acho que há uma mistura muito interessante em *Flowers in the Dirt*. Coisas com computadores, e coisas sem computadores. 'Rough Ride' tem mais computadores porque é assim que Horn e Lipson trabalham. Completamos a música em 48 horas, o que foi um recorde para eles. Normalmente demoram muito mais... levaram três meses para fazer 'Relax' com Frankie Goes to Hollywood. Gosto muito desta faixa, tem um bom groove."

Além do bom groove, "Rough Ride" tem ótima letra, que descreve uma jornada difícil rumo a um lugar melhor. Ao menos por enquanto, o caminho difícil apontado por Paul McCartney não seria durante a gravação da música com seus novos produtores. Trevor Horn relembra o processo criativo com seu parceiro, Stephen Lipson: "Quando chegamos ao estúdio, a primeira coisa que fizemos foi fechar todas as janelas, pois mostravam lindas paisagens da região. Disse: 'Vamos imaginar que estamos em Londres, precisamos gravar e temos de ignorar o resto lá fora... é bonito demais!' Subimos no escritório, e ele me mostrou cinco músicas. Entre elas 'Rough Ride', que tinha certa pungência na letra. Tiramos o *beat* de 'Rough Ride' de uma música gravada por um grupo chamado Experience Unlimited, que gostávamos. Outra coisa que me recordo sobre a música é que ela foi feita na terceira tentativa. Não demorou quase nada. Convidamos Linda para a sessão e ela tocou muito bem seu minimoog. Nós realmente gostamos dela e pedimos sua participação na música."

MASTERS

Stephen Lipson também recorda: "Em alguns momentos, foi um pouco esquisito. Ele sempre tinha no estúdio três pessoas: um *roadie*, um motorista e acho que um técnico. Sem pensar muito, eu disse: 'Sabe Paul, nós estamos nessa música o dia todo e a metade dela não está legal.' O silêncio tomou conta do local. Paul perguntou: 'E o que você acha que temos de fazer a respeito?' Respondi seco: 'Não sei, não é meu departamento. Meu departamento é apontar isso a você.' Ele olhou para mim e disse: 'Sem problemas, vou refazer.' Meia hora mais tarde ele voltou com tudo pronto, mas foi uma daquelas situações do tipo "gostaria de não ter feito".

"Rough Ride" foi gravada nos dias 5 e 6 de outubro de 1987 no estúdio The Mill, em East Sussex. Outra versão da música extraída do especial *Put It There* foi lançada como lado B do CD *single* "Figure of Eight", mixada por Matt Butler.

Paul: Vocal, sintetizador, guitarra, percussão e bateria. Linda McCartney: Harmonias. Steve Lipson: Contrabaixo, guitarra, bateria eletrônica e computadores. Trevor Horn: Teclados.

YOU WANT HER TOO

Já havia acontecido antes, no meio das sessões de composição de "My Brave Face": Paul McCartney, canhoto, compondo frente a frente com Elvis. Elvis Costello, destro, tocando violão como se fosse um espelho. Muitas vezes, no papel de comentarista irônico, sem papas na língua. Sem falar nos óculos, que o lembravam não só de John Lennon como do ídolo Buddy Holly. Ao harmonizar o trecho de "My Brave Face": "And take me to that place" ("Me levam para aquele lugar")... Paul quase refugou. Soava muito como ele e John. Na vez de "You Want Her Too", o poderoso *flashback* estava lá. Paul rascunhava: "I've loved her oh so long" ("Ah, eu a amava tanto!"). Elvis retrucava algo do tipo: "So why don't you come right out and say it, stupid?" ("Então, por que você não conta pra ela, seu ótario?").

Paul McCartney revela como a sessão criativa de "You Want Her Too" esteve a ponto de ser abortada: "Quando estávamos fazendo 'You Want Her Too', eu disse a ele: 'Elvis, eu e John trabalhávamos assim.' O Elvis fazia algum tipo de comentário sarcástico em cima do que eu havia escrito, exatamente como John fazia. Os mesmos papéis... Notando minha aflição, ele sugeriu que eu cantasse suas partes, mas não deu certo – soava muito falso."

Elvis Costello também recorda: "Alguns dias depois da gravação fomos ouvir o resultado. A música é um diálogo sobre dois rivais românticos. Na hora de cantar "estúpido", fizemos com o sotaque de Liverpool, de propósito. No meio do *playback*, ele abaixou o volume e me disse: 'Peraí, você ficou com as melhores frases!' Ele estava brincando, mas nem tanto. 'You Want Her Too' era para ser como um daqueles musicais de Hollywood, onde o herói é tentado pelo diabinho em seu ombro e consolado pelo anjo. Eu sabia o que as pessoas iriam dizer quando notassem as falas mais doces cantadas por ele. Mas, como Paul mesmo disse, foi difícil resistir!"

Mitchell Froom, o produtor encarregado das canções McCartney/MacManus, conta os detalhes sobre a gravação de "You Want Her Too": "A breve introdução da música foi resgatada da primeira sessão em fevereiro (no The Mill). No Olympic, nós regravamos tudo menos o começo, porque nem pensava em fazer isso novamente. No meio do trabalho, lembro de gravar o vocal de Paul por cerca de 30 minutos, com aquela voz incrivelmente áspera, sabe? Foi nesse momento que me senti como se estivesse no estúdio com os Beatles."

"You Want Her Too" foi iniciada no The Mill, em 1º de fevereiro de 1988. Dessa sessão, apenas a introdução seria mantida na retomada da produção em outubro, no Olympic Studios. Os trabalhos foram concluídos com o arranjo de metais de Richard Niles, adicionado por sugestão de Paul McCartney, apenas como brincadeira. Quando dessem conta dos trompetes e trombas, a banda já teria saído de cena.

Paul: Vocal, baixo, violão de 12 cordas, pandeirola e guitarra. Elvis Costello: Teclados e vocal. Hamish Stuart: Guitarra elétrica e harmonias. Chris Whitten: Percussão e bateria. Robbie McIntosh: Guitarra. Mitchell Froom: Teclados. Banda de metais: Músicos não creditados.

DISTRACTIONS

Presentear um fanático por música não deve ser tarefa das mais simples. Se esse fã se chamar Paul McCartney, então, se prepare para o desafio. Linda estava atenta à conversa entre Paul e Trevor Horn sobre seus tempos de baixista antes de juntar-se ao The Buggles, grupo mais conhecido pelo *hit* "Video Killed the Radio Star" de 1979. No bate-papo, Horn comentou sobre o contrabaixo Wal que ele trouxera naquela *jam session*, em Londres, e Paul parecia fascinado com o som grave e encorpado do instrumento... "Tem a quinta corda si... Legal!"

Seis meses depois, Paul já estava com o seu próprio Wal Mark II de cinco cordas no estúdio, tirando dele um som incrível. Presente de Natal de sua Linda. Anos atrás, havia sido o Kay Maestro que perten-ceu a Bill Black, lendário baixista de Elvis Presley. Agora, Paul tinha em mãos um instrumento que faria diferença em "Distractions", uma de suas recentes composições.

Em 1989, Paul compartilhou suas lembranças com a extinta revis-ta *Bizz* sobre inspirar-se na música brasileira para compor "Distrac-tions": "'Distractions' é meio brasileira. A ideia era fazer uma música meio latina, suave, que me lembra um pouco o Brasil, muito íntima e romântica. Conversei com meu produtor e disse: 'Vamos tentar uma coisa levemente brasileira e levemente jazz...' Não tenho certeza se os brasileiros vão concordar. Sei que vocês falam português no Brasil, mas estamos trabalhando em uma versão em espanhol. O problema com a tradução para o idioma está no refrão, que não se encaixa bem na música. Eu adoro espanhol, aprendi na escola. Pode ser então que eu grave uma versão. (...) Às vezes você chega em uma letra que pode significar muito. Se você ama as pessoas, quer ficar ao lado delas o tempo todo e aproveitar a melhor época de sua vida. Mas no meio disso, você precisa trabalhar e fazer outras coisas. Então, chamei isso tudo na música de distrações..."

Com todo o clima romântico de "Distractions", Paul não poderia usar nenhum outro baixo na gravação a não ser o Wal Mark II, o pre-sente de Natal de Linda, que praticamente "canta" por toda a melodia. Quando a faixa ficou pronta no The Mill, chegara a hora de partir rumo a Los Angeles. Lá os trabalhos se concentraram no estúdio de Chick Corea, o Mad Hatter's, onde o americano Clare Fischer (1928-2012) cumpriu a missão de combinar o espírito dos filmes de Doris Day ao arranjo ouvido por Paul em um LP lançado em 1985 pelo selo Paisley Park, de Prince. O disco que o chamou atenção era *The Family*, com arranjos compostos por Clare Fischer.

Em 2007, Brent Fischer, filho de Clare, cordialmente conversou por e-mail com este autor sobre as sessões ao lado de Paul McCartney. Clare havia adoecido naquele período, mas concordara em transmitir ao filho alguns detalhes sobre seu trabalho em "Distractions" e "Good Sign". Além de destacar a interação e o clima de amizade entre Paul, Linda e sua família, Clare fez questão de dizer que tinha aprendido português fluente por causa do brasileiro João Gilberto. Fã da bossa nova, Fischer viria a trabalhar com Gilberto dois anos após as sessões com Paul McCartney no álbum *João*, de 1991. Em 2012, Douglas Clare Fischer não conseguiu se recuperar dos recentes problemas de saúde, falecendo aos 83 anos. Sua menção neste capítulo é um tributo ao talentoso e cordial maestro nascido em Durand, Michigan.

Gravada no estúdio The Mill, em East Sussex, em 6 de maio de 1988 e no Mad Hatter's Studio, em Los Feliz, Califórnia em 1º de novembro de 1988.

Paul: Vocal, baixo, percussão e violão de náilon. Linda: Harmonias. Hamish Stuart: Violão e harmonias. Chris Whitten: Percussão e bateria. Arranjo de cordas: Clare Fischer.

O vídeo de "Distractions" está no especial *Put It There*, incluído na reedição de *Flowers in the Dirt* (2017).

WE GOT MARRIED

Paul McCartney casou-se com Linda Eastman em 13 de março de 1969, quase dois anos após o primeiro encontro na boate Bag O' Nails. Tudo ocorreu em uma discreta cerimônia no cartório de Marylebone, em Londres, sem a presença dos demais Beatles. Com a união confirmada, Paul se tornava o último do quarteto a entrar para o time dos casados.

Quando "We Got Married" apareceu em *Flowers in the Dirt* em junho de 1989, não poderia ter sido em momento mais apropriado para o lançamento da canção que parecia perdida em seus arquivos desde 1984, mesmo com a participação brilhante do guitarrista do Pink Floyd.

Três meses antes de o disco chegar às lojas, o casal celebrara vinte anos de matrimônio e a presença da canção no disco seria uma forma de eternizar a data. "A música é uma celebração do casamento. As pessoas costumam se intimidar com esse tema. Geralmente, se concentram na puberdade. Bem, aos 46 anos a puberdade já está bem longe, pessoal! Na verdade, a letra começa nessa frase: "We made love in the afternoon / Found a flat, after that / We got married" ("Fizemos amor naquela tarde depois encontramos um flat – nós casamos...”). Isso me lembrou John (Lennon) e Cynthia na escola de Arte em Liverpool.”

"We Got Married" ainda precisava cumprir sua função de quebrar tabus e motivar o público a apostar na solidez do casamento. Durante toda a turnê mundial, iniciada em 26 de setembro de 1989 em Drammen, Noruega, "We Got Married" tinha sido uma das canções da nova safra mais aplaudidas pelos fãs (novos e antigos) que lotavam os estádios para ver Paul McCartney após uma década. A reação positiva também empolgou a Capitol Records, que considerou lançá-la como *single* nos Estados Unidos, no embalo da passagem da excursão pelo país. Sem explicações, o projeto acabou cancelado.

Em 2017, Paul voltou a comentar sobre a música e destacar o seu propósito: "Não é uma canção autobiográfica, mas captura nosso momento, meu e de Linda, quando nos casamos. Tenho ótimas memórias sobre esse tempo, porque me lembra dela. É uma música sobre o casamento e a excitação desse momento – e o frescor desse instante é capturado na letra. Outra coisa ótima é ter David Gilmour na guitarra. Ele fez um excelente trabalho – cheio de alma.”

"We Got Married" começou a ser gravada em 1º de outubro 1984 com produção de David Foster no estúdio The Mill, em East Sussex. A música seria completada em 1º de dezembro de 1988 no A.I.R. Studios, em Londres.

Paul: Vocal, baixo, violão mexicano e tom-tom. David Gilmour: Hamish Stuart: Hamonias. Dave Mattacks: Bateria. Robbie McIntosh: Violão. David Foster: Teclados. Chris Whitten: Bateria. Guy Barbeer: Trompete.

Quando a Capitol cogitou "We Got Married" como *single* em janeiro de 1990, o diretor Aubrey Powell foi contratado para dirigir um filme promocional, que inclui cenas de shows da *World Tour 1989-1990*, intercaladas com cenas de bastidores do comercial gravado para a empresa de cartões de crédito VISA. O promo foi rodado e concluído em Los Angeles, em 30 de janeiro de 1990.

PUT IT THERE

The Real Buddy Holly Story chegou às locadoras americanas no final de agosto de 1986, com a promessa de contar a verdadeira trajetória do mito de Lubbock, Texas, que perdera a vida após uma nevasca derrubar o avião que o transportava em Clear Lake, Iowa. Ele tinha apenas 22 anos.

No VHS, produzido no ano anterior pela MPL em parceria com a BBC, Paul conta histórias sobre a paixão pela música de Buddy e sua ligação com a formação dos Beatles, como a experiência de ouvi-lo no rádio pela primeira vez sem ter qualquer ideia de sua aparência. Com cerca de 1h20min de duração *The Buddy Holly Story* é encerrado em grande estilo com Paul cantando "Words of Love" – repetindo a *cover* gravada em *Beatles for Sale*.

Disposto a superar os resultados nada satisfatórios com *Press to Play* e outros projetos, Paul retomou o processo de acumular músicas para um possível álbum. Meses depois do lançamento de *The Real Buddy Holly Story*, Paul voltaria das férias em Zermatt, na Suíça, com uma canção sobre o relacionamento de pai e filho. No momento de gravá-la, a música de Buddy Holly voltou à sua cabeça. "Em 'Put It There', uso uma técnica de percussão que ouvi pela primeira vez em um disco de Buddy Holly, um dos nossos artistas favoritos. Ele tem uma bela canção chamada 'Everyday' com esse efeito. A história conta que ele batia com as palmas das mãos em sua calça jeans. Mas aí vai um conselho: se um dia você for tentar, não use suéteres ou calças comuns. O jeans deve ter o timbre correto – é só um aviso, caso algum de vocês seja chamado para uma sessão de percussão nas pernas."

"Put It There" é uma música sentimental, sem correr riscos de ser piegas. Durante mais de uma década, Paul não se arriscou a mostrar canções dedicadas a seu pai, que falecera em 1976, ao menos, não de forma direta. Esta seria a melhor chance para homenagear o velho Jim McCartney, conhecido por ser uma fera do ragtime e excelente contador de piadas. "Meu pai era um desses caras à moda antiga de Liverpool, com um senso de humor incrível e volta e meia saía com essas frases de efeito. Era como se ele achasse as expressões normais entediantes. Então, uma que ele sempre dizia é "Deixa isso aí, se pesa uma tonelada." Aí você pensa: 'Ah, ele quer apertar sua mão!' Então, decidi colocar a relação de pai e filho na letra, porque me lembrava de meu pai..."

"Put It There" foi gravada no estúdio 22 de abril de 1988 no estúdio The Mill, em Sussex, e no A.I.R. Studios, em Londres, em 28 de novembro de 1988, com a presença de mais uma figura paterna. George Martin estava de volta após mixar e orquestrar "Once upon a

Long Ago" havia um ano. O filho James Louis, então com 12 anos, é o ator coadjuvante no vídeo de "Put It There", dirigido em 30/01/1990 por Neil McKenzie-Matthews.

Paul: Vocal, violão e percussão. Hamish Stuart: Contrabaixo e percussão. Chris Whitten: Percussão e pratos. Peter Henderson: Programação. Orquestra conduzida por George Martin.

FIGURE OF EIGHT

Herefordshire, 1912: Ella Mary Leather divulga detalhes sobre *The Peterchurch Figure Eight*, com instruções sobre como participar da dança típica local. No texto, publicado em *The Folk Lore of Herefordshire*, estava tudo explicado como os interessados no evento festivo deveriam proceder. A formação contaria com três casais, que dançariam ao som de antigas canções folk dos séculos dezoito e dezenove, como a irlandesa "Jack's the Lad" e "Come Haste to the Wedding".

Em sua pesquisa, ou leitura incidental que inspirou o título e a filosofia de "Figure of Eight", Paul McCartney explora as raízes do folclore britânico para construir uma metáfora sobre o sentimento de estar aprisionado, de não poder sair do lugar. Sua proposta com a nova canção era, ao invés de dançar e voltar ao mesmo ponto – como a figura de um 8 –, o ideal seria prosseguir "em uma reta contínua". Por outro ângulo, a letra de "Figure of Eight" era um comunicado a si próprio, para prosseguir e não se sentir preso ao passado.

Em 1989, logo após o lançamento de *Flowers in the Dirt*, Paul comentou: "'Figure of Eight': uma música muito espontânea, mais um trabalho de apenas dois dias com Trevor Horn. O vocal é ao vivo, eu gosto desse tipo de imperfeição. Eu tinha imposto algumas condições de trabalho a eles (Trevor e Stephen Lipson) e eles me fizeram tocar coisas que há tempos não me ouviam fazer. Foi ótimo, gostei muito."

Trevor Horn e Stephen Lipson eram nomes ligados a um gênero cada vez mais em alta: o *synthpop*. Sua pegada dançante atraía o público jovem aos clubes noturnos britânicos e europeus. Ao notarem que "Figure of Eight" aparentava mais um *standard* semelhante a clássicos como "Great Balls of Fire" de Jerry Lee Lewis, ou mesmo "The Girl Can't Help It", de Little Richard, a sugestão dada por eles foi simples e direta.

Trevor Horn: "'Figure of Eight' era como um rock dos anos 50, como "Great Balls of Fire". Não foi fácil encontrar um meio-termo, mas sempre vou me lembrar como resolvemos o problema. Paul trabalhava sempre até às 19h e nós ficávamos até mais tarde. Certa noite, passamos da meia-noite e mudamos todos os acordes de 'Figure of Eight', cada um deles, até que ela ficasse mais parecida com uma música do U2. No dia seguinte, Paul não parecia muito feliz. Ele disse: 'Sempre via essa como um tipo de rock and roll...' Então, eu disse: 'Olha, se você quiser assim, sem problemas. Mas sugiro que você ligue para músicos que saibam bem desse estilo, porque eu e Stephen não curtimos rock and roll. Então, aqui entre nós você está em menor número, Paul.' Ele respondeu: 'Certo, entendi o que você quis dizer.'"

Stephen Lipson: "Ainda assim, não foi resolvido o problema, porque ele regravou 'Figure of Eight' com Chris Hughes. Acho que Paul alterou o balanço da melodia, porque a nota mais alta se tornou a dominante nos versos. Na nossa versão, a nota mais grave era a dominante."

No final das gravações de *Flowers in the Dirt*, Paul aproveitaria o talento de Chris Hughes, responsável pelo álbum mais bem-sucedido do Tears for Fears, *Songs from the Big Chair,* para finalizar "Motor of Love" e ainda regravar "Figure of Eight" para que ela tivesse mais uma pegada de canção ao vivo. Seria esta a versão apresentada nos shows da turnê 1989-1990. Hughes lembra: "Ele me mostrou 'Figure of Eight' e na hora minha reação foi meio fria. Apenas disse: 'Música legal, Paul...' Acho que ele ficou incomodado porque não falei: 'Realmente... faixa importante do disco, fantástica!' Mais tarde quando finalizamos 'Motor of Love', ele questionou: 'E sobre 'Figure of Eight', o que acha?' Sugeri, então, que ela precisava de mais trabalho para ficar superior à versão já pronta. Para ser honesto, não tinha ideia que 'Figure of Eight' era antes um rock and roll, portanto não percebi o excelente trabalho que Trevor havia feito. Sugeri que 'Figure of Eight' virasse uma música mais pop e tocada por uma banda. Então, no meio da gravação, Paul começou a gostar do resultado e viu que poderia ser um *single* e acabou sendo."

Ao olhar para trás, Paul avaliou a letra de "Figure of Eight" como uma boa mensagem, comparado a ideia da dança (onde sempre se volta ao ponto inicial) à eleição de Donald Trump como presidente dos EUA: "Ao ouvir novamente, gostei da filosofia da música. 'Is it better to love than to give in to hate? / (...) / Than to go for a walk in the dark?' ('Melhor amar do que se entregar ao ódio, não ser pego em um caminho sem saída'). Me lembrou das atuais eleições americanas."

"Figure of Eight" foi gravada no estúdio The Mill, em East Sussex, em 9 de novembro de 1987. A segunda versão, produzida por Chris Hughes, sairia apenas em janeiro de 1989.

Paul: Vocal, baixo, celesta, guitarra elétrica, violão, pandeirola e palmas. Linda McCartney: Minimoog. Steve Lipson: Guitarra e programação. Chris Whitten: Bateria e palmas.

A regravação de "Figure of Eight" foi editada em duas versões, com mixagem de Bob Clearmountain: 4 minutos e 4 segundos e 5 minutos e 15 segundos de duração. A faixa ganhou um videoclipe para a divulgação do *single*. O filme foi rodado em outubro de 1989, em Zurique, na Suíça, com direção de Luc Roeg e produção da VIVID. A versão da música é a regravação de 1989, mixada por Bob Clearmountain.

THIS ONE

Para os hinduístas, a imagem do Hamsa, representado pelo ganso ou cisne, é geralmente identificado como o "Espírito Supremo". O Hamsa também é o *vehana* de Saraswati, o mesmo que a deusa do Conhecimento ou da Arte Criativa.

Quando esses símbolos sagrados para os seguidores do hinduísmo começaram a se transformar em uma espécie de *flashback* da viagem para Rishikesh quando ele ainda era um Beatle, Paul sentiu que deveria tentar traduzir aquele momento com algumas palavras. Em seu caderno de composições, ao lado do título "This One" ele escreveu dentro de parênteses "This Swan" (o cisne). Em meio ao jogo de palavras, as duas ideias sobreviveriam. "Estava compondo uma música sobre um homem conversando com uma mulher e dizendo: 'Se eu nunca te disse que te acho incrível, pelo menos tive a intenção.' É um sentimento que sempre tenho. Você passa pela vida e só quando se sente romântico você diz que ama a pessoa... E no meio da composição, as palavras ligando a imagem do cisne com o momento não paravam de voltar... Foi como um *flashback* dos pôsteres que costumava ver na Índia, com Krishna, o deus azul montado sobre um cisne... É uma figura muito espirtual e tranquila. Não sigo uma religião específica. Me espelho nos melhores momentos que elas me oferecem."

"This One" nos mostra Paul usando o jogo de palavras para fundir "This One" com "This Swan", que em inglês não só combinam, como soam exatamente iguais ao serem pronunciadas. "This One" é uma das músicas de *Flowers in the Dirt* que mais atravessou mudanças antes de tomar forma definitiva no álbum. A primeira demo, disponibilizada no site oficial de Paul McCartney em 2017, foi gravada em fevereiro de 1987 com supervisão de Phil Ramone, e a versão final de "This One" faz parte das sessões com Geoff Emerick iniciadas em abril e finalizadas em julho de 1988. Gravada no estúdio The Mill, em East Sussex, em 18 de maio de 1988 com participação de Judd Lander na gaita, o mesmo instrumentista do *single* de 1983 *Karma Chameleon*, do Culture Club.

Paul: Vocal, baixo, violão, guitarra elétrica, teclados, pandeirola, sitar, rolhas em copos de vinho e harmônio. Hamish Stuart: Violão e guitarra elétrica. Chris Whitten: Bateria e percussão. Robbie McIntosh: Violão e guitarra. Judd Lander: Gaita.

Dois vídeos foram promovidos para divulgar o *single* "This One". O primeiro traz cenas de Paul McCartney, Linda, Hamish Stuart, Chris Whitten e Robbie McIntosh trajados com roupas indianas e com olhos gigantes pintados sobre as pálpebras. O clipe mostra a banda meditando, um cisne deslizando pelo arco-íris e jogos de sombras projetadas em fundo branco. Gravado em junho de 1989. Produzido por Lisa Bayer e dirigido por Tim Pope.

O segundo filme promocional, dirigido por Dean Chamberlain, foi inspirado em pinturas do belga Rene Magritte, que inspirou o logotipo da Apple Records. Gravado em East Sussex em 21 de junho de 1989. O *making of* deste clipe está no DVD *Creating Flowers in the Dirt*, incluído na versão de luxo do álbum, em 2017.

A versão "This One (Clube Lovejoy's Mix)", mixada por Matt Butler, foi lançada originalmente como faixa extra do *maxi-single* em 1989.

DON'T BE CARELESS LOVE

Poder investigar as composições da dupla McCartney & MacManus, estágio por estágio, desde a primeira demo, passando pela etapa inicial de gravações até a versão definitiva, talvez seja o ponto de maior valia de todo o projeto *Paul McCartney Archive Collection*, iniciado em 2010 com *Band on the Run*.

Comparando todas as versões da canção incluídas na reedição de *Flowers in the Dirt*, "Don't Be Careless Love" é a que apresenta a mutação mais radical. Na demo, Paul e Costello cantam os versos como se fosse uma voz única, em estilo folk. A grande transformação aparece quando "Don't Be Careless Love" já está em sua forma definitiva no LP e Paul McCartney é o vocalista principal, cantando em falsete e atingindo notas bem mais altas de seu registro normal.

No final de 1987, a maioria dos filhos de Paul e Linda, incluindo Heather Louise, tinha idade acima dos 15 anos. A chegada da adolescência e o convívio com a fase adulta se transformaram em preocupações extras para o casal. Quando o momento de compor ao lado de Elvis chegou, Paul McCartney contaria com o parceiro para transformar suas fobias em uma letra complexa, combinando imagens surreais de um pesadelo ao despertar para uma realidade não tão ruim assim.

Durante a campanha de divulgação do álbum *Flowers in the Dirt*, Paul comentou sobre "Don't Be Careless Love" à revista brasileira *Bizz*: "'Don't Be Careless Love' tem um significado especial para mim. É sobre alguém que espera uma pessoa chegar em casa à noite e oferece o conselho: 'Don't be careless love' ('Não seja descuidada'). Toda vez quando meus filhos saem e me perguntam sobre a hora de voltar para casa, tenho vontade de dizer: 'Oito!' Mas você precisa ser mais generoso, apesar de ter medo. Para falar a verdade, o que mais me surpreende é deixá-los sair de casa, em primeiro lugar! (risos). É dessa forma que me identifico com a música. No final, colocamos um pequeno truque: 'When I wake up again / You're by my side and that's the way it's always been / But in the dark your mind plays funny tricks on you' ('Eu acordo e a pessoa ainda está ao meu lado, dormindo: às vezes a mente nos prega algumas peças'). O trecho é bem típico de Elvis Costello. Ele adora esse tipo de situação e ambos gostamos dessas viradas no final de uma música."

Gravada antes de "That Day Is Done", mas posicionada à sua frente no LP, "Don't Be Careless Love" tem a letra, segundo Elvis Costello, "mais estranha" entre todas as canções da parceria. "'Don't Be Careless Love' tem uma das melodias mais bonitas entre todas as músicas que fizemos... Nós inserimos na letra imagens tenebrosas de um pesadelo. A música é provavelmente a mais estranha de todas que compomos. Quando entrei no estúdio, Paul estava ao microfone, entregando um vocal perfeito e finalizado em apenas uma tentativa, que chega a um ponto totalmente inverso de seu alcance vocal. Foi uma performance extraordinária."

Após a sessão final no Sunset Studio, em Los Angeles, Chris Whitten seria creditado como o baterista em "Don't Be Careless Love". Na verdade, o baterista havia participado da primeira versão, gravada no estúdio The Mill. Produtor das sessões definitivas, Mitchell Froom esclarece o engano: "'Don't Be Careless Love' tem vocais incríveis e, por esse motivo, sugeri manter quase tudo como estava. Os vocais eram bons demais. No fim, até fiquei surpreso de eles terem usado, porque a canção não é nada convencional. Por alguma razão, a principal mudança foi regravar a bateria. Nos créditos do disco, Chris Whitten aparece como baterista. Mas na verdade, quem tocou na versão definitiva foi Jerry Marotta."

"Don't Be Careless Love" começou a se gravada no estúdio The Mill, em East Sussex, em 1º de fevereiro de 1988, sendo finalizada no Sound Castle Studios, em Los Angeles, em 27 de outubro do mesmo ano.

Paul: Vocal, baixo, violão e pandeirola. Elvis Costello: Harmonias e teclados. Hamish Stuart: Guitarra, pandeirola e harmonias. Jerry Marotta: Bateria e harmonias. Mitchell Froom: Teclados.

THAT DAY IS DONE

Paul e Elvis se deram bem desde a primeira nota composta pela dupla em 1987. Eles não eram completamente estranhos quando começaram a trabalhar no escritório do estúdio em Rye, o que ajudou. Quando se cruzaram pela primeira vez, ambos estavam escalados para o evento beneficente *The Concerts for the People of Kampuchea*, em 1979. No ano seguinte, Paul cuidava de *Tug of War*, enquanto Costello dava os toques finais em *Imperial Bedroom*. Entre um *take* e outro, os "garotos" se encontravam para brincar de Asteroids ou Space Invaders nas máquinas de videogame instaladas no A.I.R. Studios. O mesmo se repetiu em 1982. Paul tentava acabar *Pipes of Peace* e Costello corria contra o relógio para produzir *Punch the Clock*. Irlandeses na raiz, criados em Liverpool, nada parecia ameaçar o entrosamento dos amigos, seja compondo ou gravando o material que eles vinham produzindo, enquanto trocavam piadas infames. Mas no momento de finalizar a gravação de "That Day Is Done" essa espécie de encanto parecia estar bem perto de ser quebrado.

As sessões iniciais de "That Day Is Done" no The Mill tinham sido inconclusivas. Por isso, a gravação oficial só aconteceria meses mais tarde, no Olympic Sound Studios, em Londres. Em meio à troca de ideias sobre como a canção deveria soar, Paul sugeriu que a faixa recebesse algo do Human League – um pop inglês bastante amigável para o rádio, mas que Elvis simplesmente desprezava. Elvis saiu do estúdio para não deixar tudo desmoronar: "'That Day Is Done' foi a canção mais difícil para mim. 'Veronica' era sobre algo muito específico: os últimos anos da minha avó materna e sua morte. Nela consegui escrever uma música vibrante sobre os horrores da demência. Mas 'That Day Is Done' chegou com todas as imagens que ainda eram bem claras para mim, embora o ouvinte talvez não compreendesse. Um de seus versos é escrito do ponto de vista de um fantasma: "I made no sign, I made no sound / I know I must stay underground" ("Não fiz nenhum movimento, não abri a boca – Sei que permanecer enterrado eu devo"). Durante a gravação esse foi o único momento de tensão entre mim e Paul. Eu o ouvi mencionar algo relacionado ao Human League e sobre adicionar um sintetizador. Decidi sair do estúdio para respirar o ar puro antes de falar alguma besteira." Paul comenta: "Essas são as regras do meu jogo. Eu sugiro várias coisas. Se você não gosta, basta me dizer e posso avaliar. Agora noto que a simples menção de 'Don't You Want Me', do Human League faria o Elvis abandonar o estúdio."

Costello havia tomado uma sábia decisão. Mas ao retornar ao estúdio alguns dias depois ele descobriria que "That Day Is Done" não teria esse fim trágico que ele imaginara para a canção. Mitchell Froom relembra algumas das decisões tomadas: "Tinha escrito um arranjo para 'That Day Is Done', mas Paul já tinha feito o vocal e a bateria estava gravada. Então, pensei em incluir uma banda britânica de metais e fiz a sugestão. Paul disse: 'Vá em frente, vamos tentar!' Paul é bastante aberto e quis ver se realmente iria gostar."

Elvis Costello continua: "Ao voltar para o estúdio, percebi que o sintetizador 'à Human League' não iria acontecer. Paul tinha gravado um vocal incrível e o arranjo de metais tinha ficado melhor do que eu imaginara, com o incrível Nicky Hopkins ao piano. Na verdade, Paul fez um excelente trabalho na hora de incluir o refrão em 'That Day

Is Done', valorizando a melodia e citando "Let It Be" como exemplo. Acho que na hora de abandonar a sessão estava sensível demais porque me encontrava muito apegado à letra."

Elvis sentiu alívio ao ouvir a canção já pronta e feliz ao saber que o título do LP sairia de um dos versos de "That Day Is Done".

Mabel Josephine Jackson, avó de Elvis e principal personagem dessa história, falecera bem antes do início das gravações de *Flowers in the Dirt* em novembro de 1987, aos 83 anos. No momento em que soube de sua morte pelo telefone, Elvis quis abandonar os shows de sua turnê que deveria prosseguir nos Estados Unidos até o final do ano. Ross MacManus interviu. O pai de Elvis Costello, músico de grande experiência, alertou para o fato de que ele não poderia fazer nada naquele momento. "Seu lugar é no palco, filho. Este é o nosso trabalho."

"That Day Is Done" foi gravada no estúdio The Mill, em East Sussex, em março e no Olympic Sound Studios, em outubro de 1988.

Paul: Vocal e baixo. Elvis Costello: Harmonias. Hamish Stuart: Guitarra e harmonias. Chris Whitten: Bateria e pandeirola. Robbie McIntosh: Guitarra. Mitchell Froom: Teclados. Nicky Hopkins: Piano. John Taylor e Tont Goddard: Corneta. Ian Peters e Ian Harper: Trompas.

HOW MANY PEOPLE?

Quase todos os álbuns de Paul McCartney têm algo em comum: músicas compostas em Montego Bay, um de seus portos-seguros no paraíso caribenho da ensolarada Jamaica. "How Many People?" é uma dessas composições e um dos raros reggaes lançados por Paul em sua carreira. Desta vez, o ritmo jamaicano entraria em um de seus discos com um propósito especial: enaltecer a memória do seringueiro acreano Francisco Alves Mendes Filho, o Chico Mendes, assassinado em 22 de dezembro de 1988, enquanto o álbum *Flowers in the Dirt* chegava próximo de sua conclusão.

A canção, claro, nem poderia ter sido composta para Chico Mendes. "How Many People?" já estava praticamente gravada quando o crime foi cometido na porta dos fundos da casa do sindicalista e ativista político, alguns dias após seu aniversário de 44 anos. Paul fala sobre sua intenção de dedicar a música ao brasileiro: "A letra de 'How Many

People?' pergunta: 'How many people have died?' ('Quantas pessoas morreram?') E o refrão responde: 'One too many right now for me' ('Uma é demais para mim'). Como John Lennon, Chico Mendes... homens bons que tiveram um fim triste, por razões políticas ou por causa de um louco. Dedicamos esta música a Chico Mendes, porque ele foi assassinado logo depois da gravação e senti que era algo que devíamos mencionar. Não é uma música com grandes pretensões políticas. Não escrevi a canção para ele, mas a dedico a Chico Mendes porque me parece correto. Imagino que seja um assunto muito discutido no Brasil, porque existem os dois lados da questão. Sou muito preocupado com ecologia e acho que grandes empresas provocam um efeito muito grave em nosso planeta. Os britânicos também têm culpa, com nossas fábricas mandando enxofre para a Alemanha e destruindo as florestas por lá. Temos que parar com tudo isso: não só a destruição da floresta amazônica, mas também a emissão de enxofre, o aerossol. É uma loucura."

"How Many People?" começou a ser produzida em 8 de setembro de 1988 no estúdio The Mill, em East Sussex. A gravação seria concluída em 6 de janeiro de 1989, no Olympic Sound Studios, em Londres. A canção ganharia destaque no Brasil em diversos setores da mídia. Além dos *singles* "My Brave Face" e "This One", "How Many People?" terminaria entre as canções mais executadas de 1989.

Paul: Vocal, baixo, guitarra solo, mellotron, piano, tamborim e pistom. Linda: Harmonias. Hamish Stuart: Harmonias. Steve Lipson: Guitarra, programação e bateria eletrônica. Trevor Horn: Teclados e harmonias. Chris Whitten: Harmonias e bateria com sintetizador. Jah Bunny: Tambor de língua.

MOTOR OF LOVE

"Loveliest Thing" sempre foi uma das músicas favoritas da leva mais recente de Paul McCartney. Gravada em agosto de 1986, em Nova Iorque, a bela canção de amor conta ainda com os serviços da banda de Billy Joel, que naquele momento também trabalhava com Phil Ramone no estúdio Power Station.

Ao começar a pensar em *Flowers in the Dirt*, Paul decidiu deixar a maior parte das músicas gravadas na semana em que *Press to Play* foi lançado em seus arquivos à espera de uma oportunidade. Essa chance esteve perto de acontecer e no lugar de "Motor of Love", prestes a ser descartada. "Gostava de 'Motor of Love', mas fiz uma versão que não estava muito feliz e ela estava para ser excluída do disco. Pensei duas vezes e decidi passar a música para alguém que estivesse fora do processo. Gostava do trabalho de Chris Hughes e Ross Cullum no Tears for Fears. Então, eles trabalharam em uma versão mais hi-tech... A letra tem a expressão 'Pai celestial', que é um velho truque. Como 'Mother Mary', em 'Let It Be', tem duplo significado. Eu tenho um pai que não está mais conosco, então percebi que quando eu cantava esse trecho da letra também tinha essa conotação."

Chris Hughes lembra: "Conheci Paul quando trabalhava no A.I.R. Studios em Oxford Street. Ele estava fazendo *Tug of War* ou *Pipes of Peace* e George Martin estava com ele. No final das sessões de *Flowers in the Dirt* ele disse que estava tentando finalizar uma faixa que gostava chamada 'Motor of Love', mas não teria muito tempo para trabalhar nisso. Então, ele enviou as fitas e disse basicamente: 'Dê uma ouvida nisso e veja o que dá para fazer.' Depois que ouvi, eu pensei na hora: a música não está acabada. Falta acrescentar algo no meio. E foi exatamente isso que disse a ele: 'Paul, me perdoe, mas acho que faltam os oito compassos do meio...' Na hora, ele pediu para rodar a fita e começou a murmurar a melodia, enquanto tocava um teclado. Foi incrível. Ele compôs o trecho em apenas um *take*. Vinte e cinco minutos depois ele já tinha a letra pronta."

"Motor of Love" foi gravada em 12 de janeiro de 1989 no estúdio The Mill, em East Sussex e no Hot Nights Ltd, em Londres.

Paul: Vocal, baixo, guitarra e piano. Hamish Stuart: Guitarra e harmonias. Greg Hawkes: Teclados. Chris Hughes: Programação e bateria eletrônica.

Outras músicas da era *Flowers in the Dirt*

OÙ EST LE SOLEIL?

Quando os CDs começaram a invadir o mercado fonográfico, uma estratégia comum das gravadoras era incluir uma faixa-bônus nos disquinhos – na época, bem mais caros que os LPs. *Press to Play* iniciou esta prática na discografia de Paul McCartney, com o *compact disc* trazendo três canções a mais em comparação ao LP.

No momento de selecionar as faixas de *Flowers in the Dirt*, a escolhida para ocupar a posição foi "Où Est le Soleil?" A curtíssima música, cantada em francês, tem uma história curiosa. Paul lembrou de ter acrescentado o verso à melodia no meio das sessões em 1988. Porém, um rascunho da canção (já com letra) teria sido gravado em agosto de 1975 no Rude Studio – informação apontada por anotações do produtor Eddy Pumer, encarregado do programa *Oobu Joobu*, em 1995. Certamente, Paul esqueceu ou preferiu ignorar a história ao revelar detalhes de sua composição durante os trabalhos com Trevor Horn e Stephen Lipson. "Trabalhamos nela durante alguns dias, e estávamos satisfeitos com a parte instrumental. Eu estava tentando escrever a letra e 'Valley Road' era uma coisa que sempre vinha à mente. Mas não estava gostando destas palavras. No final, o Trevor (Horn) me perguntou se eu não tinha nada além disso. Disse que tinha uma coisa, mas era uma besteira: 'Où Est le Soleil? Dans la tête. Travaillez.' Na hora, ele disse: 'Tente isso.' E essa é a letra completa da música. Uma coisa meio maluca, mas gosto do fato de a letra ser curtíssima. 'Onde está o sol? Na cabeça. Trabalhe.' 'Isso diz tudo!' E o Trevor disse: 'É isso aí. Pode jogar fora 'Valley Road'.' E assim acabamos com uma pequena dança em francês."

O produtor Trevor Horn dá sua versão: "A música foi desenvolvida em uma *jam session* e acho que Stephen teve participação na composição. Não oficialmente, mas acho que teve." Stephen Lipson comenta: "Na noite anterior de gravarmos ele nos convidou para ver se a sessão iria decolar. Quando estávamos no estúdio ele perguntou: 'Alguém tem alguma ideia (para finalizar a música)?' Então, apertei o play no computador e Paul incluiu na base criada por mim a melodia e as seis palavras. Depois disso, ele concluiu que tinha escrito a música. Como ele apontou, não dá para discutir que a melodia e a letra fazem parte da composição. Discutimos um pouco sobre o tema e até que conseguimos solucionar. Ganhei um crédito como arranjador ou algo parecido. Ele não quis me creditar como compositor, mas isso foi sua prerrogativa. Sem problemas. Não me fez um homem inferior."

"Où Est le Soleil?" foi gravada no estúdio The Mill, em East Sussex, em 23 de junho de 1988.

Paul: Vocal, guitarra, bongôs, sintetizador, bateria e programação. Chris Whitten: Tom-tons. Steve Lipson: Contrabaixo, teclados e programação. Hamish Stuart: Guitarra. Eddie Klein: Programação adicional.

"Où Est le Soleil?" ainda aparece em diversas versões lançadas em *singles*, *maxi-singles* e CD *singles*: Remix feito por Shep Pettibone, Tub Dub mix e Disconet Edit por Dennis Muyet.

"Où Est le Soleil?" também contou com um filme promocional, com Paul entrando, literalmente, em um jogo de videogame. Produzido por Debbie Mason em Londres, no Griphouse Studios, em 30 de julho de 1989, com direção de David Logde.

FLYING TO MY HOME

"Flying to My Home" apareceria apenas como lado B de "My Brave Face", e depois seria incluída no álbum remasterizado em 1993. Em 2017, a faixa reapareceu como download exclusivo do box *Flowers in the Dirt*, da *Paul McCartney Archive Collection*.

Gravada no estúdio The Mill, em East Sussex, em 5 de maio de 2017.

Paul: Vocal, solo de guitarra e baixo. Hamish Stuart: Guitarra, sintetizador e guitarra com slide. Chris Whitten: Bateria. Linda McCartney: Harmonias.

THE FIRST STONE

"'Too many people preaching practices" ("Pessoas demais pregando"). Sim, você já ouviu essa frase na música de abertura de *Ram*. O tema é um dos mais antigos da história do mundo, assim como a prática de pregar ensinamentos, na maioria das vezes, por líderes religiosos de caráter dúbio.

Assim "The First Stone" começou a ser escrita por Paul McCartney tendo como tema principal falsos profetas que "raramente seguem aquilo que ensinam". No início das sessões de *Flowers in the Dirt*, Paul e Hamish ainda estavam se conhecendo e trabalhar em "The First Stone" serviu como laboratório para testar a capacidade colaborativa da dupla.

Além de dividir os vocais na música, o escocês Hamish Stuart ajudou Paul a finalizá-la. Com a letra pronta, Paul e banda iniciaram a produção de "The First Stone" no estúdio The Mill, durante a residência de três meses de Geoff Emerick em Sussex, supervisionando a gravação de diversas faixas. Mais uma vez, o desafio seria montar seções distintas para produzir a música:

> "Hey you sinners" ("Ei, seus pacadores"): Trecho mais pesado de "The First Stone" e rock mais direto, que procede uma calma introdução com guitarra e violões. A intenção é criar a expectativa para as guitarras que praticamente despencam após 29 segundos, com o alerta feito pela bateria de Chris Whitten.

> "Don't throw any stones" ("Não atire nenhuma pedra"): Chega a hora do refrão, aos 55 segundos. O rock se transforma em reggae com Paul e Hamish cantando sempre juntos, enquanto suas próprias harmonias passeiam pela melodia.

> "Can't find love" ("Não consegue encontrar o amor"): Os oito compassos do meio, que mais funcionam com uma ponte, são preenchidos pela guitarra de Robbie McIntosh enquanto Paul e Hamish cantam "can't find love" em melodia totalmente distinta.

Paul e Hamish voltariam a compor juntos ao menos mais dois números: "Keep Coming Back to Love" e "Is It Raining in London?". "Keep Coming Back to Love" foi lançada como faixa extra do *single* "C'mon People" em 1993. Já "Is It Raining in London?" permanece inédita, mas trechos da canção podem ser ouvidos no documentário *Movin' On* e na versão ao vivo cantada por Stuart em um evento para fãs dos Beatles, ao lado de Robbie McIntosh.

"The First One", gravada em 13 de julho de 1988 no estúdio The Mill, aparece como faixa extra do *maxi-single* e CD *single* "This One".

Paul: Vocal, baixo, teclados e guitarra. Hamish Stuart: Vocal principal e guitarra. Chris Whitten: Bateria. Robbie McIntosh: Guitarra.

GOOD SIGN

Flertar com a música dançante não era novidade para Paul no

final da década de 80 – auge da Acid House nos clubes ingleses. "Good Sign", na verdade, era apenas mais uma das faixas trabalhadas naquele período com esta característica. "Atlantic Ocean", produzida por Phil Ramone em março de 1987, foi outro de seus experimentos no campo, mas, como boa parte do material gravado nas sessões com o produtor americano, a música seria arquivada para projetos futuros.

Com arranjo de Clare Fischer, o mesmo de "Distractions", Paul concluiu a música em diversos estúdios, até ficar satisfeito com duas mixagens, ambas lançadas como lado B do *maxi-single* "This One".

"Good Sign" começou a ser gravada em 2 de junho de 1988, no estúdio The Mill, em East Sussex. Mais sessões aconteceram no mesmo ano, em novembro, no Olympic Sound Studios, em Londres, e também em dezembro, no Mad Hatter Studios, em Los Angeles.

Paul: Vocal, baixo, sintetizador e piano. Linda: Vocal. Hamish Stuart: Guitarra. Robbie McIntosh: Guitarra. Chris Whitten: Bateria. Alex Acuña: Percussão. David Clayton: Piano e sintetizadores. Clare Fischer: Arranjo. Orquestra de metais: Não creditados – 3 saxofonistas, 3 trompetistas e 2 trombonistas.

PARTY PARTY

Entre 26 e 28 de abril de 1989, o diretor Geoff Wonfor montou suas câmeras no The Mill para rodar um dos melhores documentários da carreira de Paul McCartney. *Put It There* mostraria tudo aquilo que os fãs gostariam de ver no estúdio, incluindo trechos de gravações do álbum *Flowers in the Dirt*.

Além das sessões do álbum lançado dois meses depois, *Put It There* trazia ensaios para turnê iniciada em setembro de 1989 na Noruega, com performances de músicas que estariam no *setlist*, além de "That Day Is Done" e "How Many People", ambas excluídas dos shows. No final do documentário, Paul apresentaria pela primeira vez "Party Party", improvisação dançante, com participação de toda a banda como colaboradores na composição.

"Party Party" foi gravada no estúdio The Mill em 11 de outubro de 1989. Paul: Vocal e baixo. Paul Wix Wickens: Teclados e sintetizador. Hamish Stuart: Vocal e guitarra. Robbie McIntosh: Guitarra. Chris Whitten: Bateria e programação.

A música seria lançada apenas na caixa especial *Flowers in the Dirt Tour Pack* em um CD *single* de 3 polegadas, além do CD duplo japonês *Flowers in the Dirt*.

Com o relançamento de *Flowers in the Dirt*, duas versões de "Party Party" foram incluídas como download digital: *Original Mix* e *Bruce Forest Club Mix* – a última, sendo a mais rara.

TOMMY'S COMING HOME

Filmado pelo fiel Eddie Klein – hoje, principal arquivista de Paul McCartney – o especial *Creating Flowers in the Dirt* traz cenas fascinantes de ensaios e gravações do álbum, rodadas em janeiro e fevereiro de 1988. Da mesma forma que *Put It There* documenta os ensaios para a turnê 1989-1990, os cerca de 30 minutos incluídos no disco servem como documento histórico da parceria McCartney/Costello.

"Tommy's Coming Home" está entre as faixas trabalhadas no estúdio The Mill e capturadas pela câmera intimista de Eddie Klein. A música, assim como o filme, permaneceu nos arquivos por quase trinta anos.

Elvis Costello conta um pouco da história e dos métodos da parceria: "'Tommy's Coming Home' é uma historinha nada sentimental sobre um soldado que é brevemente velado, antes de sua viúva ser seduzida em um vagão de trem. Paul apresentou a melodia. Se você ouvir com atenção, conseguiria responder quem a escreveu? Provavelmente diria que fui eu, que sou menos conhecido por compor melodias. Mas acho que eu sugeri o refrão 'Tommy is coming home... again' ('Tommy está voltando para casa novamente'). Quase sempre nós trocávamos as funções porque as teorias criadas existem por causa dele, não por minha causa. A imagem do falcão sobrevoando os animais... perguntei a ele, como colocaríamos isso na letra. Eu tive a ideia de colocar a viúva no vagão. Isso se chama trabalho prático, não tem nada de teórico."

A versão de estúdio de "Tommy's Coming Home" foi gravada em 26 de fevereiro de 1988 no estúdio The Mill, East Sussex.

Paul: Vocal e baixo. Hamish Stuart: Guitarra. Chris Whitten: Bateria. Elvis Costello: Vocal.

TWENTY FINE FINGERS

Incorporar o espírito dos ídolos passados foi um dos exercícios favoritos da dupla McCartney/MacManus durante todas as sessões de composição no estúdio do moinho de vento em 1987. Quando chegou a hora de colocar no papel os primeiros versos da segunda música da noite, Paul e Elvis entraram em um consenso: a alma de Buddy Holly teria de ser canalizada em "Twenty Fine Fingers". Em um dos vídeos rodados no estúdio, Paul, inclusive, chama o parceiro de "Buddy Costello", apontando para a peculiaridade dos óculos, usados por ambos.

"Twenty Fine Fingers", originalmente nomeada "Wish Your Were Mine", também poderia levar o nome de "Think It Over". Isto é, se o próprio Charles Hardin Holley não o tivesse feito com seu *single* gravado em 1958 com os Crickets.

"Twenty Fine Fingers" permanecera anos como um dos tesouros entre colecionadores até ganhar espaço na reedição de *Flowers in the Dirt*, em março de 2017. Generoso, Paul disponibilizou não apenas a demo acústica como sua versão inédita de estúdio.

A versão de estúdio de "Twenty Fine Fingers" foi gravada em 26 de janeiro de 1988 no The Mill, East Sussex. Sua demo acústica é datada de 3 setembro de 1987, composta na mesma sessão de "Pads, Paws and Claws".

Paul: Vocal e baixo. Hamish Stuart: Guitarra. Chris Whitten: Bateria. Elvis Costello: Vocal. Kevin Armstrong: Guitarra.

O DVD incluído no box *Flowers in the Dirt* traz ensaios da música no The Mill, filmados pelo arquivista e engenheiro de som Eddie Klein.

PLAYBOY TO A MAN

Não foi a primeira vez. Antes de cantarem juntos em um mesmo palco, com a presença real do príncipe Charles, Paul e Elvis se encontraram em 1979 no Hammersmith Odeon para o evento beneficente *The Concerts for the People of Kampuchea*. Naquela oportunidade, Paul ainda liderava o Wings, enquanto Costello era o vocalista dos Attractions. Em 1995, a dupla quebrou o tabu, depois de compor tantas músicas entre quatro paredes.

A apresentação histórica aconteceu em 23 de março de 1995, em Londres, no Royal College of Music. Naquela noite de gala, além de lançar oficialmente a peça para piano de sua autoria ("A Leaf") Paul dividiu o microfone com Elvis em duas canções: "The One After 909" e "Mistress and Maid". Foi aproximadamente nessa época que as demos acústicas de suas parcerias começaram a circular entre colecionadores, incluindo "Playboy to a Man", registrada em 23 de outubro de 1987, em Sussex.

Em 2017, com a reedição de *Flowers in the Dirt*, os fãs ouviriam pela primeira vez a versão de estúdio da música, com Paul no vocal principal. Ao todo, "Playboy to a Man" já foi lançada três vezes, sendo a primeira em 1991, no álbum *Mighty Like a Rose*, de Elvis Costello. A segunda versão de "Playboy to a Man", com apenas Paul cantando, foi gravada em 26 de janeiro de 1988 no estúdio The Mill, East Sussex.

Paul: Vocal, baixo e guitarra. Hamish Stuart: Guitarra. Chris Whitten: Bateria. Elvis Costello: Vocal e guitarra. Keving Armstrong: Guitarra.

SO LIKE CANDY

"Mighty Like a Rose" cumpriu a função de revelar ao mundo mais duas parcerias McCartney/Costello. Enquanto "Playboy into a Man" oferecia a história de uma mulher que tentava transformar um canalha, "So Like Candy" colocava o lado feminino como vilão do relacionamento. Lânguida e detalhista, a letra conta a história do fim de um relacionamento, onde o já ex-namorado (ou marido) detecta a onipresença de Candy – o batom, o perfume, as belas roupas espalhadas pelo quarto, além, claro, dos "discos que ela arranhou".

Quando não uma mas duas versões de "So Like Candy" foram incluídas na edição de luxo de *Flowers in the Dirt*, os fãs puderam traçar um histórico completo da música, desde sua composição em 3 de setembro de 1987, passando pelo estúdio com o vocal principal de Paul McCartney em janeiro de 1988 até seu primeiro lançamento, apenas com Elvis Costello como vocalista em "Mighty Like a Rose". "Sempre achei que Paul tinha escrito ótimas músicas, tanto nos Beatles como na carreira solo. 'Eleanor Rigby' sendo a mais famosa, mas também 'Another Day' é uma excelente canção. Ela é como se fosse o rascunho de uma pessoa. Então, sugeri: 'Vamos fazer o mesmo com 'So Like Candy'. Vamos escrever sobre uma garota que desapareceu da vida de um cara.'"

A segunda versão de "So Like Candy" foi gravada em 26 de janeiro de 1988 no The Mill, East Sussex.

Paul: Vocal e baixo. Hamish Stuart: Guitarra. Chris Whitten: Bateria. Elvis Costello: Vocal. Kevin Armstrong: Guitarra.

PADS, PAWS AND CLAWS

Para contar uma história de terror, nada melhor que invadir o interior da Inglaterra, famoso por acumular lendas sobre assombrações, fantasmas, druidas e outras criaturas da noite.

Elvis e Paul se deram muito bem logo na primeira sessão de composições em Sussex. Satisfeita, a dupla logo voltaria a trabalhar em setembro e outubro de 1987 para tentar a sorte na criação de mais originais McCartney/MacManus.

Antes de chegar ao estúdio, a trinta minutos do centro de Peasmarsh, Elvis decidiu tomar alguma coisa em um pub. Antes de pagar o táxi, o motorista comentou: "Por aqui não acontece nada, senhor. Só troca de casais e feitiçaria." Parecia premonição. No bar, além da água tônica, Costello tomaria um susto daqueles. Em uma fração de segundo, um enorme cão saltou sobre seus ombros. O dono do bar, e do animal, pediu calma. "Não se preocupe, ele não faz mal a uma mosca." O tempo parecia não passar enquanto o cão rosnava. Alguns minutos mais tarde, Elvis finalmente escapou das garras do bicho.

Elvis Costello recorda: "Após o 'evento', eu e Paul escrevemos 'Pads, Paws and Claws' – tirando o nome de um livro sobre gatos enormes que tinha achado em um sebo ao invés de imortalizar meu encontro com o Cão do Inferno de Rye."

"Pads, Paws and Claws" não foi lançada como demo no CD 2 de *Flowers in the Dirt*, mas a canção pode ser encontrada no álbum de estúdio *Spike*, lançado por Elvis Costello em 1989.

I DON'T WANT TO CONFESS

Depois de sete anos e nove reedições incluídas no projeto *Paul McCartney Archive Collection*, Paul decidiu abrir seus arquivos para valer. *Flowers in the Dirt*, até o momento, pode ser considerado o melhor relançamento envolvendo seu catálogo solo.

"I Don't Want to Confess" é uma das principais razões para o fã investir na edição de luxo e seus 3 CDs, 1 DVD, além de um *link* para download de raridades. Incluída neste pacote e no cassete exclusivo da Record Store Day, a música foi gravada por Paul e Elvis Costello no estúdio The Mill, em East Sussex, apenas com voz e violão. Até onde se sabe, não há registros de versões produzidas em estúdios da canção.

No *press release* do *Record Store Day* de 2017, Paul comenta: "As demos que você houve acabaram de sair do fogo. Foram gravadas logo após serem compostas. Não as ouvia havia muito tempo, mas quando as redescobri sabia que teria de lançá-las. Coloquei as músicas em uma fita e enviamos para o Elvis, que também adorou. Concordamos em lançar como um EP ou algo do tipo e agora o momento finalmente chegou."

Gravada no estúdio The Mill, em East Sussex.

Paul e Elvis Costello: Violão e vocal.

SHALLOW GRAVE

Em meados de 1996, Elvis Costello teve uma ideia que atormentou um pouco os fãs de Paul McCartney. Seu próximo álbum seria uma coleção de composições originalmente criadas para outros artistas. Quando o repertório de *All This Useless Beauty* foi revelado em maio, entre as 12 faixas editadas para o disco estava "Shallow Grave", mais um original Paul McCartney/Declan MacManus.

Nos tempos de internet discada era difícil apurar se a música já tinha ou não sido apresentada ao vivo. Hoje isso é muito fácil de ser feito. "Shallow Grave" apareceu pela primeira vez em um show de Elvis Costello em 11 de novembro de 1994, no Shepherds Bush Empire, em Londres. Seria a primeira entre as mais de 134 (e contando) performances da canção.

Quem espera, alcança. Em março de 2017, Paul McCartney incluiu "Shallow Grave" no pacote de relançamentos da *Paul McCartney*

Archive Collection. A faixa apareceu da mesma forma que os duetos com Elvis em "Mistress and Maid" e "I Don't Want to Confess": em um cassete limitado e exclusivo da Record Store Day ou em um *link* para download dentro do box *Flowers in the Dirt*.

Gravada no estúdio The Mill, em East Sussex.

Paul e Elvis Costello: Violão e vocal.

DON'T BREAK THE PROMISE

Na esteira das composições de *Press to Play*, Paul e Eric Stewart deixaram "Don't Break the Promise" órfã até a balada ser adotada pelo 10cc e alojada no LP *Meanwhile* de 1992. Mais tarde, quando Paul decidiu faxinar seus arquivos empoeirados com a ajuda do produtor Eddy Pumer, parte da versão solo produzida em 1988 veio à tona em um dos programas da série *Oobu Joobu*. Nesse *take* podemos comparar a discrepância entre ambas. No lugar da balada arrastada gravada pelo 10cc, Paul preferiu dar à música um colorido rastafári e um sabor reggae. Em julho de 1997, a música completa foi uma das escolhidas para as faixas bônus do CD *single* "The World Tonight".

Gravada no estúdio The Mill, em 09/06/1988.

Paul: Vocal, baixo, bateria, teclados e percussão. Hamish Stuart: Guitarra.

SAME LOVE

Empolgado com a série radiofônica *Oobu Joobu* (1995), Paul pegou o embalo e usou os CD *singles* da era *Flaming Pie* para resgatar sobras de estúdio produzidas entre 1986 e 1996. "Same Love" foi uma dessas gemas. Gravada na mesma leva de sessões que produziram "Put It There", "Distractions" e "This One" – com Geoff Emerick a bordo – "Same Love" é uma bela canção romântica, abrilhantada pelo piano de Nicky Hopkins (1944-1994), famoso por inúmeras participações em álbuns dos Rolling Stones. Na mesma época da gravação, Paul havia participado do *single* beneficente "Spirit of Play" da campanha Children in Need (o "Criança Esperança" de lá) a convite de Hopkins, semanas antes.

Gravada em junho de 1988, no The Mill, em East Sussex. Lançada no CD *single* "Beautiful Night" em 15/12/1997.

Paul: Vocal e baixo. Hamish Stuart: Guitarra. Nicky Hopkins: Piano e percussão.

IN LIVERPOOL

Paul passeia como um fantasma do passado pelo Liverpool Institute em uma das melhores cenas do documentário *Ghosts of the Past*, lançado como extra do DVD *Liverpool Oratorio* em novembro de 2004. "In Liverpool" foi composta em 1988. Em 1º de junho de 2008, a música foi apresentada ao vivo no evento *Liverpool Sound*.

Gravada em junho de 1991, em Liverpool.

Paul: Violão e vocal.

NO BAÚ DE *FLOWERS IN THE DIRT*

Paul transformou seu reggae "New Moon over Jamaica" em uma canção country, finalizada com Johnny Cash e lançada no álbum de 1988 *Waters from the Wells of Home*. A versão completa de Paul McCartney está nos arquivos. Nessa mesma sessão ele regravou "Man We Was Lonely" em um dueto com Cash.

Diversos *jingles* de *Oobu Joobu* foram gravados nesse período, mas usados apenas em 1995 no programa de rádio.

"Sunshine in Her Hair" é uma canção de 1974, regravada em 1989. Outras faixas desse período incluem "Give Me Your Love", "Come Back", "Rain on the Rising Sun", "Get a Hold On Yourself Tonight" e "Inside".

Daumier's Law: Acts: "Right", "Wrong", "Justice", "Punishment", "Payment" e "Release". Músicas incluídas na animação sobre o francês Honoré Daumier, dirigida por Geoff Dunbar e lançadas em 1992.

CAPÍTULO 21
TRIPPING THE LIVE FANTASTIC!

Capa: David Christie

Gravações: Entre 26/09/1989 e 29/07/1990

Produzido por: Paul McCartney, Peter Henderson e Bob Clearmountain

Datas de lançamento: 05/11/1990 e 06/11/1990 (Reino Unido/EUA)

Desempenho comercial: 26º e 17º (Reino Unido/EUA)

No momento em que as primeiras notas do sintetizador de Paul "Wix" Wickens ecoaram pelo Drammenshallen, em Oslo, na Noruega, anunciando a performance de "Figure of Eight", todo o esforço colocado no projeto *Flowers in the Dirt* começava a valer a pena. A estreia da *Paul McCartney's World Tour* – ou *Get Back* – em 26 de setembro de 1989 representou o fim do jejum de uma década das excursões internacionais. Antes de pisar no palco escandinavo, o último show internacional do Wings havia sido em Los Angeles, em 23 de junho de 1976. Já a despedida das turnês, ainda que forçada, em virtude da prisão no Japão, foi marcada pela apresentação no Hammersmith Odeon, em Londres, em 29 de dezembro de 1979, como parte do evento *The Concerts for the People of Kampuchea* – data final da breve passagem do Wings pelo Reino Unido.

A partir daquele início nervoso até 29 de julho de 1990 em Chicago, Paul McCartney se envolveria em uma aventura marcada por recordes, estreias e emoções distintas – a começar pelo repertório: pela primeira vez seria tocada uma série de músicas criadas pela dupla Lennon & McCartney. Todas elas incluídas no CD duplo *Tripping the Live Fantastic!* e no simples *Tripping the Live Fantastic! – Highlights*.

Além de recordes quebrados ao logo da turnê e do repertório combinando *hits* do Wings e músicas de *Flowers in the Dirt*, Paul McCartney usaria sua primeira excursão em quase duas décadas para fazer as pazes com o povo japonês. Sua estadia de dez dias na prisão na Terra do Sol Nascente dez anos antes seria recompensada com seis apresentações no Tokyo Dome, entre 6 e 13 de março de 1990.

Já para os brasileiros, o que parecia impossível na Beatlemania agora era realidade. Em 30 de novembro de 1989, enquanto Paul deixava Los Angeles rumo a Chicago na primeira fase da excursão americana, o jornal *Folha de São Paulo*, em matéria assinada por Ana Maria Bahiana, publicava em sua edição nacional a confirmação dos primeiros shows de um Beatle em território nacional. O custo para realizar o sonho: US$ 4 milhões (o equivalente a U$ 8 milhões em 2017). No ato, 25 patrocinadores bancaram a vinda de Paul, sob a condução da Mills-Niemeyer, empresa responsável pelos espetáculos originalmente marcados para 19 e 21 de abril de 1990. Os preços das entradas para ver Paul no Rio de Janeiro, já convertidos à nova moeda, o cruzeiro, também foram divulgados: arquibancadas: Cr$ 400,00; pista: Cr$ 700,00; cadeiras azuis: Cr$ 3.500,00; e cadeiras amarelas: Cr$ 6.000,00.

Exatamente às 6h05min da manhã de quarta-feira, 18 de abril de 1990, o voo 811 da Varig desembarca no Aeroporto Internacional do Rio de Janeiro, proveniente de Miami. Paul chega acompanhado de Linda e os filhos, indo direto para o Rio Palace Hotel, em Copacabana, de helicóptero. Na manhã seguinte, a frustração. Após mais de 24 horas de chuvas torrenciais, o primeiro show de Paul McCartney é oficialmente adiado para sexta-feira, 20 de abril. Mesmo com o tempo instável, Paul McCartney cumpre a promessa e toca 32 canções para mais de 100 mil pessoas no estádio do Maracanã, em um show com duração aproximada de 2h15min.

No sábado, quando a chuva finalmente desapareceu da capital fluminense, o estádio Mário Filho foi inundado por fãs vindos de toda a parte do Brasil e da América do Sul. O resultado não poderia ser diferente: recorde mundial de público (em local fechado) quebrado e reconhecido pelo *Guinness Book of the Records*, com 184.368 pessoas. Em 23 de abril de 1990, a Rede Globo transmitiria em rede nacional o especial *Paul in Rio*, com performances extraídas do show de 20/04: "Can't Buy Me Love", "My Brave Face", "Let It Be", "Live and Let Die", "The Fool on the Hill", "Get Back" e "P.S Love Me Do". Os vídeos de "We Got Married" e "Figure of Eight" também foram incluídos no programa.

Antes de encerrar suas 103 apresentações ao redor do globo terrestre, Paul McCartney ainda cumpriria uma missão importante: voltar à terra natal e prestar homenagem a um certo amigo de infância. O show de 28 de junho em Liverpool, no palco armado na King's Dock se tornaria outra marca inesquecível de sua turnê de retorno aos palcos, graças ao *medley* "Strawberry Fields Forever"/"Help!"/"Give Peace a Chance", dedicado a John Lennon.

Tripping the Live Fantastic! foi lançado em 5 de novembro de 1990, trazendo não apenas performances de todas as fases da turnê como canções tocadas por Paul McCartney e banda nas passagens de som. No total, o engenheiro de som Jeff Cohen capturou 83 das 103 apresentações usando um console de 36 canais instalado em um estúdio móvel. O processo de seleção das melhores faixas aconteceu logo após o último show da *World Tour* em julho de 1990, em Chicago, com o trabalho em equipe dos técnicos Peter Henderson e Bob Clearmountain e a palavra final de Paul McCartney. Nenhuma gravação extra de vocal ou de instrumento foi adicionada às performances selecionadas para o álbum.

Além de *Tripping the Live Fantastic!* e *Tripping the Live Fantastic! – Highlights* (que apresenta "All My Trails" – exclusiva da versão europeia e internacional) os fãs ainda precisariam sair à caça de outras músicas do *setlist* da *Paul McCartney World Tour*, não incluídas no CD duplo.

No CD *single* "Birthday", que antecedeu o álbum, seriam mais três faixas exclusivas: "Good Day Sunshine" (Montreal, 09/12/1989), "Let 'Em In" (05/03/1990) e o *medley* "P.S. Love Me Do" – este último, apresentado no Rio de Janeiro, em 21 de abril.

Já os dois CD *singles* "All My Trails" apresentam as faixas bônus "C Moon" (registrada na passagem de som em Milão em 26/10/1989), "Mull of Kintyre" (ao vivo em Glasgow 23/06/1990) e o *medley* "Strawberry Fields Forever"/"Help!"/"Give Peace a Chance", do show histórico em Liverpool.

Músicos:

Paul McCartney: Vocal, guitarra, violão, baixo, piano e teclados.
Linda: Vocal, teclados, moog e percussão.
Hamish Stuart: Vocal, guitarra e baixo.
Robbie McIntosh: Vocal, guitarra e violão.
Paul 'Wix' Wickens: Vocal e teclados.
Chris Whitten: Bateria e percussão.

FAIXAS DE *TRIPPING THE LIVE FANTASTIC!*

CD1

Showtime
Colagem sonora (chamada para os shows).

Figure of Eight
Gravada em 10/11/1989 – Rotterdam, Holanda.

Jet
Gravada em 17/01/1990 – Londres, Inglaterra.

Rough Ride
Gravada em 10/10/1989 – Paris, França.

Got to Get You into My Life
Gravada em 17/10/1989 – Dortmund, Alemanha.

Band on the Run
Gravada em 16/01/1990 – Londres, Inglaterra.

Birthday
Gravada em 30/06/1990 – Knebworth Park,
Hertfordshire, Inglaterra.

Ebony and Ivory
Gravada em 08/11/1989 – Roterdã, Holanda.

We Got Married
Gravada em 16/01/1990 – Londres, Inglaterra.

Inner City Madness
(Paul & Linda McCartney/Stuart/McIntosh/Wickens/Whitten) - 1:23
Gravada em 02/01/1990 na passagem de
som em Birmingham, Inglaterra.

Maybe I'm Amazed
Gravada em 08/11/1989 – Rotterdam, Holanda.

The Long and Winding Road
Gravada em 20/04/1990 – Rio de Janeiro, Brasil.

Crackin' Up (McDaniel)
Gravada em 23/11/1989 – Los Angeles, EUA.

The Fool on the Hill
Gravada em 13/01/1990 – Londres, Inglaterra.

Sgt. Pepper's Lonely Hearts Club Band
Gravada em 23/11/1989 – Los Angeles, EUA.

Can't Buy Me Love
Gravada em 21/10/1989 – Munique, Alemanha.

Matchbox (Perkins)
Gravada em 21/01/1990 na passagem de
som em Londres, Inglaterra.

Put It There (McCartney) - 2:43 (apenas nos EUA.
No resto do mundo: All My Trails)
Gravada em 28/11/1989 – Gotemburgo, Suécia.

Together
(Paul & Linda McCartney/Stuart/McIntosh/Wickens/Whitten
Gravada em 05/12/1989 na passagem de som, em Chicago, EUA.

CD2

Things We Said Today
Gravada em 02/11/1989 – Madri, Espanha.

Eleanor Rigby
Gravada em 08/02/1990 – Worcester, EUA.

This One
Gravada em 01/02/1990 – Detroit, EUA.

My Brave Face
Gravada em 19/01/1990 – Londres, Inglaterra.

Back in the U.S.S.R.
Gravada em 05/03/1990 – Tóquio, Japão.

I Saw Her Standing There
Gravada em 09/12/1989 – Montreal, Canadá.

Twenty Flight Rock
Gravada em 13/01/1990 – Londres, Inglaterra.

Coming Up
Gravada em 03/03/1990 – Tóquio, Japão.

Sally (Haines/Leon/Towers)
Gravada em 21/01/1990 na passagem de
som em Londres, Inglaterra.

Let It Be
Gravada em 14/04/1990 – Miami, EUA.

Ain't That a Shame (Domino/Bartholomew)
Gravada em 09/03/1990 – Tóquio, Japão.

Live and Let Die
Gravada em 28/09/1989 – Gotemburgo, Suécia.

If I Were Not upon the Stage (Sutton/Turner/Bowsher) - 0:36
Gravada em 26/09/1989 – Gotemburgo, Suécia.

Hey Jude
Gravada em 12/02/1990 – Cincinnati, EUA.

Yesterday (Lennon/McCartney) – 2:07
Gravada em 09/02/1990 – Worcester, EUA.

Get Back
Gravada em 13/03/1990 – Tóquio, Japão.

Golden Slumbers / Carry That Weight / The End
Medley gravado em 13/01/1990 – Toronto, Canadá.

Don't Let the Sun Catch You Crying (Greene) - 4:31
Gravada em 09/02/1990 na passagem de
som em Montreal, Canadá.

FAIXAS DE *TRIPPING THE LIVE FANTASTIC -HIGHLIGHTS!*

Got to Get You into My Life
Gravada em 17/10/1989 – Dortmund, Alemanha.

Birthday
Gravada em 30/06/1990 – Hertfodshire, Knebworth Park, Inglaterra.

We Got Married
Gravada em 16/01/1990 – Londres, Inglaterra.

The Long and Winding Road
Gravada em 20/04/1990 – Rio de Janeiro, Brasil.

Sgt. Pepper's Lonely Hearts Club Band
Gravada em 23/11/1989 – Los Angeles.

Can't Buy Me Love
Gravada em 21/10/1989 – Munique, Alemanha.

All My Trails (arr. traditional) - 3:25 (Nos EUA, **Put It There**)
Gravada em 27/10/1989 – Milão, Itália.

Things We Said Today
Gravada em 02/11/1989 – Madri, Espanha.

Eleanor Rigby
Gravada em 08/02/1990 – Worcester, EUA.

My Brave Face
Gravada em 19/01/1990 – Londres, Inglaterra.

Back in the U.S.S.R.
Gravada em 05/03/1990 – Tóquio, Japão.

I Saw Her Standing There
Gravada em 09/12/1989 – Montreal, Canadá.

Coming Up
Gravada em 03/03/1990 – Tóquio, Japão.

Let It Be
Gravada em 14/04/1990 – Miami, EUA.

Hey Jude
Gravada em 12/02/1990 – Cincinnati, EUA

Get Back
Gravada em 13/03/1990 – Tóquio, Japão.

Golden Slumbers / Carry That Weight / The End
Medley gravado em 13/01/1990 – Toronto, Canadá.

CAPÍTULO 22

CAPÍTULO 22
UNPLUGGED – THE OFFICIAL BOOTLEG

Capa: Eugene Adebari
Gravação: 25/01/1991 – London Limehouse TV Studios, Wembley
Produzido por: Paul McCartney
Datas de lançamento: 20/05/1991 e 04/06/1991 (Reino Unido/EUA) – LP prensado pela Hispa VOX 7964131
Desempenho comercial: 7º e 15º (Reino Unido/EUA)

No Halloween de 1989, Squeeze, Syd Straw e Elliot Easton entraram nos estúdios do National Video Center em Nova Iorque para gravar o primeiro programa *Unplugged*, da MTV – ou *Acústico MTV*, como ficou conhecido na MTV Brasil.

Mais de trinta nomes seriam atração do *MTV Unplugged* até Paul aceitar o convite do produtor Joel Gallen e fazer sua estreia na série, no Limehouse Studios, em Londres. No dia em que isso finalmente aconteceu, Paul tomou a seguinte decisão: se era para ser acústico, teria de ser acústico de verdade. Sem direito a amplificadores. Até então, as bandas tinham usado instrumentos básicos como violões e piano, mas todos plugados em caixas.

Ensaios minuciosos para a aventura *MTV Unplugged* começaram na primeira semana de janeiro de 1991, em East Sussex, no chamado "Celeiro", próximo ao The Mill, onde Paul e banda prepararam mais de 70 canções. No grupo, uma cara nova: o baterista americano Blair Cunningham, ex-Pretenders e Haircut 100, escolhido para substituir Chris Whitten, recém-contratado pelo Dire Straits para a turnê de seu último álbum, *On Every Street*.

Durante o processo preparatório, Wix aprenderia a tocar acordeão e Hamish precisou praticar o contrabaixo acústico. Linda também teve de estudar harmônio indiano, deixando de lado o moog e o teclado, tocado à exaustão na turnê 1989-1990. O novo baterista, Blair Cunningham, não teve sorte. Logo de cara teve de trocar as baquetas pelas escovas para o som não invadir os outros instrumentos que seriam captados apenas por microfones.

Quando o aguardado 25 de janeiro chegou, Paul McCartney e banda estavam treinados para as novidades. No palco do Limehouse, em Wembley, Paul apresentaria "I Lost My Little Girl", sua primeira composição, feita quando tinha 14 anos. Em "Ain't No Sunshine", de Bill Withers, Hamish assumiu o vocal principal e Paul tocou bateria em frente às câmeras pela primeira vez, relembrando os dias de Hamburgo. Nessa mesma música, Robbie McIntosh tocou piano e Wix tocou contrabaixo.

Na gravação do programa, Paul tocaria pela primeira vez diversas músicas ao vivo. Entre elas, duas do LP *McCartney*: "That Would Be Something" e "Singalong Junk".

Produzido em janeiro de 1991, mas exibido na MTV americana apenas em abril daquele ano, o show 100% acústico "à prova de trapaças" de Paul McCartney chegou aos lares dos EUA editado com apenas 14 das 22 músicas tocadas frente ao público. "Be-Bop-a-Lula", usada como abertura do show, havia sido na verdade a décima canção, movida para o início para dar mais "agilidade" ao programa.

Paul McCartney deixou o Limehouse rumo a Sussex bastante satisfeito com a performance. Apesar de alguns erros em "We Can Work It Out" e "Blackbird", o desempenho do grupo foi acima do esperado. Alguns dias depois, quando estava com a fita cassete completa do show em seu carro, decidiu conferir o som em sua costumeira jornada até seu escritório em Londres. Sua reação foi imediata. Ao chegar a MPL, no Soho, ligou para o assessor Geoff Baker e disse: "Vamos lançar um álbum!" Geoff perguntou: "Quando?" Paul devolveu: "Imediatamente!"

A partir daquele minuto, armou-se um pandemônio. Desde a prensagem até o acabamento da arte de capa, o *staff* teria de passar noites em claro para entregar o disco em tempo de ser comercializado no mês seguinte à sua exibição na TV, para não perder o frescor. Mark

Lewisohn, na época editor do fanzine *Club Sandwich*, se desdobrou para escrever os comentários faixa a faixa, e o disco em vinil (com edição mundial limitada a 500 mil unidades) desembarcou nas lojas em 20 de maio de 1991, atingindo o 7º lugar nas paradas. Em poucos dias, aquela edição do LP já estava esgotada. Apesar disso, o disco continuou a ser prensado pela EMI japonesa e alemã e a versão em CD foi providenciada para atender a demanda.

Com uma espécie de pastiche da capa do LP *Choba B CCCP*, *Unplugged – The Official Bootleg* se tornou o primeiro álbum da série *MTV Unplugged* a chegar às lojas em maio de 1991 – quase um ano antes do CD lançado por Eric Clapton, que se tornaria o maior sucesso comercial de sua carreira, atingindo a marca de 26 milhões de unidades vendidas. Na edição 70 da *Club Sandwich*, o então colaborador, Geoff Baker, escreveu um longo ensaio em defesa de *Unplugged – The Official Bootleg*, comparando o disco de Paul McCartney ao de Clapton. No texto, ele ressalta que Paul não aprovara a comparação. Apesar da negativa do chefe, Geoff ressaltou ser uma pessoa acostumada "a não cumprir ordens".

Motivado pelo sucesso de *Unplugged*, Paul McCartney e banda partiram em uma turnê secreta antes mesmo do lançamento do LP, lembrando as aventuras do Wings pelas universidades britânicas no inverno de 1972. A série de seis espetáculos em palcos do Reino Unido e Europa serviu como teste para entrosar ainda mais Blair Cunningham ao grupo e iniciar as sessões de *Off the Ground* em 1992. O show de Westcliff-On-Sea, na Inglaterra, em 19 de julho de 1991, teve como convidado especial o poeta Adrian Mitchell, que editaria o livro de poesias *Blackbird Singing* em 2001. Mitchell declamou diversos poemas entre as canções apresentadas pela banda.

Músicos:
Paul McCartney: Vocal, violão e bateria.
Hamish Stuart: Vocal, violão e contrabaixo acústico.
Linda: Percussão, harmônio indiano e pandeirola.
Robbie McIntosh: Violão com slide, ukelele e piano.
Paul "Wix" Wickens: Piano e violão.
Blair Cunningham: Bateria e contrabaixo acústico.

FAIXAS DE *UNPLUGGED – THE OFFICIAL BOOTLEG*

Be-Bop-a-Lula
(Davis/Vincent)

I Lost My Little Girl
(McCartney)

Here, There and Everywhere
(Lennon/McCartney)

Blue Moon of Kentucky
(Monroe)

We Can Work It Out
(Lennon/McCartney)

San Francisco Bay Blues
(Fuller)

I've Just Seen a Face
(Lennon/McCartney)

Every Night
(McCartney)

She's a Woman
(Lennon/McCartney)

Hi-Heel Sneakers
(Higginbotham)

And I Love Her
(Lennon/McCartney)

That Would Be Something
(McCartney)

Blackbird
(Lennon/McCartney)

Ain't No Sunshine
(Withers)

Good Rocking Tonight
(Brown)

Singing the Blues
(Endsley)

Junk
(McCartney)

Faixas lançadas no CD *single* "Biker Like an Icon" em 1993:

Things We Said Today
(Lennon/McCartney)
Midnight Special (trad.)

Ordem de apresentação no Limehouse Studio:
Edição feita para a MTV.
Diretor: Bruce Gowers
Produtor: Joel Gallen
Data de gravação: 25/01/1991
Transmitido pela MTV (EUA) no dia 03/04/1991.
Transmitido no Reino Unido no dia 26/08/1991 pelo Channel 4.

Canções apresentadas no programa: "Be-Bop-a-Lula", "I Lost My Little Girl", "Here, There, and Everywhere", "Blue Moon of Kentucky", "We Can Work It Out" (false start), "We Can Work It Out", "I've Just Seen a Face", "Every Night", "She's a Woman", "And I Love Her", "That Would Be Something", "Blackbird" (false start), "Blackbird", "Good Rockin' Tonight", "Singing the Blues" e "Singalong Junk".

Canções não utilizadas no especial MTV: "San Francisco Bay Blues", "Hi-Heel Sneakers", "Ain't No Sunshine", "Midnight Special", "Things We Said Today", "Mean Woman Blues", "The Fool" e "Matchbox".

Ordem por apresentação sem a edição da MTV: "Mean Woman Blues", (Apresentação da banda), "Matchbox", (Conta a história da prisão Sugarland, no Texas), "Midnight Special", (Apresenta a primeira canção que escreveu quando tinha 14 anos), "I Lost My Little Girl, Here", "There and Everywhere", (Anuncia que a próxima canção é de um compacto de autoria de Ramblin' Jack Elliot), "We Can Work It Out" (Erra a letra e brinca com a plateia), "We Can Work It Out" (Novo erro da letra, no meio da canção), "We Can Work It Out" (*Take* apresentado no VHS *MTV Unplugged Vol. 3*), "Blue Moon of Kentucky", "I've Just Seen a Face", (Afina o violão com Robbie e fala sobre o Skiffle), "Every Night", (Intervalo de 5 minutos), "Be-Bop-a-Lula", "She's a Woman", "And I Love Her", (Afina o violão e brinca com Robbie), "The Fool", "Things We Said Today", (Avisa que a próxima música é do álbum *McCartney* e brinca com a platéia), "That Would Be Something", (Vai ao banquinho e brinca com a produtora, dizendo que ela chamou a canção de "Blackboard" (quadro negro, em inglês, ao invés de "Blackbird", pássaro preto), "Blackbird" (false start), "Blackbird", "Hi-Heel Sneakers", "Good Rockin' Tonight", "Singalong Junk", (Trocando instrumentos – Robbie (piano), Hamish (violão), Blair (percussão), Linda McCartney (efeitos), Paul (bateria) e Wix (contrabaixo), "Ain't No Sunshine" (*take* 1), "Ain't No Sunshine" (*take* 2), "We Can Work It Out" (*take* 4 – versão lançada), "Singin' The Blues".

Outras canções ensaiadas: "Love Me Tender", "Cut Across Shorty", "Put It There", "Heart of the Country", "Listen to Me", "Cumberland Gap", "Falling in Love Again", "Heartbreak Hotel", "I'm Gonna Love You Too", "Michelle", "Wake Up Little Susie", "All My Trails", "It Won't Be Long", "We're Gonna Move", "You're My Sunshine", "Mrs. Vanderbilt", "She's My Baby", "Lend Me Your Comb", "Mother Nature's Son", "Money Honey", "True Love", "Rocky Racoon", "No Other Baby" e "Her Majesty".

CAPÍTULO 23
LIVERPOOL ORATORIO

" *No decorrer do processo de composição, tentei colocar tudo o que sabia, esperando ter acrescentado algo realmente bom. Sabia que os críticos já estavam prontos para me malhar. Mas sou assim mesmo, gosto de riscos. Acho que tenho fé em mim mesmo."* (**Paul McCartney**, 1993)

Capa: Dewynters
Gravações: Em 28 e 29/06/1991
Produzido por: John Fraser e Paul McCartney
Datas de lançamento: 07/10/1991 e 22/10/1991 (Reino Unido e EUA)
Desempenho comercial: 1º (Reino Unido e EUA – parada Clássica)

Após flertar com a música clássica em diversas oportunidades – e até compor o instrumental *Love in the Open Air* com apoio de George Martin para o filme *The Family Way* (*Lua de Mel ao Meio-Dia*, no Brasil) – Paul McCartney estava frente a frente com um desafio maior. Em 1988, ele foi contatado pela Royal Phillarmonic Society para compor um tema comemorativo aos 150 anos da entidade, fundada em Liverpool, em 1840, pelo organista amador William Sudlow na igreja de St. Martin.

O convite apresentado, além de grandioso, foi assustador. Até então, seus conhecimentos eram limitados aos arranjos para cordas e metais destinados às canções de seus álbuns. No passado, Paul ainda tinha a possibilidade de trabalhar diariamente com George Martin. Para este projeto, seria preciso um plano B.

Carl Davis, o pianista e maestro nascido em Nova Iorque, seria o escolhido. Seu nome foi lembrado após Paul e Linda participarem do seriado da BBC *Bread* em 1988, estrelado pela mulher de Davis, Jean Boht. No momento da escolha, Paul o contatou e os trabalhos começaram em meio às sessões de *Flowers in the Dirt*. Com grande experiência em musicais e óperas no Old Vic e West End, Davis entraria em cena para ajudar Paul McCartney a traduzir suas ideias para a composição de um oratório, que pode ser exemplificado como "um drama musical de longa duração com tema religioso como pano de fundo".

Como ponto de partida, Paul inspirou-se em etapas-chave de sua vida para compor os movimentos do oratório, começando por seu nascimento em meio à Segunda Guerra Mundial, seus anos de estudo no Liverpool Institute, a trágica morte de sua mãe quando ele tinha somente 14 anos em 1956, o casamento com Linda em 13 de março de 1969, a conquista do mundo com os Beatles até o presente.

O processo de composição de *Liverpool Oratorio* é detalhado no fascinante documentário *Ghosts of the Past*, um extra do DVD, lançado em 2004. Produzido pelo canal PBS Great Performances, o filme mostra todas as etapas de composição do *Oratorio*, inclusive com Paul McCartney cantando trechos dos movimentos, além de ensaios da Royal Liverpool Philarmonic Orchestra e dos solistas Kiri Te Kanawa, Sally Burgess e Malcom Stewart. Outro destaque do documentário é a performance da canção "In Liverpool", composta em 1988, e apenas disponível neste DVD.

Liverpool Oratorio fez sua estreia no dia 28 de junho de 1991, na catedral de Liverpool, sendo gravada e editada juntamente com a apresentação realizada no dia seguinte para o lançamento em CD/LP, em 7 de outubro de 1991. O documentário *Ghosts of the Past*, mostrando o *making of* de *Liverpool Oratorio*, foi transmitido no Reino Unido um dia antes de seu lançamento comercial. Nos EUA, o programa foi exibido apenas no dia 30.

Participantes do *Liverpool Oratorio*:
Soprano: Dame Kiri Te Kanawa
Mezzo soprano: Sally Burgess
Tenor: Jerry Hadley

Baixo: Willard White
Garoto solista: Jeremy Budd
Mestre do coral: Ian Tracey
Royal Liverpool Philharmonic Orchestra - Conduzida por Carl Davis

MOVIMENTOS DE *LIVERPOOL ORATORIO*

War

School

Crypt

Dance

Father

Wedding

Work

Peace

CAPÍTULO 24
OFF THE GROUND

"*Neste álbum, tentei ser menos displicente e chequei cada letra com muito cuidado. Para me ajudar na tarefa, chamei meu amigo, o poeta Adrian Mitchell, que editou alguns versos. Na verdade, Adrian atuou como um professor, corrigindo minha lição de casa.*" (**Paul McCartney**, *Club Sandwich*, 1993)

Capa: Clive Arrowsmith
Arte: Linda McCartney e Eduardo Paolozzi
Gravações: Entre novembro de 1991 e outubro de 1992
Produzido por: Julian Mendelsohn e Paul McCartney
Datas de lançamento: 01/02/1993 e 09/02/1993 (Reino Unido/EUA)
Desempenho comercial: 5º e 17º (Reino Unido/EUA)

Com tantos projetos concluídos e outros em andamento nos últimos anos, entre eles o aplaudido *Liverpool Oratorio* (sua primeira obra clássica), a situação naquele momento em sua carreira era evidente. Paul não perderia, de forma alguma, o embalo da ótima fase – incluindo a chance de lutar por mais uma boa causa. Inspirado pelo engajamento ecológico iniciado em parceria com a ONG Friends of the Earth, Paul McCartney passaria a compor músicas com letras preocupadas com a natureza e o tratamento dos animais, uma das bandeiras carregadas por Linda.

Dessa leva, entrariam no LP gravado no estúdio The Mill, em East Sussex: "Looking for Changes", "Peace in the Neighbourhood", "Golden Earth Girl", "C'mon People" e "Hope of Deliverance". Esta última um *single* com sabor caribenho que conquistaria milhares de fãs, especialmente os europeus, que levaram a canção à parte mais alta das paradas do Velho Continente. Em países de culturas distintas, como Espanha, Suíça, Noruega e França, o público abraçaria com carinho "Hope of Deliverance", levando a música ao topo das paradas. Mais uma conquista para Paul, em sua jornada que pode ser considerada como o segundo capítulo de seu renascimento como artista solo.

Mesmo empenhado em mergulhar de cabeça em assuntos que envolviam política e o cuidado com o planeta, Paul ainda atravessaria um momento de indecisão na hora de escolher as faixas que estariam em *Off the Ground*. A canção de protesto "Big Boys Bickering" e sua frase "Fucking it up for everyone" ("Foda-se todo mundo") fizeram Paul pensar duas vezes. A crítica sem papas na língua ao discurso de políticos remetia ao clima de tensão de "Give Ireland Back to the Irish", lançada duas décadas antes e banida pela emissora BBC em fevereiro de 1972, no auge da crise entre britânicos e norte-irlandeses.

Enquanto não definia esses detalhes em *Off the Ground*, Paul voltaria a trabalhar de forma ativa com o amigo George Martin na poderosa "C'mon People" – repetindo os bons resultados do disco anterior, com "Put It There". Nesse processo de seleção musical, duas músicas compostas com Elvis Costello na década anterior seriam resgatadas para reforçar um álbum que poderia ter sido muito mais agressivo, caso não tivesse sido coproduzido pelo australiano Julian Mendelsohn, que até então era apenas lembrado pelos fãs de Paul McCartney exclusivamente por seu remix no lado B de "It's Not True".

Embora Mendelsohn tenha dado mais coesão ao disco (afinal, *Flowers in the Dirt* passara pelas mãos de diversos colaboradores antes de receber o tratamento de Neil Dorfsman), o produtor, mais associado ao Pet Shop Boys e Level 42, deu às faixas de *Off the Ground* uma atmosfera mais pop, contando com a ajuda de Bob Kraushaar na mesa de som.

Já para poucos e agraciados fãs, as gravações do especial *Up Close*, da MTV, em 10 e 11 de dezembro 1992, no lendário Ed Sullivan Theater, em Nova Iorque, se transformaram em uma chance única para conferir com bastante antecedência oito das doze músicas que seriam ouvidas em *Off the Ground* somente em fevereiro do ano seguinte: "Looking for Changes", "Off the Ground", "Peace in the Neighbourhood", "Get Out of My Way", "Biker Like an Icon", "Hope of Deliverance", "C'mon People" e "I Owe It All to You". Apesar de a maioria ficar de fora da festa, eles teriam em breve a oportunidade de presenciar as novas canções com versões superiores no palco da próxima turnê mundial de Paul McCartney que não iria demorar...

OFF THE GROUND – FAIXA A FAIXA

OFF THE GROUND

Se você fosse um dos um dos contemplados com o Golden Ticket para conferir Paul McCartney no Ed Sullivan Theater em dezembro de 1992 e ouvisse a faixa-título em primeira mão na gravação do especial da MTV, jamais imaginaria que as raízes da música nada tinham da eletricidade de sua versão ao vivo, com Paul na guitarra (e na modesta opinião deste autor, superior à gravação incluída no LP).

A primeira demo de *Off the Ground* apresentada por Paul à banda no final de 1991 no estúdio The Mill, continha corpo e alma de uma canção folk, no melhor estilo das baladas acústicas de *London Town*. Tudo mudaria no finalzinho das sessões do LP, quando Paul "Wix" Wickens, o mestre tecladista, sugeriu dar a ela um tratamento eletrônico. A sugestão de Wix, na verdade, salvou *Off the Ground* de virar apenas mais um lado B da discografia.

Paul McCartney relembra a história à Laura Gross: "Bem no final das gravações, Wix veio até a mim e comentou: 'Nós fizemos esse disco de uma forma bem natural, mas a única coisa que não tentamos ainda é uma faixa com algo computadorizado.' Respondi que não queria perder tanto tempo nisso, mas ele me convenceu. Então, em uma das sessões, dispensei a banda e ficamos apenas eu, Wix e o produtor no estúdio e escolhemos dos arquivos uma das músicas que não tinha combinado com o resto das faixas – e ela era 'Off the Ground'. A partir daí, adicionamos uma base eletrônica e fui incluindo guitarra, baixo eletrônico, percussão e, por último, os vocais. Comecei a gostar do resultado. Só faltava, então, chamar Robbie (McIntosh) para adicionar o solo. Aquela simples canção folk tinha se transformado completamente."

Naquele momento, Paul pode ter realmente curtido o trabalho sugerido por Wix, que coproduziu a música ao lado de Julian Mendelsohn. Mas a versão que ouvimos no disco não deve ter deixado seu autor nas alturas. "Off the Ground" – a exemplo de músicas como "Press" e "Figure of Eight" – foram alvo de diversos remixes, com destaque para o Radio Remix de Keith Cohen que adicionou nova introdução e mais percussão, e o ponto mais importante: resgatou os belos vocais de Paul, antes cobertos pelo excesso de eco e outros instrumentos. Esta versão, infelizmente, só pode ser encontrada em um CD *single* promocional, assim como as de Larry Walsh e Bob Clearmountain. Mas merecia substituir a oficial.

Depois de ter recebido da filha Mary a sugestão de escolher *Off the Ground* como título do LP, Paul estava convicto de que a música não apenas seria um *single*, como ganharia um belo videoclipe. Desta vez, a produção foi em grande estilo, nos estúdios da Industrial Light and Magic, responsável pelos efeitos de *Star Wars*, *Indiana Jones* e *E.T.* No filme, Paul McCartney aparece tocando um trecho de "Soggy Nodle" – instrumental lançado como faixa-bônus de *Off the Ground*. Ao olhar pela janela, ele percebe diversos objetos voando e começa a "sair do chão" e sobrevoar por diversas paisagens dos Estados Unidos.

O clipe foi finalizado no dia 17/02/1993, em San Rafael, Califórnia, EUA. Produzido pela ILM e dirigido por Matthew Robbins.

LOOKING FOR CHANGES

De uma simples mala direta enviada para assinantes aos primeiros números como revista, a americana *The Animals Voice* tem sido, desde 1982, um dos principais veículos interessados em cuidar e evitar os maus tratos e eventual extinção dos animais. Foi em uma edição da publicação fundada por Laura Moretti que Paul teve a ideia de compor algo sobre uma ação que o revoltou. "Canções de protesto são as mais difíceis de serem feitas. Mas, um dia desses estava lendo uma revista que trata dos assuntos dos animais de forma severa, quando vi um gato com uma máquina implantada em sua cabeça. Inacreditável. Eles simplesmente tiraram a tampa de seu crânio e plugaram o aparelho para obter alguns dados. Fiquei imaginando o que será que eles queriam encontrar na cabeça do gato. Então escrevi os primeiros versos, com tom ameaçador: 'I'd like to see that man take out that machine / And stick it in his own brain' ('Gostaria de ver esses homens pegarem a mesma máquina e enfiarem em seus próprios cérebros')."

Com a letra pronta, Paul levou o material para seu consultor, Adrian Mitchell, conferir. Em "Looking for Changes", a sugestão foi a troca de uma das palavras: "flunky" (fracassado) por "bastard" (bastardo). Assim como "Off the Ground", as camadas de produção aplicadas na mesa de som tiraram um pouco da vitalidade da versão oficial com Paul (baixo e guitarra, além do vocal principal), Hamish Stuart (guitarra, violão e *backing vocals*), Robbie McIntosh (guitarra-líder e *backing vocals*), Blair Cunningham (bateria e *backing vocals*), Paul "Wix" Wickens (teclado clavinete e *backing vocals*) e Linda (pandeiro e *backing vocals*).

HOPE OF DELIVERANCE

Todo álbum precisa desesperadamente de um *single* de sucesso. Principalmente, se em sua capa está estampado o nome de Paul McCartney, ex-Beatle. A fuga do passado nunca foi fácil. Por todos os fatores que giram em torno de seus lançamentos, a expectativa de brigar nas competitivas paradas com "Hope of Deliverance" era real, ainda que Paul nunca tenha demonstrado segurança sobre a escolha das músicas mais comerciais. Casos conhecidos, e declarados por ele mesmo, não faltam, como "Get Back" ou "Hey Jude".

Antes de chegarmos a essa história é preciso saber como "Hope of Deliverance" foi concebida: "Escapei para o sótão de nossa casa em Sussex para compor tranquilo. Lá tem uma espécie de alçapão e você usa uma escadinha para chegar até lá e ninguém mais te encontra... Então, foi o que fiz. Levei meu violão Martin de 12 cordas, só pensando em me divertir. Coloquei um cappo no braço dele, com o que dá para tirar um som parecido com músicas de igreja ou Natal. Isso me levou imediatamente às ideias de esperança, libertação e compor uma letra sobre 'escapar das trevas'. Se você está envolvido em resgatar alguém da Somália, por exemplo, isso é uma libertação. Se a pessoa está envolvida com a pobreza, esta é a libertação dela..."

Essa esperança de conquistar mais coisas além de passar uma boa mensagem também estava viva com a nova música e seu *beat* meio latino, meio calipso. Na Europa, em países como Espanha, Suíça, Noruega e França, o CD *single* "Hope of Deliverance", acompanhado das inéditas "Big Boys Bickering", "Long Leather Coat" e "Kicked Around No More", disparou rumo à primeira colocação. Outros resultados excelentes foram registrados na Suécia, Holanda, Irlanda (2° lugar), Japão e Áustria (3°).

Na Inglaterra, "Hope of Deliverance" encontrou o caminho do Top 20, batendo na 18° colocação. Já no quase sempre receptivo Estados Unidos, nem mesmo o ótimo vídeo dirigido por Andy Morahanna na floresta de Ashdown e nos estúdios Black Island, na Inglaterra, entre os dias 24 e 26 de novembro de 1992, evitou que a música encalhasse na 83ª colocação do Hot 100 da *Billboard*.

Paul e o produtor Steve Anderson ainda usariam "Hope of Deliverance" em uma empreitada diferente: desmembrar a música e transformá-la em uma faixa dançante, bem no clima da house music, chamada "Deliverance" – em um processo que seria desenvolvido no ano seguinte com o primeiro disco sob o pseudônimo The Fireman, ao lado de Youth.

"Hope of Deliverance" foi gravada no The Mill com Paul no violão de 12 cordas, baixo e vocal, acompanhado por Robbie McIntosh no violão solo. Hamish e Linda, que também toca auto-harpa, fazem as harmonias vocais, enquanto Wix está na bateria eletrônica e no piano. Blair contribui com bateria e vocais. Já os músicos contratados David Giovannini, Dave Pattman e Maurizio Ravalico tocam os instrumentos de percussão com rara destreza.

Existem três versões desse remix: "Deliverance", "Deliverance (*dub mix*)" e "Deliverance (extended)". Até hoje, mais de duas décadas depois, "Deliverance" é tocada pelos DJs nas pistas internacionais, com grande sucesso.

MISTRESS AND MAID

Paul McCartney sempre admirou o trabalho dos grandes pintores. Uma prova, bem conhecida, está no logotipo da empresa criada pelos Beatles em 1967, a Apple Corps. A ideia de colocar uma maçã do tipo Granny Smith no selo dos LPs da banda foi tirada de uma tela de René François Ghislain Magritte chamada *Le Jeu de Mourre*, criada pelo artista belga em 1966.

No decorrer de sua carreira, Paul não somente usaria as pinturas como inspiração, como daria início a um novo hobby na criação de suas próprias telas. Em 2000, Paul levaria suas criações a um plano mais popular, com o lançamento oficial do livro *Paul McCartney: Paintings*.

Em "Mistress and Maid", a ideia surgiu dessa mesma fonte. Paul tinha em mãos um cartão postal reproduzindo a tela pintada pelo holandês Jan Vermeer entre 1667-1668 (a original está no museu Frick Collection, em Nova Iorque). Nela, se observa uma elegante dama e sua criada olhando para uma carta de amor que a nobre acabara de receber.

A imagem vívida da pintura foi suficiente para Paul iniciar a composição, que seria finalizada por Elvis Costello em uma das últimas sessões conjuntas. Elvis Costello relembrou do encontro em 2011: "Paul me mostrou a imagem de Vermeer e perguntou: 'O que será que o pintor quis dizer?' Então, imaginamos que talvez isso significasse que a criada está trazendo uma carta para seu amante, ou levando uma carta escrita por seu amante. Acabamos não escrevendo esse tema e focamos na história de outro personagem machista. Espero que um dia as demos acústicas que gravamos sejam lançadas."

Pode ter demorado, mas as preces de Costello foram ouvidas. E mesmo que a demo de "Mistress and Maid" tenha sido lançada em 2017 apenas no pacote digital de *Flowers in the Dirt* (como parte da *Paul McCartney Archive Collection*), é possível notar que sua versão original é bem semelhante da performance ao vivo da dupla em 23 de março de 1995, quando Paul e Elvis dividiram o palco do Royal College of Music na première da peça de piano "A Leaf".

Com colaboração do parceiro de *Liverpool Oratorio*, o maestro Carl Davis, Paul transformou a demo acústica de "Mistress and Maid" em uma faixa psicodélica, bem diferente das músicas de *Off the Ground*. Além de Paul no baixo e percussão, Linda nos *backing vocals*, Hamish na guitarra, Robbie tocando violão, Wix nos teclados e Blair na bateria, Carl Davis arranjou uma orquestra em Abbey Road com os seguintes músicos:

Gordon Hunt (oboé), Susan Milan (flauta), Frank Lloyd (trompete), Colin Sheen (trombone), Paul Archibald (trompete), Richard Martin (trompete), Stephen Wick (tuba), Berlinda Bunt, Jonathan Evan-Jone, Roger Garland, Roy Gillard, David Juritz, Pauline Lowbury, Brendan O'Reilly e Maciej Rakowski (violinos).

I OWE IT ALL TO YOU

Composta em Les Baux de Provence, França. Há quem discuta a afirmação, mas "I Owe It All to You" é uma das mais belas composições de Paul McCartney, simplesmente, por combinar bela melodia, letra romântica sem exagerar na cobertura, além da gravação extremamente bem produzida no estúdio The Mill.

Escolhida para o *setlist* nas gravações do especial *Up Close*, da MTV, em dezembro de 1992 (não exibida na versão editada em fevereiro de 1993 pela emissora), a música jamais seria tocada por Paul McCartney em suas turnês. Apesar disso, a história por trás de sua criação é uma das mais interessantes.

Setembro de 1992. Após visitar um ponto turístico no sul da França em Les Baux de Provence chamado Cathedrale d'Images onde filmes eram projetados em paredes de pedra gigantes, Paul não teve dúvida: o tema de sua próxima canção já estava definido. O filme exibido era *Les Portes de l'Europe*, produzido pelo arquiteto alemão Hans Walter Müller, com tomadas fantásticas das pirâmides do Egito e outras imagens que pareciam sair de uma obra de ficção científica.

Em agosto de 2010 (mesmo ano em que Paul retornou a São Paulo para dois shows) Müller foi comissionado a criar uma instalação arquitetônica para o Parque do Ibirapuera, em São Paulo. O objeto inflável foi posicionado na praça das esculturas do principal parque da capital paulista.

Para transformá-la em uma gravação que honrasse todas as imagens conjuradas na letra de "I Owe It All to You", Paul tocou mellotron na introdução da música (o mesmo instrumento que você ouve em "Strawberry Fields Forever"). Depois, gravou a base com violão, percussão e tamborim. Ele foi acompanhado no estúdio The Mill por Robbie, na guitarra com slide, Hamish no contrabaixo, Wix tocou piano e Blair providenciou bateria e percussão. Linda também contribuiu na gravação, tocando clavinete e celesta.

BIKER LIKE AN ICON

Não é segredo que o tema "solidão" e "fuga" estão na pauta das músicas de Paul McCartney desde os anos 1960. Foi assim em "Eleanor Rigby" ("Eleanor Rigby / Died in the church and was buried along with her name" – "Eleanor Rigby morreu na igreja e foi enterrada com seu nome") e "She's Leaving Home" ("Friday, morning at nine o'clock, she is far away" – "Nove horas da manhã de sexta-feira e ela já está distante"). Em "Biker Like an Icon", um ótimo rock and roll, mais uma vez engolido pela mixagem no disco *Off the Ground*, Paul conta a história de uma garota que não pensava em outra coisa a não ser idolatrar um motoqueiro. Ao contrário dos temas otimistas, o final da história não foi nada feliz. Por trás do pessimismo, ou do realismo, de tantos casos de desaparecimento desse tipo, "Biker Like an Icon" tem o lado bem-humorado por trás da criação de seu título. Paul re-lembra: "Linda estava falando sobre suas câmeras fotográficas, e disse: 'Eu gosto da Leica' ('I like a Leica'), e que logo se transformou em: 'Eu gosto de uma Nicon' ('I like a Nicon'). Não demorou muito para eu fazer o trocadilho 'Biker Like an Icon', sobre a história de uma garota que o amava como um santo, um ícone."

A espontaneidade de "Biker" foi levada ao estúdio, com a música gravada em apenas um *take* pela banda. O guitarrista Robbie McIn-tosh conta: "A música foi a primeira a ser gravada depois que Paul nos mostrou as músicas ao piano ou ao violão. Levamos mais ou menos quinze minutos para finalizar tudo."

O *take* definitivo no estúdio The Mill teve Paul no vocal e violão; Robbie, guitarra com slide; Hamish, contrabaixo; Blair, bateria; Linda, percussão e teclado; e Wix no piano.

Para os colecionadores de videoclipes, quatro versões de "Biker Like an Icon" foram rodadas. Na primeira, Paul e banda tocam ao vivo nos estúdios Pinewood, em Londres, com cenários florais projetados pelo artista Brian Clarke ao fundo (os mesmos utilizados durante a New World Tour, em 1993). A de número 2 tem cenas de uma garota fugindo de casa em busca do namorado motoqueiro. O diretor Richard Heslop aparece no filme, pilotando uma Harley Davidson na fronteira entre Los Angeles e Las Vegas. No terceiro clipe, um quarto de tela utiliza a versão 1 do clipe, enquanto o restante apresenta a versão 2. Por fim, a versão 4 combina a versão 2 no centro da tela, cercada pela versão 1. Produzidos e dirigidos por Richard Heslop e Kevin Aubrey Powell.

PEACE IN THE NEIGHBOURHOOD

Otimismo e esperança são duas características natas de Paul Mc-Cartney, justificada por sua criação em Liverpool nos tempos do pós--Segunda Guerra Mundial. Era mais do que necessário tocar a vida de forma positiva, ainda que pragmática, após a morte de sua mãe, Mary Patricia Mohin McCartney, em 1956.

Com um arranjo combinando R&B, soul – com traços de Bill Withers – e um solo progressivo e melódico de Robbie McIntosh, o efeito causado pelo clima de "Peace in the Neighbourhood" oculta seus traços pessimistas. No final do dia, o ambiente é totalmente festivo. Robbie comenta: "O solo de guitarra foi uma coisa ótima para mim. Foi feito durante um ensaio, então me soltei sem preocupação. O mais incrível é ele ter sido mantido na gravação mesmo com uma performance tão espontânea."

Assim como "Biker Like an Icon", gravar "Peace in the Neighbourhood" não foi uma experiência demorada. Nem mesmo foi um *take* "válido". A versão escolhida para *Off the Ground* foi a do primeiro ensaio. O produtor Julian Mendelsohn chegou para a banda e avisou: "Rapazes, podem relaxar. A música já está pronta."

Ao vivo, no estúdio The Mill, cumprindo a rotina de gravar o material de *Off the Ground* do meio-dia às 8h da noite semanalmente, Paul McCartney liderou a banda com sua guitarra elétrica Gibson Les Paul. Hamish Stuart ficou no contrabaixo, enquanto o solo de guitarra perfeito era feito por Robbie McIntosh. Paul "Wix" Wickens toca piano como ninguém e Blair Cunningham na batera. Linda fecha o grupo, tocando percussão. Os engenheiros de som Keith Smith e Eddie Klein contribuíram com os diálogos que você ouve no meio da música, adicionados na fase de pós-produção.

GOLDEN EARTH GIRL

Ainda não deixamos o campo dos sonhos. Nesta bela balada, com traços de "Warm and Beautiful", Paul imagina apenas o belo da natureza, sua fragilidade e a importância da proteção do meio ambiente. O veículo para expressar seu devaneio ecológico ficou a cargo de Carl Davis em um arranjo com clima barroco. "Paul tinha uma ideia de fazer essa música apenas com uma orquestra e não tinha a menor ideia de como funcionaria", conta Hamish Stuart. "No final, acrescentamos oboé e flauta ao arranjo e a gravação deu muito certo."

O plano de transformar sua ode à natureza em música para orquestra também daria certo, mas em um momento amargo para seu compositor. A versão instrumental de "Golden Earth Girl", regravada em 1999 pelo The Loma Mar String Quartet para o álbum *The Working Classical*, seria um tributo à Linda, morta em abril do ano anterior.

O processo de transformar a poesia cheia de metáforas em uma faixa de *Off the Ground* começou no estúdio The Mill, com Paul no piano e vocal, Linda no harmônio, Robbie tocando violão e guitarra; Hamish tocou contrabaixo, Wix assumiu os teclados e Blair ficou atrás de sua bateria. A pequena orquestra, conduzida por Carl Davis, foi gravada no The Hit Factory – Whitfield Street Studios, em Londres, com Gordon Hunt no Oboé e Susan Milan tocando flauta.

THE LOVERS THAT NEVER WERE

Little Richard, Chuck Berry, Buddy Holly, Elvis Presley... Todos esses gênios da era de ouro do rock são quase sempre mencionados quando se relembra da legião de heróis que levaram os Beatles ao "Olimpo". E Smokey Robinson? Nem tanto. Mas William "Smokey" Robinson, um dos pioneiros da Motown, também teve seu peso na formação dos rapazes de Liverpool. "You Really Got a Hold On Me", do disco de 1963, *With the Beatles*, é o exemplo clássico.

Quando os Beatles já eram craques em compor, duas faixas importantes de *Rubber Soul* apontaram a influência certeira de Smokey na música do Mersey: "You Won't See Me" e a obra-prima de Lennon/McCartney, "In My Life".

Foi com esse mote que Paul e Elvis Costello deram início a "The Lovers That Never Were", uma de suas primeiras composições em parceria. Embora tenha sido uma das primeiras crias da dupla em 1987, a dificuldade em encontrar uma versão satisfatória a manteve nos arquivos até ser regravada para *Off the Ground*, cinco anos mais tarde.

Blair relembra: "A música era toda em 3/4, uma valsa pura, e não estava dando certo no estúdio. Aí, Paul disse: 'Por que a gente não faz um compasso de 4/4 na introdução?' Foi uma virada de jogo que fez toda a diferença!"

O momento de composição de "The Lovers That Never Were" é descrito sempre com muita emoção por Elvis Costello. Recentemente, no relançamento de *Flowers in the Dirt*, que traz diversas versões da canção, ele relembrou como ele e Paul produziram a demo acústica no andar de cima de seu estúdio em Sussex. "Na hora de gravar a demo, Paul tocou vilão e eu, piano. De repente, Paul começou a cantar com um vocal totalmente distorcido, quase como aquele que ele gravou em 'I'm Down'. Aquele som forte veio por trás da minha cabeça enquanto eu olhava para baixo, fazendo de tudo para que minhas mãos não cometessem os erros nas teclas. Eu pensava comigo: 'Não estrague tudo, não estrague tudo!' De vez em quando, tentava participar em algumas partes da música que nós combinamos harmonizar."

A versão encontrada em *Off the Ground* foi registrada no estúdio The Mill, com Paul no baixo, Wix no piano Steinway e órgão Hammond, Hamish tocando violão, Blair na bateria e Robbie no mandolim e guitarra. Todos contribuíram na gravação de palmas.

GET OUT OF MY WAY

A exemplo da maioria das faixas mixadas por Bob Kraushaar e Julian Mendelsohn em *Off the Ground*, "Get Out of My Way" segue o exemplo e perde força em sua versão de estúdio quando comparada com a performance ao vivo.

Na *The New World Tour*, iniciada em 18 de fevereiro de 1993, em Milão, Itália, "Get Out of My Way" ainda era parte do *setlist* principal, antes de oscilar entre as passagens de som e os shows. As gravações disponíveis, tanto amadoras como profissionais (*MTV Up Close, Movin' On* e programa de rádio *Oobu Joobu*), escancaram a força da música sem efeitos especiais. Na verdade, a vantagem da versão de estúdio é a de ter a banda Midnight Horns tocando instrumentos reais, ao invés dos samplers usados no teclado de Wix. "A verdade é que 'Get Out of My Way' foi uma tentativa de compor uma canção tradicional de rock, à moda dos anos 50. Muitas pessoas vão falar a mesma coisa para você que esse tipo de música é o mais complicado de se criar, embora, para os ouvidos, tudo soe muito simples. Mas para que uma canção dessas pareça original, autêntica, é uma tarefa complexa. No caso desta faixa, eu coloquei o personagem dentro do carro e ele está, basicamente, cantando o blues: 'Get out of my way / Get out of my life / I don't need anybody to tell me / How to be right / Don't try to stop me / I've got the answer / I won't need anybody except my woman tonight' ('Saia do meu caminho, não me diga o que fazer. Eu sei o que está acontecendo e estou a caminho, quero ver minha mulher esta noite'). Uma espécie de rock and roll com toque de amor."

No estúdio The Mill, "Get Out of My Way" foi mais um exercício fácil para a banda: Paul no baixo; Robbie na guitarra-líder; Hamish tocando a guitarra-base; Linda no harmônio e apito; Blair na bateria; e Wix nos teclados. Metais foram adicionados pela Midnight Horns: Frank Mead (sax alto), Nick Payn (sax barítono), Andy Hamilton (sax tenor), Nick Pentelow (sax tenor) e Martin Drover (trompete).

WINEDARK OPEN SEA

Quando Paul iniciou "*Winedark Open Sea*", talvez a faixa mais simples e inofensiva de *Off the Ground*, a canção tinha andamento mais rápido, e dava pistas de ser mais um rocker. Mas a demo produzida no Rude Studio, e divulgada no programa de rádio *Oobu Joobu* em 1995, não apresenta muitos detalhes sobre sua estrutura. Desta forma, não conseguimos mergulhar mais em suas raízes para saber se a canção teria algum futuro nesse formato.

Aparentemente, Paul achou que isso não seria necessário, já que "Winedark Open Sea" foi transformada numa balada com sabor country quando sobreviveu à edição entre as 24 músicas separadas por Paul, sugeridas à banda no início de 1992.

Hamish pode ser visto como o "culpado" pela seleção de "Winedark Open Sea" no lugar das superiores "Sweet Sweet Memories" ou mesmo "Long Leather Coat". "'Winedark Open Sea' é uma dessas faixas simples, belas e cruas. Talvez eu tivesse adicionado mais alguma coisa à gravação mas é o caso de perceber que a magia está lá e devemos deixar como está."

A magia a qual nosso amigo escocês se refere foi gravada no The Mill com ele na guitarra, Paul no piano Wurlitzer, Linda no harmônio, Wix no sintetizador e Blair tocando bateria.

C'MON PEOPLE

Jamaica, ensolarada Jamaica. Para Paul McCartney, o país sempre foi um centro de inspiração desde os primeiros anos do Wings. Foi nessa ilha caribenha que "Drink to Me (Picasso's Last Words)", por exemplo, viu a luz do dia, em 1973. Muitos anos mais tarde, chegaria a vez da balada que encerra *Off the Ground* em grande estilo, mas que perde de goleada para versão ao vivo, principalmente na hora de ouvirmos o piano Steinway, tocado por Paul. Ainda mais quando chegamos em seu ápice. Nas apresentações da *The New World Tour*, como foi a do Pacaembu em 4 de dezembro de 1993, o público não resistiu ao ver nos imensos telões verticais as imagens de John e Paul, lado a lado, em uma colagem de fotos tiradas por Linda McCartney durante a parte final de "C'mon People". "Eu penso nessa música como algo muito parecido com o estilo dos Beatles. Antes eu costumava resistir ao máximo a essa influência, mas isso também significa negar algo que teria a chance de soar bem. Então, pensei que ninguém se importaria se eu usasse o estilo – ou se George ou Ringo fizessem o mesmo. Da forma que finalizei 'C'mon People', penso nela como uma letra muito otimista, com a velha ideia: Se todas as pessoas se unissem e dissessem aos políticos que nós queremos um mundo com professores, e talvez isso esteja começando a acontecer, nós possamos fazer a diferença."

Para fazer essa diferença, Paul prosseguiu com sua ideia de manter a chama dos Beatles acessa. O próximo passo foi convidar George Martin, que inicialmente foi relutante, pois, aos poucos, o produtor tinha a ideia de pendurar os headphones. A aposentadoria teve de ser adiada. Seu belo arranjo orquestral seria gravado em Londres, no templo sagrado de Abbey Road. No final, quando as notas estavam no papel, George deixou sua marca, assinando na partitura: "'C'mon People' – arranjada por Paul McCartney e George Martin em 30 de junho de 1962." Percebendo o engano, ele corrigiu para 1992, mas de fato, sua mente estava mesmo nos 60 enquanto ele trabalhava com o parceiro.

No documentário *Movin' On*, podemos ver um pouco desse trabalho, assim como as gravações do videoclipe para "C'mon People". Nele vemos um piano de cauda tocado por Paul McCartney que se decompõe no decorrer da canção e depois é reconstruído, em velocidade acelerada. Os efeitos especiais permitem que a imagem central, onde Paul aparece cantando, permaneça em rotação normal.

No final do vídeo, a surpresa. O diretor Kevin Godley decidiu inserir imagens de arquivo de escolas de samba com trajes carnavalescos usados no Brasil nos anos 60 para representar o trecho "Form a party" (faça uma festa ou forme um partido). Rodado entre 16-18/12/1992, no Bray Films Studios, em Londres. Produzido e dirigido por Kevin Godley.

A gravação da faixa "C'mon People" teve a seguinte formação no The Mill: Paul no piano, celesta e no solo de guitarra. Hamish no contrabaixo. Robbie tocando a base de guitarra e violão. Wix nos teclados e nas congas. Blair na bateria e congas. Linda toca seu fiel minimoog, o mesmo de "Jet" e "Band on the Run".

Já as sessões de cordas em Abbey Road tiveram George Martin na condução dos músicos: Irvine Ardini, Aland Brind, Benedict Cruft, Miranda Fulleylove, Roger Garland, Roy Gillard, Pauline Lowbury, Rita Manning, David Ogden, Bernard Partdridge, Jonathan Rees, Michael Rennie, Célia Sheen, Galina Solodchin, Barry Wilde, David Weekes e Jerry Williams (violinos), Roger Chase, Ken Essex e Andrew Parker (violas).

COSMICALLY CONSCIOUS

Nada mal. "Cosmically Conscious" esperou um quarto de século para ser gravada e lançada, após ser composta no ashram do Maharishi, em Rishkesh, quando os Beatles foram (tentar) estudar Meditação Transcendental em fevereiro de 1968. A música (mais uma vinheta, ao estilo de "Why Don't We Do It in the Road?") entrou no álbum *Off the Ground* em uma versão abreviada, listada apenas como "And Remember to Be Cosmically Conscious" (na verdade, uma espécie de faixa oculta do disco). Na versão completa, incluída no CD *single* "Off the Ground", ela ainda traz alguns segundos da canção "Down to the River" colados no final da faixa, algo como acontece, por engano, com "Her Majesty" em *Abbey Road*.

A maior surpresa para quem acompanha Paul McCartney (quando o tema é mudar o repertório) foi o resgate de "Cosmically Conscious" em um show beneficente ocorrido em 4 de abril de 2009, em Nova Iorque – com o bônus de ter Ringo na bateria. Na apresentação, Paul explicou a origem da canção ao público que compareceu ao Radio City Music Hall para o evento sobre Meditação Transcendental organizado pelo cineasta David Lynch. "E não se esqueçam que vocês precisam ser cosmicamente conscientes... era uma das inúmeras frases do Maharish na Índia."

Paul toca inúmeros instrumentos na gravação de "Cosmically Conscious", em Sussex: Piano, sitar, violão, ocarina, mellotron e violão. Hamish toca contrabaixo, Robbie assume o bandolim e Linda fica no harmônio. Blair Cunningham contribui com bateria e percussão.

Outras músicas da era *Off the Ground*

Lançadas em CDs *singles* e edições especiais do álbum no Japão e Europa:

BIG BOYS BICKERING

Paul McCartney escreveu "Big Boys Bickering" em março de 1990, em sua primeira visita ao Japão desde sua prisão no país, em 1980. A canção, incluída no CD *single* "Hope of Deliverance", aborda a recusa de dirigentes (em particular, George Bush, presidente dos EUA naquela época – nota do autor) em assinar tratados para a proteção do planeta. Pela primeira vez (e única) em sua carreira, McCartney adicionaria à letra da música o termo "fucking", no trecho "fucking it up for everyone" (algo como, pouco se f**** para os outros). "As pessoas estão acabando com o nosso mundo, mas os governos não estão fazendo nada sobre isso. Estou protestando contra pessoas como George Bush indo ao Rio de Janeiro (ECO 92) e dizendo: 'Não irei assinar nenhum acordo', referindo-se ao tratado de Kyoto e a destruição da camada de ozônio pelo aumento da emissão de gazes poluentes na atmosfera."

A gravação no estúdio The Mill teve Paul McCartney ao violão. Acordeão tocado por Paul Wix Wickens; contrabaixo, por Hamish Stuart; percussão e harmonias, por Linda McCartney; guitarra elétrica, por Robbie McIntosh; e bateria e percussão, por Blair Cunningham.

LONG LEATHER COAT

Uma das músicas mais pesadas já gravadas por Paul retoma a antiga parceria (que até gerou processo de Sir Lew Grade) com Linda McCartney iniciada nos tempos de *Ram*. Quem aprecia o lado mais roqueiro de Paul McCartney, certamente, um dia questionou o motivo de ele tê-la limado de *Off the Ground* em favor de faixas mais leves e sem substância como "Windark Open Sea".

Mas o fato é que a composição sobre ativismo contra os matadores de focas, raposas e outros animais para a confecção de casacos de pele soa muito bem como faixa adicional do CD *single* "Hope of Deliverance".

A banda gravou "Long Leather Coat" no estúdio The Mill com uma formação clássica que remete ao Wings: Paul no contrabaixo, Linda no minimoog, Robbie, na guitarra-líder com pedal, Hamish na guitarra-base, Blair na bateria e Wix nos teclados.

KICKED AROUND NO MORE

A balada incluída no CD *single* "Hope of Deliverance" se destaca pelo tom melancólico da letra, algo incomum na discografia de Paul. Especulações sugerem um momento de tensão entre Paul e Linda, mas nada que tenha sido divulgado. Alguns exemplos do passado, revelados por Paul, estão em músicas menos óbvias, como "Ebony and Ivory", exemplo de um tema que nasceu após uma briga de casal.

A gravação da faixa no estúdio The Mill conta com Paul ao piano, programação da bateria e vocoder; Hamish Stuart toca violão; Robbie, guitarra elétrica; Blair contribui com bateria eletrônica; Wix assume o sintetizador; e Linda toca o piano de brinquedo.

KEEP COMING BACK TO LOVE

A balada com clima soul music é uma das raras parcerias de Paul com Hamish, que deu início à música em Los Angeles bem antes das sessões de *Off the Ground*.

Paul sugeriu o título da canção por telefone, a pedido de Hamish que enfrentava alguns problemas para terminar sua criação, escolhida como faixa bônus do *single* "C'mon People".

Na gravação no The Mill, Paul McCartney toca contrabaixo, sintetizador e piano. Hamish está no vocal principal, violão e guitarra. Wix assume o órgão Hammond e Blair toca bateria. Robbie é o segundo violão e Linda contribui com *backing vocals* e percussão.

I CAN'T IMAGINE

Composta por Paul para as sessões de *Off the Ground* entre 1990 e 1991 (a fita cassete gravada em um walkman Sony apresentada para a banda continha 24 demos), "I Can't Imagine" é uma balada, a exemplo de "Kicked Around No More", com um teor mais agridoce, melancólico, que se beneficiaria caso fosse editada. A duração da versão incluída no *single* "C'mon People" tem 4 minutos e 30 segundos. Por outro ângulo, se isso acontecesse, não teríamos ouvido no final dela a parte instrumental de uma música inédita chama "On a Pedestal", que permanecesse nos recheados arquivos organizados pelo arquivista Eddie Klein.

No estúdio, "I Can't Imagine" foi gravada assim: Paul ao violão e depois *overdub* de contrabaixo. Robbie no segundo violão e guitarra-líder. Blair na bateria e percussão, Hamish em um terceiro violão e Wix no indefectível órgão Hammond. Linda participa nos vocais.

DOWN TO THE RIVER

Durante os ensaios para a gravação do Acústico MTV em janeiro de 1991, Paul apareceu com "Down to the River", um mistura de country e americana, que depois entraria para o *setlist* dos shows secretos pela Inglaterra e alguns países da Europa em maio daquele ano. A letra é bastante simples (na verdade, apenas um verso) – um lamento normalmente encontrado nas canções tradicionais dos Estados Unidos. Faixa bônus do *single* "C'mon People".

Paul McCartney toca violão e gaita na gravação no estúdio The Mill. Wix assume seu acordeão e o resto da banda se posiciona como no show da MTV: Hamish no baixo acústico; Robbie na guitarra eletroacústica; e Blair Cunningham na bateria. Linda acompanha nos *backing vocals*.

STYLE STYLE

Super produzida no estúdio, dá para sonhar com uma versão mais crua e ao vivo de "Style Style" (quem sabe na edição de luxo de *Off the Ground* da *Paul McCartney Archive Collection*?).

Destinada a figurar apenas como faixa extra do CD *single Off the Ground*, esse pop rock tem uma letra que aparentemente pode ser confundida com uma homenagem à Linda se não fosse alguns versos ambíguos.

A gravação de "Style Style" no The Mill contou com Paul no vocal principal, contrabaixo e violão; Robbie na guitarra-líder; Hamish tocando violão; Blair na bateria; Wix no piano elétrico e percussão tocada por Linda.

SWEET SWEET MEMORIES

Assim como "Kicked Around No More" e "Long Leather Coat", "Sweet Sweet Memories" poderia ocupar um lugar de maior destaque na discografia de Paul McCartney, como faixa do LP *Off the Ground*. Ao invés disso, esse pop psicodélico também acompanhou o destino de "Style Style", faixa extra do CD *single Off the Ground*.

Se "Style Style" traz o mistério, "Sweet Sweet Memories" é bem mais clara na intenção de homenagear Linda. Destaque para o final instrumental da música, onde a banda aproveita para improvisar e acrescentar efeitos que lembram um pouco os arranjos de "Sun King", de *Abbey Road*. Uma boa metáfora musical para representar as memórias do personagem.

Posição da banda no estúdio para gravar a faixa: Paul no sintetizador, baixo e vocal principal. Hamish ficou no violão e Robbie, na guitarra-líder. Wix volta a tocar Hammond e Blair faz a cozinha com a bateria. Linda toca percussão e faz harmonias.

NO BAÚ DE *OFF THE GROUND*

No programa da turnê *The New World Tour*, distribuído gratuitamente no estádio do Pacaembu, Paul revela que 24 músicas foram separadas por ele para as gravações de seu próximo disco que viria a ser *Off the Ground*. Aqui você confere alguns títulos de músicas que podem ter sido finalizadas durante as sessões.

O documentário *Movin' On* revela uma das parcerias entre Paul e Hamish, que acabaria nos arquivos: "Is It Raining in London?". A música foi finalizada e orquestrada em Abbey Road, com arranjos do italiano Angelo Badalamenti. A única versão completa já ouvida foi apresentada por Hamish e Robbie em um evento para fãs dos Beatles, em Liverpool, em 2012. Esta versão está disponível na internet.

"In Liverpool" (versão acústica revelada no documentário *Ghosts of the Past*, incluída no DVD The Liverpool Oratorio), "Magic Lamp", "Wedding Invitation", "If You Say So", "Simple Song", "On a Pedestal", "Jacket in Clubland". "Ingrained Funkiness" foi revelada como um presente de Natal, gravada por Paul e seus filhos para Linda e não cogitada para o disco. "Beautiful Night" seria resgatada das sessões de 1986 para mais uma tentativa no estúdio. Já "Calico Skies", "When Winter Comes" e "Great Day" foram gravadas apenas com Paul ao violão e salvas para *Flaming Pie*. "When Winter Comes" permanece inédita.

CAPÍTULO 25
PAUL IS LIVE

Capa: Iain MacMillan
Gravações: Entre 22/03/1993 e 15/06/1993
Produzido por: Paul McCartney
Datas de lançamento: 15/11/1993 e 16/11/1993 (Reino Unido/EUA)
Desempenho comercial: 34º e 78º (Reino Unido/EUA)

Após tocar para mais de 2 milhões de pessoas entre setembro de 1989 e julho de 1990, era de se esperar uma pausa mais longa para uma banda que acumulava mais de 100 shows, além das apresentações "secretas" pela Europa em 1991. Não para James Paul McCartney, M.B.E. Motivado com seu retorno aos palcos e pelo álbum *Off the Ground*, recém-saído do forno, Paul caiu na estrada novamente em 18 de fevereiro de 1993 com um repertório bastante renovado. Além das canções do disco novo, incluindo o *hit* "Hope of Deliverance", Paul tinha renovado o *setlist* com mais gemas de seu catálogo, incluindo "Drive My Car", "Another Day", "Magical Mystery Tour", "Fixing a Hole" e canções tocadas em um *set* acústico, revivendo o *MTV Unplugged*: "Every Night", "We Can Work It Out", "And I Love Her" e "Here, There and Everywhere".

Assim como em 1990, Paul voltaria ao Japão e desta vez, os fãs nipônicos ganhariam de presente um especial exibido pela Fuji Television que uniu performances da passagem de som e do show principal no Tokyo Dome em 15 de novembro de 1993, provando ser mais direto e interessante do que o documento oficial da turnê. Além do especial japonês, o canal a cabo FOX também exibiu parte do show de 15 de junho, no Blockbuster Pavillion, em Charlotte, nos EUA, tornando-se rapidamente um item de colecionador.

Outra novidade da *New World Tour* foi o retorno de Paul McCartney à Austrália depois de 18 anos, com nove shows no país, além de uma apresentação na Nova Zelândia, em Auckland – sua primeira até o anúncio dos shows em 16 de dezembro de 2017.

Ao contrário da *Get Back Tour*, a turnê de 1993 se encerraria conforme o planejado, com shows agendados em São Paulo, Curitiba, Buenos Aires e Santiago.

Após ensaiar pela primeira vez em São Paulo, no estádio do Pacaembu, Paul McCartney concedeu entrevista coletiva à imprensa brasileira e ousou: "Se um dia, algum crítico produzir uma canção melhor do que as minhas, eu os ouvirei. Mas, por enquanto, eu cuspo nos críticos." Antes do espetáculo principal, a entrevistadora Marília Gabriela conduziu uma longa entrevista com Paul McCartney, transmitida pela Rede Bandeirantes, que antecedeu o compacto da apresentação na Cidade do México, em novembro, intercalada com diálogos do Pacaembu.

Nessa fase da turnê, o repertório já havia sofrido algumas alterações em relação ao início. "Another Day", "Get Out of My Way", "Fixing a Hole" e "And I Love Her" deram lugar a "Jet", "Looking for Changes", "Ain't No Sunshine" e "I Lost My Little Girl".

Quando o álbum *Paul Is Live* chegou às lojas em novembro de 1993, a *New World Tour* não havia tocado o solo japonês e sul-americano. Como resultado, o LP duplo e o CD simples representariam apenas as fases americana e australiana da excursão. Antes de ser batizado em definitivo, o disco se chamaria *From AUS to USA*, por razões óbvias. Atendendo aos pedidos de urgência da EMI, que necessitava de um produto para o Natal, Paul McCartney e Geoff Emerick aproveitaram uma pausa na turnê em junho de 1993 para selecionar as faixas e mixar o álbum.

Além das canções apresentadas nos shows americanos e australianos, eles incluiriam duas improvisações inéditas, gravadas em passagens de som, "A Fine Day" e "Hotel in Benidorm". Acompanhando o álbum, os fãs também contariam com o VHS *Paul Is Live – In Concert in the New World Tour*, dirigido por Kevin Godley e Aubrey Powell, com 21 faixas, incluindo performances de "Let It Be", "Yesterday" e "Hey Jude".

Paul Is Live, além do conteúdo musical, também despertou interesse pela capa, onde Paul decide entrar de uma vez por todas na onda do mito "Paul is dead", lançado em 1966 pelo radialista americano Russ Gibb. Para provar que está vivo, ele deixa várias pistas para serem caçadas pelos fãs. Ao contrário da versão fúnebre do LP *Abbey Road*, Paul agora atravessa a faixa em frente aos estúdios calçado. Já o Volkswagen Beetle (o nosso fusca) da capa contém a placa 51IS ao invés de 28IF, apontando que ele está vivo e com 51 anos. Outra pista é o cão Arrow (sheepdog de seu filho James), sendo conduzido com a mão esquerda. Na capa de *Abbey Road*, Paul fuma um cigarro com a mão direita, o que seria a prova da atuação de Billy Shears – o substituto do verdadeiro Paul.

Músicos:

Paul McCartney: Vocal, baixo, guitarra, piano e violão.
Hamish Stuart: Vocal, violão, guitarra e baixo.
Linda: Percussão, vocal, teclados, minimoog e pandeirola.
Robbie McIntosh: Guitarra, guitarra com slide e violão.
Paul "Wix" Wickens: Teclados, violão e percussão.
Blair Cunningham: Bateria e percussão.

FAIXAS DE *PAUL IS LIVE*

Drive My Car (Lennon/McCartney) - 2:16
Gravada em 31/05/1993 – Kansas City, Missouri.

Let Me Roll It (McCartney) – 4:04
Gravada em 26/05/1993 – Boulder, Colorado.

Looking for Changes (McCartney) – 2:37
Gravada em 31/05/1993 – Kansas City, Missouri.

Peace in the Neighbourhood
Gravada em 26/05/1993 – Boulder, Colorado.

All My Loving
Gravada em 11/06/1993 – New York City, New York.

Robbie's Bit (Thanks Chet) (McIntosh)
Gravada em 15/06/1993 – Charlotte, Carolina do Norte.

Good Rocking Tonight
Gravada em 15/06/1993 – Charlotte, Carolina do Norte.

We Can Work It Out
Gravada em 11/06/1993 – New York City, New York.

Hope of Deliverance
Gravada em 11/06/1993 – New York City, New York.

Michelle (Lennon/McCartney) - 2:49
Gravada em 26/05/1993 – Boulder, Colorado.

Biker Like an Icon
Gravada em 26/05/1993 – Boulder, Colorado.

Here, There and Everywhere
Gravada em 22/03/1993 – Paramatta, Sydney (Austrália).

My Love
Gravada em 29/05/1993 – San Antonio, Texas.

Magical Mystery Tour
Gravada em 23/03/1993 – Paramatta, Sydney (Austrália).

C'mon People
Gravada em 31/05/1993 – Kansas City, Missouri.

Lady Madonna
Gravada em 01/05/1993 – Atlanta, Geórgia.

Paperback Writer
Gravada em 15/06/1993 – Charlotte, Carolina do Sul.

Penny Lane
Gravada em 26/05/1993 – Boulder, Colorado.

Live and Let Die
Gravada em 26/05/1993 – Boulder, Colorado.

Kansas City
Gravada em 31/05/1993 – Kansas City, Missouri.

Welcome to Soundcheck
(Link)
Hotel in Benidorm
Gravada em 26/05/1993 – Boulder, Colorado.

I Wanna Be Your Man
Gravada em 23/03/1993 – Paramatta, Sydney (Austrália).

A Fine Day
Gravada em 11/06/1993 – New York City, New York.

Outras músicas apresentadas na turnê: "Coming Up", "Get Out of My Way", "Another Day", "And I Love Her", 'Every Night", "Let It Be", "Peace in the Neighbourhood", "Off the Ground", "The Long and Winding Road", "Fixing a Hole", "Sgt. Pepper's Lonely Hearts Club Band", "Band on the Run", "I Saw Her Standing There", "Hey Jude", "Jet", "Can't Buy Me Love", "I Lost My Little Girl", "Ain't No Sunshine", "Mother Nature's Son" e "Blackbird".

CAPÍTULO 26
STRAWBERRY, SHIPS, OCEAN, FOREST

❝*Admito que não é o álbum que vocês esperam normalmente de mim. Mas gostei muito, é bem interessante. É uma volta ao mundo conceitual das coisas que já havia feito nos anos 60.*" (**Paul McCartney**, 1994)

Capa: Paul McCartney
Arte: Paul McCartney
Gravado: Durante quatro dias em outubro 1992
Produzido por: Paul McCartney e Youth
Datas de lançamento: 15/11/1993 e 22/02/1994 (Reino Unido/EUA)

A revista britânica *Q* chegou às bancas em outubro de 1986 – não por coincidência – com Paul McCartney na capa. Em 1992, a mesma *Q* publicou um artigo interessante sobre Youth, o baixista original do Killing Joke que agora se destacava como produtor e remixer de uma legião de artistas, de Wet, Wet, Wet a U2. Na matéria, a revista questionava: "Youth: Poderá este homem salvar a música pop?"

Paul McCartney estava atento à ascensão de Martin Glover – a identidade "secreta" de Youth. Logo um encontro entre os baixistas seria providenciado no estúdio The Mill, em Sussex, para discutir a possibilidade de remixar músicas saídas do forno durante as sessões de *Off the Ground*.

Desde o primeiro encontro, estava claro que a parceria iria além de remixes. Youth gostou do material disponível. Ao ouvir "Cosmically

Conscious" e "Down to the River" – duas músicas destinadas ao *status* de lado B de *singles* do álbum de 1993. O produtor quis mais. Por que não acrescentar novos elementos sonoros às canções e remontar tudo? Paul gostou da ideia e aceitou gravar trechos de banjo e seu Kay Mastro M1, o baixo acústico das canções de Elvis, para que Youth acrescentasse mais tarde em sua fórmula mágica.

Nos próximos quatro dias, Youth e os engenheiros de som Chris Potter e Matt Austin passariam horas reconstruindo as faixas preparadas por Paul e Youth e as remixando a partir de canções da discografia de Paul McCartney.

As sessões aconteceriam da seguinte forma no estúdio Butterfly, em Londres:

> **The Broadcast:** partes do diálogo da música de *Back to the Egg* foram extraídos e separados em um *mix* especial.

> **Cosmically Conscious:** Vocais e partes musicais foram extraídos e mixados à primeira gravação.

> **Down to the River:** Linhas de baixo e violão remixados e colados à nova faixa.

> **Extratos de diálogos e melodias** tocadas aleatoriamente por Paul McCartney em diversos instrumentos: contrabaixo acústico, banjo e flauta.

Com a produção básica completa, Youth batizou o remix de "Transpiritual Stomp", transformando a faixa principal em mais oito composições para o LP.

Assim como fez com *Thrillington*, seu primeiro projeto experimental, *Strawberry, Ships, Ocean, Forest* ficou por algum tempo na gaveta até ser lançado comercialmente. Mas ao contrário da versão instrumental do álbum *Ram*, a estreia do pseudônimo The Fireman (em homenagem à função de seu pai durante a Segunda Guerra Mundial) chegaria às lojas um ano mais tarde, sem qualquer alarde sobre a identidade do misterioso bombeiro. A única certeza é que ainda ouviríamos falar muito dele.

FAIXAS DE *STRAWBERRY, SHIPS, OCEAN, FOREST*

Transpiritual Stomp
Trans Lunar Rising
Transcrystaline
Pure Trance
Arizona Light
Celtic Stomp
Strawberries, Oceans, Ships, Forest
4 4 4
Sunrise Mix

CAPÍTULO 27
FLAMING PIE

" Quando estávamos nos Beatles, nós todos pensávamos em fazer um álbum para aquele 'garoto do quarto'. Porque, até então, nós éramos aqueles garotos ouvindo música no quarto." (**Paul McCartney**, *Billboard*, Abril de 1997)

Capa: Linda McCartney
Arte: The Team
Gravações: Entre setembro de 1992 e março de 1997
Produzido por: Jeff Lynne e Paul McCartney
Datas de lançamento: 05/05/1997 e 27/05/1997 (Reino Unido/EUA)
Desempenho comercial: 2º (Reino Unido e EUA)

Bono e Bruce Springsteen estão conversando, mas seus olhos, em questão de segundos, se voltam atentos para o palco do auditório no suntuoso Waldorf Astoria Hotel, nº 301 da Park Avenue, em Manhattan.

Paul está aqui em Nova Iorque, nesse 19 de janeiro de 1994, para anunciar John Winston Ono Lennon como o mais novo membro do Rock and Roll Hall of Fame por sua carreira solo. Apenas a voz de Paul McCartney corta agora o silêncio, enquanto ele prossegue:

"Caro John, me lembro quando nos encontramos em Woolton. Era um lindo dia de verão em Liverpool e você estava no palco cantando 'Come and Go with Me', do Dell Vikings. Você não sabia a letra correta, então inventou na hora (...) Me lembro quando começamos a compor juntos e eu lhe apresentei meu colega de escola George. Ele tocou Raunchy no andar de cima do ônibus e entrou na banda. Você ficou im-

MASTERS

pressionado... E nós conhecemos Ringo, que já era um profissional. Ele usava barba, mas ela teria de desaparecer. E desapareceu! Mais tarde fomos ao Cavern Club, onde só tocavam blues. Nós não sabíamos nenhum. (...) Chegamos até Hamburgo e encontramos por lá tipos como Little Richard e Gene Vincente. Lembro de Little Richard nos convidar para ir ao seu hotel. Ele olhava para o anel de Ringo e dizia: 'Adoro esse anel!' (...) Então, vieram os Estados Unidos onde conhecemos Elvis em uma noite incrível. Nós vimos o garoto em seu território. Ele foi a primeira pessoa que vi com um controle remoto de TV. Cara, ele era um herói! Então, veio o *Ed Sullivan Show*. Nós queríamos ser famosos. Agora, nós estávamos ficando muito famosos (...) Depois vieram nossas conversas ao telefone. A maior alegria para mim, após toda aquela merda que passamos nos negócios, foi podermos nos reunir e nos comunicar mais uma vez. E ter a alegria ao saber que você estava fazendo pão enquanto cuidava de seu bebê, Sean. Agora, muitos anos depois, estamos aqui. Todas as pessoas. Aqui estamos nós, preparados para agradecê-lo por tudo o que você significa para a gente. Essa carta chega com amor, de seu amigo Paul. John Lennon, você conseguiu. Hoje, você está no Rock and Roll Hall of Fame. Deus o abençoe."

21 de novembro de 1994. Paul, George, Ringo e... John. Hoje o quarteto está completo, reunido no estúdio The Mill, em Sussex, na primeira sessão de gravação desde 1969. Logo após John ser homenageado no Rock and Roll Hall of Fame, Yoko Ono havia entregue a Paul fitas muito especiais contendo canções de John Lennon, que em breve ganhariam nova vida no projeto *Anthology*. "Free As a Bird", composta em 1977 por Lennon, foi a primeira. No lugar de George Martin está Jeff Lynne, líder do Electric Light Orchestra e produtor do LP *Cloud Nine*, de George Harrison. Lynne seria o mago responsável por capturar a voz e o piano tocado por John e transformar tudo em uma nova canção dos Beatles, acompanhada por Paul, George e Ringo. Foi complicado.

Tudo parecia bizarro, afinal John não esteve de corpo presente. Apesar da atmosfera sobrenatural, um ano depois das sessões em Sussex, "Free As a Bird" chegaria às rádios do mundo colocando o nome dos Beatles de volta às 10 músicas mais tocadas. Era a nova Beatlemania e o ponto de inspiração para o primeiro álbum de Paul McCartney chegar às lojas após mais de quatro anos.

***

Paul estava na Jamaica no primeiro mês de 1995. Seu envolvimento com as músicas de John Lennon, entregues por Yoko, o tocaram com sinceridade. Em seu bangalô em Montego Bay, não poderia existir melhor lugar e momento para compor algo sobre seu passado ao lado de John Lennon. "The Song We Were Singing" tentava reproduzir os velhos tempos.

Outra pessoa importante em seu círculo, Maureen Cox (ex-Maureen Starkey), falecera havia pouco tempo. Então, as emoções seriam canalizadas para escrever algo que trouxesse paz de espírito a Jason, Zak, Lee (filhos de seu casamento com Ringo) e Augusta, sua filha com o fundador do Hard Rock Cafe, Isaac Tigret. "Little Willow", uma terna balada acústica, seria o tributo à amiga.

Parecia que 1995 seria um grande ano. Enquanto colecionava novas músicas ele aguardava o primeiro CD da série *Anthology* chegar com nova versão dos Beatles para "Free As a Bird". Mas antes, seria necessário terminar outra canção inacabada de Lennon, "Real Love", destinada ao álbum duplo *Anthology 2*, agendado somente para o ano seguinte.

Esta seria apenas uma das inúmeras tarefas encabeçadas por Paul em 1995. Ao terminar "Real Love", a próxima parada seria o estado norte-americano de Idaho, onde Paul voltaria a dividir o estúdio com o bluesman Steve Miller, o mesmo que o salvara de uma reunião desastrosa dos Beatles em maio de 1969.

Desse reencontro sairiam diversas canções, direto para a fila de espera de seu álbum. Entre elas, "Young Boy", composta em 1994 enquanto Paul aguardava por Linda. A dupla, assim como na sessão de "My Dark Hour", 26 anos antes, se entrosou rapidamente. Meses depois, a situação se inverteu. Miller agora era o convidado de Paul em East Sussex para concluir outras músicas, incluindo "If You Wanna", com incrível solo de guitarra de Steve Miller.

Aquele ano seria marcado por outro reencontro. Elvis Costello foi um dos principais convidados do evento *An Evening with Paul McCartney*, realizado no Royall College of Music, em Londres, onde subiriam ao palco pela primeira vez cantando "One After 909" e "Mistress and Maid". "A Leaf", peça para piano composta por Paul, também seria apresentada ao público nessa mesma noite pela russa Anya Alekseyev e lançada em abril.

Após finalizar "Free As a Bird" e "Real Love", Paul McCartney tinha ficado fascinado com a técnica de adicionar instrumentos a uma fita cassete. Se tinha dado certo com John, por que não tentar capturar o momento da mesma forma com suas novas demos? A parceria com Jeff Lynne partiria dessa ideia considerada maluca, principalmente por Lynne.

Paul e Lynne se acertaram. A dupla começaria a gravar em novembro. Mas antes, a voz de John Lennon entraria em seu caminho mais uma vez. Motivado pela filha Stella, Paul concordou em colaborar com o projeto beneficente War Child, gravando ao lado de Noel Gallagher, do Oasis, e Paul Weller a *cover* de "Come Together".

Novembro chegou e trouxe o CD duplo e a série de TV *Anthology* e a cereja do bolo: o aguardado *single* "Free As a Bird". Para marcar o momento, Paul e Jeff Lynne começaram oficialmente no dia 21 as sessões que se transformariam mais de um ano mais tarde em *Flaming Pie*.

Com a premissa de "não suar a camisa" e concluir músicas em um ritmo semelhante ao dos Beatles, em uma era em que eles mal tinham tempo para gravar, os trabalhos decolaram a partir da demo de "The Song We Were Singing", mantida quase em sua forma integral no LP.

Tudo corria como o planejado, até Linda McCartney receber a notícia de que tinha câncer em uma das mamas. Paul não perdeu tempo. Paralisou tudo para cuidar da mulher até sua recuperação da cirurgia. Isso exigia muito descanso e privacidade.

Após dias longe da Inglaterra, Paul tomou coragem para dar sequência às gravações com Jeff Lynne. Em seu retorno ao estúdio The Mill, em fevereiro de 1996, uma *jam session* daria origem à faixa título, inspirada por uma crônica humorística escrita por John Lennon no jornal musical *Mersey Beat*, onde revelava ter sido visitado por um ser mítico montado em uma torta flamejante. "A partir de agora vocês se chamarão Beatles", ordenou o homem.

Entre longos intervalos, a rotina de gravações com Lynne se prolongaria até setembro, com a conclusão de "Beautiful Night", orquestrada por George Martin, e com colaboração de Ringo na bateria e nos vocais. O produtor original dos Beatles, aliás, receberia o crédito em mais duas músicas do álbum: "Calico Skies" e "Somedays".

Flaming Pie chegou às lojas em maio de 1997, dois meses após Paul ser condecorado Cavaleiro do Império Britânico pela rainha Elizabeth II nas dependências do palácio de Buckingham. Linda não estava presente. Visivelmente emocionado, Paul justificou a ausência da mulher "por existir poucos convites" para a festa. Sir Paul McCartney, em breve, saberia da verdade. Linda não teria muito mais tempo de vida.

Ao contrário do que fizera em seus dois últimos álbuns, Paul não saiu em turnê para divulgar *Flaming Pie*. Trocou os palcos do mundo por diversas participações em programas de TV, incluindo o britânico *TFI Friday*, apresentado por Chris Evans, onde apresentou "Young Boy" e a faixa-título, "acompanhado por si mesmo", tocando todos os instrumentos. Embalado pelo efeito *The Beatles Anthology*, *Flaming Pie* atingiu o 2º lugar nos Estados Unidos e no Reino Unido. Seria o último sucesso compartilhado com Linda.

No final de 1997, Paul encontrou forças para concluir *Standing Stone* – o poema sinfônico composto para marcar o centenário da EMI. Sentada ao seu lado, na première americana de *Standing Stone* no Carnegie Hall em 6 de novembro, Linda McCartney seria vista em um evento público de seu marido pela última vez.

FLAMING PIE – FAIXA A FAIXA

THE SONG WE WERE SINGING

Paul McCartney acaba de ter uma ideia: gravar "The Song We Were Singing", sua ode aos anos 60 e aos tempos de amizade com John Lennon, com o contrabaixo de Bill Black. O mesmo instrumento visto no filme *Loving You* (*A Mulher Que Eu Amo*, no Brasil), em cartaz nos cinemas dois dias após o encontro entre John e Paul em Woolton, Liverpool.

Para esquentar os dedos, Paul apanhou o baixo e começou a tocar. Mas um ruído estranho chamou sua atenção. Chacoalhou o Kay Maestro – M1 e lá dentro descobriu um pacote de cordas originais do violão de Elvis Presley, hibernando havia décadas. Atento aos bons sinais do rock, seria um ótimo começo para a música composta na Jamaica no ano anterior. "Em 'The Song We Were Singing', eu me recordo dos anos 60, quando ficávamos noite adentro conversando, discutindo sobre uma 'solução cósmica' para o mundo... Era isso que a gente costumava fazer naquele tempo. Era a época certa para fazer isso."

Meses antes de compor "The Song We Were Singing", Paul estava de volta à ativa como o baixista dos Beatles para tentar finalizar canções de John Lennon, entregues a ele por Yoko, no Rock and Roll Hall of Fame. Nesse encontro, em novembro de 1994, "Free As a Bird" foi completada, parte por parte, ressurgindo de uma fita caseira, em que Jeff Lynne mostrou rara habilidade em eliminar ruídos e outras interferências daquela performance rudimentar.

Paul ficou realmente impressionado. Mais do que isso, sentiu vontade de produzir da mesma forma uma de suas canções. Jeffy Lynne: "Paul gostou tanto da técnica que usamos em 'Free As a Bird' que me perguntou se poderíamos fazer o mesmo com suas novas músicas. Respondi: 'Paul, claro, o único problema é que... você está vivo! (risos) Seria estranho usar a demo em suas próprias canções.' Conversamos a respeito e tentamos manter, ao máximo, o clima das fitas gravadas por ele na Jamaica. Paul gostou do resultado."

"The Song We Were Singing" começou a ser gravada no estúdio The Mill, em East Sussex, Inglaterra, em 6 de novembro de 1995, sendo finalizada no dia 10 do mesmo mês.

Paul: Contrabaixo Kay Maestro, vocal, guitarra Les Paul, violão e harmônio. Jeff Lynne: Guitarra elétrica, violão e teclados.

THE WORLD TONIGHT

Paul nunca escondeu sua admiração por Neil Young. Bem antes de dividir o palco com o canadense no evento épico em Coachella em 2016, ele já fazia o possível para acompanhar os passos de seu ídolo. Quando *Rust Live*, registro ao vivo da turnê de 1979, chegou às lojas, Paul ficou viciado no disco e fez questão de escrever uma carta ao velho Neil para lhe dar os parabéns.

No meio das gravações de *Flaming Pie*, a turnê *Broken Arrow* desembarcou na Inglaterra. Acompanhado por Linda, Paul seguiu rumo à terra de Shakespeare em Stratford upon Avon para conferir a apresentação de Neil, comandando a Crazy Horse em clássicos como "Hey Hey", "My My (Into the Black)", "Down by the River" e "Rockin' in the Free World". Reencontrar Neil Young certamente refletiria no álbum em produção.

Paul: "Quando as gravações começaram, Linda disse: 'Toque guitarra de verdade dessa vez. Não chame alguém para tocar.' Bem, meu estilo de tocar guitarra é um pouco ingênuo. Não sou técnico. É mais ou menos como Neil Young. Fui assistir à apresentação dele no festival Phoenix no ano passado. Nós gostamos mais ou menos das mesmas coisas. Ele é um grande fã de Hendrix, como eu. Então, como disse, Linda me pediu para tocar guitarra para valer. Mas, de fato, acho que ainda não toquei da forma que ela queria."

"The World Tonight" foi composta bem antes da apresentação de Neil no Phoenix Festival em julho de 1996. Mas quando a música foi levada a Jeff Lynne, o produtor acompanharia Paul na ideia de transformar a demo original, mais parecida com uma canção folk, em uma faixa mais pesada, com Paul comandando a guitarra elétrica. A citação a Neil Young no livreto de *Flaming Pie* confirma a inspiração. Paul lembra: "'The World Tonight' foi composta nas férias e antes era uma daquelas canções folk antigas do tipo 'não tenho trabalho'. Essas músicas chegam normalmente quando estou bem relaxado. A letra é apenas uma coleção de pensamentos, nada específico. Em um trecho eu falo: "I go back so far I'm in front of me!" ("Quando eu retorno, fico em frente a mim"). Não tenho ideia de onde veio isso, mas sei que John teria me pedido para manter essa frase. Do tipo: não sabemos o que significa, mas na verdade sabemos o que significa."

"The World Tonight" foi gravada entre 13 e 17 de novembro de 1995 no The Mill, em East Sussex. No estúdio, a canção, antes chamada "I Saw You Sitting" e "Centre of the Circle", ganhou um efeito especial no melhor estilo dos Beatles. Antes do último verso no minissolo de guitarra, Paul decidiu brincar com o mito "Paul is dead". Mas desta vez, quando o trecho é tocado de forma invertida a mensagem secreta revelada aparenta ser "Salvem as peles dos animais: Linda Eastman".

Quatro vídeos promocionais de "The World Tonight" foram produzidos para divulgar o *single* nos Estados Unidos. O clipe mais divulgado mostra Paul pelas ruas de Peasmarsh à noite, carregando um aparelho de som, com direção de George Wonfor. O especial *In the World Tonight*, lançado em DVD, apresenta uma variação desse vídeo. Alisdhair Donald, marido de Mary McCartney, dirige a versão do guarda-sol, com Paul e Linda em Mugello, na Itália. Já o terceiro "The World Tonight" combina cenas do filme *Um Dia Dois Pais*, com imagens do clipe do guarda-sol. Já a quarta edição, combina edições dos clipes. Nos créditos do filme *Um Dia Dois Pais* a faixa aparece com uma mixagem diferente, assim como a versão do EP promocional divulgado apenas para rádios e profissionais da mídia.

MASTERS

Paul: Contrabaixo, vocal, guitarra, violão, percussão, bateria Ludwig e piano. Jeff Lynne: Violão e teclados

IF YOU WANNA

Em 23 de maio de 1993, a *New World Tour* desembarcou na cidade de Prince. Paul estava empolgado com a chance de tocar em Minneapolis, terra natal de um de seus grandes ídolos. Mas antes de apresentar para mais de 40 mil pessoas um *setlist* recheado de músicas dos Beatles, além de músicas da nova safra, incluindo "Peace in the Neighbourhood" e "Hope of Deliverance", Paul teve sua chance de buscar inspiração enquanto relaxava no hotel: "Escrevi 'If You Wanna' quando nos hospedamos em um arranha-céu (provavelmente, o residencial Carlyle de 41 andares – nota do autor), no centro de Minneapolis, me sentindo naquela história infantil, *João e o Pé de Feijão*. Na hora, eu pensei em compor algo bem simples, inspirado em Prince, que refletisse os Estados Unidos, quando você pega a estrada no deserto, viajando na linha do horizonte... A letra é um estereótipo das canções de estrada americanas. Quando ela fala: 'If you wanna do it again / I'll take you to the coast for a Holiday' ('Vou levar você até a costa para curtir as férias'), com certeza, querem dizer Blackpool."

Com a cabeça nas nuvens, mas com os pés no chão, Paul esperou o momento certo para definir o arranjo de sua nova música que, evidente, não se referia ao litoral da pequena Blackpool, cidade vizinha de Liverpool. Ao finalizar "If You Wanna", Paul definiu que sua nova canção deveria ter um solo de guitarra que representasse o espírito da América.

Semanas antes de a *New World Tour* atingir Minneapolis, o show especial do Dia da Terra, no Hollywood Bowl, colocara Steve Miller novamente no caminho de Paul McCartney. Essa parceria seria reforçada nas duas sessões colaborativas em Sun Valley e Sussex, quando "If You Wanna" e mais cinco músicas foram gravadas em fevereiro e maio de 1995.

"If You Wanna" foi gravada no estúdio The Mill, em East Sussex, em 11 de maio de 1995. Paul: Vocal, contrabaixo Wal Mark II de 5 cordas, guitarra, violão Martin e violão de 12 cordas. Steve Miller: Guitarra e violão.

SOMEDAYS

George Martin não ouvia bem havia alguns anos. Desde sua discreta participação no projeto *Anthology*, o produtor de quase todas as gravações dos Beatles e de inúmeros discos de sucesso sentia sua ferramenta de trabalho mais preciosa prejudicada. O ano da prometida aposentadoria estava definido.

Para marcar a saída dos estúdios em grande estilo, Sir George Martin teve uma ideia: gravar um álbum somente com *covers* dos Beatles, com participação de personalidades do cinema e da música. A maioria aceitou o convite do eterno cavalheiro, recentemente condecorado Cavaleiro do Império Britânico.

Em *In My Life,* lançado em 20 de outubro de 1998, ele contaria com uma pequena ajuda de seus amigos Sean Connery, recitando a letra da faixa-título; Jim Carey, em uma performance hilária de "I Am the Walrus" e até das Meninas Cantoras da Petrópolis em "Ticket to Ride", incluída na edição brasileira do disco. George Martin estava convicto. Mas antes de pendurar a batuta de maestro, ele teria de atender a alguns pedidos de seu amigo Paul McCartney.

18 de março de 1994. Mais um dia atarefado para o casal McCartney. Linda precisa tirar algumas fotos em Kent, região próxima a Sussex, onde o Wings gravou parte de *Back to the Egg* em 1979 no Lympne Castle. Paul se ofereceu como motorista. Ao chegar no local, ele estava preparado para a espera. "Linda tinha um compromisso ligado à sua linha de comidas vegetarianas, e eu já sabia que teria de esperar pelo menos duas horas. Então, ao invés de começar uma música e deixar para finalizar na semana seguinte, pensei: 'Por que não terminá-la agora?' Quando Linda voltasse, ela iria me perguntar: 'Você ficou entediado me esperando?' 'Não, querida: escrevi uma canção! Quer ouvi-la?' Quando 'Somedays' ficou pronta toquei todos os instrumentos na gravação, como em *McCartney II*. Mas achei que precisava de um arranjo de cordas. E quem melhor do que George Martin para esse trabalho?"

Dois anos após a composição e alguns meses após a gravação da base de "Somedays", George Martin, mesmo relutante, decide atender ao pedido de Paul. Seu arranjo não demoraria para ser preparado. Em 10 de junho de 1996, George e Paul entraram no A.I.R. Lyndhurst, próximo a Hampstead Heath, em Londres, para supervisionar a gravação da orquestra de 14 peças em "Somedays". Seria o primeiro trabalho de George Martin em um álbum de Paul McCartney após as sessões de "C'mon People", em 1992.

"Somedays" foi gravada no estúdio The Mill, em East Sussex, em 1º de novembro de 1995 com orquestração finalizada em 10 de junho de 1996, no A.I.R. Lyndhurst.

Paul: Vocal, contrabaixo Wall Mark II de 5 cordas, violão, guitarra espanhola e cravo. Músicos adicionais: Keith Pascoe, Jackie Hartley, Rita Manning e Peter Manning: Violino. Christian Kampen e Martin Loveday: Violoncelo. Peter Lale e Levine Andrade: Viola. Andy Findon, Martin Parry e Michael Cox: Flauta. Gary Kattel e Skalia Kanga: Percussão. Roy Carter: Oboé e Cor-anglais.

YOUNG BOY

Jornal *The New York Times* – edição de 7 de setembro de 1994.

A seguir, o relato do jornalista Bryan Miller que acompanhou a preparação de uma sopa do livro de receitas de Linda na residência do chefe de cozinha francês Pierre Franey (1921-1996) em 18 de agosto de 1994.

(...)

A senhora McCartney, 52 anos, recentemente foi a East Hampton, Long Island, lar do chefe de cozinha Pierre Franey, para discutir sua paixão por cozinha vegetariana e preparar uma receita do livro *Linda McCartney's Cooking* (1989).

Atrás dela, caminhando de forma arrastada, estava seu marido, amante dos vegetais, de sandálias e bermuda, com um suéter azul e carregando seu violão.

"Cresci em uma família que adorava boa comida, mas somente eu gostava de cozinhar", disse Linda, enquanto já começava a trabalhar, cortando cebolas, cenouras e alho-poró para uma sopa vegetariana. "Quando eu vivia em Scarsdale, tínhamos uma cozinheira. Talvez, por causa de minha insegurança ou algo do tipo, eu ficava pela cozinha, a observando."

(...)

Ela vestia blue jeans e uma blusa colorida, típica do campo – "Sou uma cozinheira do campo", disse Linda, com seus olhos verdes e cabelos cor de narciso.

O Sr. McCartney, também aos 52 anos, observou sua mulher trabalhar por uma hora até se recolher em um dos cantos com seu violão Martin para – o que mais poderia ser? – uma sessão de composição. "Não liguem para mim", disse ele. "Vou observar vocês um pouco e depois estarei na sala ao lado para tocar um pouco."

Os McCartneys costumam passar algumas semanas de verão em East Hampton, em um lugar próximo à residência da madrasta de Linda, Monique Eastman.

"Paul é um incrível padeiro", disse a Sra. McCartney enquanto preparava sua sopa. Durante a greve dos padeiros na Inglaterra, ele preparava pão todos os dias em casa." O Sr. McCartney disse: "Minha especialidade é purê de batatas. Um pouco de leite, algumas cebolas fatiadas – essa é a versão de Liverpool."

O longo artigo do *New York Times* ainda estava longe de terminar, enquanto Linda preparava sua sopa, relatada pelo jornalista.

***

Linda continuou a preparar sua receita em companhia do gourmet francês, Pierre Franey. Paul, como descreveu o repórter do *New York Times*, saiu de fininho, após acompanhar durante alguns minutos o ritual culinário.

Em sua cabeça, ele tinha um mote: compor uma canção que falasse um pouco de sua adolescência e compará-la à de seu filho, James Louis, então a poucos dias de completar 17 anos. Tudo teria de ficar pronto enquanto a receita estivesse saindo do papel. Duas horas de-

MASTERS

pois, Paul tinha sua canção: "Me coloquei na pele dos garotos, como meu filho – acho que ele vai me matar por dizer isso – me lembrando de como me questionava: 'Será que em algum lugar existe uma pessoa me esperando?' Então, escrevi algo parecido. Primeiro pensei em 'Poor Boy', como na música de Elvis. Mas, então decidi mudar: 'Young Boy', em busca de seu amor..."

Inspirado em seu recente mergulho nos arquivos para formar os CDs de raridades dos Beatles, Paul decidiu que sua música tinha de ser bem básica e direta. A menção a James também o fez relembrar de uma conversa recente sobre Steve Miller. James era seu fã. E o recente encontro com o guitarrista em seu show no Hollywood Bowl o motivou a convidá-lo para algumas sessões. Esta seria a segunda vez que Paul gravaria com Steve Miller após 26 anos, quando ajudou o guitarrista a finalizar "My Dark Hour" no Olympic Sound Studios, em Londres: "Liguei para o Steve e disse que tinha uma nova música. Perguntei: 'O que você acha?' Ele tem um estúdio em Sun Valley, Idaho, e nós fomos para lá. Trabalhar com Steve foi muito fácil; como vestir uma roupa confortável. Trabalhamos em 'Young Boy' durante três dias e foi divertido. Não nos estressamos. Esse foi o espírito da produção deste álbum."

"Young Boy" foi gravada em Sun Valley, Idaho, EUA, em 22 de fevereiro de 1995. A faixa ganharia o trecho de órgão tocado por Paul McCartney no final da canção, nos dias 21 e 22 de março no The Mill, em East Sussex.

Paul: Vocal, baixo Wall Mark II de 5 cordas, violão, bateria e órgão Hammond. Steve Miller: Violão e guitarra.

Dois vídeos promocionais foram editados para divulgar o *single* "Young Boy". O mais comum tem cenas editadas do especial *In The World Tonight* combinadas com imagens de Paul no estúdio gravando a música. Rodado em março de 1997, com estreia mundial em abril do mesmo ano. Produzido e dirigido por Geoff Wonfor.

O segundo clipe tem direção de Alistair Donald, então marido de Mary McCartney. Nessa versão, Paul e Linda contracenam com cenas de jovens surfando e flores coloridas, dando um visual mais psicodélico ao filme. A estreia do promo aconteceu no canal a cabo VH1 em 16/06/1997.

PAUL McCARTNEY EM DISCOS E CANÇÕES

CALICO SKIES

Na primeira quinzena de agosto de 1991, Paul McCartney e família estavam em East Hampton, Long Island. As notícias sobre o furacão Bob se espalharam mais rápidas que o rastro de destruição provocado pelo poder do vento: "A tempestade deixou um emaranhado de linhas de energia no chão. Embora as companhias elétricas colocassem nas ruas equipes de reparo para trabalhar em turnos de até 24 horas até que a força se reestabelecesse, algumas empresas avisaram que a operação poderia demorar até quatro dias para instalar novos polos e cabos. Entre os que ficaram sem energia estão 184 mil clientes de Rhode Island, 300 mil em Massachusetts, 305 mil em Connecticut e mais 300 mil em Long Island." (*New York Times*, 20/08/1991)

Paul McCartney não leu esta notícia no *New York Times*, simplesmente porque ele estava entre os mais de 300 mil afetados em Long Island. Todas as luzes se apagaram no belo recanto onde Paul e a família costumam se divertir no verão americano. Nada havia de se fazer para mudar a situação, e ele sabia disso. Mais uma vez, a luz na escuridão seria encontrada nas cordas de seu violão, que não precisou de energia, a não ser, de suas mãos, para entregar o que foi preciso naquele blecaute. Ele se recorda da turbulência: "Bob, o furacão, derrubou toda a energia. Tudo ficou à luz de velas, com a comida preparada na lareira. Muito primitivo. Mas nós gostamos daquele clima que nos obrigou a usar a simplicidade. Não podíamos ouvir discos, então comecei a inventar pequenas peças acústicas em meu violão. 'Calico Skies' foi uma delas: uma memória primitiva do blecaute e uma ode pacifista."

Como o revoar de gaivotas, os acordes tocados por Paul ecoaram por Long Island naquela noite. As palavras aterrorizavam o silêncio, e elas ocupavam o seu lugar, se transformando em música. "Calico Skies" não seria a única. "When Winter Comes" surgiu logo em seguida, mostrando-se atemporal. Aquelas canções inéditas poderiam ter sido feitas por um peregrino inglês que desembarcara havia poucos dias do navio Mayflower, vindo de Londres.

Assim como em 1620, um bardo importava da Grã-Bretanha as rústicas baladas tradicionais para a América e começava sua colonização, desde a Nova Inglaterra até o ponto mais ao sul da costa.

Mais de um ano se passara desde o evento natural que deu origem a "Calico Skies" em Long Island. Parecia o exato momento de resgatar as músicas durante a fase final das gravações de *Off the Ground*. Paul McCartney foi a George Martin pedir sua palavra, enquanto supervisionava a mixagem do LP. Em setembro de 1992, não apenas "Calico Skies", mas "Great Day" e a inédita "When Winter Comes" seriam iniciadas e finalizadas em uma única sessão. George Martin ouviu aquelas melodias singelas tocadas como trilha sonora da passagem do furacão Bob no ano anterior e concluiu que nada além de percussão e um violão bem tocado seriam necessários.

Assim, Paul apanhou seu companheiro de blecaute e finalizou "Calico Skies" em seu estúdio. A música levaria ainda cinco anos para ser conhecida pelo público em *Flaming Pie*.

***

"Calico Skies" foi gravada em 3 de setembro de 1992 no estúdio The Mill, em East Sussex.

Paul: Voz, violão e percussão.

FLAMING PIE

Bill Harry estava orgulhoso. Naquele verão de 1961, a alegria do estudante de design era contagiante. O sonho original era publicar uma revista sobre jazz, gênero dominante das noites musicais no Cavern Club, mas o recente surgimento de inúmeros e talentosos combos de skiffle e *beat music* na região banhada pelo rio Mersey fizera sua cabeça.

Sem verba suficiente, o jeito foi sair e tentar a sorte para arrecadar o capital necessário e realizar o sonho. Ele não estava tão distante assim. O dinheiro suficiente viria das mãos de um funcionário público da cidade, indicado por um amigo que frequentava as noitadas no clube Jacaranda.

Jim Anderson teve fé cega no projeto. De suas mãos saíram as 50 libras esterlinas (o equivalente a mais de mil libras corrigidas pela inflação britânica em 2016) para tirar o projeto do papel. De uma simples aposta, surgiria a revista *Mersey Beat*, idealizada para preencher a lacuna deixada pelo *Liverpool Echo*. O jornal local ignorava a nova cena musical. Mas agora tudo iria mudar.

Com Bill Harry no comando – um supremo conhecedor dos detalhes dos grupos emergentes – e sua namorada Virginia como assistente, a primeira edição do *Mersey Beat* viu a luz em 6 de julho de 1961. Das prensas instaladas ao nº 81a da Renshaw Street, as 5 mil cópias impressas seriam vendidas rapidamente, arrecadando o capital necessário para quitar o investimento.

Na capa da histórica primeira edição do tabloide: John Lennon, Paul McCartney, George Harrison e Pete Best. No recheio do sonho de Bill Harry, uma divertida crônica escrita em forma de prosa por Long John Silver, colega de Harry na Liverpool College of Art.

Bill Harry: "Em 1960, quando decidi fundar o *Mersey Beat*, pedi a John que escrevesse uma breve biografia da banda. Alguns meses depois, nós estávamos no Jacaranda e ele me entregou o texto. Isso foi pouco antes da segunda viagem para Hamburgo... A peça apareceu na página da edição nº 1 publicada em 6 de julho de 1961. Era o tempo dos Goons, que volta e meia soltavam a expressão 'seu suíno podre!' Decidi colocar o texto da forma como John me entregara, sem mudar qualquer palavra. Não tinha título, então eu inventei na hora."

Rápida diversão sobre as dúbias origens dos Beatles (John Lennon)

Era uma vez três garotinhos chamados John, George e Paul, pelos nomes de batismo. Eles decidiram se juntar, porque eles eram daquele tipo que se juntavam. Quando estavam juntos, começaram a se perguntar: por qual motivo? Por qual motivo? Então, do nada, eles cultivaram guitarras e moldaram um barulho. O mais engraçado de tudo é que ninguém ligava, muito menos os três homenzinhos. Nem demorooooou, eles descobriram um quarto homem ainda menor chamado Stuart Sutcliffe, rondando por perto deles e disseram: "Meu jovem, arrume um baixo e você vai estar numa boa." Mas ele não ficou numa boa, pois não sabia tocar.

Então, eles ficaram em cima dele até que ele pudesse tocar. Ainda assim, não havia ritmo, foi quando um velho e bondoso homem falou:

"Vós não tens tambores!"

"Não temos tambores!"

Então, uma série de tambores chegaram e partiram e chegaram...

De repente, na Escócia, excursionando com Johnny Gentle o grupo chamado Beatles descobriu que não tinha um belo som – porque eles não tinham amplificadores. Eles arrumaram alguns.

Muitos perguntam: Por que Beatles? Argh, Beatles, como o nome surgiu?

Bem, agora vou dizer a vocês. Tudo aconteceu em uma visão: um homem apareceu sobre uma torta flamejante e disse-lhes: "Daqui em diante você serão BeAtles com um A". "Obrigado mestre senhor", disseram eles, o agradecendo.

(...)

***

Durante a produção da série *Anthology*, o mito do "homem sobre a torta flamejante" voltaria com força total. Em meio às divertidas discussões sobre quem ou como a palavra beetle (besouro) ganhara um "a" para compor o trocadilho com o nome dos Beatles, Paul resgatou o tom humorístico da época, temperado por tradições bíblicas, de forma acidental. "Quando eu e Jeff estávamos gravando 'Souvenir', tivemos a ideia de capturar um som bem pesado nas guitarras. Enquanto os engenheiros trabalhavam nisso, comecei a cantar uma melodia em cima dos *riffs* de guitarra. Gostamos tanto que aproveitamos para registrar toda aquela *jam session*. Até então, minha improvisação não tinha nenhuma letra. Certo dia, no meio de um passeio a cavalo com Linda, comecei a caçar uma rima, e a palavra "pie" (torta) veio à mente. Foi aí que a história sobre o nome dos Beatles ressurgiu. Pensei alto: Ah, Flaming Pie!"

Ao brincar com o mito dos Beatles em sua canção – e aproveitando a chance, para incluir versos surreais na letra – Paul tinha encontrado aquilo que procurava: um título para o seu próximo álbum.

Quando a gravação de "Flaming Pie" finalmente foi concluída, a música tomou o lugar de "Calico Skies" e "The Song We Were Singing", assumindo de uma vez por todas a identidade do LP. Motivado pela onda nostálgica do projeto *Anthology*, Paul não perdeu a chance de surfar nessa onda, deixando a criatividade fluir.

"Flaming Pie" foi gravada em 27 de fevereiro de 1996 no estúdio The Mill, em East Sussex.

Paul: Vocal, piano Steinway, bateria, baixo e guitarra. Jeff Lynne: Guitarra.

HEAVEN ON A SUNDAY

Com seus penhascos e belas praias, Devon é também conhecida como a Riviera Inglesa, atraindo milhares de turistas a seus parques e resorts durante o verão. No momento em que "Heaven on a Sunday" foi criada por Paul McCartney em agosto de 1996, sua mente deveria estar bem distante do ponto onde a letra surgiu, enquanto navegava seu barquinho pelas águas de East Hampton, em Long Island.

Enquanto parte da letra da canção viajava pelo litoral inglês, a melodia pairava por distâncias ainda mais longas. Com batida à bossa nova, Paul incluía em sua discografia mais uma música com os sabores brasileiros. "Distractions" havia sido a primeira, em *Flowers in the Dirt*. "Estava navegando em um pequeno barco – estava sozinho, o vento, a vela do barco... e a primeira frase apareceu: 'Peaceful, like heaven on a Sunday' ('Pacífica, como o paraíso em um domingo'). Essa linha de abertura me levou até o final da canção. Enquanto eu compunha, Linda passou a cantar junto e estava ficando legal. Quando comecei a gravá-la com Jeff Lynne tive uma ideia para preencher os compassos vazios, que normalmente serviriam para repetir os versos."

Na hora de complementar "Heaven on a Sunday", Paul quis manter o tema em família. Parte de sua letra traz um pouco da melancolia do momento, refletindo o estado de espírito durante a luta pela cura de Linda McCartney.

Com "Heaven on a Sunday" pronta – com Linda McCartney em uma de suas raras aparições no álbum – Paul pensou em seu filho, James Louis, que, segundo ele, estava "ficando muito bom guitarrista". Até então, James tinha aparecido em raras ocasiões em um disco de seu pai. A primeira vez foi apenas um choro de bebê, em "Daytime Nighttime Suffering", quando tinha menos de dois anos. Depois, em "Talk More Talk", o garoto de nove anos leu algumas frases aleatórias para deixar aquela gravação ainda mais surreal. Mas em "Heaven on a Sunday", James (com 19 anos de idade recentemente completados) ganharia o *spotlight*. "Quando se está com uma pessoa por quase 20 anos, você consegue fazer uma leitura perfeita dela, e vice-versa. Então, na hora de trocar frases de guitarra em uma performance, você descobre que isso não é nada fácil. É preciso ter uma longa associação com a pessoa para dar certo... Na hora de gravar, fiquei com o violão e deixei o 'jovem rebelde' fazer o solo elétrico."

"Heaven on a Sunday" foi a última canção composta para este projeto e foi gravada em 16 de setembro no estúdio The Mill, em East Sussex. Gravações adicionais aconteceram em outubro, em Abbey Road, Londres.

Paul: Baixo, violão, guitarra, cravo, vibrafone, piano elétrico Fender Rhodes e percussão. Linda McCartney: *Backing vocals*. James Louis McCartney: Guitarra. Jeff Lynne: Violão. Músicos adicionais: Michael Thompson, Richard Bissil, Richard Watkins, John Pigneguy (trombone).

USED TO BE BAD

Em *Flaming Pie*, os atores principais são facilmente identificados nas músicas. Esses personagens importantes não são apenas pessoas, mas locações centrais no desenvolvimento do disco. East Hampton, talvez, a de maior destaque. Foi essa região litorânea, por exemplo, o berço de "Calico Skies" e "Heaven on a Sunday", além de "Young Boy" e da inédita "When Winter Comes". Na mesma East Hampton, Paul voltaria a tocar "Great Day" após vinte anos.

James Louis, o filho mais novo de Paul e Linda, é outra figura interessante no processo de *Flaming Pie*. Além de solar em "Heaven on a Sunday" e inspirar a composição de "Young Boy", James motivaria seu pai a convocar Steve Miller para o reencontro da dupla no estúdio, pela primeira vez desde 1969. "Adoro o estilo de Steve Miller como guitarrista. Mas as pessoas me disseram que ele era muito perfeccionista. Um de seus *roadies* me contou que ele poderia levar até três horas para escolher qual seria a guitarra ideal para uma gravação. Então, eu comecei a motivá-lo: 'Steve, deixa disso! Está tudo soando muito bem, você consegue!' Depois de gravarmos 'Young Boy' nos Estados Unidos eu o trouxe para a Inglaterra. Então ele disse: 'Paul, você tem de tocar comigo esses blues do Texas.' Dessas animadas *jams* surgiria 'Used to Be Bad'. Fui tocar bateria e tudo começou a rolar."

O resultado dessa animada *jam session* daria à luz mais um crédito inédito na carreira de Paul: "Used to Be Bad", por McCartney & Miller. Com a faixa pronta, o repertório do disco fecharia com três participações de Steve Miller.

"Used to Be Bad" foi gravada em 5 de maio de 1995, no estúdio The Mill, em East Sussex. Paul: Bateria, baixo e vocal. Steve Miller: Vocal e guitarra elétrica.

SOUVENIR

Aquele dia de janeiro amanheceu de forma deslumbrante. Round Hill e suas luxuosas amenidades são capazes de seduzir até o mais frio turista. As vilas cercadas pelas florestas tropicais de Montego Bay e as vistas impressionantes do mar do Caribe são hipnóticas, a ponto de tudo se confundir com uma miragem.

Não é à toa que o local permaneceu como um dos refúgios favoritos de Paul e Linda durante décadas. Além do contato quase sobrenatural com a natureza, a Jamaica sempre foi sinônimo de musicalidade.

Naquela tarde, após o almoço, tudo se misturava entre verde e azul quando... raios, trovões e ventania cobriram os céus da ilha em questão de minutos.

Paul estava em seu quarto, com o violão em mãos, cantarolando de forma suave uma canção que acabara de nascer em território jamaicano. A chuva apertava, os trovões aumentavam. Mas Paul ignorava tudo ao seu redor. Quando estava próximo de terminar, o telefone toca. Paul finge que não ouviu. Ele sabia que o momento era especial. Agora, além de "The Song We Were Singing", ele já tinha em sua coleção de músicas compostas naquela semana uma balada com contornos R&B chamada "I Will Come to You". Não demoraria muito para a música trocar sua identidade. "Essa foi mais uma das músicas compostas em uma tarde preguiçosa enquanto eu relaxava. Na minha mente, eu pensei em alguém que pudesse interpretá-la, como Wilson Pickett. Já tinha feito isso em 'The Long and Winding Road', quando imaginei Ray Charles no vocal. Na hora de gravá-la, tive uma ideia. Disse ao Jeff (Lynne): 'Que tal se usássemos a demo da canção como guia, e depois substituir seu conteúdo por uma gravação de melhor qualidade?' Acabamos fazendo assim, apagando a demo original, mas com o cuidado de manter o que ela tinha de melhor quando a compus."

Aquele truque – naturalmente inspirado pelas recentes aventuras com a demo de John Lennon em "Free As a Bird" – não seria o único a ser a aparecer na gravação. Por sugestão de Paul, o engenheiro de som Jon Jacobs incorporou no finalzinho da música um tipo de chaveiro com um sampleador sonoro embutido para transformar sua voz, como se saísse de um gramofone do início do século XX. Quando o vocal de Paul McCartney passou por aquele sintetizador, a canção já não mais se chamava "I Will Come to You", e sim "Souvenir". A canção, a favorita do produtor Jeff Lynne entre todas gravadas em *Flaming Pie*, foi gravada em 19 de fevereiro de 1996, no estúdio The Mill, em East Sussex.

Paul: Vocal, contrabaixos Hofner e Wal Mark II, piano elétrico Wurlitzer, cravo, violão Epiphone Texan e guitarras Epiphone e Les Paul. Jeff Lynne: Guitarra, violão Alvarez e teclados. Músicos adicionais: Kevin Robinson (trompete), Chris "Snake" Davis (sax alto) e David Bishop (sax barítono).

LITTLE WILLOW

Quando Paul McCartney foi avisado da morte de sua amiga Maureen Starkey, primeira esposa de Ringo Starr, ele estava na Jamaica ao lado de Linda. A notícia foi devastadora. Horas depois, ele ainda não havia assimilado. Assim como fizera em muitos momentos de tristeza, Paul preferiu se recolher em um canto e conversar com seu violão. Naquela tarde em Montego Bay ele escreveria sua homenagem a Maureen: a angelical "Little Willow".

Quando gravada e incluída em *Flaming Pie*, "Little Willow" não seria, como Paul explicaria em seguida, apenas "uma forma de transmitir a Maureen e a seus filhos como ele se sentia" naquele momento.

A canção seria usada como acalento após outro evento trágico que chocou a Grã-Bretanha e o mundo: a trágica morte de Diana Frances Spencer de Windsor, a Princesa de Gales, em 31 de agosto de 1997. Diana tinha apenas 36 anos e deixava órfãos os príncipes William (15) e Henry (12).

Após a morte de Lady Di, Paul doaria "Little Willow" à fundação Princess of Wales Memorial Fund, criada após sua morte. A canção foi incluída no CD beneficente *Diana, Princess of Wales: Tribute*, lançado em 2 de dezembro de 1997, ao lado de outras belas músicas que refletiam o momento, entre elas: "Tears in Heaven" (Eric Clapton); "Everybody Hurts" (R.E.M.), "Streets of Philadelphia" (Bruce Springsteen) e "Wish You Were Here" (Bee Gees).

"Little Willow" foi gravada em 21 de novembro de 1995 no estúdio The Mill, em East Sussex, no mesmo dia em que o CD duplo *The Beatles Anthology* chegou às lojas.

Paul: Vocal, baixo, guitarra, violão, guitarra espanhola, cravo, harmônio, piano e mellotron. Jeff Lynne: Teclados, violão e cravo elétrico.

Embora não tenha sido lançada como *single*, "Little Willow" ganhou seu videoclipe. Com direção de John Schlesinger – o mesmo de *Perdidos na Noite*, com John Voight e Dustin Hoffman – o filme mostra o sofrimento de uma criança ao ver sua mãe adoecer. O áudio contém uma mixagem diferente da versão lançada em *Flaming Pie*.

REALLY LOVE YOU

The Mill, East Sussex. Vagarosamente, a câmera é movimentada para registrar plano em *close up* da bateria Ludwig, onde Ringo já começa a levar o ritmo, de forma acelerada. Na sala de controle, o diretor de imagens agora focaliza o baixo dourado em forma de violino Hofner. Paul McCartney preenche os espaços, acompanhando Ringo.

Mais uma *take*: a câmera aponta para Jeff Lynne tocando sua guitarra com suingue. As cenas acima são reais da gravação de "Really Love You". Mas, se elas realmente foram gravadas, somente Paul McCartney poderá revelar este segredo – muito bem guardado em seus arquivos.

Ao finalizar "Beautiful Night", Ringo estava nas nuvens. Paul também não se continha. O trabalho da dupla foi tão bom que a música agora seguiria para Abbey Road para receber os toques mágicos de George Martin. Parecia um compacto da Beatlemania. Paul convidou Ringo para ficar mais um tempo em East Sussex e, quem sabe, produzir mais no estúdio.

O produto dessa estadia seria "Really Love You", inciada com aquela levada de bateria de Ringo. Durante mais de 30 minutos, o trio Paul, Ringo e Jeff faria um barulho dos bons, concluindo três faixas. Ringo bate, Paul canta e Jeff acompanha a letra *nonsense*: "I need your love / Like a bear needs a break / I need your heart, baby / Hopping on a plate / I need the sunshine / Of your smile / Help me walk / Help me walk that extra mile" ("Preciso do seu amor como um urso precisa de um tempo... Preciso de seu coração saltando em um prato... 'Preciso de seu sorriso a brilhar... Me ajude, por mais alguns quilômetros, a caminhar"). Paul lembra: "Esse verso não faz o menor sentido! 'Preciso de seu coração pulando em um prato?' Na hora, me questionei: o que acabei de falar? Mas estava divertido e continuei improvisando." Ringo complementa: "Paul teve algumas ideias para a canção enquanto tocava baixo. Eu o acompanhava na bateria, enquanto ele começou a gritar algumas palavras e aquilo virou uma canção. Jeff Lynne estava lá também, tocando uma guitarra bem animada. Apenas nós três no estúdio. Tudo muito orgânico."

Ao finalizar aquela animada *jam session*, Jeff Lynne apanhou o material gravado naquela tarde para tentar dar algum sentido na bagunça. Faltava ainda acrescentar mais instrumentos e mixar. Quando tudo estava pronto, Paul ligou para Ringo para mostrar o resultado. Richard Starkey berrou: "Isso foi IMPLACÁVEL!"

Para marcar o momento, Paul decidiu registrar "Really Love You" como uma canção McCartney-Starkey – algo inédito. A canção foi gravada no estúdio The Mill, em East Sussex, iniciada em 14 de maio e finalizada no decorrer de 1996.

Paul: Vocal, baixo, guitarra e piano. Ringo: Bateria. Jeff Lynne: Guitarra.

BEAUTIFUL NIGHT

Take 1: Rude Studios – Escócia, agosto de 1986

Nesta tarde, Paul compõe a base de uma balada, nomeada por ele "Beautiful Night". No mesmo mês de agosto, duas outras faixas seriam criadas: "Without Permission" e "Loveliest Thing", logo unidas em apenas uma canção: "The Loveliest Thing".

PAUL McCARTNEY EM DISCOS E CANÇÕES

Take 2: Power Station Studios – Nova Iorque, 21 de agosto de 1986

"Beautiful Night" é gravada com produção de Phil Ramone. Na banda, Neil Jason no baixo. David Brown na guitarra. Liberty De Vitto na bateria. David Lebolt no sintetizador. Paul está no vocal principal e tocando a base no piano. Paul tinha muita esperança nessa balada, mas algo não se encaixava.

Take 3: The Mill, East Sussex – 1991-1992

Mais uma tentativa de gravar "Beautiful Night" durante as sessões de *Off the Ground*, sem sucesso. Em breve, a canção iria prosperar. Ou melhor, daqui a alguns anos. No meio do projeto *Anthology*, Paul não resistiu. Seu próximo trabalho solo teria de contar com Ringo na bateria, ao menos em algumas faixas. A última vez que os dois Beatles dividiram o estúdio em um projeto solo havia sido em 1984, em "Give My Regards to Broad Street". Era tempo demais. Convite feito... e Richard estava no The Mill, para dar conta da nova versão de "Beautiful Night". "Escrevi 'Beautiful Night' havia alguns anos e sempre curti a canção. Até as pessoas que ouviram a primeira versão, feita em Nova Iorque com alguns músicos da banda de Billy Joel, tinham curtido a música. O problema é que também achava que aquela versão não era a definitiva. Então, decidi gravá-la com Ringo. Já tinha comentado com ele que precisávamos trabalhar mais tempo juntos. Ele é ótimo. Sentei ao piano e Ringo ficou na bateria. Foi muito confortável trabalhar com Ringo de novo. Ele também ficou feliz e ainda cantou em um trecho que não estava na versão original."

Em 13 de maio de 1996, Paul soltaria a voz de forma definitiva para completar a música. Ao compararmos as versões, a nova "Beautiful Night" parecia ter alma revigorada. Com Ringo a bordo, Paul quebrou o encanto de uma de suas músicas encalhadas nos arquivos. Tudo parecia perfeito, mas algo ainda faltava para "Beautiful Night" ganhar a pompa necessária. Esse algo seria providenciado pelo mestre George Martin. No documentário *In the World Tonight*, podemos apreciar vários detalhes da gravação do arranjo de orquestra composto pelo maestro. A sessão ainda seria detalhada pelo historiador Mark Lewisohn em um artigo publicado na edição 82 do fanzine *Club Sandwich*.

"Beautiful Night" foi gravada nos dias 13 de maio de 1996, no estúdio The Mill, em East Sussex e 14 de fevereiro de 1997, em Abbey

MASTERS

Road, Londres. Assim como "Young Boy", "Beautiful Night" foi lançada em CD *single* (chegando ao 21º lugar nas paradas inglesas), dividido em duas partes. As faixas-bônus incluem "Love Come Tumbling Down", "Same Love" e a versão original de "Beautiful Night", além de *jingles* e trecho do programa de rádio *Oobu Joobu*, com Paul falando sobre os estúdios Abbey Road e tocando a introdução em "Strawberry Fields Forever" no mellotron.

Paul: Vocal, baixo, guitarra, órgão Hammond, piano elétrico Wurlitzer, percussão e piano. Jeff Lynne: Guitarra elétrica e violão. Ringo: Percussão, bateria e vocal. Linda McCartney: *Backing vocals*.

Músicos adicionais: John Barclay, Andrew Crowley, Mark Bennett: Trompete. Richard Edwards e Andy Fawbert: Trombone. Michael Thompson, Richard Watkins e Nigel Black: Trompa. Marcia Crayford, Adrian Levine, Belinda Bunt, Bernard Partridge, Jackie Hartley, Keith Pascoe, David Woodcock, Roger Garland, Julian Tear, Briony Shaw, Rita Manning, Jeremy Williams, David Ogden, Botustav Kostecki, Maciej Rakowski e Jonathan Rees: Violino. Robert Smissen, Stephen Tees, Levine Andade, Philip Dukey, Ivo Van Der Werff e Graeme Scott: Violas. Anthony Pleeth, Stephen Orton, Martin Loveday e Robert Bailey: Violoncelo. Chriss Laurence e Robin McGee: Contrabaixo. Susan Milan: Flauta e David Theodore: Oboé.

No vídeo promocional de "Beautiful Night", Paul aparece em uma sala repleta de aparelhos e monitores de TV, onde aparentemente controla o sistema de energia da cidade. O clipe segue mostrando seus habitantes em diversas atividades, incluindo Ringo, tocando sua bateria Ludwig em um apartamento. Em certo ponto, a energia é cortada e as pessoas começam a se confraternizar no blecaute. A cena mais polêmica do filme apresenta um casal de namorados no rio Mersey, em Liverpool, onde a modelo (Emma Moore) aparece nua. Em razão disso, duas edições deste promo foram preparadas, sendo a mais divulgada com o último trecho cortado.

Linda McCartney aparece no clipe em uma cabine telefônica. Esta seria a última aparição de Linda em um trabalho de McCartney, antes de sua morte, em 17 de abril de 1998. "Beautiful Night" foi rodado em preto e branco em diversas localidades da Inglaterra: Greenwich, Londres, Liverpool e Hackney – onde Paul toca violão, acompanhado por uma banda colegial chamada Spud. Produzido e dirigido por Julian Temple.

GREAT DAY

No especial *Wings over the World* exibido na TV em 1979, Paul e Linda aparecem no jardim de sua fazenda de Campbeltown, na Escócia, tocando "Bip Bop" e "Hey Diddle" para a pequena Mary se divertir. A prática de sacar o violão para entreter as crianças virara, havia tempos, uma tradição, e seria mantida até os últimos anos de infância de mais dois filhotes que aguardavam a vez de desembarcar na família McCartney: Stella Nina (1971) e James Louis (1977).

Assim como as irmãs "Bip Bop" e "Hey Diddle", "Great Day" era uma das canções favoritas de Paul McCartney para alegrar a turma em dias frios ou chuvosos dentro de High Park no início da década de 1970. Quando a canção apareceu décadas mais tarde em *Flaming Pie* – incluída na última hora, dias após a divulgação do repertório do álbum – os fãs mais atentos perceberiam que não se tratava de uma nova composição.

Em 1974, quando sentou no jardim dos fundos de Abbey Road para gravar uma série de faixas acústicas destinadas a compor o especial *One Hand Clapping*, Paul dedilhou um trecho instrumental de "Great Day", antes de tocar *standards* como "Loving You", "Sweet Little Sixteen" e a inédita "Blackpool". "Great Day" apareceria novamente no radar de Paul McCartney após a passagem do furacão Bob em 1984, no mesmo blecaute que deu origem a "Calico Skies". Combinando folk e country, "Great Day" é uma mensagem de esperança: "'Great Day' é apenas uma canção otimista e no espírito de todo o álbum."

"Great Day" foi gravada em 3 de setembro de 1992 no estúdio The Mill, em East Sussex, com produção de George Martin.

Outras músicas da era *Flaming Pie*

LOOKING FOR YOU

Flowers in the Dirt e *Off the Ground* tinham sido álbuns bastante generosos para os fãs em termos da oferta de faixas-bônus incluídas nos *maxi-singles* e CDs *singles* de suas respectivas eras. Em *Flaming Pie* essa prática se repetiria com sucesso ainda maior.

"Looking for You" é a segunda das três *jams sessions* gravadas pelo trio (Paul, Ringo e Jeff Lynne) no estúdio The Mill, logo após a conclusão de "Beautiful Night". A faixa – superior a "Really Love You", principalmente em relação aos vocais de Paul McCartney – não seria o único lado B de "Young Boy – Part 1". Dividido em duas partes, o CD *single* ainda traria uma série de bônus relacionados ao programa de rádio *Oobu Joobu*, transmitidido em 1995 pela Westwood One.

O CD *single* de capa verdinha de "Young Boy" traria as seguintes faixas: "Some Folks Say Oobu", "Oobu Joobu Main Theme", "Fun Packed Show", "I Love This House" (gravação de 1985), "Clock Work", "Paul McCartney Talks About Young Boy", "Oobu Joobu We Love You" e "Oobu Joobu Main Theme". Esse mesmo conteúdo seria espelhado no CD *single* "The World Tonight" nos Estados Unidos.

"Looking for You" foi gravada no estúdio The Mill, em East Sussex, em 14 de maio de 1996. Paul: Vocal, baixo e órgão Hammond. Ringo Starr: Bateria e percussão. Jeff Lynne: Guitarra e harmonias.

BROOMSTICK

Quando Paul decidiu voltar a gravar com Steve Miller após 26 anos, a dupla produziu três faixas para *Flaming Pie*, mas deixou de lado uma série de músicas que aguçou a curiosidade de quem esperava pela parceria ser retomada após tanto tempo.

Além de "Young Boy", "If You Wanna" e "Used to Be Bad", as sessões em Sun Valley e East Sussex produziram mais quatro músicas. Apenas uma delas entraria como bônus no segundo CD *single* de "Young Boy": o blues psicodélico "Broomstick", composto na Jamaica. Como faria mais tarde em "The Song We Were Singing", Paul usou seu Kay Maestro M1 para gravar as linhas de baixo, ao estilo de Bill Black – o baixista dos anos dourados de Elvis Presley.

O lado B do CD *single* "Young Boy – part 2" (capa cor-de-rosa) ainda seria acompanhado pelas seguintes faixas-bônus: "Wide Screen Radio", "Oobu Joobu We Love You", "Oobu Joobu Main Theme", "Brilliant", "What's Next", "Atlantic Ocean" (gravada em 1987), "Paul Reminisces", "Bouree", "Oobu Joobu We Love You" e "Oobu Joobu Main Theme".

"Broomstick" foi gravada em 4 de maio de 1995 – na mesma sessão de "Used to Be Bad" – no estúdio The Mill, em East Sussex, mas acabou como lado B do *single* "Young Boy" (embora seja infinitamente superior à sua "irmã"). Paul: Vocal, baixo Kay Maestro M1, bateria, harmonias, violão, órgão Hammond, piano, percussão e efeitos. Steve Miller: Guitarra elétrica e baixo.

NO BAÚ DE *FLAMING PIE*

Entre 1994 e 1997, Paul compôs diversas canções ou temas instrumentais que ficariam de fora de seu álbum mais recente. "Wait in the Dark", "Can't Get Through to You", "Give Me the Right to Freedom", "You Don't Have Nothing" e "While Away the Hours".

"Cello in the Ruins" chegou a ser cogitada para entrar no álbum *HELP* da fundação War Child quando Paul colaborou com Paul Weller na *cover* de "Come Together" em setembro de 1995. "(Sweet Home) Country Girl" e "Soul Boy" são sobras de estúdio das sessões com Steve Miller. Já "Stella May Day" é um instrumental composto para o primeiro desfile de moda da então iniciante Stella McCartney. "Hiroshima Sky Is Always Blue" é um instrumental gravado com Yoko para relembrar as vítimas do ataque nuclear durante a Segunda Guerra Mundial e "Changing Minds" foi tocada no sistema de som de um evento organizado pela organização protetora dos animais PETA em 1995.

"Whole Life" foi composta em parceria com Dave Stewart do Eurythmics e parcialmente gravada em sessões distribuídas entre 19 de maio e 18-19 de novembro de 1995. Outra versão da música foi produzida em Abbey Road em novembro de 2003 para o evento *46664* de Nelson Mandela em prol das vítimas da AIDS e lançada no iTunes e em um EP com edição limitada.

CAPÍTULO 28

CAPÍTULO 28
STANDING STONE

"Sempre tive uma ambição secreta. Se fosse tentar fazer algo além do que os Beatles alcançaram, teria de ser alguma coisa que superasse arranjos como o de 'Eleanor Rigby'. Gostaria muito que as pessoas analisassem Standing Stone com a mente aberta." **(Paul McCartney, 1997)**

Capa: Linda McCartney
Gravações entre: 30 de abril e 02 de maio de 1997
Produzido por: John Fraser e Paul McCartney
Datas de lançamento: 29/09/1997 e 23/09/1997 (Reino Unido/EUA)
Desempenho comercial: 1º (Reino Unido e EUA – paradas Clássicas)

Ivan Vaughan nasceu em 18 de junho de 1942 e além da data e do local de nascimento compartilhados com Paul McCartney, Ive não imaginava que a amizade em comum com John Lennon serviria como ponte para a maior parceria da história da música popular. Logo, eles compartilhariam outra coincidência. Ivan tocara com o The Quarrymen havia poucos meses e Paul estava próximo de ganhar seu espaço no grupo de skiffle no ano seguinte.

Em 1977, um exame detectou que Ive sofria de mal de Parkinson. A doença o atingiu, impiedosa. Aos 52 anos, o homem que apresentou Paul a John na festa da paróquia de St. Peter não conseguia mais suportar seus efeitos colaterais. Parkinson o derrotou. A morte de Ivan Vaughan tocou fundo o coração de Paul McCartney. O primeiro reflexo desse sentimento de perda apareceu no poema "Ivan", anos mais tarde publicado na antologia *Blackbird Singing*.

Richard Lyttlelton era o presidente da EMI Classics em 1993, mesmo ano da morte de Ivan Vaughan. Lyttlelton e a direção da gravadora tinham aprovado com louvor o *Liverpool Oratorio*, primeira aventura de Paul McCartney no território da música clássica, dois anos antes, e, por isso, acreditaram que ele estava preparado para outra jornada. A ocasião seria o 100º aniversário da companhia famosa pelos estúdios Abbey Road e pelos Beatles.

Paul aceitou a tarefa, mas o envolvimento com *Standing Stone* ainda levaria mais dois anos para entrar em ritmo continuo de produção. Ao invés de repetir a estrutura do oratório composto com ajuda de Carl Davis, sua peça seria um poema sinfônico, espécie de trilha musical baseada em um romance, paisagem ou poema. Naquele momento, "Ive – o craque no baixo" voltou a fazer parte de sua história. Além de compor o poema "Ivan", Paul invocaria o espírito do amigo de escola como base do poema "Celebration", peça central e tema da 19ª e última faixa da sinfonia, que teria como pano de fundo os mitos do povo celta, como eles imaginavam "a origem da vida e o mistério da existência humana". Já a base desse poema seria outra peça "arqueológica" de Paul McCartney: a melodia "Fairy Tale", composta ao piano em 1977 a bordo do iate Fair Carol, nas Ilhas Virgens.

Enquanto cuidava de "Free As a Bird" e de músicas do álbum *Flaming Pie*, Paul dava início aos esboços de *Standing Stone*. Esta primeira fase de composição foi bastante artesanal, com o músico de jazz Steve Lodder colaborando com a transcrição das melodias. A guinada no projeto aconteceu meses mais tarde, com a chegada do engenheiro de som do estúdio The Mill, Keith Smith, autor do programa *Cubase*, capaz de traduzir as ideias de Paul McCartney por meio de um teclado Roland. Enquanto as melodias eram criadas de forma convencional, o programa distribuía as notas e arranjos compostos por Paul diretamente para o computador. Nesse processo, ele também foi capaz de traduzir melhor suas ideias (Paul não sabe ler partituras) para formar a estrutura das vozes e instrumentos incluídos em *Standing Stone*.

Depois da entrada definitiva do programa *Cubase*, o projeto ganharia o reforço de David Matthews, encarregado em traduzir os dados do computador para a partitura musical. Com a peça decodificada, os maestros e arranjadores John Harle e Richard Rodney-Barrett puderam trabalhar na estrutura final, deixando *Standing Stone* com corpo e alma definidos para as sessões de gravação entre os dias 30 de abril e 2 de maio de 1997 em Abbey Road.

A misteriosa imagem da "standing stone" – o fã de boa memória irá recordar – já era familiar. Quando a capa do álbum foi divulgada em setembro de 1997, a primeira lembrança foi a da fotografia tirada por Linda McCartney para o encarte do LP *McCartney*. Essa mística e misteriosa imagem da pedra ereta foi resgatada e incorporada ao projeto *Standing Stone* para servir como ilustração para a saga do povo celta, os habitantes originais da Grã-Bretanha, e protagonistas do poema sinfônico como Primeira Pessoa do Singular.

A estreia de *Standing Stone* aconteceu no dia 14 de outubro de 1997, no Royal Albert Hall, em Londres, sob regência de Lawrence Foster. Esta exibição está disponível em DVD (fabricado na Holanda), com seu (excelente) *making of* incluído como extra. Em 51 minutos, o documentário apresenta imagens das sessões de gravação, ensaios e concepção da obra. Assim como em *Let It Be*, onde os Beatles foram filmados criando arranjos para as músicas do álbum, o *making of* de *Standing Stone* exibe cenas verídicas de McCartney e seus colaboradores em ação, muitas vezes em discussões calorosas. Em uma dessas cenas, Paul detecta um pequeno erro na execução de um oboé e interrompe a performance, explicando como queria o arranjo. Tudo isso é mostrado, sem a preocupação de edição ou cortes.

Standing Stone seria o último projeto lançado por Paul ao lado de sua mulher, Linda Louise Eastman McCartney (1941-1998).

FAIXAS DE *STANDING STONE*

Gravação conduzida por Lawrence Foster com performance da London Symphony Orchestra

Movement I: Fire/Rain
Movement I: Cell Growth
Movement I: 'Human' Theme
Movement II: Meditation

MASTERS

Movement II: Crystal Ship
Movement II: Sea Voyage
Movement II: Lost At Sea
Movement II: Release
Movement III: Safe Haven/Standing Stone
Movement III: Peaceful Moment
Movement III: Messenger
Movement III: Lament
Movement III: Trance
Movement III: Eclipse
Movement IV: Glory Tales
Movement IV: Fugal Celebration
Movement IV: Rustic Dance
Movement IV: Love Duet
Movement IV: Celebration

CAPÍTULO 29
RUSHES

Capa: Paul McCartney
Arte: Paul McCartney
Gravações: Entre outubro de 1995 (primeira fase) e janeiro de 1998
Produzido por: Paul McCartney e Youth
Datas de lançamento: 21/09/1998 e 20/10/1998 (Reino Unido/EUA)

Londres, 2 de outubro de 1998. Um Homem de Preto segura sua guitarra Epiphone enquanto se esconde por trás de uma máscara de esqui e chapéu amarelo de bombeiro. Acessar as imagens com o programa *Real Player*, operando em conexão discada não ajuda a capturar todos os detalhes do ambiente. Melhor confiar na descrição do evento. Durante 72 minutos, Paul McCartney – como seu *alter ego* Fireman – participou de seu primeiro *webcast*, direto do Studio 2, em Abbey Road. Enquanto tocava guitarra, acompanhado por faixas preparadas especialmente por Youth, uma garota usou o intervalo da performance para questioná-lo com perguntas enviadas pelos fãs sobre os segredos do álbum concebido em parceria com Martin Glover, o Youth: *Rushes*, uma coleção de música ambiente bastante distinta em comparação ao primeiro trabalho *Strawberry, Ships, Ocean, Forest* (1993).

À luz de velas, em uma atmosfera quase mística, Paul dava sua versão sobre *Rushes*:

– Você gosta de outros artistas tecno, como Pro-digy, Marilyn Manson ou Nine Inch Nails?

– Nós gostamos de Prodigy no café da manhã, Marilyn Manson para o chá e Nine Inch Nails na hora de ir para cama.

– Queria saber por que "Palo Verde" tem um nome em espanhol? Desculpe, não falo bem inglês...

– Não, não... você fala muito bem. Palo Verde é um "chá verde" encontrado onde nenhuma árvore cresce.

– Por que (no encarte do CD) não há homens nus? Metade dos fãs quer homens também (se referindo à foto da modelo Julie Andrews).

– Nos mostre o dinheiro. Nós vamos até o fim.

– O que inspirou essas gravações?

– A inspiração é derivada da força cósmica criativa do fogo universal.

– O que o motivou a fazer esse álbum?

– Céus noturnos, fluxos de fluídos e o creme chico-teado pelos extintores de incêndio.

– Os sons de "Palo Verde" foram captados de seus cavalos?

– Cavalos selvagens passaram por nossos microfo-nes. Eles não são de ninguém.

– Sua intenção é que a música seja tocada para as pessoas relaxarem?

– Notícias sobre relaxamento cósmico influenciam to-das as decisões tomadas pelo homem em chamas...

***

Rushes, com seu título inspirado parcialmente por um trecho da letra de "Penny Lane", é o segundo trabalho do grupo alternativo de Paul McCartney e – por motivos evidentes – o mais esotérico. Linda aparece em diversos trechos do disco, recitando poesias e elevando o teor emocional do trabalho.

O sucessor de *Strawberry, Ships, Ocean, Forest* também agradou os fãs tradicionais por soar orgânico e menos direcionado à música tecno. Enquanto o LP de 1993 foi desenvolvido a partir de um remix – e quase de forma acidental – *Rushes* seria composto de forma gradual e a partir de um conceito mais elaborado por Paul e Youth no estúdio.

FASE INICIAL DAS GRAVAÇÕES
30 E 31/10/1995

Sessões no estúdio The Mill, em East Sussex, para a finalização de quatro faixas compostas no Rude Studio: "Let Me Love You Always", "Hey Now (What Are You Looking at Me For?)", "Plum Jam" e "Through the Marshes", sendo as duas últimas omitidas na versão final do álbum. Trabalhos interrompidos para divulgação do projeto *The Beatles Anthology* e gravações do LP *Flaming Pie*.

FASE PRINCIPAL DAS GRAVAÇÕES
JANEIRO E FEVEREIRO DE 1998

Paul e Youth retomaram o projeto no início de 1998 no The Mill, em meio ao estágio final da doença de Linda. Claramente, o processo de gravação do álbum funcionaria como uma sessão de terapia. Youth diz que *Rushes* é seu álbum favorito entre os três gravados pela dupla até hoje. Ele destaca a participação de Linda nas gravações. Diversas faixas contam com leituras de poemas em estilo haiku de sua autoria.

RUSHES – FAIXA A FAIXA

WATERCOLOUR GUITARS

A faixa de abertura seria remixada em 2002 para o pré-show da *Driving US Tour* com participação de artistas do Cirque du Soleil.

PALO VERDE

Linda aparece pela primeira vez no álbum, descrevendo um deslumbrante pôr-do-sol: "It's so amazing that you think you're on drugs" ("É tão incrível que você parece estar drogado"). Em outro trecho de sua poesia ela diz: "The flowers turn into fruit" ("As flores se transformam em frutos"). Como música ambiente, combinada às gravações de 1998, surge a canção "Let Me Love You (Always)".

AURAVEDA

"Auraveda" é a faixa mais "indiana" de *Rushes*, com sinos orientais e sitar tocados por Paul McCartney.

FLUID

Inclui diversos diálogos e trechos de entrevistas, inclusive a descrição de um objeto voador não identificado. "Fluid" e "Bison" seriam as únicas faixas remixadas de *Rushes* por Nitin Sawney, marcando o primeiro encontro de Paul com o músico londrino: "Fluid" [out of body and mind mix], "Fluid" [out of body mix], "Fluid" [out of body with sitar mix], e "Bison".

APPLETREE CINNABAR AMBER

Elementos de "Fluid" ainda aparecem em "Appletree", com Paul na bateria.

BISON

Criada a partir de uma *jam session*, Paul deixou o baixo com Youth (seu instrumento original na banda Killing Joke) e voltou à bateria. Apenas um trecho editado dessa música foi incluído em *Rushes*. A versão mais longa aparece em um raro *maxi-single* promocional em vinil.

7AM

"7am" apresenta a segunda canção inédita mixada aos instrumentais gravados por Paul e Youth: "Hey Now (What Are You Looking at Me For?)".

WATERCOLOUR RUSH

Como em outros trabalhos, Paul McCartney recorre ao início do álbum para encerrá-lo com elementos de "Watercolour Guitars".

CAPÍTULO 30
RUN DEVIL RUN

> " *O poder curador da música é algo muito sério. Me lembro que tinha um amigo de escola chamado Ian James e nós costumávamos sair bastante juntos em Liverpool. Certo dia, fui à sua casa com uma dor de cabeça de matar. De repente, ele colocou 'All Shook Up' na vitrola. No final da música, quando Elvis tinha acabado de cantar, a dor já tinha passado.*" (**Paul McCartney**, 1999)

Capa: Dave Fine
Arte: Norman Hathaway
Gravações: Entre março e maio de 1999
Produzido por: Chris Thomas e Paul McCartney
Datas de lançamento: 04/10/1999 e 07/02/1999 (Reino Unido/EUA)
Desempenho comercial: 12º e 27º (Reino Unido/EUA)

Paul tinha razão. O poder curador da música é algo muito sério. Mas no final da década de 90 sua companheira música, sempre fiel, agora teria uma missão muito mais complicada do que afastar uma simples dor de cabeça. Quando Paul colocou os pés em Abbey Road em março de 1999 para tentar apaziguar o sofrimento causado pela ainda recente perda de Linda McCartney (1941-1997), a voz de Elvis em "All Shook Up" estava incumbida de operar milagres.

A poucos meses de gravar o álbum que ganharia o título de *Run Devil Run* – inspirado pelo nome de um sal de bons fluidos adquirido em uma drogaria mística de Atlanta chamada Miller's-Rexall – Paul McCartney já tinha mergulhado de cabeça no trabalho, em busca de luz.

MASTERS

Primeiro, deu os toques finais em *Wide Prairie*, álbum póstumo de Linda. Depois, finalizou *Rushes*, segundo disco de seu *alter ego* Fireman. Nesse ínterim, ainda teve forças para preparar a edição de 25 anos de *Band on the Run*. Mas nada seria como exorcizar os demônios no álbum de puro rock and roll produzido em poucas sessões, acompanhado por uma verdadeira seleção: David Gilmour, do Pink Floyd, na guitarra; Ian Paice, do Deep Purple, na bateria; Peter Wingfield, da banda de B.B. King, no piano; e Mick Green, de Billy J. Kramer and the Dakotas, na guitarra rítmica.

Na hora de gravar, a intenção era apenas soltar a voz e torcer para fazer um *take* satisfatório. Para chegar a este resultado, Paul combinou com o produtor Chris Thomas, em seu reencontro no estúdio após vinte anos (coprodutor de *Back to the Egg*) que não haveria planejamento. Tudo seria feito com um método espontâneo: antes das sessões, Paul sorteava as letras que ele selecionara em casa e apresentava à banda.

O método deu certo. Junto às releituras dos clássicos "All Shook Up" (Elvis não poderia faltar, claro), "Brown Eyed Handsome Man", "No Other Baby", "Blue Jean Baby", "Honey Hush" e "She Said Yeah", Paul combinou três novas músicas, incluindo "Try Not to Cry", que entraria somente na última sessão produzida em Abbey Road, em 5 de maio.

Mesmo com tudo pronto muito cedo, o projeto *Run Devil Run* ainda aguardaria até outubro para chegar aos fãs. Antes disso, Paul já tinha na agenda a divulgação da edição dupla comemorativa de *Band on the Run* e um compromisso importante: ter sua carreira fora dos Beatles reconhecida no Rock and Roll Hall of Fame. As honras da cerimônia no Waldorf-Astoria Hotel, em Nova Iorque, foram feitas por Neil Young – uma figura que se tornaria bastante presente na vida de Paul McCartney nos próximos anos.

Stella McCartney, chamada ao palco por Paul, tinha em sua camiseta uma mensagem que traduzia o sentimento de muitos naquele instante: *It's about fuckin' time!*

FAIXAS DE *RUN DEVIL RUN*

Blue Jean Bop
She Said Yeah
All Shook Up

Run Devil Run
No Other Baby
Lonesome Town
Try Not to Cry
Movie Magg
Brown Eyed Handsome Man
What It Is
Cocquette
I Got Stung
Honey Hush
Shake a Hand
Party

As Novas Canções de *Run Devil Run*:

RUN DEVIL RUN

Quando Paul apresentou as músicas que gostaria de gravar em seu projeto – inicialmente, estruturado em releituras do rock que o levou a tocar guitarra nos anos 50 – um de seus truques foi não avisar se o material apresentado ao produtor Chris Thomas e à banda seria alguma de suas novas composições. Ao finalizar o ensaio de "Run Devil Run", o efeito foi inevitável: "De quem é essa música, Paul? Ela é matadora!" Ao ser questionado, Paul sabia que estava no caminho certo.

"Run Devil Run" é, de fato, um *mix* de Gene Vincent com Chuck Berry e se encaixou perfeitamente com o material selecionado para preencher o LP. Paul estava pronto para espantar os maus fluidos e más vibrações: "Estava em Atlanta com meu filho James e decidimos dar uma volta pela região mais barra pesada. Sem querer, encontramos uma loja, dessas do tipo que vendem itens de magia e fiquei intrigado com umas garrafas de sal de banho com o nome Run Devil Run. No rótulo prometia tirar todos os demônios se você esfregasse o produto no corpo. Fiquei olhando por um tempo e achei um excelente título para uma música: 'Run Devil Run'! A letra da música veio tempos depois, quando estava velejando: pensei em um pântano no Alabama, no sul dos Estados Unidos, mas na verdade estava no meio do oceano. A imaginação leva você para longe..."

Gravada em Abbey Road em 3 de março de 1999 com a seguinte formação: Paul McCartney: Voz e baixo. Mick Green: Guitarra. David Gilmour: Guitarra e guitarra com slide. Ian Paice: Bateria. Pete Wingfield: Piano.

WHAT IT IS

Em março de 1998, Paul já sabia que Linda perderia a batalha contra o câncer. Uma luta iniciada três anos antes e que, em 1997, aparentemente tinha sido vencida. O calvário de um dos casais mais admirados da música ainda estava por vir.

Mas enquanto o pior não batia à porta, Paul tentava preencher o espaço com o que os dois acostumavam fazer melhor: música. "What It Is" representava isso. O rock composto ao piano era uma mensagem de esperança e uma declaração de amor à parceira – talvez a última composição antes de Linda partir em 17 de abril de 1998 no Arizona. "A ideia para fazer um álbum de rock and roll acho que começou com essa música. Estava tocando piano e fiz 'What It Is' com Linda em mente. Aliás, ela ainda estava viva quando escrevi essa. Então, acho que 'What It Is' tem muitas ligações sentimentais atreladas a ela."

Gravada em Abbey Road em 4 de março de 1999 com a seguinte formação: Paul McCartney: Voz, guitarra e baixo. Mick Green: Guitarra. David Gilmour: Guitarra. Ian Paice: Bateria. Pete Wingfield: Piano.

TRY NOT TO CRY

Quando *Run Devil Run* parecia estar fechado, Paul teve uma ideia: compor uma canção durante a mixagem. Além disso, ele queria finalizar o LP com outra inédita e a *cover* de "All Shook Up", uma de suas favoritas de Elvis Presley, gravada na mesma sessão de "Try Not to Cry". A faixa, uma das mais complexas do álbum, também seria tocada ao vivo no Cavern Club, em Liverpool, e transmitida ao vivo pela internet no dia 14 de dezembro de 1999, com apenas 300 pessoas na plateia. Entre os sorteados para o evento histórico, um brasileiro: Pedro Monti Jr., que me concedeu entrevista em 2005: "Foram 45 minutos de puro e maravilhoso rock and roll... Eu estava lá, ouvindo a maior voz da história do rock cantando e tocando contrabaixo... Fiquei completamente estático naqueles minutos, olhando aquilo tudo sem muita reação. Quando o Paul disse 'Estamos sendo assistidos por gente no mundo todo', referindo-se à transmissão pela internet, minha única reação foi deixar escorrer uma lágrima."

Paul conta a história de "Try Not to Cry": "Algumas músicas nascem a partir de uma ideia muito específica. Então, tentei compor a partir de um exercício e preencher as palavras nos intervalos das batidas do chimbau. (Paul canta): "Sometimes (batida) I'm right (batida) Sometimes (batida) I'm wrong" ("Às vezes estou certo, às vezes estou errado"). Coloquei a letra nesses espaços vagos... Mostrei como fiz para os caras da banda e eles fizeram cara de interessado (risos). No fim, deu um bom resultado e fiquei satisfeito com 'Try Not to Cry' – um número mais pop em comparação às outras, mas ainda com um clima R&B."

Gravada em Abbey Road em 5 de maio de 1999 com a seguinte formação: Paul McCartney: Voz, baixo e percussão. Mick Green: Guitarra. David Gilmour: Guitarra e guitarra com slide. Dave Mattacks: Bateria e percussão. Geraint Watkins: Piano.

Outras músicas da era *Run Devil Run*

Além das músicas lançadas no álbum, "Fabulous" foi escolhida como lado B do *single* "No Other Baby". Paul também gravou dois clipes para promover o disco.

"Brown Eyed Handsome Man" conta com música incidental eletrônica e coreografias elaboradas por Teresa Lawrence, Vera Fisher, Linedance Crazy e Jack Murphy, todos os professores da escola Movement for National Theatre, de Parish County, Michigan. O filme foi dirigido e produzido por David Leland.

Já o vídeo de "No Other Baby", dirigido por Pedro Ramani, estreou em 16 de novembro de 1999 na TV inglesa, e mostra Paul sozinho em um barco, enfrentando ameaças como correntes marítimas e tubarões.

NO BAÚ DE *RUN DEVIL RUN*

As *covers* de "Searchin", "We're Gonna Move", "Ready Teddy", "Thumbin' a Ride", "Fools Like Me" e "Rip It Up" também foram gravadas para o projeto e permanecem nos arquivos de Paul McCartney.

CAPÍTULO 31
WORKING CLASSICAL

" Acho que 'Warm and Beautiful' funcionou (com os arranjos) muito bem. É uma de minhas favoritas no álbum, pois captura alguns dos mais profundos sentimentos que tenho por Linda." (**Paul McCartney**, 1999)

Capa: Dewynters PLC, London

Gravações: Entre outubro de 1998 e fevereiro de 1999

Produzido por: John Fraser e Paul McCartney

Data de lançamento: 19/10/1999 (Reino Unido e EUA)

Paul McCartney se apaixonou pelo trabalho do Brodsky Quartet ao ouvir o álbum de Elvis Costello, *The Juliet Letters*. Quando teve a chance, convidou o parceiro e o grupo instrumental para o evento no St. James Palace em março de 1995, na *première* de "A Leaf". Após a morte de Linda, o Brodsky Quartet voltaria a se apresentar em tributos em Nova Iorque e East Sussex, com a presença de George Harrison e Ringo entre os convidados. No repertório, músicas compostas por Paul e inspiradas pela mulher com quem dividiu sua vida por 30 anos.

Toda a beleza e lirismo das interpretações do Brodsky Quartet inspirou Paul McCartney a desenvolver *Working Classical*, em sua maioria composta pela releitura orquestral de suas composições dedicadas à Linda entre 1970 e 1997. Desta vez, além do produtor John Fraser, Paul contaria com a colaboração de Andrea Quinn e Lawrence

Foster para desenvolver o projeto, seguindo basicamente o processo de composição e arranjo de *Standing Stone*, lançado em 1997.

Além das regravações, feitas pelo Loma Mar String Quartet e pela London Symphony Orchestra, Paul McCartney também incluiu em *Working Classical* (um trocadilho entre classe trabalhadora, "working class", e música clássica), peças instrumentais inéditas, como "Tuesday", (tema da animação produzida por Geoff Dunbar), "Haymakers", "Midwife" e "Spiral" (apresentada na estreia de *Standing Stone*, em outubro de 1997, no Royal Albert Hall). Já a peça para piano "A Leaf" (lançada como *single* em 1995) seria regravada pela London Symphony Orchestra e incluída no álbum.

Todas as sessões de *Working Classical* foram executadas em Abbey Road, entre outubro de 1998 e fevereiro de 1999. Já sua execução ao vivo aconteceu pela primeira vez no Liverpool Philharmonic Hall, em Liverpool, em 16 de outubro de 1999, sob a regência de Andrea Quinn.

FAIXAS DE *WORKING CLASSICAL*

Junk
Músicos: The Loma Mar String Quartet
Regido por Andrea Quinn
Arranjada por Andy Stein

A Leaf
Músicos: The London Symphony Orchestra
Conduzida por Lawrence Foster
Orquestrada por Jonathan Tunick
Arranjada por John Fraser

Haymakers
Músicos: The Loma Mar String Quartet
Conduzida por Andrea Quinn

Midwife
Músicos: The Loma Mar String Quartet
Conduzido por Andrea Quinn

Spiral
Músicos: The London Symphony Orchestra
Conduzida por Lawrence Foster
Orquestrada por Richard Rodney Bennett
Arranjada por John Fraser

Warm and Beautiful
Músicos: The Loma Mar String Quartet
Conduzida por Andrea Quinn
Arranjada por Michael Thomas
My Love
Músicos: The Loma Mar String Quartet
Conduzido por Andrea Quinn
Arranjada por Michael Thomas
Maybe I'm Amazed
Músicos: The Loma Mar String Quartet
Conduzido por Andrea Quinn
Arranjada pelo The Loma Mar String Quartet e por Roberto Pansera
Calico Skies
Músicos: The Loma Mar String Quartet
Conduzido por Andrea Quinn
Arranjada pelo The Loma Mar String Quartet
Golden Earth Girl
Músicos: The Loma Mar String Quartet
Conduzido por Andrea Quinn
Arranjada pelo The Loma Mar String Quartet
Somedays
Músicos: The Loma Mar String Quartet
Conduzido por Andrea Quinn
Arranjada pelo The Loma Mar String Quartet
Tuesday
Músicos: The London Symphony Orchestra
Conduzida por Andrea Quinn
Orquestrada por Richard Rodney Bennett
Arranjada por John Fraser
She's My Baby
Músicos: The Loma Mar String Quartet
Conduzido por Andrea Quinn
Arranjada pelo The Loma Mar String Quartet
The Lovely Linda
Músicos: The Loma Mar String Quartet
Conduzido por Andrea Quinn
Arranjada por Roberto Pansera

CAPÍTULO 32

CAPÍTULO 32
LIVERPOOL SOUND COLLAGE

" *Esta colagem é um escape de meu trabalho normal. É algo mais underground comparado ao que você costuma ouvir. Mas gosto de me sentir livre o suficiente para fazer este tipo de coisa.*" (**Paul McCartney**, 2000)

Capa: Peter Blake

Arte: Peter Blake

Gravações: Entre janeiro e fevereiro de 2000

Produzido e mixado por: Paul McCartney, Youth e Cian Ciaran

Datas de lançamento: 21/08/2000 (Reino Unido e EUA)

Não era a volta do *alter ego* The Fireman, mas Paul não se intimidou em retomar outro projeto bastante experimental dois anos após *Rushes*. A ocasião tinha pompa e muita tradição: criar a trilha sonora para a mostra de arte *About Collage*, de Peter Blake, o criador da clássica capa de *Sgt. Pepper's Lonely Heart's Club Band*. Em seu terceiro projeto experimental – nomeado na categoria de Melhor Música Alternativa do Grammy – McCartney retomou a parceria com Youth para a composição de faixas que serviriam como música ambiente para uma *vernissage* de Peter Blake na galeria de arte Tate, em Liverpool, inaugurada em 7 de abril de 2000 (a exposição permaneceria no local até março do ano seguinte).

A produção se resumiu da seguinte forma: Youth e Cian Ciaran, tecladista do Super Furry Animals, se incumbiram de remixar colagens sonoras criadas por Paul no The Mill e transformá-las em faixas para o álbum que viria se chamar de forma bastante apropriada *Liverpool Sound Collage*.

De forma inusitada, as colagens produzidas por Paul McCartney ganhariam forma após concluir entrevistas feitas com moradores de Liverpool, que ele escolheu de forma aleatória, de Arlington a Penny Lane. Com essas gravações em mãos, ele mixou uma série de efeitos, captados das águas do rio Mersey, trechos do *Liverpool Oratoria* e até clipes inéditos de "Think for Yourself", gravados em Abbey Road durante a produção de *Rubber Soul*.

Além desse quebra-cabeça sonoro, Paul compôs e gravou a canção "Free Now", uma faixa inédita especialmente elaborada para *Liverpool Sound Collage*.

FAIXAS DE *LIVERPOOL SOUND COLLAGE*

Plastic Beetle (McCartney/ Beatles)

(entre 0:39 - 0:41) John Lennon: "...cause it's our song any road, innit?" [*take* 1 – "I Call Your Name" – 01/03/1964] ("...porque, afinal, é nossa canção, não é mesmo?")

(entre 6:00-6:04) George Harrison: "It's okay. We know. I think we know." ("Está certo. Nós sabemos. Eu acho que sabemos.")

John Lennon: "This might be it. We'll just go..." ["Think for Yourself", *take* não identificado] ("Deveria ser isso. Nós apenas vamos...").

Peter Blake 2000 (Super Furry Animals/McCartney)

(Entre 9:24 - 9:26) trecho da canção "Magical Mystery Tour" como fundo musical para a faixa inédita "Free Now", cantada por Paul McCartney.

Real Dub Gone Manifest in the Vortex of the Eternal Now (Youth/The Beatles)

(entre 0:35 - 2:04) Paul: "Hang on. John's just broken a string" ("Um momento, John acabou de arrebentar uma corda").

Ringo: "Mal, will you come down and fix the seat?" ("Mal (Evans), será que você poderia ajustar o banco?").

George: "The bit that John finally got." ("O trecho que John, finalmente, pegou").

John: "Oh, well I can get back of it." ["Think for Yourself"] ("Oh, bem, eu posso pegar daí.")

Made Up (McCartney/ Beatles)

Paul entrevista pessoas pelas ruas de Liverpool e canta a canção tradicional "Maggie Mae" (lançada no álbum *Let It Be*). Seguem trechos dos diálogos da faixa 3, remixados por Youth.

Free Now (McCartney/Beatles/Super Furry Animals)

Canção inédita do álbum, lançada como CD *single* promocional. Incluem trechos com George Harrison repetindo diversas vezes a frase "Do what you want to do" ("Faça o que você quiser"), da canção "Think for Yourself".

***

Após remixar colagens para *Liverpool Sound Collage*, o tecladista e líder do grupo galês Super Furry Animals convidou Paul McCartney para participar de uma faixa de seu álbum, *Rings Around the World*. Paul decidiu repetir sua performance na faixa "Vegetables", dos Beach Boys, mastigando aipo na canção "Receptacle for the Respectable".

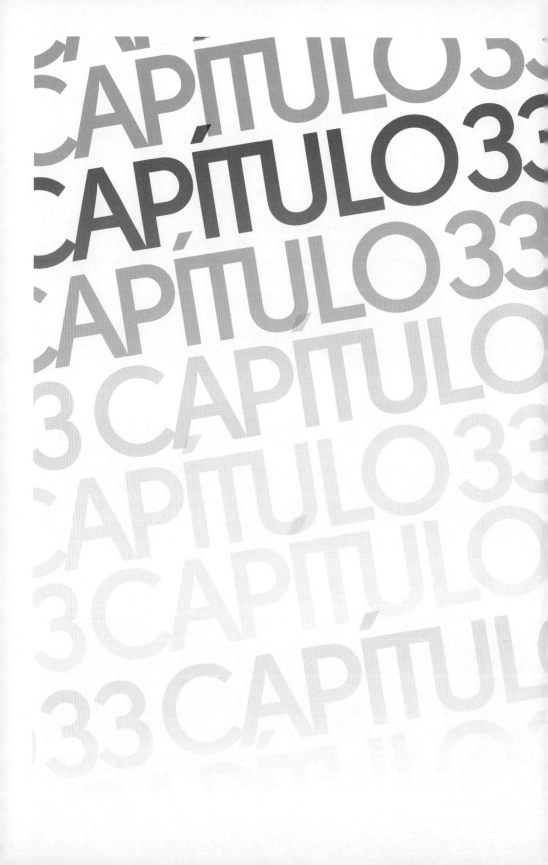

CAPÍTULO 33
WINGSPAN: HITS AND HISTORY

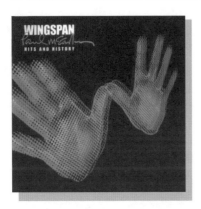

Capa: The Team
Gravações: Entre 1970 e 1984
Datas de lançamento: 07/05/2001 e 08/05/2001 (Reino Unido/EUA)
Desempenho comercial: 2º e 5º (Reino Unido/EUA)

Como a maioria dos projetos recentes que decolou após a morte de Linda McCartney, *Wingspan* surgiu da intenção de homenagear a coragem da então inexperiente tecladista do Wings. O projeto multimídia *Wingspan* nasceu em 1997, com um anúncio publicado no fanzine *Club Sandwich* pedindo material inédito que pudesse contribuir para a composição de um documentário sobre a segunda banda mais famosa de Paul McCartney. O filme teria direção de Alistair Donald, então marido de Mary McCartney.

Além do CD duplo, que mais tarde contaria com três variações em seus principais mercados (Estados Unidos, Inglaterra e Japão), a ideia original consistia em produzir um documentário, compilar uma caixa com raridades, além de editar um livro contando a história do Wings, segundo o seu líder.

Desses quatro itens, apenas a caixa não vingaria, adiando mais uma vez a intenção de resgatar o projeto *Cold Cuts*, nascido em 1974 após as sessões de "Junior's Farm".

Em *Wingspan*, Paul também abriria concessões para músicas fora do período ativo da banda, como "Pipes of Peace" e "No More Lonely

Nights". Outro desvio de rota foi a exclusão de "Give Ireland Back to the Irish" do pacote, temendo eventuais represálias das emissoras estatais britânicas.

Após o lançamento de *Wingspan – Hits and History* em maio de 2001, os demais itens do pacote chegariam a conta-gotas.

Wingspan: An Intimate Portrait, o prometido documentário, com entrevista exclusiva de Paul McCartney concedida à filha Mary, foi lançado em VHS/DVD em novembro de 2001, com 22 minutos extras, incluindo performances de músicas, como "Mrs. Vandebilt" e "Let Me Roll It" ao violão.

Por fim, o livro *Wingspan: Paul McCartney's Band on the Run*, editado por Mark Lewisohn, apareceria somente em outubro de 2002, com trechos ampliados da mesma entrevista concedida por Paul à filha em Nova Iorque no ano anterior.

FAIXAS DE *WINGSPAN: HITS AND HISTORY*

CD 1 - *HITS*

Listen to What the Man Said
Band on the Run
Another Day
Live and Let Die
Jet
My Love
Silly Love Songs
Pipes of Peace
C Moon
Hi Hi Hi
Let 'Em In
Goodnight Tonight
Junior's Farm
Mull of Kintyre
Uncle Albert/Admiral Halsey
With a Little Luck
Coming Up
No More Lonely Nights

CD2 – *HISTORY*

Let Me Roll It
The Lovely Linda
Daytime Nightime Suffering
Maybe I'm Amazed
Helen Wheels
Bluebird
Heart of the Country
Every Night
Take It Away
Junk
Man We Was Lonely
Venus and Mars/Rock Show
The Back Seat of My Car
Rockestra Theme
Girlfriend
Waterfalls
Tomorrow
Too Many People
Call Me Back Again
Tug of War
Bip Bop/Hey Diddle
No More Lonely Nights (playout)

Wingspan (2)

Lançado apenas nos EUA. A diferença entre a versão americana e a lançada no Reino Unido é a substituição da faixa "Coming Up" (estúdio) pela versão ao vivo, gravada em Glasgow, em dezembro de 1979.

Wingspan (3)

Lançado exclusivamente no Japão. Contém faixa bônus: "Eat at Home" e a versão de estúdio de "Coming Up".

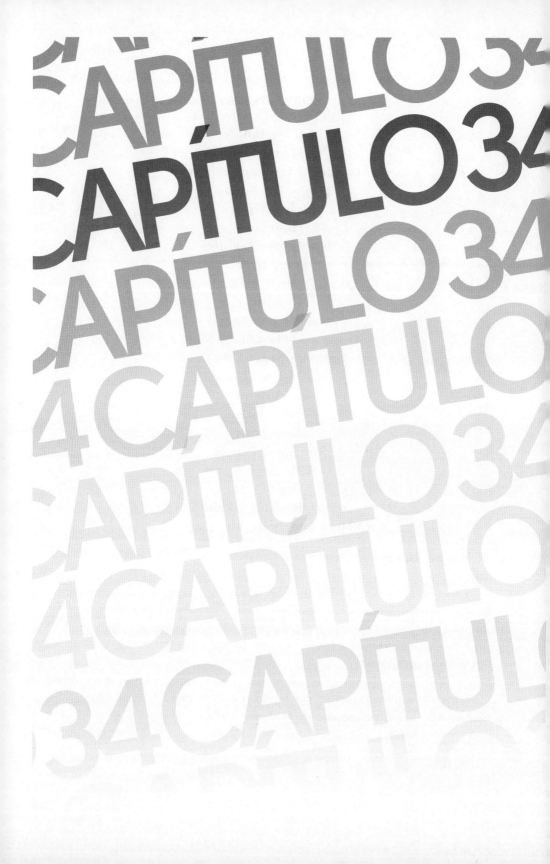

CAPÍTULO 34
DRIVING RAIN

" *Esse álbum não é algo que a maioria das pessoas esperaria de mim. Diria que foi como uma viagem ao desconhecido.*" (**Paul McCartney**, Novembro de 2001)

Capa: Paul McCartney (fotos tiradas com uma câmera digital Casio Wrist Camera Watch)

Arte: Norman Hathaway, Micha Weidmann e Donat Raetzo

Gravações: Entre fevereiro e junho de 2001

Produzido por: David Kahne e Paul McCartney

Datas de lançamento: 12 e 13/11/2001 (Reino Unido/EUA)

Desempenho comercial: 26º e 46º (Reino Unido/EUA)

11 de janeiro de 2001. Deu nos principais sites nacionais e internacionais. "Paul McCartney chegou ontem à Índia, onde participará de uma peregrinação em Allahabad, ao norte do país. Ele passou a quarta-feira em Nova Déli, seguindo para Allahabad onde está sendo realizado o Maha Kumbh Mela, que acontece somente a cada 12 anos." Paul precisava retornar à Índia após mais de três décadas e saber se o Maharish estava certo. Em 1968, ele dissera aos Beatles que "o coração segue sempre para o lugar mais terno". Naquele ano, em verdade, Paul nem sonhava que seu maior sofrimento aconteceria no ainda distante 1998, quando Linda perderia sua batalha contra o câncer.

Felizmente, o calvário estava próximo do fim. Naquele início de ano, Paul estava com a ex-modelo Heather Mills, uma ativista que perdera uma das pernas após ser atropelada em Londres, na esquina de Kensington Road, por um policial motociclista quando tinha 25 anos. À primeira vista, em maio de 1999, Paul se apaixonou por Heather e enxergou nela uma figura de grande força, algo que ele precisava desesperadamente naquele momento. Durante a jornada pela Índia e outras regiões místicas asiáticas, Paul voltaria a se inspirar. Ideias para novas canções começaram a retornar com mais intensidade. Não que elas tivessem sumido.

No "álbum terapia" *Run Devil Run*, lançado dois anos antes, ele já incluíra três inéditas ao lado de *standards* do rock. Naquele mesmo ano, em sua passagem pelo programa de Michael Parkinson, na BBC – finalmente atendendo o convite feito em 1973, logo após o apresentador ser uma das estrelas da capa de *Band on the Run* –, os fãs ouviriam a primeira canção de *Driving Rain* chamada "Your Loving Flame", com David Gilmour dando canja na guitarra, além de "Song to Us", balada ao piano, estilo anos 40, que ainda permanece inédita.

Em seu retorno da Índia, Paul estava revigorado e pronto para gravar. Bill Porricelli, seu amigo de longa data da MPL, sugeriu alguns nomes e Paul optou por David Kahne, devido ao seu perfil moderno e musical. Mais conhecido então por trabalhos com The Bangles e Sugar Ray, Kahne entrou em cena e convocou músicos de confiança que não só participariam de todas as sessões do próximo disco, como fariam parte de sua mais longeva banda. Das três caras novas, somente Gabe Dixon não permaneceu no grupo que o acompanha até 2017. Já Rusty Anderson (guitarra) e Abe Laboriel Jr. (bateria) permanecem no time há ininterruptos 16 anos – um recorde para Paul.

As sessões do LP, que se chamaria em breve *Driving Rain*, arrancaram no Henson Recording Studio, em Los Angeles. Em poucas sessões produzidas em fevereiro e março, tudo estava quase pronto. David Kahne abraçou a ideia de trabalhar no ritmo dos Beatles. Paul quis reviver a velocidade da banda em 1965, quando o grupo teve menos de dois meses para entregar o LP *Rubber Soul*. Desejo atendido.

Antes de fechar as fitas máster (sim, o disco foi gravado à moda clássica, em fita magnética), Paul retornou a Londres para promover a coletânea *Wingspan: Hits and History* e para finalizar o documentário *Wingspan: An Intimate Story* – sua homenagem a Linda McCartney e sua segunda banda mais famosa. Durante a divulgação, Paul revelaria ao jornalista Timothy White – um velho conhecido – algumas das músicas do próximo LP, descrita como uma "tocante homenagem à Linda" com o refrão "You're Still Here", a canção jamais apareceria.

De volta a Los Angeles, para fechar o álbum, Paul convocou sua banda de estúdio para a primeira tarefa sobre um palco. Em 14 de junho, Paul, Rusty, Abe e Gabe se apresentaram no primeiro Adopt-a--Minefield Charity Gig (ONG em prol das vítimas de minas terrestres), a principal bandeira de Heather. No repertório, o público do Beverly Hills Wilshire Hotel viu e ouviu pela primeira vez, não apenas uma versão da faixa que daria nome ao seu disco, como a versão musicada de seu poema "The Jerk of All Jerks", um desabafo contra o assassino de John Lennon publicada no livro *Blackbird Singing* em março. No show, Paul ainda receberia outro Paul como convidado, formando a dupla Simon & McCartney em seu primeiro dueto ao vivo cantando o clássico do LP *Help!*, "I've Just Seen a Face".

Aparentemente, *Driving Rain* seria concluído com a gravação de "Your Loving Flame" em 19 de junho. O álbum foi agendado pela EMI para chegar às lojas em 13 de setembro, quando Paul e banda fariam um show especial.

***

Paul e Heather estavam no aeroporto John Fitzgerald Kennedy, em Nova Iorque, prestes a decolar. Da janela de seu avião eles começaram a ver, incrédulos, o que o resto do planeta testemunharia em questão de minutos. Data: 11 de setembro de 2011. O pior ataque aos Estados Unidos desde Pearl Harbor, em 7 de dezembro de 1941 na Segunda Guerra Mundial, não só derrubaria as duas torres do World Trade Center, como deixaria em ruínas os seus arredores ao sul de Manhattan. O Pentágono, em Washington D.C., também seria alvo do ataque promovido pelo grupo fundamentalista Al-Qaeda. No total, 2996 pessoas morreram e mais de 6 mil ficaram feridas. Segundo cálculos do governo americano, os prejuízos materiais – sem contar as sequelas psicológicas e patológicas – somaram mais de US$ 10 bilhões.

Naquele instante, nada mais parecia importante no mundo. Talvez, não fosse mesmo. *Driving Rain* foi cancelado imediatamente – apesar de suas músicas vazarem na internet poucos dias após o 11 de Setembro, prejudicando as vendas consideravelmente.

De todas as partes dos Estados Unidos e Europa, os artistas começaram a se mobilizar para arrecadar fundos para vítimas e bombeiros mortos nos ataques terroristas. Paul estaria em um deles: *Concert for New York City*, em 20 de outubro de 2001, no Madison Square Garden. Ao lado de diversas estrelas, como David Bowie, Mick Jagger e Keith Richards, Eric Clapton e Bon Jovi, ele apresentaria "Lonely Road" e "From a Lover to a Friend" – duas faixas gravadas para *Driving Rain* – gerando algumas críticas de que ele tentara "atrair publicidade barata" em um evento solene. No palco, Paul ousaria ainda mais: "Freedom", composta especialmente para o evento, entrou no *setlist*, sendo tocada duas vezes, com direito a solo do Deus da Guitarra, Eric Clapton.

Em um exercício comercial, talvez desnecessário, as cópias de *Driving Rain* já prensadas foram recolhidas para que "Freedom" entrasse como faixa adicional no LP, já agendado para novembro. Uma manobra que pouco colaborou com o desempenho comercial do disco, que sequer ficaria entre os 20 mais vendidos.

Em 29 de novembro, dias após a chegada do já "antigo" *Driving Rain* – uma vítima dos downloads ilegais – George Harrison perdeu sua longa batalha contra o câncer. Paul estava ao seu lado, em Los Angeles. O mundo, cada vez mais ferido, agora não tinha mais o Beatle mais jovem.

DRIVING RAIN – FAIXA A FAIXA

LONELY ROAD

As primeiras notas tocadas no lendário contrabaixo Hofner aumentam a expectativa. Mas, o que vem depois daí? *Driving Rain* não poderia ter uma melhor abertura. Paul com vocal em forma, revigorado, cantando sobre um tema que ele domina: redenção.

"Lonely Road" é a primeira canção composta na Índia em janeiro, logo após retorno do festival religioso Kumbh Mela. De repente, o clima do *Álbum Branco* estava de volta. Em 1968, Paul também mergulhara na Meditação Transcendental para tentar fugir da melancolia causada pela morte de Brian Epstein, ocorrida no ano anterior. No raiar do novo século, Paul tinha como missão celebrar o novo amor descoberto com Heather Mills e curar as cicatrizes provocadas pela dura ausência de Linda, sua mulher por 30 anos.

Com a mente mais limpa, os versos de "Lonely Road" chegariam para ele em momentos de relaxamento e descontração após os dias mais exotéricos no Kumbh Mela. Localizado ao número 403 de Mobor, Cavelossim, Salcette, o hotel 5 estrelas The Leela Goa foi escolhido por Paul como seu porto seguro indiano e ponto de partida para criar as novas músicas para seu próximo disco.

O tom de "Lonely Road" (mi menor) e a troca de acordes desse rocker remetem a "Stranglehold", do LP *Press to Play,* curiosamente, assim como *Driving Rain*, outra coleção de canções que não atingiu sucesso comercial. Paul relembra: "'Lonely Road' foi uma das músicas escritas em Goa, na Índia. Estava curtindo muito a praia e o mar, e de forma geral, relaxando na passagem para o século XXI. Então, durante a tarde eu costumava aproveitar o tempo, quando você tem aquele momento silencioso e pega o violão e começa a acariciá-lo... A música foi saindo de forma natural, em praticamente uma hora. Ela é o que você fizer dela. Para mim, a letra não significa nada além do que não desejar ser magoado ou diminuído... 'Don't want to let you take me down / (...) / Don't want to walk that lonely road again' ('Não quero ter de pegar a estrada solitária mais uma vez, não quero ser passado para trás'). Isso é simbólico para qualquer um com qualquer tipo de problema. É uma canção "de resistência" contra a solidão escrita em um hotel em Goa."

Em sua primeira entrevista concedida a este autor em novembro de 2001, David Kahne comentou: "Durante as sessões, a banda gravava os *takes* e a gente escolhia o melhor deles para ser trabalhado depois. Claro que Paul acompanhou o processo bem de perto, mas na maioria das vezes fiquei encarregado de tudo. Eu ficava de "castigo" depois das sessões (risos), mixando e editando as faixas durante a madrugada. De qualquer forma, nunca fui mesmo de dormir muito! Na verdade, foi bem divertido. Paul curtiu desde o começo a ideia de usar o computador como uma ferramenta a nosso favor."

Gravada no Henson Recording Studio, em Los Angeles, no dia 16 de fevereiro de 2001. Paul McCartney tocou violão, baixo e guitarra, além de fazer os vocais principais. Rusty Anderson ficou no violão, guitarra e guitarra com slide. Abe Laboriel Jr. contribuiu com pandeiro e bateria. Gabe Dixon é o tecladista. O produtor David Kahne também participou da sessão tocando órgão.

***

Paul gravou sua participação no videoclipe de "Lonely Road" no Black Island Studios, em Londres, onde simula guiar um Thunderbird vermelho (o mesmo usado no pôster promocional da turnê *Driving USA*). As cenas mostram Paul dirigindo seu carro, enquanto diversas modelos pedem carona. Enquanto passa pela rodovia, placas de trânsito surgem no acostamento com trechos da letra da música. O clipe estreou no canal a cabo norte-americano VH-1, e no site oficial de Paul McCartney, em abril de 2002. Rodado em Lancaster, Califórnia, e Londres, Inglaterra, nos dias 21/02 e 03/03/2002. Dirigido e produzido por Jonas Aekerlund. Outro clipe promocional, mais raro, foi produzido da mesma forma que "From a Lover to a Friend", no Quad Studios, em Nova Iorque.

FROM A LOVER TO A FRIEND

Escolhida como primeiro *single* do álbum por sugestão de Ringo Starr, "From a Lover to a Friend" teve um destino estranho. Logo após estrear no evento *The Concert for New York City*, em 20 de outubro de 2001, a música simplesmente desapareceu dos *setlist*s da turnê *Driving USA*, no ano seguinte. Paul, definitivamente, não gostou de como sua performance soou no palco.

A música, uma das composições mais complexas de *Driving Rain*, dividiu o *setlist* de Paul McCartney no mítico Madison Square Garden com "Lonely Road", "I'm down", "Let It Be" e "Freedom" em seu tributo às vítimas do 11 de Setembro, organizado para angariar verbas, principalmente, para os familiares de bombeiros mortos nos ataques terroristas. Paul recorda: "Nesse álbum existem algumas músicas criadas a partir de duas composições. Ou seja: montei uma faixa colando diferentes fragmentos. Pensei comigo: acho que isso vai se encaixar bem. Então, isso significa que às vezes uma das metades foi gravada em um compasso e a outra, num compasso completamente diferente...

Certamente, pensei comigo, teria de consertar o andamento da música depois. Mas quando mostrei a gravação para a banda e depois para o produtor eles gostaram muito desses compassos esquisitos! 'From a Lover to a Friend' é um desses casos. Fiz a demo tarde da noite, meio cansado, mas acabei gostando tanto daquele ambiente noturno que decidi mantê-lo – embora a música tenha sido gravada à tarde. É uma canção estranha, meio híbrida, com vários trechos que gostava muito e decidi fazer como uma colagem sinistra."

Antes de ser gravada com produção de David Kahne, a demo de "From a Lover to a Friend" foi construída desta forma no estúdio The Mill, com auxílio do hoje arquivista, Eddie Klein:

Parte 1: Introdução com sintetizador + "la-la-las"
Parte 2: "And when the times comes 'round"
Parte 3: Refrão "From a Lover to a Friend"
Parte 4: "How can I walk?"

Com o quebra-cabeça montado, "From a Lover to a Friend" seria gravada no Henson Recording Studio, em Los Angeles, no dia 20 de fevereiro de 2001. Paul McCartney tocou baixo e piano. Rusty Anderson ficou na guitarra de 12 cordas. Abe Laboriel Jr. contribuiu com bateria. Gabe Dixon também toca piano na gravação.

No clipe produzido para divulgar a música, Paul McCartney aparece em um estúdio tocando todos os instrumentos, em um ambiente iluminado por velas. Por conta do lançamento relâmpago do *single* "Freedom", em outubro de 2001, este clipe foi pouco divulgado e hoje é um dos mais raros de sua filmografia. Não disponível, inclusive, no box *The McCartney Years*, lançado em 2007. Gravado nos estúdios Quad, em Nova Iorque, e dirigido por Kate Miller.

SHE'S GIVEN UP TALKING

Driving Rain pode ter sido concebido com o espírito do LP *Rubber Soul*, mas "She's Given Up Talking" é o momento mais *Revolver* do disco. Além disso, a música composta na familiar Jamaica, em 1999, trazia um tema interessante e, de certa forma, perturbador. Ainda que a letra da canção indique que a personagem central tivesse

MASTERS

parado de falar de forma proposital, é impossível pensar em "She's Given Up Talking" sem lembrar do filme estrelado por Michael Douglas, *Refém do Silêncio*, que originalmente se chama *Don't Say a Word* (Não diga uma palavra) – um dos trechos da letra de "She's Given Up Talking". Nesse caso, o filme onde a atriz Brittany Murphy (1977-2009) vive em estado catatônico, chegou aos cinemas no final de setembro, meses após Paul escrever a música. Certamente, uma incrível coincidência. Paul explica: "A letra é sobre a história da filha de um conhecido que ia para escola e simplesmente não abria a boca quando estava por lá. Por um ano inteiro ela não conversou com ninguém. Essa ideia de desistir de falar me pareceu um bom título para uma música que escrevi há mais ou menos uns dois anos quando estava de férias na Jamaica. A história da menina que se recusa a conversar com os professores me pareceu uma boa 'estratégia' para um aluno usar na escola. Desejei ter usado isso no meu tempo. Mas claro que eu ia me dar mal porque eles ficavam espertos sobre esse tipo de malandragem. A segunda parte de 'She's Given Up Talking' foi composta bem depois, no estúdio, em Los Angeles. Uma coisa legal dessas gravações é que a banda não tinha ouvido nenhuma demo. Eu simplesmente mostrei a eles tudo na hora. Quando precisava finalizar uma delas eu ia para o andar de cima e já sabia o que fazer: 'Ah but when she comes home / It's yap-a-yap-yap' ('Quando a garota volta para casa ela começa falar como uma tagarela'). Então, finalizei tudo bem rápido."

David Kahne revelou a este autor em 2001 um pouco sobre os bastidores da faixa: "Todo o álbum foi gravado com fitas magnéticas, algo nada comum para mim. Hoje é muito mais rápido e simples gravar tudo digitalmente, em DAT (fita de áudio digital). Por isso, quando eu ouvi aquela fita voltando, achei bem legal. Então, comentei com Paul sobre esse detalhe e ele disse que deveríamos aplicar aquele som em algum lugar do álbum... E como disse anteriormente, o computador aparece na maior parte das canções. Às vezes, até de uma forma imperceptível. O diálogo em 'She's Given Up Talking' foi capturado em um *take* que não iríamos aproveitar. Para satisfazer a curiosidade, o trecho recuperado é uma conversa entre Paul e Rusty. Quer dizer, Paul dá um berro para ele começar o solo de guitarra. Acabou dando esse toque misterioso, combinando bastante com o seu ambiente psicodélico."

"She's Given Up Talking" foi gravada no Henson Recording Studio, em Los Angeles, em 17 de fevereiro de 2001. Paul McCartney tocou violão, bateria, baixo, piano e fez o vocal principal. Rusty Anderson tocou guitarra com pedal Leslie. Abe Laboriel Jr. contribuiu com percussão eletrônica. Gabe Dixon ficou no órgão Hammond.

DRIVING RAIN

Depois de abrir o coração psicodélico na faixa anterior, Paul volta ao básico em "Driving Rain", a faixa que dá nome ao LP, gravado em basicamente duas semanas em Los Angeles. O espírito dos Beatles, por que não, também paira sobre a quarta música do álbum. Afinal, não foram poucos os fãs que compararam o uso da contagem com outra canção lançada pelo grupo de Liverpool.

Em "All Together Now", da trilha de *Yellow Submarine*, Paul canta: "One, two, three, four / Can I have a little more / Five, six, seven, eight, nine, ten / I love you" ("Um, dois, três, quatro – posso ficar com um pouquinho mais?... Cinco, seis, sete, oito, nove, dez: amo você!").

A grande diferença em comparação aos números contados em "Driving Rain", é que o "1,2,3,4,5, let's go for a drive" ("1,2,3,4,5 – vamos cair na estrada") de sua letra não são usados para um tema infantil. No caso, Paul pode ter sido dominado pela nostalgia de seus ídolos nos anos 50, como Bill Halley and His Comets, que também abre contagem no clássico "Rock Around the Clock", de 1954: "One, two, three o'clock, four o'clock rock / Five, six, seven o'clock, eight o'clock rock / Nine, ten, eleven o'clock, twelve o'clock rock / We're gonna rock around the clock tonight" ("Uma, duas, três horas, quatro horas – rock... cinco, seis, sete horas, oito horas – rock... nove, dez, onze, doze horas – rock – nós vamos tocar rock pela noite afora").

Além de ser o principal tema do filme *Sementes de Violência* – que Paul e os demais Beatles insistem ter assistido em 1956, embora tivessem apenas entre 14 e 16 anos na época de sua estreia –, "Rock Around the Clock" também foi apresentada ao vivo em Liverpool em 1957, durante visitas de Bill Halley ao Reino Unido em fevereiro, março e junho daquele ano.

Paul: "Essa foi escrita aqui mesmo em Los Angeles. Chovia pra caramba em fevereiro, mas em nosso dia de folga costumávamos dar uma volta no Corvette que tinha alugado. Pegamos a Pacific Coast Highway até Malibu e almoçamos. Quando a noite caiu, estava sentado próximo ao piano e comecei a compor algo baseado naquele passeio. O mais engraçado sobre 'Driving Rain' é que a casa onde ficamos tinha um sistema de alarme que sempre ficava ligado. Na parede ficava uma caixa de LED com a mensagem: 'Something's Open' ('Algo está aberto'). Pensei comigo: 'Que porcaria é essa?' O aparelho não me tranquilizou sobre nada, mas não liguei. Decidi colocar o trecho: 'Something's open – it's my heart' ('Algo está aberto – é meu coração'). Nesse caso, a criatividade veio direto da sucata de um alarme."

Paul e banda gravaram "Driving Rain" no Henson Recording Studio, em Los Angeles, em 27 de fevereiro de 2001. Na gravação, Paul McCartney cantou e tocou violão e baixo. Rusty Anderson tocou guitarra de 12 cordas. Abe Laboriel Jr. ficou na bateria. Gabe Dixon pode ser ouvido tocando piano elétrico. David Kahne volta a contribuir tocando sintetizador.

I DO

Muitas letras das canções de *Driving Rain* soam enigmáticas – talvez pelo disco ter sido o primeiro, somente com inéditas, lançado logo após a morte de Linda McCartney, em abril de 1997. "I Do" é um desses casos. Até mesmo no *press release* oficial, onde Paul deu consideráveis detalhes sobre a origem da música – outro fruto das tardes relaxantes na Índia – não é possível decifrar se os versos são direcionados à Heather ou uma mensagem cifrada para Linda e seus familiares.

Na opinião deste autor, a segunda alternativa é bem mais plausível e Paul, por alguns trechos subliminares, nos faz pensar por este lado. "'I Do' é mais uma das músicas que fiz na Índia, em uma tarde em Goa... Ela é como uma conversa do tipo 'If you only knew / How much it meant to me' ('Se ao menos você soubesse que está tudo bem por mim'). A letra é uma espécie de declaração comunicativa a alguém – 'qualquer coisa que você pense a qualquer hora. Por favor, lembre-se que também penso dessa forma.' Essencialmente, escrevi a música para reforçar que está tudo bem. Quando fomos gravar, decidi cantar uma oitava acima e um momento que gosto muito aconteceu no meio da música – algo que não planejei mas sempre é legal... Depois, David

Kahne colocou um arranjo tirado de seu fiel banco sonoro. Ele tem mais ou menos 24 mil sons nesse arquivo!"

"I Do" foi gravada novamente no Henson Recording Studio, em Los Angeles, em 17 de fevereiro de 2001. Paul McCartney cantou e tocou violão e baixo. Rusty Anderson tocou guitarra. Abe Laboriel Jr. ficou na bateria e pandeiro. Gabe Dixon está no piano. David Kahne aparece com samplers de orquestra.

TINY BUBBLE

Não há dúvida de que George Harrison vivia bastante presente na mente de Paul em 2001. Além de sofrer com o inevitável destino do parceiro, George havia sido vítima de um insano ataque em sua própria residência em Henley-On-Thames em novembro de 2000, quase um ano antes de sua morte.

"Tiny Bubble" não é uma composição sobre George Harrison, mas seu refrão remete bastante às primeiras notas musicais da melodia usada no refrão de "Piggies", faixa do *Álbum Branco*, composta pelo mesmo Harrison na Índia, durante a longa estadia no campo de Meditação Transcendental em Rishikesh.

A verdadeira história de "Tiny Bubble" é contada por Paul McCartney, que liga a origem da canção ao estilo do excelente Al Green, famoso por "Let's Stay Together", *hit* de 1972: "'Tiny Bubble' era uma demo que produzi no meu pequeno estúdio lá na Escócia. Ela é uma série de palavras que foram aparecendo sobre o mundo ser uma pequena bolha... Era mais uma balada, mas essas mudanças costumam acontecer quando você toca uma música com uma banda e o baterista dá uma acelerada... Então, essa música se moveu mais em direção ao estilo de Al Green ou algo parecido. Na gravação final mantivemos algumas imperfeições, como barulhos do estúdio. Na verdade, procuramos não deixar as músicas muito polidas nesse álbum. Ainda há um pouco de frescor nele."

Paul e banda voltaram ao Henson Recording Studio, em Los Angeles, em 25 de fevereiro de 2001 para gravar "Tiny Bubble". Paul McCartney cantou e tocou violão, piano, baixo e guitarra. Rusty Anderson tocou guitarra. Abe Laboriel Jr. ficou na bateria. Gabe Dixon aparece no órgão Hammond outra vez.

MAGIC

Em março de 2001, Paul concedeu uma bela e completa entrevista a Timothy White (que tristemente, viria a falecer no ano seguinte aos 50 anos), publicada na revista *Billboard*. Nessa interessante matéria, White revelou que uma das novas músicas gravadas no Henson Studio, em Los Angeles, se chamava "You're Still Here", descrita pelo jornalista como "uma tocante homenagem a sua falecida mulher, Linda". Quando *Driving Rain* chegou às lojas, nove meses mais tarde, a música, tão decantada pelo editor da *Billboard*, desaparecera do CD.

No decorrer dos fatos que envolveram a eventual separação e divórcio entre Paul e Heather em 2008, já podemos concluir: "You're Still Here" foi arrancada à força do disco após uma queda de braço entre o casal. Imagina-se que foi uma questão "negociada" entre as partes. Entre as músicas declaradamente compostas em tributo à mãe dos filhos de Paul McCartney, apenas Magic – um relato do encontro do casal na boate The Bag O' Nails em 15 de maio de 1967, em Londres – sobreviveu ao duelo. "You're Still Here" teve de morrer. Estranhamente, mais de dezesseis anos depois, ela continua nos arquivos, silente.

Sobre "Magic", Paul é capaz de contar a história em detalhes: "Essa música é sobre meu encontro com Linda: 'There must have been magic / The night that we met' ('A noite que nos conhecemos deve ter sido mágica'). Eu a conheci em uma boate e depois que ela morreu, passei muito tempo pensando que, se não tivesse saído naquela noite e entrado naquele lugar a gente poderia nunca ter se visto de novo. O que aconteceu naquela casa noturna não costumava acontecer normalmente. Eu não era do tipo que me levantava quando alguém estava para sair e dizia: 'Com licença, oi, tudo bem?' Não costumava fazer isso. Era meio ridículo. Mas senti que era o certo e cheguei nela: 'Oi, meu nome é Paul, como você se chama?' Ela sorriu e disse: 'Linda.' Depois a convidei para ir a outro lugar. Nós estávamos no The Bag O'Nails e combinamos de nos ver mais tarde no The Speakeasy. Então, a letra de 'Magic' é sobre isso. Deve ter sido um tipo de magia que me fez levantar e falar com Linda."

Quando este autor conversou com o produtor David Kahne em 2001 sobre o uso de suas próprias demos em gravações profissionais, Kahne disse que concordou em usá-las, mas deu sua visão sobre o método de trabalho durante as gravações em Los Angeles: "Isso (o uso de demos) aconteceu após o trabalho em 'Free As a Bird' e 'Real Love' no projeto *Anthology*, dos Beatles. A diferença básica é uma só... Paul está vivo! (risos). Quer dizer, ele gostou muito do que aconteceu em faixas como 'Free As a Bird', ao usarem uma fita demo de John Lennon e regravá-la completamente, mantendo o piano e a voz original da fita. Por exemplo, em 'Magic', nós fizemos o processo invertido. Gravamos uma nova base rítmica da canção e aplicamos a demo original. Só que a fita original, com violão e voz de Paul, havia sido gravada em um andamento um pouco mais lento."

"Magic" foi produzida no Henson Recording Studio, em Los Angeles, em 25 de fevereiro de 2001. Nas sessões, Paul McCartney cantou e tocou violão, baixo e guitarra. Rusty Anderson novamente é o guitarrista principal e também toca violão. Abe Laboriel Jr. ficou na bateria. Gabe Dixon assumiu o piano e David Kahne tocou sintetizador.

YOUR WAY

Quando alguém lhe perguntar sobre as letras de Paul McCartney você pode usar "Your Way" como exemplo de como ele é capaz de compor músicas com letras simples e românticas, e ao mesmo tempo conversar com os fãs de longa data.

Nessa balada country, composta na velha Jamaica, seu reduto de tantas férias ao lado de Linda e seus filhos, Paul volta a cifrar uma mensagem que, desta vez, não parece ser tão obscura. Se você é familiarizado com a discografia de sua carreira solo, rapidamente irá se lembrar que Vênus e Marte são os planetas que dão nome ao LP lançado em 1975, logo após *Band on the Run*. *Venus and Mars*, quando chegou às lojas, também foi vítima da análise dos críticos, sempre prontos para caçar mensagens nas letras. Na opinião de muitos analistas, Venus seria Linda e Marte, Paul. No caso de "Your Way", Paul aumenta ainda as suspeitas sobre essas referências: "Essa foi escrita na mesma época de 'She's Given Up Talking' quando estava de férias na Jamaica. Tem um clima meio country nela. Nas gravações, ela foi a primeira que gravamos harmonias vocais com os caras da banda e foi bom ver que todos são capazes de cantar. 'Your Way' é outra que canto uma oitava acima no meio da canção. De uma forma, a letra é um pouco como os dois lados de uma personalidade. Como se um homem e uma mulher cantassem um para o outro. Não suei muito na hora de escrever as letras, elas vieram naturalmente. Me lembro de ter comentado com alguém sobre uma música: 'Nossa, que letra horrível é essa?' Mas então me disseram: 'Não, não entre nessa.' É uma letra muito simples."

"Your Way" foi gravada no Henson Recording Studio, em Los Angeles, em 19 de fevereiro de 2001. Paul McCartney cantou e tocou bateria e guitarra. Rusty Anderson ficou no baixo e toca ainda guitarra com slide. Abe Laboriel Jr. ficou na bateria, bateria eletrônica e *backing vocals*. Gabe Dixon contribuiu com órgão Hammond e *backing vocals*.

SPINNING ON AN AXIS

James Louis McCartney apareceu pela primeira vez em uma gravação de seu famoso pai em 1979, em "Daytime Nighttime Suffering", lançado como lado B do *single* "Goodnight Tonight". Mas isso, certamente, nem ele ficou sabendo por muitos e muitos anos. Afinal foi um mero som emitido por um bebê. James mal tinha completado dois anos de idade.

Já em sua segunda participação em um álbum de Paul McCartney, James estava mais experiente... Aos oito anos, ele foi encarregado de ler uma das frases bizarras em "Talk More Talk", de *Press to Play*. Seu grande momento como solista – antes de se lançar como músico para valer em 2011 –, aconteceria em *Flaming Pie*, às vésperas de completar 20 anos, com um solo de guitarra de muito bom gosto em "Heaven on a Sunday".

Em "Spinning On an Axis", James subiria um degrau. A música é a primeira parceria entre os McCartneys, pai e filho. Apesar de ligeiramente longa, a faixa é bastante inovadora no catálogo de Paul, combinando rock e hip-hop.

Paul relembra como "Spinning On an Axis" surgiu: "Fui a New Hampshire visitar uns parentes americanos e o sol estava se pondo. Eu e James, meu filho, estávamos conversando sobre como o sol na verdade não se põe, mas nós estamos girando em torno dele. Na hora, James pegou um teclado e começou a tocar uma linha melódica nele enquanto eu fazia uma paródia, só brincando, nada sério. E naquele meu rap, improvisei algo sobre 'spinning on an axis' ('girando sobre o eixo'). Peguei meu gravador e registrei aquilo para me lembrar depois."

"Spinning On an Axis" foi gravada no Henson Recording Studio, em Los Angeles, em 21 de fevereiro de 2001. Paul McCartney cantou e tocou baixo, percussão e guitarra. Rusty Anderson assumiu o violão e tocou guitarra. Abe Laboriel Jr. ficou na bateria e contribuiu com percussão. Gabe Dixon toca percussão e David Kahne tocou piano. James McCartney aparece pela primeira vez tocando percussão.

ABOUT YOU

Subestimar a capacidade de Paul McCartney de criar bons rockers é de total responsabilidade de... Paul McCartney. "About You" é um desses casos.

Em setembro de 2001 – antes dos ataques terroristas forçarem Paul a cancelar o show de lançamento de *Driving Rain* – era esperado que quase todas as faixas do álbum fossem levadas ao palco. Quando a turnê *Driving USA* decolou em abril de 2002, em Oakland, Califórnia, muitos aguardavam com ansiedade que isso fosse remediado. Mas Paul frustrou as expectativas, principalmente porque o *setlist* não trazia "About You", poderosa candidata à estrela das apresentações ao vivo.

Naquele janeiro de 2001, quando "About You" foi composta em Goa, na Índia, Paul havia feito as pazes com a música. No ano seguinte, ele iria concluir a redenção com a sua verdadeira paixão junto com sua nova banda em turnê pelos Estados Unidos.

Antes disso, em 6 de novembro de 1998, poucos meses após a morte de Linda, a BBC repercutiu uma entrevista onde Paul apontava que "poderia nunca mais cantar ao vivo" por causa das dores ainda profundas. A declaração foi efêmera, seria provado. No ano seguinte, ele já estava revigorado, ao lado de nomes como Chrissie Hynde e Elvis Costello no palco do Royal Albert Hall para liderar *Here, There and Everywhere – A Concert for Linda*.

Mas o que Paul tinha a dizer sobre a renegada "About You", jamais tocada ao vivo? "Mais uma que escrevi na Índia, em Goa. Começamos o ano com férias relaxantes no início de 2001 e foi muito legal. Não viajava à Índia desde os tempos do Maharishi, há 25 anos (na verdade, havia 33 anos – nota do autor). Foi ótimo passear por lá um pouco mais porque eu só conhecia Rishikesh. Comecei 'About You' em uma tarde bastante relaxante em uma guitarra portátil que tem seu próprio amplificador.

Algumas das palavras que coloquei na letra foram tiradas de uma edição do jornal *The India Times* que estava lá por perto. Muito divertido..."

Faixa produzida no Henson Recording Studio, em Los Angeles, em 16 de fevereiro de 2001. Na gravação, Paul McCartney cantou e tocou guitarra. Rusty Anderson ficou na guitarra de 12 cordas e no baixo. Abe Laboriel Jr. tocou pandeiro e bateria. Gabe Dixon está no piano elétrico e órgão Hammond.

HEATHER

Por mais que os fãs hoje desprezem a ex-mulher de Paul, há de se confessar, em nome dos deuses de Liverpool, que "Heather" (a música) está entre uma das melhores de sua carreira fora dos Beatles. Trata-se de uma combinação distinta de um instrumental muito bem tocado, que destaca a participação de Abe Laboriel Jr. na bateria, que prepara a entrada de uma letra bastante poética composta por Paul. A história do nascimento da canção é bem interessante, mas fica difícil acreditar que Heather não conhecia os Beatles "por ser nova". Em 2001, a ex-modelo inglesa tinha 33 anos. Quando o megaprojeto *Anthology* atingiu tudo o que existia sob a luz do sol em 1995-96, Heather certamente já sabia um pouco mais a respeito do grupo, além do que está nos LPs vermelho e azul. "Essa música tem uma história muito divertida. Levantei cedo um dia e fiquei tocando piano de bobeira. Heather, que não conhece todo o material dos Beatles por ser mais jovem, apareceu e comentou: 'Que legal! Que música dos Beatles é essa?' Respondi que não era dos Beatles. Tinha acabado de inventar a melodia. Ela quase não acreditou: 'O que? Você tem que gravar agora', ficou insistindo. Apanhei um gravador e registrei. Depois ela me perguntou: 'A propósito, como essa música se chama?' 'Ah, ela se chama 'Heather'.'"

"Runcible tune" é um termo criado pelo consagrado autor e ilustrador inglês do século 19, Edward Lear. O termo "runcible", que aparece em "runcible tune" (tola melodia), é originário do poema "The Owl and the Pussycat" publicado por Lear em *The Book of Nonsenses* que menciona "runcible spoon", algo como "tola colher". David Kahne, produtor do álbum, compartilha um pouco sobre a parte técnica das sessões de *Driving Rain*: "Quem ouve 'Heather' dificilmente percebe de primeira esse processo. No segundo verso da canção, quando você ouve os pratos de bateria "duplicarem" o ritmo, o computador usa um truque para transformar essa passagem em um andamento regular. Mas isso é tão sutil que não se consegue notar em uma ou duas audições."

"Heather" foi gravada no Henson Recording Studio, em Los Angeles, em 2 de março de 2001. Paul McCartney cantou e tocou piano, violão, guitarra e baixo. Rusty Anderson ficou nos *backing vocals*. Abe Laboriel é o baterista e ainda faz os *backing vocals*. Gabe Dixon também contribui com *backing vocals*.

BACK IN THE SUNSHINE AGAIN

Com seu estilo meio soul, meio blues, "Back in the Sunshine Again" é mais uma das músicas compostas por Paul após a morte de Linda, em 1998. A provável ligação da canção com sua mulher de quase trinta anos talvez seja o lugar onde ela começou a ser escrita. Tucson, cidade do Arizona, já fazia parte do universo dos Beatles desde 1969, quando o árido município apareceu na letra de "Get Back".

Foi também no Arizona que Linda McCartney estudou em seu período universitário. Mais tarde, o casal compraria um rancho em Tanque Verde River, localidade próxima à cordilheira de Rincon Mountains, em Tucson.

Em 17 de abril de 1998, a cidade seria a última residência de Linda McCartney. Logo após sua morte, certa polêmica envolveu a localização real de seu passamento. Notícias circularam na imprensa que Linda teria morrido em Santa Bárbara, na Califórnia. Uma semana depois, o jornal *Arizona Daily Star* confirmaria sua cremação autorizada pelo doutor Bruce O. Parks do hospital Pima County Medical Examiner.

Paul merecia ver a luz do sol mais uma vez. Ele relembra: "Essa foi escrita no Arizona há uns cinco anos. A ideia de fugir do inverno inglês até o sol do Arizona foi bastante atraente. Então, comecei a compor a música com ajuda de meu filho James, que contribuiu com o *riff* de guitarra e a ponte. Terminei 'Back in the Sunshine Again' na Califórnia, logo depois de começar a gravar o disco. É uma música 'de volta ao sol', sobre deixar os problemas para trás e caminhar em sentido à luz do sol, algo que se encaixa com a minha fase atual de vida. James veio e tocou guitarra rítmica na sessão, junto com a banda. Ele é o único artista convidado em *Driving Rain*."

"Back in the Sunshine Again" foi gravada no Henson Recording Studio, em Los Angeles, em 28 de fevereiro de 2001. Paul McCartney cantou e tocou guitarra e baixo. Rusty Anderson ficou na guitarra elétrica. Abe Laboriel é o baterista. Gabe Dixon tocou piano. James McCartney retorna como guitarrista-líder.

YOUR LOVING FLAME

8 de Dezembro de 2000. Uma mensagem de Paul McCartney em seu site oficial consolou os fãs que relembravam os vinte anos sem John Lennon: "É chocante imaginar que John foi morto vinte anos atrás. Se ele estivesse aqui, certamente ficaria feliz de saber que o álbum nº1 dos Beatles chegou ao primeiro lugar em 28 países. Tenho certeza que ele ficaria tocado por isso. Nesta sexta, estarei no estúdio fazendo aquilo que mais gostávamos de fazer juntos: música. Além disso, vou relembrar de todos os grandes momentos que compartilhamos. Vou lembrar de John com todo amor que tenho por ele."

A mensagem, além de relembrar o parceiro de forma tocante, deixaria os fãs intrigados sobre qual seria o projeto "secreto" que Paul estava prestes a executar. Anos mais tarde, fontes revelaram que ele teria gravado em Abbey Road, acompanhado do tecladista Gabe Dixon, três faixas ao estilo de Cole Porter. Entre elas, "Mist over Central Park" ou "Song to Us", apresentada ao lado de "Your Loving Flame" no programa apresentado por Michael Parkinson em 12 de março de 1990.

Até julho de 2017, apenas "Your Loving Flame" seria lançada por Paul. As demais músicas gravadas em 8 de dezembro de 2000 permanecem nos arquivos do mesmo. "'Your Loving Flame' foi composta no 36º andar do hotel Carlyle em Nova Iorque. Coloquei na minha cabeça que estava no meio de um filme de Cole Porter. O quarto tinha um piano de cauda e enorme janela com vista para o Central Park. Essa eu escrevi realmente rápido."

"Your Loving Flame" foi gravada no Henson Recording Studio, em Los Angeles, em 19 de junho de 2001, na última sessão de *Driving Rain*. Paul McCartney cantou e tocou piano e baixo. Rusty Anderson ficou na guitarra elétrica e no violão e fez *backing vocals*. Abe Laboriel é o baterista e também contribui com *backing vocals*. Gabe Dixon tocou Hammond e fez *backing vocals*. David Kahne contribuiu mais uma vez com samplers de orquestra. Músicos adicionais: David Campbell: Viola. Matt Funes: Viola. Joel Derouin: Violino. Larry Corbett: Violoncelo.

Efeitos especiais de última geração foram usados na produção de um excelente vídeo para divulgar o *single* "Your Loving Flame", onde Paul aparece sendo arrastado por uma corrente invisível para dentro de um castelo. Imagens surreais produzidas em animação dão sequência ao clipe, com McCartney flutuando por diversos recintos do castelo até encontrar uma saída. Produzido no Black Island Studios, nos dias 13-14/03/2002. Dirigido por Gavin Gordon-Rodgers.

RIDING INTO JAIPUR

Aviso importante: Fãs mais radicais que participaram do clube "Anti-Heather" devem pular imediatamente a história de "Riding into Jaipur". Garotas, vocês foram avisadas.

Apelidada de Cidade Rosa da Índia, com três milhões de habitantes, Jaipur é cercada de encantos exóticos. Além das joias e tapeçarias, as opções turísticas da capital do Rajasthan são inúmeras. Para chegar até o local, ao norte do país, a melhor opção é escolher a viagem dos sonhos no Palácio sobre Rodas – composição férrea considerada a quarta mais luxuosa do mundo. Paul e Heather chegaram até a cidade de Jaipur, partindo de trem da capital indiana, Nova Déli.

Foi em um dos vagões do Palácio sobre Rodas que Paul presenteou Heather com um valioso anel de noivado feito de safira e diamantes em um dos pontos da rota percorrida pelo "Expresso do Oriente": Nova Déli, Agra, Bharatpur, Udaipur, Chittogarth, Ranthambore National Park, Jodhpur, Jaisalmer e Jaipur, o ponto final – onde a futura senhora McCartney ganharia o anel e a música.

Paul conta: "Curiosamente, a melodia foi composta fora da Índia. Tirei o som com minha guitarra de viagem que não pesa praticamente nada. O instrumento, uma Gibson Backpaker, foi um presente dado por Linda e a levei comigo em uma viagem às Ilhas Maldivas. Não tinha notado que ela soava como um sitar e, como estava no meio do Oceano Índico, as duas coisas se encaixaram em uma canção. Depois de terminada, não tinha um título para a música. Mas após minha recente visita à Índia tive a chance de viajar de trem a Jaipur. Foi uma jornada bastante exótica e no caminho, coloquei alguns versos que combinaram com a melodia. Então, tudo se encaixou na música."

David Kahne relembra como garantiu os efeitos e o clima na música e nas demais faixas de *Driving Rain*, em entrevista concedida a este autor em novembro de 2001: "Paul acha que o som digital em um álbum de rock não é tão quente e consistente quando comparado ao analógico. Como ele estava inspirado para gravar da maneira como os Beatles produziram *Rubber Soul*, por exemplo, ele fez questão de usar técnicas semelhantes. Na hora de transferir a fita magnética de forma digital para o máster, utilizamos os aparelhos Logic Audio e Apogee 8000. A vantagem do Apogee 8000 é que ele é capaz de converter o som 'cru' sem perder quase nada de seus atributos originais. Enfim, Paul gostou bastante do resultado. Espero! (risos)."

"Riding into Jaipur" foi gravada no Henson Recording Studio, em Los Angeles, em 16 de fevereiro de 2001. Paul McCartney cantou e tocou guitarra, violão e baixo. Rusty Anderson ficou na guitarra elétrica de 12 cordas e tambura. Abe Laboriel toca percussão eletrônica. Gabe Dixon tocou piano e David Kahne ficou no sintetizador.

RINSE THE RAINDROPS

Quando Paul retornou de Rishkesh após estudar Meditação Transcendental com o Maharish Mahesh Yogi ao lado dos demais Beatles, uma de suas músicas, que em breve seria gravada nas sessões do *Álbum Branco*, se tornaria a mais pesada da história do quarteto. "Helter Skelter", iniciada com um andamento mais lento, quase um blues, foi gravada em três *take*s em 18 de julho de 1968 em Abbey Road, sendo o mais longo deles a mítica versão de 27 minutos e 11 segundos, que muitos sonham algum dia ouvir.

Essa longa introdução serve para conectar mais uma semelhança com a viagem de Paul à Índia em 1968 e seu retorno ao país 33 anos mais tarde. "Rinse the Raindrops" seria a faixa mais pesada e suja de *Driving Rain*. Como revelaria mais tarde Abe Laboriel Jr., a *jam session* que deu origem à faixa teria cerca de 30 minutos de duração. Acredito que muitos fãs sonham ouvi-la algum dia.

Paul revela como gravou a canção que encerraria o disco antes da chegada de "Freedom". "O mais interessante sobre minha voz é que, quando estava na Índia, um vendedor de tapetes me deu um golpe. Ele me convenceu a comprar um tapete prometendo que era a coisa mais rara do mundo. Quando fui para a cidade seguinte eu me deparei com vinte do mesmo tipo. Decidi ligar para pedir explicações e dizer que ele tinha trapaceado. No meio da conversa, comecei a perder minha voz. No dia seguinte, ela tinha desaparecido. Não podia nem falar. Aí comecei a pensar: 'Que droga, falta apenas uma semana para começar as gravações!' Entrei no carro para praticar o vocal e simplesmente não conseguia atingir as notas mais agudas. Pensei: 'Calma, não entre em pânico.' Quando cheguei em Los Angeles, decidi tentar fazer as músicas mais fáceis, só para gravar as primeiras bases. De repente, me soltei e comecei a cantar esse monstro de dez minutos chamado 'Rinse the Raindrops' que ficou realmente boa. Ela saiu com uma qualidade legal, bem crua, o oposto de algo treinado – também porque minha voz nunca foi treinada... Eu apenas cruzo os dedos e tento a sorte."

David Kahne, o produtor, destaca os detalhes da produção que envolveu "Rinse the Raindrops": "Embora *Driving Rain* soe como um álbum gravado essencialmente ao vivo no estúdio, muitos detalhes foram acrescentados durante a mixagem. Sendo assim, o computador foi uma ferramenta muito usada durante a edição das canções. Isso é quase invisível em um álbum cru de rock, como acabou sendo em *Driving Rain*. Eu passei horas trabalhando na sonoridade de algumas faixas que dão a impressão de terem sido gravadas todas em apenas um *take*. A edição computadorizada é mais evidente no final de 'Magic' e em quase todas as partes de 'Rinse the Raindrops'. De qualquer maneira, o computador foi usado bastante, do começo ao fim do disco."

Gravada no Henson Recording Studio, em Los Angeles, no dia 19 de fevereiro de 2001. Paul McCartney cantou e tocou baixo e violão de náilon. Rusty Anderson ficou na guitarra elétrica. Abe Laboriel toca acordeão e bateria. Gabe Dixon tocou piano, piano elétrico e órgão Hammond.

FREEDOM

A "intrusa" "Freedom" nasceu da razoável intenção de devolver a moral aos americanos atingidos pelos ataques terroristas de 11 de Setembro. Porém, Paul não pensou que a inclusão da música, na última hora, comprometesse a estratégia de marketing pensada durante seis meses pela EMI para *Driving Rain*. Em 2001, as canções de protesto ou músicas com temas políticos já não tinham o mesmo peso dos anos 70. Mesmo com a repercussão – muitas vezes negativa – "Freedom" fez apenas cócegas nos principais mercados de música do mundo, em especial os Estados Unidos.

Em 2011, no aniversário de 10 anos da triste incursão terrorista em Nova Iorque, Paul lançou o documentário *The Love You Make*, que destaca os bastidores do *Concert for New York City*, dirigido por Albert Maysles, o mesmo de *Gimme Shelter*, dos Rolling Stones e de *The Beatles First Visit*, que documenta a chegada do grupo de Liverpool aos EUA em 1964. Foi exatamente no show do Madison Square Garden que "Freedom" faria sua estreia mundial.

Paul revela a história da música, composta no dia 12 de setembro de 2001: "Eu e Heather estávamos embarcando no aeroporto JFK em Nova Iorque e de repente, você conseguia ver fumaça saindo das Torres Gêmeas. Devia ser uma espécie de ilusão de ótica causado por um pouco de fogo lá perto. Aí apareceu a aeromoça: 'Algo sério aconteceu e precisamos tirar você agora do avião.' Então, ficamos uma semana em um hotel em Long Island após os ataques terroristas. Como todo mundo, me senti desesperado. Ao mesmo tempo, me senti à vontade para compor algo sobre como me sentia a respeito desse ultraje. Na verdade, 'Freedom' foi uma sugestão de Heather... É algo como: 'Tenho minha liberdade, sou um imigrante a caminho da América. Não se meta com meus direitos, amigo, porque agora sou livre.'"

"Freedom" foi originalmente gravada ao vivo no Madison Square Garden em 20 de outubro de 2001, com Paul ao violão, Eric Clapton na guitarra, Rusty Anderson na guitarra e Will Lee no baixo. Para dar um ambiente de estúdio ao *take* ao vivo, Paul e David Kahne se reuniram no dia 23 de outubro no Quad Studios, em Nova Iorque. A sessão teve Paul no baixo, guitarra e vocal principal. A versão do *single* é um remix composto por David Kahne.

De forma simultânea, um videoclipe de "Freedom" foi produzido à velocidade do som para divulgação nas emissoras americanas. O filme traz imagens de Paul tocando e gravando nos Quad Studios, em Nova Iorque, intercaladas com cenas da première da música no Madison Square em 20/10/2001. Dirigido por Kate Miller.

Outras músicas da era *Driving Rain*

VANILLA SKY

Perto de apresentar ao mundo o seu próximo filme, estrelado pelo trio Tom Cruise, Cameron Diaz e Penelope Cruz, o diretor e ex-jornalista da *Rolling Stone*, Cameron Crowe, visitou Paul em Los Angeles, enquanto ele finalizava *Driving Rain*. Interessado em alguma contribuição para a trilha sonora do longa, o cineasta espiou algumas faixas produzidas para o disco no Henson Studio. Em princípio, gostou do que ouviu em "From a Lover to a Friend", o primeiro *single* do LP.

No *making of* de *Vanilla Sky*, Cameron Crowe explicaria mais tarde que os mistérios sobre o insólito roteiro do filme tinham ligações com os rumores da lenda "Paul is dead" lançada por um disc jóquei americano, Russ Gibbs, em 1966.

Mesmo aparentemente satisfeito com o material que ouvira naquele dia, Crowe sentiu que faltava em suas mãos uma canção original que traduzisse o clima surreal do filme. Na verdade, desde o princípio, o diretor de *Quase Famosos* e *Jerry Maguire* (que, inclusive, contou com duas músicas de Paul na trilha) decidiu que seria melhor convocar Paul McCartney para a composição de um tema novinho em folha. Ao ser convocado, "Vanilla Sky" (a faixa-título) seria criada por ele em menos de uma hora e gravada no mesmo Henson Studios, com produção de David Kahne, no mês de junho.

Com "Vanilla Sky" aprovada por Cameron Crowe, a música entraria na trilha sonora do longa, lançado comercialmente em dezembro de 2002, acompanhada de colaborações de R.E.M. ("All the Right Friends"), Radiohead ("Everything in Right Place") e outras canções excelentes.

"Vanilla Sky" foi indicada ao Oscar de Melhor Canção, perdendo o prêmio para Randy Newman e sua mediana "If I Didn't Have You", de *Monstros S.A.* O melhor da cerimônia, em Los Angeles, foi a performance de "Vanilla Sky" com Paul, Rusty e Jim Walker, flautista que participou da gravação original, em 24 de março de 2002.

Na gravação de "Vanilla Sky", Paul tocou violão de náilon, guitarra e teclados. Rusty Anderson colaborou com violão e *backing vocals*. David Kahne tocou teclados. Jim Walker tocou flauta.

INDIA

Uma das músicas apresentadas somente no site oficial de Paul McCartney em 16 de dezembro de 2002, "India" é constantemente citada como uma "joia perdida" – mas jamais foi tocada novamente em público e não há informação sobre versões de estúdio. "India" não foi lançada em nenhuma outra mídia a não ser no *Secret Site*.

WAITING FOR THE TRAIN

Música que apareceu somente no site oficial de Paul McCartney. Trata-se de uma improvisação ou esboço de uma canção inédita feita ao piano na passagem de som, gravada em 16/12/2002. Disponível somente no *Secret Site*.

NO BAÚ DE *DRIVING RAIN*

"You're Still Here" foi gravada nas sessões do álbum *Driving Rain* e mencionada por Timothy White em março de 2001 em artigo publicado na revista *Billboard*. "Washington" também é uma sobra de estúdio do mesmo disco. Paul compôs a música, com clima country, em uma viagem de trem entre Nova Iorque e Washington D.C. em 19 de abril daquele ano.

Já "Always Be There" foi comentada por Rusty Anderson em entrevista ao fanzine *Beatlefan*. Na conversa, ele afirmou que não acreditou no descarte da faixa, semelhante a uma canção dos Beatles do período 1964-1965. Abe Laboriel Jr. também quebrou o protocolo, revelando "If This Is Wrong" como uma balada com som de piano de brinquedo, como se fosse "uma conversa entre ele e uma mulher" pedindo permissão para amar. A entrevista também foi divulgada pela *Beatlefan*

CAPÍTULO 35
BACK IN THE U.S.

Capa: Dewynters PLC, London, Mark Seliger (fotos)

Gravações: Entre 01/04/2002 e 18/05/2002

Produzido por: David Kahne e Paul McCartney

Datas de lançamento: 10/03/2003 e 26/11/2002

Desempenho comercial: 8º (EUA)

Após a morte de Linda McCartney em abril de 1998, poucos acreditavam em um retorno de Paul McCartney aos palcos. Seus primeiros passos após perder sua Lovely Linda foi viajar com o filho James Louis a Paris e mudar de ares, antes das primeiras homenagens à mulher. Mais tarde, encorajado pelos amigos, principalmente por Chrissie Hynde, do Pretenders, ele voltaria à ativa no tributo à Linda, em 1999, no Royal Albert Hall, perdendo o medo inicial de se apresentar sem a presença de sua companheira de 30 anos. Outro fator vital para sua reconciliação com o público seria o show no Cavern Club em dezembro daquele mesmo ano, transmitido pela internet e lançado em 2001 em DVD.

Depois de gravar *Driving Rain* com uma banda totalmente composta por músicos mais jovens e fora de seu círculo, a participação de Paul McCartney no show beneficente *Concert for New York City* em outubro de 2001 serviria como trampolim para a turnê, iniciada em 1º de abril de 2002 em Oakland, Califórnia, marcando sua primeira turnê desde 1993. Naquela mesma noite, trechos daquela apresentação na

MASTERS

Oracle Arena chegariam rápido aos computadores dos fãs, com imagens exclusivas de "Jet" e "Hello Goodbye" divulgadas pelo site oficial de Paul McCartney.

Back in the U.S. chegou às lojas em novembro de 2002 nos Estados Unidos, como um suvenir da excursão pela América. Naquele estágio, a *Driving U.S. Tour* já se chamava *Back in the U.S.*, justificando a mudança do nome do álbum, originalmente chamado *Driving USA*. Na Europa e Japão, o CD foi rebatizado como *Back in the World*, com a substituição de três faixas por "Calico Skies" (Osaka, 17/11/2002), "Michelle" (Cidade do México, 03/11/2002) e "Let 'Em In" (Osaka, 17/11/2002).

Além do CD, a turnê também foi documentada no DVD homônimo, lançado de forma simultânea, com direção de Mark Haefeli.

Músicos:
Paul McCartney: Vocal, contrabaixo, violão, Fender Rhodes, piano e guitarra.
Rusty Anderson: Vocal, guitarra e violão.
Brian Ray: Vocal, violão, contrabaixo e guitarra.
Paul "Wix" Wickens: Vocal, teclados, percussão e violão.
Abe Laboriel Jr.: Vocal, bateria e percussão.

FAIXAS DE *BACK IN THE U.S.*

Hello Goodbye
Gravada em 01/05/2002 – Detroit.
Jet
Gravada em 09/05/2002 – Dallas.
All My Loving
Gravada em 29/04/2002 – Cleveland.
Getting Better
Gravada em 07/04/2002 – Denver.
Coming Up
Gravada em 26/04/2002 – Nova Iorque.
Let Me Roll It
Gravada em 11/04/2002 – Chicago.
Lonely Road
Gravada em 17/05/2002 – Ft. Lauderdale.

Driving Rain
Gravada em 11/04/2002 – Chicago.

Your Loving Flame
Gravada em 26/04/2002 – Nova Iorque.

Blackbird
Gravada em 19/04/2002 – Boston.

Every Night
Gravada em 09/05/2002 – Dallas.

We Can Work It Out
Gravada em 11/04/2002 – Chicago.

Mother Nature's Son
Gravada em 10/05/2002 – Dallas.

Vanilla Sky
Gravada em 10/05/2002 – Dallas.

You Never Give Me Your Money / Carry That Weight (Lennon/McCartney)
Gravada em 15/05/2002 – Tampa.

The Fool on the Hill
Gravada em 23/04/2002 – Washington D.C.

Here Today
Gravada em 13/04/2002 – Toronto, Canadá.

Something
Gravada em 15/05/2002 – Tampa.

Eleanor Rigby
Gravada em 07/04/2002 – Denver.

Here, There and Everywhere
Gravada em 11/04/2002 – Chicago.

Band on the Run
Gravada em 09/05/2002 – Dallas.

Back in the U.S.S.R.
Gravada em 09/05/2002 – Dallas.

Maybe I'm Amazed
Gravada em 17/04/2002 – Nova Jersey.

C Moon
Gravada em 23/04/2002 – Washington D.C.

My Love
Gravada em 09/05/2002 - Dallas.

Can't Buy Me Love

Gravada em 13/05/2002 – Atlanta.

Freedom

Gravada em 09/05/2002 – Dallas.

Live and Let Die

Gravada em 09/05/2002 – Dallas.

Let It Be

Gravada em 13/05/2002 – Atlanta.

Hey Jude

Gravada em 26/04/2002 – Nova Iorque.

The Long and Winding Road

Gravada em 07/04/2002 – Denver.

Lady Madonna

Gravada em 26/04/2002 – Nova Iorque.

I Saw Her Standing There

Gravada em 17/05/2002 – Ft. Lauderdale.

Yesterday

Gravada em 09/05/2002 – Dallas.

Sgt. Pepper / The End

Gravada em 17/05/2002 – Ft. Lauderdale.

CAPÍTULO 36
TWIN FREAKS

"*Paul foi muito legal e me deixou acessar mais de 40 faixas de sua carreira solo. Depois eu sampleei as que eu gostei e as mixei em 8 faixas diferentes separadas para os shows. Twin Freaks nasceu desse trabalho.*"
(**Roy Kerr** – o Freelance Hellraiser)

Capa: Paul McCartney
(do livro Paintings, de 2000)

Arte: Paintings (livro de Paul McCartney)

Gravações: Entre 2004 e 2005

Produzido por: DJ Hellraiser
e Paul McCartney

Data de lançamento: 13/06/2005
(Reino Unido e EUA)

Roy Kerr tinha sido tocado pelo Rei Midas. Melhor: após ser contratado, na pele de seu alter ego – o DJ Freelance Hellraiser – para fazer o som de aquecimento da *Summer '04 Tour* pelos palcos europeus, Paul McCartney decidiu abrir ao mago dos *mashups* os arquivos de seu estúdio. Com a chave-mestra em suas mãos, Freelance Hellraiser obteve acesso imediato a 40 canções de sua discografia, com direito a mixar da forma que quisesse a partir da separação dos canais das respectivas faixas.

Entre julho de 2004 e maio de 2005, foi exatamente isso o que aconteceu. Em diversas sessões esporádicas supervisionadas por Paul McCartney no estúdio The Mill, Freelance Hellraiser combinaria elementos das músicas em busca de faixas exclusivas para o projeto, lançado apenas em LP duplo e no formato digital em 2007.

No texto acompanhando o vinil, Paul McCartney definiu o projeto *Twin Freaks*, cujo título extraído de uma de suas pinturas incluídas no livro *Paintings*, de 2000: "Vocês que estiveram na turnê europeia já tiveram a chance de ouvir os *mixes* feitos pelo DJ Freelance Hellraiser antes de entramos no palco. Desde então, as pessoas têm nos perguntado a origem dessas faixas. Bem, a boa notícia é que ele acaba de montar um álbum chamado *Twin Freaks* usando fragmentos de minhas fitas originais. Espero que essas versões balancem suas estruturas!"

FAIXAS DE *TWIN FREAKS*

Really Love You – Faixa de *Flaming Pie* com *take* ao vivo da bateria de "What's That You're Doing" (*Tug of War*), mais base de "Frozen Jap" (*McCartney II*).

Long Haired Lady (Reprise) – Faixa de *Ram* com o *riff* de guitarra de "Oo You" (*McCartney*), mais vocal de Linda.

Rinse the Raindrops – Faixa de *Flaming Pie* remixada.

Darkroom – Faixa de *McCartney II* com elementos de "Spin It On" e "Old Siam, Sir" (*Back to the Egg*).

Live and Let Die – *single* de 1973 com trechos de entrevistas e elementos de "Hanglide" (lado B de "Press").

Temporary Secretary – faixa de *McCartney II* com elementos de "Oh Woman Oh Why" e "Hey Now (What Are You Looking at Me For?)" – inédita.

What's That You're Doing – faixa de *Tug of War* remixada.

Oh Woman Oh Why – lado B de "Another Day" com trechos de entrevistas de Paul, elementos de "Venus and Mars", "Loup (1st Indian on the Moon)", e "Band on the Run".

Mumbo – faixa de *Wild Life*, com elementos de "Blue Sway".

Lalula – Faixa inédita, sem um elemento principal dominante. No total, Freelance Hellraiser usou 10 músicas nesse *mashup* incluindo "Moma Miss America" (*McCartney*), "Old Siam, Sir" e "Oh Woman Oh Why".

Coming Up – faixa de *McCartney II* com "Morse Moose and the Grey Goose" (*London Town*).

Maybe I'm Amazed – Faixa de *McCartney* remixada com novos elementos da música.

CAPÍTULO 37
CHAOS AND CREATION IN THE BACKYARD

"Nunca penso no que as pessoas vão querer de meus álbuns. Você começa a desejar que eles deem a você coisas que não podem dar... Quem ouve pode interpretar as músicas como quiser." **(Paul McCartney, 2005)**

Capa: Mike McCartney – Our Kid Through Mom's Net Curtains, 1962

Arte: Paul McCartney, Stylorouge London

Gravações: Entre setembro de 2003 e abril de 2005

Produzido por: Nigel Godrich

Datas de lançamento: 12/09/2005 e 13/09/2005 (Reino Unido/EUA)

Desempenho comercial: 10º e 6º (Reino Unido/EUA)

Luzes baixas, atmosfera perfeita. Convidados atentos a tudo o que acontece no Studio 2 de Abbey Road não querem perder um segundo daquela performance.

Em um dos consoles montados no centro do estúdio, o produtor maneja as pistas da mesa, de forma frenética e aleatória. O equipamento, antes frio, se transformara em um instrumento musical inusitado, enquanto os bips emitidos por seus mecanismos provocavam uma sensação estranha. Era como se flutuassem pelo oceano. Porém, ao invés das águas da maré, tudo deslizava pelas ondas sonoras produzidas naquele instante, e de forma artificial.

Ali mesmo, posicionado de forma estratégica, um nativo da região do Rio Mersey que conhecia cada metro quadrado do casarão secular esperava por sua vez.

MASTERS

No momento certo, o músico acena para seu colaborador, alertando que a hora era aquela. Sem hesitar e com a certeza de que o efeito seria imediato, as palavras emitidas por ele se misturam aos efeitos especiais.

Paul McCartney canta "How Kind of You", enquanto Nigel Godrich o acompanha. Paul canta e sua voz ecoa pelo estúdio onde ele aprendeu todos os segredos quando era o baixista do famoso quarteto de Liverpool.

Alguns meses antes desse show intimista em Abbey Road, Paul aprendera outros segredos importantes. Aos 63 anos – a apenas 365 dias da profecia cantada por ele mesmo em "When I'm 64" – Paul havia aceitado o desafio armado pelo jovem produtor, que não pensou duas vezes em tirá-lo da zona de conforto.

A história de *Chaos and Creation in the Backyard* é sinônimo de conflito.

***

No final de 2003, o Iraque era o centro das atenções, e não pelos melhores motivos. Paul e todo o planeta estavam de olhos bem abertos para o cenário desolador da guerra, declarada por George W. Bush e apoiada pelo ministro de seu país, Tony Blair. O caos no Oriente Médio, onde se tropeçava em vítimas de ambos os lados, começava a provocar a reação de quem antes era a favor da chamada Guerra contra o Terror, antes anunciada como um contra-ataque aos atentados de 11 de Setembro. A pergunta da vez era: afinal, como combater um inimigo invisível? Enquanto se envolvia em preocupações domésticas, que incluía a espera pela chegada de Beatrice, filha de seu casamento com Heather Mills, Paul McCartney precisava escolher um desses dois lados: Iniciar mais um projeto na companhia de um produtor que se tornara um grande parceiro em tempos recentes ou trabalhar com alguém que o fizesse dançar conforme suas próprias músicas pedissem?

No primeiro momento, ele optou por ouvir o conselho de George Martin e de seu filho, Giles. Nigel Godrich, o homem por trás dos aclamados álbuns do Radiohead, incluindo o mais recente *Hail to the Thief*, foi convocado para um período experimental. Desde o início, Godrich fez questão de mostrar as garras. Com seu costumeiro tom de voz (calmo, mas direto) alertou que o melhor para Paul naquele instante seria abandonar a banda que o acompanhara nos shows da *Back in the World* pela Europa, incluindo a exótica apresentação no Coliseu de Roma, em 11 de maio. O produtor sabia que seus companheiros de palco eram um porto seguro e seguiriam os seus comandos sem hesitar.

Em setembro, no RAK Studios, em Londres, apareceriam os primeiros resultados daquele *test drive* entre Paul McCartney e Nigel Godrich: "This Never Happened Before", "Follow Me" e "Comfort of Love". Foi um começo promissor e sem tumultos.

Trabalhar com o produtor do Radiohead naquele final de verão tinha sido pelo menos educativo. Mas não definitivo. A decisão de iniciar 2004 ao lado de alguém mais propenso a coproduzir ao invés de impor novas regras dentro do estúdio demonstrou que o lado geminiano de Paul McCartney estava mais ativo do que nunca... Em breve, o jogo iria mudar.

David Kahne estava de volta à cena, assim como a zona de conforto proporcionada por seus companheiros de banda: Rusty, Abe, Brian e Wix.

Durante o mês de fevereiro Kahne e Paul iniciariam "That Was Me", "House of Wax", "Only Mama Knows" e outras músicas que não seriam ouvidas pelos fãs até 2007. Estava claro, ao menos naquele momento nos estúdios de Abbey Road, que Paul McCartney não tinha ligado para o desempenho comercial abaixo das expectativas de *Driving Rain*, seu álbum anterior. A presença de Kahne no estúdio era importante pelo talento e pela confiança que o produtor transmitia. Isso para Paul McCartney, agora pai de cinco filhos, importava muito.

De forma repentina, no período escolhido para relaxar entre o final de fevereiro e março, a cabeça de Paul McCartney aparentemente tinha mudado. Quando abril chegou, David Kahne não estava mais ao seu lado. Ao invés disso, Godrich já estava em alerta para uma jornada criativa destinada a durar até abril de 2005.

A diferença era que Nigel Godrich tinha agora um reforço: o talentoso compositor e guitarrista americano Jason Falkner. Paul conhecia um pouco de seu trabalho, principalmente as versões gravadas por ele em *Bedtime with the Beatles* – uma série de *covers* para ninar os pequenos, gravada de forma peculiar. Na verdade, Nigel sonhava em ter um aliado ao seu redor, pois sabia que a missão de produzir um Beatle não era das mais fáceis.

"A Certain Softness", "At the Mercy", "Growing Up", "Falling Down"... As canções surgiam e o trabalho fluía enquanto Paul e seu jovem produtor não encontravam pontos de discórdia. Mas esse temível ponto não demoraria muito para surgir.

No Ocean Way Recording Studios, em Los Angeles, as gravações do novo álbum aparentavam ser tão relaxantes quando à vista deslumbrante do Oceano Pacífico. Aparências podem enganar. Naquele dia, Paul McCartney entrou no Ocean Way motivado. Em suas mãos, uma nova canção, com andamento veloz e letra afiada. "I bit my tongue / I never talked too much" ("Mordi minha língua, nunca fui de falar muito"), cantou Paul, enquanto acelerava mais o ritmo. Nigel Godrich observava atento o seu cliente. Talvez imprudente, ofereceu sua mais sincera opinião: "Sabe a música nova, Paul? Achei uma porcaria..."

Palavras podem ser mais fortes do que pedras, e elas são capazes de derrubar até mortais bem confiantes de sua capacidade. Apesar do revés, trafegar na linha tênue entre a coragem e a imprudência provaria ser a coisa mais certa a ser feita nas sessões em Los Angeles. Paul, evidente, segurou a respiração frente à crítica brutal. Mas a provocação surtiu efeito imediato. No dia seguinte, Paul tinha solucionado o problema da música apedrejada por Godrich. Ao invés da levada rápida que talvez a fizesse passar despercebida, ele transformaria "Riding to Vanity Fair" em uma das peças centrais do disco, com clima sombrio e versos com sabor de vingança.

Outras transformações ainda viriam, assim como mais calorosas disputas. Como em "How Kind of You", outra excelente música da nova safra. Paul ofereceu a Nigel uma canção acústica e retrô. Nigel mostrou a Paul o outro lado da moeda: loopings, arranjos com harmônio indiano, decorando a faixa com o aspecto oriental que o Beatle tanto admirava.

Quando Nigel Godrich aceitou o desafio de ser o próximo produtor de Paul McCartney, ele trazia consigo uma lembrança interessante. "Tug of War" era uma música que não saía de sua cabeça, e ele sabia o motivo. Nigel apontou que a letra da canção de 1982 tinha algo importante a dizer além de preencher a melodia.

Com essa premissa, não valeria a pena trabalhar em músicas que fossem abaixo do padrão traçado por ele com "Tug of War", não por acaso, produzida pelo mesmo homem que sugerira seu nome a Paul

McCartney. "Fine Line", o primeiro *single* do álbum e outra canção da mesma linha imaginada por Nigel, trazia em sua letra algo a mais que puro pop. Em seus versos, mensagens quase diretas, contrárias à guerra no Iraque. "Jenny Wren" era outro exemplo positivo, com versos inspirados pela obra de Charles Dickens. Em "Friends to Go", Paul parecia estar incomodado com a presença de pessoas estranhas em sua casa. Nada que fosse direto. Porém, a ambiguidade da composição justificava seu talento como letrista. Quem seria o incômodo real?

Alheio às especulações, Paul McCartney tentava se concentrar em atividades práticas. Antes de sair em turnê em julho, ele subiria ao palco do *Live 8* (a nova versão do histórico concerto beneficente de 1985, produzido por Bob Geldof) com direito à performance de "Sgt. Pepper's Lonely Hearts Club Band", acompanhado pelo U2.

No momento em que *Chaos and Creation in the Backyard* chegou às lojas em setembro de 2005, as especulações sobre o seu conteúdo duelavam com os temas políticos e sociais que tomavam conta do noticiário.

Equipado com novas canções, Paul convocaria novamente sua banda para uma rápida excursão pelos Estados Unidos. Em 30 de novembro de 2005, a *US Tour* desembarcou em Los Angeles. Seria o último show de Paul McCartney como marido de Heather. Meses depois, o casamento regado a pompas em um castelo da Irlanda chegava ao fim apenas três anos depois.

CHAOS AND CREATION IN THE BACKYARD
FAIXA A FAIXA

FINE LINE

"Trauma do Iraque assombra milhares que retornam para casa." Esta era a manchete do caderno Mundo do *USA Today*, o jornal de maior circulação nacional nos Estados Unidos, em 28 de fevereiro de 2005. Na reportagem, William M. Welch descrevia a situação de inúmeros combatentes no Iraque que se preparavam para voltar para casa, após quase dois anos distantes da América. Além de mortos e feridos, o texto apontava outro mal afetando de forma impactante os envolvidos no confronto: os sintomas invisíveis ao olho público. Naquele momen-

MASTERS

to, milhares de veteranos afirmavam ser vítimas de memórias invasivas, pesadelos, alucinações e *flashbacks* relativos aos eventos sangrentos em Bagdá. Eles podem ter saído da guerra, mas a guerra não os deixaria em paz. Nesse mesmo período, as pessoas que não foram ao Iraque chegavam à conclusão óbvia de que a luta começava a perder seu sentido – além do controle. Qualquer menção na mídia, direta ou indireta, ratificava o desejo de dar fim àquele capítulo triste.

Setembro de 2005. Paul McCartney tem álbum e *single* novo na praça. Kevin O'Hare do jornal *The Republican*, em Boston, não seria o primeiro a questioná-lo sobre uma possível referência de "Fine Line" à guerra do Iraque. Paul não mente. Afirma que a música não nasceu de seu repúdio ao conflito. Mas admite os efeitos no inconsciente coletivo do ouvinte. "É engraçado... há duas semanas, estava ouvindo 'Fine Line' e algo me tocou a ponto de perceber uma mensagem política na letra. De repente, notei que ela pode ser aplicada às tropas que servem fora do país. É estranho, porque essa não foi minha intenção original. Mas isso é uma das coisas mais interessantes sobre a música porque você pode dar um significado a ela e, de repente, a mesma música pode seguir outro caminho diferente."

Embora Paul tenha composto "Fine Line" com a proposta de apontar sentimentos opostos e significados diferentes para os mesmos, como coragem e imprudência, ele já havia se manifestado contrário à guerra do Iraque algumas vezes. A primeira foi com o lançamento de sua balada de amor/pacifismo "Calico Skies" no álbum da ONG War Child de 2003. Mais tarde, em entrevista concedida a revista portuguesa *Visão*, de maio de 2004, ele declarou: "Talvez nosso governo tenha ido rápido demais (à guerra) com os americanos. Teria sido melhor se ONU estivesse envolvida. Agora a guerra no Iraque ficou muito sangrenta e difícil."

Em outro trecho da canção, escolhido para compor o título do LP, Paul ponderava sobre mais um tema facilmente conectado à guerra. Durante o conflito, e até hoje, centenas de monumentos históricos e obras de arte seriam destruídos. Era o caos tomando conta da criação. No momento em que "Fine Line" deixava o estúdio para as ondas do rádio, ela não demorou para receber interpretações distintas pelo atento público que se recusava a ficar alheio à história: "There is a long way/ Between chaos and creation / If you don't say / Which one of these you're gonna choose" ("Existe um longo caminho entre o caos e a criação – se você não disser entre qual desses dois irá escolher").

"Fine Line" foi gravada em abril de 2005 no A.I.R. Lyndhurst, em Londres.

Paul: Vocal, piano, contrabaixo, violão, guitarra, bateria, spinete, chocalhos e pandeirola.

O videoclipe de "Fine Line" traz uma performance simples da música, registrada no estúdio The Mill, em Sussex, em julho de 2005, onde Paul toca piano, violão, contrabaixo, guitarra e bateria com edição de diversas tomadas. O clipe estreou na internet em agosto de 2005, no site oficial www.paulmccartney.com. E foi incluído como bônus no CD *Chaos and Creation in the Backyard Special Edition*.

HOW KIND OF YOU

Paul McCartney retornou aos estúdios da BBC em 2 de setembro de 2005 como convidado do programa *Front Row*. Durante os trinta minutos de sua permanência na emissora, responsável direta pela divulgação massiva dos Beatles no início da fama, Paul ofereceu detalhes exclusivos sobre as gravações e a origem das novas composições, que em menos de duas semanas estariam no LP *Chaos and Creation in the Backyard*.

A participação de Paul no *Front Row* foi marcante. Além de conversar abertamente com o apresentador John Wilson, ele demonstrou como as canções surgiram, munido de seu violão Martin ou sentado ao piano.

"How Kind of You" foi a primeira canção a ser dissecada no bate-papo: "O bom de trabalhar com Nigel, nesse caso, era como ele reagia quando eu apresentava uma canção ou ideia no estúdio. Ele chegava e dizia: 'Veja, isso é um pouco simples. Vamos olhar para a música de uma forma diferente.' Em 'How Kind of You', por exemplo, a segunda faixa do álbum, eu a apresentei como uma canção com levada básica ao violão (demonstra ao apresentador como era a demo). Nigel ouviu e disse: 'Você pode fazer isso. Mas que tal colocar uma espécie de 'oceano' na base, um tipo de cama?' A partir daí, usamos os drones, um harmônio e o loop de piano. Isso tirou a música do lugar comum."

Gravada no final das sessões de *Chaos and Creation in the Backyard*, "How Kind of You" sofreria transformação radical nas mãos de Nigel Godrich, mas sem o trauma inicial. Com o formato

MASTERS

da canção definido, Paul conseguiria combinar essa alteração ao tom mais irônico da letra, que explora formas mais elegantes e pouco usadas atualmente do idioma inglês à modernidade do arranjo: "'How Kind of You' é sobre algo que faço muito ultimamente. Tenho notado a forma diferente das pessoas se expressarem. Por exemplo, alguns amigos, ao invés de agradecer da forma mais comum eles costumam falar: 'Oh, foi muita bondade sua...' Então, parti desse princípio: 'Bondade sua pensar em mim quando não estava muito bem...' Gostei dessa elegância usada na linguagem. A música foi bem desenvolvida no estúdio e lembrou uma peça indiana, o que mudou totalmente sua natureza."

Não havia dúvida que "How Kind of You" carregava um significado especial para Paul McCartney. Por ter sido uma das últimas a aparecer nas sessões, sua letra trazia alguns pontos intrigantes que fugiam ao relacionamento amoroso com Heather, já com os dias contados.

"How Kind of You" foi gravada em abril de 2005 no A.I.R. Lyndhurst, em Londres.

Paul: Vocal, piano, harmônio indiano, violão, guitarra, bateria, chocalhos, flugelhorn e loops. Nigel Godrich: Loops.

JENNY WREN

Nigel Godrich iniciou a carreira como engenheiro de som na produção do EP *My Iron Lung*, do Radiohead, disco que antecedeu *The Bends*, segundo LP da banda de Thom Yorke. Aquela "grande chance" não veio por acaso. Ante de ganhar a chance do produtor John Leckie, Nigel enviara nada menos que 100 cartas para estúdios londrinos em busca de trabalho. *My Iron Lung* e *The Bends* seriam gravados em Abbey Road, entre 1994 e 1995. Quatro anos antes, o gerente dos estúdios Abbey Road e ex-engenheiro de som dos Beatles, Ken Townshend, havia dito não a Nigel. Na polida carta, o representante de Abbey Road agradecia pelo interesse, apesar de não haver vagas no momento.

Após a dura rejeição, o mundo girou. Dez voltas em torno do sol mais tarde, Nigel Godrich estava frente a frente com um dos Beatles e por sugestão do produtor da banda, George Martin. Em uma das primeiras conversas com Paul McCartney, Nigel disse: "Este álbum tem de ser como você é." "Jenny Wren", música que renderia dois anos mais tarde um Grammy, é uma das melhores formas de retratar a típica forma de compor de Paul McCartney.

Ao mergulharmos no universo de "Jenny Wren", a protagonista de *Nosso Amigo em Comum*, último romance escrito pelo britânico Charles Dickens em 1864, nos deparamos com inúmeros fatores semelhantes aos métodos de criação de Paul McCartney. Dickens era visto como um autor sentimental, assim como McCartney, e *Nosso Amigo em Comum* um dos exemplos desse sentimentalismo. Em sua jornada pelas páginas do livro, ela se mostra uma pessoa empenhada no trabalho de costurar bonecas e cuidar de seu pai. Ao mesmo tempo em que mal pode caminhar. Sua personagem, entretanto, não banca a vítima. A descrição de seu caráter, imediatamente, nos leva à letra da canção que leva o seu nome, inspirado em um pássaro carriça e outra conexão direta com Paul.

Ao ser perguntado sobre Jenny Wren por Gary Crowley, Paul deu sua versão: "Você sabe, 'Jenny Wren' não é ninguém específico. Apenas inventei a personagem. Mas é engraçado... Estava conversando com uma pessoa ontem sobre como adoro Charles Dickens – eu leio muito Charles Dickens. A pessoa estava comentando sobre isso por diversas razões e recordou: 'Ah, Jenny Wren, de *Nosso Amigo em Comum*', que é a personagem do livro de Dickens. Ela me recordou de onde tinha buscado o nome. Mas na verdade, 'Jenny Wren' tinha muito a ver com 'Blackbird'. A carriça (wren) é um dos meus pássaros ingleses favoritos. Sempre me sinto privilegiado por ver uma, porque o pássaro é muito tímido. Então, ao invés de criar um personagem (ambíguo) como Blackbird, transformei o pássaro em uma mulher."

Seguindo o raciocínio do autor, em "Jenny Wren", Paul não só transformaria o pássaro em uma personagem sofrida, na linha da heroína de Charles Dickens, como o cenário escolhido seria o de um mundo consumido por dor e sofrimento, onde a guerra e seus guerreiros roubaram sua vontade de cantar.

Desta forma, um pássaro (ou uma mulher deprimida) não se sente capaz de alegrar o mundo como costumava fazer outrora. Apesar da triste baixa, em um dos versos, Paul deixa bem claro que "Jenny Wren" não era de desistir fácil. Seu juramento garantia o retorno aos dias de melodia e alegria, assim que a terra arrasada pelas batalhas fosse reerguida e curada.

***

"Jenny Wren" foi lançada como o segundo e último *single* de *Chaos and Creation in the Backyard* em 21 de novembro de 2005, perdendo a chance de entrar na lista de indicações para a cerimônia do Grammy. Sua indicação ficaria adiada para 2006, quando a canção rotulada como "a filha de Blackbird" premiou Paul McCartney com o Grammy de Melhor Performance Vocal Pop. O mérito de Paul é indiscutível, mas não é possível imaginar "Jenny Wren" sem o seu principal e mais marcante arranjo.

Pela primeira vez na história da música popular, uma canção do gênero contaria com um solo de duduk, instrumento de sopro apelidado de "oboé armênio", realizado pelo venezuelano Pedro Eustache.

Sua aparição no álbum não foi por acaso. Eustache estava entre os músicos do grupo de Ravi Shankar no inimitável *Concert for George*, o tributo a George Harrison organizado por Eric Clapton no Royal Albert Hall, em 29 de novembro de 2002 – um ano após a morte do Beatle.

Naquela oportunidade, Paul confundira Eustache com um músico indiano, sendo hipnotizado pelo som peculiar emitido pelo duduk. Foi o suficiente para o venezuelano ganhar o trabalho e entrar no estúdio dois anos mais tarde para gravar sua impecável colaboração em 25 de outubro no Ocean Way Recording Studios, em Los Angeles. Eustache ainda repetiria sua performance em "Growing Up, Falling Down", uma das faixas extras do *single* "Fine Line".

"Jenny Wren" foi gravada em outubro de 2004 e outubro de 2005 no Ocean Way Recording Studios, em Los Angeles.

Paul: Vocal, violão e percussão no surdo da bateria. Pedro Eustache: Duduk.

"Jenny Wren" ganhou seu videoclipe com imagens extraídas do especial *Sold on Song* da BBC, rebatizado *Chaos and Creation at Abbey Road* em 27 de julho de 2005. Direção: Simon Hilton.

AT THE MERCY

Em meio à tensão provocada pelos acordes de guitarra que se fundem ao piano e às cordas da Millennia Ensemble em "At the Mercy", Paul desabafa, resignado: "Às vezes, eu fico cabisbaixo. Mas já é hora do show continuar..."

Imbuído por um sentimento proativo, Paul McCartney decidiu que *Chaos and Creation in the Backyard* seria como um desafio em uma arena. Nada parecido tinha sido proposto em seu lugar de trabalhado havia muito tempo. Talvez algo semelhante nos anos 80, quando Trevor Horn e Stephen Lipson o questionaram sobre as canções que coproduziam nas sessões de *Flowers in the Dirt*.

O jeito firme e decidido de Nigel Godrich que o levara ao círculo de confiança de uma das principais bandas daquele início de século, o Radiohead, tinha criado uma espécie de escudo à prova de intimidação. Godrich não iria refugar frente ao mito de "Paul McCartney – o Beatle".

Paul acusaria isso em diversas entrevistas, como nessa a Mark Binelli, da *Rolling Stone*:

> **– Imagino que seja complicado encontrar pessoas, especialmente no estúdio, que não fiquem intimidadas por sua presença e que não sejam apenas daquele tipo que diz sim para tudo...**
>
> – Acredito que sim. Com Nigel, descobri no primeiro minuto que o conheci que ele estava se preparando para me dizer não. Quando trouxe algumas canções para ele ouvir, ele passou por algumas como se estivesse no supermercado. Depois disso, voltei a mostrar as músicas e disse: "Acho que você não conferiu essa." Mas ele me devolveu: "Gosto mais daquela outra."
>
> **– Você combateu esse tipo de brutalidade no começo?**
>
> – Sim, fiquei puto. Então, você não gosta das minhas músicas? Como ousa? Quem é você? Mas então percebi que ele estava procurando por um tipo de atmosfera. Talvez eu tenha pensado: "Acabei de ouvir várias músicas animadas no rádio, e estou nesse clima." Mas ele apenas balançava a cabeça...

***

Em um dia de folga, Paul saiu pelo trânsito caótico de Los Angeles disposto a buscar o "tal clima" em que Nigel Godrich estava interessado e recuperar um pouco da autoestima. Foi nesse momento que ele combinaria com precisão a ligeira revolta contra o produtor que "ousara dispensar suas músicas" com o desejo de superar seus próprios limites. "Escrevi 'At the Mercy' em um domingo em Los Angeles. Às vezes, no meio das gravações de um disco você tenta pegar o *feeling* que o produtor procura e tenta compor uma nova música que possa se encaixar nele. Pensei: 'Gostaria de levar uma canção dessas amanhã.' Então, comecei a procurar acordes no piano que fossem meio sombrios e brincar com as palavras. Pensei: Homem do fogo, homem da guerra... poderia ser a direção. Mas aí a expressão 'à mercê' ('at the mercy') apareceu e fiquei me questionando. À mercê? Mas à mercê do que? À mercê de uma rodovia congestionada. Não parecia ter sentido, mas como acontece na maioria das minhas letras, você pode atrelar à música o seu próprio sentido. Mostrei à Heather e ela concordou. Me lembrei que ela perdeu sua perna após ser atropelada. Quando mostrei a Nigel no dia seguinte ele não só aprovou, como a música se transformou em sua favorita. No fim das contas, 'At the Mercy' tem uma mensagem do tipo: 'O que você faz quando a vida lhe prega peças? Ah, não tenho a resposta, apenas fique firme, em qualquer coisa que faça.'"

À mercê de um mais um desafio, Paul abaixou a cabeça, mas depois refletiu que o momento era de ser exigido. Seria produtivo chegar ao fim das sessões com Nigel Godrich satisfeito com o trabalho em *Chaos and Creation in the Backyard*.

"At the Mercy" foi gravada em abril de 2004 no Ocean Way Recording Studios, em Los Angeles, e em setembro no A.I.R. Lyndhurst, em Londres.

Paul: Vocal, órgão B3, Fender Telecaster, contrabaixo Hofner, piano Steinway de cauda, sinetas, pandeirola e violoncelo. Jason Falkner: Guitarra. James Gadson: Bateria. Millennia Ensemble: Chris Worsey e Ian Burge: Violoncelo. Everton Nelson, Catherine Browning, Lucy Wilkins e Alison Dods: Violino. Becca Ware e Vince Greene: Viola.

FRIENDS TO GO

Em 29 de novembro de 2002, o Royal Albert Hall parecia ter parado no tempo ou, até mesmo, retroagido. A atmosfera mística dentro da edificação erguida em 1871 em Londres tomava conta de todos os presentes, de forma quase letárgica. Era como se aquela reunião de músicos fosse capaz de invocar o espírito de George Harrison – o homenageado da noite – e ele tivesse aceitado o convite para tocar lado a lado dos ilustres convidados. Entre eles, nomes muito próximos a George, como Joe Walsh, Ravi Shankar, Jeff Lynne, Tom Petty e Ringo Starr.

Paul McCartney também era um deles. Distante dos holofotes do evento organizado por Eric Clapton e Dhani Harrison, ele apenas aguardava o momento para entrar no palco e cantar "All Things Must Pass", a primeira música escolhida para honrar o parceiro. Cerca de um ano antes de *Concert for George* se transformar em um dos eventos artísticos mais tocantes do início do século, Paul estava em Los Angeles, acompanhando, passo a passo, as últimas tentativas, em vão, dos médicos para curar o câncer que tomara conta do guitarrista dos Beatles.

Nesse ínterim, para garantir privacidade ao parceiro, Paul decidiu alugar em nome de Gavin de Becker (consultor de segurança de Harrison) uma bela casa próxima ao parque Grifth, onde George passaria seus últimos dias de vida na Terra. Em 29 de novembro, quis o destino, George encontraria o ápice de sua revolução espiritual.

***

George Harrison certamente esteve presente durante as gravações de *Chaos and Creation in the Backyard*. Mas sua força espiritual seria notada de maneira mais incisiva por Paul apenas quando o álbum estava próximo de ser finalizado em 2005. Segundo ele, essa força seria canalizada por uma das músicas mais animadas das sessões até então. Ao invés de velar George com um tema mais lírico, "Friends to Go" celebraria seus métodos de composição em uma faixa com letra, melodia e arranjos que nos remete à era dos Traveling Wilburys, com direito a pastiche das técnicas usadas por Jeff Lynne em suas harmonias.

Paul McCartney revela a história "sobrenatural" de "Friends to Go": "O mais curioso sobre algumas músicas é a forma de você criá-las, pensando que é um compositor totalmente diferente. Em 'Friends to Go', percebi que estava fazendo exatamente isso como se fosse George Harrison. Para mim, ela soava como uma canção de sua autoria. Em minha cabeça, estava compondo em seu estilo: 'I've been waitin on the other side, for your friends to leave' ('Tenho esperado do outro lado até que seus amigos partam'). Toda a sequência... Acho que consigo ver George fazendo (uma música como essa). Me sentei para compor e o sentimento sobre George surgiu – continuei escrevendo e pensando: George poderia ter composto isso. Foi muito bom. Foi como compor uma canção amigável, com ele em minha mente. Como cenário, imaginei um desses tipos de condomínio com diversos blocos enquanto eu observava as pessoas partindo, até que eu pudesse entrar. O motivo eu não sei, mas acho que um analista se divertiria muito analisando isso!"

***

A reação da mídia já era esperada. Em setembro de 2006, um ano após *Chaos and Creation in the Backyard* chegar às lojas, as especulações sobre diversas músicas incluídas no álbum apontavam que os trechos mais ácidos das letras eram comentários velados sobre a situação do casal Paul e Heather, já separado desde maio.

Na lista das prováveis "declarações de guerra" apresentadas no álbum estava "Friends to Go". Segundo a longa matéria da repórter Rebecca English, do *Daily Mail*, o trecho: "I've been waitin till the danger past, I don't know / How long the storm is gonna to last" ("Tenho esperado o perigo passar. Não sei até quando a tempestade irá durar") era uma referência direta à péssima situação de seu casamento em abril de 2005. Se a citação é verídica, Paul nunca confirmou. Mas o anúncio da separação e início do processo de divórcio no ano seguinte reforçaria a tese de que a união entre Paul e Heather deslizava por um barranco escorregadio.

"Friends to Go" foi gravada em abril de 2005 no A.I.R. Lyndhurst, em Londres. Paul: Vocal, violão, contrabaixo, piano, pandeirola, guitarra, flugelhorn, chocalhos e melódica.

ENGLISH TEA

Tudo começou no século XVII. Não levaria muito tempo para a infusão de ervas extraídas de arbustos chineses ser condecorada como "instituição real" e logo virar um ícone inglês e marca registrada de sua tradição e charme.

Em 1615, Richard Wickham, responsável por administrar um dos escritórios da Companhia das Índias Orientais no Japão escreveu uma carta a mercadores baseados em Macau, pedindo a eles que providenciassem com urgência um "pote do melhor tipo de chá" disponível... Trata-se de um dos primeiros registros, ou declarações de amor, sobre a preciosa iguaria que se tem notícia.

Quatrocentos anos já se passaram desde que a carta de Richard Wickham chegou à China em busca de mais estoques de chá para os sedentos ingleses. Através dos séculos, o chá seduziria os ingleses em definitivo. Quando se fala em chá como instituição, não se trata de mera retórica. Pela lei, os trabalhadores da Grã-Bretanha precisam desfrutar uma parada de, ao menos, vinte minutos em um turno de seis horas para degustar sua tradicionalíssima xícara de chá.

**

Distante de seu território, Paul McCartney curtia as férias nos Estados Unidos saudoso de itens básicos que todo inglês não pode se dar ao luxo de dispensar. Na hora do café da manhã, chegara a hora de pedir a bebida mágica:

Garçom: Qual tipo de chá o senhor deseja?
Paul: Oh, *English breakfast,* por favor.

A pergunta colocada pelo simpático funcionário provocou certa estranheza. Afinal, todos (ou quase todo mundo) já sabiam que o chá servido naquela hora do dia só poderia ser o *English breakfast tea* – ao menos, os habitantes do Reino de Elizabeth II... Esse tipo de chá, preparado por fábricas inglesas desde o século dezenove, costuma ser servido para acompanhar as pesadas refeições matutinas, como ovos, bacon e outras frituras. Por acidente, o "erro" cometido pelo garçom seria de grande valia em breve, na hora de compor uma das canções mais interessantes de *Chaos and Creation in the Backyard.* "'English Tea' é uma música sobre a vida na Inglaterra e parodia a forma com que algumas pessoas falam. Eu adoro – mas também acho engraçado. Eu diria: 'Você quer uma xícara de chá?' Já outros (mais formais) diriam: 'Você gostaria de tomar uma xícara de chá?' Ou algo como: 'Via de regra, nós tomamos chá às três...' A música é uma espécie de gracejo, algo afetivo. Eu gosto desse tipo de linguagem. Tinha um ótimo professor na escola e adorava ler Dickens."

**

"English Tea" foi gravada em novembro de 2004 no Ocean Way Recording Studios, em Los Angeles, e abril de 2005 no A.I.R. Lyndhurst, em Londres. Paul: Vocal, piano, contrabaixo, percussão no bumbo da bateria, flauta e sinos tubulares.

TOO MUCH RAIN

Neil Young lançou sua autobiografia em 2012 e não se esqueceu de incluir nas páginas do livro algumas palavras de respeito e admiração por Paul McCartney. Naquele ano, aliás, ele tinha sido seu patrono na cerimônia de inauguração da estrela na Calçada da Fama em Hollywood. A relação de amizade entre os músicos era de longa data. "Gosto muito de Paul. Ele tocou no show beneficente Bridge School há alguns anos e foi realmente ótimo. Paul é como um Charlie Chaplin contemporâneo, pela forma como se move e a atenção que dá à sua arte."

Em 2004, o espírito do inglês Charles Spencer Chaplin (1889-1977) rodeava Paul McCartney. Por algum motivo, a canção "Smile", composta pelo polivalente artista para o filme *Tempos Modernos* em 1936, entrara em seu radar. Chaplin, assim como Paul, era autodidata. Não sabia ler partituras e tinha buscado inspiração na ópera *Tosca*, do italiano Giacomo Puccini, para desenvolver a melodia.

"Smile", por sua vez, atravessou uma longa saga até ganhar seus primeiros versos. O instrumental esperaria dezoito anos até que os letristas John Turner and Geoffrey Parsons a completassem, inspirados por cenas de *Tempos Modernos*. Em 1954, a canção virou sucesso imediato na voz do inesquecível Nat King Cole.

Paul McCartney comenta sobre o efeito de "Smile" em sua composição: "A verdadeira inspiração para 'Too Much Rain' é 'Smile', canção de Charlie Chaplin. Muitos não sabem que ele é o compositor da música, normalmente ligam sua imagem à comédia. É uma linda canção e a ideia de sorrir, mesmo durante a tristeza, foi um pequeno 'roubo'. Então, transformei a ideia em 'Laugh, when your eyes are burning' ('Ria, mesmo que seus olhos ardam'). Os versos são como dicas para, quando a pessoa estiver se sentindo horrível e para baixo, essa canção ser capaz de reanimá-la. De alguma forma, eu estava pensando em Heather, que passou por tempos muito difíceis: 'It's not right, in one life' ('Isso não é certo (acontecer) em uma vida'). Na verdade, não sou tão específico quando componho. Não diria que a música é exatamente sobre isso porque diminuiria o seu alcance. Ela é para todos que tiveram de enfrentar problemas em suas vidas."

"Too Much Rain" foi gravada em setembro de 2004 no A.I.R. Lyndhurst, em Londres. Paul: Vocal, piano, violão, violão de 12 cordas, contrabaixo, guitarra, auto-harpa, bateria e maracas. Millennia Ensemble: Chris Worsey e Ian Burge: Violoncelo. Everton Nelson, Catherine Browning, Lucy Wilkins e Alison Dods: Violino. Becca Ware e Vince Greene: Viola.

A CERTAIN SOFTNESS

George Harrison é o precursor da música indiana nos Beatles. Sua paixão pela filosofia oriental influenciaria não apenas suas canções, mas os arranjos de criações de seus demais companheiros. "Norwegian Wood" foi a primeira delas, com a performance do sitar adquirido por George em uma loja localizada na Oxford Street, em Londres, chamada India Craft.

Se George pode ser conhecido pelos sabores indianos, Paul leva o crédito pelos arranjos latinos. Ele é o vocalista nas *covers* de "Besame Mucho" e "Till There Was You" – a última, lançada em *With the Beatles*. Em seguida, "And I Love Her" seria a primeira canção composta por ele, combinando traços de rumba e bolero.

"Step Inside Love", escrita sob medida para a conterrânea Cilla Black, é outro exemplo da tradução de seu amor pelos ritmos calientes.

Em 1969, os Beatles pararam de compor juntos, mas a tradição seria mantida. Parte de "Another Day" – seu primeiro *single*, lançado em 1971 – também contém o sabor latino. Outras canções nessa linha viriam mais tarde: "Distractions" (*Flowers in the Dirt*), "Heaven on a Sunday" (*Flaming Pie*) e a mais recente de todas "A Certain Softness", composta em Benitses, Grécia – mesmo solo onde Paul criaria versos de "Every Night" (*McCartney*).

Em setembro de 2005, Paul comentou sobre a origem de "A Certain Softness" a Gary Crowley: "'A Certain Sofness' é apenas uma canção direta de amor. Gosto de coisas desse tipo, típicas da música brasileira. Gosto desse ritmo latino. Acho que é sexy, muito romântico. Estava de férias, onde costumo escrever muito. Este sou eu: quando estou de folga vou trabalhar! (Quando a compus) Estava na Grécia, em uma viagem de barco, e esse clima meio latino pintou... Adoro esse tipo de música à moda antiga. É tão bem composta. Na verdade, muitas coisas que me influenciam são de um tempo bem antes de minha geração, e do tempo de meu pai... Ao voltar da viagem, estava em Los Angeles e Joey (Waronker) estava com um bongô e o guitarrista (Jason Falkner) ficou ao meu lado. Então, éramos três: dois violões e um percussionista, e começamos a montar a base da música a partir daí – dando um clima bastante intimista na gravação."

"A Certain Softness" foi gravada no Ocean Way Recording Studios, Los Angeles, em abril de 2004.

Paul: Vocal, contrabaixo, piano, violão clássico, gongo, harmônio, chimbau e triângulos. Jason Falkner: Violão clássico. Joey Waronker: Bongôs, chocalhos e percussão.

RIDING TO VANITY FAIR

7 de setembro de 2015. Geoff Baker parecia estar de volta à ativa em definitivo, após atravessar o deserto do desemprego. Seu retorno ao mundo do jornalismo não poderia ser mais irônico. Em sua coluna no *London Weekly*, o tema do dia era *Conversations with McCartney* livro recém-lançado de Paul Du Noyer, famoso crítico e editor de revistas como *Q* e *Mojo*. A crítica escrita por Geoff Baker era altamente positiva e, não só elogiava a abordagem feita por Du Noyer, como elevava Paul McCartney ao mesmo alto patamar dos tempos em que o tema central de sua análise era seu próprio chefe.

Geoff Baker trabalhou para Paul McCartney durante mais de 14 anos. Sua relação com Paul era familiar. Desde sua entrada para o restrito círculo em 1989, após trabalhar brevemente na turnê *Steel Wheels*, dos Rolling Stones, era impossível não ligar sua imagem à de Paul McCartney. Onde Paul estivesse, você encontraria Geoff. Essa relação de amor e ódio, típica de qualquer relacionamento duradouro, começaria a despencar em 2003, quando Baker decidiu ajudar um colega do jornal *Evening Standard* a tirar algumas fotos de Paul. Ele não desconfiava (ou talvez, concluísse minutos depois) que sua inocente intenção de colaborar com um paparazzo levaria ao colapso de sua relação profissional e pessoal com Paul McCartney.

Em 19 de setembro daquele ano, o ilusionista americano David Blaine fazia um de seus números mais exótico ao lado da Tower Bridge, em Londres. Como milhares de pessoas que passavam ao seu redor, Paul ficou curioso e decidiu espiar como Blaine era capaz de permanecer em uma caixa de vidro por mais de duas semanas. No exato momento em que pisou no local, ele seria abordado por Kevin Wheal, em busca de suas preciosas fotos. Paul reagiu com violência e logo saberia quem era o responsável pela abordagem.

Não demorou nada para aquele rumor se espalhar. A notícia nas ruas era a de que Geoff Baker tinha sido demitido. Paul negou a ação imediatamente, apontando que tudo não passava de "uma piada". Um ano depois, ele não resistiria ao cargo. Alegando "queda em seu desempenho profissional nos últimos meses", Paul agora confirmava a demissão. Geoff Baker era história – e não era só. Nos anos seguintes, o famoso assessor de imprensa teria de se rebaixar, a ponto de varrer as ruas de Londres após amargar mais de cinco anos de desemprego.

***

Quando Paul entrou no estúdio em abril de 2004 para gravar "Riding to Vanity Fair" – talvez a mais agressiva de suas letras – Geoff Baker ainda ocupava a mesma função iniciada em 1989, em meio aos ensaios para a turnê de divulgação do álbum *Flowers in the Dirt*.

No instante em que a canção apareceu em *Chaos and Creation in the Backyard*, um ano após a demissão de Baker, a conclusão de que era ele mesmo o tema central da composição foi imediata. Em "Riding to Vanity Fair", Paul apontava o dedo para quem não respeitara suas ofertas de amizade. Era uma música sobre traição, principalmente.

Em um dos versos, Paul McCartney clamava ter sido rebaixado por alguém, além de estar cansado de ouvir a "mesma ladainha". Geoff, ao ser demitido, teria apontado Heather Mills como protagonista da história. Paul desconsiderou a especulação. Para ele, a atitude de levar um fotógrafo em um de seus raros momentos incógnito havia sido baixa demais e indigna de um jornalista com seu currículo.

***

Da mesma maneira em que a letra de "Riding to Vanity Fair" viera à tona – provocada por um evento traumático – o processo de

MASTERS

gravação e produção da música não seria nenhum pouco pacífico. Quando Nigel Godrich notou que a faixa teria um clima "alegre", totalmente oposto ao conteúdo da letra, o lado frio e calculista do produtor entrou em ação. Godrich, sem qualquer temor, disse que "Riding to Vanity Fair" era "uma porcaria". A partir daí, Paul e Nigel duelariam no estúdio até que canção ganhasse sua versão ideal, com direito a primeira performance de violoncelo. Uma cortesia de Sir Paul McCartney: "Eu apresentei 'Riding to Vanity Fair' (a Nigel Godrich) e a sessão foi um de nossos momentos mais complicados de todo o projeto. Eu adorei. Ele ouviu a música, e logo percebi que não tinha se empolgado com ela – era uma versão bem diferente. Algum tempo depois, ele veio a mim e disse: 'Você sabe, 'Riding to Vanity Fair'? Não gostei mesmo dela' – acho até que usou a palavra "porcaria"... Então, disse ok e pensei: 'Acho que isso não vai dar certo.' Perguntei a ele por que não era boa? Ele respondeu: 'Porque você já fez melhor. Não chega nem perto do seu melhor trabalho.' Voltei com uma nova versão, mais lenta – e ele ainda não gostou. Mais uma vez, alterei outras coisas e ele disse: 'Mas eu gostava daquele verso e você tirou!' Respirei fundo. 'Então, amigo, antes que eu me perca, vamos ver o que você gosta ou não gosta?' Fui para o microfone e trabalhamos nisso. Finalmente, tínhamos uma música. Foi um longo processo, para mim, pelo menos."

"Riding to Vanity Fair" foi iniciada no Ocean Way Recording Studios, Los Angeles, em abril de 2004 e finalizada em outubro.

Paul: Vocal, guitarra Epiphone Casino, violão, contrabaixo, glockenspiel de brinquedo e piano elétrico Wurlitzer. James Gadson: Bateria. Stephanie Bannet: Harpa. Orquestra arranjada por David Campbell. Músicos adicionais: The Los Angeles Music Players.

FOLLOW ME

Apresentar a recém-composta canção entre "Yesterday" e "Let It Be". O plano parecia perfeito. Quando chegou a hora de tirar a nova carta do bolso, em meio a performance de tantos clássicos no Pyramid Stage naquele sábado, 26 de junho de 2004, Paul McCartney ainda parecia dominado pela tensão que rondava sua estreia, prestes a acontecer na 24ª edição de Glastonbury.

Durante a semana que antecedeu o festival idealizado por Michael Eavis, muito se comentou sobre a relevância de Paul McCartney – e se a presença dele realmente faria diferença em um evento dominado por grupos mais da moda. Grupos como o inglês Muse e o escocês Franz Ferdinand, ambos escalados para a mesma edição de Paul.

Talvez, e pelo lado positivo, o excesso de preocupação colocada naquela apresentação regada a torrentes de chuva pode ter armado Paul McCartney de uma força interior extra. Suas preocupações provaram ser exageradas.

Ross Bennett, do site Drowned in Sound, escreveu sobre sua primeira experiência nos campos lamacentos de Sommerset em julho de 2004: "As próximas horas (em Glastonbury) são difíceis de descrever. Para começar, elas foram as melhores de toda a minha vida. Você pode já ter lido sobre o triunfo de Paul McCartney, mas se você não esteve lá será complicado entender. Odeio quando pessoas escrevem coisas como essa que escrevi, mas é uma verdade inegável. As músicas que vocês já conhecem, de 'Band on the Run' a 'Got to Get You into My Life', de 'Live and Let Die' a 'Let It Be', cada uma delas, será um momento que jamais esquecerei. Cada música foi tocada com sinceridade além do compreensível. Isso causou um efeito na multidão complicado de entender. O cara na minha frente abraçava sua namorada, gemendo em total êxtase..."

***

As últimas notas da infalível "Yesterday" ainda morriam, enquanto a multidão em Glastonbury ressuscitava, de forma milagrosa. Paul McCartney, então, começou o ritual de preparação para o momento de estrear "Follow Me", em suas palavras, "uma canção com um tema quase religioso". Quem estava lá no festival, não desconfiava que a música estivesse entre a primeira leva de gravações feitas no RAK Studios, produzida por Nigel Godrich. Antes de iniciar, Paul disse apenas "Ei, aqui vai uma nova música – especialmente para Glastonbury."

Não havia mais dúvida. Um ano e meio mais tarde, quando "Follow Me" apareceu entre as escolhidas para *Chaos and Creation in the Backyard*, ela havia passado no teste de fogo no solo sagrado de Glastonbury. Foi um bom vestibular para a única música do álbum gravada com a presença quase completa da banda de Paul McCartney. Apenas Paul "Wix" Wickens estava ausente. Paul McCartney relembra a história de sua composição – uma tentativa de reforçar a mensagem positiva e mística de "Let It Be", mas em um novo contexto: "'Follow Me' é uma dessas canções que praticamente se escreveu. Às vezes você sente que sua vida é incrível – isso não acontece sempre... Quando cantava 'Let It Be' eu pensava que seria ótimo ter uma canção como essa, porque é uma espécie de música quase religiosa – algo inspirador: 'There will be an answer / Let it be' ('Haverá uma resposta – deixe estar'). E você se pergunta: 'O que é isso? É algo muito importante na sua vida ou um espírito de bondade?' Não importa. Eu tentei captar as boas vibrações de Deus, minha família, meus pais... todos capazes de transmitir isso para mim, a começar por Deus."

"Follow Me" foi gravada em setembro de 2003 no RAK Studios, em Londres.

Paul: Vocal, contrabaixo, guitarra, bateria, percussão e pandeirola. Brian Ray e Rusty Anderson: Violão. Abe Laboriel Jr.: Percussão e pandeirola. Millennia Ensemble: Chris Worsey e Ian Burge: Violoncelo. Everton Nelson, Catherine Browning, Lucy Wilkins e Alison Dods: Violino. Becca Ware e Vince Greene: Viola.

PROMISE TO YOU GIRL

No início, era o caos. Depois, a criação. No fim da história, Paul decidiu mesmo olhar para trás, em seu velho quintal... Como se pudéssemos viajar no tempo e estar na hora em que a foto da capa do LP foi tirada pelo irmão Mike em 1962, nos fundos da casa em Forthlin Road, Liverpool.

Ao invés de buscar o título do álbum selecionando apenas uma de suas canções, Paul apareceu com o nome de *Chaos and Creation in the Backyard* ao combinar trechos da letra de "Fine Line" e "Promise to You Girl". Sendo mais preciso, o título seria extraído do primeiro verso desta última, encaixada como o prólogo de um filme.

Na introdução, Paul demonstra a vontade de refletir sobre as coisas que fizera até aquele momento:

Parte 1: "The backyard of my life" ("O quintal da minha vida"): Gravar em Los Angeles, bem pertinho do lar de Brian Wilson, é uma tentação para

Paul McCartney, fã número 1 das harmonias dos Beach Boys em *Pet Sounds*. A diferença é que ele não conta com mais nenhum cantor nessa sessão e os vocais são tratados artificialmente por Nigel Godrich no estúdio.

Parte 2: "Gave my promise to you girl" ("Eu prometi a você, menina"): Sentado ao piano, ele inicia a performance que remete ao acompanhamento criado por ele mesmo em "Lady Madonna". Como inspiração, nomes da cena mais famosa de Detroit, a Motown. Paul explica como uniu as duas peças para montar "Promise to You Girl": "Tudo começou no piano... é uma peça de duas partes. A mão direita faz a melodia e a esquerda tem uma base definida, ao invés de apenas passear pela música. Compor foi como resolver um problema de matemática. Então, comecei a cantar... e virou algo da Motown. Consegui ouvir os caras da Motown, The Funk Brothers, gravando uma base para minha música."

"Promise to You Girl" foi gravada no Ocean Way Recording Studios, Los Angeles, em novembro de 2004.

Paul: Vocal, pianos, contrabaixo, guitarra, minimoog, bateria, pandeirola, triângulo e chocalho.

THIS NEVER HAPPENED BEFORE

Três anos antes de "This Never Happened Before" ser escolhida pelos produtores de *A Casa do Lago* – e ser parte vital na trama de um casal que se apaixona, mas descobre viver em anos distintos – Paul estava no Truckee hotel, em Sierra Nevada, Califórnia.

Antes de jantar no Moody's Bistro – com direito a *jam session* com o Bob Greenwood's Jazz duo no lounge do restaurante – Paul decidiu receber uma massagem relaxante, prática que ele adotara recentemente, antes das apresentações das turnês *Driving USA* e *Back in the U.S.* "Estava nos Estados Unidos recebendo uma massagem e decidi mostrar uma versão de 'This Never Happened Before' que tinha em um CD-R comigo. Coloquei a música para tocar e a garota que me atendeu disse: 'Adorei a música, é incrível.' Então, ela me contou que estava prestes a se casar. Discretamente, decidi enviar aquela versão de 'This Never Happened Before' pelo correio com uma cartinha dizendo 'Se você gostou tanto dessa música, por que não coloca para tocar em seu casamento? Mas atenção: isso é um item que pode virar rapidamente um disco pirata. Então, toque a música e depois me devolva. Eu enviarei pra você a gravação definitiva.' Eles se casaram e fizeram isso, acho que na primeira dança. Ela me contou como foi depois em uma carta: Nós nos divertimos muito. Rimos e choramos... Acho que isso resume esta música para mim."

"This Never Happened Before" foi gravada em setembro de 2003 e abril de 2005 no RAK Studios, em Londres.

Paul: Vocal, piano, baixo, guitarra, bateria e bateria eletrônica. Millennia Ensemble: Chris Worsey e Ian Burge: Violoncelo. Everton Nelson, Catherine Browning, Lucy Wilkins e Alison Dods: Violino. Becca Ware e Vince Greene: Viola.

ANYWAY

Paul McCartney sempre levantou a bandeira de que suas letras não têm significados objetivos e que elas poderiam ser sobre qualquer coisa, ao gosto do cliente – no caso, os fãs que compravam seus álbuns e iam a seus shows. Ao contrário de sua avaliação pessoal, ou pura ação para despistar, muitas de suas músicas são retratos vívidos de seu momento. "The Long and Winding Road" é uma canção que antecipava o fim dos Beatles, embora escrita no final das gravações do *Álbum Branco*, em 1968. "Every Night" é sobre o sentimento de sentir-se impotente e isolado, após a separação dos Beatles. Já em "Your Loving Flame", a música composta pouco antes do início de seu relacionamento com Heather, ele é bem claro. "Your Loving Flame" é a típica canção que você ouviria Paul McCartney cantar a Heather em seus primeiros dias juntos, quando tudo parecia ser quase perfeito.

Quando "Anyway" começou a ser gravada, em novembro de 2004, o jato que transportava o casal de um país a outro nos incontáveis compromissos já não voava mais em céu de brigadeiro. Isso fica evidente em grande parte da letra – embora essa evidência nunca tenha sido admitida por seu compositor. No livro *Conversations with McCartney*, Paul afirma ao autor Paul DuNoyer que "Anyway" era somente uma "canção bem simples, que se transformou em algo maior". Ao examinar a música em detalhes, nota-se que temos nas mãos mais uma das típicas músicas de sua autoria, formada por trechos ou diferentes estruturas:

> Parte 1: "Won't you call me" ("Por que não me telefona?") funciona como introdução e melodia para os versos. Logo na primeira frase, Paul diz o que quer: chamar a atenção de uma pessoa (Heather) para que eles solucionem um problema.

> Parte 2: "Strong enough" ("Forte o suficiente") atua como ponte e usa melodia diferente da primeira parte. Aqui ele se questiona sobre quando teria começado a cometer erros.

> Parte 3: "Anyway" ("De alguma forma") finalmente faz sua aparição, relembrando que ele está à espera da chamada.

Paul McCartney dá sua versão da história de "Anyway": "Por uma razão qualquer estava com esse sentimento de novo. E de onde esse sentimento pode ter vindo? Não sei. Mas era como se eu estivesse em cidades do sul dos Estados Unidos, como Charleston, Savannah... que inspiraram esses tipos de acordes. Algo que me lembrava de Randy Newman. Como sempre, a música não ficou nada parecida com Randy, mas no momento da composição eu achava que estava caminhando para esse lado. Quando descobri os outros acordes que vão parar no verso, aí comecei a ficar mesmo inspirado: 'Only love is strong enough, to take it on the chin' ('Só o amor é capaz de assimilar o golpe'). A partir daí a música ia caminhando para outro lado, até chegar em 'Anyway'."

"Anyway" foi gravada em novembro de 2004 no Ocean Way Recording, em Los Angeles, e abril de 2005, no A.I.R. Lyndhurst, em Londres.

Paul: Vocal, piano, guitarra, baixo, violão, moog, harmônio e bateria. Millennia Ensemble: Chris Worsey e Ian Burge: Violoncelo. Everton Nelson, Catherine Browning, Lucy Wilkins e Alison Dods: Violino. Becca Ware e Vince Greene: Viola. Orquestra e metais regidos e arranjados por Joby Talbot.

I'VE ONLY GOT TWO HANDS

Abril de 2005. Completar "How Kind of You" na última sessão do novo disco tinha sido um sucesso e um oceano tranquilo em comparação ao duelo Nigel x Paul com a "estressante" "Riding to Vanity Fair". Em clima de despedida, o encerramento oficial do projeto seria concluído fazendo jus ao título do álbum: caos e criação, não necessariamente nesta ordem. Durante a promoção do LP, Paul explicou a origem de "I've Only Got Two Hands" a Gary Crowley: "Perto do fim das sessões, nós pensamos: 'Que tal abrir o álbum com algo diferente? Vamos abrir com uma *jam session* – um barulho qualquer – uma faixa que chamasse a atenção, e logo entrasse na primeira canção.' Então Nigel disse: 'Produza duas peças.' Decidi bolar três improvisações e me preparei para gravar. A primeira delas, ao piano, estava pronta em meia hora. Era como se os adultos tivessem saído da sala e as crianças se divertissem! Depois fui adicionando os outros instrumentos, começando pela bateria e o baixo. Em uma hora já estavam prontas. Ao invés de colocar no início do LP, juntamos as três *jams* e colamos no final."

A partir da sessão detalhada por Paul, "I've Only Got Two Hands" foi produzida assim:

Parte 1: Paul ao piano, compondo a melodia em trinta minutos.

Parte 2: Gravação da bateria e baixo, formando a base da faixa.

Parte 3: O acabamento é feito com guitarra, teclados e percussão.

No documentário *Between Chaos and Creation* incluído na edição especial de *Chaos and Creation in the Backyard*, Paul demonstra como "I've Only Got Two Hands" foi criada de forma livre no estúdio. O trecho é interessante, mas não supera a real improvisação composta em outro documentário gravado em julho passado, no Studio 2, em Abbey Road – também assistido por Nigel Godrich.

Em *Creating Chaos in Abbey Road* – como foi batizado o show original da série *Sold on Song* da BBC – podemos ver Paul em ação, criando "That's All for Now", gravando bateria, piano, baixo Hofner, duas partes de guitarra elétrica Epiphone (base e solo) e criando a letra no final para encerrar o show.

"I've Only Got Two Hands" foi gravada no A.I.R. Lyndhurst em abril de 2005. Paul: Piano, bateria, contrabaixo, guitarra, moog, violão, percussão e efeitos.

Outras músicas da era
Chaos and Creation in the Backyard

GROWING UP, FALLING DOWN

"Fine Line" chegou às lojas inglesas em 29 de agosto de 2005, acompanhada por duas faixas extras em um EP: "Comfort of Love" e "Growing Up, Falling Down". Por sorte, a música digital ainda não dominava o cenário da indústria fonográfica e os colecionadores mais ferrenhos puderam se despedir dos sempre generosos CDs *singles*, quase sempre com uma boa oferta de canções inéditas.

Pedro Eustache, o instrumentista venezuelano com raízes haitianas, seria apresentado pela primeira vez em "Growing Up, Falling Down". Sua participação em "Jenny Wren", até aquele ponto, não havia sido comentada por um motivo simples: *Chaos and Creation in the Backyard* seria lançado apenas em 12 de setembro.

"Growing Up, Falling Down" é uma das canções mais exóticas da discografia solo de Paul McCartney. Lenta, em ritmo de valsa, sua melodia é quase letárgica ao invocar memórias distantes. Some isso ao som hipnótico dos instrumentos tocados por Eustache: o duduk e o didjeridu. Com esses ingredientes, temos um exemplo indiscutível de World Music, com uma canção composta e cantada por um inglês, gravada nos Estados Unidos e um flautista venezuelano tocando instrumentos de origem armênia e maori.

"Growing Up, Falling Down" foi iniciada no Ocean Way Recording Studios, Los Angeles, em abril de 2004 e finalizada em outubro.

Paul: Vocal, contrabaixo, violão clássico e guitarra elétrica. Jason Falkner: Violão clássico e piano. James Gadson: Bateria. Pedro Eustache: Duduk e didjeridu.

COMFORT OF LOVE

No início do século, Paul retomou uma prática que não fazia desde 1979, quando "Coming Up" apareceu no *setlist* da rápida turnê pelo Reino Unido para divulgar o LP *Back to the Egg*. Durante o *Concert for New York City*, em outubro de 2001, no Madison Square Garden, em Nova Iorque, ele apresentou músicas ainda inéditas em disco: "Lonely Road", "From a Lover to a Friend" (lançada dois dias mais tarde como *single*) e o tema patriótico "Freedom".

Antes disso, Paul surpreendera o público que marcou presença no Beverly Hills Wilshire Hotel em junho daquele ano, tocando "Driving Rain" – canção que ainda sequer tinha sido finalizada e escolhida como nome de seu próximo álbum.

No caso de "Comfort of Love", a música foi apresentada apenas a uma seleta plateia que compareceu à passagem de som da terceira edição do Adopt-a-Minefield Benefit Gala no Beverly Hilton Hotel, em 23 de setembro de 2003, em Los Angeles. Os fãs presentes não perderiam a chance de capturar a gravação e apontar diferenças em relação à versão gravada naquele mesmo mês, em Londres, supervisionada por Nigel Godrich.

Naquela versão "ao vivo", logo após o refrão, Paul menciona: "There once was a time when I thought about John I'd be happy" ("Houve um tempo em que ficava feliz quando pensava em John") – em citação clara ao parceiro.

Ao examinar o verso de abertura, a citação faz sentido: "There once was a time when I thought if I had a house, I'd be happy / There once was a time when I thought if I had a car, I'd be made / One by one I achieved my ambitions / But didn't feel like I wanted to feel" ("Houve um tempo em que se ter uma casa seria o suficiente. Houve um tempo em que ter um bom carro, estaria contente. Uma por uma, minhas ambições eu atingi. Ao mesmo tempo, não sentia aquilo que queria sentir").

Em fevereiro de 1990, Paul revelou a David Fricke, em entrevista à *Rolling Stone*: "Alguém disse pra mim: 'Mas os Beatles eram contra o materialismo.' Digo, isso é um enorme mito. Eu e John literalmente combinávamos: 'Que tal compor agora uma piscina?' Pela primeira vez em nossas vidas nós conseguíamos fazer algo e ganhar dinheiro."

"Comfort of Love" foi gravada no RAK Studios, em Londres, em setembro de 2003.

Paul: Vocal, violão clássico, piano de cauda, piano elétrico, contrabaixo, guitarra elétrica, violão, bateria, espineta, chocalho, sinos, metrônomo e pandeirola.

I WANT YOU TO FLY

Beatrice Milly McCartney nasceu em 28 de outubro de 2003 no St. John's and St. Elizabeth Hospital, em Londres. O local não poderia ser mais estratégico. Tendo como ponto de partida a residência de Paul McCartney em Cavendish Avenue, a distância a ser percorrida até a maternidade é inferior a 300 metros. Praticamente, Bea viera ao mundo em casa.

Paul se tornou pai biológico pela quarta vez aos 61 anos. É uma idade complicada, se olharmos para o futuro. Paul tinha ciência disso. A paternidade em si já é um exercício complicado e a ideia de acompanhar todos os passos de Beatrice o afetou.

"I Want You to Fly" foi uma das canções gravadas na primeira sessão continua produzida por Nigel Godrich em abril de 2004, em Los Angeles. Bea, então com cinco meses, provocava reflexões em seu pai.

Quando Paul apresentou "I Want You to Fly" a Godrich, a música estava incompleta. Sua estrutura básica era um blues, mas logo Paul uniria esse trecho simples tocado no piano elétrico a outra seção completamente distinta, repleta de efeitos especiais.

"I Want You to Fly" foi gravada em abril de 2004 no Ocean Way Recording Studios, em Los Angeles.

Paul: Vocal, violão, baixo, bateria, guitarra, piano elétrico, piano e sintetizador. Jason Falkner: Guitarra. James Gadson: Bateria.

SUMMER OF '59

Afinal, o que marcou Paul McCartney no distante verão de 1959? Em "Summer of '59", uma das exceções entre os temas mais contemplativos da era *Chaos and Creation in the Backyard*, Paul recorre ao *rockabilly* para ilustrar esse período. No verão de 1959, ano relativamente quieto para Paul e seus amigos, talvez o principal evento ligado à música tenha sido o retorno do The Quarrymen à ativa. Mona Best, mãe do futuro baterista dos Beatles, acabara de inaugurar o Casbah e convidou Les Stewart Quartet para tocar na casa em troca de ajuda na reforma. Às vésperas da inauguração, Ken Brown e George Harrison não apareceram nos ensaios e acabaram demitidos por Les Stewart. A solução encontrada por George foi a de convidar John e Paul para tocar na abertura do Casbah Coffee Club em 29 de agosto de 1959, com a presença de 300 pessoas no abafado clube. Ken Brown, o outro "demitido", completou a formação do "novo Quarrymen".

"Summer of '59" foi gravada no A.I.R. Lyndhurst, em Londres, em abril de 2005.

THIS LOVING GAME

"Silly Love Songs" é uma dessas canções que já nasceram *hits*. Melhor ainda, o *single* não levaria muito tempo para se tornar o carro chefe da turnê *Wings over America*, após tomar conta das rádios no verão de 1976. De forma proposital, Paul nunca escondeu que a letra era uma resposta aos críticos e não trazia nenhum outro significado. "Silly Love Songs" era sua ode definitiva ao romantismo "tão combatido" pela crítica e ele não abandonaria a prática tão cedo.

"This Loving Game" não coube em *Chaos and Creation in the Backyard*. Seu *riff* de piano da balada soava convidativo, mas a música perderia o duelo na sala de edição. Apesar do revés, sua posição como lado B do CD *single* "Jenny Wren" não tira seu o mérito – ao contrário. Explorar as sobras de estúdio geralmente traz recompensa. Ao observar a letra de "This Loving Game", fica evidente a intenção de transmitir alguma mensagem referente ao seu período. Naquele momento, Paul não tinha composto apenas mais uma canção tola de amor. Em "This Loving Game", ele insiste: "I tried to look for some good advice / (...) / But till now, you never came" ("Tentei procurar por conselhos, mas você nunca apareceu..."). Quem seria seu conselheiro naquele momento?

Composta antes de abril de 2004, "This Loving Game" é como uma resposta aos críticos que clamavam para que ele desistisse do relacionamento com a mulher. Paul aponta na letra que "Somebody told me to walk away" ("Pedem para que ele se afaste") quando a situação se complicava. Em resposta, ele oferece sua posição: "Do I love you after so much / As I did before?" ("Será que eu ainda te amo como antes? Dificilmente poderia amar mais do que a amo hoje").

Em novembro de 2007, o processo de divórcio entre Paul e Heather estava avançado, mas Heather não fazia questão de esconder nenhum comentário sobre seu relacionamento com Paul e filhos. Naquele momento, Paul deve ter refletido melhor sobre os eventuais conselhos recebidos a respeito do casamento, como ele aparenta cantar em "This Loving Game". Heather apontava publicamente o dedo para culpados. Ou melhor: para a culpada, segundo ela, do fracasso de seu relacionamento com Paul McCartney.

Ao jornal *Evening Standard* ela declarou: "Todas as semanas Stella tentava acabar com nosso casamento. Ela era muito ciumenta. Stella não estava interessada na felicidade de seu pai. Não posso mais protegê-la porque ela fez coisas realmente más."

"This Loving Game" foi gravada no Ocean Way Recording Studios, Los Angeles, em abril de 2004.

Paul: Vocal, violão, baixo, violão clássico, guitarra, harmônio, piano, chocalhos e pandeirola. James Gadson: Bateria.

SHE IS SO BEAUTIFUL

O saguão do Westin Century Plaza Hotel em Los Angeles estava movimentado em 18 de outubro de 2004. Paul estava ansioso na casa: seria o primeiro show ao lado de Neil Young, convidado da noite de gala do jantar beneficente Adopt-a-Minefield. Em breve, a dupla dividiria o microfone em "Only Love Can Break Your Heart", faixa do clássico LP *After the Gold Rush*... Heather Mills chegou ao seu lado em um vestido vermelho longo. Todos comentavam sobre sua bela aparência: "Ela está muito bonita, Paul, parabéns." Sim, ao menos naquele momento, Paul parecia feliz ao lado da mulher. Ao seu redor, muitos jornalistas e fotógrafos, todos em busca da melhor imagem do casal.

No palco montado no hotel, após abrir com "Drive My Car", Paul resgataria "Till There Was You", não tocada desde 1963, quando ele estava ainda nos Beatles.

Todo aquele ambiente romântico foi como uma flecha em seu coração. Logo, a inspiração para compor algo que exaltasse sua musa não iria demorar a aparecer. Menos de um mês após a performance no

MASTERS

Adopt-a-Minefield, Paul estava de volta a Los Angeles para gravar uma de suas canções mais românticas dos últimos tempos. Ao menos naquele instante, parecia que a boa fase com Heather permaneceria sólida.

Embora "She Is So Beautiful" seja uma das peças mais convencionais do projeto *Chaos and Creation in the Backyard*, Nigel Godrich não vetou a gravação. Na letra, Paul deixa claro: "And the outside world, will never know / What she means to me, and what I owe to her" ("Eles nunca saberão quanto ela representa"). O tom defensivo era mais uma reação aos críticos que nunca aprovaram o relacionamento. Apesar da temática, a balada aparentava ter chances de vingar no álbum. Porém, em abril do ano seguinte, a canção sequer entraria como faixa-bônus nos *singles* "Fine Line" e "Jenny Wren". Ao invés disso, "She Is So Beautiful" ficaria escondida como exclusividade da versão japonesa de *Chaos* – único local onde a música pode ser adquirida.

"She Is So Beautiful" foi gravada em novembro de 2004 no Ocean Way Recording Studios, Los Angeles, e completada em abril de 2005 no A.I.R. Lyndhurst, em Londres.

Paul: Vocal, piano, contrabaixo, mellotron, violão, guitarra elétrica, percussão, bateria e teclados. Músicos adicionais: The Los Angeles Music Players.

NO BAÚ DE *CHAOS AND CREATION IN THE BACKYARD*

"Watching My Fish Drown" é uma das músicas vetadas para o projeto do álbum.

"A Modern Dance" permanece inédita, mas trechos da música já apareceram no pré-show das turnês.

Paul citou ao jornal francês *Le Monde* "ter acabado de compor" "That Seems to Make No Sense", em junho de 2004.

CAPÍTULO 38
ECCE COR MEUM

"*A morte de Linda influenciou diretamente a composição de Ecce Cor Meum. Por isso, levou muito tempo para a peça ficar pronta.*" (**Paul McCartney**, 2006)

Capa: Dewynters

Gravações: Entre 13 e 17/03/2006

Produzido por: John Fraser

Datas de lançamento: 25/09/2006 e 26/09/2006 (Reino Unido/EUA)

Desempenho comercial: 1º e 2º (Reino Unido/EUA)

Ele tinha sentido uma presença espiritual marcante naquela noite em 1997. Após assistir à apresentação de música sacra do britânico John Tavener, ao observar o altar do batistério da igreja católica St. Ignatius Loyola, na Park Avenue, em Nova Iorque, Paul notou uma inscrição em latim: *Ecce Mitto Angelum Meum* ("Eis que envio o meu Anjo"). O versículo do evangelho segundo São Mateus se referia ao reconhecimento da profecia de que João Baptista seria o precursor da chegada de seu primo, Jesus Cristo.

Naquele momento, Paul McCartney vivia seu próprio calvário com o agravamento da morte de Linda. Mas a frase bíblica o motivou a iniciar sua quarta peça clássica, o qual batizara como *Ecce Cor Meum* ("Eis Meu Coração"), baseada na inscrição vista na igreja jesuíta. Desta vez, os trabalhos seriam direcionados a outro projeto comissionado pelo Magdalen College, em Oxford, a pedido de seu presidente, An-

MASTERS

thony Smith. No meio do processo de composição do oratório, destinado à inauguração do novo auditório para o colégio, Linda viria a falecer e os trabalhos seriam interrompidos.

Quatro anos mais tarde, *Ecce Cor Meum* estava finalizado, graças mais uma vez à colaboração do produtor John Fraser e do arranjador John Harle. As quatro peças para o oratório, com duração de 45 minutos, fizeram sua estreia em 10 de novembro de 2001, às 20 horas, no The Sheldonian Theatre, em Oxford, sob a batuta do maestro Bill Ives. Paul finalmente conseguiria cumprira a promessa de tocar no auditório do Magdalen College, adiada pela perda de Linda em 1998.

No final da apresentação, Paul estava descontraído e até brincou com os cantores líricos: "Este coral me surpreendeu muito, temos homens de todas as idades cantando maravilhosamente! Okay, os garotinhos já podem ir para cama e os adultos podem me acompanhar até o pub."

Ecce Cor Meum seria lançado comercialmente apenas em 2006, logo após a separação de Heather. Finalmente, ele poderia falar sobre Linda, sem censura, e dedicar a ela aquele trabalho. Gravado em Abbey Road, entre 13 e 17 de março de 2006, o álbum contou com as participações da soprano Kate Royal, dos garotos do Magdale College Choir e do King's College, de Cambridge, além do grupo London Voices and the Academy of St. Martin in the Fields. *Ecce Cor Meum* foi conduzida por Gavin Greenaway.

Ecce Cor Meum também é o *motto* em latim adotado por Paul McCartney em seu brasão de armas, concedido a ele pelo chanceler responsável, Hubert Chesshyre em 18/06/2001.

Programa:

1. Spiritus

2. Gratia – Interpretadas por um coral composto por 13 meninos e 13 homens adultos.

3. Música (interlúdio – lamento)

4. Ecce Cor Meum – Interpretado por um coral composto por 16 meninos e 16 adultos, acompanhado por orquestra conduzida por Bill Ives.

CAPÍTULO 39
MEMORY ALMOST FULL

“O título do álbum parece descrever, de forma bem apropriada, a vida moderna. Nosso cérebro tende a ficar um pouco sobrecarregado, assim como aconteceu com meu celular.” (**Paul McCartney**, *Record Collector*, 2007)

Capa: Humphrey Ocean

Gravada: Durante um intervalo de outubro de 2003 e entre março de 2006 e fevereiro de 2007

Produzido por: David Kahne e Paul McCartney

Datas de lançamento: 04/06/2007 e 05/06/2007 (Reino Unido/EUA)

Desempenho comercial: 5º e 3º (Reino Unido/EUA)

O triste fim de uma era que durou muito pouco. Já estava em destaque na maioria dos principais veículos de comunicação do mundo. Em 17 de maio de 2006, o jornal *The Guardian* publicava em seu site oficial às 14 horas: "Paul McCartney e sua mulher, Heather Mills McCartney, acabam de concordar em se separar. Eles confirmaram a notícia hoje. O casal esteve casado por quatro anos e disse estar triste por decidir pela separação, apesar de ter achado extremamente difícil manter uma relação normal às vistas do público."

No comunicado, Paul e Heather escreveram: "Tendo dado o máximo para manter nossa relação, contando ainda com a pressão diária exercida ao nosso redor, é com tristeza que decidimos seguir em caminhos separados. Nossa partida é amigável e ambos nos importamos muito conosco. É muito difícil manter uma relação normal, com as pessoas constantemente invadindo nossas vidas. Dito isso, temos lutado para proteger a privacidade de nossa filha. A separação para qualquer casal é dura demais. Mas enfrentar isso publicamente é muito estressante, especialmente para nossa menina. Nós esperamos que as pessoas nos deem espaço e tempo para superar essa fase, em nome de nossa criança."

Em menos de dez anos, Paul estava frente a frente com uma situação que o levaria a um canto sombrio. Nada poderia superar a morte de Linda. Mas naquele momento, ao contrário de abril de 1998, seu único refúgio seria tentar atravessar os problemas com a já ex-mulher abrindo os bancos da memória musical.

***

Quase uma década antes de sonhar com o nome que estamparia a capa de *Memory Almost Full* – algo bem a cara do humor britânico, sempre pronto a se autodepreciar – Paul, sem querer, nos deu a pista de que um dia poderia usar a piada a seu favor. Ao ser questionado pelo inglês Des Burkinshaw, da revista *Record Collector*, sobre o sucesso atingido pelo *single* "Waterfalls" (9ª posição no Reino Unido em 1980 – nota do autor), Paul respondeu assim: "Deus... Isso é o que dá. Sequer me lembrava de ter lançado o *single*! Não estou sendo blasé, mas já lancei um montão de coisas. Sabe quando o computador envia aquela mensagem: 'Por favor, apague alguns arquivos porque a memória está cheia?' Minha memória é assim. Para 'piorar', ainda tenho muitas coisas prestes a sair."

A entrevista pode ser de 1997, mas pouco mudaria na rotina de Paul McCartney na década seguinte. Raramente, ele ficou desocupado ou com a memória vazia. Acelerando o relógio para 2006 – quando Paul cumpriria o destino cantado por ele mesmo em "When I'm 64" – o momento pedia reação. Depois de anunciar a separação da segunda mulher, a pior parte dessa história não demoraria a rolar. Paul já sabia que o caso iria ser levado para a corte de Londres, no máximo, em um ano. Portanto, qual seria o remédio infalível para o divórcio iminente? Resposta óbvia: retornar ao estúdio e fazer o que melhor tinha feito desde 1957, no mágico encontro com John Lennon, em Liverpool.

***

PAUL McCARTNEY EM DISCOS E CANÇÕES

Dois anos antes, a experiência de lançar *Chaos and Creation in the Backyard* havia gerado críticas altamente positivas ao LP. Mas o sistema de trabalho do produtor Nigel Godrich não o satisfez na plenitude. Naquele momento, já era sabido que Paul e Heather não tinham o mesmo relacionamento que os levou ao altar em um castelo irlandês em Glaslough, em 11 de junho de 2002. É possível concluir ou especular – você escolhe – que o método mais severo usado por Godrich para analisar composições durante as sessões de *Chaos*, talvez tenha acertado em cheio os nervos de Paul McCartney, que agora precisava desesperadamente mais de um parceiro no estúdio do que um editor.

O parceiro que iria tomar conta das músicas de *Memory Almost Full* era o já familiar David Kahne, produtor de *Driving Rain* e de *Vanilla Sky*. Seu papel como terapeuta na próxima empreitada de Paul McCartney seria essencial para resgatar músicas rejeitadas por Nigel Godrich e repaginá-las para o próximo LP.

Primeiro passo: buscar nos arquivos o material gravado com o próprio Kahne em Abbey Road. Nada menos que sete músicas com o destino traçado a entrar em *Memory Almost Full* foram iniciadas em Londres em outubro de 2003, entre elas "Only Mama Knows" e o *medley* com a bela e fúnebre, "The End of the End". Como se tivessem dado um *reboot* no computador, Paul e o produtor David Kahne já tinham um bom ponto de partida e o rascunho do segundo disco produzido pela dupla.

Nesse esboço, entrariam provisoriamente as renegadas por Nigel Godrich "Perfect Lover" (rebatizada "Ever Present Past"), "Modern Dance" e "Watching My Fish Drown", sendo que o destino das duas últimas seria o generoso baú musical de Paul McCartney. Mas quando as sessões começaram pra valer em março, prosseguindo até fevereiro de 2007, Paul concluiria nada menos que 24 composições, registradas em diversos estúdios, para *Memory Almost Full*. A última a figurar nessa lista, "Dance Tonight", ganharia destaque como faixa de abertura, tomando o lugar da superior – mas não tão divertida – "Why So Blue?", incluída mais tarde nas duas edições de luxo do disco, ao lado de "222" e "In Private".

O *hard drive* de Paul estava quase lotado, mas ainda sobraria espaço para gravar em Abbey Road a peça clássica *Ecce Cor Meum*

– outro tributo à Linda – composto em 2001, mas não produzido até setembro de 2006, por razões matrimoniais óbvias.

***

Memory Almost Full seria o primeiro LP de Paul McCartney promovido pela nova casa, a Concord/Hear Music, de propriedade da gigantesca rede de cafeterias de Seattle, Starbucks. Piadinhas e trocadilhos com o casamento não faltaram, mas a campanha de marketing não decepcionou. Em 5 de junho – em meio à semana que *Sgt. Pepper's Lonely Hearts Club Band* completou 40 anos – 10 mil filiais da Starbucks colocaram o álbum em alta rotação, alavancando tanto *Memory Almost Full* como a marca. No total, o disco renderia vendas de 2 milhões de unidade no mundo, sendo meio milhão apenas nos Estados Unidos. Algo a se comemorar na era digital da música para um artista com mais de 60 anos.

E para não fugir do contexto da memória quase cheia, mais um lançamento com o nome de Paul McCartney aconteceria em 2007: o box *The McCartney Years*, com a antologia de videoclipes e raridades visuais de sua carreira, entre 1970 e 2005.

MEMORY ALMOST FULL – FAIXA A FAIXA

DANCE TONIGHT

Se o título do novo álbum representava, entre várias coisas, "a rotina frenética da sociedade moderna", o início de *Memory Almost Full* não apontava para essa direção. Ao menos, em estilo. Praticamente acústica, "Dance Tonight" era a gravação mais nova do LP, e só entraria no álbum após Paul se apaixonar por um bandolim, comprado após um impulso ao visitar uma de suas lojas favoritas: a Hobgoblin Music, na Rathbone Place, em Fitzrovia, Londres. "'Dance Tonight' foi a última a ser gravada. Eu precisava ir a uma reunião, mas decidi caminhar até o local. No meio do trajeto, parei em uma loja de instrumentos que costumo frequentar e lá tinha um bandolim para canhotos. O vendedor me mostrou o bandolim e decidi levar na hora. Não tinha a menor ideia de como tocá-lo. Mas o legal disso tudo é que voltei aos tempos de adolescência quando comecei a tocar violão. De volta para casa, comecei a encontrar uns acordes no bandolim, que é afinado como um violino, e eles logo se transformaram em 'Dance Tonight'. Entrei na cozinha tocando e minha garotinha (Beatrice) passou correndo e começou a dançar. Adorei tanto a reação dela que corri para o estúdio para gravar. A música pegou, parecia uma ótima abertura para o disco."

Logo após o lançamento de *Memory Almost Full*, em junho de 2007, o produtor David Kahne concederia entrevista a este autor sobre a concepção do LP. Os comentários a seguir estão nesta entrevista, incluindo a história sobre "Dance Tonight", gravada no RAK Studios, em Londres: "Até então, Paul nunca tinha tocado bandolim e ele fez ótimas conversões de acordes na música. Além disso, adoro o som do baixo com pedal fuzz. Nunca tive qualquer conversa com Paul sobre referências. Portanto, ele não procurou nenhuma inspiração em álbuns como *Ram* para gravar 'Dance Tonight'. Ele nunca trabalha assim... O som que você escuta na introdução da faixa é Paul batendo o pé em um pedaço de madeira!"

Na última sessão antes de fechar o repertório para *Memory Almost Full*, Paul chamou David Kahne para produzir "Dance Tonight" no estúdio RAK, em Londres – ironicamente, o favorito de Nigel Godrich, seu colaborador em *Chaos and Creation in the Backyard*. O processo foi relativamente rápido, com Paul assumindo a bateria, percussão, bandolim, baixo com pedal fuzz, teclados e guitarra elétrica.

Para promover a música – e primeiro *single* do disco em 18 de junho, exceto nos Estados Unidos – entra em cena o cineasta francês Michael Gondry, diretor de um filme bastante adequado para o momento: *Memórias de uma Mente sem Lembranças*. No elenco do clipe, atores em alta em Hollywood, como a futura vencedora do Oscar, Natalie Portman e o vilão de *Piratas do Caribe*, Mackenzie Crook, que contracenam em uma história em que o bandolim se torna o objeto de desejo de fantasmas.

A estreia do clipe de "Dance Tonight" aconteceria em 22 de maio, no YouTube e a música ficaria no 28º lugar nas paradas do Reino Unido, recebendo uma indicação no Grammy 2008 como Melhor Performance Vocal Pop.

EVER PRESENT PAST

Selecionada para impulsionar *Memory Almost Full* nos Estados Unidos ao invés de "Dance Tonight", a "eletrônica" "Ever Present Past" é uma das "filhas" de Paul descartadas por Nigel Godrich em 2003, enquanto a dupla decidia o que entraria em *Chaos and Creation in the Backyard*.

Paul nunca escondeu ter gostado de dividir o estúdio com Nigel Godrich, mas também não negou certo aborrecimento com seu teor mais brutal na hora de selecionar as melhores músicas. Esta situação foi exemplificada por Paul em entrevista à revista *Record Collector*: "'Ever Present Past' surgiu como uma simples canção pop. Sentei e escrevi a primeira linha e depois refleti o que queria dizer com 'There's far too much on my plate' ('O meu prato já está muito cheio'). Foi assim que tive a ideia de explorar meu passado 'sempre presente'. Isso pode ter vários sentidos subliminares. Adoro isso... Enquanto gravava *Memory Almost Full*, cheguei a me perguntar se Nigel me deixaria gravá-la. Então, decidi relaxar. Afinal, é meu álbum!"

O conceito de explorar suas memórias em "Ever Present Past" trouxe algumas mensagens, é verdade. Mas não assim tão subliminares. Além de mencionar não ter sido "um decente namorado" (algo imediatamente conectado aos dilemas de seu relacionamento), Paul também reflete sobre seu legado. Composta por Paul ao violão e demonstrada ao vivo ao piano, David Kahne conta como a gravação se desenrolou no estúdio: "'Ever Present Past' era acústica. Mas na hora de gravar, Paul adicionou uma guitarra para um loop que preparei. Depois, Paul colocou bateria, um pouco mais de guitarra, baixo e vocal. Essa nota repetitiva que você ouve – e se parece com 'Getting Better', dos Beatles – é na verdade um efeito de pedal. Embora soe como música eletrônica, ela não tem sintetizadores. Nas sessões, ele usou sua Epiphone Casino plugada num amplificador Vox AC30, baixo Hofner e o kit de bateria Ludwig, o mesmo do Ringo. Tudo bastante processado depois na mesa de som."

A descrição dos trabalhos em 'Ever Present Past' por David Kahne é quase completa. Na sessão final no estúdio The Mill, em março de 2006, Paul ainda acrescentaria corneta flugelhorn, teclados e claviolina. O segundo *single* de *Memory Almost Full* (primeiro nos Estados Unidos) também recebeu seu videoclipe exclusivo. Outras versões da música disponíveis incluem a videoaula Play It (disponível para assinantes), onde Paul ensina a tocar as partes de contrabaixo, violão e guitarra, e a performance exclusiva ao violão no site oficial.

O filme foi rodado pelo inglês Phil Griffin. No vídeo, ele contracena com diversas dançarinas e outra versão de si mesmo, gerando mais comentários sobre o mito de "Paul is dead". Apesar da confusão das diversas modalidades da *Billboard*, o melhor resultado de "Ever Present Past" nas paradas americanas foi o 16º lugar na *Adult Contemporary*, ficando dez posições acima de "This Never Happened Before", de 2005.

SEE YOUR SUNSHINE

Quem acompanha de perto a carreira de Paul McCartney não estranha seus métodos de trabalho. Não é difícil encontrar exemplos sobre a dualidade na hora de escolher seus projetos. Em 1999, por exemplo, ele lançou simultaneamente três trabalhos completamente diferentes. *Rushes* (projeto experimental com Youth), *Run Devil Run* (álbum de rock, com *covers* e três inéditas) e o álbum de versões orquestrais de músicas compostas para Linda, *Working Classical*. Em 2001, em entrevista ao jornal inglês *The Guardian*, Paul comentou com a jornalista Nicci Gerrard: "Sou geminiano. Sou bastante consciente de minha dualidade, algo como uma personalidade dividida."

Sua posição reflexiva sobre suas contradições explicam, talvez, a seleção de "See Your Sunshine" como terceira faixa de *Memory Almost Full*. Em meio ao clima tenso que antecedia a batalha judicial com Heather Mills na corte de Londres, Paul não sentiu qualquer constrangimento em manter uma canção composta para a ex-mulher em seu próximo disco.

A explicação sobre a origem da música seria revelada em junho de 2007 no kit de imprensa eletrônico de *Memory Almost Full*: "Essa, sem sobra de dúvida, é uma canção de amor que fiz para Heather. Muito desse disco foi criado antes, durante, e mesmo após nossa separação. Depois de pronta, não voltei e tirei qualquer música que tinha a ver com ela. Não sou do tipo que guarda rancores. O mais triste de tudo é que não deu certo."

Após o lançamento do LP, o produtor David Kahne revelou alguns detalhes sobre as sessões de "See Your Sunshine": "A música tem uma letra das mais simples do disco, mas preste atenção nessas linhas de baixo. Paul faz todas as inversões possíveis de acordes e aplica contramelodias – algo que ele é craque. Teve um trecho que precisamos refazer. Pedi a ele que refizesse só essa parte. Gostei tanto do resultado que ela se transformou na versão final de 'See Your Sunshine'."

No The Mill, a música seria completada por Paul entre abril e julho de 2006, tocando todos os instrumentos: Bateria, pandeirola, teclados, piano, cravo e guitarra.

ONLY MAMA KNOWS

Em clássicos de seu passado, Paul McCartney não é econômico em abordar temas ligados a solidão, fuga e abandono. No então quarentão *Sgt. Pepper*, a garota de classe média alta é descrita como fugitiva em busca de seu amor como personagem de "She's Leaving Home". No caso de "Only Mama Knows", o roteiro nos leva para uma criança abandonada em um saguão de um aeroporto de uma cidadezinha americana.

Paul comenta e reflete sobre a tradição de compor sobre temas mais sombrios: "É como se fosse uma espécie de curta-metragem. Já fiz isso no passado – e nem sempre de uma perspectiva pessoal. É muito bom, porque você pode usar mais sua imaginação. O personagem protagonista é alguém que foi deixado por sua mãe e ele também não sabe se um dia vai conseguir ver o rosto de seu pai. Essa situação é interessante, porque você consegue se desvencilhar de sua personalidade e cria um *alter ego*. Aqui não precisa ser Paul McCartney, o cantor, poderia ser outra pessoa. Desta forma, na hora de gravar você consegue até dar à música um outro viés emocional, como se fosse um outro vocalista."

Para garantir o *approach* descrito por Paul McCartney, o produtor David Kahne tratou de adicionar alguns truques à música, gravada no solo sagrado de Abbey Road, dois anos antes das sessões finais do LP. "Na gravação, você consegue ouvir o 'som enorme' do Studio 2 de Abbey Road, ao mesmo tempo, intimista. Tivemos a ideia de acrescentar o som de uma orquestra na introdução que daria ao tema da música um cenário diferente. Os resultados ficaram ótimos. Combinamos efeitos de mellotron e orquestra gravada ao vivo."

Em "Only Mama Knows", a banda de Paul McCartney faz sua primeira aparição em *Memory Almost Full*, com a base gravada em Abbey Road em fevereiro de 2004. Paul ficou no vocal e tocou guitarra. Rusty é o guitarrista-líder, acompanhado por Paul "Wix" Wickens nos teclados, enquanto Brian Ray é o baixista e Abe Laboriel Jr., o baterista. Todos contribuem com vocais. Entre janeiro e fevereiro de 2007, Paul substituiria o baixo da primeira sessão tocado por Brian Ray, com seu novo vocal e uma parte de mellotron em seu estúdio particular em East Sussex.

"Only Mama Knows" ainda aparece em diversas versões ao vivo – todas elas, lançadas em 2007: no lado B do *single* "Ever Present Past", no EP digital *iTunes Festival* e em *Amoeba's Secret*.

YOU TELL ME

Em uma era em que a música popular brasileira dava prioridade à melodia e aos arranjos mais sofisticados, canções com o clima e estrutura de "You Tell Me" não eram joias tão raras assim. Hoje, uma canção desse quilate pode ser considerada uma gema em qualquer cultura pop, com sua combinação de chorinho brasileiro aos efeitos psicodélicos na introdução.

Paul explica a origem do tema nostálgico – sem revelar a personagem central da letra – que já fazia parte da primeira safra de músicas gravadas em Abbey Road, em 2004: "Comecei a música recordando os verões passados: 'Será que estivemos mesmo lá?' – eram, particularmente, memórias da infância. Elas parecem tão douradas que você até se pergunta: 'Será que nunca chovia nessa época ou estou lembrando só dos dias ensolarados?' Quando escrevi a canção em uma das viagens a Long Island (onde Paul tem uma residência de verão – nota do autor) fiquei paralisado observando um cardeal vermelho sobrevoar minha casa. Para um inglês, isso é simplesmente mágico... Então, o pássaro aparece na letra e a música se transformou em uma espécie de tributo aos verões dourados."

"You Tell Me" é basicamente uma série de perguntas, um questionamento que o autor faz consigo. No campo da especulação com certa probabilidade, o clima de Long Island deve ter remetido aos tempos que a família McCartney passava as férias de verão, geralmente em agosto, em sua casa em East Hamptons – prática retomada principalmente por Paul e a filha Stella, que recentemente adquiriu uma bela casa em Amagansett. Foi em East Hamptons, por exemplo, que Paul compôs "Calico Skies" em 1991 – uma de suas mais belas canções em homenagem a Linda McCartney.

David Kahne, o produtor da sessão de gravação de "You Tell Me", também oferece suas lembranças mais recentes da música: "'You Tell Me' é talvez a música mais triste que Paul já compôs. O falsete usado nos vocais por toda a melodia, ainda me deixa abismado. Não tenho a menor ideia de como ele alcança essas notas altas que ficam pairando no céu. Os efeitos de fita invertida se encaixaram muito bem na música e dão uma ideia de retorno, volta no tempo."

Assim como "Only Mama Knows", "You Tell Me" é uma das poucas músicas que mantém as gravações da banda de Paul McCartney na versão final. Abe Laboriel toca bateria e *samplers* de bateria eletrônica. Wix toca piano elétrico e Rusty ficou na guitarra. Brian Ray e os demais contribuem com belos vocais. A música foi finalizada em abril de 2006, com Paul tocando baixo e violão, além de adicionar efeitos.

MR. BELLAMY

Memory Almost Full é um disco que troca de emoções rapidamente. A triste nostalgia com clima de chorinho de "You Tell Me" dá lugar em seguida à misteriosa – e inovadora – "Mr. Bellamy". O protagonista é mais uma figura de ficção, nos moldes de outros personagens da rica coleção criada por Paul. Entre eles, Helen Wheels (jipe da família), Jet (filhote de labrador) e Mamunia (hotel de Marrocos). Todos personificados nas letras das músicas.

Paul fala um pouco sobre o sinistro Bellamy: "Quem é Bellamy? Nunca sei apontar quem são essas pessoas. Quem seriam Desmond e Molly de 'Ob-La-Di, Ob-La-Da'? Não sei. Eu inventei tudo. Gosto de criar personagens e tentar encaixá-los nas letras. Em Bellamy, tudo começou com um trecho de piano básico e inclui alguns versos: 'I'm not coming down / No matter what you / I like it up here without you' ('Não vou descer, não importa o que você faça. Gosto de ficar aqui em cima'). Nessa parte, imagino a figura de um cara no topo de um arranha-céu e todas as pessoas na rua olhando para ele. Lá a equipe de resgate, o psiquiatra e um cara com um megafone gritando: 'Não pule!' E as outras pessoas gritando: 'Pule!' A partir daí eu segui a linha da história, uma espécie de filme."

Claro que as explicações oficiais de Paul McCartney não saciariam a imprensa e alguns fãs mais exagerados. Em um fórum de discussões na internet, uma mente das mais criativas afirmou que "Mr. Bellamy" era um anagrama para "Mills Betray Me" (Mills – no caso, Heather – me traiu). À parte dos significados dúbios ou possíveis de "Mr. Bellamy", um de seus principais atrativos é a construção da música, em que duas melodias distintas foram encaixadas para formar uma faixa. David Kahne complementa: "Paul contador de histórias em sua melhor forma. Foi muito divertido gravar as partes do flugelhorn – você ouve na introdução. A segunda ponte que contrapõe à melodia original é baseada em uma composição clássica de Paul. Como as duas funcionaram bem juntas, decidimos manter. Outra história legal é como ele queria usar os pés para tocar a caixa da bateria, mas não conseguia fazer tão rápido. Então, ele desmontou o kit e bateu na caixa com sua mão. Outra curiosidade é que mantivemos o som da máquina fotográfica na versão final. Uma pessoa estava fotografando as sessões e você pode ouvir os cliques."

Gravada em 2006 no estúdio The Mill, Paul tocou todos os instrumentos, inclusive o piano. Em dezembro de 2007, Thom Yorke revelaria ao jornal *The Guardian* que havia recusado o convite de Paul para participar da sessão de gravação de "Mr. Bellamy". Muito se especulou, mas o líder do Radiohead explicou: "Não foi por mal. Na verdade, é porque eu não toco piano da forma que Paul pretendia e tive de explicar isso para ele. E gostei muito da música, mas a performance de 'Mr. Bellamy' exigiria muita técnica nas duas mãos e não tenho toda essa habilidade."

Com a recusa de Yorke, Paul deu o máximo para atingir o resultado nas sessões de março. Além do piano, ele tocou bateria, guitarra elétrica, teclados, sintetizadores e fez o vocal principal, assim como as harmonias e *backing vocals*.

GRATITUDE

Memory Almost Full não é um disco perfeito e um de seus pontos fracos talvez seja "Gratitude" – uma composição bastante sacrificada na mixagem e masterização do álbum – um dos temas mais polêmicos envolvendo o álbum.

À parte disso, a intenção de incluir "Gratitude" está explícita em seu título. Embora inferior a músicas como "Why So Blue?", sacada de última hora para a entrada de "Dance Tonight", "Gratitude" é uma espécie de "obrigado" aos fãs e à família que o acompanham todos esses anos. "Sempre usei muitas vozes nas gravações. Meus heróis vieram do rock and roll, e minha voz usada nas baladas eram baseadas no estilo de Elvis, enquanto Little Richard inspirava meu vocal em músicas mais 'gritadas' – eu adorava muito o cara. Quando entrei nos Beatles, John gostou desse estilo e essa característica permaneceu comigo. Então, em 'Gratitude' (gratidão) eu estava pensando em ser grato pela vida, mas usando esse vocal mais enérgico na balada."

David Kahne, que nessa altura já era um dos grandes fãs de Paul McCartney, muito mais que um produtor, corroborou com a história de Paul sobre gratidão: "Enquanto a gente trabalhava nos vocais mais e mais, Paul começou a arriscar e foi ficando cada vez melhor. Na sessão, foi como observar algo florescer. E fiquei vendo aquela flor se abrir. Como ele, fiquei muito grato de poder trabalhar no álbum."

Gravada no estúdio The Mill na mesma sessão de "Ever Present Past" em março de 2006, "Gratitude" tem apenas Paul nos instrumentos: Bateria, órgão, piano, guitarra, teclados, além do vocal principal e harmonias. Músicos não creditados participaram da sessão de gravação de cordas.

VINTAGE CLOTHES

Superar o majestoso *medley* que preenche quase todo o lado B de *Abbey Road* não é uma tarefa para fracos, nem mesmo para um Beatle. Tentativas de repetir o efeito – principalmente do trio "Golden Slumbers"/"Carry that Weight"/"The End" – aconteceram algumas vezes, como o *medley* de *Red Rose Speedway*, considerado por muitos, o ponto fraco do LP. Mas em *Memory Almost Full*, Paul atingiu um efeito satisfatório, graças à combinação de bons arranjos e letras. "Vintage Clothes" lidera o grupo: "Esta é sobre minhas roupas dos anos 60 e sobre o fato das coisas que saem de moda acabam voltando, como um ciclo. Eu encontro com vários músicos jovens e eles sempre me perguntam: 'Você continua com suas roupas antigas?' E para falar a verdade, eu fiquei com elas, sim. Os Beatles tinham um alfaiate, Dougie Millings – ele aparece no filme *A Hard Day's Night*... Então, ao invés de apenas arrumar um terno para uma entrevista de trabalho de repente você costumava correr atrás de materiais e revestimentos elegantes. Para mim, é de onde vem essa música. A mensagem básica é: roupas vintage são ótimas, mas não viva no passado. 'Vintage Clothes' abre o *medley* e as perguntas sempre chegam: 'Você tem alguma declaração a fazer com isso?' Na verdade, é apenas uma música do álbum que se encaixou bem em uma suíte."

David Kahne explica um pouco da estrutura do *medley*, montado originalmente nos estúdios Abbey Road e finalizado no The Mill: "Gravamos o mellotron no estúdio The Mill e as notas graves que ficam distorcidas tem um som muito legal – é o mesmo instrumento que se ouve em 'Strawberry Fields Forever'. As gravações de cada música foram feitas de forma separada, primeiro com a banda em Abbey Road. Em 'Vintage Clothes' gostei bastante do som da guitarra, que parece muito com o som de 'Sgt. Pepper's' reprise."

Na primeira fase das gravações em Abbey Road, Paul gravou piano e Rusty ficou na guitarra elétrica, com Abe na bateria e Wix nos teclados. Brian Ray não participou da sessão. A faixa seria complementada em diversos estúdios, incluindo o The Mill e o SeeSquared, em Nova Iorque, com Paul adicionando violão, baixo, mellotron e os vocais. Uma versão acústica de "Vintage Clothes" foi apresentada por Paul na divulgação do álbum em seu site oficial.

THAT WAS ME

Das cinco músicas da suíte, "That Was Me" foi a mais divulgada nas entrevistas promocionais de *Memory Almost Full* no decorrer de 2007. Uma das mais interessantes foi para a TV norueguesa, com Paul demonstrando como ele compôs a canção tendo como base uma retrospectiva de acontecimentos marcantes em sua vida, desde a infância, passando pela fama com os Beatles até seu casamento com Linda. Paul conta melhor a história: "Não são poucas as pessoas que dizem lembrar mais da infância do que o que aconteceu há um mês em suas vidas. Eu acho que isso é um fato vital, não sei o motivo. Então, tudo o que fiz para compor essa música foi olhar para o passado. Imediatamente eu volto para Liverpool, onde eu podia escapar pelos belos bosques que ficavam floridos na primavera. Tem algo também sobre esperar meu ônibus para ir para a escola, ir ao cinema... *Memory Almost Full* é um álbum muito pessoal e grande parte dele é uma retrospectiva tirada das minhas memórias de ser um garoto em Liverpool e dos verões que se foram."

O produtor David Kahne relembra um pouco das gravações da música: "Paul teve a ideia de cantar uma oitava acima no terceiro verso após o solo de guitarra e o que você ouve no álbum é o *take* 2. Foi como um foguete decolando... Wix estava no piano e ele acertou por acidente um acorde que soou distorcido. Paul gostou e a gente incluiu na gravação. Ouvindo depois, me lembrei de como Steve Cropper do Booker T. and The MGs toca na faixa 'Green Onions'."

Essa é outra faixa do álbum com forte presença da banda, incluindo Paul tocando violão e cantando, acompanhado por Abe na bateria e Rusty na guitarra. "That Was Me" foi completada no The Mill, com Paul no baixo e Wix comandando o piano. Assim como "Vintage Clothes", Paul tocou "That Was Me" no violão para divulgar *Memory Almost Full* em uma versão exclusiva do site oficial.

FEET IN THE CLOUDS

Caminhar pelas nuvens deveria ser um exercício mental comum no meio das aulas quando Paul era um garoto no Liverpool Institute. A bela balada acústica, e terceira faixa do *medley*, é o lado mais pessimista da história que ele relembra sobre seu passado no álbum. Paul explica o motivo: "Por causa do tom retrospectivo do *medley*, ele também volta a Liverpool e meus professores. Eu tive uma mistura bem estranha de professores no Liverpool Institute High School for Boys e alguns deles eram perfeitos maníacos. Se em 'You Tell Me' eu volto aos verões dourados, aqui a escola era sombria e sinistra. O próprio edifício não era dos lugares mais "suaves" de Liverpool. Tinha sido erguido em 1825 e parecia influenciar na atitude dos professores. Essa música é uma espécie de terapia sobre o tema para mim."

Para encaixar "Feet in the Clouds" no *medley*, Paul mais uma vez contou com os serviços de David Kahne e da banda, com a volta de

Brian Ray: "São tantos detalhes no álbum que alguns passam desper-
cebidos. Como a parte dos corais que foram divertidos, mas bastante
complicados de finalizar. Trabalhamos muito para deixar tudo bem
encaixado. Com o som dos violões também foi assim: ele tinha de
ficar na medida para encaixar com 'That Was Me'. E por muito tempo,
você não ouve nenhuma bateria. Na gravação, eu quis manter a voz
bastante perto do ouvinte para transmitir a mensagem do refrão."

Iniciada em Abbey Road, a maior parte da banda gravada em
2004 no estúdio foi substituída em janeiro de 2007, com exceção da
guitarra de Rusty Anderson e dos vocais do grupo, incluindo Bryan
Ray. Já a voz de Paul foi tratada por um aplicativo chamado Celemoy
Melodyne Studio, que separou 36 canais com seus vocais. Paul toca
violão, piano, chocalho, sintetizador, pandeiro, vocoder e bateria. Abe,
Brian e Wix ficam nos *backing vocals* e harmonias. Rusty colaborou
com o solo de guitarra e harmonias. "Feet in the Clouds" também foi
apresentada ao violão no site oficial para divulgar o lançamento de
Memory Almost Full.

HOUSE OF WAX

Em *Many Years from Now* – sua única biografia autorizada – Paul
McCartney mergulhou em seu passado e finalmente detalhou os bastidores de uma época em que ele atuava como participante ativo da cena
vanguardista inglesa – algo, então, comentado superficialmente em entrevistas. Quando o livro chegou às lojas, quem se posicionava como
crítico mordaz de seu trabalho não aliviou. Além de torcer o nariz,
questionou ainda mais as informações, o acusando de revisar a história.
Afinal, "Tomorrow Never Knows", "I Am the Walrus" e "Strawberry Fields
Forever", três das músicas mais ousadas do período psicodélico dos
Beatles, eram marcas registradas de John Lennon, reconhecidamente o
artista que mais explorou o lado psicodélico da banda.

A verdade é que as experiências de Paul pelo cenário *underground* de Londres foram vitais para que as músicas mais complexas
saíssem do papel. Se Lennon era o dono das ideias visionárias, Paul
era o que as executava e experimentava de forma mais prática. Em
"Tomorrow Never Knows", a canção mais radical de *Revolver*, por
exemplo, sua atuação foi definitiva, graças à criação dos loops com

as fitas preparadas com um gravador caseiro Brennel e outras ideias para o arranjo produzido por George Martin.

A longa introdução é necessária para se entender melhor "House of Wax" – uma das mais, senão a mais, ousadas músicas de Paul McCartney gravada em sua carreira solo ou no Wings. Abrimos espaço para sua explicação sobre a penúltima faixa do *medley*: "Tem algo sobre os acordes que se usam em uma música que pode levar as pessoas para um lugar especial. Em 'House of Wax', eles não são complicados mas têm uma tonalidade que te transporta para o que o vocal oferece. E eu gosto dos versos, que são surreais e se combinam com a melodia. Acho que vai ser uma ótima música para se fazer ao vivo."

Desta vez, a promessa de incluir uma música tão diferente em seu repertório praticamente limitado aos *singles* e algumas faixas dos álbuns novos seria cumprida – ao menos durante os shows de divulgação de *Memory Almost Full*. Uma das performances seria incluída no EP *iTunes Festival*, ao vivo no Roundhouse, em Londres.

O entusiasmo sobre a concepção e gravação de "House of Wax" foi compartilhado por David Kahne que descreve as sessões: "Nunca tinha ouvido uma música assim, sobre esse tema, e com um vocal assim. Uma das coisas que mais gosto em 'House of Wax' é o solo de guitarra. Na verdade, os diversos solos que aparecem na gravação. Os trechos ficaram vazios por um bom tempo. Então, sugeri que ele tocasse guitarra em cada um deles – talvez, mudando o clima de cada um para dar um toque especial. Meia hora mais tarde eles estavam prontos. Nunca tinha ouvido ele tocar guitarra dessa forma! O trovão, que é citado na letra, foi criado com efeito no tom-tom da bateria."

Gravada em Abbey Road, no The Mill, e em diversos estúdios, incluindo o SeeSquared em Nova Iorque, Paul tocou piano na versão básica de 2004, acompanhado por Rusty, na guitarra, Abe na bateria e Wix nos teclados. No complemento da faixa, Paul assumiu os solos de guitarra e ainda contou com sintetizadores tocados por Wix nas sessões de março de 2006.

THE END OF THE END

Nada pode ser mais radical do que escrever sobre a própria morte. George Harrison foi o primeiro dos Beatles a mergulhar na filosofia oriental e nos ensinamentos do hinduísmo, se expressando sobre temas como renascimento e espiritualidade em "Art of Dying" – faixa de seu LP de estreia, *All Things Must Pass* (1970) –, escrita por ele três anos antes, quando George tinha apenas 24 anos e já refletia sobre esses mistérios, mesmo sendo tão jovem.

Já em "The End of the End", o álbum *Memory Almost Full* apresenta mais um tabu quebrado. Paul encara de forma aberta e crua, ainda que com um tom de bom humor, o caminho que nós todos iremos trilhar, inevitavelmente.

Apresentar "o fim do fim" apenas ao piano foi como escancarar a alma de um músico que sempre procurou se esconder atrás de músicas mais otimistas. Vamos deixar Paul McCartney contar o seu lado: "Tinha lido um texto sobre alguém que falava sobre a própria morte e pensei comigo: isso foi corajoso! Parecia ultrajante lidar com esse assunto ao invés de se esquivar. A partir daí, também desejei abordar o tema. Gosto do jeito que os irlandeses olham de uma forma festiva a morte. Lembro de uma irlandesa passar por mim e me desejar: 'Uma boa morte pra você!' Fiquei bem assustado na hora, mas depois entendi. Ao invés de algo fúnebre, no dia de minha morte seria melhor ouvir pessoas contando piadas e histórias... e isso foi parar na música."

Após ser lançada em *Memory Almost Full*, "The End of the End" se tornaria, por razões óbvias, uma das músicas mais comentadas pelos fãs e imprensa. Paul foi questionado sobre sua origem e deu mais explicações, como na entrevista à extinta revista *Word* em janeiro de 2008: "Acho que ouvi James Taylor cantando o trecho 'The day that I die...' ('O dia em que eu morrer...') em uma música e isso me levou a pensar na minha própria morte como tema. Então comecei a ler mais sobre isso e percebi que estava mais interessado nos funerais irlandeses, que são animados e festivos, do que a forma anglicana, lúgrube. Estou ciente de que não é comum esse assunto ser abordado na música.".

A história da gravação de "The End of the End" também tem seu charme, como lembra David Kahne: "Gravada em Abbey Road, no piano que os Beatles gravaram 'Lady Madonna' e muitas outras músicas. Imagine sobre o que esta música fala e que esforço você impõe para ser direto e aberto na letra. Acho que um artista só pode escrever uma vez sobre esse tema... Me lembro que Paul estava cantando e tocando ao vivo na sessão, usando os headphones. Depois de alguns *takes* ele parou e disse que não precisava mais deles. Então, ele tirou os fones e passou apenas a tocar e cantar, da forma mais simples e pura possível. Três *takes* depois, a versão que você ouve em *Memory Almost Full* já estava pronta. O vocal mais agudo no final parecia um balão pairando no ar e na hora, prendi a respiração enquanto ele terminava porque era muito delicado. Depois, ele subiu à sala de controle e estava pronto. Um momento histórico."

"The End of the End" foi registrada no lendário Studio 2 de Abbey Road, em Londres, com Paul apenas ao piano, em fevereiro de 2004. No mesmo estúdio, um quarteto de cordas contribuiu com o acompanhamento.

NOD YOUR HEAD

Quem conhece – e quem pretende explorar melhor – a carreira de Paul McCartney vai encarar com essa situação inúmeras vezes. Não é incomum se deparar com faixas bem-humoradas, que funcionam como anticlímax após temas mais sérios em um disco. Em *Chaos and Creation in the Backyard* isso já havia ocorrido com a faixa não creditada "I've Only Got Two Hands", sucedendo a solene "Anyway" no fim do LP. Quase o mesmo acontece em *Memory Almost Full*, na hora da divertida "Nod Your Head".

Paul não se esquiva dos golpes: "Bem, 'The End of the End' acabou com a festa, não é verdade? A música ia ser a última do disco, mas não quisemos deixar as pessoas pensando – 'Deus, não quero ouvir esse disco de novo!' Então eu tinha esse número bem animado chamado 'Nod Your Head' e decidi incluir para deixar as pessoas com um clima renovado."

Embora aparente ser uma música com todo o espírito de *jam session*, David Kahne conta que a estrutura de "Nod Your Head" já estava bem arquitetada antes da gravação: "A letra não foi improvisada. Ele tinha tudo pronto para gravar e fez o vocal até achar o melhor. No início da sessão, chegamos a pensar que fosse apenas ficar como um instrumental, mas quando Paul gravou a voz fiquei impressionado. Paul começou gravando 'Nod Your Head' ao piano e tudo foi capturado por um microfone chamado Violet Design Flamingo, que posicionei ao seu redor até captar o efeito desejado. O que você ouve do som tem muito a ver com a captação do microfone. Durante a sessão, o take não estava saindo e a atmosfera ficou um pouco tensa. Tudo melhorou quando ele relaxou e começou a brincar com os vocais e essa é a parte mais legal da música."

Gravada no estúdio The Mill apenas por Paul McCartney, que toca piano, bateria, contrabaixo, guitarra, sintetizador e percussão. Duas outras versões da música foram lançadas: uma ao vivo em Londres, no ICA, disponível no iTunes inglês e americano, e um remix no CD *single* de "Dance Tonight". Um videoclipe também foi produzido, com imagens intercaladas de shows ao vivo (*Amoeba*, em Los Angeles) e no estúdio, em Londres, onde modelos contracenam com Paul, dançando e cantando a música. Ringo Starr e sua mulher, Barbara Bach, também aparecem no vídeo. Após o lançamento, Paul pediu aos fãs em seu site oficial que preparassem suas versões do clipe de "Nod Your Head" e as postassem no YouTube. A campanha imediatamente se tornou viral na internet.

Outras músicas da era *Memory Almost Full*

As duas edições do álbum lançadas posteriormente pela Hear Music ainda apresentaram aos fãs mais três músicas gravadas nas sessões de *Memory Almost Full*.

222

Paul apareceu com "222" somente no final das sessões de *Memory Almost Full* em janeiro de 2007. Desde o começo dos trabalhos com David Kahne no The Mill a faixa não parecia se encaixar. Na verdade, o tema tem mais a ver com seus trabalhos sob o pseudônimo The Fireman. Com clima free-jazz e *avant-garde*, "222" é basicamente experimental, mas Paul canta em falsete um verso curto, repetido três vezes na música: "Look at that / Look at her walking / Turning my head / Taking my breath away" ("Ah, olhe só, olhe ela caminhando – que emoção... e quando ela vira a cabeça, me tira a respiração").

Na gravação no The Mill, Paul toca bateria, piano, teclado, órgão, vibrafone, celesta, guitarra elétrica, flugelhorn e baixo. Um músico extra, não creditado, colabora com a clarineta. Embora tenha sido apenas uma sobra de *Memory Almost Full*, a música ganhou seu próprio clipe: uma animação produzida pelo dinamarquês Marco Sandeman, que viria a trabalhar com Paul em *Electric Arguments*.

IN PRIVATE

Paul novamente faz tudo em um instrumental com clima indiano, e que também não ficaria deslocado em um de seus projetos alternativos com Youth. O som semelhante ao sitar indiano é tirado de um violão tocado por Paul e trabalhando na mesa de som.

Gravada no estúdio The Mill em março de 2006, com Paul tocando bateria, violão, guitarra, piano, percussão e cravo.

WHY SO BLUE?

Trata-se de uma canção com tema triste – e com destino triste na discografia. Superior, por exemplo, a temas, como "Gratitude', incluídos em *Memory Almost Full*, a música foi tentada com um andamento mais rock and roll quando foi levada para o estúdio pela primeira vez em outubro de 2003, nas mãos do produtor Nigel Godrich. Quando retomada por Paul para seu próximo trabalho, "Why So Blue?" seria totalmente reconstruída e transformada em uma balada mais acústica, com letra tocante, nas sessões entre abril e julho de 2006 no estúdio The Mill.

Mesmo com todo carinho empregado à música, ela seria descartada na última hora em favor de "Dance Tonight", indiscutivelmente, considerada mais animada e comercial para o projeto.

Paul toca todos os instrumentos na música: Violão, guitarra, piano, percussão, pandeirola e cravo, tudo registrado no estúdio The Mill.

CAPÍTULO 40
ELECTRIC ARGUMENTS

> *"Cantei (nesse álbum) sem estabelecer qualquer conceito sobre melodia ou como seriam as letras. Foi como criar tudo na hora e isso gerou eletricidade para a música."* (**Paul McCartney**, 2009)

Capa: Paul McCartney – baseado em um desenho de Beatrice Milly

Arte: Norman Hathaway

Gravações: Entre dezembro de 2007 e junho de 2008

Produzido por: Paul McCartney e Youth

Data de lançamento: 24/11/2008 (Reino Unido e EUA)

Desempenho comercial: 79º e 67º (Reino Unido/EUA)

Até mesmo John Lennon ficou curioso com o presente do amigo. George e Ringo também estavam com um enorme ponto de interrogação sobre as cabeças. Paul parecia muito empolgado com sua mais recente maluquice: uma colagem sonora batizada "Unforgettable", onde ele aparece como um sinistro apresentador de um programa de variedades nada comum. Na gravação, produzida em seu gravador Brenell instalado no quarto de música da casa de Jane Asher, em Wimpole Street, Paul comandava o show com trechos de músicas estranhas, entrevistas inéditas e outros efeitos sonoros. Entre um esquete e outro, a voz sombria de Nat King Cole anunciava: "Unforgettable... just what you are".

Lennon gostou muito da experiência e até sugeriu que Paul lançasse aquilo tudo com o nome de "Paul McCartney Goes Too Far" –

uma experiência onde ele parecia ter ido mesmo longe demais. Sim, Paul tinha ido longe. Mas não longe demais naquele Natal de 1965. *Revolver* e *Sgt. Pepper's* ainda eram apenas projetos nas mentes criativas dos Beatles e essas obras-primas ainda apresentariam muitas loucuras sonoras criadas pelo quarteto. Naquele momento descontraído, Paul McCartney apenas estava bancando o professor lunático com seu gravador portátil Brennel, que em breve seria usado para criar os efeitos sonoros em "Tomorrow Never Knows".

Muito tempo passou após aquele presente de Natal com gravações nada convencionais. Todo aquele projeto acabou esquecido em algum lugar em seus arquivos. Apesar disso, Paul não deixaria de lado o gosto pelas experiências sonoras. Essa ousadia voltaria a tomar conta de suas horas no estúdio, acompanhada de um pseudônimo muito famoso pelas ruas de Penny Lane, acostumado a fugir da chuva forte sobre a famosa região de Liverpool.

Pura especulação. Mas caso fosse lançado em 1986, *Electric Arguments* poderia ter amargado o mesmo destino de *Press to Play*, um LP que ficou no limiar entre a luta para se tornar um *hit* e a tentativa de explorar caminhos mais obscuros e inventivos do pop. Felizmente, a intenção de Paul com sua mais nova aventura musical nada tinha a ver com recuperar terreno perdido nas paradas.

Ainda assim, mesmo com toda receptividade em sua chegada, o terceiro álbum assinado sob o pseudônimo The Fireman (a edição americana da revista *Rolling Stone* o categorizou como "a música de Paul McCartney mais significativa em muitos anos"), o nome "Paul McCartney" estampado na capa de *Electric Arguments* causou certa confusão no público menos inteirado. Até mesmo, a alguns fãs mais assíduos, pode se dizer. Afinal, quem seria esse tal bombeiro, já que o mais recente The Fireman datava de 1998? Mistério.

Diferentemente de colecionadores ou jornalistas, os consumidores mais casuais de música talvez não tenham essa preocupação de caçar detalhes, por mais que estejam interessados na carreira de Paul McCartney. Logo que a primeira música, "Lifelong Passion", surgiu no site oficial de Paul em junho daquele ano, tudo aconteceria em uma discreta estratégia de marketing. Para o público em geral, é como se não tivesse acontecido, ainda que a campanha tenha sido por uma boa causa, direcionada para o evento da ONG Adopt-a-

-Minefield, em parceria com o gourmet Jamie Oliver, *Virtual Night of a Thousand Dinners Party*.

Em uma breve viagem ao passado (ou nas páginas anteriores deste livro!), você poderá recordar que a dupla The Fireman (composta por Paul e o produtor Youth/Martin Glover) já havia produzido dois LPs: *Strawberry, Ship, Oceans, Forest* (1994) e *Rushes* (1998), sem divulgar a identidade secreta nas capas dos respectivos álbuns. Tudo bem *low profile* – e com quase nenhum vocal nas faixas.

Distribuído pelo selo indie One Little Indian, o alcance de *Electric Arguments* em territórios mais distantes do eixo EUA-Inglaterra também ficou mais complicado. Não era nada fácil, por exemplo, encontrar o CD ou mesmo o vinil nas lojas brasileiras. No final de 2008, o iTunes ainda não tinha o poder comercial que atingiria na década seguinte. Portanto, *Electric Arguments*, por melhor que fosse – e ainda permanece um trabalho relevante – não atingiu o público na quantidade que merecia.

Então... você arriscaria dizer que foi uma oportunidade perdida? Talvez, sim. Embora, naquele momento, Paul não demonstrasse tanto apetite pelo Top 10 como nos anos 1980.

Gravado no The Mill, em aproximadamente 13 dias (Paul declarou não ter se preocupado em contar), *Electric Arguments* foi elaborado, gravado e montado de forma esparsa e sem uma data fixa de lançamento. Em suma, todo o processo criativo rolou de forma secreta, logo após o Natal de 2007 – quando *Memory Almost Full* ainda soava novinho nos ouvidos dos fãs –, seguindo até junho de 2008, quando a primeira canção foi disponibilizada para download.

Entre as quatro paredes do moinho convertido em estúdio de gravação na bucólica Peasmarsh, Paul e Youth decidiram trabalhar de uma forma bem livre, sem preconceitos. Antes de cada sessão (de um total de 13), eles se reuniam e escolhiam o estilo da música ou comentavam sobre uma fonte de inspiração, como, por exemplo, o artista pop Andy Warhol, ou escolhiam palavras aleatórias de poemas ou textos, transformando as colagens em letras originais.

Empolgado com os resultados (ao menos da resposta dos críticos e dos fãs), Paul decidiu promover com mais intensidade *Electric Arguments*, em comparação aos dois projetos anteriores ao lado de Youth. Além de organizar uma sessão de autógrafos em Londres, na loja HMV em 21 de dezembro, o ápice de sua campanha de divulgação aconteceria nos dias 17, 18 e 21 de julho de 2009 nos primeiros shows da história do CitiField, em Nova Iorque (o antigo Shea Stadium) e no programa *Late Show with David Letterman*, no telhado do Ed Sullivan Theatre, cantando "Sing the Changes" ao ar livre – relembrando o clímax do filme *Let It Be* – para milhares de sorridentes nova-iorquinos, eletrificados com a performance do mais novo bombeiro do rock.

ELECTRIC ARGUMENTS – FAIXA A FAIXA

NOTHING TOO MUCH JUST OUT OF SIGHT

Quando a voz rouca e os acordes distorcidos de Paul McCartney em "Nothing Too Much Just out of Sight" invadiram as ondas de rádio da BBC no programa de Zane Lowe em 29 de setembro de 2008, o divórcio entre Paul e Heather Mills já estava concluído na Corte Real de Justiça de Londres. Mas tudo era ainda muito recente. A conclusão do punitivo processo havia acontecido naquele mesmo ano, em junho. A proximidade da separação judicial garantindo à ex-modelo e mãe de sua filha Beatrice Milly mais de 24 milhões de libras esterlinas (hoje, mais de 100 milhões de reais) foi como jogar gasolina no fogo para a mídia. Especialmente, os tabloides ingleses. A especulação foi ainda mais pesada do que a música.

Nenhuma confirmação, além de algumas pistas vagas que apareceriam em uma entrevista dada por Paul McCartney a uma emissora de rádio em janeiro de 2009, quando ele respondeu sobre o teor das letras de *Electric Arguments*, concordando "que havia rondado recentemente por lugares sombrios". "Sou um homem que precisa de amor. Todo homem precisa de amor", concluiu.

Polêmicas ou conclusões óbvias? Durante a divulgação do álbum, Paul preferiu ater-se ao processo criativo de "Nothing Too Much Just out of Sight": "Nos anos 60 eu tinha um amigo (nigeriano) chamado Jimmy Scott – o mesmo de 'ob-la-di, ob-la-da, a vida continua' – que costumava soltar outra fase de efeito: 'Nada demais, está uma beleza!' Quando contei essa história, Youth adorou e disse que 'Nothing Too Much Just out of Sight' seria excelente para começar a música. Então, mergulhei nesse personagem... A ideia de fazer uma música nesse estilo foi simples. Depois de passar muito tempo com os temas celtas, disse para o Youth: 'Vamos colocar peso nisso!' Então, a partir daí, fizemos 'Nothing Too Much' e 'Highway'."

No estúdio The Mill, Paul tocou tudo na sessão, em clima de livre improvisação. No DVD incluído na edição de luxo de *Electric Arguments*, filmado por John Hammel, alguns trechos da gravação revelam a música sendo montada, camada por camada, com bateria, guitarra, teclados, contrabaixo e gaita. A versão editada de 'Nothing Too Much Just out of Sight' não foi comercializada e está disponível apenas em um CD *single* promocional com 3 minutos e 46 segundos (a regular tem 4 minutos e 55 segundos). Outras versões incluem dez remixes rebatizados de "Out of Sight", lançados por The Bloody Beetroots em julho de 2013.

TWO MAGPIES

Em certas culturas, avistar magpies, uma espécie de pombo bastante comum na Grã-Bretanha, é sinal de mau agouro. A ave até virou uma rima infantil, que foi se transformando desde que começou a circular entre os ingleses no século XVIII.

Em "Two Magpies", Paul aproveitou o ambiente de improvisação para adaptar a rima, assim como fizera em "Mary Had a Little Lamb", seu *single* de 1972, também uma cantiga tradicional.

Paul sempre foi fã de pássaros e isso fica escancarado na sua música: "Blackbird", "Bluebird", "Jenny Wren"... Mas sobre magpies... o caso era um pouco diferente. "Como moro no campo, costumo ver muitas magpies. Quando você vê uma, ou você cospe ou cumprimenta... No meu caso, eu costumo cuspir. Não atiro nelas como muitos fazem. Os jardineiros odeiam magpies e elas também não são muito amistosas com outros pássaros. Mas fico feliz em vê-las. Para mim, é alegria dupla ou tripla quando vejo um grupo de oito!"

Aparentemente, "Two Magpies" é a faixa "mais planejada" de *Electric Arguments*. Note, bem no comecinho, que Paul já havia composto um esboço da introdução da música, colado no início da versão final de *Electric Arguments*. O trecho se destaca por apresentar pela primeira vez ao mundo a voz da filha Beatrice Milly – então prestes a completar cinco anos: "Eu quero tocar piano, pai."

Para completar "Two Magpies" no estúdio The Mill, Paul cantou e tocou violão, bateria e seu lendário contrabaixo acústico que um dia pertenceu a Bill Black, baixista de Elvis Presleey.

SING THE CHANGES

A chegada de *Electric Arguments* às lojas coincidiu com a recente eleição de Barack Obama à presidência dos Estados Unidos. Paul não escondeu sua alegria pela vitória do democrata, em 4 de novembro de 2008, com 51% dos votos contra 49% do senador republicano, John McCain. Em comentário ao site Gigwise, Paul declarou que "estava muito feliz por Obama ter ganhado" e que ele esperava "alguns truques sujos", se referindo ao famoso incidente da recontagem de votos na Flórida no embate entre George W. Bush e Al Gore, em 2000.

Toda a apreciação por Barack Obama seria demonstrada durante suas próximas turnês entre 2009-2010, quando imagens do 44º presidente dos Estados Unidos foram projetadas nos telões, contornadas por luzes, refletindo o espírito de "Sing the Changes". "A verdade, é que nós nos divertimos demais fazendo esse disco e foi uma grande mudança na rotina, porque tudo ficou mais parecido com teatro de improvisação e com o espírito das colagens poéticas de William Burroughs. 'Sing the Changes' foi assim, como a maioria das músicas do álbum, sem nenhum conceito pré-estabelecido sobre como a letra ou a melodia iria sair. Tudo feito na hora."

Como faz-tudo no estúdio The Mill, Paul tocou todos os instrumentos, incluindo guitarra, baixo, teclados, pandeiro, bateria e bandolim.

O clipe oficial de "Sing the Changes" – inspirado em colagens justapostas pelo belga René Magritte – foi produzido por Marco Sandeman, antigo parceiro nos vídeos de "222" e do *making of* de "Dance Tonight", e rodado no topo do escritório da MPL, em Londres no final de 2008, com imagens adicionadas na pós-produção.

TRAVELLING LIGHT

Além de ter sido o baixista do grupo pós-punk Killing Joke, entre 1978 e 1982, e seguido uma bem-sucedida carreira de produtor e DJ, o inglês de Farworth, Lancashire, Martin "Youth" Glover, também decidiu investir na indústria fonográfica. Precisamente, no pequeno selo indie Butterfly Recordings. O primeiro lançamento da marca foi o disco *What the Folk,* uma coletânea de cânticos tradicionais do mar, de 2007.

Paul: "Tenho ouvido muito um CD de cânticos do mar e Youth administra um selo folk chamado Butterfly, que costuma lançar esse tipo de coletâneas. Foi daí que 'Travelling Light' surgiu: um tipo de cântico do mar. Desenvolvemos a música a partir dessa inspiração."

Além da influência exercida pela coletânea lançada por Youth, outro álbum – *Rogue's Gallery – Pirate Ballads, Sea Songs and Chanteys*, lançado em 2006, seria a outra inspiração para a composição de "Travelling Light". No CD, um dos destaques é a música cantada por Bryan Ferry, "The Cruel's Ship Captain". Já o trecho "I glide on the green leaf" ("Eu deslizo pela folha verde") – para quem é fã de *O Senhor dos Anéis* – imediatamente vincula a imagem ao personagem Legolas Folha Verde, de J.R.R. Tolkien. No estúdio The Mill, ao lado de Youth, "Travelling Light" – a primeira faixa concluída pela dupla – ganhou corpo aos poucos. Foram diversas camadas de instrumentos: bateria, violão, mellotron, piano, teclados, guitarra, baixo, flauta e instrumentos de percussão. Parte das sessões é mostrada no filme incluído na edição de luxo, que também traz uma versão instrumental da música como bônus.

HIGHWAY

Destaque do *setlist* das turnês *Summer Live '09, Good Evening Europe* (e *New York City*) e *Up and Coming*, "Highway" é uma das faixas mais diretas e simples de *Electric Arguments*. Típico *road rock*, improvisado no estúdio, usando o espírito do The Fireman como princípio criativo. "No estúdio somos como inventores loucos. O processo todo foi estabelecer um groove e tocar. Youth me dizia: 'Que tal um pouco de bateria? Apito de metal? Jogue tudo pra ver se dá liga.' Com a experiência dos anos, mesmo improvisando, você sabe o que pode funcionar e o que dá para aproveitar na gravação."

A simplicidade aparente de "Highway" não deixa de intrigar em alguns trechos da letra, que não esconde nada ao descrever o papel de uma mulher suspeita – algo totalmente aberto às interpretações dos cronistas de tabloides.

Elétrica e com pegada, "Highway" foi gravada no The Mill com Paul na bateria, piano, teclados, guitarra, baixo e gaita. A edição de luxo de *Electric Arguments* apresenta outra versão da música.

LIGHT FROM YOUR LIGHTHOUSE

Improvisar – música ou letra – sempre foi algo característico de gêneros como o blues, jazz e hip-hop. Ao avançar o *tracklisting* de *Electric Arguments*, você se depara com mais um estilo: o gospel, combinado com o blues do Delta. De forma deliberada, a fonte de inspiração foi "Let Your Light Shine on Me" – antiga canção lançada como *single* pelo selo Columbia, entre os anos de 1929 e 1930, pelo americano Blind Willie Johnson. Paul explica o método de trabalho: "Sim, foi uma decisão consciente. Nós queríamos ir a algum lugar diferente para deixar o clima empolgante. Por não ter escrito nada antes de entrar no estúdio, nós improvisamos. Era meio como andar na corda bamba."

A produção de "Light from Your Lighthouse" aconteceu no estúdio The Mill, com Paul tocando bateria, violão, bandolim, harmônio, percussão e o baixo acústico de Bill Black.

SUN IS SHINING

Na lista de tarefas da dupla de bombeiros, a bola da vez seria o rock com um leve tempero rural. Os fãs da música brasileira de raiz, aliás, notam na introdução de "Sun Is Shining" acordes que lembram o som da viola caipira. Já a motivação para improvisar este tipo de música pode ter surgido na explicação de Paul McCartney sobre os trabalhos com Youth: "Todas as manhãs eu acordava, tomava uma xícara de café e quando o Youth chegava nós conversávamos sobre um tema, só para entrar no clima... Então, a gente começava a sugerir quais instrumentos iríamos gravar naquele dia: violão, bateria, percussão, e logo já tínhamos uma base. Na hora de compor a letra, o exercício era 'roubar' duas ou três palavras, como fiz com uma antologia de Lawrence Ferlinghetti. De repente, tinha uma página cheia de versos."

"Sun Is Shining" – uma das mais empolgantes do álbum – chegou a ser tocada ao vivo, mas apenas em algumas passagens de som, incluindo a do Engenhão, no Rio de Janeiro, em 22 de maio de 2011. Oportunidade perdida para uma canção que poderia funcionar muito bem nos shows.

Gravada no estúdio The Mill, com Paul em diversos instrumentos: Bateria, violão, guitarra, teclados, percussão e contrabaixo. A faixa "Equinox Instrumental", incluída na edição de luxo de *Electric Arguments*, é um remix de "Sun Is Shining".

DANCE 'TIL WE'RE HIGH

Posicionada como faixa 8 do CD de *Electric Arguments*, "Dance 'Til We're High" merecia mais destaque. Na opinião deste autor, é a melhor e mais completa música do álbum – e uma das melhores composições de Paul McCartney nos anos 2000 – principalmente em melodia e harmonia.

Chega a vez de Youth comentar sobre os desafios de compor uma canção pop, de forma totalmente improvisada e desafiadora nas sessões de *Electric Arguments*: "Em nossas sessões, eu tocava alguns CDs de músicas folk ou tradicional muito antiga e falava: 'Paul, ouça a letra, preste atenção na história que ela conta e vê se você pode escrever alguma coisa baseada nisso.' Ou então: 'Pegue cinco palavras que você goste mais de um poema e escreva um verso ou dois sobre o tema. Ah, e importante: você tem dez minutos para fazer tudo.' E ele fazia! Enquanto Paul terminava a letra, eu finalizava os arranjos da música que tínhamos gravado no dia."

Quando o álbum *Electric Arguments* foi lançado, faltavam pouco mais de trinta dias para o Natal. "Dance 'Til We're High" traz um pouco desse clima festivo, com sinos e arranjos que remetem à época. A letra da música também tem um ar nostálgico, que sempre cativa quem gosta das festas de final de ano. Parte dela também celebra o recente relacionamento com a americana Nancy Shevell, iniciado em 2007, um ano antes da chegada do CD.

As gravações da música no The Mill, mais uma vez, contaram com a habilidade de Paul McCartney em diversos instrumentos e a criatividade em mixar tudo, nas mãos de Youth. No *making of* incluído na edição de luxo de *Electric Arguments* você acompanha Paul tocando guitarra, em um andamento mais acelerado, que seria ajustado por

Youth no *mix* final para gerar um efeito diferente no *take* final. No filme, vê-se Paul tocando sinos tubulares, contrabaixo, violão, guitarra, piano e teclados.

Paul usou os talentos do dinamarquês Marco Sandeman para rodar o vídeo de "Dance 'Til We're High", em Londres, onde ele aparece em um parque de diversões contracenando com transeuntes. O clipe foi editado no mesmo formato de "Sing the Changes", com um quadro sobrepondo o plano principal das imagens psicodélicas. Rodado em janeiro de 2009.

LIFELONG PASSION

Muitos tentam, mas poucos conseguem decifrar os enigmas das letras de Paul McCartney. No caso de "Lifelong Passion" – primeira do projeto a ser revelada, ainda em junho de 2008 – sobraram especulações. Seria mais um resquício do relacionamento com Heather Mills? O termo "lifelong" (por toda a vida) parece mais se referir à música em si, a verdadeira paixão inabalável e duradoura de Paul McCartney. Ainda assim, a poesia da letra é cercada de muitos detalhes, certamente influenciada pelos métodos de gravação no estúdio com Youth.

Antes de gravar *Electric Arguments*, Paul – mais ativo do que nunca – estava na estrada, tocando no festival The Liverpool Sound e no temeroso show em Tel Aviv, Israel, onde nem mesmo as constantes ameaças feitas por grupos palestinos o abalaram. Sim, a música é a paixão mais duradora de Paul McCartney. "Eu adoro ter um colaborador. De outra forma, me sinto solitário, como um professor maluco dentro do estúdio. Fiz o meu primeiro álbum assim e me pareceu algo bem solitário. Uma vez tive que tocar maracas durante 10 minutos em uma gravação ('Secret Friend', *McCartney II*). Fiquei parado no estúdio, pensando: 'É isso!' Você perde o rumo. Por isso que é sempre bom ter alguém com quem colaborar."

"Lifelong Passion" é um dos melhores exemplos do casamento entre o formato anterior do Fireman, com a adição dos vocais – a grande novidade de *Electric Arguments*. A música combina influências orientais e celtas, dando uma cara original a faixa. O interesse de Paul pela world music andava em alta em 2008. Naquele ano, ele ainda colaboraria com Nitin Sawney em "My Soul", balada lançada no álbum *London Underground*. Nitin já havia remixado "Fluid", faixa do álbum *The Fireman – Rushes* (1998).

As gravações de "Lifelong Passion" contaram com um massivo arsenal de instrumentos tocados por Paul McCartney no The Mill: Bateria, violão, teclados, harmônio, sintetizador, percussão, gaita, guitarra e contrabaixo. Duas versões extras de "Lifelong Passion" estão na edição de luxo de *Electric Arguments*: "Sawain Ambient Acapella" e "Sawain Instrumental Dub".

IS THIS LOVE?

Se você não é fã das experiências em trance e trip-hop de Paul McCartney, aqui é o ponto final de *Electric Arguments*. A partir desta faixa, The Fireman volta a ser ainda mais misterioso, com longas passagens instrumentais, embora com vocais bastante audíveis. "A ideia original do Fireman foi me deixar completamente livre na atmosfera do estúdio, e isso é algo que sempre me interessou desde *Sgt. Pepper*, onde nós usamos *alter egos* para atingir o resultado. Algo que dá a você um sentimento de que tudo é possível e faz você deixar de ser totalmente a sério."

"Is This Love?" é um desses exemplos de liberdade. Em um disco normal, Paul jamais gravaria vocais obscuros como nessa faixa. No estúdio, aliás, mais uma vez ele tocou muitos instrumentos para atingir o ambiente surreal da música: bateria, mellotron, sintetizador, flauta, teclados, piano, guitarra, violão, pratos e contrabaixo. "Solstice Ambient Acapella" – versão remixada de "Is This Love?" – aparece na edição de luxo de *Electric Arguments*.

LOVERS IN A DREAM

Confiança e liberdade criativa foram os itens vitais que realmente uniram Paul e Youth no terceiro álbum do The Fireman. No momento de finalizar uma peça como "Lovers in a Dream", isso é mais do que relevante. Ao contrário das demais faixas do álbum, o trabalho de Youth é mais visível. Coube ao ex-Killing Joke escolher os melhores momentos, editar e montar o que Paul pretendia incluir no repertório final de *Electric Arguments*. "Originalmente, quando comecei o Fireman, costu-

MASTERS

mava a brincar com Youth no estúdio onde a gente terminou de colocar os toques finais naquelas gravações meio dance, meio ambient music (de *Strawberry, Ships, Ocean, Forest* – nota autor). Então, disse a ele: 'Isso aqui é exatamente o que eles nunca me deixariam fazer! Nem eu mesmo me permitiria gravar. Na verdade, isso nem é trabalho, é como brincar.' Então, Youth escolhia os melhores trechos para a música. Esta é a melhor coisa sobre ele. Youth é um produtor/DJ em que confio."

"Lovers in a Dream" é surreal e nos remete às faixas de *Rushes* em boa parte do álbum. Nesta música, Paul canta apenas um trecho, que soa mais como um mantra, com um *beat* de trip-hop. O resultado atingido é surpreendente, graças à edição perfeita de Youth e mais uma coleção de instrumentos tocados por Paul McCartney no The Mill: Bateria eletrônica, contrabaixo, vibrafones, violoncelo, teclados, piano elétrico, órgão, violão, guitarra e percussão.

UNIVERSAL HERE, EVERLASTING NOW

Perto do final de *Electric Arguments*, a faixa mais radical do álbum começa como uma peça clássica, passa pela música ambiente, dance music e finalmente desemboca no *avant-garde*. Tudo isso, unido por um groove de bateria tocado por Paul McCartney, que atravessa os 5 minutos e 10 segundos da faixa, com algumas improvisações no vocal. "Foi fascinante experimentar. E uma das coisas que mais gostei – além de toda a empolgação – foi ter Youth para me ajudar na hora de improvisar no estúdio. Por escrever tantas músicas há tanto tempo, eu normalmente tentaria editar na hora de compor. Mas Youth me tranquilizou, pois eu sabia que ele seria capaz de montar uma música lá no final do processo."

Paul McCartney gravou "Universal Here, Everlasting Now" no estúdio The Mill, ao lado de Youth, tocando os seguintes instrumentos: Bateria, piano, teclados, guitarra, percussão, contrabaixo e órgão.

DON'T STOP RUNNING

Após mergulhar em tantos estilos na viagem de *Electric Arguments*, faltava ainda espaço para uma faixa com mais atenção para o lado dançante de Paul McCartney – presente em tantos números como "Goodnight Tonight", "Où Est le Soleil?" e "Party Party". A promessa de fazer um álbum "dance", aliás, foi plantada de forma enganosa por sites que anteciparam a chegada do terceiro volume da dupla The Fireman. Mas em "Don't Stop Running", a partir de 2 minutos, o *beat* mais dançante surge triunfante. Paul explica a origem da música: "Durante (o processo criativo de) *Electric Arguments*, eu não queria de forma alguma roubar ideias – apenas usar palavras bonitas. Me lembro de me deparar com 'silent lovers' (amantes silenciosos) – o que para mim, seria um casal apaixonado – e você até poderia fazer um filme sobre o tema. Então pensei, isso é ótimo. Poderia muito bem cantar sobre isso! Então peguei outro livro e encontrei 'angels smiling' (anjos sorrindo) e achei que tinha se encaixado. Assim, os garotos não estariam fazendo nada proibido. Aí veio a frase final: 'Don't stop running' (não parem de correr). Isso se tornou meu conselho. Não no sentido de fugir, mas de manter as coisas funcionando. Vão em frente!"

Quem chega ao final de *Electric Arguments* ainda recebe de presente a radical "Road Trip", outra faixa instrumental não creditada na capa do álbum. Nada mais adequado que um fim surreal, com uma melodia sustentada por diversos acordes em teclados. Discussões elétricas sobre *Electric Arguments* sempre estarão abertas às opiniões favoráveis ou contrárias.

Instrumentos tocados por Paul McCartney nas músicas gravadas no The Mill: Cravo, teclado, mellotron, piano, violão, guitarra e bateria. Em "Road Trip", apenas sintetizadores e teclados.

Outras músicas da era *Electric Arguments*

MY SOUL

Rushes foi a resposta imediata de Paul McCartney aos efeitos letárgicos da morte de Linda. Em 1999, ele e Youth se reuniram no The Mill para concluir as gravações iniciadas quatro anos antes para o segundo álbum da dupla usando o *alter ego* The Fireman. Pouco tempo após o lançamento do disco, Paul conheceu o talentoso músico inglês Nitin Sawney, famoso por experimentar com diversos estilos e gêneros, em especial, a música indiana contemporânea e a música eletrônica. O encontro de Paul com Nitin logo rendeu duas versões remixadas de "Fluid", uma das mais belas faixas de *Rushes*.

Quase uma década mais tarde, enquanto enfrentava as dolorosas sessões na corte de Londres para concluir o processo de divórcio com Heather Mills, Paul recebeu uma ligação inesperada de Nitin Sawney, que naquele momento dava os toques finais em *London Undergroud*, seu oitavo álbum de estúdio. Em entrevista ao jornal inglês *The Guardian* em outubro de 2008, Sawney comentou sobre a então recém-lançada parceria com Paul: "Todos os dias eu lia sobre Paul e os paparazzi. Então pensei: 'Por que não ligo para ele e digo: Paul, por que você não escreve sobre como se sente a respeito?' Ele apenas respondeu: 'Sim, seria legal mesmo.' Depois disso, ele veio ao meu estúdio e nós trabalhamos aqui em casa."

O resultado do convite foi uma letra pessoal, composta a partir de uma base melódica trabalhada em parceria com Nitin, que traduz bem o estado de espírito de Paul McCartney no final de 2008. A faixa foi lançada no álbum *London Underground*, de Nitin Sawney, em 13/10/2008.

Duas versões de "My Soul" estão disponíveis no iTunes: a original, com 4 minutos e 3 segundos, e a editada em 3 minutos. Além da música, a versão de luxo de *London Underground* traz uma faixa extra com comentários de Nitin Sawney sobre a gravação da música.

MEAT FREE MONDAY

Em seu site oficial, a ONG Meat Free Monday ("Segunda-feira sem carne") explica a origem da campanha direcionada a reduzir o consumo do alimento no mundo. "Lançada por Paul, Mary e Stella McCartney em 2009, a Meat Free Monday é uma campanha sem fins lucrativos que visa aumentar a conscientização sobre o impacto ambiental causado pelo consumo de carne e incentivar as pessoas a ajudar a diminuir as mudanças climáticas e a preservar os recursos naturais preciosos. Para isso, o convidamos a melhorar a sua saúde ficando sem comer carne um dia por semana."

Além de deixar seu nome e dos filhos Mary, Stella e James como patronos da campanha, Paul se dispôs a compor um *jingle* para o projeto Meat Free Monday, gravado no estúdio The Mill, com todos os instrumentos tocados por ele: piano, violão, guitarra e bateria. O resultado foi a divertida "Meat Free Monday", disponibilizada para download gratuito em 3 de dezembro de 2009 exclusivamente no site supportmfm.org (atualmente, fora do ar).

O envolvimento direto de Paul e de toda sua família rapidamente atraiu o engajamento de diversos nomes da cultura britânica e mundial, como a cantora Leona Lewis, o conceituado chefe de cozinha, Jamie Oliver, Yoko Ono e os atores Woody Harrelson e Emma Thompson.

(I WANT TO) COME HOME

Em meio ao processo de divórcio e a conclusão de *Electric Arguments*, Paul recebeu outro desafio: compor a música-tema do drama *Estão Todos Bem* – um *remake* do longa do italiano Giuseppe Tornattore, *Stanno Tutti Bene*, de 1990.

Ao assistir o filme em uma sessão reservada, ele se identificou com o tema do roteiro centralizado no papel de Robert De Niro, um solitário viúvo aposentado que espera pelos filhos – entre eles, personagens de Drew Berrymore e Kate Beckinsale – mas que se decepciona com o cancelamento da visita na última hora. Ao receber as ligações desmarcando o aguardado churrasco, o personagem de Robert De Niro decide pegar a estrada e visitar os filhos, espalhados pelos quatro cantos dos Estados Unidos. "O personagem de Robert De Niro me inspirou. Certamente, consigo me ver na figura de um cara que tem filhos adultos, que perdeu a mãe desses filhos e agora tenta reunir a família no Natal. Quando seus filhos crescem e formam suas próprias famílias eles chegam até você e perguntam: 'Pai, você se importa se fizermos nossa própria ceia?' É algo complicado. E como no filme, você trabalha essa situação em torno disso."

Buscar o sentimento para compor uma música ligada ao roteiro não deve ter sido complicado para ele. O grande desafio imposto pelo diretor Kirk Jones foi tornar "(I Want to) Come Home" uma canção que lembrasse a versão de Aretha Franklin para o clássico dos Beatles, "Let It Be" – pedido que, de cara, o fez pensar em desistir da tarefa. "Céus! Não dá para encarar isso... Pensei: 'Lógico. Outra 'Let It Be'. Fácil, né?' No dia seguinte, pensei em ligar para o diretor e dizer: 'Desculpe, Kirk. A tarefa é dura demais.' Mas, naquela mesma noite, tive uma ideia e passei um bom tempo criando algo e gravando uma demo. Então, ao invés de dizer que era incapaz de fazer eu disse a mim mesmo que iria tentar."

De quase desistir à nova tentativa, a versão inicial de "(I Want to) Come Home" passaria por uma transformação. Ao invés de começar "seca", a música ganhou uma introdução que remete à balada que dá nome ao último disco lançado pelos Beatles em maio de 1970. "(I Want to) Come Home" ainda receberia o toque magistral de Dario Marianelli nos arranjos orquestrais.

Tocada nos créditos finais de *Estamos Todos Bem* em dezembro de 2009 – mas lançada oficialmente apenas como download no iTunes em 1º de março de 2010 – a música entrou nos *setlists* dos shows das turnês *Good Evening Europe* e de parte da *Up and Coming Tour*. Antes de cada apresentação, Paul brincava que "(I Want to) Come Home" tinha acabado de vencer um Oscar. Na verdade, sua composição era uma das nomeadas ao Globo de Ouro de Melhor Canção, eventualmente perdendo o prêmio para "The Weary Kind", do longa *Coração Louco*, com Jeff Bridges.

Paul tocou todos os instrumentos na sessão de gravação no The Mill em junho de 2009: Piano, bateria, violão, guitarra, teclados e baixo. Orquestrações foram registradas no mês seguinte no A.I.R. Lyndurst Studios, em Hampstead Heath.

CAPÍTULO 41
GOOD EVENING NEW YORK CITY

Capa: Bill Bernstein
Arte: Julian House
Gravações: Em 17, 18 e 21 de julho de 2009
Produzido por: Paul McCartney
Datas de lançamento: 14/12/2009 e 17/11/2009 (Reino Unido/EUA)
Desempenho comercial: 28º e 16º (Reino Unido/EUA)

William A. Shea foi o maior responsável pela volta da Liga Nacional de Beisebol dos Estados Unidos a Nova Iorque em 1964. No momento em que isso acontecia, os Beatles chegavam ao país e a América jamais seria a mesma. No ano seguinte, em 15 de agosto de 1965, o quarteto de Liverpool invadiria também o estádio do New York Mets, que levava o nome do advogado e empresário dos esportes como homenagem pelo feito de ter resgatado o beisebol na Big Apple.

Entre os anos de 1964 e 2008 o Shea foi a casa do principal time de beisebol do estado e palco de inúmeros shows de rock. No último deles, em 18 de julho de 2008, Paul McCartney estava presente como um dos convidados especiais de Billy Joel. Juntos eles marcaram a derradeira apresentação do antigo Shea Stadium com dois duetos em "I Saw Her Standing There" e "Let It Be". O evento histórico foi documentado e lançado no DVD *Last Play at Shea*. Após sua demolição, quando Shea já se chamava Citi Field, Paul retribuiu o convite a Billy Joel e ele não recusou. Em 17 de julho de 2009, Joel repetiria o dueto em "I Saw Her Standing There", marcando a primeira apresentação de um artista no reconstruído estádio. A importância histórica e cultural do evento impulsionou Paul

MASTERS

McCartney a lançar o álbum *Good Evening New York City*, contendo o melhor das três apresentações extraídas de sua residência no estádio.

Good Evening New York City está disponível em duas edições: Standard (2 CDs e 1 DVD) e Deluxe Edition (2 CDs e 2 DVDs). O DVD extra na Deluxe edition traz o show especial de Paul McCartney e banda na marquise do Ed Sullivan Theather, em Nova Iorque, gravada para o (hoje extinto) *The Late Show with David Letterman* em 15 de julho de 2009. Além do bônus, a embalagem da edição mais luxuosa conta com livreto de fotos das apresentações no Citi Field e um *card* de beisebol com a reprodução do autógrafo de Paul McCartney.

A versão de "Helter Skelter" incluída em *Good Evening New York City* recebeu o Grammy de Melhor Performance vocal solo em 2010.

Músicos:
Paul McCartney: Vocal, guitarra, violão, baixo, piano, bandolim e ukulele.
Rusty Anderson: Vocal, guitarra e violão.
Brian Ray: Vocal, guitarra, violão de 12 cordas e baixo.
Paul 'Wix' Wickens: Vocal, gaita, teclados, guitarra, percussão e acordeão.
Abe Laboriel Jr.: Vocal, bateria e percussão.
Billy Joel: Vocal e piano.

FAIXAS DE *GOOD EVENING NEW YORK CITY* (VERSÃO DELUXE)

Drive My Car
Jet
Only Mama Knows
Flaming Pie
Got to Get You into My Life
Let Me Roll It
Highway
The Long and Winding Road
My Love
Blackbird
Here Today

Dance Tonight
Calico Skies
Mrs Vandebilt
Eleanor Rigby
Sing the Changes
Band on the Run
Back in the U.S.S.R.
I'm Down
Something
I've Got a Feeling
Paperback Writer
A Day in the Life/Give Peace a Chance
Let It Be
Live and Let Die
Hey Jude
Day Tripper
Lady Madonna
I Saw Her Standing There
Yesterday
Helter Skelter
Get Back
Sgt Pepper's Lonely Hearts Club Band (Reprise) / The End

DVD bônus

Get Back
Sing the Changes
Coming up
Band on the Run
Let Me Roll It
Helter Skelter
Back in the U.S.S.R.

Extras

Good Evening People: documentário do público.
I'm Down: performance completa da música.

CAPÍTULO 42

CAPÍTULO 42
AMOEBA'S SECRET: LIVE IN LOS ANGELES

Capa: MLP
Gravações: Em 27 de junho de 2007
Mixado por: David Kahne
Datas de lançamento: Maxi-single em 13/11/2007. Digital e EP em Janeiro 2009. CD em 17/01/2010. Extended Set em 16/11/2012.
Desempenho comercial: 119º (EP) (EUA)

6400, Sunset Boulevard: A glamorosa via de Los Angeles onde se encontra a gigante Amoeba Music – maior e mais variada loja da rede californiana – aguarda ansiosa pela chegada de Paul McCartney, que há pouco mais de uma hora anunciara um *pocket show* para divulgar *Memory Almost Full*, seu mais recente disco. Ao redor do palco montado no ambiente cercado por incontáveis CDs, LPs, DVDs e livros estão centenas de hiperativos fãs, além de frequentadores assíduos de Hollywood, como Woody Harrelson, Alanis Morrisette e Richard Starkey – o primeiro e único Ringo Starr – ao lado de sua mulher e musa, Barbara Bach.

Nos próximos 120 minutos, essa tribo inusitada vai curtir uma combinação de clássicos e canções atuais, totalizando 21 performances. Entre eles, "C Moon", "Matchbox", "Here Today", "Hey Jude", "Dance Tonight", "Lady Madonna" e "Nod Your Head" – faixa de *Memory Almost Full*, transformada em videoclipe, com imagens de Ringo e Paul capturadas nesse mesmo show.

De imediato, Paul decide marcar sua passagem histórica pela loja Amoeba's Music com um lançamento exclusivo em vinil: *Amoeba's*

Secret, contendo "Only Mama Knows", "C Moon", "That Was Me" e "I Saw Her Standing There". Não demorou muito para os fãs correrem atrás da raridade e para os sites especializados em leilões colocarem o disco à venda por preços inflacionados. Em janeiro de 2009, o EP (contendo as mesmas músicas) seria lançado no iTunes e também em CD, a valores mais razoáveis.

A trajetória insólita de *Amoeba's Secret* ainda ganharia mais episódios. Em 2010, os jornais *The Mail on Sunday* e *Irish Sunday Mail* lançaram como brinde uma versão ampliada do álbum, contendo 12 faixas. Dois anos mais tarde, o site Paul McCartney.com tornou *Amoeba's Secret* ainda mais atraente, adicionando mais duas músicas ao repertório, o rebatizando como *Live in Los Angeles – The Extended Set*.

Músicos:
Paul: Vocal, baixo, violão, guitarra e piano.
Rusty Anderson: Guitarra.
Abe Laboriel Jr.: Bateria.
Brian Ray: Guitarra e baixo.
David Arch: Teclado.

FAIXAS DE *AMOEBA'S SECRET: LIVE IN LOS ANGELES* (VERSÃO "THE EXTENDED SET")

Drive My Car
Only Mama Knows
Dance Tonight
C Moon
That Was Me
Blackbird
Here Today
Back in the U.S.S.R.
Nod Your Head
House of Wax
Get Back
Hey Jude
Lady Madonna
I Saw Her Standing There

CAPÍTULO 43
OCEAN'S KINGDOM

“Comecei o trabalho a partir de uma peça musical criada para outro projeto e Peter (Martins) a confeccionou especificamente para o balé. Não sabia se existia qualquer regra para esse tipo de música." (**Paul McCartney**, 2011)

Capa: Dewynters
Produzido por: John Fraser
Gravações: Junho de 2011
Datas de lançamento: 03/10/2011 e 03/04/2011 (Reino Unido/EUA)

Duas décadas após se aventurar pelo complexo universo da música clássica, Paul McCartney comemorou a marca com mais um projeto inovador – ao menos, para sua discografia. Certamente, ele não sonhava em compor música para balé quando aprendeu as primeiras noções de orquestra com George Martin em 1965. Do repúdio inicial a "soar como Mantovani" em "Yesterday", Paul agora abraçava um gênero que também envolvia a arte da dança.

Embora a ideia original de seu quinto projeto clássico envolvesse a trilha sonora de um documentário sobre os oceanos, *Ocean's Kingdom* começou a ser elaborado em 2010, quando Peter Martins, coreógrafo principal do New York City Ballet, o contratou para compor movimentos específicos para seu corpo de dançarinos. Martins, um fã dos Beatles, apostou na polivalência de Paul McCartney para diversificar a forma em que a música para balé geralmente era desenvolvida. Por sua vez, Paul se empenhou em fazer laboratórios para entender melhor o conceito da dança, assistindo a espetáculos como *Giselle*, com o Royal Ballet de Londres.

Idealizado por Paul como um "encontro entre Olimpíadas e arte", *Ocean's Kingdom* conta a história de dois reinos: "O Puro Reino do Oceano e o Reino da Terra". Por meio de seus quatro movimentos, "Ocean's Kingdom", "Hall of Dance", "Imprisonment" e "Moonrise", Paul conta a saga de dois casais em busca do amor, que tentam ser impedidos de realizar o seu sonho pelos vilões do Reino da Terra.

Para traduzir seus conceitos básicos de música clássica em arranjos orquestrais, Paul novamente contou com a ajuda do produtor John Fraser – seu colaborador em *Ecce Cor Meum*, *Working Classical* e *Standing Stone*. Os quatro movimentos do balé foram gravados em uma sessão em junho de 2011, em Londres, no estúdio Henry Wood Hall pela The London Classical Orchestra, conduzida por John Wilson.

Ocean's Kingdom debutou em 22 de setembro de 2011 no David H. Koch Theater, localizado no complexo do Lincoln Center, em Nova Iorque. Stella McCartney desenhou os trajes dos bailarinos.

MOVIMENTOS DE *OCEAN'S KINGDOM*

Ocean's Kingdom
Hall of Dance
Imprisonment
Moonrise

CAPÍTULO 44
KISSES ON THE BOTTOM

"*Nunca aprendi a tocar para valer as músicas de Kisses on the Bottom. Quando meu pai ficou mais velho, passei a ser o pianista da casa, mas eu só brincava com as músicas – era ele quem sabia os acordes de verdade... 'Bye Bye Blackbird' costumava ser uma das canções que tocávamos nas festas de réveillon.*"
(**Paul McCartney**, Fevereiro de 2012)

Capa: Mary McCartney
Arte: Jonathan Schofield e Matthew Cooper
Gravações: Em março de 2010 e de abril a outubro 2011
Produzido por: Tommy LiPuma
Datas de lançamento: 06/02/2012 e 07/02/2012 (Reino Unido/EUA)
Desempenho comercial: 5º e 3º (Reino Unido/EUA)

Rod Stewart era a pedra no meio do caminho. Entre 2002 e 2005, o velho amigo de Paul McCartney regravou uma extensa coleção de *standards* da música americana com grande receptividade mundial, distribuída em quatro volumes consecutivos com o título: *The Great American Songbook*. Quando a poeira baixou, Paul retomou o sonho antigo de fazer sua versão com *covers* de músicas populares nos anos 30 – a maior parte delas, lembranças de seus bons tempos ao lado do pai, Jim McCartney, e das festas de final de ano da família em Liverpool.

Para realizar o projeto, nada melhor que um especialista. Tommy LiPuma (1936-2017), expert em produções de jazz com um currículo ligando seu nome a Miles Davis, Barbra Streisand, Al Jarreau, Natalie

Cole e outras estrelas, foi convidado a juntar-se a Paul em seu estúdio em East Sussex para selecionar o repertório.

Com as músicas devidamente ensaiadas – entre elas, "Always", de Irving Berlin; "More I Cannot Wish You", de Frank Loesser; e "The Glory of Love", de Billy Hill – Paul se preparou para sessões que contariam com participações definitivas da canadense (e mulher de Elvis Costello) Diana Krall, Eric Clapton e John Pizzarelli nos estúdios da Capitol Records, em Los Angeles, e Avatar, em Nova Iorque.

Além das canções que o recordavam dos tempos de infância em Liverpool, Paul ofereceu a LiPuma três originais que se encaixavam ao estilo *vintage* do álbum: "Only Our Hearts", "My Valentine" e "I'll Take You Home Tonight", sendo que a última, não usada em *Kisses*, seria aproveitada por Diana Krall e incluída no álbum da pianista, *Wallflower*, de 2015.

A parceria com LiPuma foi bem aceita, obtendo um excelente 3º lugar na *Billboard* na romântica temporada do Valentine's Day – estratégia comercial apropriada e bem aplicada. Na semana de lançamento de *Kisses on the Bottom*, Paul ainda ganharia sua estrela na Calçada da Fama de Hollywood, com direito a discurso de seu patrono na cerimônia, o velho amigo Neil Young.

Outras versões das músicas de *Kisses on the Bottom* apareceram em março, no iTunes. Primeiro, no álbum *Live from Capitol Studios* e mais tarde no *Complete Kisses*, que reúne a versão original e Deluxe de *Kisses on the Bottom*, o show completo, gravado em fevereiro em Los Angeles, além de quatro faixas extras: "The Christmas Song (Chestnuts Roasting on an Open Fire)", "My Valentine" (arranjo original de Johnny Mandel), "My One and Only Love" e o *remake* de "Baby's Request", sua canção do álbum *Back to the Egg*, de 1979.

FAIXAS DE *KISSES ON THE BOTTOM*

I'm Gonna Sit Right Down and Write Myself a Letter
Home (When Shadows Fall)
It's Only a Paper Moon
More I Cannot Wish You
The Glory of Love
We Three (My Echo, My Shadow and Me)

PAUL McCARTNEY EM DISCOS E CANÇÕES

Ac-Cent-Tchu-Ate the Positive
My Valentine
Always
My Very Good Friend the Milkman
Bye Bye Blackbird
Get Yourself Another Fool
The Inch Worm
Only Our Hearts
Baby's Request (Deluxe CD version)
My One and Only Love (Deluxe CD version)

As Novas Canções de *Kisses on the Bottom*:

MY VALENTINE

Discreta. Simpática. Distante dos holofotes. Características básicas que poderiam traduzir a personalidade de Nancy Shevell, ainda que de forma superficial. Sobre vários aspectos, os adjetivos também representam a antítese de Heather Mills, ex-mulher de Paul McCartney. Nancy, aliás, entrara na vida de Paul um ano antes de seu divórcio ser concluído. O casal começou a namorar em novembro de 2007, oficializando a união matrimonial quase dois anos mais tarde em Londres no cartório civil de Marylebone em 9 de outubro de 2011, no mesmo dia em que John Lennon completaria 71 anos.

Alguns anos antes, Paul e Nancy escolheram o Marrocos para passar alguns dias de lazer, cercados pela atmosfera exótica do país africano. Seria a segunda vez que Marrocos serviria como inspiração para uma de suas composições. Em fevereiro de 1973, antes de retornar a Londres, Paul teve a ideia de escrever "Mamunia", mais tarde incluída em *Band on the Run*.

Paul se recorda da origem de "My Valentine", composta em 14 de fevereiro de 2008 no hotel Gazelle D'Or em Taroudannt, Marrocos: "Estava com Nancy curtindo as férias e começou a chover, o que me levou a reclamar um pouco. Você sabe, nada de mais, algo do tipo: 'que droga, está chovendo...' Nancy me ouviu chiando e disse: 'Ahh, não tem problema, relaxa. Nós vamos aproveitar mesmo assim.' Gostei daquilo, porque não existe nada que você possa fazer a respeito do clima. Depois fomos ao hotel. Sentei no piano que ficava na sala de estar e comecei a procurar a melodia em uns acordes menores – porque estava chovendo – algo mais introspectivo e não poderia sair uma melodia mais brilhante e ensolarada. 'My Valentine' começou assim..."

"As days and nights / Would pass me by / I tell myself that I was waiting for a sign / Then she appeared / A love so fine / My valentine" ("E os dias e as noites... todos por mim irão passar... repito pra mim mesmo: só estava à espera, por um sinal chegar... De repente, ela apareceu, amor tão belo nessa jornada... Minha namorada").

Ao contrário das apresentações ao vivo, em que Paul normalmente toca piano, a gravação oficial de "My Valentine" no Avatar Studios, em Nova Iorque, em abril de 2011, contou com uma banda de craques em jazz, com Paul apenas nos vocais. A configuração no estúdio foi a seguinte: Diana Krall: Piano. Karriem Riggins: Bateria. Robert Hurst: Baixo. John Pizzarelli: Guitarra. Eric Clapton: Guitarra. As orquestrações foram registradas em Abbey Road, pela London Symphony Orchestra por Alan Broadbent e condução de Roman Simovic.

Para divulgar "My Valentine", um belo clipe foi produzido por Susanne Preissler, com fotografia de Wally Pfister, com edição de Paul Martinez. No elenco, Natalie Portman retorna após estrelar *Dance Tonight* em 2007, acompanhada por Johnny Depp. O vídeo usa linguagem de sinais desenvolvida aos deficientes auditivos para descrever a letra de "My Valentine". Seis edições foram feitas a partir do vídeo principal, sendo que as três principais contam com o casal Natalie e Johnny, apenas com Natalie Portman ou apenas com Johnny Depp.

ONLY OUR HEARTS

Segunda – e última – colaboração original de Paul McCartney em *Kisses on the Bottom*, "Only Our Hearts" é marcante por reaproximar Paul de Stevie Wonder. Não que eles estivessem completamente distantes desde que a dupla gravou "Ebony and Ivory" e "What's That You're Doing", lançadas em *Tug of War*. Em 2005, Paul já tinha visitado o amigo e contribuído na música "A Time to Love", que dá nome ao mais recente álbum de Stevie até o momento.

Elogiada, e selecionada pelo produtor Tommy LiPuma, "Only Our Hearts" lembra um pouco a versão de "Suicide" gravada pelo Wings em 1977.

"I wish that my heart was strong / I'd be letting it beat, much faster / At the thought of you holding me near / I wish that my heart, wish that my heart was strong" ("Queria que meu coração fosse forte assim... então, deixaria ele bater mais rápido... Só de pensar você, ainda mais perto de mim... Ah, queria que esse coração pudesse ser mais forte, mais forte pra mim").

Paul comentou sobre a renovada parceria com Stevie Wonder ao semanário inglês *New Musical Express*, em 2012: "Stevie veio ao estúdio em Los Angeles e ouviu a música durante uns dez minutos, ou seja, umas três vezes. Depois, foi direto ao microfone e caprichou nesse solo de gaita, resolvido em vinte minutos. Quando você ouve a faixa, pensa na hora: como ele consegue fazer isso? Bem, é só porque ele é um gênio. Só por isso."

Gravada em abril de 2011 no Capitol Studios, em Los Angeles, com Paul no vocal principal, John Chiodini na guitarra, Tamir Hendelman tocando piano, Vinnie Colaiuta, antigo parceiro de Sting, na bateria, Chuck Berghoffer no baixo e Stevie Wonder na gaita. Orquestração por Johnny Mandel.

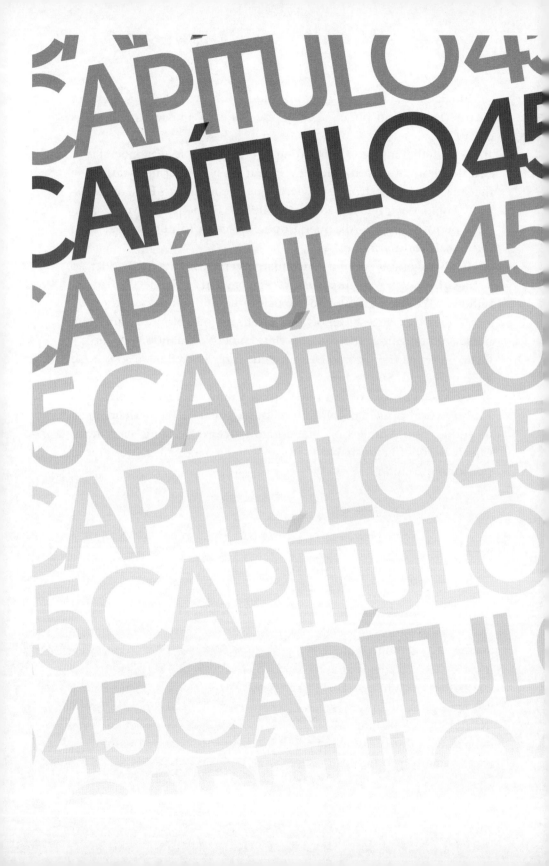

CAPÍTULO 45
NEW

"A ideia original era escolher entre alguns produtores para ver com quem eu me daria melhor. Mas a verdade é que me dei bem com todos! Fizemos algo muito diferente com cada produtor e acabei trabalhando com os quatro. Nos divertimos muito." (**Paul McCartney**, 2013)

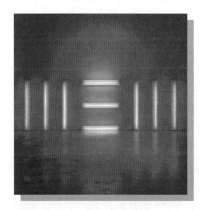

Capa: Rebecca, Mike e Ben Ib
Arte: Dan Flavin (inspiração)
Gravações: Entre janeiro de 2012 e maio de 2013
Produzido por: Paul Epworth, Ethan Johns, Mark Ronson e Giles Martin
Datas de lançamento: 14/10/2013 e 15/10/2013 (Reino Unido/EUA)
Desempenho comercial: 3º (Reino Unido e EUA)

Madrugada de 10 de outubro de 2011.

Mashups, grooves, gargalhadas e o estourar de espumantes franceses invadem a sempre silente e elegante vizinhança de St. John's Wood, em Londres. Na estreita Cavendish Avenue, o som da música incomoda – e muito – quem vive ao lado da residência nº 7, adquirida por Paul McCartney em abril de 1965. No comando da pick-up está Mark Ronson, um dos DJs e produtores mais badalados do momento. Em breve, além de fazer o som da festa de casamento de Paul e Nancy Shevell ele também será um dos colaboradores de seu próximo álbum. Será outro casamento perfeito dentro da história de um disco e seus quatro produtores ingleses.

***

Na longa trajetória até *New*, Paul não economizaria em sua busca por alternativas sonoras, onde a palavra de ordem sempre foi *espontaneidade*. Em *Electric Arguments*, por exemplo, Paul contou com Youth para estimular sua criatividade e improvisar melodias e letras no estúdio. Satisfeito com os resultados e o método liberador, ele fez questão de importar o espírito do terceiro volume do projeto The Fireman para gerar o sucessor de *Memory Almost Full*. Mas antes disso, Paul McCartney caminharia por outros territórios até encontrar o momento definitivo para definir o próximo passo.

O primeiro deles foi "(I Want to) Come Home", canção composta para o filme *Todos Estão Bem* e indicada ao Globo de Ouro em 2010. Depois de ser homenageado com o prêmio Gershwin por Barack Obama (com direito a "Ebony and Ivory" com Stevie Wonder na Casa Branca) foi a vez da peça *Ocean's Kingdom*, desenvolvida a pedido do New York City Ballet, em 2011. Ao mesmo tempo em que retornava ao clássico, Paul celebrava seus 70 anos com *Kisses on the Bottom* (2012), álbum romântico com canções de jazz dos anos 30, lançado no mesmo dia em que conquistou uma estrela na Calçada da Fama de Hollywood.

Enquanto explorava essas frentes, Paul McCartney definia como lidar com o próximo álbum. Para escolher o produtor ideal, acionou a MPL para contatar alguns dos principais nomes do cenário pop em 2012. Entre eles, Ethan Johns (famoso pelo grupo Kings of Leon e filho de Glyn Johns, produtor dos Beatles) e Paul Epworth (Adele). Os casos de Mark Ronson e Giles Martin seriam abordados de formas distintas. Martin já era da família e seu trabalho aprovado em diversos lançamentos de arquivo dos Beatles, como o *mashup The Beatles LOVE*, criado para o espetáculo do Cirque du Soleil em Las Vegas. Já Mark Ronson – seu DJ no barulhento casório e produtor de Amy Winehouse – quase perdeu a chance de trabalhar ao lado de Paul McCartney. Logo após produzir o som da festa na casa de Paul, Mark arrumou as malas para curtir sem preocupações sua própria lua de mel com a francesa Josephine Le Baùme. No meio desse mar de tranquilidade, o convite para dividir o estúdio voltou como um raio: "Paul me ligou e me esqueci de retornar a ligação! O que soa agora como uma frase totalmente ridícula", revelou Ronson após o lançamento de *New*.

Apesar do contratempo, a ideia original foi mantida: escolher um notável desse quarteto e iniciar as sessões. Pela ordem, o xará Paul Epworth se apresentou primeiro, trazendo no cartel seu talento em faixas do premiado CD *21*, de Adele. Dessa leva, sairia "Queenie Eye", o segundo *single* de *New*. Em seguida, Ethan Johns – filho do lendário Glyn das polêmicas sessões de *Get Back* – cuidou das canções mais acústicas, como "Hosanna" e "Early Days". Na sequência, o DJ do casório, Mark Ronson, mostrou habilidade na faixa-título, além do *remake* de "Heart of the Country" para celebrar os 25 anos da linha de comidas vegetarianas de Linda McCartney.

No meio dessa jornada, outra parceria inesperada. Ao lado de David Grohl e demais remanescentes do Nirvana (Krist Novoselic e Pat Smear), Paul retornou a Los Angeles para mostrar ao mundo "Cut Me Some Slack" gravada no ano anterior especialmente para o documentário sobre o estúdio Sound City, em Los Angeles. A música (vencedora do Grammy) foi destaque de sua participação no evento *12-12-12* no Madison Square Garden para socorrer as vítimas do furacão Sandy. Antes de retomar o novo álbum, Paul também concluiria – com a produção do "quarto homem" – "Hope for the Future", canção-tema do game *Destiny*.

***

Entre 2012 e 2013, Paul conseguiria otimizar seu tempo para finalizar as canções com os três produtores em diversos estúdios (Henson, em Los Angeles; A.I.R. e Abbey Road, em Londres; e The Mill, em Sussex), cair na estrada com as turnês *On the Run* e *Out There*, tocar na abertura das Olimpíadas de Londres e ainda trabalhar *full time* com o filho de seu melhor amigo e figura paterna, George Martin. Giles Martin, na verdade, se tornara uma figura conhecida dos fãs dos Beatles a partir do projeto *LOVE,* no final de 2006. Desde então, Martin não saiu mais de cena. Após cuidar de "Hope for the Future", Giles se encarregou da produção das demais faixas de *New*, como a nostálgica "On My Way to Work" e a contemporânea "Appreciate", além de garantir o acabamento refinado do álbum. Nesse estágio, *New* já não era mais um disco feito a duas, mas a oito talentosas mãos. Além de receber o reforço de quatro produtores, o álbum também contou com o diferencial o retorno de Rusty, Brian, Abe – além de Wix – na participação mais efetiva de sua banda de turnês no estúdio desde *Driving Rain* (2001).

New foi lançado em 14 de outubro de 2013, com ótima receptividade da crítica e dos fãs. No espírito da espontaneidade original das sessões, Paul e cia. decidiram surpreender com *pocket shows* anunciados com apenas uma hora de antecedência via Twitter, em palcos improvisados na Broadway, em Nova Iorque, e Covent Garden, em Londres. No repertório, apenas quatro canções inéditas: "Save Us", "New", "Everybody out There" e "Queenie Eye" – as mesmas que estrearam no festival iHeart Radio em setembro passado, em Las Vegas. Trechos dessas apresentações, além de vídeos, três faixas adicionais e o documentário *Something New* foram incluídos como extras na versão *Collector's Edition*, em 2014 – em outro ano marcante nos palcos, com a performance das músicas de *New* no Brasil e o encerramento das atividades no lendário Candlestick Park, em São Francisco.

NEW – FAIXA A FAIXA

SAVE US

Armado com um CD-R preenchido por demos de suas mais recentes composições, Paul McCartney chegou ao Wolf Stone Studios em Queens Park, Londres, preparado para discutir os primeiros passos na criação de seu álbum com o primeiro produtor de sua "lista de candidatos". Paul Epworth, até então, não era uma certeza, mesmo com tantas referências positivas: Foster the People, Florence the Machine, Adele e a novidade Glass Animals. A conexão entre ambos foi imediata, mas o produtor não deixou seu xará famoso sequer começar a mostrar as canções em estoque. Na mesma hora, sentou-se na bateria e sugeriu uma *jam session* com Paul no comando do baixo Hofner para gravar algo do zero. O versátil Epworth recorda: "Nós iniciamos a base de 'Save Us' com baixo e bateria e depois perguntei: 'Por que você não tenta o piano?' Paul aceitou a dica e encontrou a levada nos acordes, e logo já soava como uma canção típica dele. Foi uma grande revelação."

Paul McCartney curtiu a experiência de compor em parceria com Epworth, embora tenha entrado na sessão sem qualquer melodia para aquela improvisação. Era como um tiro no escuro, relembrando sua experiência com *Electric Arguments*, mas sem preparação psicológica. Paul conta: "Dou bastante crédito a Paul Epworth por 'Save Us', porque ele deu a ideia de como poderíamos iniciar a música. Ele queria algo meio punk, algo que fosse bem visceral. Então, começamos a construir a faixa aos poucos. Coloquei uns acordes e versos nela e, de repente, a canção virou uma declaração de intenções."

Em "Save Us", primeira faixa gravada para o LP, Paul afirma que poderia dar a alguém "Tudo o que sempre quis". A única coisa que ele pede é algo muito fácil de se retribuir: "Keep on sending your love / In the heat of battle / You've got something that'll save us / Save us now" ("Continue mandando o seu amor. No meio da batalha, você tem algo que poderia nos salvar").

"Save Us" foi apresentada pela primeira vez ao vivo em Las Vegas, no iHeartRadio Music Festival, em 21 de setembro de 2013, ao lado de "Queenie Eye", "Everybody out There" e "New". As sessões de gravação foram iniciadas no Wolf Tone Studios, em Londres, em janeiro de 2012 e completada em diversos estúdios até maio de 2013: Henson Studios, Los Angeles; A.I.R. Lyndurst, Londres; e The Mill, East Sussex.

Paul McCartney: Vocal, baixo, piano, guitarra, *backing vocals* e pandeirola. Paul Epworth: Bateria.

ALLIGATOR

No começo, Mark Ronson achou que era apenas mais uma história maluca de sua mãe, Ann Dexter-Jones: "Mark, você quase se afogou quando criança, mas Paul McCartney salvou sua vida." – revelou de forma bombástica, a designer de joias. O produtor de Amy Winehouse carregaria a informação com certa incredulidade por anos, até entrar no estúdio com o próprio Paul, décadas mais tarde. Em uma pausa nas gravações no The Mill, Mark questionou se ele tinha mesmo o socorrido em Long Island nas férias de verão de 1988. A resposta veio à tona: "Sim, Paul disse que lembrava vagamente de ter me socorrido, então não posso mais provocar minha mãe sobre isso agora (risos)."

São e salvo por Sir Paul, Mark Ronson recorda-se de seu trabalho em "Alligator", canção produzida na mesma sessão do *remake* de "Heart of the Country": "Experimentamos muito nessa faixa. Como Paul sempre esteve perto de nós todos esses anos, esquecemos do fato de que nunca abandonou as novidades tecnológicas – seja nos Beatles ou na carreira solo. Em 'Alligator', usamos um (processador vocal) TC Helicon – também muito usado por Kanye West – e você ouve diversas coisas interessantes nos vocais."

MASTERS

"Alligator" é a canção mais antiga de *New*. Paul revelou a curiosidade em entrevista à Zane Lowe, no programa *The Living Room*: "A melodia surgiu certo dia, enquanto esperava para buscar Beatrice na escola e descobri um acorde diferente no violão." Já a criação da letra de "Alligator" foi explicada mais tarde, durante evento no Twitter. Paul disse: "Essa pergunta é complicada, mas a música foi composta a partir da premissa de que sempre parecem existir pessoas fazendo coisas melhores do que eu faço."

Na extensa coleção de animais que figuram em suas letras, Paul encarna "Alligator" (o jacaré), à espera de alguém que o tire do zoológico, tomando a fera como metáfora: "Could you be that person for me? / Would you feel right setting me free? / Could you dare to find my key?" ("Seria você a pessoa certa para mim? Você me libertaria? Você ousaria encontrar a minha chave?"), questiona, Paul enquanto toca o sintetizador mellotron com as mesmas flautas usadas na introdução de "Strawberry Fields Forever".

"Alligator" foi gravada entre janeiro e julho de 2012 e maio de 2013 em diversos estúdios: The Mill, East Sussex; Avatar, Nova Iorque; A.I.R. Lyndhurst, Londres; e Henson, Los Angeles. Versões da música foram apresentadas em passagens de som em Tóquio em novembro de 2013.

Paul: Vocal, guitarra, baixo, glockenspiel, mellotron, percussão, sintetizador, celesta e play-me-a-song. Rusty Anderson: Guitarra. Brian Ray: Guitarra. Paul 'Wix' Wickens: Teclados. Abe Laboriel Jr.: Bateria.

ON MY WAY TO WORK

Deste ponto do álbum até "Early Days", Paul McCartney começa a passear pela avenida de suas memórias para explorar o passado, desde a infância até o sucesso alcançado com os Beatles. O primeiro capítulo desse livro é aberto em "On My Way to Work", que resgata os dias em que Paul trabalhava como ajudante em um caminhão de entregas em Liverpool – o primeiro dos quatro empregos antes do primeiro contato com a NEMS Enterpises, de Brian Epstein. Além do cargo de assistente da empresa Speedy Prompt Deliveries, ele também trabalhou em um caminhão de carvão, como temporário nos Correios durante o Natal e operador de bobina na companhia elétrica Massey & Coggins.

Paul fala sobre a rotina de deixar sua casa para pegar no batente todas as manhãs: "São todas lembranças de Liverpool. O ônibus, no andar de cima, indo trabalhar... A lembrança específica era meu primeiro emprego como segundo homem, em um caminhão. Ele ajuda o motorista a descarregar o veículo quando ele chega ao destino. Ele era um cara bem legal, porque eu estava sempre exausto e ele me deixava dormir até chegar ao local de entrega."

Muito mais do que a recordação de suas tarefas antes da fama, "On My Way to Work" (com seu título inspirado no livro sobre o artista plástico Damien Hirst) é um diário de bordo nostálgico sobre um dos passatempos favoritos de Paul McCartney: colecionar pacotes de cigarro deixados pelos passageiros na rota de ônibus de 10 quilômetros entre Forthlin Road e Pier Head, percorrida em 40 minutos. "Nós vasculhávamos pelos cinzeiros dos ônibus antes da limpeza e colecionávamos os pacotes como os americanos faziam com cards de beisebol. Na música eles se tornaram um símbolo da vida, as pessoas vêm e vão embora, fumando cigarros."

"On My Way to Work" é a primeira música de *New* a contar com Giles Martin como produtor. Para Giles, uma das partes mais marcantes de seu trabalho nessa música aconteceu durante o final das sessões, no momento de gravar o arranjo de cordas em Abbey Road, quando George Martin apareceu para conferir como o filho estava se saindo. Ele relembra: "Meu pai apareceu com minha mãe (Judy Lockhart-Smith – nota do autor) quando estávamos colocando as cordas em 'On My Way to Work', apenas para dar um olá, o que foi muito estranho. Você se sente um idiota, como se não devesse estar lá... Bem, depois ele me perguntou: 'Por que você acha que Paul ainda faz isso?' Eu respondi: 'Porque é exatamente isso que ele sabe fazer. Ele ainda pode fazer, pai! Essa é a coisa.'"

"On My Way to Work" foi gravada entre março e maio de 2013 em diversos estúdios: A.I.R. Lyndurst, em Londres; Henson Studios, em Los Angeles; Abbey Road, em Londres; e The Mill, em East Sussex. Sua estreia ao vivo aconteceu em 5 de julho de 2014, em Albany, Nova Iorque, na volta de Paul McCartney aos palcos após recuperar-se de forte virose que o obrigou a cancelar shows no Japão em maio.

Paul: Vocal, violão, guitarra Baratto Cigfiddle (a mesma usada em "Cut Me Some Slack", no evento *12-12-12*), baixo, piano e bateria. Rusty Anderson: Guitarra. Brian Ray: Violão. Paul "Wix" Wickens: Acordeão, piano e violão. Abe Laboriel: Bateria. Orquestra: 4 violinos, 2 violas, 2 violoncelos e 2 baixos.

QUEENIE EYE

Contente com os resultados obtidos em "Save Us", Paul Epworth não se intimidou ao tentar extrair de Paul McCartney o máximo de sua criatividade na hora de compor e produzir. "Queenie Eye" também se desenvolveu de forma lenta, com grande parte da música sendo criada de forma improvisada pela dupla McCartney/Epworth. O produtor recorda: "Acho que ele se sentiu desafiado ao ser forçado a aparecer com resultados na hora. Uma faixa como 'Queenie Eye' se tornou algo diferente por causa disso. Começamos a gravar de um jeito muito cru, apenas nós dois no estúdio com dois amplificadores, bateria e moog. Algo como (a dupla) Death from Above (1979)."

"Queenie Eye", primeira canção a ser cogitada como abertura do disco, é outra viagem, ainda mais nostálgica, ao passado distante de Paul McCartney. O título da música é uma referência ao jogo infantil de quatro ou cinco participantes "Queenie, queenie, who's got the Ball?". Na brincadeira, uma das pessoas é escolhida para ser Queenie, que se vira para o grupo e atira uma bola. O primeiro a pegar a bola, a esconde atrás das costas e Queenie terá de adivinhar quem a apanhou. Caso Queenie acerte e a pessoa não admita estar com a bola, o participante estará imediatamente fora do jogo. OUT!

Porém, antes de Queenie tentar adivinhar, a garotada começa a gritar: "Queenie, Queenie, who's got the ball? / Are they short, or are they tall? / Are they hairy, or are they bald? / You don't know because you don't have the ball!" ("Queenie, queenie, quem tem a bola? São altos ou baixos, cabeludos ou carecas? Você não sabe, porque não está com ela"). Na versão musical de Paul McCartney, o versinho mudou: "Queenie eye, queenie eye, who's got the ball / I haven't got it, it isn't in my pocket / O-u-t spells out /That's out" ("Queenie Eye, quem tem a bola? Não está comigo, ela não está no meu bolso. F.O.R.A quer dizer fora"). Paul recorda: "Minha infância em Liverpool foi bastante simples, e os jogos de rua eram o que você tinha para se entreter. Existiam poucos carros na rua então era bastante seguro brincar com esse tipo de jogo."

Lançada como segundo *single* de *New*, "Queenie Eye" ganhou seu videoclipe promocional com direção de Simon Aboud, marido de Mary McCartney, e um elenco estelar. O promo foi rodado no Studio 2, em Abbey Road, em 24 de outubro de 2013, com a participação de diversos astros e revelações do pop: Lily Cole, Tracey Ullman, Meryl Streep, Jude Law, Kate Moss, Sean Penn, Jeremy Irons, Tom Ford, Chris Pine, Alice Eve, James Corden, Laura Bailey, George Ezra, Gary Barlow, Peter Blake e Johnny Depp (em sua terceira participação em um vídeo de Paul McCartney). A canção chegou ao 27º lugar na Adult Alternative da *Billboard*.

"Queenie Eye" foi gravada em janeiro de 2012 e completada em diversos estúdios até maio de 2013: Henson Studios, Los Angeles; A.I.R. Lyndurst, Londres; e The Mill, East Sussex.

Paul: Vocal, guitarra, baixo, piano, moog, sintetizador, mellotron, pandeirola e guitarra com pedal steel. Paul Epworth: Bateria.

EARLY DAYS

Em outubro de 2013, quase na mesma data de lançamento de *New*, a mais detalhada biografia já escrita sobre a obra e vida de John, Paul, George, Ringo e pessoas de seu círculo profissional e pessoal chegou às lojas. Iniciada em 2004, *The Beatles – All These Years: Volume One: Tune In*, de Mark Lewisohn, é um desafio até mesmo para o leitor mais experiente. Sua versão "mais simples" contém 804 páginas, cobrindo eventos desde as raízes familiares até 1962, quando o quarteto obteve seu primeiro contrato de gravação. Para os mais ortodoxos, ainda há a edição expandida com 1728 páginas, onde as partes consideradas supérfluas foram mantidas, sem qualquer censura.

Mark Lewisohn sempre foi um dos autores mais apaixonados e dedicados aos Beatles, em especial, a Paul McCartney. Seu devotado trabalho no extinto *Club Sandwich* por mais de uma década é digno de aplausos de pé. Entretanto, toda essa devoção não foi suficiente para que seu livro recebesse qualquer menção de nenhum dos Beatles sobreviventes ou seus representantes. Fãs e imprensa também não demoraram a levantar a bola sobre uma possível represália quanto ao conteúdo da biografia. Deirdre Kelly, do site canadense Critics at Large, questionou o autor britânico sobre o tema:

> **Deirdre Kelly**: Paul acaba de lançar uma música chamada "Early Days", onde ele fala: "Now everybody seems to have their own opinion / Who did this and

who did that / But as for me I don't see how they can remember / When they weren't where it was at" ("Agora todo mundo parece ter sua própria opinião sobre quem fez isso ou quem fez aquilo, mas não vejo como eles podem se lembrar disso, afinal eles não estavam lá").

Mark Lewisohn: Sim, "Early Days" saiu na mesma semana que o livro. Entendo exatamente de onde Paul está tirando isso.

Deirdre Kelly: Seria demais sugerir que Paul planejou lançar para coincidir com a publicação de sua detalhada história sobre os Beatles? Você acha que ele quis dizer alguma coisa?

Mark Lewisohn: Acho que sim. Não me gabaria tanto por isso. Vejo isso como uma coincidência, o que tenho certeza que foi. E uma brilhante coincidência.

"Early Days" não é uma crítica à biografia de Mark Lewisohn – embora Paul soubesse que o livro estivesse em produção e prestes a ser lançado. Apesar disso, a canção pode ser ouvida como uma espécie de desabafo sobre a enxurrada de livros e filmes sobre os Beatles que tentam dar suas versões – sejam elas sensacionais ou sensacionalistas. Paul dá a sua: "Eu disse à Sam Taylor-Smith (diretora de *O Garoto de Liverpool* – 2009). 'Sam, sabe aquela cena em que John salta sobre um ônibus? Isso nunca aconteceu.' Ela me respondeu: 'Mas ficou ótima no filme, Paul!' Gosto muito de Sam, ela é amiga de Stella e Mary... Mas ela foi em casa, me mostrou o roteiro, com um John Lennon cruel e perverso. Então, falei: 'Só um minuto, Sam. Eu estava lá, e não foi bem isso o que vi!' Então, 'Early Days' fala mais ou menos sobre isso. Sobre essa visão linear que as pessoas têm dos Beatles. George nem sempre foi quieto. No começo do grupo era exatamente o contrário. E o pobre Ringo? Ringo foi fundamental para que o grupo ganhasse sua personalidade e nunca recebeu crédito por isso."

No final do dia, "Early Days" acaba sendo apenas uma reminiscência sobre a juventude de Paul McCartney, onde o *take* inicial da gravação foi mantido a pedido do produtor Ethan Johns para manter o aspecto vulnerável da voz, combinando a sensibilidade da letra à sutileza do arranjo folk.

"Early Days" foi gravada no estúdio The Mill, em East Sussex, entre fevereiro e março de 2012. Gravações adicionais foram realizadas em Los Angeles, no Henson Studio, em 2013.

Johnny Depp, considerado por Paul o "Alfred Hitchcock" de seus vídeos, retorna para o vídeo de "Early Days", dirigido por Vincent Haycock em locações em Natchez, Mississipi, e Faraday, Louisiana, nos Estados Unidos. O canal oficial do YouTube liberou extras, onde Paul participa de uma *jam session* com músicos locais. Esta é a quarta participação de Depp em um clipe de Paul McCartney, considerando o vídeo de "Come Together", gravado para o projeto WAR Child em 1995, com Paul Weller e Noel Gallager.

NEW

28 de agosto de 2013: Paul acaba de disponibilizar música *NOVA*. E ela já está disponível no iTunes!

O anúncio no site oficial surpreendeu os fãs: era a chegada inesperada do *single* "New", primeira canção apresentada do projeto e, sem dúvida, um dos pilares de seu álbum de inéditas.

Desde a gênese até o estilo de produção, "New" é uma música que soa como se fosse uma daquelas "joias perdidas", redescobertas na série *Anthology*. Mas na verdade, o material não estava empoeirado nos arquivos – era de fato, uma criação contemporânea. Paul relembra como a música surgiu: "'New' é daquelas canções que poderiam ter sido feitas com os Beatles. Ela é um tipo piano e voz, que já soa desde o início como se tivesse nascido pronta. Todas as notas estão lá. Eu escrevi 'New' tarde da noite, no piano do meu pai, e a gravei imediatamente, usando um velho gravador para não perder a inspiração. Pensei comigo: 'Acho que vai funcionar!'"

Mark Ronson se recorda do momento em que Paul apareceu com a introdução de "New": "Ele estava no piano, tentando encontrar as notas, até me perguntar: 'Você acha que devemos tentar isso?' Eu respondi: 'Claro!' Parecia algo que pertencia ao cânone pop desde o princípio – aquele tipo de clássico instantâneo. Foi como uma aula magna, um aprendizado assistir sua mente trabalhar."

MASTERS

Com "New", Paul não só volta a compor em seu estilo característico, como decide abraçar de forma definitiva o passado dos Beatles, tão negligenciado pelos mesmos nos anos 70 e 80. A faixa celebra arranjos usados em canções como "Got to Get You into My Life" (introdução com os metais), "Penny Lane" (a base do piano, bem marcada) e outros trabalhos produzidos pelo grupo de Liverpool após 1966. O resultado apareceu imediatamente na turnê *Out There*, com o público cantando "New" como se já fosse um clássico. Por trás da melodia festiva existe uma mensagem de dúvida: "Don't look at me / It's way too soon to see / What's gonna be / Don't look at me / All my life / I never knew what I could be / What I could do / Then we were new" ("Não olhe pra mim. É muito cedo ainda para ver o que vai acontecer. Em toda minha vida nunca imaginei o que poderia ser ou fazer quando éramos novos").

Paul definiu a inspiração para a letra: "É uma canção que fala de amor, mas ela diz: Não olhe pra mim porque não tenho todas as respostas. Não sei o que acontece. Não sei o que está rolando, mas eu te amo."

Quase um mês após o lançamento de "New", Paul McCartney lançou o videoclipe da música com imagens da banda ao vivo na turnê *Out There*, incluindo cenas de sua passagem pelo estádio Serra Dourada, em Goiânia (Paul gostou mesmo do gafanhoto Harold!) e da visita à Graceland – mansão de Elvis Presley convertida em Museu – em Memphis, Tennessee. Graças à boa promoção no rádio, internet e TV (além da divulgação do álbum na turnê), a canção chegou ao 4º lugar nas paradas japonesas e ao 18º no Adult Contemporary da *Billboard*.

"New" foi gravada entre janeiro de 2012 e maio de 2013 em diversos estúdios: The Mill, East Sussex; A.I.R. Lyndhurst, Londres; Avatar, Nova Iorque; e Henson, Los Angeles. Giles Martin contribuiu com produção adicional.

Paul: Vocal, piano, baixo, cravo, maracas, guitarra, bouzouki (com lápis), conga, Wurlitzer e mellotron. Rusty Anderson: *Backing vocals* e bouzouki. Brian Ray: *Backing vocals* e guitarra. Paul "Wix" Wickens: *Backing vocals*. Abe Laboriel Jr.: Bateria e *Backing vocals*. Dave Bishop: Sax barítono. Jamie Talbot: Sax tenor. Steve Sidwell: Trompete.

APPRECIATE

"Lift up your head / And remember what your life is / Don't have to give it all away / Appreciate / Appreciate / Appreciate / When you're left for dead / In the middle of a crisis" ("Levantar a cabeça e lembrar como é sua vida – e não se entregar. Agradecer. Quando você está combalido, no meio de uma crise").

A mensagem passada por "Appreciate" não é muito diferente da que Paul canta em "Hey Jude" – "Don't carry the world upon your shoulders" ("Não carregue o mundo em seus ombros"). Desta vez, ao invés de transmitir o recado a Julian ou John Lennon, a canção aparenta ser dada a si mesmo. Certamente, o vídeo dirigido por Andre Chocron explica melhor a história de "Appreciate".

Em um cenário futurista, Paul McCartney é apenas mais um objeto exposto no Museu do Homem, em que atividades corriqueiras da civilização agora fazem parte da história: esportes, refeições familiares, entrevistas de emprego e Paul McCartney, cercado por instrumentos em seu estande. O único visitante do museu é um robô chamado Newman. Ele se interessa por Paul McCartney e seu baixo Hofner, e não o vê como algo antiquado, embora, no filme, ele tenha se colocado em uma posição já sem relevância. No momento em que a máquina começa a interagir com o antiquado músico, ele se liberta da vitrine virtual e começa a cantar e dançar, como nos velhos tempos.

Paul McCartney explica a história do clipe de "Appreciate": "Certo dia acordei com uma imagem minha ao lado de um robô bem alto. Achei que poderia usar isso na capa de meu álbum. No fim, essa ideia foi convertida para o vídeo de 'Appreciate'. Ele foi desenvolvido pelo mesmo pessoal que trabalhou no filme (de Steven Spielberg) *Cavalo de Guerra*."

Newman ("o novo homem" – que simboliza a ideia de modernidade no álbum e de um novo Paul McCartney) não é uma imagem gerada por computador gráfico. O projeto do robô foi desenvolvido por Mervyn Millar, Ross Green, Ivan Thorley e Henry Maynard da Significant Object – empresa especializada em marionetes. Durante a turnê *Out There*, Newman foi levado ao aeroporto de Haneda, em Tóquio, para dar as boas-vindas a Paul McCartney.

Giles Martin relembra o trabalho com Paul no estúdio: "Paul trouxe vários efeitos de guitarra na sessão e começamos a editá-los. Então sugeri: 'Que tal transformar esses loops em uma canção?' Ele me deu aquele olhar do tipo: como você é chato... (risos). Então encontramos o refrão que ele já tinha gravado e colamos tudo nele. Ficou algo totalmente diferente e 'Appreciate' se transformou na minha música favorita do álbum."

"Appreciate", com sua estética e sonoridade bastante influenciada pelo grupo inglês Beta Band, é mais uma produção de Giles Martin, gravada em Maio de 2013 nos estúdios The Mill, East Sussex, e Henson, Los Angeles.

Paul: Vocal, guitarra, teclados, e percussão no tambor. Rusty Anderson: Bouzouki e guitarra. Brian Ray: Guitarra. Abe Laboriel Jr.: Bateria. Toby Pitman: programação.

EVERYBODY OUT THERE

Bem na hora do almoço, a sempre glamorosa Broadway, em Nova Iorque, parece mais um formigueiro humano multicultural. Mas naquela nublada tarde de outubro a refeição teria de ficar para depois. Após anunciar no Twitter minutos antes, Paul surgia na região dos teatros da Big Apple com sua fiel banda para uma rápida apresentação em um palco montado no compartimento de carga de um caminhão. Quando Paul começou a cantar "Everybody out There", com sua introdução bem ao sabor de *Rubber Soul*, o público pegou a ideia: ele tinha em mãos uma música composta para as massas. Paul: "Escrevi a canção especialmente para os shows, para que o público participe cantando junto." Definição básica, mas talvez não completa.

Por ter um título bastante abrangente ("Todo Mundo Aí Fora") a capacidade de estender a mensagem da canção é quase infinita. Em um dos versos, Paul diz que "Hey, I was trying to remember / How bad it was then / When you didn't have a friend" ("Estava tentando lembrar como foi ruim em um período do passado quando não existia nenhum amigo por perto"). Esse momento poderia ser em 1969-71, no processo de divórcio dos Beatles. Já quando ele atinge a ponte de "Everybody out There", chega outro tipo de mensagem mais ligada à mortalidade: "Do some good before you say goodbye" ("Faça algo de bom antes de dizer adeus").

Giles Martin recorda como a canção ganhou vida no estúdio: "Quando a gravamos fizemos a parte principal da música em seis horas, do começo ao fim. Paul olhou para mim e comentou: 'Uau! Isso foi no ritmo dos Beatles!' Sua família apareceu na sessão e a única forma de sossegá-los foi colocá-los para contribuir com o coral do refrão. (risos)"

"Everybody out There" foi gravada entre março e julho de 2013 em diversos estúdios: A.I.R. Lyndhurst, Londres; Henson, Los Angeles; Abbey Road, Londres; e The Mill, East Sussex.

Paul: Vocal, baixo, teclado, mellotron e piano. Rusty Anderson: Guitarra. Abe: Bateria. Brian Ray: Guitarra. Toby Pitman: Teclado e programação. Coral: Mary, Stella, Beatrice, James e Heather Louise. Orquestra gravada em Abbey Road: 4 violinos, 2 violas, 3 violoncelos, 2 baixos e 2 flautas.

HOSANNA

"If you believe it you can stay all night / Hide in the darkness 'til it's getting light / Do everything until we've got it done / Then sing Hosanna to the morning sun" ("Se você acreditar, podemos ficar aqui a noite toda e nos esconder nas trevas até clarear e depois cantar Hosanna até o sol da manhã").

A letra é romântica e, ao mesmo tempo, misteriosa. Esse aspecto ambíguo de "Hosanna" fascinou Ethan Johns no momento em que Paul McCartney apanhou seu violão para demonstrar a canção que ele acabara de compor no primeiro encontro entre ambos nos estúdios A.I.R. Lyndhurst, em Londres.

No judaísmo, "Hosanna" (escrita com apenas um n – ou em sua forma hebraica – *Hoshana*) significa "por favor, nos salve". Já na religião cristã, a palavra é uma forma de adoração a Jesus Cristo. Em sua letra, Paul parece manipular o título da música como um nome de mulher ou "uma canção dentro da canção". Fica à interpretação do ouvinte, como em inúmeros casos de sua discografia.

Sem contar as poucas faixas de *Kisses on the Bottom*, *New* é o primeiro álbum de Paul McCartney contendo apenas canções originais dedicadas à Nancy Shevell. Após o casamento no cartório de Marylebone, em outubro de 2011, Paul acompanhou Nancy à sinagoga liberal de St. John's Wood onde receberam as bênçãos do judaísmo no Yom Kipur – O Dia do Perdão. Neste caso em particular, "Hosanna" poderia se encaixar como uma forma de adoração e aceitação a Nancy e sua religião. Ainda existe o lado católico-cristão da canção religiosa tradicional "Oil in My Lamp": "Sing hosanna, sing hosanna / Sing hosanna to the Servant King" ("Cante Hosanha, cante Hosanna, cante Hosanna para o Rei dos Reis"), o que aumenta ainda mais a possibilidade de um teor dúbio, quase religioso, já usado por Paul em canções como "Let It Be" e "Follow Me".

As lembranças de Ethan Johns sobre a audição de "Hosanna" estão entre as melhores de sua jornada ao lado de Paul McCartney no estúdio: "O primeiro dia foi realmente notável. Ele entrou no local com essa incrível canção, nós posicionamos alguns microfones e em quatro horas já tínhamos preparado a faixa, era uma verdadeira peça evocativa de música, com uma letra realmente interessante, e a performance também foi ótima."

Entre todas as faixas de *New*, "Hosanna" é a mais bem detalhada em termos de produção. Após os dois primeiros *take*s no A.I.R. Lyndhurst, Paul e Ethan seguiram para Abbey Road, onde Paul tocou guitarra, baixo, bateria e teclados. Tudo gravado em fita, nada digital. Ethan Johns ficou na bateria e contribuiu com mais teclados.

O toque final em "Hosanna" ficou para os arranjos, criados por Paul McCartney com seu gravador Brennel – o mesmo usado em "Tomorrow Never Knows", de *Revolver*. Ethan Johns conta: "Ele me pediu para produzir loops com a máquina que ele costumava usar na época dos Beatles e sempre carrega consigo. Então gravamos cânticos psicodélicos e inserimos na música."

"Hosanna" foi gravada nos estúdios A.I.R. Lyndhurst e Abbey Road, em Londres, entre fevereiro e março de 2012, e no Henson Studios em Los Angeles, em maio de 2013.

Paul: Vocal, guitarra, violão, baixo, bateria, teclados e tape loops. Ethan Johns: Teclado, bateria, tape loops e tambura no app do Ipod.

I CAN BET

Quando Paul McCartney retornou da série *Anthology* no final de 1996, concluiu que as bandas que dominavam a cena Britpop tinham mergulhado fundo nas influências do Beatles. "Por anos, evitei usar esse estilo. Mas então pensei: se alguém tem esse direito sou eu, George e Ringo." Por motivos evidentes.

Sendo assim, de *Flaming Pie* em diante, as canções e álbuns assinados por Paul McCartney jamais temeriam receber as influências diretas do quarteto de Liverpool e do Wings. "I Can Bet", produzida por Giles Martin, carrega elementos de ambos. Picante, a letra da canção traz diversas mensagens nada subliminares: "Listen to me / We can give it a try / I'll look you straight in the eye and pull you to me / What I'm gonna do next I'll leave entirely to your imagination" ("Venha sentir isso. Nós podemos tentar. Mas se você preferir não saber, não vou revelar. Porque o que farei em seguida eu deixo totalmente para a sua imaginação").

Após cada verso, Paul usa uma fórmula antiga e efetiva: o refrão nos mesmos moldes de "Get Back": "I can bet / I can bet / I can bet that you'll never guess" ("Eu aposto. Eu aposto. Eu aposto, você nunca irá adivinhar").

Agora compare "I Can Bet" com o refrão de "Get Back": "Get back / Get back / Get back to where you once belonged" ("Volte! Volte! Volte para o lugar de onde veio").

Para completar o pacote de influências, "I Can Bet" ainda tem um breve solo de minimoog, que remete a diversos clássicos do Wings como "Jet", "Mamunia" e "Band on the Run".

"I Can Bet" foi gravada entre março e maio de 2013 nos estúdios A.I.R. Lyndhurst, em Londres, e Henson Recording, em Los Angeles.

Paul: Vocal, baixo, bateria, guitarra, moog, percussão, loops e Wurlitzer. Rusty Anderson: Guitarra. Paul "Wix" Wickens: Órgão Hammond. Toby Pitman: Programação.

LOOKING AT HER

Não existe dúvida sobre a personagem central de "Looking at Her". A partir do momento em que Paul e Nancy começaram a namorar em 2007, todo mundo passou a olhar com mais atenção para a simpática empresária americana nascida em Nova Iorque em 20 de novembro de 1959. Dito isso, todos estavam mesmo prestando atenção no casal. Afinal, seu divórcio com Heather Mills ainda não havia sido concluído. Ao contrário de Heather, Nancy sempre foi bastante discreta. Desde seu primeiro contato com Paul até o presente momento, não existem entrevistas ou sequer matérias especulativas sobre a moça – algo que "inexplicavelmente" acontecia a cada minuto com a ativista, modelo e participante da *Dance with the Stars* – a *Dança dos Famosos* americana.

"Looking at Her" faz parte das canções explícitas de amor à Nancy, que em *New* já era a Sra. McCartney havia dois anos. A música cumpre basicamente a mesma função de "See Your Sunshine" em *Memory Almost Full*: com Paul McCartney cantando muitas vezes em falsete a partir de uma melodia com sabor R&B que lembra um pouco Smokey Robinson: "Everybody's looking at her / She's got everybody talking about her / She's good, she's kind, she's so refined / But me, I'm losing my mind" ("Todos estão olhando para ela. Ela atrai toda a atenção. Ela é bondosa e refinada... Ah, mas eu... estou perdendo a cabeça...").

"Looking at Her" foi gravada nos estúdios The Mill, em East Sussex e Henson, em Los Angeles.

Paul: Vocal, baixo, guitarra, mellotron, moog e percussão. Rusty Anderson: Guitarra. Toby Pitman: Teclado e programação.

ROAD

Electric Arguments foi, disparado, o mais elogiado da trilogia de álbuns da série The Fireman e o primeiro a apresentar canções verdadeiras, ao invés de apenas faixas instrumentais. Durante a divulgação do disco, lançado no final de 2008, muitos jornalistas questionaram se o próximo trabalho de inéditas de Paul McCartney poderia receber a influência direta de *Electric Arguments*. Paul não negou: "Provavelmente."

Quando chegou a hora de retornar ao estúdio, Paul seria estimulado por um de seus quatro produtores a retomar o processo de improvisação que tanto repercutiu de forma positiva na parceria com Youth. Paul relembra: "Sim, Paul (Epworth) sabia o que fiz com The Fireman, e me disse que gostaria muito de trabalhar dessa maneira também. Essa foi sua forma favorita de gravar. Então, 'Queenie Eye', 'Save Us' e 'Road' foram compostas da estaca zero, motivadas por ele, e as que mais se aproximaram de The Fireman."

Durante o processo de composição das músicas de *Electric Arguments*, Paul e Youth escolhiam palavras aleatórias tiradas de livros ou poemas para desenvolver as letras. Em "Road", ele não teve esse luxo. Depois de criar a base da música tocando moog, acompanhado por Epworth na bateria, Paul precisou improvisar palavras sem sentido e só depois as substituiu por uma história, como se ele passeasse por um filme em preto e branco, em "uma terra devastada pelo holocausto". Paul canta, e indica o duplo sentido: "I can't see anymore / The blinding light / It's just a metaphor / I use when things aren't going right" ("Não enxergo mais a luz ofuscante. Isso é apenas uma metáfora que uso quando as coisas não vão bem").

Paul Epworth recorda a sessão iniciada no estúdio The Mill, em East Sussex: "'Road' é musicalmente mais complexa em comparação às outras que gravamos. É como uma jornada. Parece algo do The Fall ou Can. Mas claro: até você perceber que tudo pós-Beatles provavelmente soa como se fosse dos Beatles!"

"Road" foi gravada em diversos estúdios, entre janeiro de 2012 e maio de 2013: The Mill, East Sussex, A.I.R. Lyndhurst, Londres e Henson Studios, Los Angeles.

Paul: Vocal, baixo, moog, celesta, percussão, violão, gaita e piano. Paul Epworth: Bateria.

SCARED

Quando o fim da estrada se aproxima, não há motivo para temer: é a vez da faixa oculta "Scared", balada simples e pura ao piano, produzida por Giles Martin no estúdio The Mill, em East Sussex. Com introdução que remete à "(I Want to) Come Home", a música é mais uma da nova safra de composições pessoais de Paul McCartney, onde o significado da letra é direto e objetivo: "I'm scared to say I love you / Afraid to let you know / That the simplest of words / Won't come out of my mouth / Though I'm dying to let them go" ("Ainda estou muito assustado para te dizer. Com medo de mostrar a você. As mais simples palavras não saem da minha boca, embora eu morra de vontade de libertá-las...").

Paul McCartney iniciou o relacionamento com a atual mulher, Nancy Shavell, em 2007, pouco antes do divórcio com Heather ser concretizado. Na letra de "Scared", ele ainda aparenta insegurança ao se entregar para uma nova experiência, em tão pouco tempo. Em entrevista à revista *Mojo*, Paul explica: "Você é capaz de dizer 'eu te amo' para alguém, mas é uma coisa muito complicada. Por isso que é mais fácil para as pessoas fazerem isso quando estão um pouco embriagadas... Acho que é um assunto muito interessante. Senti isso recentemente sobre Nancy. Sabia que a amava, mas até chegar ao ponto de dizer 'eu te amo' não foi muito fácil."

"Scared" foi gravada no estúdio The Mill, em East Sussex, entre abril e maio de 2013.

Paul: Vocal, piano, baixo Kay Maestro M1 e teclado.

Outras músicas da era *New*

TURNED OUT

Em primeira audição, "Turned Out", outra faixa incluída na versão Deluxe de *New*, soa como uma canção que poderia ter sido lançada pelo supergrupo Travelling Wilburys, o que é bom sinal. À parte disso, a produção de Ethan Johns é uma das mais animadas das sessões do álbum, com uma letra que remete à mensagem de "Scared", só que de forma mais otimista. Na balada, Paul afirma que está com medo de dizer "eu te amo". Em "Turned Out", a sensação é de não ter se arrependido de assumir os riscos de suas jornadas ao oceano e a um verdadeiro mar de chamas:

"I took a walk into the fire / When I heard you calling me / I took a chance and what a good thing / It turned out to be / (…) / Well looking back it didn't hurt me / It did something for my soul" ("Fiz uma caminhada em direção ao fogo. Aceitei o chamado. E olha só que coisa ótima que isso veio a se transformar... Olhando para o passado, não me machucou. Fez muito bem à minha alma").

"Turned Out" foi gravada entre fevereiro de 2012 e maio de 2013 em diversos estúdios: Abbey Road, Londres; The Mill, East Sussex; e Henson, Los Angeles.

Paul: Vocal, baixo, bateria, guitarra, teclado, percussão, sintetizador e sinos tubulares. Rusty Anderson: Guitarra. Abe Laboriel Jr.: *Backing vocals* e bateria. Brian Ray: Guitarra. Ethan Johns: Guitarra.

GET ME OUT OF HERE

Assim como George Harrison, Paul sempre foi um fã do blues tradicional. Todavia, não existem muitas canções desse gênero em sua discografia, principalmente no formato como ficou "Get Me Out of Here". Incluída como faixa extra na Deluxe e Collector's Edition, a música se destaca pelo clima descontraído da gravação (com participação da banda de Paul McCartney), arranjo rudimentar e traços de ironia na letra: "When we fight I don't know what to say / It feels so bad and yet I can't run away / Oh boy, oh boy someone get me out of here / I'm a celebrity. Oh boy, someone get me out of here" ("Ah, quando discutimos, nem sei o que dizer. Isso é tão ruim, e mesmo assim não consigo fugir. Oh céus, alguém me tire daqui! Sou uma celebridade! Oh céus, alguém me tire daqui!").

Produzida por Giles Martin, a sessão de "Get Me Out of Here" foi "um show" de instrumentos de percussão. Além do violão, Paul tocou ngnoi (um chocalho típico da África ocidental, fabricado com couro de bode) e usou dedais para obter efeitos distintos ao raspá-los na "washboard" (tábua de lavar). Abe Laboriel, além de batucar na caixa da bateria, tocou um djembe, instrumento típico de Guiné, Mali e Costa do Marfim. Já Rusty Anderson tilintou uma garrafa d'água e Brian Ray tocou congas.

"Get Me Out of Here" foi gravada entre março e maio de 2013 nos estúdios A.I.R. Lyndhurst, em Londres, e Henson, em Los Angeles.

STRUGGLE

Em diversas entrevistas concedidas para divulgar sua colaboração como produtor (e coautor) em *New*, Paul Epworth confessou sua admiração por um dos álbuns mais renegados da discografia de Paul McCartney. "Eu adoro *McCartney II*. Acho que o disco tem sido bem aceito pela nova geração. Hoje em dia, 'Temporary Secretary' é tocada direto nas baladas. Quando estou no estúdio, às vezes me pergunto por que não tentamos truques desse tipo. Só então percebo que a semente foi plantada por Paul McCartney, há 35 anos."

Trinta e cinco anos mais tarde, Epworth conseguiria colocar em prática o desejo de produzir uma faixa ao estilo de *McCartney II* ao lado do seu próprio idealizador. "Struggle", por sua vez, consegue combinar elementos do projeto The Fireman com a estética de *McCartney II*, relembrando o instrumental de "Front Parlour" e o espírito da letra de "Nobody Knows": "It's the same old story / It's happening again / Life's eternal struggle / The destiny of men" ("É sempre a mesma velha história, e está acontecendo de novo. A vida é uma eterna batalha... é o destino da humanidade").

Para obter resultados semelhantes ao disco de 1980, Paul Epworth não participou das gravações de "Struggle" como músico, deixando Paul no comando de todos os instrumentos.

"Struggle" foi gravada em janeiro e maio de 2012 nos estúdios A.I.R. Lyndhurst, em Londres, e Henson Studios, em Los Angeles. A música está disponível apenas na edição japonesa do álbum e em *New – Collector's Edition*.

Paul: Vocal, celesta, sintetizador, loops, bateria, baixo, guitarra e mellotron.

HELL TO PAY

Se "Hell to Pay" tivesse sido lançada em 1972, não há dúvida: fãs e jornalistas ligariam a letra desse rock and roll tocado ao piano aos desafetos do momento. Em primeiro lugar, claro, ao empresário Allen Klein, da ABCKO – o representante legal dos Beatles (não pelo gosto de Paul, evidente). Mas em 2014, Allen Klein já estava morto havia cinco anos e a figura mais negativa de seu passado/presente recente era a ex-mulher Heather Mills. Em diversas entrevistas pós-divórcio, Heather acusou Stella McCartney de ter destruído seu casamento com Paul, além de outras alegações. No final, o processo para finalizar a união civil lhe custaria 24 milhões de libras esterlinas (o equivalente a R$ 97 milhões).

Em 30 de outubro de 2014, Paul explicou em um evento realizado em sua conta oficial no Twitter: "'Hell to Pay' é sobre pessoas que nunca dão nada em troca. Então, algum dia, elas pagarão um preço caro por suas atitudes." Em suma, "Hell to Pay" repetia o tema de "Riding to Vanity Fair" (ver *Chaos and Creation in the Backyard* – nota do autor), quando Paul canta sobre a oferta de amizade, sem receber o mesmo em retorno: "First you take me to the limit then expect to stop / You know I'm sick and tired of waiting for the penny to drop / You make a living out of making people think you give it all away / But you and I know very well there's always gonna be a price to pay". ("Primeiro, você me faz romper os limites e depois espera que eu pare. Sabe, estou cansado demais de esperar você se ligar. Você ganha a vida tentando fazer os outros pensarem que você faz caridade. Mas no fim, eu e você sabemos muito bem. Sempre existe um preço a se pagar").

"Hell to Pay" foi produzida por Giles Martin e incluída em *NEW – Collector's Edition*. A canção foi gravada no decorrer de 2013 em três estúdios: A.I.R. Lyndhurst, em Londres; The Mill, em East Sussex; e Abbey Road, em Londres.

Paul: Vocal, piano, guitarra e moog. Rusty Anderson: Guitarra. Abe Laboriel Jr.: Bateria. Paul "Wix" Wickens: Teclados. Brian Ray: Baixo. Orquestra: 3 violinos, 3 violoncelos, 3 violas, 2 baixos, 2 trompetes, 1 clarineta e 1 fagote.

DEMONS DANCE

Lançada em 28 de outubro de 2014 como faixa adicional de *New – Collector's Edition*, "Demons Dance" fez sua primeira aparição no You-Tube, graças ao fã que capturou a passagem de som de Paul McCartney em 13 de junho de 2013, dia anterior à sua apresentação no Festival de Bonnaroo, em Manchester, Tennessee. A nova canção entrou nos ensaios, logo após a performance de "C Moon". Nesse estágio, a mais de um ano do lançamento, "Demons Dance" ainda se encontrava bastante incompleta. Apenas o refrão ficaria parecido com a versão final, além da levada ao piano, bem ao estilo "I'm in Love Again", de Fats Domino, ou "Lady Madonna", dos Beatles. "Exorcise my demons, cast them out today / Only you can do it, make them go away / Let me know you love me, tell me there's a chance / I don't want to sit and watch my demons dance" ("Exorcize meus demônios. Os faça desaparecer. Só você pode fazer. Me diz que existe uma chance. Não quero ficar aqui parado e assistir à dança dos meus demônios").

"Demons Dance" foi produzida por Ethan Johns e gravada no estúdio The Mill, em East Sussex, em 2013.

HOPE FOR THE FUTURE

Nem uma libra esterlina. Este foi o cachê (ou a ausência do mesmo) recebido por Paul McCartney para compor o tema do game *Destiny*, dos mesmos criadores de *Halo*, desenvolvido pela Bungie/Activision.

MASTERS

O percurso até "Hope for the Future" começou no final de 2010, no primeiro contato entre Paul e o compositor Martin O' Donnell, em Los Angeles. No ano seguinte a dupla passaria a trabalhar ativamente e a parceria gerou uma sinfonia chamada "Music of Spheres", planejada como trilha sonora do game. Durante quase dois anos, Paul e O' Donnell, assistidos por Mike Salvatori – trocariam ideias para finalizar a peça, subdividida nos temas: "The Path", "The Union", "The Ruin", "The Tribulation", "The Rose", "The Ecstasy" e "The Hope". Quando a sinfonia finalmente foi concluída, Martin O'Donnell se desentendeu com a companhia e acabou demitido. "Music of Spheres", que seria lançada como uma peça à parte, foi arquivada pela Bungie. Partes desse trabalho (apenas oito minutos dos 48 produzidos) entraram de forma fragmentada na trilha sonora de *Destiny*, disponível no iTunes. Já os demais 40 minutos podem ser baixados de forma gratuita na internet.

***

O revés sofrido por O'Donnell em "Music of Spheres" não foi suficiente para abater Paul. Ele ainda teria de entregar "Hope for the Future", a primeira canção a receber elementos de "Kiss Me Now" (a outra seria "In the Blink of an Eye"). Com o tema preparado, a base da música foi gravada com assistência de Giles Martin, em sua primeira participação em uma canção solo de Paul antes de assumir sua função definitiva de produtor-executivo.

Paul comentou sobre a gênese da música: "Quando você escreve algo como 'Hope for the Future' é como se fizesse um retrato para alguém. Você precisa usar sua imaginação para funcionar da forma como pedem a você. No jogo, você é um guardião da última cidade da Terra. Então, eles me sugeriram a ideia de esperança pelo futuro. Foi a partir dessa premissa que pensei: 'A música não pode ser algo apenas para o game, tem de funcionar de forma separada, com significado e integridade.'"

O primeiro contato oficial dos fãs com "Hope for the Future" foi em 9 de setembro de 2014, quando a canção apareceu nos créditos do game *Destiny* – sucesso total de vendas, arrecadando mais de US$ 325 milhões somente na primeira semana. Em 2017, a Activision anunciou a chegada de *Destiny 2* contendo trechos de "Hope for the Future" como *easter eggs*.

Antes de ser lançada pela primeira vez em CD em 2016 como faixa da coletânea *Pure McCartney*, "Hope for the Future" foi disponibilizada no iTunes, em 8 de dezembro de 2014. No ano seguinte, em janeiro, chegou a vez do *maxi-single* de 12 polegadas trazer as seguintes versões de "Hope for the Future": Main, Thrash, Beatsession Mix, Jaded Mix e Mirwais Mix. A música também foi editada para a divulgação no rádio em 3:07.

"Hope for the Future" foi gravada entre maio e novembro de 2012 nos estúdios The Mill, em Sussex; Avatar, em Nova Iorque; A.I.R. Lyndhurst e Abbey Road, em Londres, onde a orquestra de 120 componentes foi regida por Ben Foster. Já o vídeo de "Hope for the Future" foi dirigido por Daniel Askil onde Paul aparece no formato de um holograma.

Paul: Vocal, piano e guitarra. Rusty: Guitarra (solo). Abe Laboriel Jr.: Bateria. Paul "Wix" Wickens: Teclado. Brian Ray: Baixo. Toby Pitman: Teclado e programação. Ben Foster: Condutor e arranjador. Orquestra: 120 participantes.

CUT ME SOME SLACK

Na tentativa de salvar o legado do estúdio Sound City onde sua antiga banda gravara o icônico *Nevermind* em 1991, Dave Grohl não pensou duas vezes ao adquirir o console Neve 8028 para instalá-lo em seu próprio QG, o Studio 606. Nascia naquele momento a gênese de dois projetos: *Sound City,* documentário sobre a história do estúdio no vale de San Fernando, que acabara de fechar as portas, e *Sound City – Real to Reel*, trilha sonora do filme, contendo 11 novas gravações feitas na mesa de som agora em posse do líder do Foo Fighters.

Paul McCartney foi um dos convidados a participar do projeto em novembro de 2011. Dave Grohl relembra: "Já tínhamos feito algumas *jams sessions* juntos, então o chamei para, quem sabe, improvisarmos algum clássico do rock. Mas daí ele disse: 'Não, de jeito nenhum! Vamos escrever algo do zero. Vamos compor e gravar algo novo!'"

Com tudo acertado, Paul apareceu no Studio 606 West (localizado na residência de Grohl, em Los Angeles) um mês após seu casamento com Nancy Shevell. Ao invés de fazer uma nova versão de

"Long Tall Sally" (a primeira sugestão), Paul, Dave, Kris Novoselic e Pat Smear decidiram criar "Cut Me Some Slack": um *mix* de "Helter Skelter" e "American Woman", durante uma sessão de aproximadamente cinco horas. Nessa *jam session*, Paul usaria pela primeira vez o presente dado pelo amigo Johnny Depp: uma guitarra customizada Baratto Cigfiddle.

"Cut Me Some Slack" fez sua estreia ao vivo no show beneficente *12-12-12* no Madison Square Garden, em Nova Iorque, dois dias antes de seu lançamento oficial no CD *Sound City – Real to Reel*. Em 19 de julho de 2013, em Seattle, terra natal do Nirvana, Paul tocaria mais uma vez a música em um de seus shows da turnê *Out There*, com as presenças de Dave Grohl, Kurt Noveselic e Pat Smear. McCartney & Nirvana ainda uniriam forças nas performances de "Get Back", "Long Tall Sally", "Helter Skelter" e "Golden Slumbers"/"Carry That Weight"/"The End".

Por fim, o quarteto voltou a se encontrar na festa do Grammy em 26 de janeiro de 2014 para apresentar "Cut Me Some Slack", a grande vencedora da noite na categoria Melhor Canção de Rock.

"Cut Me Some Slack" foi gravada nos dias 3 e 4 de Novembro de 2011 no Studio 606 em Los Angeles, Califórnia.

Paul: Vocal e guitarra Baratto Cigfiddle. Dave Grohl: Bateria e *backing vocals*. Kris Novoselic: Baixo. Pat Smear: Guitarra.

A vida após New...

Dois anos após a chegada de "Hope for the Future" e três depois de *New*, Paul McCartney volta a lançar uma música de sua autoria – e inédita. Dia 28 de outubro de 2016 marcou a data de lançamento da trilha sonora de *Ethel & Ernest*, animação baseada na *graphic novel* de Raymond Briggs (o mesmo autor de *Fungus, the Bogeyman*, que inspirou Paul a compor "Boggey Music", de *McCartney II*). O álbum traz "In the Blink of an Eye", balada composta a partir da música "Kiss Me Now", de 1984 (e produzida por George Martin) sobre sua mãe Mary, com a adição de versos atualizados para o tema da animação.

Antes disso, ele colaboraria com o polêmico Kanye West em três músicas: "Only One", "All Day" e "FourFiveSeconds", lançadas apenas em formato digital no primeiro trimestre de 2015. Outra novidade deste período foi a composição de temas customizados para emojis da Skype, especialmente para o Valentine's Day (o Dia dos Namorados).

Em meio a tantas tarefas, a perda de um grande companheiro e professor. Sir George Henry Martin, produtor dos Beatles e de inúmeros projetos de sua carreira solo, morre em Londres, em 8 de março de 2016, aos 90 anos. Alguns trechos da carta aberta publicada no site oficial de Paul McCartney: "Carrego comigo muitas memórias maravilhosas deste grande homem que ficarão comigo para sempre. Ele foi um verdadeiro cavalheiro e também como um segundo pai para mim. George guiou a carreira dos Beatles sempre com muita habilidade e humor, se tornando um grande amigo, meu e de minha família. Se alguém merece o título de quinto Beatle, só pode ser George Martin. É muito complicado escolher os momentos favoritos ao seu lado. Tenho muito orgulho de tê-lo conhecido. Eu e minha família vamos sentir muito sua falta. Quero enviar meu amor à sua mulher Judy, seus filhos, Giles e Lucy, e seus netos. O mundo perdeu um grande homem que deixou uma marca em minha alma e na história da música britânica. Deus lhe abençoe, George."

***

Em 17 de agosto de 2016, Paul McCartney anunciou a retomada da parceria com a Capitol Records nos Estados Unidos, após passar nove anos na Concord Music Group. Para marcar a assinatura do contrato firmado com a gravadora norte-americana, Paul confirmou a intenção de lançar um álbum de estúdio com a produção de Greg Kurstin (Kate Perry, Adele, Foo Fighters) ainda em 2017. Notícias e rumores publicados em sites e fóruns especializados apontavam, até então, que 26 músicas estavam prontas e contariam com a participação de Ringo Starr em uma das faixas. Além de Greg Kurstin, o sucessor de *New* deve novamente ter Giles Martin como produtor.

NO BAÚ DE *NEW*

Em setembro de 2012, Paul regravou "Tomorrow" com Diana Krall ao piano. Outra faixa produzida nessa sessão foi "It's for You", gravada pela primeira vez por Cilla Black. Entre fevereiro e julho de 2012, Paul gravou "The Secret Life of a Party Girl", produzida por Mark Ronson. A faixa chegou a ser cogitada para *New*. Mais cinco músicas (sem títulos divulgados) foram produzidas por Giles Martin.

Após se recuperar de problemas médicos, Paul compôs "Mombasa" e "Botswana" em maio de 2014, usando o programa cubase (o mesmo aplicado na criação do poema sinfônico de 1997, "Standing Stone").

CAPÍTULO 46
PURE McCARTNEY

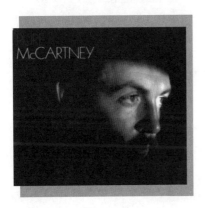

Capa: Linda McCartney

Data de lançamento: 10/06/2016
(Reino Unido e EUA)

Desempenho comercial: 3º e 15º
(Reino Unido/EUA)

"Obrigado por serem meus companheiros de viagem." Com esse agradecimento incluído no final do texto do encarte de *Pure McCartney*, Paul formalizava a saída da Concord Music Group após a bem-sucedida parceria iniciada em 2007 com o álbum *Memory Almost Full*. A partir de julho de 2017, ele voltaria a ser um contratado da Capitol Records – o primeiro selo a abrigar os Beatles em 1964.

Esse agradecimento especial aos fãs por acompanhá-lo na jornada iniciada em abril de 1970 com o primeiro LP *McCartney* era pertinente. Em *Pure McCartney* (batizado dessa forma, por ser uma coletânea apenas composta por músicas originais), Paul encerrava seu ciclo no selo musical da rede de cafeterias de Seattle, Starbucks, desfilando não apenas sucessos atingidos em 46 anos como artista solo, mas diversas outras canções de grande interesse do público. A opção de selecionar músicas, independente de seus respectivos desempenhos nas paradas, foi sugerida pelo próprio Paul McCartney, deixando livre a MPL para escolher quais faixas seriam capazes de entreter os ouvintes.

Lançado em *compact disc* em duas versões, Standard (CD duplo com 39 faixas) e Deluxe (67 faixas), *Pure McCartney* só não traz retrospectivas de quatro álbuns: *Choba B CCCP*, *Run Devil Run*, *Driving Rain* e *Flowers in the Dirt*. A ausência de músicas de *Flowers in the Dirt* na coletânea seria justificada pelo relançamento do álbum em março de 2017 em sua série retrospectiva *Paul McCartney Archive Collection*.

Além de oferecer uma melhor retrospectiva que *Wingspan: Hits and History* (sua coletânea mais recente, limitada entre 1970-1984), *Pure McCartney* se destaca por ser o único CD comercial a trazer "Hope for the Future", tema do game *Destiny*, lançado em 2014 no formato *maxi-single* em vinil e download digital.

Pure McCartney também pode ser encontrado em vinil quádruplo, com 41 faixas.

FAIXAS DE *PURE McCARTNEY* (EDIÇÃO DELUXE)

Maybe I'm Amazed
Heart of the Country
Jet
Warm and Beautiful
Listen to What the Man Said
Dear Boy
Silly Love Songs
The Song We Were Singing
Uncle Albert/Admiral Halsey
Early Days
Big Barn Bed
Another Day
Flaming Pie
Jenny Wren
Too Many People
Let Me Roll It
New
Live and Let Die
English Tea
Mull of Kintyre
Save Us

PAUL McCARTNEY EM DISCOS E CANÇÕES

My Love
Bip Bop
Let 'Em In
Nineteen Hundred and Eighty Five
Calico Skies
Hi Hi Hi
Waterfalls
Band on the Run
Appreciate
Sing the Changes
Arrow Through Me
Every Night
Junior's Farm
Mrs. Vandebilt
Say Say Say (Remix 2015)
My Valentine
Pipes of Peace
The World Tonight
Souvenir
Dance Tonight
Ebony and Ivory
Fine Line
Here Today
Press
Wanderlust
Winedark Open Sea
Beautiful Night
Girlfriend
Queenie Eye
We All Stand Together
Coming Up
Too Much Rain
Good Times Coming/Feel the Sun
Goodnight Tonight
Baby's Request
With a Little Luck
Little Willow

Only Mama Knows
Don't Let It Bring You Down
The Back Seat of My Car
No More Lonely Nights
Great Day
Venus and Mars/Rock Show
Temporary Secretary
Hope for the Future
Junk

FONTES

Para compor este livro, foram consultadas inúmeras fontes de pesquisa, divididas nas seguintes categorias:

Livros

Eight Arms to Hold You – The Solo Beatles Compendium – Madinger, Chip. Easter, Mark.

Paul McCartney: Recording Sessions (1969-2013) – Perasi, Luca.

Livros da Paul McCartney Archive Collection: *McCartney, Ram, Band on the Run, Venus and Mars, Wings at the Speed of Sound, Wings over America, McCartney II, Tug of War, Pipes of Peace, Flowers in the Dirt.*

Programas das turnês: *Wings over Europe, The Paul McCartney World Tour, The New World Tour, Driving US, Up and Coming, Out There.*

The Beatles After The Break-Up: 1970-2001 – Badman, Keith.

The Beatles Off the Record Vol. 2 – The Dream is Over – Badman, Keith.

The Beatles Complete Chronicle – Lewisohn, Mark.

The Paul McCartney Encyclopedia – Harry, Bill.

Paul McCartney: Uma Vida – Carlin, Peter Ames.

FAB: A Intimidade de Paul McCartney – Souness, Howard.

Wingspan: Paul McCartney's Band on the Run – Lewisohn, Mark.

Moonwalk – Jackson, Michael.

Revistas e Jornais

NME Originals – The Beatles: The Solo Years
Paul McCartney – UNCUT: The Ultimate Guide

Rolling Stone (US)
Rolling Stone (BR)
Mojo Magazine
Billboard

Bass Player
Guitar World
Revista Bizz – 20 Anos: a coleção completa
Manchete
Creem
Circus
Time
Classic Rock
The History of Rock
Playboy
Veja
Musician
Guitar World Acoustic
Guitar Player
ICE
Record Collector
Maccazine
The Beatles Monthly Book
British Beatles Fan Club
Magazine
Beatlefan
Daytrippin'
Good Day Sunshine Magazine
Q Magazine
The New York Times
The Guardian
The Observer
The Times
The Sunday Times
The Independent
USA Today
Chicago Tribune
Boston Globe
International Magazine
Folha De S. Paulo
O Estado de S. Paulo
O Globo
Jornal do Brasil

Sites

Steve Marinucci's Abbeyrd Beatles Page
The Maccareport (Jorie Gracen)
Wingspan.ru
Macca-Central
Discogs – Database and Marketplace for Music on Vinyl
Paul McCartney.com
The Beatles.com
The Daily Beatle: wogew.blogspot.com
Drowned in Sound
AOL Sessions
NPR.com
Clash Music
BBC
Beatles Interviews
Steve Hoffman Music Forums
The Beatles Bible
The Paul McCartney Project
Rádio Rock: 89,1 FM
Alpha FM 101,7 FM